DIREITO TRIBUTÁRIO E INTERDISCIPLINARIDADE:

Homenagem a Paulo Ayres Barreto

CIP-BRASIL. CATALOGAÇÃO NA PUBLICAÇÃO
SINDICATO NACIONAL DOS EDITORES DE LIVROS, RJ

D635

Direito tributário e interdisciplinaridade : homenagem a Paulo Ayres Barreto / [André Mendes Moreira ... [et al.]] ; coordenação Caio Augusto Takano, Simone Rodrigues Costa Barreto. - 1. ed. - São Paulo : Noeses, 2021.

742 p. ; 23 cm.
Inclui bibliografia
ISBN 978-65-89888-33-8

1. Direito tributário - Brasil. I. Moreira, André Mendes. II. Takano, Caio Augusto. III. Barreto, Simone Rodrigues Costa.

21-74145 CDU: 34:351.713(81)

Camila Donis Hartmann - Bibliotecária - CRB-7/6472

Caio Augusto Takano
Simone Rodrigues Costa Barreto
(Coordenadores)

DIREITO TRIBUTÁRIO E INTERDISCIPLINARIDADE:
Homenagem a Paulo Ayres Barreto

2021

editora e livraria
NOESES

Copyright © Editora Noeses 2021
Fundador e Editor-chefe: Paulo de Barros Carvalho
Gerente de Produção Editorial: Rosangela Santos
Arte e Diagramação: Renato Castro
Revisão: Georgia Evelyn Franco
Designer de Capa: Aliá3 - Marcos Duarte
Arte de capa:

Autora: Lúcia Suanê
Título: Homenagem a Nóbrega
Técnica: Óleo sobre tela cortada com cinzas e triângulos
Dimensão: 92x90cm
Ano: 2011
Acervo: da artista

2021

editora e livraria
NOESES

Editora Noeses Ltda.
Tel/fax: 55 11 3666 6055
www.editoranoeses.com.br

PREFÁCIO

As comunidades do sistema social e, em particular, a acadêmica, costumam expressar seu respeito e admiração por todos aqueles que as enaltecem, com exemplos de vida, no campo profissional e, sobretudo, na condução dos assuntos familiares, bem como no plano de suas interações sociais, estimulando-lhes para seguirem seus passos; são fontes de valor que transcendem as expectativas habituais, exercitando, com eficiência, a posição de autênticos formadores de opinião.

O livro "Direito Tributário e Interdisciplinaridade", que a Editora Noeses tem a honra de publicar, é uma expressiva homenagem ao Jurista e Professor Paulo Ayres Barreto, que fez seus estudos de bacharelado nas Arcadas – a tradicional Faculdade de Direito do Largo de São Francisco (USP) – ao mesmo tempo em que se formava Administrador de Empresas pela Fundação Getulio Vargas para, em seguida, inscrever-se no Programa de Pós-Graduação da Pontifícia Universidade Católica de São Paulo, onde cumpriu mestrado e doutorado. Foi com tal disposição que se habilitou ao concurso para Livre-Docente da USP e, logo após, para Professor Associado da "Velha e Sempre Nova Academia", com o que ingressou no disputado quadro de seus professores efetivos. Além da observação segundo a qual ele tenha superado esses obstáculos com enorme brilho, obtendo notas elevadas atribuídas pelos membros que compuseram as bancas examinadoras, é preciso acrescentar que, nem por isso, se afastou de suas atividades advocatícias, empreendidas, aliás, com grande talento e reconhecida seriedade.

Travei o primeiro contacto pessoal com Paulo Ayres ao ensejo do processo seletivo para ingresso no Programa de Pós-Graduação da PUC/SP. Lembro-me bem que ele tomou assento no fundo da sala e lá aguardou, pacientemente, que seu nome fosse chamado para a entrevista. Ao chegar sua vez, consultei o currículo e seus dados pessoais, verificando que se tratava do filho de meu grande amigo e ilustre jurisconsulto Aires Fernandino Barreto, a quem todos respeitavam. Curiosamente, e aqui intercalo uma anotação importante: tudo isso aconteceu em momento de enorme procura por vagas no Programa, chegando recomendações de autoridades acadêmicas, incluindo declarações de desembargadores, ministros e até de personalidades do mundo político. Todavia, não houve pedido algum em favor do nosso homenageado, seja da parte de seu pai, ou de magistrados, políticos ou professores. Examinei, então, atentamente os documentos que estavam ao meu alcance e compreendi o motivo de minha surpresa: sua trajetória acadêmica já dizia tudo, dispensando qualquer recomendação e projetando na mente de quem percorresse aquelas informações a imagem que se foi confirmando, logo no primeiro instante da entrevista: Paulo Ayres, além de muito qualificado intelectualmente, exibia firmeza na linguagem, discrição e enorme simpatia pessoal, o que me fez pensar, de mim para comigo: eis um candidato que reúne condições plenas para tornar-se um pós-graduando que, certamente, engrandecerá a Instituição. É tudo que precisamos!

Daí avante, vieram as confirmações, notadamente da parte de seus colegas e, também, de outros professores e funcionários da Faculdade. A evolução para vínculos de fraternal amizade aconteceu em pouco tempo, formando-se um grupo unido que permanece consistente até o momento em que escrevo estas linhas. Tais foram os períodos que marcam sua auspiciosa passagem pela PUC/SP, cumprindo os pressupostos indispensáveis para regressar, saudoso, à sua Casa de origem, agora na condição de livre-docente, tornando-se, depois, como já mencionei, Professor-Associado.

Enquanto transcorria esse intervalo de tempo, realizamos muitas coisas juntos: grupos de estudo, incursões a Pernambuco para assistir às aulas magistrais do Professor Lourival Vilanova, seminários, congressos e viagens internacionais, mantendo intenso e produtivo intercâmbio com os mais celebrados nomes da área jurídica e filosófica da Itália e da Espanha. E para além desse convívio, os inevitáveis e enriquecedores encontros na condição de arguidores em bancas de qualificação, mestrado e doutorado, na PUC/SP, USP e outras Instituições brasileiras. Recordo-me, até, de uma visita que Paulo Ayres realizou ao Chile, como professor convidado para integrar a Banca de ilustre tributarista daquele país. Sempre me acode a lembrança de que nosso querido amigo e mestre de todos nós – Geraldo Ataliba – certamente estaria orgulhoso em saber que Paulo ocupa, com a serenidade que o caracteriza, a Presidência do Instituto Geraldo Ataliba (IGA), Instituto de Direito Público e Empresarial (IDEPE).

Mas, faço questão de assinalar que nosso homenageado, grande orador que é, já me brindou, mais de uma vez, com calorosas saudações. Uma delas aconteceu em Madri, quando do lançamento de meu livro *Curso de Direito Tributário*, vertido para o idioma espanhol. Sua emoção, que as lágrimas não ocultaram, muito me comoveu, sensibilizando, de igual modo, a plateia de mais de cem pessoas, instalada no magnífico prédio (de quatro séculos de existência) do Colégio de Advogados de Madri.

O livro, que faz aqui os meus cuidados, é tecido em três partes, todas elas, naturalmente, convocando a atenção do leitor para aspectos da personalidade de Paulo Ayres, enquanto pessoa, como pai, como advogado e como professor. Saliento que, dentro desse contexto, está um jurista equilibrado, cheio de convicções, desenvolvido no âmbito de uma família bem estruturada e com sentimentos ordenados, que se irradiam nos amplos domínios de sua vida pessoal. Eis, em apertada síntese, o seguimento introdutório desta obra.

A primeira parte reúne 26 (vinte e seis) textos de 33 (trinta e três) autores, todos eles de elevada categoria no meio jurídico nacional, coordenados por Simone Rodrigues Costa Barreto (sua esposa, também jurista, e companheira de escritório) e Caio Augusto Takano. O título dessa seção é "Direito Tributário: Visão Interdisciplinar" e versa sobre temas direta ou indiretamente ligados ao mencionado campo de indagação. Trata-se de admiradores incondicionais do homenageado. Já a segunda parte é composta por cinco excelentes trabalhos acerca de comentários à obra de Paulo Ayres Barreto, igualmente seguidores atentos de sua carreira de advogado, jurista e professor.

Quero expressar, portanto, a imensa satisfação que experimento ao compor estas frases e consignar os registros que acabo de fazer, enaltecendo a figura ímpar desse grande amigo, companheiro ilustríssimo, modelo de caráter, incisivo nas suas decisões expostas sempre com transparência e naturalidade, traços indiscutíveis de seu modo de ser e de existir.

São Paulo, 15 de novembro de 2021 (Dia da República e aniversário da morte de nosso comum amigo Geraldo Ataliba).

Paulo de Barros Carvalho

Professor Emérito e Titular de Direito Tributário da PUC/SP e da USP
Membro titular da Academia Brasileira de Filosofia

Paulo Ayres

Conheci o Paulo em 1999, quando eu ainda cursava o último ano da faculdade de Direito. Tenho o privilégio de com ele conviver desde então e acompanhar sua trajetória profissional e acadêmica.

Formado em Direito pela Universidade de São Paulo (1984) e em Administração de Empresas pela Fundação Getúlio Vargas (1983), Paulo iniciou sua vida profissional numa conhecida empresa de auditoria, somando notas fiscais, como ele costuma dizer. Um tempo depois, aceitou um convite para atuar numa renomada empresa do ramo de suco de laranja. Renderam, daí, histórias divertidas que ele conta com frequência, especialmente de suas viagens ao exterior. Renderam, também, clientes, que se tornaram grandes amigos.

A escolha pelo caminho do Direito consolidou-se. Paulo decidiu seguir a advocacia em carreira solo, ao lado da atividade já existente de seu pai, o saudoso Aires Fernandino Barreto.

Cercado por grandes juristas, Paulo conquistou o seu espaço na advocacia de forma independente.

E assim seguiu na carreira acadêmica. Sob a orientação do Prof. Paulo de Barros Carvalho, concluiu o mestrado em Direito Tributário na PUC/SP (1999), o que lhe proporcionou, além de conhecimento científico, amizades para toda a vida. Sua dissertação de mestrado, intitulada "Imposto sobre a renda e preços de transferência", posteriormente publicada, foi importante contribuição para o estudo do tema.

Era o início de sua carreira acadêmica. Atuou como professor de seminário na Especialização em Direito Tributário da PUC/COGEAE. Nem imaginava que, alguns anos depois, a atividade docente estaria tão presente em sua vida.

Na busca por mais desafios e, sobretudo, conhecimento, assim que finalizado o mestrado, Paulo ingressou no doutorado, também na PUC/SP e sob a orientação do Prof. Paulo de Barros Carvalho, concluído com sucesso (2005). Dele adveio a obra, que hoje é referência no tema, "Contribuições, regime jurídico, destinação e controle", já traduzida para o espanhol. Era a certeza de que o caminho acadêmico seria seguido, ao lado de sua carreira profissional como advogado.

A Livre-Docência pela Universidade de São Paulo sobreveio em seguida (2008), fruto dos pensamentos inquietos do Paulo, materializados na obra "Planejamento tributário - limites normativos". O tempo despendido na produção científica em detrimento de momentos de lazer com a família e amigos não foi empecilho; o desejo pela vida docente era eminente.

Foi nesse contexto que o Paulo participou do concurso para professor da Faculdade de Direito da Universidade de São Paulo. Tornou-se, assim, em 2009, Professor Associado de Direito Tributário da faculdade do Largo de São Francisco, a qual tanto se orgulha de ter cursado. Hoje, sente-se realizado por transmitir o seu conhecimento adquirido ao longo de sua jornada para alunos dos cursos de graduação, de mestrado e de doutorado.

Não havia melhor caminho a ser por ele seguido. Seu empenho e sua didática deixam clara a sua satisfação em ensinar. Ganham os alunos, pelos ensinamentos recebidos, e ganha o professor, por fazer o que lhe realiza.

A sua participação como expositor em inúmeros congressos e cursos promovidos em todo o País, hoje virtualmente, é a demonstração de sua incansável dedicação à atividade acadêmica.

Paulo teve como inspiração ilustres juristas do Direito Tributário. Desde cedo testemunhou as grandes conquistas de seu pai que, por suas lições, tornou-se referência no Direito Tributário. Geraldo Ataliba deu-lhe, também, motivação para seguir os estudos. E teve o privilégio de contar com o incentivo e os ensinamentos do grande jurista Paulo de Barros Carvalho, por quem tem profundo apreço e admiração. A presença e as lições de José Souto Maior Borges e Roque Antonio Carrazza marcaram, também, a sua carreira.

Não tenho dúvida de que o Paulo Ayres, hoje, é um homem feliz e realizado. Ele muito se orgulha, e com razão, de seus quase 40 anos de carreira. Foi, e continua sendo, uma trajetória ascendente, resultado de muito esforço e dedicação, e que ainda contemplará grandes feitos pela frente.

Essa trajetória exitosa do Paulo reflete o ser humano que ele é: homem íntegro, de caráter inquestionável, e justo. Ele tem um pacto com a verdade. A sua preocupação com o próximo é algo constante.

Ele era chamado por seu pai de 'poder moderador'. Tem a palavra certa, na hora certa. Tem o dom de solucionar um conflito e ainda transformá-lo em algo positivo pelas lições que dele advêm. Sempre vê o lado bom das situações, por mais difíceis que sejam.

E assim é ao lado da família e dos amigos. Os seus conselhos não podem faltar! Suas palavras, na condição de pai, irmão ou tio, além de valiosas, acalmam.

Paulo é aquela pessoa querida por todos. É leve e divertido. Sua discrição é uma virtude. De forma invejável, mantém suas amizades da época de infância com intensidade, e faz novos amigos com facilidade. Agrega amizades que construiu ao longo de sua vida, sempre somando.

Diz o ditado que atrás de um grande homem, há sempre uma grande mulher. No caso do Paulo, ele é um grande homem por méritos próprios. Sou grata por viver ao seu lado e usufruir, de perto e em posição privilegiada, de todas as suas qualidades. Sinto-me presenteada por tê-lo como pai do meu filho. Paulo é um exemplo de pai, de ser humano, de advogado e de professor.

Paulo, este livro é uma singela homenagem pela trajetória de sucesso que vem construindo. Sabemos quão árduo foi, e continua sendo, esse caminho; mas os frutos que dele provêm são preciosos. Siga em frente!

Simone Rodrigues Costa Barreto

O Pai

Para poder falar um pouco sobre o que é ser filho do Paulo Ayres, é preciso entender quem ele é como Pai.

Paulo Ayres é onipresente. Ele é carinho, é amor, é preocupação, é amigo, é educador, é torcedor nas horas vagas e, principalmente, é *presente*.

Presente, pois, desde que me conheço como pessoa, nunca me faltou Paulo Ayres. Ele acompanha de perto todas as etapas da minha vida. E com proximidade rara: cumprem a exceção aqueles dias que passo sem sentir a presença dele.

Presente, também, é claro, pois fui abençoado com tamanho Pai. Sem dúvida, um privilégio. Não só é um Pai que esbanja incontáveis qualidades paternas, mas, além disso, é um verdadeiro mentor de vida. É aquela pessoa que te puxa quando você mais precisa, que te acalma no seu maior desespero e que sempre, mas sempre mesmo, consegue enxergar o lado positivo das coisas.

Talvez seja essa uma de suas maiores qualidades. Em 22 anos de convivência, eu, Gabriel, nunca lhe apresentei um problema sem que ele me retornasse com alguma solução. Poderia ser o pior dos mundos. Não há mundo ruim com ele.

A cereja do bolo é que, não bastassem suas inúmeras qualidades, Paulo Ayres é minha referência máxima profissional (não só minha, mas como de muitos). É um privilégio imensurável encontrar em meu Pai um dos melhores exemplos de sucesso na minha profissão. E que exemplo! Que jornada! Uma jornada que, por fruto de sua intensa e imparável dedicação, está em constante evolução.

É possível definir nossa relação com uma simples função algébrica: Gabriel está para Paulo Ayres, assim como Paulo Ayres estava para Aires F. Barreto. Não podemos falar em Paulo Ayres sem rememorarmos nosso saudosíssimo Aires Barreto, que também era um Pai, um Avô, um mentor, um amigo. Na mesma medida, não se pode falar em Gabriel sem se falar em Paulo Ayres. E eu agradeço todos os dias por isso. É, sim, um privilégio.

Assim, finalizo minha breve apresentação de um homem com predicados indescritíveis, destinando a ele as mesmas palavras que ele destinou a mim, em 2006, quando da publicação de um de seus primeiros livros: "*Dedico esta a meu pai Paulo Ayres, cuja ternura e alegria são fontes constantes de inspiração, com muito amor*".

Você é minha fonte de inspiração.

Com muito amor,

Gabriel.

Gabriel Ayres Bittencourt Barreto

O Mestre

1. Mestre dos Mestres

Paulo Ayres fez da própria vida uma obra de arte. Por isso, ser amigo do Paulo é um privilégio. É contemplar e desfrutar, concretamente, de suas virtudes e habilidades: amável, justo, inteligente, disponível, amigo, meritocrático, discreto, profissional, simpático, bem-humorado, generoso, educado, trabalhador, grande advogado e professor; e, além de tudo, exímio jogador de futebol, atacante gentil, que continua fazendo gols "de placa" no Esporte Clube Pinheiros e no mundo da vida.

Paulo Ayres é líder do tipo discreto. Tem a sabedoria de um mestre espiritual que eleva seus pupilos para outra dimensão de conhecimento e discernimento da realidade. Ilumina ações e processos de forma carinhosa e sutil. Daí merecer a saudação, reiteradamente, citada por PBC, que celebra nosso homenageado:

Paulo Ayres, Mestre dos Mestres:

Rei dos Mestres, aprendeu sem se ensinar...

– Ele reina no fogo!

– Ele reina na água!

– Ele reina no ar!

(Ascenso Ferreira)

Esta obra não é um "Festschrift" tradicional ("escrita de celebração") que designa um tipo específico de livro, publicado em vida, que, na tradição acadêmica, homenageia a aposentadoria ou o topo da carreira de uma pessoa respeitada, em especial, um professor. Esta virá, no seu devido tempo, mas ainda não é o caso.

O Prof. PAULO AYRES BARRETO, ave solta no céu matinal da montanha, está longe da aposentadoria. Mas, nós, amigos, admiradores e discípulos decidimos, silenciosamente, fazer esta desconcertante e inesperada surpresa: um "livro dos amigos", optando mais pela afetuosa expressão latina "liber amicorum" (**livro** dos amigos) para uma pessoa – genuinamente especial – que fez e faz diferença na trajetória de nossas vidas, aproveitando a ocasião para registrar, também, publicamente, a IMPECABILIDADE da carreira do professor, advogado, consultor, parecerista e conselheiro.

Este livro é gratidão gratuita e incondicional pelo privilégio de podermos gozar da sua presença e existência. A história que segue procura representar essa ideia da verdadeira generosidade que retrata a atividade, ação e prática de Paulo Ayres, neste mundo:

> *"Era uma vez dois irmãos que cultivavam a terra juntos e sempre compartilhavam as colheitas.*
>
> *Um dia, um dos irmãos despertou durante a noite e pensou: "Meu irmão é casado e tem filhos. Por isso, tem necessidade e despesas que eu não tenho. Então, colocarei algumas de minhas sacas em sua despensa, o que é mais do que justo. Farei isso na calada da noite para não acontecer que, por sua generosidade, não queira aceitá-Ias.*
>
> *Levou as sacas e voltou para a cama.*
>
> *Pouco depois, o outro irmão despertou e disse: "Não é justo que eu tenha a metade de todo o milho de nossa terra. Meu irmão, que é solteiro, não tem o prazer de possuir uma família e, portanto, tentarei compensá-lo passando um pouco do meu milho para sua despensa". E assim fez.*

Na manhã seguinte, ambos ficaram surpresos ao ver que havia o mesmo número de sacas em sua despensa e não puderam compreender como, ano após ano, o número de sacas continuava sendo o mesmo, ainda que as transferissem às escondidas.

E assim, seguiram felizes, sempre!"

2. Paulo Ayres e Aires Fernandino Barreto

Paulo Ayres é exemplo de que a família é uma instituição que importa. A formação do nosso homenageado começou em casa por meio de seu pai, o notável publicista e homem público, Aires Fernandino Barreto, de quem herdou o estilo de caminhar, o charmoso topete, a biblioteca e, em especial, a admiração de amigos comuns, entre eles para nos restringirmos à uma tríade: Geraldo Ataliba, Celso Antonio Bandeira de Mello e Paulo de Barros Carvalho.

Paulo Ayres tem uma trajetória notável. Graduou-se, simultaneamente, em direito, pela Faculdade de Direito da Universidade de São Paulo e, em Administração de Empresas, pela Escola de Administração de Empresas da Fundação Getulio Vargas de São Paulo. Mestre e Doutor em Direito Tributário pela Pontifícia Universidade Católica de São Paulo – PUC/SP. Livre-docente em Direito Tributário pela Faculdade de Direito da Universidade de São Paulo. Professor Associado (concursado) da Faculdade de Direito da Universidade de São Paulo. Professor dos Cursos de Especialização em Direito Tributário da Pontifícia Universidade Católica de São Paulo - PUC/SP e do Instituto Brasileiro de Estudos Tributários – IBET.

Recebeu o Prêmio de Melhor Livro dos anos de 2007/2008, outorgado pela Associação Paulista de Estudos Tributários – APET, pela obra "Contribuições – Regime Jurídico, Destinação e Controle", Editora Noeses, São Paulo, 2006 (2ª edição). É autor, ainda, dos livros "Imposto sobre a Renda e Preços de Transferência", Editora Dialética, São Paulo, 2001; e "Imunidades Tributárias: Limitações Constitucionais ao Poder de Tributar" (coautoria), Editora Dialética, São Paulo, 1999;

"Contribuiciones, Régimen jurídico, destinación y control", Jurista Editores, 2012, Perú e "Planejamento Tributário – Limites Normativos", Editora Noeses, São Paulo, 2016.

Sempre foi uma felicidade vê-lo chegar nos Congressos do IDEPE, caminhando ao lado do seu pai, cuja voz grave ainda ecoa nos espaços do auditório do Maksoud Plaza, modulada, agora, pelo fina e elegante oratória do filho, citando o mesmo Padre Vieira. Paulo Ayres representa a força dessa ancestralidade que se projeta para o futuro: Simone, Gabriel e Bruno. Confirma o sentido da criação e semeia esperança: sim, a humanidade tem futuro! Pela amizade conduz sua dança ao redor do mundo, convidando todos nós a despertar para dar graças. É alegria somada à alegria, amor somado a amor. Eis o segredo da amizade: Paulo Ayres é alegria comum, alegria recíproca, alegria partilhada.

3. A "Chave", a "Luz", a "Casa" e o "Coração"

> *"Era uma vez um sábio, chamado Sheik Serya Oluap que estava procurando algo embaixo de um poste de luz quando o vizinho passou e perguntou:*
>
> *Mestre Serya Oluap, está procurando o quê?*
>
> *Minha chave, disse.*
>
> *E o vizinho, então, resolveu ajudá-lo. Depois de um tempo, o vizinho perdeu a paciência e perguntou:*
>
> *Venerável Sheik Serya Oluap, você tem certeza de que perdeu sua chave aqui?*
>
> *E o sábio respondeu:*
>
> *Claro que não. Eu perdi dentro de casa.*
>
> *Mas, por que então você está procurando aqui?*
>
> *Procuro, neste lugar, – disse o Sheik Serya Oluap – porque, aqui, há luz."*

Em quase trinta anos de amizade, tenho buscado com Paulo Ayres a "chave" e a "luz" do conhecimento do direito e da vida. Juntos, estudamos Lógica Jurídica, Linguística,

Semiótica, Filosofia da Linguagem, Teoria dos Sistemas, Teoria das Relações, Teoria dos Conjuntos e das Classificações, desenvolvendo, aprimorando e expandindo a compreensão sobre a aplicabilidade do direito (lançamento) e a constituição da norma jurídica (regra-matriz de incidência tributária). Em busca da "luz" da ciência, "chave" do conhecimento, percorremos o mestrado e o doutorado da PUCSP. Em 1995, fizemos parte de um "dream team" que reintroduziu os famosos cursos de especialização da PUC-COGEAE, idealizados por Geraldo Ataliba nos anos 1970. Desde 1996, começamos a participar ativamente do IDEPE-GERALDO ATALIBA. A partir de 1998, iniciamos, juntos, os cursos de pós-graduação do Instituto Brasileiro de Estudos Tributários - IBET, sendo que em 2014, sempre juntos, concebemos o livro "Curso de Especialização de Direito Tributário - Estudos Analíticos em Homenagem ao Prof. Paulo de Barros Carvalho (PBC), lançado em 2004, por ocasião do primeiro Congresso Nacional de Estudos Tributários do IBET.

Juntos, passamos quase 30 anos, buscando a "chave" iluminados pela racionalidade da "luz" da lógica e pela realidade metodológica das ciências empíricas. Agora, olho para cima, admirado com a estatura que o Paulo Ayres alcançou, e pergunto ao meu amigo:

Você tem certeza que você perdeu a "chave" aqui, debaixo desse poste de luz?

Não, descobri que perdi a minha "chave" dentro de minha "casa" e já a encontrei. Agora moro dentro da minha casa e não preciso mais da "chave", responde meu amigo, com um lindo e bondoso sorriso.

Na Tradição do Sheik Serya Oluap, o termo "casa" significa o seu verdadeiro "coração" ("self" superior da percepção da realidade).

Nós... Seguimos a jornada, entre "luz" e "sombra", na busca da "chave" e da sonhada "casa" que abriga o "coração" (*self*).

O caminho é árduo.

Mas já temos um guia!

Gratidão, querido Paulo Ayres!

Trancoso/BA, 11 de agosto de 2021

Dia do Advogado

Eurico Marcos Diniz de Santi

O Advogado

É de longa data que conheço e admiro o jurista e profissional ao qual dedicamos essa obra. Desde os tempos do mestrado, na Pontifícia Universidade Católica de São Paulo, acompanho, de perto, o seu pensamento jurídico ímpar e a sua postura, sempre construtiva e respeitosa.

No campo acadêmico, o Professor Paulo Ayres Barreto desponta como um dos mais brilhantes pensadores de nossa geração, figurando como autor de obras que se tornaram referência em matéria de tributação da renda, preços de transferência, contribuições e planejamento tributário.

Sua dedicação à formação das novas gerações também se provou frutífera, tendo seus ensinamentos alicerçado relevante escola de pensamento no campo jurídico-tributário.

Na esfera profissional, seu pragmatismo e sua experiência, aliados ao seu profundo conhecimento jurídico, tornam-no um verdadeiro jurista – ponto de intersecção entre teoria e prática.

Tendo contado com seu aconselhamento em momentos de grande complexidade jurídica e relevantes reflexos econômicos, pude contar com sua capacidade de identificar os pontos-chave a serem enfrentados, reduzir complexidades e oferecer recomendações sólidas e eficientes para o enfrentamento dos desafios verificados.

Seu apoio, que vai muito além da emissão de pareceres, incluindo também o suporte direto aos processos internos das empresas e a participação em discussões estratégicas, mostraram-se de inestimável valia no meu atual ciclo profissional.

Seja por meio de sustentações orais em emblemáticas sessões de julgamento no Supremo Tribunal Federal, seja no apoio em tratativas com administrações tributárias de diferentes países ou mesmo em processos internacionais de fusões e aquisições, sua atuação tem como marca a coerência e consistência.

Tais características, somadas à sua visão estratégica e à sua sensibilidade política o tornam um colaborador crítico em processos de gestão de crises, relacionamento institucional e também de comunicação com a sociedade civil, nos quais prestamos esclarecimentos ao público sobre temas de cunho fiscal.

Dada a sua preocupação em conhecer os negócios e operações de seus clientes, o Dr. Paulo Ayres Barreto é capaz de apoiar empresas do planejamento tributário ao atendimento à fiscalização. Com a visão do negócio como um todo, ele tem oferecido opiniões que em muito transcendem a mera apreciação de quesitos jurídicos formulados pelo cliente ou a identificação de riscos e respectivos prognósticos.

Seu amplo reconhecimento por parte dos órgãos internos de governança corporativa de diversas grandes empresas é outro elemento catalisador de seus pareceres e opiniões legais, os quais orientaram e fundamentaram importantes tomadas de decisão empresariais.

Em razão de todo esse conjunto de fatores, vejo no Dr. Paulo Ayres Barreto um dos advogados mais capazes e influentes de nossa geração. Pessoalmente, como diria nosso mestre maior, Professor Paulo de Barros Carvalho, sobre ser um prazer é uma honra ter esse convívio tão próximo e poder participar dessa obra em sua homenagem.

Octavio Bulcão

O Professor

Inúmeras são as qualidades que me vêm à mente para referir o Professor Paulo Ayres Barreto. Admirável docente, respeitado advogado e, sobretudo, exemplo de ser humano. Discreto, reúne em si inúmeras qualidades que o tornam um líder excepcional. Seria sobremodo difícil escrever sobre o homenageado sob as diversas perspectivas possíveis que sua figura comportaria: não caberia nessas poucas páginas, tampouco faria jus à sua grandeza como jurista e ser humano. Certamente me esqueceria de alguma de suas incontáveis virtudes e feitos. Minha pretensão é muito mais singela, porém não menos afetuosa: compartilhar um pouco a minha convivência com o homenageado, como seu aluno, orientando, assistente e amigo.

Tive a honra de ter sido parte de sua primeira turma da graduação na Faculdade de Direito da USP, em 2009, e, desde então, tenho o privilégio de seu convívio e de sua orientação. Paulo Ayres Barreto é um professor no sentido mais estrito do termo. Durante os mais de 12 anos como Professor Associado da tradicional Faculdade de Direito da Universidade de São Paulo, tem incentivado seus alunos ao diálogo científico, com respeito e paternal cordialidade. Nunca impôs que adotassem um ou outro posicionamento doutrinário, a despeito de suas preferências pessoais. Pelo contrário, sempre os deixou livres para trilhar seus próprios caminhos, exigindo, apenas, consistência e coerência na construção de seu raciocínio jurídico.

Essa liberdade de pensamento reflete uma peculiar habilidade do homenageado: poucos acadêmicos conseguem transitar com tranquilidade entre diferentes ramos do Direito, entre distintas escolas do pensamento jurídico. Paulo Ayres Barreto, sempre com inexcedível rigor científico e reverência aos autores clássicos, dialoga com todas elas, esmiuçando todas as perspectivas possíveis para analisar o fenômeno jurídico. Daí seu discurso consistente e persuasivo, que impressiona a todos que ouvem suas palestras e leem seus escritos. Destaca-se pela precisão analítica e pela riqueza de seus argumentos, sempre apresentando uma linha de raciocínio de rara clareza e precisão para o público, seja ele composto de alunos de graduação ou de experientes operadores do Direito.

Docente incansável, sua atuação na Faculdade de Direito da USP é impecável: faz questão de estar presente e conduzir pessoalmente todas as aulas; participa de incontáveis bancas de Tese de Láurea, Qualificação, Mestrado e Doutorado; todo semestre oferece diversos créditos na graduação e na pós-graduação, ultrapassando facilmente o número exigido regimentalmente; participa ativamente dos eventos acadêmicos e das Reuniões da Congregação da Faculdade; dedica-se à zelosa orientação de inúmeros pesquisadores no programa de Pós-Graduação; apoia e lidera grupos de estudos; colabora para o aprimoramento de docentes com a supervisão de estágio pós-doutoral. Em síntese: tem o dom da presença, séria e compromissada, de um docente que é apaixonado pela vida acadêmica. Paulo Ayres costuma incentivar seus alunos a "respirar a Faculdade", inclusive pelo exemplo de suas atitudes.

Como orientador, atua com firmeza, serenidade e, sobretudo, com o coração. Trata seus orientandos com cordialidade e carinho paternal. Sua orientação não se restringe às Arcadas: não se furta de dar conselhos valiosos e direcionamentos certeiros a todos os alunos que a ele se socorrem. Tampouco sua presença se limita às salas de aula: acompanha de perto a trajetória de seus alunos. Por mais ocupado que esteja, faz questão de ligar para seus orientandos para parabenizá-los pessoalmente e comemorar as suas vitórias como se fossem próprias. E, em verdade, o são.

Faço, aqui, um breve testemunho: nas duas oportunidades em que prestei o concurso para professor de direito tributário da Universidade Presbiteriana Mackenzie, pude contar não apenas com o apoio e incentivo do homenageado, mas inúmeras dicas e orientações que foram fundamentais para que eu me preparasse adequadamente para enfrentar esse desafio, que representava para mim um verdadeiro sonho acadêmico. Aliás, aprendi o significado de ser Professor ao acompanhá-lo – seja como monitor, assistente ou ouvinte – nas aulas de graduação e de pós-graduação, onde pude observar, na prática, estratégias valiosíssimas de didática, oratória e postura em sala de aula. O homenageado costuma dizer que é necessário estar preparado sempre, pois nunca se sabe quando uma oportunidade poderá surgir. Felizmente eu estava quando a minha apareceu, graças a ter aproveitado mais de uma década de aprendizado constante do convívio com o homenageado. Até hoje não tenho palavras para expressar minha gratidão!

Por fim, não há como referir-se a Paulo Ayres Barreto, inclusive sobre a sua vida acadêmica, sem aludir ao seu pai: o Professor Aires Fernandino Barreto. O homenageado sempre fez questão de apontar seu pai como modelo, como o fez publicamente no livro "Tributação e desenvolvimento: Homenagem ao Professor Aires Barreto"[1], em belíssima homenagem na qual expôs toda a sua admiração às inúmeras virtudes e atributos de seu pai. Reli suas emocionantes palavras para escrever essa breve apresentação e dúvidas não há de que o Professor Aires não poderia estar mais orgulhoso de seu filho: as mesmas qualidades que lhe foram apontadas igualmen-

1. BARRETO, Paulo Ayres. Tributação sobre o consumo: simplicidade e justiça tributária. In. SANTI, Eurico Marcos Diniz de. *Tributação e desenvolvimento: homenagem ao professor Aires Barreto*. São Paulo: Quartier Latin, 2011, p. 529.

te cabem com perfeição ao homenageado. Pai dedicado que dá tudo de si pela família; ser humano justo, compreensivo e dedicado ao próximo; profissional de sucesso que brilhou em todas as atividades que desempenhou – e que tal qual seu pai, não foram poucas; exímio líder administrador de equipes; advogado competente de trajetória vencedora; jurista acatado por seus pares e amplamente citado; parecerista cada vez mais procurado para o enfrentamento de questões jurídicas tormentosas; professor didático e carismático, humilde e dedicado, adorado pelos alunos; orador que encanta auditórios e comove plateias; cultor da língua portuguesa, de escritos impecáveis. São facetas e qualidades que se apresentam com hialina clareza o homenageado e que, da mesma maneira, causa-nos profunda admiração por sua pessoa.

Diante disso, não é surpresa o fato de que seus alunos e orientandos o têm como incontestável paradigma. Não apenas por sua sólida carreira acadêmica, em plena produção e contribuição à ciência jurídica, mas pelas inúmeras qualidades pessoais que demonstra a todos aqueles que o cercam. Paulo Ayres Barreto merece todas as homenagens da comunidade jurídica. Este livro é seu *liber amicorum,* é o festejo de sua carreira exitosa, é a nossa demonstração de carinho e admiração pelo Professor que, com humildade, respeito, ética e generosidade, tem conquistado gerações de discípulos e superado com distinto brilhantismo todos os obstáculos que se puseram em sua trajetória!

Caio Augusto Takano

SUMÁRIO

Parte 1

DIREITO TRIBUTÁRIO: VISÃO INTERDISCIPLINAR

Parte 2

COMENTÁRIOS ÀS OBRAS DO HOMENAGEADO

Parte 1

DIREITO TRIBUTÁRIO: VISÃO INTERDISCIPLINAR

ICMS, GUERRA FISCAL E O ACERTO DO MIN. EDSON FACHIN[1]

André Mendes Moreira[2]

Sumário: Proêmio – 1. Delimitação da *quaestio juris*: o recente entendimento do STF – 2. Um imposto estadual de feição nacional: 2.1 A gênese do ICM; 2.2 O breve ICM-municipal, que nunca veio a existir; 2.3 Os ajustes empreendidos pela Constituição de 1967 e pela EC 01/69; 2.4 Constituição de 1988 (CR/88) – 3. A Lei Complementar 24/75 e a democratização subsequente – 4. A dupla sanção do art. 8º da Lei Complementar 24/75 – 5. Violação à separação de poderes – 6. Causa de estorno de crédito não prevista na CR/88: 6.1 A pergunta e a resposta formulados no voto do relator; 6.2 O sentido constitucional da "compensação" do imposto "cobrado" na operação anterior: 6.2.1 O *leading case* da década de 1980: ICM "cobrado" equivale a ICM "destacado" para fins de compensação pelo adquirente; 6.2.2 A apuração imposto-contra-imposto e por período de tempo; 6.2.3 O posicionamento anterior da Corte: imposto destacado é crédito a compensar - 6.3 Somente na isenção ou não-incidência é possível a glosa do crédito; 6.4 O entendimento do relator – 7. A posição da maioria – 8. Conclusões – Referências.

Proêmio

Este *liber amicorum*, trazido a lume pelos esforços dos Professores Caio Augusto Takano e Simone Rodrigues Costa Barreto, vem fazer dupla justiça: ao homem e à sua obra.

---

1. O presente artigo trata de tema inédito, valendo-se, em certos trechos, de adaptações das seguintes obras: MOREIRA, André Mendes. *Neutralidade, Valor Acrescido e Tributação*, 2ª ed. Belo Horizonte: Fórum, 2020, pp. 130-8; MOREIRA, André Mendes. *A Não-Cumulatividade dos Tributos*, 3ª ed. São Paulo: Noeses, 2018, pp. 139-47; 430-6.

2. Professor Adjunto de Direito Tributário da UFMG. Doutor em Direito Tributário pela USP. Advogado e Consultor Tributário.

O Professor Paulo Ayres Barreto é jurista, que, com notável capacidade, alia elevados afazeres distintos, todos com impressionante qualidade.

Mestre das Arcadas, forma legiões de alunos todos os anos, na graduação, no mestrado e no doutorado. Outrossim, colabora para o aprimoramento de docentes, supervisionando-os em estágio pós-doutoral. Como se não bastasse, integra bancas de exame de dissertações, teses e concursos acadêmicos, em todo o País – que também percorre de norte a sul ao participar, como conferencista ou homenageado, dos principais congressos tributários nacionais e internacionais.

Dentre as inúmeras publicações do Professor Paulo Ayres Barreto, vale destacar duas:

(a) o livro "*Contribuições:* regime jurídico, destinação e controle", ganhador do prêmio de melhor obra do biênio 2007/2008, outorgado pela Associação Paulista de Estudos Tributários; e

(b) a atualização, preservando o texto original, do magistral "ISS na Constituição e na Lei", elaborado pelo saudoso Professor Aires Fernandino Barreto, cujo legado o homenageado honra diuturnamente, com sobras de mérito.

Outrossim, nos misteres da advocacia, o Professor Paulo Ayres Barreto coloca em prática todo o seu conhecimento, atuando em causas administrativas e judiciais de relevo, como patrono ou parecerista, sempre na sua área de eleição: o Direito Tributário.

O que já foi escrito seria suficiente para demonstrar que o Professor Paulo Ayres Barreto é mais que merecedor da homenagem engendrada.

Contudo, é preciso, no caso específico, dar um passo adiante, para tratar das qualidades pessoais do Professor: a lhaneza no trato, o caráter ético, a empatia com o outro e os elevados padrões morais são qualidades inerentes ao homenageado. Certamente, o berço familiar contribuiu em muito para essa virtude. Inobstante, a grandeza de espírito do Professor denota uma mente privilegiada não somente sob o prisma jurídico, mas, também, sob a ótica humana.

O tema eleito para esta obra decorre de matéria que tive a oportunidade de ministrar juntamente com o homenageado. No segundo semestre de 2018, a convite dos Professores Luís Eduardo Schoueri e Paulo Ayres Barreto, participei como professor convidado da disciplina Tributação do Consumo, ministrada no Programa de Pós-Graduação em Direito da USP. Dentre os assuntos debatidos, a guerra fiscal, obviamente, se fez presente.

Dois anos depois do semestre lecionado nas Arcadas, o julgamento de um *leading case* pelo STF operou profunda mudança sobre a questão que, na época dos debates, estava pacificada em sentido contrário, no âmbito do STJ.

Por essa razão é que, imbuído do mister de dar continuidade aos estudos da tributação do consumo,[3] o tema ICMS e guerra fiscal orientará o texto que se segue, sob as novas luzes trazidas pelo Supremo Tribunal Federal.

1. Delimitação da *quaestio juris*: o recente entendimento do STF

A despeito de os debates sobre a reforma tributária do consumo estarem em curso há três anos no Congresso Nacional, um fato tem ocorrido sem muita publicidade: a pacificação, pelo STF, de uma série de temas que, há décadas, aguardavam desfecho – impactando especialmente os tributos indiretos.

A virtualização dos processos, aliada à mudança no *modus operandi* dos Tribunais, elevou sobremaneira o número

---

3. Sobre o tema, confira-se coletânea de artigos dos alunos dos programas de mestrado e doutorado da FDUSP e da FDUFMG: BARRETO, Paulo Ayres; MOREIRA, André Mendes; SCHOUERI, Luís Eduardo (org). *Tributação do consumo*. Belo Horizonte: Arraes, 2021, p. 812.

de questões tributárias julgadas em definitivo pela mais alta Corte nacional.

Foi nesse cenário em que, na sessão do Plenário virtual realizada em abril de 2020 – e concluída em agosto do mesmo ano, devido a um pedido de vista –, o STF assentou, por maioria de seis votos contra três, a seguinte tese de repercussão geral (Tema nº 490):[4]

> O estorno proporcional de crédito de ICMS efetuado pelo Estado de destino, em razão de crédito fiscal presumido concedido pelo Estado de origem sem autorização do Conselho Nacional de Política Fazendária (CONFAZ), não viola o princípio constitucional da não cumulatividade.

A maioria seguiu o voto do redator designado para o acórdão, o eminente Min. Gilmar Mendes. Lado outro, o relator originário do caso, Min. Edson Fachin, filiou-se à corrente vencida.

O STF decidiu de forma clara – e, no momento em que se escreve este artigo, os embargos declaratórios opostos contra o aresto estão sendo rejeitados. *Roma locuta, causa finita*, já diziam os antigos. A tese foi fixada e se tornou o direito vigente no Brasil – ou, como diriam os anglo-saxões, *the Law of the land*.

Contudo, a academia é o foro para debates sobre os acertos (em sua maioria) e erros (em sua menor parte) dos Tribunais. É dentro desse espírito científico que se buscará, no presente artigo, lançar luzes sobre o voto vencido do Ministro Edson Fachin.

A tese de repercussão geral proposta por S. Exa., ostentava a seguinte redação:

> Afronta a ordem constitucional glosa de crédito de ICMS efetuada pelo Estado de destino, nos termos do art. 8º, I, da Lei Complementar 24/75, mesmo nas hipóteses de benefícios fiscais concedidos unilateralmente pelo Estado de origem, sem observância do art. 155, §2º, XII, "g", da Constituição da República.

4. STF, Pleno, Tema-RG nº 490, RE nº 628.075/RS, Relator Min. Edson Fachin, redator do acórdão Min. Gilmar Mendes, j. 18.08.2020, DJe 01.10.2020.

De plano, manifesto minha aderência ao entendimento acima. O ICMS é de amplitude nacional. Logo, não se pode sujeitar o contribuinte a 27 regras distintas – uma para cada ente subnacional.

Com a nova tese de repercussão geral fixada, o *quantum debeatur* do ICMS passará a ter apuração ainda mais complexa. Para além do cômputo de créditos com base nos valores destacados em notas fiscais, será preciso investigar se, dentre os vendedores, algum possui benefício fiscal ilegítimo no Estado de origem. Transfere-se ao particular o *munus* público de fiscalizar. O foco do empresário, com isso, deverá ser também a inspeção tributária dos seus fornecedores – ônus gravoso, especialmente considerando a profusão de regras estaduais em matéria de ICMS, veiculadas por todos os meios, nem sempre com ampla publicidade (leis, decretos, resoluções, portarias, atos interpretativos, termos de regimes especiais etc.).

Logo, mesmo havendo *stare decisis*, é preciso avaliar se o posicionamento da Corte poderia (ou deveria) ter sido outro. Nada melhor, para tanto, do que a análise do núcleo fundamental das dezoito páginas do voto do Min. Edson Fachin – que foi acompanhado pelos Ministros Roberto Barroso e Marco Aurélio, formando a corrente minoritária, à qual este trabalho se filia.

Antes de tudo, é preciso situar o problema, o que se fará no item 2, sob o prisma histórico-evolutivo. Os itens 3 a 7, a seu turno, cuidarão do mérito do tema julgado pelo STF, aos quais se seguirão as conclusões.

2. Um imposto estadual de feição nacional

2.1 A gênese do ICM

Em janeiro de 1965, o governo federal constituiu formalmente uma comissão, abrigada na Fundação Getulio Vargas e integrada, entre outros, por Rubens Gomes de Sousa e

Gilberto de Ulhôa Canto, para elaborar um projeto de reforma tributária a ser votado no Congresso.

Um dos pontos centrais a ser atacado era a cumulatividade na tributação do consumo de bens e serviços. Havia três impostos sobre a venda de mercadorias, que, a despeito de juridicamente distintos, eram economicamente iguais:

(a) o Imposto de Consumo federal (IC), não-cumulativo;[5]

(b) o Imposto sobre Vendas e Consignações estadual (IVC), cumulativo; e

(c) o Imposto de Indústrias e Profissões (IIP), cumulativo.

A incidência tríplice fazia com que a carga tributária chegasse, em alguns casos, à metade do preço dos bens.

O Imposto de Consumo, que representava parcela substancial da arrecadação da União, possuía alíquotas que variavam de 3% a 260% (as alíquotas mais elevadas eram as de cunho extrafiscal, sobre fumo e bebidas alcoólicas). Contudo, o IC era não-cumulativo por força de leis ordinárias, o que mitigava o seu peso relativo sobre o produto.

A seu turno, a alíquota média do IVC variava entre 5% e 6%, porém a incidência final montava a 30% do bem – já que não se descontavam créditos.

Com a adição do IIP (que funcionava praticamente como um adicional do IVC cobrado pelos municípios), a carga tributária sobre mercadorias superava os 50% em ciclos de produção mais longos.

2.2 O breve ICM-municipal, que nunca veio a existir

Atento às qualidades da tributação não-cumulativa, o relatório final da Comissão de Reforma Tributária propôs um

5. Nota do editorial: a pedido do autor, foram mantidas as formas hifenizadas nas expressões "não-cumulativo", "não-cumulativa", "não-cumulatividade" e "não-incidência", salvo excertos transcritos.

modelo no qual o Imposto de Consumo seria mantido, porém com outro nome: Imposto sobre Produtos Industrializados (IPI). A não-cumulatividade seria estendida ao IVC e ao IIP – a serem congregados em um só imposto, o ICM, cobrado tanto pelos estados como pelos municípios.

As municipalidades, contudo, não poderiam instituir alíquotas que superassem 30% das fixadas pelos estados, o que conferiria certa harmonia ao ICM-municipal e evitaria excessos impositivos.

Aprovada pelo Congresso Nacional, a proposta convolou-se na EC 18/65, que assim dispunha em sua redação original:

IPI	ICM estadual e municipal	ISSQN
Art. 11. Compete à União o imposto sobre produtos industrializados. Parágrafo único. O imposto é [...] não-cumulativo, abatendo-se, em cada operação, o montante cobrado nos anteriores.	Art. 12. Compete aos Estados o imposto sobre operações relativas à circulação de mercadorias, realizadas por comerciantes, industriais e produtores. [...] § 2º. O imposto é não-cumulativo, abatendo-se, em cada operação, nos termos do disposto em lei complementar, o montante cobrado nas anteriores, pelo mesmo ou por outro Estado [...]. Art. 13. Compete aos Municípios cobrar o imposto referido no artigo anterior com base na legislação estadual a ele relativa, e por alíquota não superior a 30% (trinta por cento) da instituída pelo Estado. Parágrafo único. A cobrança prevista neste artigo é limitada às operações ocorridas no território do Município, mas independente da efetiva arrecadação, pelo Estado, do imposto a que se refere o artigo anterior.	Art. 15. Compete aos Municípios o imposto sobre serviços de qualquer natureza, não compreendidos na competência tributária da União e dos Estados. Parágrafo único. Lei complementar estabelecerá critérios para distinguir as atividades a que se refere este artigo das previstas no art. 12.

A criação do ICM não-cumulativo para substituir o IVC e o IIP, nos âmbitos estadual e municipal, mostrou-se, desde logo, disfuncional. Seria praticamente impossível obrigar um município a reconhecer o crédito do imposto pago em outro. No âmbito estadual, a tarefa não se revelaria das mais fáceis com o tempo, mas, no caso das municipalidades, a incompatibilidade foi constatada de imediato, levando à extinção do ICM-municipal pela CR/67 (vide próximo tópico).

A extinção do ICM-municipal poupou o Brasil de problemas insolúveis na tributação do consumo. Contudo, a manutenção do ICM-estadual enformaria a federação para sempre – com todos os prós e contras de se cobrar, nos Estados, um tributo de nítido cariz nacional.

2.3 Os ajustes empreendidos pela Constituição de 1967 e pela EC 01/69

A Constituição de 1967 extinguiu o ICM-municipal. O imposto foi atribuído exclusivamente aos Estados e ao Distrito Federal, porém assegurando a participação das municipalidades em 20% do produto da arrecadação (artigo 24, § 7º, da CR/67). Com isso, IPI e ICM não-cumulativos passaram a incidir sobre venda de mercadorias – a despeito de o IPI não alcançar os comerciantes em geral, como se dava com o ICM. Quanto ao ISSQN, foi mantido como estava.

Esse foi o desenho que, na prática, acabou se implementando:

IPI	ICM estadual (com entrega de 20% da arrecadação aos municípios)	ISSQN
Art. 22. Compete à União decretar impostos sobre: V – produtos industrializados; § 4º. O imposto sobre produto industrializado será [...] não-cumulativo, abatendo-se, em cada operação, o montante cobrado nas anteriores.	Art. 24. Compete aos Estados e ao Distrito Federal decretar impostos sobre: II – operações relativas à circulação de mercadorias, realizadas por produtores, industriais e comerciantes. § 5º. O imposto sobre circulação de mercadorias é não-cumulativo, abatendo-se, em cada operação, nos termos do disposto em lei, o montante cobrado nas anteriores, pelo mesmo ou outro Estado [...]. § 7º. Do produto da arrecadação do imposto a que se refere o item II, oitenta por cento constituirão receita dos Estados e vinte por cento, dos Municípios.	Art. 25. Compete aos Municípios decretar impostos sobre: II – serviços de qualquer natureza não compreendidos na competência tributária da União ou dos Estados, definidos em lei complementar.

É importante repisar que o ICM não incidia sobre energia elétrica, minerais, petróleo e seus derivados. Esses insumos eram sujeitos ao imposto único federal, cujo nome indicava sua característica de incidir uma só vez, em etapa singular do processo produtivo. Assim, a neutralidade da tributação de mercadorias no Brasil estava, em tese, devidamente assegurada, uma vez que:

(a) a não-cumulatividade era de observância obrigatória no IPI e no ICM;

(b) os bens não sujeitos a essas duas exações (energia, minerais, petróleo e seus derivados) eram gravados por impostos federais de incidência única;

(c) os serviços possuíam ciclo produtivo curto, logo o ISSQN, mesmo sendo cumulativo, na prática, não apresentava essa qualidade – o mesmo valendo para os impostos federais sobre comunicação e transportes não municipais (ISSC e ISTR).

As mudanças em lume – mantidas no geral pela EC 01/1969 – permitiram ao Brasil ingressar na década de 1970 com um sistema tributário mitigador da tributação em cascata, sendo o primeiro país do mundo a adotar um IVA subnacional.

2.4 Constituição de 1988 (CR/88)

Com a promulgação da Carta de 1988, o IPI se manteve tal como positivado desde a EC 18/65. Da mesma forma, o ISSQN não sofreu alterações, salvo a perda dos serviços de comunicação municipais, transferidos aos Estados.

Lado outro, de tímido imposto sobre vendas – porquanto excluía os insumos sujeitos à competência federal (energia elétrica, minerais, petróleo e seus derivados) –, o ICM se fortaleceu na incidência sobre mercadorias e, ainda, convolou-se no ICMS. A adição do "S" indica a novel incidência sobre os serviços de comunicação e de transporte não municipal, antes de titularidade da União (e, no caso das comunicações locais, dos Municípios).

Essa nova conformação fez com que o ICMS se tornasse o principal tributo cobrado no país, representando, hoje, 20% da arrecadação total. Somando-se a essa informação o fato de que o repasse estadual aos municípios foi ampliado para 25% da arrecadação, não é despropositado afirmar que o imposto consiste em verdadeiro pilar da federação.

3. A Lei Complementar 24/75 e a democratização subsequente

Com o intuito de evitar que um Estado, para atrair investimentos, cobrasse menos ICMS que o outro, a CR/88 estipulou um piso de alíquotas. Abaixo do mínimo constitucional, somente se poderia tributar na forma prevista por lei complementar. Essa lei teria a função de "regular a forma como, mediante deliberação dos Estados e do Distrito Federal, isenções, incentivos e benefícios fiscais serão concedidos e revogados" (art. 155, § 2º, inciso XII, alínea *g*).

A norma referida pela CR/88 existe há quase cinquenta anos: trata-se da Lei Complementar 24/75, segundo a qual os incentivos fiscais de ICMS só poderão ser concedidos se autorizados previamente por convênios celebrados e ratificados pelos Estados e pelo Distrito Federal.

Dessarte, os diplomas normativos que concedem benefícios fiscais sem prévia ratificação do Confaz nascem eivados de inconstitucionalidade, sendo, neste ponto, pacífica a jurisprudência do Supremo Tribunal Federal.[6]

Ocorre que, para aprovar um convênio, faz-se necessário (art. 2º, §§ 1º e 2º, da LC 24/75):

---

6. *Inter alii*, cite-se: STF, Pleno, ADI nº 2.866/RN, Relator Min. Gilmar Mendes, DJe 05.08.2010; STF, Pleno, ADI nº 3.809/ES, Relator Min. Eros Grau, DJe 13.09.2007.

(a) quórum de pelo menos 14 entes federados (maioria absoluta);

(b) unanimidade entre os votantes.

Logo, muito se questiona se a LC 24/75 seria válida, nesta parte, à luz da CR/88. Afinal, a lei fora publicada em período castrense, no qual a unanimidade era obtida graças à força das armas (ainda que sutilmente presentes nas reuniões, presididas pelo Ministro da Fazenda). Em ambiente democrático, a exigência de unanimidade torna o dispositivo subinclusivo – impedindo-o de operar em todas as situações para as quais fora inicialmente concebido.

Deixando de lado este ponto, vale focar no *punctum dolens,* tratado pelo STF no tema nº 490 de repercussão geral: o art. 8º da LC 24/75 e as penalidades nele previstas para o descumprimento da exigência convenial na criação de incentivos em matéria de ICMS.

4. A dupla sanção do art. 8º da Lei Complementar 24/75

Em caso de instituição de benefícios com inobservância das condições estipuladas na LC 24/75, seu art. 8º, inciso I, determina "a nulidade do ato e a ineficácia do crédito fiscal atribuído ao estabelecimento recebedor da mercadoria".

Assim, o Estado destinatário – de acordo com a dicção do aludido diploma legal – passa a ter o condão de glosar parte do crédito destacado na nota fiscal de aquisição, impedindo o aproveitamento pelo adquirente situado em seu território.

Portanto, na venda de indústria de SP para estabelecimento comercial em MG –sujeita à alíquota interestadual de 12% – que tenha sido agraciada com crédito presumido inconstitucional de 4% na origem (SP), Minas Gerais poderia glosar esse percentual da escrita fiscal do comerciante-adquirente, reduzindo para 8% o ICMS a ser creditado em razão dessa aquisição.

Mas não é só. O mesmo artigo da LC 24/75 prevê, em seu inciso II, que o Estado de origem terá o dever de cobrar do vendedor situado em seu território o ICMS que lhe foi indevidamente dispensado. Aqui vale conferir o dispositivo em sua inteireza:

> Art. 8º. A inobservância dos dispositivos desta Lei acarretará, cumulativamente:
>
> I – a nulidade do ato e a ineficácia do crédito fiscal atribuído ao estabelecimento recebedor da mercadoria;
>
> II – a exigibilidade do imposto não pago ou devolvido e a ineficácia da lei ou ato que conceda remissão do débito correspondente.

Em outras palavras, além de autorizar que o Estado de destino glose o crédito destacado em nota fiscal na proporção do benefício fiscal inválido concedido pelo Estado de origem, a LC 24/75 determina que este último cobre o imposto dispensado do contribuinte beneficiado pelo incentivo.

A situação causa estranheza, porquanto não se pode exigir, ao mesmo tempo, a cobrança (pelo Estado de origem) do ICMS dispensado pela lei inconstitucional e, simultaneamente, determinar-se a glosa desse mesmo crédito pelo Estado de destino. São medidas antagônicas que, se praticadas *cumulativamente* (como determina a LC 24/75) majorarão indevidamente a arrecadação tributária no Estado de destino sem a redução da carga incidente na origem.

Esse ponto, entretanto, não foi objeto de análise pelo STF no precedente – limitando-se o Tribunal a avaliar se o inciso I do art. 8º, que impede o creditamento no Estado de destino, seria constitucional.

É esse o tópico sobre o qual se versará a seguir, já adentrando nas razões de decidir da Suprema Corte e, especialmente, nos fundamentos trazido à balha pelo Ministro Edson Fachin, que foram de duas ordens fundamentais:

(a) violação à separação de poderes, dada a impossibilidade de o Administrador julgar, *per se*, que a norma editada por outro Estado é inconstitucional; e

(b) não recepção, pela CR/88, do art. 8º, inciso I, da LC 24/75, à luz da não-cumulatividade tributária.

Confira-se.

5. Violação à separação de poderes

A CR/1988 estabelece, em seu art. 2º, que "são Poderes da União, independentes e harmônicos entre si, o Legislativo, o Executivo e o Judiciário".

Pois bem.

A permissão do art. 8º, inciso I, da LC 24/75 para que o Estado de destino glose os créditos concedidos indevidamente pelo Estado de origem invade seara de competência do Poder Judiciário, ao qual compete julgar a constitucionalidade ou não das leis. Delegar essa função aos Estados para avaliação não de suas normas, mas das editadas por outros entes de igual estatura, viola, para mais, o pacto federativo. Outrossim, tal conduta gera desequilíbrio na repartição de receitas do ICMS. Afinal, com a glosa do crédito pelo Estado de destino, há apropriação de valor do imposto devido ao Estado de origem.

Ademais, os Governadores de Estado são partes legítimas para a propositura de Ações Diretas de Inconstitucionalidade contra leis ou decretos que firam a Constituição. Assim, diante de um benefício fiscal inválido concedido por outro Estado da Federação, não pode o ente prejudicado transferir o ônus da guerra fiscal para os adquirentes de mercadorias incentivadas, prejudicando seu direito ao creditamento sobre o valor integral do ICMS, destacado no documento fiscal de aquisição.

Portanto, se o fornecedor situado em outra unidade da federação faz uso de incentivo concedido de modo indevido, compete ao Estado-membro atingido pela norma inconstitucional arguir sua invalidade perante o Supremo Tribunal Federal. Incumbe-lhe, ainda, se assim desejar, editar normas internas arrimadas no pronunciamento do STF que permitam, respeitando-se as garantias constitucionais, o não reconhecimento dos créditos incentivados conferidos por outros Estados à margem da lei.

A nosso ver, portanto, a disposição constante do art. 8º, inciso I, da LC 24/75 não foi recepcionada pela CR/88, que, ademais, somente admite o estorno dos créditos de ICMS nas hipóteses de isenção ou não incidência.

Como já sustentou o STF em julgamento histórico, "inconstitucionalidades não se compensam".[7] Assim, caso um Estado erija benefício fiscal em desacordo com o CONFAZ, cabe ao ente da federação prejudicado recorrer ao Poder Judiciário, que declarará inválida a norma em desacordo com a Lei Maior. Tal como não é dado ao cidadão fazer justiça com as próprias mãos, não pode o Estado olvidar-se do fato de o poder de legislar ou de editar normas infralegais não pode ser usado de modo indevido para combater inconstitucionalidades criadas por outras unidades da federação.

Nessa linha de raciocínio, o Ministro Edson Fachin foi taxativo ao julgar o tema nº 490 de repercussão geral,[8] afirmando que "somente ao Poder Judiciário, caracterizado por sua índole una e nacional, é dado o exame de constitucionalidade das leis".

Afinal, não compete ao Administrador Público fazer juízo sobre a constitucionalidade de lei. "Antes da decisão judicial, quem subtrair-se à lei o fará por sua conta e risco", como leciona o Min. Roberto Barroso, citado no voto do relator.

O Min. Fachin prossegue afirmando que "não se faculta à Administração Pública do Estado federado de destino declarar a nulidade de lei concessiva de benefício fiscal editada pelo Estado de origem". Em tal situação, "é amplamente franqueado acesso à Justiça ao ente federado prejudicado".

A conclusão final de S. Exa. é pela ilegitimidade da glosa unilateral de créditos de ICMS pelo Estado destinatário, ao fundamento da existência de benefício fiscal ilegítimo concedido na origem, dados os seguintes argumentos:

---

7. STF, Pleno, ADI nº 2.377/DF, Relator Min. Sepúlveda Pertence, DJ 07.11.2003, p. 81.

8. STF, Pleno, Tema-RG nº 490, RE nº 628.075/RS, Relator Min. Edson Fachin, redator do acórdão Min. GILMAR MENDES, j. 18.08.2020, DJe 01.10.2020.

(a) não compete ao Poder Executivo do Estado "B" fazer juízo de constitucionalidade sobre ato normativo concessivo de benefício fiscal do Estado "A"; e

(b) o Estado "B" tem livre acesso ao Judiciário para obter a declaração de inconstitucionalidade da norma que reputa inconstitucional.

Não bastasse isso, outro elemento fundamental também macula de forma insanável a pretensão de se aplicar o inciso I do art. 8º da LC 24/75 à luz da CR/88: a não-cumulatividade tributária, cujas exceções são apenas as previstas na Constituição. E a Lei Maior não prevê a hipótese em comento: glosa de crédito pelo Estado destinatário quando houver incentivo inconstitucional, concedido por outra unidade federada.

6. Causa de estorno de crédito não prevista na CR/88

6.1 A pergunta e a resposta formulados no voto do relator

Prosseguindo em seu raciocínio, o Min. Edson Fachin formula o seguinte questionamento:

> À luz do princípio da não cumulatividade, o Estado de destino pode tornar ineficaz crédito fiscal do contribuinte em seu território, com fundamento nos arts. 8º, I, da LC 24/75, e 155, §2º, II, do Texto Constitucional?

Para, em sequência, respondê-lo negativamente.

Conforme S. Exa., é preciso operar distinção entre a "nulidade do ato" (praticado pelo Estado de origem ao conceder benefício ilegítimo) e a "ineficácia dos créditos fiscais".

Nessa linha de raciocínio, a ineficácia do crédito ilegítimo concedido no Estado de origem jamais poderia afetar o direito à compensação pelo adquirente, situado em outra unidade federada. O sistema imposto-contra-imposto, regente do ICMS, labora com base no ICMS destacado nas notas fiscais.

Quebrar esse paradigma constitucional equivale a refundar o modelo de tributação brasileiro.

Aqui é preciso uma breve digressão sobre o sentido do "imposto cobrado na operação anterior" – o que apenas confirmará a tese defendida pelo Min. Edson Fachin neste trecho do voto.

6.2 O sentido constitucional da "compensação" do imposto "cobrado" na operação anterior

6.2.1 O *leading case* da década de 1980: ICM "cobrado" equivale a ICM "destacado" para fins de compensação pelo adquirente

Ao instituir a não-cumulatividade tributária, as Cartas Constitucionais sempre prescreveram o abatimento do imposto *cobrado* nas operações anteriores. O emprego do verbo *cobrar* ensejou divergências interpretativas, posto que alude à necessidade de efetivo pagamento do tributo na operação pretérita, não bastando o mero destaque do imposto em nota fiscal.

A questão foi enfrentada pela Corte Suprema no passado, que aclarou o sentido do termo utilizado pelo Constituinte. O *leading case* envolvia uma contenda entre o Fisco paulista e um contribuinte cujos créditos de ICM não estavam sendo reconhecidos pela Secretaria de Fazenda. O Estado resistia à pretensão da empresa, pois esta não havia apresentado provas de que o vendedor das mercadorias tivesse recolhido o imposto destacado nas notas fiscais, cujos créditos pretendia utilizar. Ao decidir o caso, o STF legitimou o creditamento mesmo à míngua da comprovação de pagamento do tributo incidente na etapa pretérita.[9]

9. STF, Segunda Turma, RE nº 111.757/SP, Relator Min. Célio Borja, DJ 26.02.1988, p. 3.195. No mesmo sendeiro, confira-se: STF, Segunda Turma, RE nº 114.878/SP, Relator Min. Célio Borja, DJ 29.04.1988, p. 9.851.

O entendimento do STF nesse precedente, que perdurou por décadas[10] até a inflexão analisada neste artigo, é correto. Se assim não fosse, o Estado estaria autorizado a transferir ao particular o dever – indelegável – de fiscalizar o cumprimento das obrigações tributárias (no caso, o pagamento do tributo pelo vendedor das mercadorias). Ora, não cabe ao adquirente assegurar que o imposto devido pelo alienante seja pago. A função do particular se completa com a exigência e recebimento, no ato da aquisição, de nota fiscal idônea, preenchida consoante os predicados legais. A efetiva recolha do tributo pelo alienante, dessarte, não pode ser erigida como *conditio sine qua non* para o exercício do direito ao crédito pelo adquirente.[11]

6.2.2 A apuração imposto-contra-imposto e por período de tempo

A CR/88 (assim como as Constituições que lhe antecederam) optou pelo já referido método imposto-contra-imposto (subtração indireta) de apuração do ICMS. Realiza-se, por essa forma, a compensação do imposto incidente nas operações anteriores, tal como ocorre com o IVA europeu. De fato, o aludido método é expressamente prescrito no art. 179 da Diretiva 2006/112/CE, que o prescreve, juntamente com a apuração por período de tempo.

A vantagem da técnica imposto-contra-imposto em relação às demais (base-contra-base e adição) reside na sua relativa simplicidade. O imposto a compensar já vem destacado na própria nota fiscal de aquisição, sendo necessário tão somente avaliar se o bem adquirido é passível de geração de crédito

10. Em 2011, o STF assim se manifestou sobre o tema:
"[...] O acórdão que foi objeto do recurso extraordinário é harmônico com a orientação firmada por esta Corte, que estabelece não ser responsabilidade do adquirente zelar pelo efetivo recolhimento do tributo devido pelo vendedor da mercadoria. Tal dever é da autoridade fiscal." (STF, Segunda Turma, AI-AgR nº 669.544/RS, Relator Min. Joaquim Barbosa, DJe 31.03.2011).

11. COÊLHO, Sacha Calmon Navarro. *Curso de direito tributário brasileiro*. 9ª ed. Rio de Janeiro: Forense, 2007, p. 361.

para o adquirente (o que dependerá do tipo de IVA adotado: Produto, Renda ou Consumo).

Não bastasse isso, o STF já averbou que a concretização do princípio da não-cumulatividade é viabilizada pela "existência de uma conta de créditos e débitos, a ensejar acerto em épocas próprias".[12] Essa orientação merece loas, pois o cálculo por período com imputação indiscriminada (dos créditos e débitos) é a forma mundialmente adotada para os IVAs em geral, devido aos seus melhores resultados práticos.[13] Ademais, o cômputo de débitos e créditos por mercadoria costuma ser demasiado complexo, motivo pelo qual o STF já decidiu ser "inviável a apuração do ICMS tomando-se cada mercadoria ou serviço e a correspondente cadeia", fato que legitimaria o "sistema de apuração contábil".[14]

6.2.3 O posicionamento anterior da Corte: imposto destacado é crédito a compensar

As inúmeras tentativas dos Estados de mitigar a não-cumulatividade do ICMS pela edição de leis redutoras dos créditos aos quais os contribuintes fazem jus, restringindo o direito ao abatimento do tributo incidente na etapa anterior, sempre encontraram sólida barreira na jurisprudência da Suprema Corte.

Caso paradigmático foi o analisado pelo Plenário do STF em 1971, no qual foi declarada inválida lei de Santa Catarina que limitava o crédito do ICM a 80% do valor ao qual o contribuinte teria direito.[15] Sob a pena do Min. Aliomar Baleeiro, a Corte assentou que a restrição ao crédito violava a não-cumulatividade, porquanto assiste ao contribuinte o direito

12. STF, Segunda Turma, RE nº 161.257/SP, Relator Min. Marco Aurélio, DJ 17.04.1998, p. 16.

13. Na União Europeia, a apuração por período de tempo é expressamente determinada pelo art. 179 da Diretiva 2006/112/CE.

14. STF, Pleno, RE nº 574.706/PR, Relatora Min. Cármen Lúcia, DJe 29.09.2017.

15. Art. 25 da Lei 3.985/67.

de transportar integralmente os créditos escriturais para as competências seguintes, até que sejam utilizados. De fato, a se julgar legítima a norma que reduzia o crédito a 80% do seu montante original, nada impediria que, no futuro, esse montante fosse reduzido para 70, 60, 50, 40 ou até 10%, ao alvedrio do legislador, como notou a própria Corte Suprema nesse julgamento.[16]

Em outro aresto, o STF afastou a pretensão do Estado de São Paulo de glosar créditos aproveitados pelas empreiteiras relativamente às sobras de materiais de construção civil adquiridos pela construtora que, não empregados na obra, eram revendidos. O Relator, Min. Oswaldo Trigueiro, averbou que seria impossível "recusar-se ao contribuinte o correspondente crédito do ICM, pela importância já paga pelo vendedor".[17] Trata-se de um caso clássico de aplicação do princípio da não-cumulatividade em sua essência, de modo a resguardar o direito ao abatimento do tributo pago na etapa anterior.

Também o Estado do Maranhão, importante produtor de arroz, pretendeu limitar o direito ao crédito das empresas beneficiadoras do grão, sitas em seu território. Arvorando-se em decreto estadual,[18] a fiscalização maranhense determinava o estorno de 4,67% dos créditos oriundos da aquisição de arroz *in natura* pelas indústrias que beneficiavam o produto e o revendiam. O fundamento para a glosa consistia na perda de umidade após a industrialização, que resultava na redução do peso do produto no referido porcentual. Sendo assim, não poderia o estabelecimento beneficiador se creditar do valor equivalente ao da "quebra" do arroz. Com acerto, o STF repeliu o posicionamento do Estado, por ferimento à não-cumulatividade tributária.[19]

---

16. STF, Pleno, RE nº 70.204, Relator Min. Aliomar Baleeiro, DJ 30.04.1971.

17. STF, Segunda Turma, RE nº 74.902/SP, Relator Min. Oswaldo Trigueiro, DJ 10.11.1972.

18. Art. 5º do Decreto nº 5.891/75.

19. STF, Pleno, RE nº 87.078/MA, Relator Min. Décio Miranda, DJ 24.08.1979.

Patente, dessarte, que a não-cumulatividade inadmite a estipulação pelo ente federado da quantia a ser compensada pelo contribuinte. A observância da sistemática prevista na Carta Magna é, portanto, mandatória para a validade das leis sobre o tema, que devem sempre preservar o direito ao crédito em sua plenitude, salvo nas exceções autorizadas pela Constituição.

6.3 Somente na isenção ou não-incidência é possível a glosa do crédito

Quando o ICM, antecessor do ICMS, foi criado pela EC 18/65, a não-cumulatividade não sofria nenhuma limitação no Texto Magno. A Lei Maior assegurava o direito ao abatimento do imposto cobrado nas operações anteriores, sem nenhuma exceção.

Contudo, em 1983, a EC 23 (intitulada Emenda Passos Porto) vedou o transporte de créditos do ICM para as etapas subsequentes à isenta ou não tributada. Essa foi a primeira restrição, no plano constitucional, ao alcance da não-cumulatividade tributária. Confira-se a CR/67-69, modificada pela EC 23/83:

> Art. 23. Compete aos Estados e ao Distrito Federal instituir impostos sobre:
>
> [...]
>
> II – operações relativas à circulação de mercadorias, realizadas por produtores, industriais e comerciantes, imposto que não será cumulativo e do qual se abaterá, nos termos do disposto em lei complementar, o montante cobrado nas anteriores pelo mesmo ou por outro Estado. *A isenção ou não incidência, salvo determinação em contrário da legislação*, não implicará crédito de imposto para abatimento daquele incidente nas operações seguintes. (destaques nossos)

Com essa medida, vedou-se expressamente o aproveitamento de créditos do ICM pelo adquirente de mercadorias isentas ou não tributadas. Outrossim, por força da interpretação conferida pelo STF ao dispositivo, o contribuinte beneficiado pela isenção ou não incidência que procedesse à venda de mercadorias teria ainda que estornar os créditos relativos ao imposto suportado em suas aquisições.

A Constituição de 1988 manteve a proibição do transporte de créditos para as etapas de circulação da mercadoria subsequentes à isenta/não tributada. Contudo, incluiu-se novo comando (que, de acordo com o STF, apenas aclarou norma que já existia implicitamente desde a EC 23/83): a determinação de estorno do crédito relativo às operações anteriores à não tributada. Veja-se:

> Art. 155. [...].
>
> § 2º. O imposto previsto no inciso II [ICMS] atenderá ao seguinte:
>
> [...]
>
> II – a isenção ou não incidência, salvo determinação em contrário da legislação:
>
> a) não implicará crédito para compensação com o montante devido nas operações ou prestações seguintes;
>
> b) acarretará a anulação do crédito relativo às operações anteriores;
>
> [...].

As duas hipóteses (alíneas *a* e *b*, *supra*) nas quais a não-cumulatividade do ICMS é mitigada pelo texto constitucional vigente merecem análise apartada. Afinal, no primeiro caso, a Lei Maior impede o transporte de créditos para as *operações e prestações* seguintes, ao passo que, na segunda proposição, a anulação do crédito escritural se aplica apenas às *operações* anteriores (impedindo, a nosso sentir, a anulação do crédito das *prestações* antecedentes à etapa isenta ou não tributada).

6.4 O entendimento do relator

O Min. Edson Fachin, corretamente, apontou que o art. 8º, inciso I, da LC 24/75 não é compatível com a CR/88. Como adiantado alhures, somente as exceções constitucionais à não-cumulatividade permitem a glosa do crédito. Não sendo esse o caso, legitimar o ente federado a estornar parcialmente o crédito do adquirente equivale a criar exceção não expressa na Lei Maior.

Nas palavras de S. Exa., as exceções à não-cumulatividade seriam "unicamente veiculadas no próprio texto constitucional". Logo, inexiste "irrestrita liberdade ao legislador infraconstitucional para relativizar o direito ao creditamento em qualquer caso de tributos indiretos".

Nesse sentido, invocou-se, inclusive, jurisprudência do STJ convalidando o raciocínio.

De fato, ambas as Turmas da Seção de Direito Público do STJ pugnaram pela impossibilidade de o Estado destinatário glosar os créditos destacados em notas fiscais de aquisição de mercadorias por contribuintes situados em sua jurisdição. De acordo com os julgados, o princípio da não-cumulatividade assegura ao adquirente a compensação do ICMS destacado na nota fiscal de aquisição. Sendo assim, existindo ou não benefício inconstitucional na origem, o direito ao creditamento seria inatacável.[20]

7. A posição da maioria

A despeito das razões acima, no STF, prevaleceu o entendimento oposto, como já visto. Legitimou-se a glosa unilateral de créditos pelo Estado destinatário quando este entender pela inconstitucionalidade de incentivo fiscal concedido em outra unidade federada.

Houve modulação dos efeitos, no que agiu bem a Corte, haja vista que, até então, preponderava jurisprudência contrária do STJ. Contudo, doravante, os Estados foram autorizados a valer-se de suas próprias análises jurídicas para reconhecer ou não o direito ao crédito de ICMS recolhido a outra unidade federativa.

---

20. STJ, Segunda Turma, RMS nº 32.453/MT, Relator Min. Herman Benjamin, DJe 10.06.2011. No mesmo sentido, da Primeira Turma do STJ: EDcl no RMS n° 32.397/MT, Relator Min. Benedito Gonçalves, DJe 09.03.2012.

8. Conclusões

Atribuir-se ao adquirente o *munus* de fiscalizar os seus fornecedores sitos em outras unidades federadas – averiguando se algum deles se vale de créditos presumidos inconstitucionais – equivale a transferir ao contribuinte o papel que compete ao Estado-Administração, detentor do monopólio de fiscalizar a tributação.

De todo modo, considerando-se válido o art. 8º, inciso I, da LC 24/75, algumas considerações se apropositam.

O estorno dos créditos autorizado pelo citado dispositivo depende, necessariamente, da edição de ato normativo do governo estadual, com ampla publicidade para todos os agentes econômicos e respeito à irretroatividade e ao princípio da não surpresa.

A resolução, portaria ou qualquer outra norma análoga deve indicar quais mercadorias terão – a partir de data futura fixada em ato governamental, que jamais poderia ser inferior a noventa dias – os créditos glosados e em que medida esse estorno se dará (se integralmente ou apenas em parte).

A irretroatividade do Direito, a boa-fé e o princípio da não surpresa, do qual decorre a espera nonagesimal, respaldam a necessidade de se conferir um prazo mínimo para a adequação das atividades dos compradores às novas regras, toda vez que um Estado houver por bem não reconhecer o crédito do ICMS de outra unidade federada.

As sugestões ora feitas, em compasso com a Constituição e a nova orientação do STF, visam a mitigar o amesquinhamento das regras que protegem o cidadão contra o poder tributante estatal, conferindo previsibilidade ao ambiente brasileiro de negócios.

Referências

BARRETO, Paulo Ayres; MOREIRA, André Mendes; SCHOUERI, Luís Eduardo (org). *Tributação do consumo*. Belo Horizonte: Arraes, 2021.

BARRETO, Paulo Ayres. *Planejamento Tributário – limites normativos*. São Paulo: Noeses, 2016.

COÊLHO, Sacha Calmon Navarro. *Curso de Direito Tributário Brasileiro*, 9ª ed. Rio de Janeiro: Forense, 2007, p. 361.

MOREIRA, André Mendes. *A não-cumulatividade dos tributos*. 4ª ed. São Paulo: Noeses, 2020.

STF: https://portal.stf.jus.br/

STJ: https://www.stj.jus.br/

A NECESSIDADE DA INCIDÊNCIA DE IMPOSTO DE EXPORTAÇÃO SOBRE ALIMENTOS DA CESTA BÁSICA NACIONAL EM TEMPOS DE PANDEMIA DA COVID-19

Betina Treiger Grupenmacher[1]

Gustavo Anjos Miró[2]

Introdução

A pandemia da COVID-19 gerou uma recessão econômica no Brasil. Uma amostra disso é o desemprego, que aumentou de 11,2%, em novembro de 2019, para 14,1%, em novembro de

---

1. Advogada. Professora de Direito Tributário da UFPR. Doutora pela UFPR. Pós-Doutora pela Universidade de Lisboa. *Visiting Scholar*/ Universidade de Miami.

2. Advogado. Pós-Graduando em Direito Tributário Empresarial pela PUC-PR. Membro do Grupo de Estudos em Análise Econômica do Direito (GRAED) da PUC-PR. Membro do Grupo de Pesquisa em Relações de Trabalho Contemporâneas (RETRACON) da PUC-PR.

2020, conforme dados da Pesquisa Nacional por Amostra de Domicílios Contínua (Pnad Contínua) – um aumento de 2,9 pontos percentuais, atingindo um total de 14 milhões de brasileiros.[3] Sem fonte de renda, esses brasileiros desamparados ainda tiveram que lidar com um aumento da inflação, principalmente a de alimentos – com uma alta de 14,09% no ano de 2020, maior aumento desde 2002.[4]

Uma das causas desse aumento no preço dos alimentos se deve à desvalorização do real perante o dólar,[5] como será exposto a seguir. O dólar americano, que estava cotado a 4,0195 reais em 1º de janeiro de 2020, chegou a ser cotado em 5,1935 reais em 1º de janeiro de 2021.[6]

Como o art. 3º da Constituição Federal de 1988, em seus incisos II e III, coloca como um dos objetivos fundamentais da República Federativa do Brasil garantir o desenvolvimento nacional, erradicar a pobreza e a marginalização e reduzir as desigualdades sociais e regionais, é em momentos de crise econômica, como este causado pela pandemia, com grandes impactos sociais, que mais se exige a presença do Estado.

O presente artigo retratará como a União, por meio do aumento da alíquota do Imposto de Exportação sobre alguns produtos, pode ajudar a reduzir a inflação dos alimentos da cesta básica. Importante lembrar que são os mais pobres os mais prejudicados com este aumento de preços – devido ao maior gasto proporcional da renda das classes mais baixas com alimentação em relação às mais ricas[7] – e, por essa razão, cabe

---

3. IBGE. Desemprego fica em 14,1% no trimestre encerrado em novembro. 28 jan. 2021. Disponível em: https://bit.ly/3zkPBDQ Acesso em: 20 fev. 2021.

4. UOL. ECONOMIA. Inflação fecha 2020 a 4,52%, acima do centro da meta; é a maior desde 2016. 12 jan. 2021. Disponível em: https://bit.ly/3kj2Mks Acesso em: 20 fev. 2021.

5. UOL. *Entrevista: 'Dólar alto encarece o preço da comida para os brasileiros'*. Disponível em: https://bit.ly/39hsYpk Acesso em: 21 fev. 2021.

6. INVESTING. *USD/BRL* – Dólar americano/Real brasileiro. 09 set. 2020. Disponível em: https://bit.ly/3hIcBXv Acesso em: 21 fev. 2021.

7. ALEGRETTI, Laís. Inflação para famílias mais pobres é 10 vezes maior que para

ao Estado reduzir esses impactos econômicos da desigualdade social no Brasil – a adoção de políticas tributárias que tenham este propósito é uma das maneiras de se fazer isso.

1. Da relação do imposto de exportação com a redução de desigualdades

1.1 Imposto de exportação e extrafiscalidade

As exportações, de modo geral, têm um impacto muito positivo para o país; elas promovem o ingresso de divisas, a geração e manutenção de empregos e, consequentemente, renda, assim como o aumento na qualificação dos recursos humanos.[8] Contudo, quando há um aumento elevado na exportação de determinado produto, o mercado interno pode ficar em situação de escassez, tornando o preço cada vez mais caro para o consumidor local, devido a uma queda na oferta.[9] A partir daí, a tributação da exportação torna-se um instrumento necessário para o equilíbrio econômico interno.

O Imposto de Exportação surgiu no Brasil em 1818.[10] Na época, foram criados vários tributos que visavam a viabilizar a manutenção da própria corte portuguesa,[11] que havia chegado ao Brasil em 1808. Portanto, a principal função da

---

mais ricas em 2020. BBC News Brasil. 21 out. 2020. Disponível em: https://bbc.in/3tLIbZ6 Acesso em: 21 fev. 2021.

8. SPRENGER, Leandro. Exportação e importação diferenças. FAZCOMEX. 13 jan. 2021. Disponível em: https://bit.ly/3Es2eR3 Acesso em: 14 abr. 2021.

9. MANKIW, N. Gregory. *Introdução à economia* – Princípios de micro e macroeconomia. 2. ed. Rio de Janeiro: Campus, 2000. p. 84-85.

10. PLANALTO. Decreto de 22 de setembro de 1818. "Regula a cobrança dos direitos de 2% sobre as mercadorias que se exportarem dos portos do Brazil, e crêa nas Alfandegas da Bahia e Pernambuco mais um Officio de Escrivão da Mesa Grande." Disponível em: https://bit.ly/3Eto6eX Acesso em: 1º mar. 2021.

11. SILVA, Eduardo Ramos. Organização Alfandegária e Espaços Fiscais no Império brasileiro (1808-1836). SCIELO. Disponível em: https://bit.ly/39f1ArT Acesso em: 1º mar. 2021.

tributação sobre a exportação de produtos, naquela época, era fiscal – finalidade arrecadatória do Estado.

Com a chegada da República e a promulgação da Constituição de 1891, o Imposto de Exportação passou para a competência dos Estados-Membros. Com a Emenda Constitucional 18/65, tal atribuição de competência foi transferida para a União, permanecendo assim até os dias de hoje,[12] conforme disposto no art. 153, inciso II, da Constituição vigente: "Art. 153. Compete à União instituir impostos sobre: II - exportação, para o exterior, de produtos nacionais ou nacionalizados." O referido imposto foi instituído e regulado pelo Dec.-lei 1.578/77, o qual, por sua vez, foi recepcionado pela Constituição Federal.

Diferente de como era na época de sua criação, a principal finalidade deste tributo hoje é extrafiscal.[13] Ou seja, sua incidência sobre operações de exportação com determinados produtos nacionais ou nacionalizados vai além do mero propósito arrecadatório do Estado. O Imposto de Exportação pode atuar como um modo de intervenção econômica da União no âmbito do comércio exterior, regulando assim a balança comercial, a inflação e a oferta de determinados produtos no mercado interno.[14]

Destaque-se que a extrafiscalidade é adotada em relação a alguns tributos com propósito regulatório para estimular ou desestimular condutas de mercado, interferindo na lei da oferta e demanda. Inclusive, do ponto de vista jurídico, a função extrafiscal da tributação tem aval no art. 3º da Constituição Federal, quando este estabelece que são objetivos fundamentais do Brasil:

> I - construir uma sociedade livre, justa e solidária;

---

12. CARNEIRO, Cláudio. *Impostos federais, estaduais e municipais*. 7. ed. São Paulo: Saraiva, 2019. p. 380.

13. SABBAG, Eduardo. *Manual de direito tributário*. 12. ed. São Paulo: Saraiva, 2020. p. 1516.

14. CARNEIRO, Cláudio, *op. cit.*, p. 382.

> II - garantir o desenvolvimento nacional;
>
> III - erradicar a pobreza e a marginalização e reduzir as desigualdades sociais e regionais;
>
> IV - promover o bem de todos, sem preconceitos de origem, raça, sexo, cor, idade e quaisquer outras formas de discriminação.

Por essa razão, cabe ao Estado garantir o desenvolvimento nacional além de combater a pobreza e as desigualdades sociais, e o Direito Tributário está diretamente relacionado a estes objetivos, tanto no exercício da atividade fiscal, quanto no exercício da atividade extrafiscal.

Isso ocorre porque a tributação e a administração das finanças públicas não servem somente para assegurar o custeio das despesas do Estado Social, mas também para atuar com propósitos regulatórios em uma economia de mercado, visando a um maior desenvolvimento econômico e aumento da qualidade de vida da população.

No caso do Imposto de Exportação, apesar de o art. 28 do Código Tributário Nacional estabelecer que a sua arrecadação deve se destinar à formação de reservas monetárias,[15] como já mencionado anteriormente, sua principal função é a extrafiscal.

Por essa razão, a Constituição Federal, em seu art. 153, § 1º, seguindo um objetivo de celeridade,[16] atribuiu facultatividade ao Poder Executivo (O STF decidiu que não se trata de competência privativa do Presidente da República, podendo ser atribuição da CAMEX também),[17] a fim de alterar as

---

15. CARNEIRO, Cláudio, *op. cit.*, p. 382.

16. ALEXANDRE, Ricardo. *Direito tributário esquematizado.* São Paulo: Método, 2010. p. 544.

17. "IMPOSTO DE EXPORTAÇÃO. ALTERAÇÃO DE ALÍQUOTA. ART. 153, § 1º, DA CONSTITUIÇÃO FEDERAL. COMPETÊNCIA PRIVATIVA DO PRESIDENTE DA REPÚBLICA NÃO CONFIGURADA. ATRIBUIÇÃO DEFERIDA À CAMEX. CONSTITUCIONALIDADE. FACULDADE DISCRICIONÁRIA CUJOS LIMITES ENCONTRAM-SE ESTABELECIDOS EM LEI. RECURSO EXTRAORDINÁRIO DESPROVIDO. I – É compatível com a Carta Magna a norma infraconstitucional que atribui a órgão integrante do Poder Executivo da União a

alíquotas do Imposto de Exportação, e serem atendidas as condições e os limites estabelecidos em lei. Além do mais, a instituição ou a majoração da alíquota do referido imposto sobre operações com determinado serviço ou produto não está submetido à observância do princípio da anterioridade ou da anterioridade nonagesimal, previstas no art. 150, inciso III, alíneas *b* e *c*, da Constituição Federal de 1988 – conforme estabelece o §1º do mesmo artigo.[18]

No que diz respeito à tributação nas operações de comércio exterior, importante destacar que a própria Constituição prevê a imunidade de IPI (art. 155, §2º, X, *a*, da CF/88) e de ICMS (art. 153, §3º, III, da CF/88) nas exportações; quanto ao ISSQN, o constituinte reservou tal decisão ao legislador complementar (art. 156, §3º, II, da CF/88). Isso ocorre com o objetivo de que as exportações de produtos e serviços brasileiros cheguem ao mercado internacional com preços competitivos[19] – viabilizando com isso o incremento do desenvolvimento econômico nacional. Por esse motivo, além das regras de imunidade, a União costuma estabelecer a incidência de alíquota zero em relação a diversas operações de exportação.

Ainda em relação à regra-matriz de incidência do Imposto de Exportação, o art. 213 do Regulamento Aduaneiro estabelece: "O imposto de exportação tem como fato gerador a saída da mercadoria do território aduaneiro" (Dec.-lei 1.578/77,

---

faculdade de estabelecer as alíquotas do Imposto de Exportação. II – Competência que não é privativa do Presidente da República. III – Inocorrência de ofensa aos arts. 84, *caput*, IV e parágrafo único, e 153, § 1º, da Constituição Federal ou ao princípio de reserva legal. Precedentes. IV – Faculdade discricionária atribuída à Câmara de Comércio Exterior – CAMEX, que se circunscreve ao disposto no Decreto-Lei n. 1.578/1977 e às demais normas regulamentares." (STF, Pleno, RE 570680, rel. Min. RICARDO LEWANDOWSKI, out/2009). No mesmo sentido: STF, 1ª T., RE 606368 AgR, rel. Min. ROSA WEBER, 26-8-2016, e STF, 1ª T., RE 628848 ED, rel. Min. ROBERTO BARROSO, 19.08.2014.

18. PAULSEN, Leandro; MELO, José Eduardo Soares de. *Impostos federais, estaduais e municipais*. 11. ed. São Paulo: Saraiva, 2018, p. 51.

19. CASTRO, André Fernando Vasconcelos de. A imunidade tributária do ICMS nas exportações. Consultor Jurídico. 24 jul. 2020. Disponível em: https://bit.ly/3EprdVg Acesso em: 07 mar. 2021.

art. 1º, *caput*), e o parágrafo único do mesmo artigo acrescenta: "Para efeito de cálculo do imposto, considera-se ocorrido o fato gerador na data de registro do registro de exportação no Sistema Integrado de Comércio Exterior (SISCOMEX)" (Dec.-lei 1.578/77, art. 1º, §1º). Ou seja, embora seja um tema controverso, pensamos que o critério temporal é momento em que é efetivado o registro de exportação (RE)[20] no SISCOMEX, enquanto o critério espacial é o local onde ocorre esse registro.

Já quanto ao critério quantitativo, quando a alíquota for *ad valorem*,[21] a base de cálculo será o preço normal que o produto, ou seu similar, alcançaria ao tempo da exportação, em uma venda em condições de livre-concorrência; e quando a alíquota for específica, a base de cálculo será a unidade de medida adotada pela lei tributária – como estabelecem os incisos I e II do art. 24 do Código Tributário Nacional (CTN).

Vale lembrar que o momento do pagamento do Imposto de Exportação não se confunde com o seu critério temporal.

---

20. "IMPOSTO DE EXPORTAÇÃO. FATO GERADOR: REGISTRO NO SISTEMA INTEGRADO DE COMÉRCIO EXTERIOR - SISCOMEX. 1. A matéria constitucional trazida pelo recurso extraordinário foi efetivamente apreciada, uma vez que os pontos nodais do acórdão recorrido se situam sobre o fato gerador do imposto de exportação previsto no art. 153, II, bem como sobre o princípio da irretroatividade tributária, com assento nos arts. 150, III, e 5º, XXXVI, todos da Constituição da República, sendo ainda certo que a União manejou os competentes embargos declaratórios objetivando prequestionar os dispositivos constitucionais ofendidos. 2. Não é qualquer registro no SISCOMEX que corresponde à expedição do documento equivalente à guia de exportação prevista no § 1º, *in fine*, do art. 1º do Decreto-lei 1.578/77 como determinante da ocorrência do fato gerador do tributo. Somente o Registro de Exportação corresponde e se equipara à Guia de Exportação. 3. Editada a Resolução 2.112/94 do Banco Central do Brasil depois dos registros de venda, mas antes dos registros de exportação, submetem-se as operações respectivas às alíquotas nelas fixadas, visto que tal fixação se dera antes da ocorrência do fato gerador. Precedentes. 4. Agravo regimental improvido, prejudicado o pedido cautelar formulado" (AI nº 578.372/SC-AgR, Segunda Turma, Relatora a Ministra Ellen Gracie, DJE de 12.03.2010).

21. "A alíquota *ad valorem* é um percentual fixado em lei que será aplicado sobre a base de cálculo do tributo. Já a alíquota específica é aplicada sobre a unidade de medida prevista em lei, como metros, litros e quilos. Um exemplo da alíquota específica: R$ 20,00 por cada tonelada indicada na fatura comercial." Disponível em: https://bit.ly/3lsK4pC Acesso em: 08 mar. 2021.

O pagamento do tributo poderá inclusive ser realizado antes da efetiva saída do produto a ser exportado, na forma e no momento fixados pelo Ministério da Economia.[22]

O sujeito ativo deste Imposto, de acordo com o art. 153, inciso II e § 1º, da Constituição Federal, é a União Federal – o ente político competente para instituir o Imposto sobre exportações. Já o sujeito passivo será qualquer pessoa, física ou jurídica, que promova a saída de mercadoria do território aduaneiro.

Por fim, sobre a alíquota do Imposto, cabe ressaltar que o presidente da República (assim como a CAMEX) pode alterá-la a qualquer momento. Contudo, terá que respeitar algumas condições e limites fixados em lei, principalmente a do art. 3º do Dec.-lei 1.578/77, que estabelece a alíquota do imposto em 30% – facultando ao Poder Executivo reduzi-la ou aumentá-la (até um limite de 150%),[23] para atender aos objetivos da política cambial e do comércio exterior.

Portanto, por se tratar, o Imposto de Exportação, de um regulador de mercado, este tributo pode ser relevante no combate às crises econômicas tal como ocorre com aquela decorrente da pandemia que assola o país.

Buscaremos demonstrar como a cobrança do Imposto de Exportação, no que diz respeito a determinados produtos pode colaborar para uma queda nos índices inflacionários e, consequentemente, na redução das desigualdades sociais.

1.2 Cesta básica

A história da cesta básica no Brasil começa no primeiro governo do presidente Getúlio Vargas, com a instituição do salário-mínimo. Em 30 de abril de 1938, passou a vigorar a Lei nº 185 de 14 de janeiro de 1936, instituída pelo Dec.-Lei nº 399,

22. CARNEIRO, Cláudio, *op. cit.*, p. 392.

23. Ver parágrafo único do artigo 3º do Decreto-Lei nº 1.578/77.

dispondo que o salário-mínimo deveria ser o suficiente para arcar com os custos da cesta básica.[24]

O objetivo da cesta básica nacional era o de satisfazer as necessidades de alimentação, habitação, vestuário, higiene e transporte de uma família média de quatro pessoas, conforme a época e a região do país. Para isso, a Comissão do Salário-Mínimo (criada antes mesmo do Decreto-Lei nº 399) editou uma lista de alimentos com suas respectivas quantidades para cada região, como forma de garantir o sustento mínimo e o bem-estar de um trabalhador em idade adulta – contendo quantidades balanceadas de proteínas, calorias, ferro, cálcio e fósforo.[25] Verifique-se a tabela abaixo com os alimentos da cesta básica.[26]

Tabela 1: Composição da Cesta Básica por Regiões

Alimentos	Região 1	Região 2	Região 3
Carne	6 kg	4,5 kg	6,6 kg
Leite	7,5 L	6 L	7,5 L
Feijão	4,5 kg	4,5 kg	4,5 kg
Arroz	3 kg	3,6 kg	3 kg
Farinha	1,5 kg	3 kg	1,5 kg
Batata	6 kg	-	6 kg
Legumes (Tomate)	9 kg	12 kg	9 kg
Pão Francês	6 kg	6 kg	6 kg
Café em pó	600 gr	300 gr	600 gr
Frutas (Banana)	90 unid	90 unid	90 unid
Açúcar	3 kg	3 kg	3 kg
Banha/Óleo	750 gr	750 gr	900 gr
Manteiga	750 gr	750 gr	750 gr

24. ROCHA, Kátia Luciane Souza de; ROCHA, Jefferson Marçal da. A análise da evolução do custo da cesta básica no Rio Grande do Sul através da modelagem matemática. *Experiências em Ensino de Ciências*. v. 3, p. 71-79, 2008. Disponível em: https://bit.ly/3CrJks1 Acesso em: 10 mar. 2021.

25. ROCHA, Kátia Luciane Souza de; ROCHA, Jefferson Marçal da, *op. cit.*

26. Decreto-Lei nº 399 de 1938, quadros anexos. As quantidades diárias foram convertidas em quantidades mensais.

A "Região 1" corresponde aos estados de São Paulo, Minas Gerais, Espírito Santo, Rio de Janeiro, Goiás e ao Distrito Federal. A "Região 2", aos estados de Pernambuco, Bahia, Ceará, Rio Grande do Norte, Alagoas, Sergipe, Amazonas, Pará, Piauí, Tocantins, Acre, Paraíba, Rondônia, Amapá, Roraima e Maranhão. E a "Região 3", aos estados do Paraná, Santa Catarina, Rio Grande do Sul, Mato Grosso e Mato Grosso do Sul.

Desde 1989, quem faz o cálculo do valor dos alimentos desta tabela é o Projeto Cesta Básica DIEESE–PROCON.[27] A metodologia, adotada primeiramente pelo estado de São Paulo, era coletar diariamente os preços e as marcas dos produtos de uma cesta básica elaborada com base no consumo de uma família-padrão do estado.

Com o tempo, essa pesquisa que verificava a variação de preços em São Paulo passou a ser usada como indicador econômico importante para vários órgãos públicos, associações, sindicatos e empresários. A partir disso, a pesquisa da cesta básica do DIEESE–PROCON ultrapassou as fronteiras de um estado e os objetivos iniciais, tornando-se fonte de dados e análises econômicas para diversos segmentos sociais em todas as regiões do país – inclusive para as autoridades governamentais estabelecerem uma política salarial.[28]

Atualmente, o DIEESE atua em 17 capitais,[29] realizando a apuração dos valores dos produtos que compõem a cesta básica nacional, e acompanha mensalmente a evolução de preços de treze destes produtos alimentícios trazidos pelo Dec.-lei 399/38, assim como o gasto mensal que um trabalhador brasileiro teria para comprá-los.

27. Kátia Luciane Souza de Rocha; Jefferson Marçal da Rocha, *loc. cit.*

28. Kátia Luciane Souza de Rocha; Jefferson Marçal da Rocha, *loc. cit.*

29. AGÊNCIA BRASIL. Em 2019, valor da cesta básica subiu em 16 das 17 capitais pesquisadas. EXAME. 09 jan. 2020. Disponível em: https://bit.ly/3nFgBvy Acesso em: 11 mar. 2021.

Em 2020, a pesquisa da cesta básica chegou a registrar um aumento no valor dos alimentos essenciais em todas as capitais em que essa análise é feita.[30] Segundo o Instituto Brasileiro de Geografia e Estatística (IBGE),[31] a variação nos preços dos alimentos foi de 14,09% (só o óleo de soja e o arroz subiram 103,79% e 76,01%, respectivamente) entre janeiro e dezembro de 2020 – a maior elevação desde 2002, quando foi registrada uma inflação de 19,47% neste segmento. Vale ressaltar que o Índice Nacional de Preços ao Consumidor Amplo (IPCA), considerado a inflação oficial do Brasil, fechou o último ano em 4,52%[32] (cuja maior pressão veio da alimentação).

Essa inflação de 14,09%, de acordo com o IBGE, deve-se principalmente a três fatores: ao aumento no preço dos combustíveis – que ao subirem, encarecem a logística dos produtos; ao auxílio emergencial – destinado às famílias mais vulneráveis atingidas pela pandemia da COVID-19, e que concentraram essa renda em produtos essenciais, como os alimentos da cesta básica; e, por fim, ao câmbio – o real se desvalorizou 29,21% em relação ao dólar entre 1º de janeiro e 31 de dezembro de 2020,[33] e isso fez com que os preços de tudo o que é produzido em território nacional ficassem mais baratos para os estrangeiros, levando os produtores a exportarem mais e resultando em uma redução de oferta de alimentos no mercado interno.

Como se verá adiante, o impacto da inflação foi ainda maior para as famílias de baixa renda, o que aumenta a desigualdade no Brasil. Por essa razão, buscando evitar uma queda da oferta dos alimentos que integram a cesta básica no país – o que faz o preço para o consumidor brasileiro subir

---

30. BOEHM, Camila. Preço da cesta básica aumentou em todas as capitais em 2020. Agência Brasil. CNN Brasil. 11 jan. 2021. Disponível em: https://bit.ly/3lyDAWz Acesso em: 17 mar. 2021.

31. SILVEIRA, Daniel; ALVARENGA, Darlan. *IPCA: inflação oficial fecha 2020 em 4,52%, maior alta desde 2016.* G1 ECONOMIA. 12 jan. 2021. Disponível em: https://glo.bo/3ly9kLt Acesso em: 17 mar. 2021.

32. ROCHA, Kátia Luciane Souza de; ROCHA, Jefferson Marçal da, *op. cit.*

33. INVESTING, *op. cit.*

–, o Estado pode interferir na ordem econômica, e uma das formas de fazê-lo é tributando a exportação desses produtos.

1.3 Tributação e desigualdade

De acordo com Instituto de Pesquisa Econômica Aplicada (IPEA),[34] a inflação entre janeiro e setembro de 2020 foi 10 (dez) vezes maior para as famílias de baixa renda (consideradas aquelas que têm ganho domiciliar de até R$ 1.650,50) do que para as de alta renda (renda acima R$ 16.509,66). Enquanto o aumento foi de 2,5% para os mais pobres, foi de apenas 0,2% para os mais ricos.

A explicação para essa diferença está na elevação expressiva do preço dos alimentos no ano passado. Para Lameiras,[35] as famílias mais pobres gastam quase 30% do seu orçamento familiar com alimentação, já as famílias mais ricas gastam uma parcela menor – em torno de 10%.

Além dessa inflação que afeta mais as famílias de baixa renda, verificou-se também nos 9 (nove) primeiros meses de 2020, em contrapartida, uma deflação (queda nos preços) de vários serviços, em razão da pandemia da COVID-19. A queda foi de, por exemplo, 55% nas passagens aéreas, de 9% nos preços de hospedagem e de 1,7% nas mensalidades de creches.

Essa desaceleração no valor de alguns serviços, de acordo com o relatório do IPEA, trouxe um alívio financeiro maior para os brasileiros de alta renda, já que estes costumam gastar uma parcela de seu orçamento com essas atividades e itens aos quais os mais pobres não têm acesso.

Portanto, como inclusive demonstram os estudos da Pontifícia Universidade Católica do Rio Grande do Sul (PUC-RS)[36] e da

34. ALEGRETTI, Laís, *op. cit.*

35. Maria Andreia Parente Lameiras, economista, Técnica de Planejamento e Pesquisa da Diretoria de Estudos e Políticas Macroeconômicas (Dimac) do Ipea.

36. PUCRS. Desigualdade social cresce nas metrópoles brasileiras durante a pan-

Pesquisa Nacional de Amostra por Domicílio (Pnad),[37] ficou comprovado que a crise econômica gerada pelo coronavírus elevou a desigualdade social no Brasil, principalmente nas metrópoles.

Para piorar o cenário nacional, já mesmo **antes** da pandemia, um estudo intitulado "A Escala da Desigualdade", da Fundação Getulio Vargas (FGV), elaborado a partir de dados da Pnad Contínua, do IBGE, e do índice Gini – indicador que também mede a diferença de renda –, apontava um aumento na desigualdade social no Brasil.[38] O índice Gini saiu de 0,6003 no último trimestre de 2014 – data em que a concentração de renda alcançou seu nível mais baixo na história do país – para 0,6291 no segundo trimestre de 2019. Vale ressaltar que quanto mais próximo de 1 estiver o índice maior a desigualdade da população.

Os arts. 3º, inciso III, e 170, inciso VII, da Constituição Federal garantem que é um objetivo e um dever do Estado brasileiro "reduzir as desigualdades sociais e regionais", e uma das formas disso ocorrer é pela adoção de políticas fiscais.

Neste artigo, elegeu-se o Imposto de Exportação como instrumento apto a reduzir as desigualdades sociais, pois trata-se de tributo com funções extrafiscais, vocacionado a regular o comércio exterior e que, consequentemente, pode controlar a oferta e o valor de produtos no país.

A própria arrecadação líquida deste imposto, de acordo com o art. 28 do CTN, destina-se à formação de reservas monetárias.[39] Estas reservas, que ficam a crédito do Banco Central do Brasil,[40] servem para o Estado interferir na taxa de

---

demia. 22 out. 2020. Disponível em: https://bit.ly/39fql7j Acesso em: 18 abr. 2021.

37. JORNAL NACIONAL. Pandemia agrava problema crônico do Brasil: a desigualdade econômica. G1. 09 fev. 2021. Disponível em: https://glo.bo/3Cq1utQ Acesso em: 18 abr. 2021.

38. ESTADÃO. Escala da desigualdade. 17 ago. 2019. Disponível em: https://bit.ly/39g4WuU Acesso em: 22 mar. 2021.

39. CALIENDO, Paulo. *Curso de direito tributário.* 3. ed. São Paulo: Saraiva, 2020. p. 838.

40. PLANALTO. Decreto-Lei nº 1.578, DE 11 DE OUTUBRO DE 1977. Disponível em: https://bit.ly/3zjrKV1 Acesso em: 24 mar. 2021.

câmbio do país, realizando operações de compra e venda de dólar no mercado de divisas internacionais.[41]

Em tempos de alta no preço dos alimentos, é necessário utilizar essas reservas para segurar a valorização do dólar perante o real, principalmente porque a moeda nacional desvalorizada contribui para a inflação – como já referido anteriormente.

Outro método para tentar frear esse aumento, utilizando o Imposto de Exportação, dá-se com a elevação da alíquota de operações de produtos cuja queda de oferta no mercado brasileiro, devido às exportações, tem causado um impacto negativo no bolso das famílias de baixa renda – um dos fatores incisivos para elevar a desigualdade social no país.

Ou seja, se um dos fatores que eleva o custo dos alimentos é uma queda na oferta destes para o consumidor brasileiro – como decorre da lei da oferta e demanda do mercado[42] – o Estado precisa interferir (e uma opção é que o faça por meio da tributação) para reverter esse quadro e propiciar o equilíbrio dos preços.

Vários países, inclusive, chegaram a adotar medidas para dificultar ou restringir as exportações de alimentos básicos durante a pandemia do COVID- -19,[43] como forma de evitar um aumento nos preços internos.

A desvalorização do real pode ter sido um dos principais fatores para a alta nas importações, por parte de outros países, de alguns alimentos da cesta básica nacional. Conforme dados da Fazcomex – Tecnologia em Comércio Exterior,[44] produtos

---

41. CARVALHO, Fernando J. Cardim de. *Economia Monetária financeira*. 3. ed. Rio de Janeiro: Elsevier, 2015. p. 17.

42. HALL, Robert; LIBERMAN, Marc. *Macroeconomia* – Princípios e aplicações. Cengage Learning, 2003. p. 76.

43. REUTERS. *Trade restrictions on food exports due to the coronavirus pandemic*. Disponível em: https://reut.rs/2VQ1TGD Acesso em: 18 abr. 2021.

44. Fazcomex – Tecnologia em Comércio Exterior: uma *startup* do mercado de tecnologia para comércio exterior.

como o café não torrado, a carne bovina e os açúcares tiveram um aumento nas exportações de 9,6%, 14,7% e 71,3%, respectivamente, na comparação entre 2019 e 2020. Contudo, as exportações brasileiras, como um todo, caíram 6,1% no mesmo período – consequência da crise econômica gerada pela pandemia da COVID-19, o que afetou todo o comércio internacional.[45]

Já com relação ao IPCA oficial, este acumulou uma inflação de 2,22% entre janeiro e outubro de 2020.[46] Porém, alguns alimentos da cesta básica registraram, no mesmo período, um valor muito maior, como demonstra a tabela a seguir, elaborada com dados do IBGE:[47]

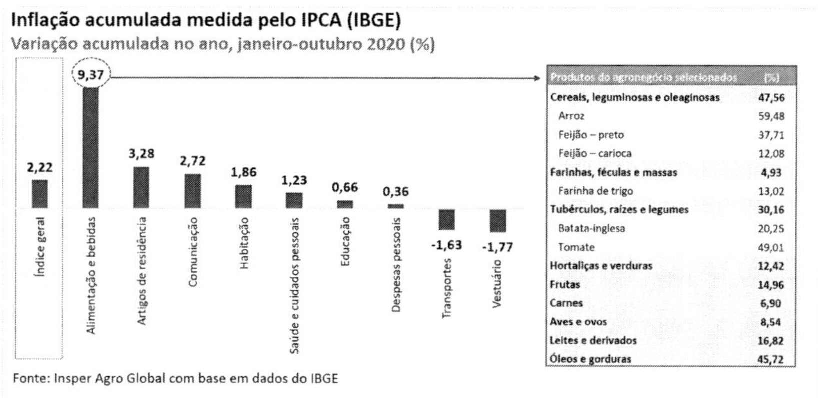

Vale ressaltar que esses números são só dos 10 (dez) primeiros meses do ano de 2020. No entanto, quando considerado o ano de 2020 como um todo, as taxas de inflação sobre alimentos da cesta básica, apontados na tabela, subiram ainda mais. O óleo de soja e o arroz, por exemplo, encerraram dezembro com alta de 103,79% e 76,01%, respectivamente.[48]

45. BUENO, Sinara. Balança Comercial de 2020. FAZCOMEX. 06 jan. 2021. Disponível em: https://bit.ly/3tR8ZqF Acesso em: 28 mar. 2021.

46. AGÊNCIA BRASIL. Inflação oficial sobe para 0,86% em outubro, diz IBGE. Disponível em: https://bit.ly/3hIGTJw Acesso em: 26 mar. 2021.

47. ESTADÃO, *op. cit.*

48. SILVEIRA, Daniel; ALVARENGA, Darlan, *op. cit.*

Como já mencionado anteriormente, a União costuma atribuir alíquota zero a diversos produtos que são exportados. Exatamente porque as exportações, de modo geral, têm um impacto muito positivo para o país, fazendo com que estes produtos cheguem ao mercado estrangeiro com preços competitivos – e, assim, promovam o ingresso de divisas no país, gerando emprego e renda, e aumentando a qualificação dos recursos humanos.

Contudo, quando esse comércio com o exterior tem, no geral, um impacto negativo na sociedade, como é o caso da alta das exportações de alimentos da cesta básica, o Poder Executivo Federal tem o poder de estabelecer uma alíquota de Imposto de Exportação – permitindo que esta alcance até 150% sobre o valor da base de cálculo.

A elevação na alíquota desses produtos é sem dúvida uma providência necessária para diminuir as exportações, o que tornaria mais caro o produto brasileiro e diminuiria, consequentemente, sua aquisição por estrangeiros. Como consequência, a oferta para o consumidor brasileiro se tornaria maior, podendo resultar em uma redução dos preços dos alimentos tributados, bem como em um impacto menor na população mais carente.

Conclusão

Em linha de conclusão, buscou-se demostrar que a política fiscal, apesar de não ser a solução de todos os problemas que acometem a sociedade brasileira, pode ser um instrumento eficiente para a redução das desigualdades sociais do Brasil.

Como demonstrado, o IPCA de 2020 fechou o ano com uma alta de 14,09% nos preços dos alimentos, a maior elevação nesse setor desde 2002. A desigualdade social se agrava, porque essa inflação teve um impacto muito maior na renda das famílias mais pobres do que na das mais ricas. Enquanto aquelas gastam quase 30% de seu ganho com alimentação, estas têm um gasto em torno de 10%.

Para agravar o cenário da desigualdade no país, a crise gerada pela pandemia da COVID-19 trouxe a paralisação de algumas atividades econômicas, e isso resultou em uma deflação em setores como o de viagens aéreas, de hospedagem e de creches, os quais só as pessoas de classe mais alta têm acesso – levando estas a terem um gasto menor em seu orçamento do que de costume.

Por possuir uma função de regulador de mercado, o Imposto de Exportação pode controlar a saída de produtos e, por consequência, elevar a oferta destes no mercado interno. Com isso, não haveria um aumento tão expressivo nos preços para o consumidor, como houve com alguns alimentos da cesta básica nacional, cuja essencialidade para a sobrevivência da população mais humilde é inquestionável.

Inclusive, outros países, como já mencionado, chegaram a adotar medidas para restringir as exportações durante a pandemia,[49] exatamente para evitar uma elevação nos preços internos. Maior exemplo é o da Rússia,[50] onde a moeda se desvalorizou 19,9% em relação ao dólar,[51] no ano de 2020.

Vale lembrar que, conforme estabelece a Constituição Federal, cabe ao Estado promover políticas públicas e ações tendentes a reduzir as desigualdades sociais no país.

Portanto, ainda que seja positivo para o desenvolvimento econômico o estímulo às exportações – enquanto durar a crise econômica causada pelo vírus da COVID-19, que tem levado a uma desvalorização da moeda nacional e uma alta nas exportações de matérias-primas –, um aumento nas alíquotas de Imposto de Exportação sobre os alimentos elencados no Decreto-lei 399/38 é recomendável.

---

49. BUENO, Sinara, *op. cit.*

50. UOL ECONOMIA. *Rússia criará taxa sobre exportação de trigo após Putin criticar preço dos alimentos*. 14 dez. 2020. Disponível em: https://bit.ly/3EuZm5Z Acesso em: 29 mar. 2021.

51. BUENO, Sinara, *op. cit.*

Referências

AGÊNCIA BRASIL. Inflação oficial sobe para 0,86% em outubro, diz IBGE. Disponível em: https://bit.ly/3hIGTJw Acesso em: 26 mar. 2021.

AGÊNCIA BRASIL. Em 2019, valor da cesta básica subiu em 16 das 17 capitais pesquisadas. EXAME. 09 jan. 2020. Disponível em: https://bit.ly/3nFgBvy Acesso em: 11 mar. 2021.

ALEGRETTI, Laís. Inflação para famílias mais pobres é 10 vezes maior que para mais ricas em 2020. BBC News Brasil. 21 out. 2020. Disponível em: https://bbc.in/3tLIbZ6 Acesso em: 21 fev. 2021.

ALEXANDRE, Ricardo. *Direito tributário esquematizado*. 5. ed. São Paulo: Método, 2010.

BOEHM, Camila. Preço da cesta básica aumentou em todas as capitais em 2020. *Agência Brasil. CNN Brasil.* 11 jan. 2021. Disponível em: https://bit.ly/3lyDAWz Acesso em: 17 mar. 2021.

BRASIL. Constituição Federal de 1988. Disponível em: https://bit.ly/2VNubBq Acesso em: 1º mar. 2021.

BRASIL. Decreto Real de 22 de setembro de 1818. Disponível em: https://bit.ly/3i1y0Lt Acesso em: 1º mar. 2021.

BRASIL. Decreto-Lei nº 1.578, de 11 de outubro de 1977. Disponível em: https://bit.ly/3zjrKV1 Acesso em: 24 mar. 2021.

BRASIL. Decreto-Lei nº 399, de 30 de abril de 1938. Disponível em: https://bit.ly/2Z26Gpv Acesso em: 15 mar. 2021.

BRASIL. Lei nº 5.172, de 25 de outubro de 1966. Código Tributário Nacional. Disponível em: https://bit.ly/39kvSt6 Acesso em: 16 mar. 2021.

BUENO, Sinara. Balança Comercial de 2020. FAZCOMEX. 06 jan. 2021. Disponível em: https://bit.ly/3tR8ZqF Acesso em: 28 mar. 2021.

CASTRO, André Fernando Vasconcelos de. A imunidade tributária do ICMS nas exportações. *Consultor Jurídico*. 24 jul.

2020. Disponível em: https://bit.ly/3EprdVg Acesso em: 07 mar. 2021.

CALIENDO, Paulo. *Curso de direito tributário*. 3. ed. São Paulo: Saraiva, 2020.

CARNEIRO, Cláudio. *Impostos federais, estaduais e municipais*. 7. ed. São Paulo: Saraiva, 2019.

CARRAZZA, Roque Antonio. *Curso de direito constitucional tributário*. 26. ed. São Paulo: Malheiros Editores, 2010.

CARVALHO, Fernando J. Cardim de. *Economia monetária e financeira*. 3. ed. Rio de Janeiro: Elsevier, 2015.

CNN Brasil. Desvalorização do real em 2020 só perde para moedas da Venezuela e da Zâmbia. Disponível em: https://bit.ly/3tR8ZqF Acesso em: 28 mar. 2021.

ESTADÃO. *Escala da desigualdade*. 17 ago. 2019. Disponível em: https://bit.ly/39g4WuU Acesso em: 22 mar. 2021.

HALL, Robert. LIBERMAN, Marc. *Macroeconomia* – Princípios e aplicações. Cengage Learning, 2003.

IBGE. Desemprego fica em 14,1% no trimestre encerrado em novembro. 28 jan. 2021. Disponível em: https://bit.ly/3zkPBDQ Acesso em: 20 fev. 2021.

INVESTING. *USD/BRL* – Dólar americano/Real brasileiro. 09 set. 2020. Disponível em: https://bit.ly/3hIcBXv Acesso em: 21 fev. 2021.

JORNAL NACIONAL. Pandemia agrava problema crônico do Brasil: a desigualdade econômica. G1. 09 fev. 2021. Disponível em: https://glo.bo/3Cq1utQ Acesso em: 18 abr. 2021.

MACHADO, Hugo de Brito. *Curso de direito tributário*. 26. ed. São Paulo: Malheiros, 2005.

MANKIW, N. Gregory. *Introdução à economia* – Princípios de micro e macroeconomia. 2. ed. Rio de Janeiro: Campus, 2000.

PLANALTO. Decreto de 22 de setembro de 1818. "Regula a cobrança dos direitos de 2% sobre as mercadorias que se exportarem dos portos do Brazil, e crêa nas Alfandegas da Bahia e Pernambuco mais um Officio de Escrivão da Mesa Grande." Disponível em: https://bit.ly/3Eto6eX Acesso em: 1º mar. 2021.

PLANALTO. Decreto-Lei nº 1.578, de 11 de outubro de 1977. Disponível em: https://bit.ly/3zjrKV1 Acesso em: 24 mar. 2021.

PAULSEN, Leandro; MELO, José Eduardo Soares de. *Impostos federais, estaduais e municipais.* 11. ed. São Paulo: Saraiva, 2018.

PUCRS. Desigualdade social cresce nas metrópoles brasileiras durante a pandemia. 22 out. 2020. Disponível em: https://bit.ly/39fql7j Acesso em: 18 abr. 2021.

REUTERS. *Trade restrictions on food exports due to the coronavirus pandemic*. Disponível em: https://reut.rs/2VQ1TGD Acesso em: 18 abr. 2021.

ROCHA, Kátia Luciane Souza de; ROCHA, Jefferson Marçal da. A análise da evolução do custo da cesta básica no Rio Grande do Sul através da modelagem matemática. *Experiências em Ensino de Ciências*. v. 3, p. 71-79, 2008. Disponível em: https://bit.ly/3CrJks1 Acesso em: 10 mar. 2021.

SABBAG, Eduardo. *Manual de direito tributário.* 12. ed. São Paulo: Saraiva, 2020.

SILVA, Eduardo Ramos. Organização Alfandegária e Espaços Fiscais no Império brasileiro (1808-1836). SCIELO. Disponível em: https://bit.ly/39f1ArT Acesso em: 1º mar. 2021.

SILVEIRA, Daniel; ALVARENGA, Darlan. *IPCA:* inflação oficial fecha 2020 em 4,52%, maior alta desde 2016. G1 ECONOMIA. 12 jan. 2021. Disponível em: https://glo.bo/3ly9kLt Acesso em: 17 mar. 2021.

SPRENGER, Leandro. Exportação e importação diferenças. FAZCOMEX. 13 jan. 2021. Disponível em: https://bit.ly/3Es2eR3 Acesso em: 14 abr. 2021.

UOL ECONOMIA. Rússia criará taxa sobre exportação de trigo após Putin criticar preço dos alimentos. 14 dez. 2020.

Disponível em: https://bit.ly/3EuZm5Z Acesso em: 29 mar. 2021.

UOL. ECONOMIA. Inflação fecha 2020 a 4,52%, acima do centro da meta; é a maior desde 2016. 12 jan. 2021. Disponível em: https://bit.ly/3kj2Mks Acesso em: 20 fev. 2021.

UOL. *Entrevista:* Dólar alto encarece o preço da comida para os brasileiros. Disponível em: https://bit.ly/39hsYpk Acesso em: 21 fev. 2021.

COMPLIANCE TRIBUTÁRIO: DESAFIO INTERDISCIPLINAR

Caio Augusto Takano[1]

Sumário: 1. Considerações propedêuticas – 2. O fundamento interdisciplinar do *compliance* – 3. *Compliance* tributário e seu significado interdisciplinar – 4. Os pilares do *compliance* tributário: 4.1 Gestão do risco tributário; 4.2 Gestão de tributos e planejamento tributário; 4.3 Gestão das obrigações acessórias e do Sped – Considerações finais – Referências.

São inúmeras as contribuições de Paulo Ayres Barreto para o Direito Tributário. Suas obras logo se tornam referência obrigatória em absolutamente todos os temas a que se propõem enfrentar, sejam livros ou artigos científicos, contribuindo sobremodo para a formação do pensamento jurídico crítico sobre as mais desafiadoras questões tributárias enfrentadas pelos contribuintes.

Nos últimos anos, a produção acadêmica do homenageado sobre a interdisciplinaridade no direito tributário tem sido recorrentemente utilizada pelos estudiosos como fonte segura para perquirir sobre o espaço de comutação discursiva, em sua exata dimensão, entre o Direito e outras ciências, entre

1. Professor de Direito Tributário da Universidade Presbiteriana Mackenzie. Doutor e Mestre em Direito Tributário pela Universidade de São Paulo (USP). Advogado.

o direito tributário e outros ramos jurídicos. O capítulo III de sua tese de livre-docência na Universidade de São Paulo e, atualmente, de seu livro "Planejamento tributário: limites normativos", é referência no estudo sério e cientificamente consistente sobre a interdisciplinaridade e o direito.

Sua contribuição ao tema, contudo, não se limitou apenas a escritos jurídicos. Tive o privilégio de acompanhar de perto suas reflexões sobre o tema por três oportunidades em que fui seu assistente na disciplina "Interdisciplinaridade e o Direito Tributário", oferecido no programa de pós-graduação *stricto sensu* da Universidade de São Paulo, sempre proporcionando experiências enriquecedoras em debates profundos, nos quais se buscava examinar os limites à aproximação interdisciplinar em situações atuais e complexas, sem, entretanto, deixar de reconhecer a sua relevância na hermenêutica jurídica. Em suas palavras: "seria um grave erro não reconhecer essa perspectiva unitária do sistema jurídico e, consequentemente, uma necessária interdisciplinaridade".[2]

Com o respeito e a admiração que nutro pelo Professor Paulo Ayres, a quem devo muito de minha trajetória acadêmica e profissional – cujos ensinamentos, conselhos e diretrizes sempre me guiaram para que tomasse as melhores decisões – dedico-lhe, com carinho fraternal, este breve escrito sobre um tema eminentemente interdisciplinar e que, ademais disso, tem sido objeto de meus estudos nos últimos anos.

1. Considerações propedêuticas

A constante integração econômica e a diminuição de fronteiras num cenário de acelerado processo de globalização internacional exigem esforço crescente das corporações para garantir condições efetivas de competitividade em mercados sobremodo disputados. Neste cenário, a inserção das

---

2. BARRETO, Paulo Ayres. *Planejamento tributário:* limites normativos. São Paulo: Noeses, 2017, p. 29.

empresas brasileiras no mercado internacional constitui – na precisa advertência de Paulo Ayres Barreto – uma imperiosa necessidade do mercado, além de representar variável estatisticamente relevante ao crescimento do produto interno bruto do país.[3] Para sua concretização, cada vez mais se mostra imprescindível que seja atingido um nível de maturidade de *compliance* suficiente para fortalecer a corporação e sua marca de forma consistente perante o seu público consumidor e demais *stakeholders*.

Eis porque a adoção de práticas que promovam maior nível de conformidade e governança tem se revelado uma preocupação crescente das corporações sob diversas perspectivas, não apenas em âmbito local, mas global.[4]

No Brasil, o tema tem sido frequente e principalmente associado ao *compliance* regulatório e criminal, decorrentes das exigências impostas pela Lei Anticorrupção (Lei 12.846/2013). No entanto, não se limita apenas a essas aproximações: é de inequívoca relevância a implementação de medidas que garantam um adequado nível de conformidade com todo o direito posto, inclusive a legislação tributária: sobre o procedimento para a apuração e recolhimento de tributos ser complexo, há inúmeros outros cuidados que devem ser tomados pela empresa para garantir um adequado nível de *compliance* tributário (como, por exemplo, a elaboração de laudos para justificar a adoção ou mudança de regimes tributários; adoção de rotina de revisão dos critérios de apuração dos tributos; implementação de sistemas tecnológicos que diminuam a margem de erro nos *inputs* de informações fiscais relevantes;

3. Cf. BARRETO, Paulo Ayres. A tributação, por empresas brasileiras, dos lucros auferidos no exterior por suas controladas e coligadas. In ROCHA, Valdir de Oliveira (Coord.). *Grandes questões atuais do direito tributário*. 17º Volume. São Paulo: Dialética, 2013, p. 219.

4. BIFANO, Elidie Palma. A importância do *compliance* tributário na administração dos negócios. In. MARTINS, Ives Gandra da Silva; MARTINS, Rogério Vidal Gandra da Silva (Coord.) *Compliance no direito tributário*. Volume 7. São Paulo: Ed. RT, 2020, p. 103.

contratação de pareceres jurídicos para fundamentar tomadas de posições relevantes em matérias complexas etc.).

É forçoso reconhecer que uma atuação em estrita conformidade com a legalidade impõe ao intérprete não apenas um desafiador – por vezes hercúleo – labor exegético, mas, igualmente, a necessidade de adoção de procedimentos que garantam a integridade de seu comportamento e evidenciem a sua conformidade ao direito posto. Dentro desta perspectiva, sobre ser um instrumento fundamental para a governança corporativa, o *compliance* tributário passa a ser uma imperiosa exigência da atividade empresarial.

Propomo-nos, neste breve estudo, a discorrer a propósito do *compliance* tributário, a partir de uma visão interdisciplinar – exigida pelo objeto de estudo –, buscando compreender seus fundamentos e impactos para o cumprimento das obrigações tributárias pelos contribuintes. Eis o desafio que se nos apresenta.

2. O fundamento interdisciplinar do *compliance*

A busca por um nível cada vez mais elevado de adequação às melhores práticas de governança corporativa tem se intensificado sobremodo nos últimos anos, visando a atrair investidores e melhorar seus relacionamentos com os clientes ou com o Poder Público. A percepção de que o posicionamento institucional sobre os valores, objetivos e missão da empresa, bem como a adoção de condutas que reflitam todos os valores da corporação, influem diretamente na percepção do cliente sobre o valor da marca empresarial e sua diferenciação no mercado é um fenômeno recente que tem afetado diretamente as relações entre empresas e seu mercado consumidor.

Com efeito, o reconhecimento da governança corporativa como uma real necessidade em um mercado cada vez mais competitivo decorre da própria evolução das técnicas de *Marketing* nas últimas décadas. Nos dias atuais, impõe-se o reconhecimento do consumidor como um ser humano norteado por crenças, valores e com vontade de transformar a realidade de suas vidas – bem como da sociedade – num "mundo melhor", com moral, justiça, consciência social, econômica e ambiental, de modo que seus hábitos de consumo refletem a busca por uma "satisfação espiritual", i.e., produtos e serviços politicamente corretos, que não agridem a natureza e que estão dentro de práticas sustentáveis.[5]

Assim, a preservação da imagem pública das corporações revela-se de inequívoca importância, tornando fundamental a adoção de medidas que evitem quaisquer situações que possam prejudicá-la perante seus parceiros comerciais e consumidores. E o *compliance* constitui ferramenta estratégica fundamental neste processo, permitindo não apenas um nível desejado de adequação à legislação, como igualmente evitando riscos e perdas sobretudo reputacionais, que impactam negativamente a imagem da empresa e a solidez de sua marca perante o mercado – que, como precisamente aponta Elidie Bifano, figura atualmente como "maior ativo de que as empresas dispõem, por não ter preço".[6]

Basta que se recorde da reação do público aos planejamentos tributários agressivos de empresas multinacionais que foram expostos pela mídia na década passada. O público viu em planejamento tributário internacional lícitos uma tentativa imoral e antiética de tais empresas não pagarem a sua "justa parcela" nos custos estatais, o que fez com que as empresas passassem a investir em sua imagem como "boa pagadora de tributos" (dispondo-se, inclusive, a pagar por tributos que sequer são devidos em função de suas estruturas tributárias), sob pena de ter sua imagem demasiadamente desgastada no mercado e sofrer enormes prejuízos em razão

5. KUAZAQUI, Edmir. *Gestão de Marketing 4.0* - Casos, Modelos e Ferramentas. Rio de Janeiro: Grupo GEN, 2019.

6. BIFANO, Elidie Palma. A importância do *compliance* tributário na administração dos negócios. In. MARTINS, Ives Gandra da Silva; MARTINS, Rogério Vidal Gandra da Silva (Coord.) *Compliance no Direito Tributário*. Volume 7. São Paulo: Ed. RT, 2020, p. 91.

da reação social e boicotes dos consumidores (*tax shaming*),[7] demonstrando a cada vez mais imbricada relação entre Direito e Marketing.[8]

Eis porque não é mais possível cogitar boas práticas de governança corporativa à míngua da adoção de um *compliance* tributário: uma corporação que não se adeque a essa realidade e implemente um programa de *compliance* adequado coloca-se em posição de vulnerabilidade a inúmeros riscos, sejam internos ou externos, que não apenas poderão comprometer o caixa e o patrimônio da empresa em razão de passivos fiscais decorrentes do cometimento, voluntário ou não, de infrações tributárias, como igualmente poderão colocar em xeque o próprio valor da corporação e minar a sua capacidade de produzir resultados, caso não consiga prevenir eventuais danos à sua imagem corporativa decorrentes de atos realizados à míngua de um programa de *compliance*, o que afastará não apenas investidores, como igualmente consumidores.[9]

Da comunicação interdisciplinar entre Direito e *Marketing*, é que se depreende ser fundamental que as corporações busquem, pois, garantir a sua integridade, credibilidade e sinergia com o seu mercado, pela implementação de um programa de *compliance* consciente e adequado para garantir transparência de seus atos perante quaisquer interessados (*stakeholders*), em qualquer área de atuação e, inclusive, no âmbito tributário, que pressupõe a conformidade e a integridade no cumprimento de suas obrigações tributárias,

7. Sobre o assunto, é interessante a notícia "Google, Amazon, Starbucks: The rise of 'tax shaming'", publicada pelo jornal da BBC. Disponível em: https://bbc.in/3zCI1oe Acesso em: 31 jul. 2021.

8. TAKANO, Caio Augusto. Erosão da base tributável e a transferência de resultados: o caminho para o multilateralismo e novas perspectivas à soberania fiscal. *Revista Direito Tributário Atual*, n. 32. São Paulo: Dialética, 2014, pp. 63-82.

9. MARTINS, Ives Gandra da Silva; MARTINS, Rogério Vidal Gandra da Silva. Apresentação do Volume. In. MARTINS, Ives Gandra da Silva; MARTINS, Rogério Vidal Gandra da Silva (Coord.) *Compliance no direito tributário*. Volume 7. São Paulo: Revista dos Tribunais, 2020, p. 15.

principais e acessórias, de um lado, bem como a conformidade com valores éticos tidos como relevantes pela sociedade.[10]

Por fim, é necessário enfatizar que, sobre demandar atitudes, comportamentos e a determinação de "fazer as coisas certas" com o objetivo de se atingir determinadas finalidades empresariais, governança e *compliance* impõe a exigência da adoção de idêntico comportamento pelos parceiros comerciais e todos os colaboradores envolvidas na corporação.[11]

3. *Compliance* tributário e seu significado interdisciplinar

O signo "*compliance*" é – como, de resto, é extremamente comum nas expressões dessa natureza – plurívoca. Em sua origem etimológica, o termo "*compliance*" tem origem na língua inglesa, derivando do verbo "*to comply*", que, em sua tradução literal, significa "cumprir" algo ou "estar em conformidade" com algo. Não obstante seu uso encontre-se bastante consolidado no meio jurídico, não há uma definição normativa própria e, além disso, há diferentes traduções para o termo no direito posto.

Exemplificativamente, a Lei 13.303/2018, ao tratar sobre os requisitos de transparência que devem ser atendidos pelas empresas públicas e economia mista, faz referência ao termo "conformidade";[12] de outro lado, a Lei 12.846/2013, ao tratar

10. NEVES, Edmo Colnaghi; PEIXOTO, Marcelo Magalhães. *Compliance* como elemento de planejamento tributário (análise de casos relativos à redução do capital da pessoa jurídica). In. MARTINS, Ives Gandra da Silva; MARTINS, Rogério Vidal Gandra da Silva (Coord.) *Compliance no Direito Tributário*. Volume 7. São Paulo: Revista dos Tribunais, 2020, p. 157.

11. BIFANO, Elidie Palma. A importância do *compliance* tributário na administração dos negócios. In. MARTINS, Ives Gandra da Silva; MARTINS, Rogério Vidal Gandra da Silva (Coord.) *Compliance no Direito Tributário*. Volume 7. São Paulo: Revista dos Tribunais, 2020, p. 98.

12. Art. 8º. As empresas públicas e as sociedades de economia mista deverão observar, no mínimo, os seguintes requisitos de transparência:
[...]
VII - elaboração e divulgação da política de transações com partes relacionadas, em conformidade com os requisitos de competitividade, conformidade, transparência, equidade e comutatividade, que deverá ser revista, no mínimo, anualmente e apro-

sobre a responsabilização administrativa e civil de pessoas jurídicas pela prática de atos contra a administração pública, faz referência ao termo "integridade".[13] Especificamente em matéria tributária, tem prevalecido a utilização do termo "conformidade" para se referir a medidas que buscam aprimorar a relação entre Fisco e contribuinte, bem como incentivar o aumento do nível de cumprimento voluntário das normas tributárias, a exemplo do que se identifica no Programa de Estímulo à Conformidade Tributária – "Nos Conformes", da Secretaria da Fazenda do Estado de São Paulo (Sefaz/SP), instituído pela Lei Complementar Estadual 1.320/2018, e posteriormente regulamentado pelo Decreto Estadual 64.453/2019.

Assim, em uma primeira aproximação, o conceito de "*compliance* tributário" estaria associado à ideia de cumprimento da legislação tributária, de modo a permitir que o contribuinte esteja em dia com suas obrigações tributárias. Tratar-se-iam, portanto, do conjunto de medidas que buscam garantir a conformidade com a legislação na execução da rotina fiscal da empresa, especialmente quanto aos tributos a serem pagos e documentação acessória a ser entregue.

Exsurge, pois, como instrumento pelo qual se exerce as boas práticas de governança corporativa em matéria tributária, objetivando guardar estrita observância aos comandos prescritivos positivados no ordenamento jurídico e prevenir riscos patrimoniais, financeiros e reputacionais para as corporações, pelo adequado atendimento à função social da empresa, exigência que decorre seja do texto constitucional (arts. 5º, inciso XXIII e 170, inciso III) quanto do Código Civil (arts. 421 e 2.035, parágrafo único).[14]

---

vada pelo Conselho de Administração; [...].

13. Art. 7º Serão levados em consideração na aplicação das sanções:
(...)
VIII - a existência de mecanismos e procedimentos internos de integridade, auditoria e incentivo à denúncia de irregularidades e a aplicação efetiva de códigos de ética e de conduta no âmbito da pessoa jurídica;

14. BIFANO, Elidie Palma. A importância do *compliance* tributário na administração dos negócios. In. MARTINS, Ives Gandra da Silva; MARTINS, Rogério Vidal

Ademais, sob a perspectiva do Direito Empresarial, é forçoso reconhecer de que a adoção de práticas de governança corporativa e a implementação de um programa de *compliance* configura um dever dos administradores, que, consoante dos enunciados prescritivos da Lei 6.404/76, na busca pela prosperidade e longevidade da empresa, devem "empregar, no exercício de suas funções, o cuidado e diligência que todo homem ativo e probo costuma empregar na administração dos seus próprios negócios" (art. 153), visando, sempre, a "lograr os fins e no interesse da companhia, satisfeitas as exigências do bem público e da função social da empresa" (art. 154).[15]

A singeleza de seu significado não reflete, contudo, os inerentes desafios para a sua operacionalização, especialmente na seara tributária. O sistema tributário brasileiro é sobremodo complexo, até como consequência de o legislador brasileiro ter optado por um sistema tributário baseado em regras e distinções normativas que visam a realizar o princípio da isonomia, dentro da complexa realidade econômica e social de nosso país, o que permite, inclusive, a utilização da norma tributária em seu efeito indutor de comportamentos ou em sua função distributiva.[16]

Além disso, algumas figuras de nosso sistema tributário exemplificam escolhas do nosso legislador que contribuem sobremodo para a insegurança jurídica no cumprimento das obrigações tributária, tais como: (i) complexidade legislativa e natureza eminentemente interpretativa das normas jurídicas; (ii) lançamento por homologação e passividade do Fisco frente

---

Gandra da Silva (Coord.) *Compliance no direito tributário*. Volume 7. São Paulo: Revista dos Tribunais, 2020, p. 83.

15. NEVES, Edmo Colnaghi; PEIXOTO, Marcelo Magalhães. *Compliance* como elemento de planejamento tributário (análise de casos relativos à redução do capital da pessoa jurídica). In. MARTINS, Ives Gandra da Silva; MARTINS, Rogério Vidal Gandra da Silva (Coord.) *Compliance no Direito Tributário*. Volume 7. São Paulo: Revista dos Tribunais, 2020, p. 158.

16. SCHOUERI, Luís Eduardo. *Direito tributário. 9ª Edição*. São Paulo: Saraiva, 2019, pp. 47-58.

às novas legislações; (iii) obrigações acessórias complexas e exigidas em multiplicidade; (iv) sanções tributárias elevadas; (v) impossibilidade de denúncia pelo descumprimento de obrigações acessórias; (vi) tribunais administrativos com limitado escopo de análise; (vii) dificuldade de acesso ao Poder Judiciário e seus desafios para discussões em matérias tributárias, especialmente obrigações acessórias; para citar apenas algumas.

Eis porque cumprir a legislação tributária verdadeiramente dista de ser uma missão simples. O inadimplemento das obrigações tributárias não está necessariamente associado à sonegação, mas por vezes decorrem de interpretação da norma legal pelo contribuinte que, ao cumprir a legislação, em seu entendimento não haveria tributo a ser recolhido ou, caso houvesse, em montante menor do que aquele apurado a partir do entendimento da Administração Tributária, que muitas vezes é desconhecido pelo contribuinte por ocasião da tomada de decisão.[17]

Com efeito, diversas são as possibilidades interpretativas a partir do texto jurídico-positivo. Não há, como adverte Eros Grau, uma única interpretação correta para um determinado enunciado prescritivo,[18] mas uma multiplicidade de caminhos interpretativos possíveis, que dependerão dos valores axiológicos do exegeta, do contexto normativo e de uma série de premissas que deverão ser fixadas sobre o relacionamento entre normas jurídicas. O que se busca enfatizar, com essas afirmações, é que "cumprir a legislação tributária" não é uma ação binária, que apresenta uma alternativa correta e uma errada, de fácil identificação e análise de suas consequências, em suas precisas dimensões normativas.

---

17. BIFANO, Elidie Palma. A importância do *compliance* tributário na administração dos negócios. In. MARTINS, Ives Gandra da Silva; MARTINS, Rogério Vidal Gandra da Silva (Coord.) *Compliance no direito tributário*. Volume 7. São Paulo: Ed. RT, 2020, p. 99.

18. GRAU, Eros Roberto. *Por que tenho medo dos juízes (a interpretação/aplicação do direito e os princípios)*. 6ª Edição refundida do "ensaio e discurso sobre a interpretação/aplicação do direito". São Paulo: Malheiros, 2013, p. 63.

Dadas as incertezas decorrentes de sua complexidade ou das diversas interpretações possíveis a partir de seus dispositivos legais, a singela tarefa de "cumprir a lei" exige, antes, a tomada de uma série de decisões – por vezes de natureza interdisciplinar – buscando avaliar oportunidades de ganhos e gestão de riscos. Um *compliance* tributário eficiente exige, pois, esforços para que se adote uma adequada estratégia de gestão de risco tributário, permitindo melhores decisões acerca do cumprimento das obrigações tributárias principais e acessórias.

4. Os pilares do *compliance* tributário

4.1 Gestão do risco tributário

Como parte integrante da governança corporativa, cogita-se o *compliance* tributário não apenas como um instrumento para se alcançar a regularidade fiscal dos contribuintes, como também – e fundamentalmente – para a implementação de procedimentos que permitam a gestão e mitigação de riscos tributários, de acordo com os valores, estrutura e visão da corporação.[19] Com efeito, o processo de tomada de decisão, inerente à atividade empresarial, bem como à própria atividade de interpretação e aplicação do direito, "envolve frequente necessidade de avaliação de riscos ou incertezas, inclusive oriundos de questões tributárias".[20]

Define-se risco tributário como os eventos no exercício das atividades empresárias, que podem conduzir a adversidades fiscais durante a vida da empresa, afetando a saúde financeira da organização e comprometendo o atingimento dos resultados estabelecidos como metas pela corporação, bem

19. FRANÇOSO, Thaís Folgosi. A importância da gestão do risco no *compliance* tributário. In. MARTINS, Ives Gandra da Silva; MARTINS, Rogério Vidal Gandra da Silva (Coord.) *Compliance no Direito Tributário*. Volume 7. São Paulo: Ed. RT, 2020, p. 169.

20. AGUIAR, Luciana Ibiapina Lira. *Governança corporativa tributárias*: aspectos essenciais. São Paulo: Quartier Latin, 2016, pp. 133-135.

como poderão implicar responsabilização tributária (art. 135 do CTN) – e inclusive penal (arts. 1º, 2º e 11 da Lei nº 8.137/90) – aos sócios e colaboradores que estejam engajados na tomada de decisão quanto ao cumprimento dos tributos.

O Risco tributário muitas vezes exsurge como efeito da incerteza no cumprimento da legislação tributária, agravado pela ausência de um processo de decisão nas organizações ou pela falta de ações específicas sobre um evento que sejam necessárias para diminuir espaços de incertezas e de potenciais infrações tributárias, culminando em lavratura de autos de infração e relevante passivo fiscal para as empresas. Apenas a título exemplificativo, em relatório apresentado pela Receita Federal do Brasil, constatou-se que "o crédito tributário constituído pela Fiscalização da Receita Federal atingiu o montante de R$ 201,66 bilhões, representando valor 7,9% superior ao valor do crédito constituído no ano de 2018", sendo que analisando o período entre 2016 e 2019, o valor total exigido dos contribuintes foi de aproximadamente R$ 695 bilhões.[21]

Diversas podem ser as origens do risco tributário. Alguns fatores internos das corporações que propiciam seu surgimento são: (i) infraestrutura (porte, localização, atividades, infraestrutura da empresa etc.); (ii) pessoal (quantidade e qualidade do pessoal envolvido em questões fiscais); (iii) processos (procedimentos e protocolos adotados na área fiscal e de controles internos); e (iv) tecnologia (sistemas para entrega de obrigações tributárias e atualização legal). Também o risco tributário poderá exsurgir de fatores externos, como: (i) econômicos (impactos da tributação no preço, conjuntura econômica etc.); (ii) meio ambiente (impactos tributários nas políticas socioambientais); (iii) sociais e políticos (riscos dos cenários políticos para carga tributária, greves etc.); e (iv) tecnologia (impactos da informatização fiscal para o cumprimento da lei).

---

21. Cf. Receita Federal do Brasil. *Plano Anual de Fiscalização 2020 e Resultados 2019*, p. 7. Disponível em: https://bit.ly/2Zr2ksl Acesso em: 19 abr. 2021.

Daí a necessidade de proceder a práticas que visem à adequada gestão do risco tributário, i.e., que combinem estratégias e procedimentos com intuito de desenvolver infraestrutura, sistemas, processos para criação de uma "consciência de risco", assegurando que o risco tributário assumido esteja aceitável dentro dos padrões de governança tributária da empresa. Assim, busca-se estabelecer conjunto de processos por meio dos quais seja possível identificar, analisar, avaliar e responder aos riscos que podem afetar os objetivos da organização.

É importante ressaltar, contudo, que a gestão de risco tributário não significa adotar uma postura avessa a qualquer risco, mas permitir a tomada de decisão racional da empresa baseada em: (i) plena ciência e consciência dos riscos; (ii) proatividade; (iii) implementação de sistemas; e (iv) avaliação dos riscos por intermédio de um procedimento objetivo e racional. A gestão do risco tributário permite que a empresa adote a postura mais indicada ao seu nível de governança corporativa almejada, sem evitar todos os riscos e nem se apegando cegamente a todas as oportunidades tributárias.

É pressuposto fundamental para a gestão do risco tributário que haja a plena ciência dos riscos relacionados às decisões tomadas em matéria tributária, por exemplo, penalidades pecuniárias (multas de ofício, multas de mora, multa isolada etc.), casos que impliquem responsabilidade tributária dos sócios e colaboradores da empresa, punição criminal etc., para que se possa avaliar corretamente as consequências positivas e negativas associadas a cada cenário possível decorrente da tomada de decisão.

Importante salientar que não basta, entretanto, apenas ciência dos riscos associados a cada cenário tributário, mas deve haver igualmente a consciência da exata dimensão desses riscos por parte das corporações. Ou seja, conhecer não apenas aqueles imediatamente previstos na legislação tributária, como responsabilidades e infrações, mas também as demais consequências que uma postura em desconformidade com a legislação tributária poderá implicar a visão que o mercado tem em relação à marca e reputação da corporação ou de seus sócios, diretores e colaboradores.

Cogita-se, pois, em uma atuação proativa, pela qual a organização se estruture e se empenhe para a prevenção de eventuais riscos não toleráveis, e não apenas busque remediar riscos já concretizados. Assim, rotinas de treinamentos de equipe e de discussão interna antes da tomada de decisões relevantes sobre a apuração de tributos e entrega de obrigações acessórias – incluindo todos os setores da empresa envolvidos na operação – é de decisiva importância para a escolha consciente do caminho a ser trilhado no cumprimento da legislação tributária.

Ademais, é igualmente relevante que as corporações invistam na adoção de sistemas e na criação de processos e procedimentos de coleta e análise de dados, de modo a permitir a detecção, mensuração, prevenção e tratamento do risco tributário a níveis aceitáveis dentro dos padrões de governança corporativa tributária adotada pela empresa, calibrando conscientemente os riscos e oportunidades identificados para definir uma estratégia alinhada ao perfil da empresa e sua tolerância ao risco.

Por fim, cumpre à organização avaliar o risco tributário e eventual tolerância a ele a partir da conjugação de dois fatores: (i) possível impacto do risco às atividades empresariais; e (ii) probabilidade de concretização do risco. Conquanto não exista um único ou mais correto modelo de matriz de risco, podemos afirmar que, em linhas gerais, um risco baixo seria aquele cuja chance de ocorrência é rara ou muito baixa, bem como o seu possível impacto seja leve. De outro lado, um risco será médio se a chance de sua ocorrência ou seu possível impacto sejam médios. Por fim, um risco será elevado se a chance de sua ocorrência for alta ou, ainda, em qualquer cenário em que o seu possível impacto às atividades empresariais seja grave ou gravíssimo.

A análise do risco tributário passa, pois, pela definição de processos e procedimentos de atendimento à legislação e à fiscalização; pelo constante e aprimorado monitoramento da jurisprudência visando à mensuração dos riscos conhecidos; pela implementação de um contencioso estratégico, que assessore e indique qual medida adotar em cada situação, tendo em vista os riscos envolvidos (i.e., parcelamentos, garantias dos débitos, impugnação, ações judiciais etc.). Vale ressaltar que a análise do risco tributário é fundamental, inclusive, sob o ponto de vista contábil, na medida em que, por vezes, os riscos identificados e reconhecidos deverão ser divulgados nas demonstrações contábeis da sociedade.

Dúvidas não há sobre a imbricada relação entre o *compliance* tributário e a gestão de riscos oriundos da interpretação e aplicação da norma tributária. Eis porque é imprescindível a existência instrumentos que possam auxiliar a tomada de decisão da organização sobre qual será o caminho que será trilhado para cumprir a legislação, de modo racional e objetivo, a partir da análise de dados, dentro da matriz de riscos escolhida, que demonstre as vantagens e os riscos associados a cada alternativa indicada, permitindo-se o adequado gerenciamento, previsão e mitigação de riscos, bem como a proteção da regularidade fiscal da empresa e de seus resultados empresariais.[22]

4.2 Gestão de tributos e planejamento tributário

Um programa de *compliance* tributário visa a conferir instrumentos jurídicos que propiciem melhores condições de avaliar e definir o caminho mais adequado para o cumprimento da legislação tributária, em linha com as diretrizes de uma adequada governança corporativa.[23] Assim, é fundamental que as empresas conheçam os caminhos oferecidos pela própria legislação para o cumprimento das obrigações tributárias.

Algumas das boas práticas de gestão tributária geralmente estão associadas a estudos da legislação para identificar: (i) benefícios fiscais aplicáveis que permitem a redução da base

22. FRANÇOSO, Thaís Folgosi. A importância da gestão do risco no *compliance* tributário. In. MARTINS, Ives Gandra da Silva; MARTINS, Rogério Vidal Gandra da Silva (Coord.) *Compliance no Direito Tributário*. Volume 7. São Paulo: Ed. RT, 2020, p. 182.

23. AGUIAR, Luciana Ibiapina Lira. *Governança corporativa tributárias:* aspectos essenciais. São Paulo: Quartier Latin, 2016, p. 155.

de cálculo dos tributos incidentes sobre as atividades empresariais; (ii) conhecimento das regras existentes na legislação para aquisição e compensação de créditos fiscais, nos chamados tributos sobre o consumo (IPI, ICMS e PIS e Cofins), especialmente em razão da complexidade e das inúmeras disputas existentes em torno deste tema; (iii) busca de regimes especiais junto à Administração Tributária, para conferir uma adequada solução em situações em que a aplicação da legislação conduzir para uma situação de incerteza, insegurança ou excessivamente gravosa para o contribuinte, ou, ainda, para situações em que a legislação simplesmente não dá qualquer solução (i.e., no caso de lacunas) ou, ainda que exista uma solução, ela não é adequada para a situação (i.e., no caso de lacunas axiológicas); e, por fim, (iv) a análise periódica das opções e dos regimes tributários do contribuinte, buscando verificar se, mesmo com a passagem do tempo, eles permanecem como a melhor solução para o contribuinte.

Além disso, as boas práticas de gestão tributária recomendam o ativo acompanhamento da legislação federal, estadual e municipal, buscando uma atualização constante que possa permitir identificar oportunidades que não foram anteriormente vislumbradas, bem como permitir que se sugiram adequações para atender a todos os requisitos impostos por essas regulamentações. Isso sem deixar de lado o acompanhamento da jurisprudência, administrativa e judicial, aplicável aos impostos incidentes sobre a atividade econômica da empresa.

Um aspecto fundamental da gestão tributária é que ela não depende apenas de um conhecimento técnico da legislação, não obstante o pressuponha: demanda, antes, a plena ciência e visão da atividade empresarial do contribuinte e da evolução jurisprudencial de cada tema relevante, seja administrativa ou judicial, que permitem conhecer critérios específicos (nem sempre expressamente previstos em lei) para resguardar o contribuinte e mitigar seu risco.

Cite-se, por exemplo, a tomada de decisão da organização em relação ao creditamento de PIS e Cofins em razão da aquisição de insumos. Após mais de duas décadas de discussão, o Superior Tribunal de Justiça determinou, por ocasião do julgamento do REsp 1.221.170/PR, sob o rito dos recursos repetitivos, que "o conceito de insumo deve ser aferido à luz dos critérios de essencialidade ou relevância, ou seja, considerando-se a imprescindibilidade ou a importância de terminado item – bem ou serviço – para o desenvolvimento da atividade econômica desempenhada pelo Contribuinte".[24]

Tais critérios de essencialidade ou relevância, sobre serem indeterminados e subjetivos, demandam que o contribuinte analise cada insumo à luz da atividade desempenhada pela empresa. Assim, não há uma mercadoria, material ou substância que possa ser considerada insumo por si, sendo sempre necessária a análise da relação entre o produto que é considerado como insumo e o seu modo de utilização no processo produtivo ou atividade empresária que determinará a possibilidade ou não de creditamento.[25] Portanto, trata-se de hipótese em que se demandará não apenas um conhecimento amplo da realidade da corporação e do seu processo produtivo, mas igualmente a adoção de medidas que possam garantir a consistência das decisões tomadas, como a produção de laudos técnicos, contratação de pareceres, realização de estudos etc.

Ademais, é imposição do *compliance* tributário que se criem procedimentos internos para não apenas tomar uma decisão, mas garantir a integridade do processo de tomada de decisão, pela formalização de todas as informações necessárias e relevantes que justifiquem e demonstrem a consistência do caminho escolhido pelo contribuinte, por intermédio de relatórios, dossiês e pastas, relatórios internos, documentos relevantes, laudos especializados etc.). Tais documentos não apenas permitirão a construção de arcabouço probatório

---

24. Superior Tribunal de Justiça. REsp 1221170/PR, Rel. Ministro Napoleão Nunes Maia Filho, PRIMEIRA SEÇÃO, julgado em 22.02.2018, DJe 24.04.2018.

25. GRECO, Marco Aurélio. Conceito de Insumo à luz da legislação de Pis/Cofins. *Revista Fórum de Direito Tributário*, v. 34. 2008, pp. 9-30.

fundamental para eventual questionamento por ocasião de fiscalização ou de discussão judicial, como igualmente demonstrarão a racionalidade que conduziu à tomada decisão – por vezes sendo considerado como indícios relevantes de boa-fé na conduta do contribuinte.

Se a gestão tributária busca oportunidades de economia fiscal lícitas que estejam expressamente previstas na legislação tributária, a expressão "planejamento tributário" possui um sentido um pouco diferente: busca-se, aqui, reestruturações societárias e adequação do modelo negocial para se valer de lacunas, de textos de lei mal redigidos ou de prática inusitadas, como forma de reduzir sua tributação, sem desrespeitar regras proibitivas da lei.[26] Ou seja, no planejamento tributário busca-se realizar uma conduta que não seja proibida (ilícita) – porém que também não é expressamente permitida – para buscar oportunidades de otimização na carga tributária. Não se trata, pois, de práticas ilícitas, mas lícitas, ainda que não decorram de expressa tomada de posição por parte do legislador ordinário.

Sob a perspectiva do *compliance*, o risco assumido nos planejamentos tributários é muito maior, exigindo-se, portanto, estudo aprofundado para auxiliar a tomada de decisão. De outro lado, proporcional aos riscos assumidos são os potenciais ganhos em termos de competitividade, na medida em que nem todas as empresas – mesmo que de um mesmo setor econômico – adotarão o mesmo planejamento, seja porque não estão dispostas a correr o mesmo risco ou, simplesmente, pelo desconhecimento da oportunidade existente na legislação.

A elisão fiscal tem seu fundamento no princípio da livre-iniciativa, que assegura constitucionalmente ao contribuinte a não interferência do Estado na forma de organização de seus

---

26. SCHOUERI, Luís Eduardo. Planejamento tributário e garantias dos contribuintes: entre a norma geral antielisão portuguesa e seus paralelos brasileiros. In. ALMEIDA, Daniel Freire e; GOMES. Fabio Luiz; CATARINO, João Ricardo. (Org.). *Garantias dos contribuintes no sistema tributário:* Homenagem a Diogo Leite de Campos. São Paulo: Saraiva, 2012, p. 373.

negócios e em seu direito de ser tributado apenas na estrita conformidade com as situações definidas pela lei.[27] Consubstancia-se na prática de atos lícitos – ainda que não sejam expressamente previstos, mas nunca proibidos – para se obter um efeito tributário desejado, como a redução da carga tributária. Tratando-se de atos lícitos, serão sempre oponíveis ao fisco, uma vez que o Direito deverá reconhecer o seu substrato jurídico. Como alerta Paulo Ayres Barreto, a elisão fiscal é um "direito subjetivo assegurado ao contribuinte de, por meios lícitos, evitar a ocorrência do fato jurídico tributário; reduzir o montante devido a título de tributo; ou postergar a sua incidência".[28]

Com efeito, para cada negócio jurídico existe mais do que única via empresarial e tributária aceitável.[29] Assim, para que o contribuinte alcance um determinado resultado econômico por ele desejado, não há apenas um único caminho empresarial válido ou previsto no ordenamento jurídico, mas diversos, cada um com seus respectivos e específicos efeitos, tanto para fins societários, quanto tributários.

A escolha entre um deles, sobre não ser proibida (ilícita), é pressuposta pelo ordenamento jurídico, em decorrência do Princípio da Livre-Iniciativa. Como impecavelmente aponta Paulo de Barros Carvalho, é perfeitamente legítima a economia tributária decorrente de estruturas empresariais verdadeiras, erigidas segundo formas jurídicas permitidas e que não configurem artifícios dolosos para evitar a incidência tributária.[30] Não há qualquer regra legal a obrigar o contribuinte que conduza seus negócios da forma mais onerosa ou

---

27. MALERBI, Diva Prestes Marcondes. *Elisão tributária*. São Paulo: Ed. RT, 1984, p. 80.

28. BARRETO, Paulo Ayres. *Planejamento tributário:* limites normativos. São Paulo: Noeses, 2017, p. 256.

29. CLEMENTE, Joan-Francesc Pont. *La economía de opción*. Madrid: Marcial Pons, 2006, p. 129.

30. CARVALHO, Paulo de Barros. *Derivação e positivação no direito tributário*. Volume I. São Paulo: Noeses, 2011, p. 88.

que o impeça de se aproveitar de resultados "não previstos" pelo legislador.

Pelo contrário, há inúmeros dispositivos que apontam em sentido contrário, no sentido de se conferir base legal e constitucional ao planejamento tributário. Eis a precisa lição de Gerd Willi Rothmann, para quem "o planejamento tributário e a adoção de uma estruturação fiscal para reduzir, de forma lícita, a carga tributária exorbitante é um direito garantido constitucionalmente ao contribuinte (arts. 150, I, 5º, XXII e 170 da Constituição Federal) e, ao mesmo tempo, uma obrigação imposta ao administrador de sociedade, prevista na legislação societária (art. 1.011 do Código Civil e arts. 153 e 154 da Lei 6.404/76)".[31]

Isso não significa, contudo, que não haja limites ao planejamento tributário no ordenamento jurídico brasileiro. Há dois limites positivados no Código Tributário Nacional que devem ser observados pelo intérprete do direito: (i) a simulação (art. 149, inciso VII, do CTN) e (ii) a dissimulação (art. 116, parágrafo único, do CTN).

Nas lições de Humberto Ávila, a simulação, absoluta ou relativa, constitui um vício na existência do ato ou negócio jurídico. Nela, há uma divergência entre aquilo que foi declarado pelo contribuinte, verbal ou documentalmente, e aquilo que foi, concreta e efetivamente, realizado. Nesse caso, a autoridade "acusa o contribuinte de ter criado uma 'realidade artificial', sem suporte em atos efetivamente existentes".[32] Como consequência,

> como o ato não foi praticado, obviamente que seus efeitos não podem ser protegidos, pela singela razão de que o Direito não protege o que não foi feito. Por isso, o efeito da simulação é a

---

31. ROTHMANN, Gerd Willi. Afinal, o planejamento tributário pode ser criminoso? In. PRETO, Raquel Elita Alves. *Tributação brasileira em evolução*: estudos em homenagem ao professor Alcides Jorge Costa. São Paulo: IASP, 2015, p. 679.

32. ÁVILA, Humberto. IRPJ e o contrato de permuta sob a perspectiva do planejamento tributário. In. *Contribuições e imposto sobre a renda:* estudos e pareceres. São Paulo: Malheiros, 2015, p. 254.

> nulidade do ato ou negócio jurídico simulado, inclusive no âmbito do direito civil, conforme preceitua o artigo 167 do Código Civil. Por conseguinte, o Código Tributário Nacional estabelece um fundamento específico para a nulidade do ato ou negócio simulado, conforme determina o artigo 149.[33]

Assim, a constatação da ocorrência de simulação confere à autoridade administrativa a possibilidade de desconsiderar os negócios jurídicos declarados pelo contribuinte. Não é suficiente, entretanto, a mera alegação de simulação para ensejar a "inoponibilidade ao fisco" de um ato ou negócio jurídico, sendo imprescindível a comprovação de uma simulação e/ou da existência de um fato dissimulado, o que exigirá da Fiscalização Tributária um acurado esforço de atividade fiscalizatória e um auto de infração dela decorrente bastante fundamentado, seja em termos teóricos ou de provas (demonstrando, por exemplo, que a estrutura empresarial não condiz com a realidade, que a pessoa jurídica é simulada, só existindo formalmente, que inexiste atividade real por aquele contribuinte, que a operação ou prestação de serviço ocorreu de forma distinta àquela declarada em suas obrigações fiscais, dentre outros).[34]

É comum observar, porém, que por vezes, a desqualificação dos atos praticados pelo contribuinte é acompanhada dos mais diversos argumentos e institutos, que nem sempre guardam aderência com o sistema tributário brasileiro, tais quais a figura do propósito negocial, do abuso de forma, da fraude à lei etc. Tais figuras, além de não serem definidas na legislação tributária, não são razões suficientes, em si, para permitir a desconsideração de atos ou negócios jurídico praticados pelos contribuintes.

Verificada sua ocorrência, embora justifiquem a desconsideração de negócios jurídicos e seus efeitos no âmbito do direito privado (ilícitos civis), o mesmo não se dá necessariamente

33. ÁVILA, Humberto. IRPJ e o contrato de permuta sob a perspectiva do planejamento tributário. In. *Contribuições e imposto sobre a renda:* estudos e pareceres. São Paulo: Malheiros, 2015, pp. 254-255.

34. BARRETO, Paulo Ayres. *Planejamento tributário:* limites normativos. São Paulo: Noeses, 2017, pp. 231-233.

em relação aos seus efeitos no direito tributário. Os planejamentos tributários devem ser analisados em estrita conformidade com sua licitude perante o sistema de referência. Isso porque, como enfatiza Paulo Ayres Barreto, nos enunciados prescritivos que regem a matéria tributária no Brasil, "não configuram ilícitos, para fins de qualificação de evasão tributária, o ato anormal de gestão e o negócio realizado com fins exclusivamente fiscais. O abuso de direito e o abuso de formas jurídicas podem caracterizar, para fins tributários, unicamente indícios de dissimulação".[35]

Este tem sido o posicionamento que, atualmente, se apresenta como vencedor no Supremo Tribunal Federal, por ocasião dos votos já proferidos na Ação Direta de Inconstitucionalidade 2.446, nos quais prevaleceu o entendimento de que o art. 116, parágrafo único, do CTN é inconstitucional e que o Fisco poderá desconsiderar apenas atos simulados, que, à toda evidência, são nulos.

A ocorrência dos ilícitos civis, por sua vez, dista de ser irrelevante. Atuam, em verdade, como veros indícios de simulação ou dissimulação, não obstante sejam insuficientes, por si, para justificar ou fundamentar a desconsideração de atos ou negócios jurídicos celebrados pelo contribuinte em matéria tributária, ou serão relevantes apenas aos fatos geradores que fazem referência a situações jurídicas (art. 116, inciso II, do CTN), casos em que eventuais vícios de nulidade nos atos ou negócios jurídicos impõem a consideração do ato ou negócio jurídico efetivamente praticado.

Em síntese, o planejamento tributário é de extrema importância para as empresas, pois permite a identificação de um cumprimento de obrigações tributárias que seja lícito e, ao mesmo tempo, diferenciado em relação aos demais *players* do mercado, com a redução eficiente dos custos empresariais. No entanto, os riscos tributários envolvidos são muito mais significativos do

---

35. BARRETO, Paulo Ayres. *Planejamento tributário:* limites normativos. São Paulo: Noeses, 2017, pp. 231-228.

que na gestão de tributos, exigindo um estudo aprofundado dos riscos tributários envolvidos antes de se decidir implementar qualquer planejamento. Daí a necessidade de sistematização do processo de tomada de decisão pela implementação de um programa de *compliance* e gestão do risco tributário.

4.3 Gestão das obrigações acessórias e do Sped

Além da inerente complexidade para a apuração e recolhimento de tributos, há inúmeros outros procedimentos que devem ser adotados pela empresa para garantir um adequado nível de conformidade à legislação tributária, em especial no que tange às obrigações acessórias ou deveres instrumentais dos contribuintes,[36] em especial no Brasil, em que há um ônus excessivo (custos de conformidade) para que o contribuinte consiga cumprir a legislação tributária, como decorrência da política tributária brasileira adotada, que tem privilegiado medidas no sentido de uma "privatização da gestão tributária" – para referir a terminologia de Ferreiro Lapatza[37] –, pelo qual se imputa ao contribuinte todo o peso do cálculo e recolhimento das obrigações tributárias e, à Administração, passa a caber uma função mais passiva, dentro da ideia de um "Estado Vigilante".[38]

Com a implementação do Projeto Sped ("Sistema Público de Escrituração Digital"),[39] instituído pelo Decreto 6.022/2007, intensificou-se sobremodo o volume de dados transmitidos e,

36. Sobre a natureza jurídica das chamadas "Obrigações tributárias acessórias" como deveres instrumentais, cf. TAKANO, Caio Augusto. *Deveres instrumentais dos contribuintes: fundamentos e limites*. São Paulo: Quartier Latin, 2017, pp. 102-116.

37. FERREIRO LAPATZA, José Juan. La privatización de la gestión tributaria y las nuevas competencias de los Tribunales Económico-Administrativos. *Revista Española de Derecho Financiero*, n. 37. Madrid: Civitas, 1983, pp. 81-94.

38. NABAIS, José Casalta. Alguns desafios actuais da tributação. *Revista de Direito Tributário*, n. 82. São Paulo: Malheiros, 2001, pp. 91-92.

39. O Sped é um instrumento que unifica as atividades de recepção, validação, armazenamento e autenticação de livros e documentos que integram a escrituração contábil e fiscal dos empresários e das pessoas jurídicas, inclusive imunes ou isentas, mediante fluxo único, computadorizado, de informações.

ainda, o nível de exigência em termos qualitativos dos dados entregues ao Fisco. A prestação de informações fiscais passou a ser realizada em um nível extremamente analítico,[40] permitindo "a formação de banco de dados sem precedentes, o que se faz a partir do conjunto de informações que devem ser consignadas em arquivos disponibilizados pela Receita Federal do Brasil", contando, ainda, com a "inclusão, sem precedentes, de informações de terceiros nas declarações transmitidas às administrações tributárias", como precisamente apontado por Luciana Aguiar.[41]

Eis porque o *compliance* na gestão de deveres instrumentais (obrigações acessórias), longe de ser mero tópico secundário, tem exigido atenção crescente por parte dos contribuintes.

Mesmo com um esforço hercúleo, diante da inigualável complexidade normativa da legislação tributária brasileira, o contribuinte encontra-se propenso ao erro no que se refere ao cumprimento de suas obrigações tributárias formais. Exemplificativamente, por mais simples que pareça, em uma primeira aproximação, a emissão de uma simples nota fiscal em uma venda de uma mercadoria qualquer a uma pessoa física, há uma série de imbricadas questões de elevada complexidade jurídica, por exemplo: (i) deve o contribuinte saber se o destinatário é contribuinte ou não do imposto (mesmo sendo pessoa física), para definir se é cabível a emissão de Nota Fiscal eletrônica (NF-e, mod. 55) ou Nota Fiscal do Consumidor

---

40. Para ilustrar o nível analítico das informações exigidas no âmbito do Sped, pode-se citar a Escrituração Contábil Fiscal – ECF, regulamentada pela Instrução Normativa RFB 2.004/2021, que não apenas substituiu a antiga Declaração de Imposto de Renda da Pessoa Jurídica – DIPJ e a reformulou em formato eletrônico, mas foi implementada de forma muito mais abrangente, permitindo que a Receita Federal do Brasil consiga identificar, por intermédio da análise das informações, que constam nos diferentes registros dos diversos blocos da nova declaração, a origem de cada fator relevante para a conformação e apuração da renda tributável do exercício, a partir da identificação e rastreamento da respectiva conta contábil em que conste aquela receita, custo ou despesa, na Escrituração Contábil Digital – ECD (módulo do Sped que reúne em formato digital os livros contábeis do contribuinte).

41. AGUIAR, Luciana Ibiapina Lira. Compliance e a implementação de deveres instrumentais. In. CARVALHO, Paulo de Barros (Coord.). *Compliance no direito tributário*. São Paulo: Ed. RT, 2018, p. 104.

(NFC-e, mod. 65); (ii) deve identificar a alíquota e a base de cálculo aplicáveis, o que exige saber se há benefícios fiscais para o seu produto bem como se há o cumprimento dos pressupostos legais para sua fruição; (iii) deve saber a finalidade a que será destinada a mercadoria para poder identificar o CFOP correto e, inclusive, saber qual regime tributário aplicará à operação (como a substituição tributária, o diferencial de alíquota, diferimento etc.); (iv) deve, ainda, saber a classificação fiscal (código NCM) de sua mercadoria, o que exige a escolha de uma entre várias alternativas possíveis pela leitura da descrição do código, que por vezes não acompanha o rápido aprimoramento e a evolução tecnológica do mercado; (v) precisa buscar informações minuciosas do transportador, ainda que a contratação do transporte não seja de sua responsabilidade; (vi) necessário conhecer se há, em portarias ou atos normativos infralegais, exigências sobre o leiaute do documento fiscal e ou informações específicas que devem constar no campo informações / dados complementares; (vii) exige-se ainda que o emissor da nota fiscal tenha conhecimento sobre a idoneidade (não apenas formal, mas de fato) do destinatário etc.

São apenas alguns dos desafios para emitir uma única nota fiscal. Para a escrituração desse simples documento, que deve ser emitido para acompanhar qualquer operação mercantil, há inúmeros cuidados que o contribuinte deverá tomar, bem como tantos outros dispositivos que deve conhecer para cumprir a norma jurídica positivada.

Portanto, diante do volume de informações exigidas para o preenchimento de deveres instrumentais tributários, em especial documentos, declarações e livros eletrônicos que constam no Sped, exige-se que o contribuinte adote medidas que garantam a precisão em seu cumprimento, inclusive com rotinas de detecção do risco tributário, bem como a confiabilidade das informações transmitidas às autoridades fiscais.[42] As multas

---

42. AGUIAR, Luciana Ibiapina Lira. Compliance e a implementação de deveres instrumentais. In. CARVALHO, Paulo de Barros (Coord.). *Compliance no direito tributário*. São Paulo: Ed. RT, 2018, p. 99.

por inexatidões ou omissões na entrega de tais declarações são bastante elevadas, a exemplo do que está previsto no art. 12 da Lei 8.218/91, evidenciando a magnitude do risco tributário envolvido na conformidade com os deveres instrumentais.

Assim, a primeira função da gestão de obrigações acessórias é de reduzir ou evitar dispêndios com multas pecuniárias decorrentes do cumprimento irregular dos deveres instrumentais dos contribuintes.[43] Ademais, o nível de "aderência à conformidade tributária" – o que notoriamente abrange o cumprimento de deveres instrumentais – tem sido critério para diferenciações entre contribuintes para fins fiscalizatórios pelas administrações tributárias, como se verifica, por exemplo, no "Plano Anual de Fiscalização" da Receita Federal do Brasil para o ano-calendário de 2015[44] e no art. 5º, inciso II da Lei de incentivo à conformidade do Estado de São Paulo (Lei Complementar 1.320/2018).[45]

Há, ainda, uma segunda função prática do *compliance* tributário, consistente na potencialização do ambiente para a geração de negócios, por meio da apresentação de índices de confiabilidade perante seus parceiros comerciais.

A implementação de rotinas fiscais que visam à consistência das informações entregues ao Fisco no cumprimento de deveres instrumentais eletrônicos é uma realidade já

43. AGUIAR, Luciana Ibiapina Lira. *Governança corporativa tributária:* aspectos essenciais. São Paulo: Quartier Latin, 2016, p. 119.

44. Cf. Receita Federal do Brasil. Plano Anual da Fiscalização 2015, p. 18. Disponível em: https://bit.ly/3kysj9c Acesso em: 11 de maio de 2020.

45. Art. 5º. Para implementação do Programa "Nos Conformes", com base nos princípios, diretrizes e ações previstos nesta lei complementar, os contribuintes do Imposto sobre Operações Relativas à Circulação de Mercadorias e sobre Prestações de Serviços de Transporte Interestadual e Intermunicipal e de Comunicação - ICMS serão classificados de ofício, pela Secretaria da Fazenda, nas categorias "A+", "A", "B", "C", "D", "E" e "NC" (Não Classificado), sendo esta classificação competência privativa e indelegável dos Agentes Fiscais de Rendas, com base nos seguintes critérios:
I - obrigações pecuniárias tributárias vencidas e não pagas relativas ao ICMS;
II - aderência entre escrituração ou declaração e os documentos fiscais emitidos ou recebidos pelo contribuinte; [...].

conhecida por muitos contribuintes, geralmente adotando-se como foco: (i) confiabilidade do documento, pela busca da utilização de documentos hábeis e fidedignos ao registro das transações que serão informadas; (ii) conciliação, pela implementação de processos de conferência e exame das informações recebidas (inclusive suas fontes), permitindo-se a detecção e eliminação tempestiva de possíveis divergências e erros; (iii) adequado cronograma na entrega das declarações e cumprimento dos deveres instrumentais, bem como o seu monitoramento contínuo para detectar possíveis riscos tributários; (iv) direcionamento de recursos adequados para responder às demandas fiscais, como sistemas integrados de gestão (ERP), *softwares* de conciliação de documentos fiscais, (v) adequado planejamento e rotatividade dos colaboradores da empresa encarregados do cumprimento das práticas de *compliance* tributário, tanto no que se refere à gestão de tributos como de deveres instrumentais, permitindo uma visão holística e maior compreensão dos processos de conformidade da empresa; e (vi) manutenção de contas de controles, contábeis e fiscais, para permitir o confronto dos dados informados e garantir a qualidade da informação.[46]

Para garantir a eficiência dessas rotinas fiscais, diversos setores da empresa têm trabalho em conjunto para garantir a integridade e confiabilidade da informação fiscal. Ilustrativo é exemplo da rotina fiscal exigida pela ECF, um dos módulos mais complexos do Sped. Além da inerente complexidade para se apurar o Imposto de Renda da Pessoa Jurídica – IRPJ e da Contribuição Social sobre o Lucro Líquido – CSLL, é necessário que a área fiscal da empresa atue em conjunto: (i) com o setor contábil, na medida em que diversas informações contábeis, constantes da ECD entregue no mesmo exercício, são recuperadas na ECF no "Bloco C" e atuam como ponto de partida (sem que haja a possibilidade de retificar as

---

46. AGUIAR, Luciana Ibiapina Lira. Compliance e a implementação de deveres instrumentais. In. CARVALHO, Paulo de Barros (Coord.). *Compliance no direito tributário*. São Paulo: Ed. RT, 2018, pp. 101-102.

informações recuperadas) para o cálculo do IRPJ e CSLL; (ii) com o setor jurídico, pois há uma série de benefícios fiscais que deverão ser informados no Registro 0020 ("Parâmetros Complementares") e impactarão o cálculo dos tributos, sendo imprescindível que o setor jurídico mantenha atualizado o setor fiscal sobre a concessão, duração ou revogação do benefício (como, por exemplo, os incentivos para a inovação tecnológica da Lei do Bem); (iii) com o setor comercial, pois todos os rendimentos e pagamentos realizados com não residentes deverão contar no registro Y520 ("Pagamentos/Recebimentos do Exterior ou de Não Residentes"), inserindo-se informações sobre país de origem, valor, forma de pagamento e, ainda, a natureza da informação; (iv) com o setor de RH, pois a informação sobre remuneração dos sócios, administradores e diretores são informados no Registro Y600 ("Identificação e Remuneração de Sócios, Titulares, Dirigentes e Conselheiros"), no Registro Y611 ("Rendimentos de Dirigentes, Conselheiros, Sócios ou Titular"), e/ou no Registro Y612 ("Identificação e Rendimentos de Dirigentes, Conselheiros, Sócios ou Titular"), nos casos de entidades isentas ou imunes.

Por fim, além dos desafios para o preenchimento e entrega das informações solicitadas pelas Administrações Tributárias no âmbito do Sped, há desafios significativos para o contribuinte proceder à retificação de declarações e escriturações fiscais eletrônicas, que, por vezes, acaba por tolher, na prática, o exercício do direito à correção de dados pessoais. A ilustrar as dificuldades impostas para retificação de declarações no âmbito do Sped, recorde-se o procedimento que a Receita Federal do Brasil aponta como correto, conforme consta na seção "Perguntas e Respostas" da EFD-Contribuições,[47] pergunta nº 84, que ao disciplinar o procedimento de escrituração de crédito extemporâneo (*v.g.*, para escriturar um crédito de importação de serviço prestado por pessoa física residente no exterior), determinou a observância do seguinte

47. Cf. Receita Federal do Brasil. Perguntas e Respostas da EFD-Contribuições. Pergunta nº 84. Link: https://bit.ly/3lMziuHAcesso em: 31 jul. 2021

procedimento: (i) retificação da EFD-Contribuições do correspondente período de apuração, para constituir os créditos decorrentes de documentos não considerados na apuração inicial, realizando o devido controle desse crédito nos registros 1100 (PIS/Pasep) e 1500 (Cofins); (ii) retificação da DIPJ ou da ECF, para ajustar o custo/despesa considerado na apuração do lucro líquido, para fins de apuração do IRPJ e CSLL; (iii) retificação da DCTF, caso seja apurado valor suplementar de PIS, Cofins, IRPJ e de CSLL a recolher, decorrente do ajuste realizado; (iv) realizar o mesmo procedimento para todas as declarações posteriores até o período de apuração presente.

Esses são alguns desafios enfrentados diuturnamente pelas corporações para cumprir seus deveres instrumentais, evidenciando a necessidade da adoção de medidas de *compliance* tributário adequados para mitigar incertezas e prevenir riscos fiscais decorrentes de multas pelo descumprimento desses deveres.

É importante salientar, contudo, que mudanças estruturais deste cenário, redutor de competitividade das empresas brasileiras, apenas poderão ocorrer com a adoção de uma postura institucional das Administrações Tributárias que incentive a governança corporativa tributária, que permitam que criar condições se aprimorar a relação a entre Fisco e o contribuinte, estimulando-o a cumprir voluntariamente a legislação tributária, reduzindo custos de conformidade arcados pelo contribuinte e a complexidade dos deveres instrumentais, e, consequentemente, aumentando a eficácia arrecadatória.[48]

Considerações finais

Em súmula, são inúmeros os desafios que cercam aquele que busca interpretar e aplicar a legislação tributária. Diante das incertezas que naturalmente exsurgem de sua

---

48. AGUIAR, Luciana Ibiapina Lira. *Governança corporativa tributária:* aspectos essenciais. São Paulo: Quartier Latin, 2016, pp. 246-247.

complexidade ou dos diversos caminhos possíveis a partir da interpretação dos enunciados prescritivos do direito posto, a singela tarefa de "cumprir a lei" dista de configurar uma ação binária, que apresenta uma alternativa correta e uma errada, mas verdadeiramente exige a tomada de uma série de decisões complexas pelo intérprete: diante dos desafios impostos pela interpretação do texto legal, qual caminho deve a empresa trilhar? Trilhando o caminho excessivamente conservador, deixará a empresa de aproveitar direitos e garantias concedidas pela legislação, diminuindo sua margem de lucro e consequentemente a sua competitividade no mercado interno e externo; trilhando o caminho excessivamente arrojado, poderá sofrer a imposição de elevadas sanções tributárias, que podem minar não apenas o benefício pretendido, como o caixa da empresa e a própria atividade empresarial.

No extremo, nenhum dos caminhos é salutar ou desejável. Eis porque é necessário adotar um procedimento que garanta a tomada de decisão racional pela organização, adequada à tolerância a riscos tributários que a corporação deseja assumir e que permita justificar a todos os interessados (*stakeholders*) a postura adotada. Eis o papel do *compliance* tributário, como instrumento para auxiliar e formalizar o processo de tomada de decisão tributária, garantindo-se, ao mesmo tempo, adequados níveis de transparência.

Se assim é, figura-se essencial para um adequado nível de *compliance* que se combinem estratégias e procedimentos, assegurando que seja possível identificar, analisar, avaliar e responder aos riscos que podem afetar os objetivos da organização, e garantir que o risco fiscal assumido esteja aceitável dento dos padrões de governança tributária da empresa. A gestão do risco fiscal permite, pois, a tomada de decisão racional da empresa no que tange à gestão de tributos e de seus deveres instrumentais, baseada em uma visão holística da atividade empresarial, das diversas prescrições legais que regulamentam os pormenores de sua atuação – societárias, trabalhistas, contratuais, tributárias etc. –, dos riscos envolvidos

– jurídicos, financeiros e reputacionais –, dentre tantas outras variáveis aplicáveis à complexidade da realidade empresarial. Trata-se inequivocamente de um desafio interdisciplinar que exige, igualmente, uma solução interdisciplinar para seu adequado enfrentamento.

Referências

AGUIAR, Luciana Ibiapina Lira. Compliance e a implementação de deveres instrumentais. In. CARVALHO, Paulo de Barros (Coord.). *Compliance no direito tributário*. São Paulo: Ed. RT, 2018.

_______. *Governança corporativa tributária*: aspectos essenciais. São Paulo: Quartier Latin, 2016.

ÁVILA, Humberto. IRPJ e o contrato de permuta sob a perspectiva do planejamento tributário. In. *Contribuições e imposto sobre a renda:* estudos e pareceres. São Paulo: Malheiros, 2015.

BARRETO, Paulo Ayres. A tributação, por empresas brasileiras, dos lucros auferidos no exterior por suas controladas e coligadas. In ROCHA, Valdir de Oliveira (Coord.). *Grandes questões atuais do direito tributário*. 17º Volume. São Paulo: Dialética, 2013.

_______. *Planejamento tributário:* limites normativos. São Paulo: Noeses, 2017.

BIFANO, Elidie Palma. A importância do *compliance* tributário na administração dos negócios. In. MARTINS, Ives Gandra da Silva; MARTINS, Rogério Vidal Gandra da Silva (Coord.) *Compliance no Direito Tributário*. Volume 7. São Paulo: Ed. RT, 2020.

CARVALHO, Paulo de Barros. *Derivação e positivação no direito tributário*. Volume I. São Paulo: Noeses, 2011.

CLEMENTE, Joan-Francesc Pont. *La economía de opción*. Madrid: Marcial Pons, 2006.

FERREIRO LAPATZA, José Juan. La privatización de la gestión tributaria y las nuevas competencias de los Tribunales

Económico-Administrativos. *Revista Española de Derecho Financiero*, n. 37. Madrid: Civitas, 1983.

FRANÇOSO, Thaís Folgosi. A importância da gestão do risco no *compliance* tributário. In. MARTINS, Ives Gandra da Silva; MARTINS, Rogério Vidal Gandra da Silva (Coord.) *Compliance no Direito Tributário*. Volume 7. São Paulo: Ed. RT, 2020.

GRAU, Eros Roberto. *Por que tenho medo dos juízes (a interpretação/aplicação do direito e os princípios)*. 6ª Edição refundida do "ensaio e discurso sobre a interpretação/aplicação do direito". São Paulo: Malheiros, 2013.

GRECO, Marco Aurélio. Conceito de insumo à luz da legislação de Pis/Cofins. *Revista Fórum de Direito Tributário*, v. 34. 2008.

KUAZAQUI, Edmir. *Gestão de Marketing 4.0* - Casos, Modelos e Ferramentas. Rio de Janeiro: Grupo GEN, 2019.

MALERBI, Diva Prestes Marcondes. *Elisão tributária*. São Paulo: Revista dos Tribunais, 1984.

MARTINS, Ives Gandra da Silva; MARTINS, Rogério Vidal Gandra da Silva. Apresentação do Volume. In. MARTINS, Ives Gandra da Silva; MARTINS, Rogério Vidal Gandra da Silva (Coord.) *Compliance no direito tributário*. Volume 7. São Paulo: Revista dos Tribunais, 2020.

NABAIS, José Casalta. Alguns desafios actuais da tributação. *Revista de Direito Tributário*, n. 82. São Paulo: Malheiros, 2001.

NEVES, Edmo Colnaghi; PEIXOTO, Marcelo Magalhães. *Compliance* como elemento de planejamento tributário (análise de casos relativos à redução do capital da pessoa jurídica). In. MARTINS, Ives Gandra da Silva; MARTINS, Rogério Vidal Gandra da Silva (Coord.) *Compliance no Direito Tributário*. Volume 7. São Paulo: Ed. RT, 2020.

ROTHMANN, Gerd Willi. Afinal, o planejamento tributário pode ser criminoso? In. PRETO, Raquel Elita Alves. *Tributação brasileira em evolução:* estudos em homenagem ao professor Alcides Jorge Costa. São Paulo: IASP, 2015.

SCHOUERI, Luís Eduardo. *Direito tributário.* 9ª ed. . São Paulo: Saraiva, 2019.

________. Planejamento tributário e garantias dos contribuintes: entre a norma geral antielisão portuguesa e seus paralelos brasileiros. In. ALMEIDA, Daniel Freire e; GOMES. Fabio Luiz; CATARINO, João Ricardo. (Org.). *Garantias dos contribuintes no sistema tributário:* Homenagem a Diogo Leite de Campos. São Paulo: Saraiva, 2012.

TAKANO, Caio Augusto. *Deveres instrumentais dos contribuintes:* fundamentos e limites. São Paulo: Quartier Latin, 2017.

________. Erosão da base tributável e a transferência de resultados: o caminho para o multilateralismo e novas perspectivas à soberania fiscal. *Revista Direito Tributário Atual,* n. 32. São Paulo: Dialética, 2014.

PREÇOS DE TRANSFERÊNCIA: O MÉTODO PECEX E A CORRETA DEDUÇÃO DOS CUSTOS DE INTERMEDIAÇÃO

Carla de Lourdes Gonçalves[1]

Sumário: Breves palavras ao homenageado – 1. À guisa de introdução – 2. Do fundamento legal da dedutibilidade de custos de intermediação. Do conceito de prêmio médio de mercado e a extensão do método de *commodities* – 3. Da inobservância do art. 43, *caput* e incisos I e II, do CTN, bem como do art. 2º, da Lei 7.689/88 - Do conceito legal de renda – 4. Dos fundamentos da dedutibilidade dos custos de intermediação a partir da conformação internacional do princípio do *arms length* – 5. Conclusões – Referências.

Breves palavras ao homenageado

Paulo Ayres Barreto é um jurista de muitos predicados. Profundo conhecedor da matéria tributária, cumpre à risca os dizeres de Pontes de Miranda ao pontificar que "não existe diferença entre teoria e prática, mas o que existe é o conhecimento do objeto". E seu conhecimento é vasto. Professor e parecerista de escol, também é advogado como poucos, com uma brilhante carreira que beira aos 40 existosos anos de jornada.

---

1. Mestre e Doutora pela PUC/SP. Professora dos cursos de Pós-Gradução promovidos pelo IBET e PUC-Cogeae. Advogada.

Pessoalmente, tenho o privilégio de seu convívio profissional diário desde 1996. Foi ao seu lado que iniciei a grande jornada tributária e sinto-me não somente honrada mas como privilegiada por todos os seus ensinamentos não só jurídicos, como também de vida. Privar de sua amizade é um bem que não tem preço. Alegria maior ainda é podê-lo chamar de "sócio" nos últimos 23 anos e ter convivido por mais de 20 anos com o igualmente mestre Aires F. Barreto, seu pai. Juntos, formam minha grande família profissional.

1. À guisa de introdução

A Lei 9.430/96, com modificações introduzidas pela Lei 12.715/2012, determina que o Método PECEX consiste no uso de valores médios diários de cotação dos bens ou direitos, em bolsas de mercadorias e futuros, internacionalmente conhecidas para a determinação do preço-parâmetro a ser atribuído a operações entre partes relacionadas envolvendo *commodities*.

Consoante o art. 19-A, §1º, da Lei 9.430/96, incluído pela 12.715/2012, os preços cotados deverão ser ajustados, para mais ou para menos, do "prêmio médio de mercado", na data da transação. O §4º do mesmo dispositivo determina que, no caso de os bens não terem cotação em bolsa, podem ser utilizados preços obtidos a partir de fontes de dados independentes fornecidos por instituições de pesquisas setoriais internacionalmente reconhecidas ou por agências e órgãos reguladores, desde que publicados os últimos no Diário Oficial da União. Já o §6º, prescreve caber à Secretaria da Receita Federal do Brasil a disciplina do artigo, inclusive mediante a previsão das bolsas de mercadorias e futuros e das instituições de pesquisas reconhecidas. É o teor atual do dispositivo.[2]

2. Art. 19-A. O Método do Preço sob Cotação na Exportação - PECEX é definido como os valores médios diários da cotação de bens ou direitos sujeitos a preços públicos em bolsas de mercadorias e futuros internacionalmente reconhecidas. (Incluído pela Lei nº 12.715, de 2012)
§ 1º. *Os preços dos bens exportados e declarados por pessoas físicas ou jurídicas*

Ao regulamentar esse dispositivo, a IN RFB 1.312/2012, no §7º do seu art. 34, determinou que para a aferição do "prêmio médio de mercado" deveriam ser tomadas em conta variáveis como "*variações na qualidade, nas características e no teor da substância do bem vendido*". Também na redação original, o §9º desse dispositivo determinava que "*além do prêmio, que consta do §7º*", o valor poderia sofrer ajustes decorrentes das "*diferenças entre o valor líquido recebido pelo vendedor e as variáveis que são consideradas na cotação específica da commodity*". O §10, também em sua redação original, determinava serem esses ajustes "adicionais" o "*custo de transporte ao porto de destino e as influências climáticas nas características do bem*".

---

residentes ou domiciliadas no País serão comparados com os preços de cotação dos bens, constantes em bolsas de mercadorias e futuros internacionalmente reconhecidas, ajustados para mais ou para menos do prêmio médio de mercado, na data da transação, nos casos de exportação para: (Incluído pela Lei nº 12.715, de 2012)
I - pessoas físicas ou jurídicas vinculadas; (Incluído pela Lei nº 12.715, de 2012)
II - residentes ou domiciliadas em países ou dependências com tributação favorecida; ou (Incluído pela Lei nº 12.715, de 2012)
III - pessoas físicas ou jurídicas beneficiadas por regimes fiscais privilegiados. (Incluído pela Lei nº 12.715, de 2012)
§ 2º. Não havendo cotação disponível para o dia da transação, deverá ser utilizada a última cotação conhecida.(Incluído pela Lei nº 12.715, de 2012)
§ 3º. Na hipótese de ausência de identificação da data da transação, a conversão será efetuada considerando-se a data de embarque dos bens exportados. (Incluído pela Lei nº 12.715, de 2012)
§ 4.º As receitas auferidas nas operações de que trata o caput ficam sujeitas ao arbitramento de preços de transferência, não se aplicando o percentual de 90% (noventa por cento) previsto no caput do art. 19.(Incluído pela Lei nº 12.715, de 2012)
§ 5º. *Na hipótese de não haver cotação dos bens em bolsas de mercadorias e futuros internacionalmente reconhecidas, os preços dos bens exportados a que se refere o § 1º poderão ser comparados:* (Incluído pela Lei nº 12.715, de 2012)
I - com os obtidos a partir de fontes de dados independentes fornecidas por instituições de pesquisa setoriais internacionalmente reconhecidas; ou (Incluído pela Lei nº 12.715, de 2012)
II - com os preços definidos por agências ou órgãos reguladores e publicados no Diário Oficial da União. (Incluído pela Lei nº 12.715, de 2012)
§ 6º. ***A Secretaria da Receita Federal do Brasil do Ministério da Fazenda disciplinará o disposto neste artigo, inclusive a divulgação das bolsas de mercadorias e futuros e das instituições de pesquisas setoriais internacionalmente reconhecidas para cotação de preços.*** (Incluído pela Lei nº 12.715, de 2012)
§ 7º. (VETADO) (Incluído pela Lei nº 12.715, de 2012)

Posteriormente, a IN RFB 1.395/2013 empreendeu alterações nesses dispositivos. A principal delas consistiu na introdução de uma série de incisos no §10, correspondentes a variáveis que poderiam ser tomadas em conta para fins do §9º. Dentre estas, o inciso IV previa os "*custos de intermediação* nas operações de compra e venda praticadas pelas pessoas jurídicas não vinculadas".

Entretanto, sobreveio a ilegal IN RFB 1.568/2015, que alterou o referido inciso IV do §10 do art. 34 da IN 1.213/2012, *passando a restringir, de forma indevida e contrária à Lei, o conceito de "custos de intermediação" da seguinte forma:*

> Art. 34.
>
> [...]
>
> § 10. [...]
>
> IV - custos de intermediação nas operações de compra e venda praticadas pelas pessoas jurídicas não vinculadas, *assim entendidos os custos de intermediação cobrados pelas bolsas de mercadorias e futuros internacionalmente reconhecidas.*

É dizer, a novel Instrução Normativa indevidamente restringiu o conceito de custos de intermediação previsto na regulamentação, para abranger, indevidamente, somente aqueles valores cobrados por bolsas de mercadorias e futuros.

Em síntese, podem-se vislumbrar três momentos da regulamentação, pela Secretaria da Receita Federal do Brasil, do art. 19-A, §§ 1º e 5º, da Lei 9.430/96, incluído pela 12.715/2012, relativa aos ajustes a serem realizados ao preço cotado em bolsa para fins de aplicação do Método PECEX. Veja-se:

Dispositivo legal	**art. 19-A, da Lei 9.430/96, incluído pela 12.715/12**		
Regulamentação	**Momento I: IN 1.312/2012 (redação original)**	**Momento II: IN 1.312/2012 alterada pela IN 1.395/2013**	**Momento III: IN 1.312/2012 alterada pela IN 1.568/2015**
Ajustes expressamente permitidos pela norma regulamentar na apuração do PECEX	- variações na qualidade, características e teor da substância do bem vendido (art. 34, § 7º). - Custo de transporte ao porto e influências climáticas nas características do bem (art. 34, § 10).	- variações na qualidade, características e teor da substância do bem vendido (art. 34, § 7º). - Diversas variáveis, dentre as quais "*custos de intermediação nas operações de compra e venda praticadas pelas pessoas jurídicas não vinculadas*" (art. 34, § 10, IV).	- variações na qualidade, características e teor da substância do bem vendido (art. 34, § 7º). - Diversas variáveis, dentre as quais "*custos de intermediação nas operações de compra e venda praticadas pelas pessoas jurídicas não vinculadas,* ***assim entendidos os custos de intermediação cobrados pelas bolsas de mercadorias e futuros internacionalmente reconhecidas***" (art. 34, § 10, IV).

Nesse contexto, percebe-se que a evolução da regulamentação da Receita Federal sobre o tema revela significativas alterações no tratamento dos ajustes possíveis na aplicação do PECEX.

Entretanto, a regulamentação não pode expandir nem restringir a amplitude dos dispositivos legais interpretados, sob pena de lesão ao ordenamento jurídico brasileiro. É dizer, não está ao livre alvitre do órgão regulamentador aumentar ou diminuir o âmbito de sua interpretação legal. A regulamentação deve exprimir a melhor interpretação dos dispositivos legais em questão, considerados em face do ordenamento jurídico como um todo, criando vinculações funcionais no âmbito da Receita Federal e expectativas de confiança para os contribuintes. Como é cediço, a regulamentação, especialmente em matéria tributária, não pode desbordar dos limites legais, em face do primado da legalidade (art. 2º, da Lei 9.784/99[3]).

Conforme o art. 97, V, do Código Tributário Nacional, a *fixação da base de cálculo dos tributos se encontra sob a reserva de lei.*[4]

Logo, o conceito de "prêmio médio de mercado", utilizado pela lei de preços de transferência para a fixação da base de cálculo do IRPJ e da CSLL, é privativo de lei, não podendo a Instrução Normativa desbordar de seus limites, seja para ampliá-lo ou reduzi-lo indevidamente.

A autorização do §6º do art. 19-A da Lei 9.430/96 à Receita Federal para disciplinar o artigo não é uma carta em branco, mas somente se refere às funções típicas de instruções normativas, como instrumentos secundários introdutores de normas, materialmente submetidos à lei, da qual devem extrair sua conformação e seu fundamento de validade.

Por um lado, não se pode menosprezar o importante papel da regulamentação no sistema tributário brasileiro, ao precisar a interpretação fiscal acerca da lei tributária, uniformizando o entendimento em sede da Receita Federal do Brasil e conferindo segurança jurídica aos contribuintes. *Por outro lado, esse papel deve ser objeto de controle pelo sistema, sempre que a regulamentação for além de seu mister, especialmente para restringir direitos dos contribuintes, a exemplo do que ocorreu com o advento da IN 1.568/2015.*

---

3. Art. 2º. A Administração Pública obedecerá, dentre outros, aos princípios da legalidade, finalidade, motivação, razoabilidade, proporcionalidade, moralidade, ampla defesa, contraditório, segurança jurídica, interesse público e eficiência.

4. Dispõe o referido dispositivo: Art. 97. Somente a lei pode estabelecer: [...] IV - a fixação de alíquota do tributo e da sua base de cálculo, ressalvado o disposto nos artigos 21, 26, 39, 57 e 65;[..].

2. Do fundamento legal da dedutibilidade de custos de intermediação. Do conceito de prêmio médio de mercado e a extensão do método de *commodities*

O art. 19-A, § 1º e 5º, da Lei 9.430/96, incluído pela Lei 12.715/2012, prescreve a realização de ajustes ao preço parâmetro calculado em conformidade com o Método PECEX *"para mais ou para menos do **prêmio médio de mercado**"*.

Nesse contexto, para aferição da legalidade das modificações empreendidas na regulamentação desse dispositivo, deve-se perquirir o sentido da expressão *"prêmio médio de mercado"*.

Em princípio, como ensina Riccardo Guastini, significações específicas no discurso jurídico devem ser obtidas a partir dos textos normativos ou do uso de juristas, e não dos dicionários.[5] Entretanto, não são conhecidas outras utilizações da expressão "prêmio médio de mercado", seja pelo direito positivo brasileiro, seja pela Dogmática Jurídica.

Nesse contexto, cumpre buscar o conteúdo da expressão em outra seara. Inicialmente, é intuitivo perquirir o significado da expressão nas Ciências Econômicas, uma vez que se trata de termo relacionado ao mercado. No contexto mais amplo dessas ciências, o prêmio de mercado consiste no adicional que o investidor espera receber por investir em um ativo mais arriscado, em comparação ao investimento mais conservador disponível no mercado (usualmente, títulos governamentais). Nesse sentido, conceituam Walter Gonçalves Junior, Ricardo Ratner Rochman, William Eid Junior e Luciana Ribeiro Chalela, economistas da Fundação Getulio Vargas:

> Considerada variável de papel central para estudos e aplicações em finanças, *o Prêmio de Mercado* é tão intuitivo quanto sua denominação possa sugerir; de fato, costuma-se defini-lo como *o diferencial requerido pelos investidores para exposição de seus*

---

5. GUASTINI, Riccardo. *Distinguiendo:* estudios de teoría y metateoría del derecho. Trad. Jordi Ferrer i Beltrán. Barcelona: Gedisa, 1999. p. 229.

> *recursos a ativos arriscados, em lugar dos classicamente referidos como livres de risco – estes últimos são tipicamente os títulos governamentais de curto prazo e preferencialmente indexados à inflação; portanto são os ativos com o menor risco de inadimplência a que se pode ter acesso no ambiente interno de um país, dada a reduzida exposição a fatores menos ponderáveis, tais como inflação e incertezas de longo prazo, que as demais alternativas.*[6]

O equivalente em inglês de tal conceito é "*Equity Risk Premium*", conceituado pelo Glossário da Revista *The Economist* como "a recompensa adicional recebida por investidores por comprar uma ação, em relação ao que teriam pelo investimento em um ativo menos arriscado, como um título governamental" (*the extra reward investors get for buying a share over what they get for holding a less risky asset, such as a government bond*).[7] Trata-se, entretanto, de conceito de prêmio de mercado, advindo das ciências econômicas, que não apresenta qualquer relação com o mercado das commodities, pois se refere a ativos exclusivamente financeiros, sendo impossível construir o conceito legal em questão a partir dele.

Não obstante, procurando no mercado de commodities, verifica-se que o conceito geral de prêmio de mercado apresenta natureza relacional, referindo-se a um valor adicional em relação a um outro dado montante. De acordo com glossários da imprensa especializada, prêmio (*premium*) consiste no *valor pelo qual um dado contrato futuro ou qualidade de commodity excede o valor de outro contrato de commodity.* Trata-se do oposto de desconto.[8]

---

6. GONÇALVES JUNIOR, Walter, ROCHMAN, Ricardo Ratner, EID JUNIOR, William, CHALELA, Luciana Ribeiro. Estimando o prêmio de mercado brasileiro. *Revista de Administração Contemporânea*, 15(5), outubro/2011, p. 931-954. Disponível em: https://bit.ly/2XJ8F1o Acesso em: 01 ago. 2021.

7. Glossary. The Economist. Disponível em: https://econ.st/3CFNJaA Acesso em: 01 ago. 2021.

8. Glossary of Trading Terminology. Disponível em: https://bit.ly/3ETcF0v Acesso em: 01 ago. 2021.

Especificamente no mercado de bolsas de valores, por vezes se faz referência ao termo como o próprio preço pago por uma opção, como consta do Glossário da Bolsa de Chicago (*Chicago Mercantile Exchange)*[9] e da Agência Norte-Americana de Contratos Futuros (*U.S. Comodity Futures Trading Commission*).[10]

Outra possibilidade consiste em perquirir sobre o sentido comum do termo. Nos dicionários, encontram-se definições de prêmio como "Compensação por serviço prestado. = RECOMPENSA, REMUNERAÇÃO". Em inglês, o termo *premium* é definido como "*a bonus, gift, or sum additional to price, wages, interest, or the like*". Percebe-se uma ideia bastante vaga de adicional ao preço ou compensação. Adaptando-se essa noção ao conceito legal, que trata de ajustes *para mais ou para menos*, o prêmio seria praticamente equivalente ao termo *"ajuste"*.

Com base nisso, pode-se afirmar que o conceito de "prêmio médio de mercado" que melhor se adequa ao texto legal é o de: ajustes para mais ou para menos do preço cotado que reflitam as práticas de partes não relacionadas, em transações realizadas no mercado de commodities em negociações *em bolsa ou fora dela.*

Nesse contexto, *os ajustes devem abarcar não somente os descontos e sobrepreços que costumam ocorrer entre partes não relacionadas em sede da bolsa de mercadorias e futuros, mas também aqueles cobrados em outros foros de negociação, fora de bolsa, como no caso das exportações realizadas por intermédio de trading companies ou distribuidores.*

Com efeito, mesmo que um produto em particular tenha cotação em bolsa, isso não significa que o Método PECEX será aplicável tomando-se em conta, como parâmetro, *operações* em bolsa. Em outras palavras, ainda que a bolsa sempre seja o ponto de partida para a apuração do PECEX, haverá

9. Glossary. Disponível em: https://bit.ly/3ELes7L Acesso em: 0 ago. 2021.

10. CFTC Glossary. Disponível em: https://bit.ly/39IXacR Acesso em: 01 ago. 2021.

hipóteses em que a operação parâmetro entre as partes a ser considerada será uma operação fora de bolsa (motivo pelo qual são necessários ajustes).

É que: (i) nem sempre a bolsa possui a liquidez necessária para a venda de toda a produção de uma grande empresa; e (ii) muitas vezes, a realidade econômica indica ser preferível a realização de um contrato de longo prazo fora do contexto da bolsa, do que submeter-se às volatilidades de preço e de demanda da bolsa, em cada operação. Logo, por esse motivo isolado, já seria possível concluir que o PECEX também é utilizado tomando-se em conta operações fora da bolsa como paradigma, cujo objeto sejam produtos também negociados na bolsa.

Contudo, a maior parte das negociações globais de *commodities* não é feita nas referidas plataformas. *As vendas por meio de bolsas de mercadorias e futuros podem representar um percentual mínimo sobre o volume total transacionado.*

Registre-se ainda *que a legislação de regência estende a aplicação do método de forma que sejam tomadas como parâmetro operações* fora de bolsa, cujos produtos negociados sequer tenham cotação na bolsa. ***Tanto é assim que o § 5º do mesmo dispositivo citado anteriormente, que faz remissão ao § 1º, trata expressamente da hipótese de o bem conceituado como commodity não ter cotação em bolsa, caso em que permite a comparação com dados obtidos a partir de instituições de pesquisas setoriais ou agências e órgãos reguladores.***

Nesse sentido, o art. 34, §3º, II, da IN RFB 1.312/2012 estabelece serem consideradas *commodities* não somente os produtos negociados em bolsas, mas também aqueles que, desde que listados no seu Anexo I, estejam sujeitos "*a preços públicos nas instituições de pesquisas setoriais internacionalmente reconhecidas listadas no Anexo III*" (redação conferida pela IN RFB 1.870/2019).

Indo além, o entendimento da Receita Federal sobre o tema (art. 9º da IN RFB 1.396/2013, alterada pela IN RFB 1.434/2013), veiculado por meio da Solução de Consulta Cosit

176, de 8 de julho de 2015, é *no sentido de que a cotação em bolsa sequer precisa ser específica para o produto em questão, bastando haver produto similar.*[11]

Verifica-se, portanto, que o Método PECEX é aplicável a uma série de produtos que sequer têm cotação em bolsa, admitindo a Receita Federal, na forma do §5° do art. 19-A da Lei 9.430/96, cotações exclusivamente em entidades de pesquisa setoriais, do mesmo produto, *ou mesmo de meros similares.* Nesses casos, a operação na bolsa não funciona como parâmetro absoluto para a determinação do preço de transferência, como faz parecer a fiscalização.

Conclui-se que, além de ser aplicável tomando em conta operações fora de bolsa com produtos cotados (que muitas vezes constituem a própria regra do ambiente econômico), o método PECEX também é aplicável tendo como parâmetro operações fora de bolsa que sequer lidam com produtos especificamente cotados em bolsas de mercadorias.

Logo, *se o regime de preços de transferência também considera como parâmetro para fins de obrigatoriedade da aplicação*

---

11. ASSUNTO: Imposto sobre a Renda de Pessoa Jurídica – IRPJ EMENTA: MÉTODOS DE PREÇOS DE TRANSFERÊNCIA. PREÇO SOB COTAÇÃO NA IMPORTAÇÃO – PCI. PREÇO SOB COTAÇÃO NA EXPORTAÇÃO – PECEX. CONCEITO DE COMMODITIES. Para fins de aplicação dos métodos PCI e Pecex, consideram-se commodities os produtos negociados nas bolsas de mercadorias e futuros listadas no Anexo II e os produtos listados no Anexo I que estejam sujeitos a preços públicos nas instituições de pesquisa setoriais listadas no Anexo III, da Instrução Normativa RFB n° 1.312, de 28 de dezembro de 2012. Na hipótese de inexistir cotação específica para o produto importado ou exportado, os preços declarados poderão ser comparados com os obtidos a partir de fontes de dados independentes fornecidas por instituições de pesquisa setoriais internacionalmente reconhecidas listadas no Anexo III da IN RFB nº 1312, de 2012, sendo ajustados para mais ou para menos do prêmio médio de mercado. *No caso de exportação de produto, os preços declarados poderão, ainda, ser comparados com os preços definidos por agências ou órgãos reguladores e publicados no Diário Oficial da União. A adoção dos métodos PCI/ PECEX é obrigatória ainda que não haja cotação específica, desde que o preço público possa ser alcançado através dos ajustes entre produtos similares para apuração do preço parâmetro.* ***O prêmio médio de mercado também poderá ser aplicado a bem similar com referência em publicação de instituições de pesquisa setoriais internacionalmente reconhecidas.*** DISPOSITIVOS LEGAIS: Lei nº 9.430, de 1996, arts. 18-A e 19-A; Instrução Normativa RFB nº 1.312, de 28 de dezembro de 2012.

do PECEX operações realizadas fora da bolsa, inclusive relativas a bens não cotados em bolsas de mercadorias e futuros, ***não há sentido em restringir-se o conceito de "prêmio médio de mercado" aos ajustes realizados em negociação em bolsa.***

Essa circunstância demonstra, com absoluta clareza, que o Método PECEX não se aplica exclusivamente a operações e preços praticados em transações realizadas em sede de bolsas de mercadorias e futuros. É dizer, o PECEX se aplica a produtos que, embora tenham cotação em bolsa, são nego*ciados, entre partes relacionadas e com terceiros, fora de bolsas. Aplica-se, ainda, conforme a regulamentação da Receita, a produtos que sequer são cotados em bolsa. Logo, para o método PECEX, a operação tida por parâmetro não poderá restringir-se à bolsa.*

Essas duas circunstâncias (aplicação do PECEX a produtos não cotados em bolsa e a produtos cotados em bolsa mas primordialmente negociados fora dela) demonstram a total incoerência de interpretar-se restritivamente o conceito de "prêmio médio de mercado", para abranger somente ajustes realizados em bolsa, quando, na realidade, o Método também se aplica largamente tomando-se por parâmetro transações com produtos cotados, realizadas fora do contexto de bolsas de mercadorias e futuros.

Em outras palavras, a interpretação coerente da lei 9.430/96, no contexto em que inserida, aponta para conceito de prêmio médio de mercado como ajustes para mais ou para menos do preço cotado usualmente realizados no mercado de commodities, seja em negociações em bolsa, seja em negociações fora dela. É em relação a essa interpretação que deve ser aferida a legalidade da interpretação da Receita Federal do Brasil, veiculada por meio de instrução normativa.

Verifica-se, assim, que a *IN 1.568/2015 adotou indevida acepção restritiva do conceito de "prêmio médio de mercado", desbordando os limites impostos pela Lei 9.430/96.*

Ao desbordar os ditames legais, a fim de instituir restrição não prevista em lei, a IN 1.568/2015 incorreu em patente ilegalidade, violando o que dispõe o art. 2º, da Lei 9.784/99, bem como ampliando indevidamente a base de cálculo do IRPJ e da CSLL, em dissonância com o que estabelece o art. 97, V, do CTN.

A IN RFB 1.568/2015 contraria a extensão dada à obrigatoriedade do Método PECEX tanto pela lei como pelos demais dispositivos da regulamentação da Receita Federal sobre o tema e da Solução de Consulta Cosit 176/2015, igualmente vinculativa no âmbito da Administração Tributária Federal.

Tais fundamentos levam à ilegalidade da modificação empreendida pela IN *RFB 1.568/2015, que, desbordando dos ditames da Lei 9.430/96, proíbe indevidamente ajustes referentes a custos de intermediação não cobrados por bolsas de mercadorias e futuros.*

Mas não é só. Há outros fundamentos de ordem legal, bem como o entendimento internacional acerca do conteúdo do princípio *arm´s length,* que inviabilizam a aplicação da IN RFB 1.568/2015, conforme se passa a demonstrar.

3. Da inobservância do art. 43, *caput* e incisos I e II, do CTN, bem como do art. 2º, da Lei 7.689/88 - Do conceito legal de renda

Além dos fundamentos acima referidos, atinentes à interpretação do conceito de "prêmio médio de mercado" e sua concretização infralegal, também a circunscrição legal da incidência do IRPJ e da CSLL consubstanciam fundamentos normativos para o ajuste de custos de intermediação, quando da aplicação do Método PECEX.

As prescrições presentes em lei complementar em matéria tributária, a par de funcionarem como parâmetros para a aferição da validade material da legislação ordinária e infralegal, exercem o papel de diretriz interpretativa no exame dessa legislação.

Estabelece, o art. 43, *caput* e incisos I e II, do Código Tributário Nacional, que exerce o papel de Lei Complementar:

> Art. 43. O imposto, de competência da União, sobre a renda e proventos de qualquer natureza tem como fato *gerador a aquisição da disponibilidade econômica ou jurídica:*
>
> I - de renda, assim entendido o produto do capital, do trabalho ou da combinação de ambos;
>
> II - de proventos de qualquer natureza, assim entendidos os acréscimos patrimoniais não compreendidos no inciso anterior.

Observa-se, portanto, que o imposto somente poderá incidir sobre aquilo que efetivamente configure renda, considerada como o "*acréscimo a um dado conjunto de bens e direitos (patrimônio), pertencente a uma pessoa (física ou jurídica), observado lapso temporal necessário para que se realize o cotejo entre determinados ingressos, de um lado, e certos desembolsos, de outro*".[12]

Ao determinar, como critério material possível do Imposto sobre a Renda, a aquisição de disponibilidade econômica ou jurídica do produto do capital ou do trabalho, ou, ainda, de proventos (hipótese aplicável unicamente às pessoas físicas), o CTN respeitou a Constituição, em nada desbordando do conceito de renda como acréscimo patrimonial. De fato, enquanto a disponibilidade econômica está ligada à renda efetivamente recebida por seu titular (*cash basis*), a disponibilidade jurídica diz respeito ao direito efetivamente incorporado à esfera de direitos do titular, de maneira independente de sua efetiva percepção em dinheiro (*accrual basis*).

O conceito de "lucro", previsto como base possível para a incidência de contribuição, a partir da qual foi instituída a Contribuição Social sobre o Lucro Líquido (CSLL), não discrepa dessas mesmas configurações (arts. 1º e 2º da Lei 7.689/88).[13] Configurando espécie do gênero "renda", o "lu-

---

12. BARRETO, Paulo Ayres. *Imposto sobre a Renda e preços de transferência.* São Paulo: Dialética, 2001. p. 72.

13. Art. 1º. Fica instituída contribuição social sobre o lucro das pessoas jurídicas, destinada ao financiamento da seguridade social.
Art. 2º. A base de cálculo da contribuição é o valor do resultado do exercício, antes da provisão para o imposto de renda.

cro" é o acréscimo patrimonial atribuível às pessoas jurídicas. Conforme conceitua Rubens Requião lucro consiste no "*sobrevalor que a sociedade pode produzir, como resultado da aplicação do capital e outros recursos na atividade produtiva*".[14]

Esses conceitos de renda e de lucro, pois, funcionam como balizadores e diretrizes interpretativas para as regras de preços de transferência, que consubstanciam regras antielisivas específicas.

No caso da exportação de produtos para parte relacionada, o risco para a Administração Tributária brasileira consiste em se atribuir ao produto exportado um valor menor do que o de mercado, de modo a diminuir a receita da pessoa jurídica brasileira.

Nesse contexto, em se tratando de *commodities*, aplica-se o Método PECEX, considerando-se valor de cotação do produto em bolsas de mercadorias e futuros ou instituições de pesquisa setorial internacionalmente reconhecidas, para evitar o deslocamento de lucros para a parte relacionada domiciliada no exterior.

*No entanto, a atribuição desse valor à transação não pode ocorrer de tal forma a tributar, pelo IRPJ, o que renda não é, ou, pela CSLL, o que com lucro não se confunde. A atribuição do valor cotado às transa*ções entre partes relacionadas com *commodities não poderá imputar à pessoa jurídica brasileira* ***receitas que levem a uma renda ou lucro que efetivamente não é seu, sob pena de flagrante ilegalidade (lesão ao art. 43 do CTN e 1º e 2º da Lei 7.689/88).***

Em se tratando de exportação por intermédio de *trading company*, a aplicação do Método PECEX não poderá ignorar essa circunstância, *mormente quando há empresa efetivamente existente, cujas operações incluem o exercício de uma série de funções e a tomada de uma infinidade de riscos, operando*

14. REQUIÃO, Rubens. *Curso de direito comercial.* 2º V. 25ª ed. São Paulo: Saraiva, 2008, p. 245.

ativos tangíveis e intangíveis estratégicos. Há que se analisar, portanto, as peculiaridades do caso concreto.

Também essa circunstância suporta a interpretação do termo "prêmio médio de mercado" (referido no § 1º do art. 19-A da Lei 9.430/96, inserido pela Lei 12.715/2012), de forma a abarcar ajustes para mais ou para menos do preço cotado usualmente realizados no mercado de commodities em negociações em bolsa ou fora dela, incluindo custos de intermediação com trading companies, nas exportações realizadas para esse tipo de empresa.

Adicionalmente, também a aplicação do primado da isonomia suporta essa conclusão. Em matéria de preços de transferência, entende Luís Eduardo Schouerique a igualdade significa que a transação entre partes relacionadas, para fins de tributação sobre a renda e sobre o lucro, deve ser tratada da mesma forma que uma transação entre partes não relacionadas.[15]

Para Heleno Taveira Torres, a legislação de preços de transferência visa a concretizar a generalidade "*segundo a qual todas as pessoas devem ser alcançadas pelo Imposto sobre a Renda, até o limite da respectiva capacidade contributiva, sem distinções ou privilégios*". Para este último autor, a distinção entre a igualdade e a generalidade seria justificada pela circunstância de a igualdade assumir, no sistema tributário brasileiro, um papel protetivo dos contribuintes. Em suas palavras, "*deve o contribuinte alegar a igualdade (direito fundamental protetivo contra abusos do Fisco) justamente para se defender da imposição que eventualmente possa derivar da retificação de preços que emergiu com os procedimentos comparativos*".[16]

No caso em voga, as lições convergem. Pela alegação da igualdade, que na hipótese assume o sentido protetivo acima referido, *tem-se que o contribuinte que exporta para trading a ele vinculada não poderá ser tratado de maneira mais gravosa*

---

15. SCHOUERI, Luís Eduardo. *Preços de transferência no direito tributário brasileiro*. 3ª ed. São Paulo: Dialética, 2013, p. 16.

16. TORRES, Heleno Taveira. *Direito Tributário internacional. Planejamento tributário e operações transnacionais*. São Paulo: Ed. RT, 2001, p. 196.

do que aquele que exporta para trading não *vinculada, sob pena de flagrante violação à isonomia.*

E não há dúvidas de que o princípio da isonomia, por *se tratar de princípio geral de direito tributário*, deve necessariamente ser observado pela administração pública, sob pena inobservância *do art. 108, II, do CTN (Lei nº 5.172/66)*, que assim estabelece:

> Art. 108. Na ausência de disposição expressa, a autoridade competente para aplicar a legislação tributária utilizará sucessivamente, na ordem indicada:
>
> [...]
>
> *II - os princípios gerais de direito tributário;*
>
> (grifamos)

A prescrição legal de ajustes sobre o preço cotado em bolsa em conformidade com o "prêmio médio de mercado" (art. 19-A, § 1º, da Lei 9.430/96, incluído pela Lei 12.715/2012), assim, deverá ser interpretada de modo a permitir o tratamento igualitário entre o contribuinte que exporta para *trading company* relacionada e contribuinte que exporta para *trading company* não relacionada que exerce as mesmas funções, incorre nos mesmos riscos e utiliza os mesmos ativos.

Não cabe igualar o contribuinte que exporta para *trader* vinculada ao contribuinte que exporta a consumidor final por meio de bolsa de mercadorias e futuros (situações distintas), mormente se essa igualação resultar em uma desigualdade entre contribuinte que exporta para *trader* vinculada e contribuinte que exporta para *trader* não vinculada (situações equivalentes).

Com efeito, operações de exportação realizadas por meio de bolsas de mercadorias e valores e por meio de *traders* qualificados como distribuidores totais (*full fledged distributor*)[17]

17. Trata-se do distribuidor que assume riscos e benefícios significativos da operação.

são incomparáveis. *A bolsa não se sujeita a qualquer risco,* pois sempre tem segura sua taxa remuneratória do serviço. Em revés, o *trader* toma a propriedade do ativo, passando a submeter-se a todos os riscos de prejuízos, decorrentes da demanda, do preço e da eventual vinculação de contratos a índices futuros.

Logo, deve prevalecer a interpretação conforme a qual o conceito de "prêmio médio de mercado" abrange quaisquer ajustes para mais ou para menos do preço cotado usualmente realizados no mercado de commodities em negociações em bolsa ou fora dela, incluindo custos de intermediação.

Essa circunstância, conforme exposto, ***reforça a ilegalidade da modificação empreendida pela IN 1.568/15.***

4. Dos fundamentos da dedutibilidade dos custos de intermediação a partir da conformação internacional do princípio do *arms length*

É oportuno destacar, outrossim, que o tratamento internacional do "método das commodities" corrobora para a prevalência do entendimento de que o "prêmio médio de mercado" compreende qualquer ajuste, realizado na bolsa de mercadorias e futuros ou fora dela.

O chamado tratamento transnacional dos preços de transferência é largamente baseado no princípio do *arm´s length* (não favoritismo), que prescreve que deve ser dado o mesmo tratamento a uma transação controlada (entre partes relacionadas) em relação a uma transação não controlada (entre partes independentes). Baseia-se, pois, em uma comparação entre uma transação entre partes relacionadas e uma transação efetuada no livre mercado.

Resta claro, nesse contexto, a importância de comparabilidade, pois sem o custo de intermediação a aferição do preço de mercado restaria seriamente comprometida.

O princípio do *arm´s length* está previsto no art. 9º da Convenção Modelo da OCDE acerca de tributos sobre a renda e capital, que trata de empreendimentos associados (*associated enterprises*).[18] Em que pese o Brasil ainda não seja membro da OCDE (não obstante o atual movimento de aproximação), seus tratados bilaterais contra a dupla tributação são largamente influenciados pelo modelo.

Nesse passo, pode-se verificar a redação do art. 9º de recente tratado ratificado pelo Congresso brasileiro, concluído com a Rússia (aprovado pelo Decreto Legislativo 80/2017 e promulgado pelo Decreto 9.115/2017):

> ARTIGO 9
>
> Empresas Associadas
>
> Quando:
>
> a) uma empresa de um Estado Contratante participar, direta ou indiretamente, da direção, do controle ou do capital de uma empresa do outro Estado Contratante, ou
>
> b) as mesmas pessoas participarem, direta ou indiretamente, da direção, do controle ou do capital de uma empresa de um Estado Contratante e de uma empresa do outro Estado Contratante, *e, em*

18. Dispõe o referido artigo, na versão de 2014 da Convenção Modelo: "1. Where a) an enterprise of a Contracting State participates directly or indirectly in the management, control or capital of an enterprise of the other Contracting State, or b) the same persons participate directly or indirectly in the management, control or capital of an enterprise of a Contracting State and an enterprise of the other Contracting State, and in either case conditions are made or imposed between the two enterprises in their commercial or financial relations which differ from those which would be made between independent enterprises, then any profits which would, but for those conditions, have accrued to one of the enterprises, but, by reason of those conditions, have not so accrued, may be included in the profits of that enterprise and taxed accordingly. 2. Where a Contracting State includes in the profits of an enterprise of that State — and taxes accordingly — profits on which an enterprise of the other Contracting State has been charged to tax in that other State and the profits so included are profits which would have accrued to the enterprise of the first mentioned State if the conditions made between the two enterprises had been those which would have been made between independent enterprises, then that other State shall make an appropriate adjustment to the amount of the tax charged therein on those profits. In determining such adjustment, due regard shall be had to the other provisions of this Convention and the competent authorities of the Contracting States shall if necessary consult each other."

> *qualquer dos casos, forem estabelecidas ou impostas condições entre as duas empresas em suas relações comerciais ou financeiras que difiram daquelas que seriam estabelecidas entre empresas independentes, então quaisquer lucros que teriam sido obtidos por uma das empresas, mas que, em virtude dessas condições, não o foram, poderão ser acrescidos aos lucros dessa empresa e como tal tributados.*

A previsão do arm´s length consta do primeiro parágrafo do art. 9º dos tratados brasileiros, motivo pelo qual atua como inequívoca diretriz interpretativa e mesmo parâmetro de legalidade (ou "convencionalidade"), dada a prevalência dos tratados sobre a legislação interna.

Não obstante, mesmo em relação à aplicação do regime de preços de transferência sobre transações nas quais a outra parte não se encontre domiciliada em país com o qual o Brasil tenha tratado firmado conforme o modelo da OCDE e devidamente ratificado, *o princípio do arms length pode ser tomado como diretriz interpretativa, em função da expressa referência da exposição de motivos da Lei 9.430/96 às regras da OCDE:*

> No caso específico, em conformidade com as regras adotadas nos países integrantes da OCDE, são propostas normas que possibilitam o controle dos denominados Preços de Transferência, de forma a evitar a prática, lesiva aos interesses nacionais, de transferência de recursos para o exterior, mediante a manipulação de preços pactuados nas importações ou exportações de bens, serviços e direitos, em operações com pessoas vinculadas, residentes ou domiciliadas no Exterior.

Nesse passo, Paulo Ayres Barreto[19] sustenta que os princípios e regras adotados pela OCDE podem influenciar na interpretação das normas brasileiras de preços de transferência,

19. "*Considerando que a exposição de motivos da Lei nº 9.430/1996 refere-se à OCDE, **é** admissível sustentar que os princípios e regras da OCDE devem iluminar a aplicação da Lei nº 9.430/1996.* Em matéria de preços de transferência, seria uma forma eficaz de se enfrentar as distorções ou inconstitucionalidades que a aplicação estrita dos métodos positivados pode vir a ensejar". BARRETO, Paulo Ayres. O Tratamento Transnacional nos Preços de Transferência e seus Limites Constitucionais. In: SCHOUERI, Luís Eduardo (coord.). *Tributos e preços de transferência.* V. 3. São Paulo: Dialética, 2009. p. 131-147 (140).

nos termos do que preceitua a Lei 9.430/96. Essas mesmas diretrizes valem para os chamados métodos de *commodities*. Quando começaram a ser utilizados, esses métodos chegaram a ser denominados como "sexto método", em adição aos cinco previstos nos *Guidelines* da OCDE. Não obstante, em face do crescimento de sua importância, foram submetidos à discussão[20] no âmbito do Projeto BEPS (*Base Erosion and Profit Shifting*), levado a efeito pela OCDE e pelo G20, com participação de diversos países, dentre os quais o Brasil.

Essas discussões resultaram na inclusão de novos parágrafos às *Guidelines* da OCDE sobre preços de transferência, no item que trata do Método de Preços Independentes Comparados (*CUP – Comparable uncontrolled price method*).[21] Nessa perspectiva, os métodos de commodities são tomados como um desdobramento do referido método. O novel parágrafo 2.18 conceitua *commodities* como produtos físicos para os quais um preço cotado é usado como referência por partes independentes. Em seguida, admite como preço cotado não somente aqueles verificados no mercado de bolsa, mas também os aferidos por agências estatísticas de reporte de preços reconhecidas e transparentes.

Conforme o parágrafo 2.20, as características econômicas relevantes da transação controlada e das transações não controladas devem ser comparáveis. Assim, o dispositivo prevê uma série de ajustes possíveis. Dois aspectos merecem ser destacados nesse dispositivo. Primeiramente, **o termo "*premium*", normalmente traduzido como prêmio (a exemplo do "prêmio médio de mercado") é usado de forma ampla, identificada com a noção de acréscimo, o que já indica a interpretação de que os ajustes devem abarcar qualquer acréscimo realizado pelo mercado, em transações em bolsa ou não.**

---

20. Cf. BEPS ACTION 10: DISCUSSION DRAFT ON THE TRANSFER PRICING ASPECTS OF CROSS-BORDER COMMODITY TRANSACTIONS. Disponível em: https://bit.ly/3AI4NfK Acesso em: 01 ago. 2021.

21. OECD Transfer Pricing Guidelines for Multinational Enterprises and Tax Administrations. Disponível em: https://bit.ly/39BdxrU Acesso em: 01 ago. 2021.

Em segundo lugar, a parte final do dispositivo expressamente afirma que devem ser compensadas contribuições feitas na forma de funções exercidas, ativos empregados e riscos incorridos por outras entidades na cadeia produtiva.[22]

Percebe-se, pois, que **as diretrizes internacionais acerca de preços de transferência expressamente determinam ajustes decorrentes de custos de intermediação, na aplicação dos métodos de preços cotados para *commodities*.**

5. Conclusões

Diante do esposado no presente texto pode-se concluir que:

a) a IN RFB 1.568/2015, ao limitar a dedução a apenas os custos de intermediação cobrados pelas bolsas de mercadorias e futuros internacionalmente reconhecidas, revela grave desbordamento da Lei 9.430/96, bem como ao conceito de renda insculpido no art. 43 do CTN e art. 2º da Lei 7.689/88;

b) utilizando-se as diretrizes internacionais ao direito brasileiro, tem-se mais um argumento para sustentar que o

22. 2.20 For the CUP method to be reliably applied to commodity transactions, the economically relevant characteristics of the controlled transaction and the uncontrolled transactions or the uncontrolled arrangements represented by the quoted price need to be comparable. For commodities, the economically relevant characteristics include, among others, the physical features and quality of the commodity; the contractual terms of the controlled transaction, such as volumes traded, period of the arrangements, the timing and terms of delivery, transportation, insurance, and foreign currency terms. For some commodities, certain economically relevant characteristics (e.g. prompt delivery) may lead to a premium or a discount. If the quoted price is used as a reference for determining the arm's length price or price range, the standardised contracts which stipulate specifications on the basis of which commodities are traded on the exchange and which result in a quoted price for the commodity may be relevant. Where there are differences between the conditions of the controlled transaction and the conditions of the uncontrolled transactions or the conditions determining the quoted price for the commodity that materially affect the price of the commodity transactions being examined, reasonably accurate adjustments should be made to ensure that the economically relevant characteristics of the transactions are comparable. *Contributions made in the form of functions performed, assets used and risks assumed by other entities in the supply chain should be compensated in accordance with the guidance provided in these Guidelines.*

"prêmio médio de mercado" constante do §1º do art. 19-A da Lei 9.430/96, inserido pela Lei 12.715/2012, deve ser entendido como qualquer ajuste realizado pelas partes em relação ao preço cotado, inclusive fora da bolsa de mercadorias e futuros, a corroborar o descabimento das acusações fiscais;

c) ainda que fosse rejeitada a possibilidade de interpretação da legislação que rege o Método PECEX em conformidade com os ditames legais, o ajuste dos custos de intermediação deveria ser aceito em face de provas apresentadas pelo contribuinte no sentido de ser esse um custo normal e necessário em transações entre partes não relacionadas que utilizem estrutura similar;

d) em nítida afronta ao princípio da isonomia tributária, e em notória desconsideração da interpretação sistemática dos dispositivos da Lei 9.430/96, observa-se que o método PECEX experimenta indevidas limitações que não são estabelecidas para os outros métodos de apuração de preços de transferência.

Referências

BARRETO, Paulo Ayres. *Imposto sobre a Renda e preços de transferência.* São Paulo: Dialética, 2001.

_____. O Tratamento Transnacional nos Preços de Transferência e seus Limites Constitucionais. In: SCHOUERI, Luís Eduardo (coord.). *Tributos e preços de transferência.* V. 3. São Paulo: Dialética, 2009. p. 131-147.

BEPS ACTION 10: DISCUSSION DRAFT ON THE TRANSFER PRICING ASPECTS OF CROSS-BORDER COMMODITY TRANSACTIONS. Disponível em: https://bit.ly/3AI4NfK Acesso em: 01 ago. 2021.

CFTC Glossary. Disponível em: https://bit.ly/39IXacR

Glossary of Trading Terminology. Disponível em: https://bit.ly/3ETcF0v Acesso em: 01 ago. 2021.

Glossary. Disponível em: https://bit.ly/3ELes7L Acesso em: 01 ago. 2021.

Glossary. The Economist. Disponível em: https://econ.st/3CF-NJaA Acesso em: 11 maio 2017.

GONÇALVES JUNIOR, Walter, ROCHMAN, Ricardo Ratner, EID JUNIOR, William, CHALELA, Luciana Ribeiro. Estimando o prêmio de mercado brasileiro. *Revista de Administração Contemporânea*, 15(5), outubro/2011, p. 931-954. Disponível em: https://bit.ly/2XJ8F1o Acesso em: 01 ago. 2021.

GUASTINI, Riccardo. *Distinguiendo:* estudios de teoría y metateoría del derecho. Trad. Jordi Ferrer i Beltrán. Barcelona: Gedisa, 1999.

OECD Transfer Pricing Guidelines for Multinational Enterprises and Tax Administrations. Disponível em: https://bit.ly/39BdxrU Acesso em: 01 ago. 2021.

REQUIÃO, Rubens. *Curso de direito comercial.* 2º V. 25ª ed. São Paulo: Saraiva, 2008.

SCHOUERI, Luís Eduardo. *Preços de transferência no direito tributário brasileiro.* 3ª ed. São Paulo: Dialética, 2013.

TORRES, Heleno Taveira. *Direito tributário internacional.* Planejamento Tributário e Operações Transnacionais. São Paulo: Ed. RT, 2001.

A INTERDISCIPLINARIDADE NO DIREITO TRIBUTÁRIO: UMA INTRODUÇÃO

Cristiano Carvalho[1]

Sumário: 1. Introdução – O Homenageado e o tema deste livro – 2. Por que a interdisciplinaridade é importante para o Direito Tributário? – 3. A análise econômica do Direito – 4. Economia Comportamental – 5. Neurociência, Neuroeconomia e Neurodireito – 6. Teoria dos Jogos – 7. Conclusões – Algumas sugestões de leitura adicional.

1. Introdução – O Homenageado e o tema deste livro

Foi com grande alegria que recebi o convite para participar desta obra coletiva de estudos em homenagem ao Professor Paulo Ayres Barreto, intitulada *Direito Tributário e Interdisciplinaridade*. Alegria dupla, aliás: primeiro por ser uma merecida homenagem a um dos maiores tributaristas de sua geração, acadêmico e advogado de alta estirpe intelectual. E, segundo por se tratar de tópico pelo qual nutrimos comum e profundo interesse, que é a abordagem interdisciplinar do tema tributação. Portanto, merecem aplausos os organizadores, pela escolha do tema e do homenageado.

---

1. Livre-Docente em Direito Tributário (USP). Mestre e Doutor em Direito Tributário (PUC-SP). Pós-Doutor em Direito e Economia (U.C. Berkeley). Advogado.

Antes de passar aos tópicos que abordarei, cabe contextualizar o porquê deles e a sua relação com o professor homenageado, e, para tanto, importante voltarmos alguns anos no tempo. Conheci Paulo em 1996, quando ambos cursávamos o mestrado em direito tributário na Pontifícia Universidade Católica de São Paulo. Na época, fui o temporão de uma turma que incluía nomes como Pedro Lunardelli, Octavio Bulcão, Luís Fernando Neves, Marcelo Fortes de Cerqueira, Maria Rita Ferragut, dentre outros, todos orientados pelo Mestre Paulo de Barros Carvalho, tendo Eurico de Santi como professor assistente no Mestrado.

Naquele tempo, Paulo Ayres já era um grande advogado, reconhecido pelos seus pares e pelo mercado, com atuação nos casos e temas mais importantes do direito tributário. Porém, ainda não era o grande acadêmico, o que viria a ocorrer poucos anos depois, trajetória que tive a sorte de ser testemunha ocular. É certo que a sua base já era considerável, e como diz o título deste livro, interdisciplinar, com graduação em Direito e em Administração de Empresas, respectivamente pela São Francisco e Fundação Getulio Vargas, as melhores escolas do país. Além disso, havia passado por uma das principais auditorias do mundo (ainda eram "big five"), o que contribuiu ainda mais a sua formação horizontal, importantíssima para a advocacia tributária e que viria se mostrar igualmente valiosa para sua formação vertical, que logo se consolidou ao sucessivamente obter os títulos de mestre, doutor e livre docente em direito tributário, ingressando, poucos anos depois, no quadro de professores da faculdade de direito do Largo São Francisco. Eis, então, o grande acadêmico do Direito Tributário.

Suas teses jurídicas, que viriam a ser publicadas como livros, já clássicos, demonstravam a notável comunhão entre formação horizontal, formação vertical, e longa experiência profissional, tanto na advocacia consultiva como contenciosa, comunhão esta alcançada por poucos, até hoje. Os temas de suas obras e diversos artigos sempre foram de viés pragmático, do interesse de operadores do direito, porém tratados pela ótica de um cientista jurídico, analítico, preciso e inovador. Difícil, ou mesmo fútil tentar competir com os feitos de Paulo Ayres, restando a nós, seus contemporâneos, e as dezenas de seus alunos, de várias gerações, aprender com ele e se inspirar nele.

E é a partir dessa posição, de colega, aluno e, sobretudo amigo e admirador, que tentarei contribuir com alguns tópicos que acredito serem significativos para contribuir com a visão interdisciplinar da Tributação. Vamos a eles.

2. Por que a interdisciplinaridade é importante para o Direito Tributário?

Antes de adentrar no tema "interdisciplinaridade" é importante lembrar que a própria demarcação de cada disciplina tem muito de arbitrariedade. O ato de definir e classificar é mental, não existem classes no mundo real, não há ontologia objetiva para os gêneros e espécies propostos pelo intelecto humano, não existem por si só enquanto entidades lógicas. O sujeito cognoscente identifica e elege semelhanças e diferenças nas coisas do mundo real ou imaginário e as classifica em gêneros e espécies próprios e distintos. Por exemplo, astronomia e astrologia eram uma só coisa até o século XVII, sendo que a primeira ganhou *status* de ciência e a última permaneceu no terreno do misticismo e da simbologia.

É claro que a arbitrariedade nesta classificação não se dá ao bel prazer de algum indivíduo ou coletivo, mas à medida que a necessidade impera para obtenção de melhores resultados práticos. Sabe-se que a necessidade prática primordial da observação dos astros foi a agricultura, cuja influência das estações, frio, calor, chuva, seca, ou seja, ciclos sazonais que os antigos percebiam ter correlação com a posição dos astros. De um lado, o imperativo de descrição e mensuração dos astros, para fins pragmáticos de produção de alimentos, de modo a possibilitar excedente e, consequentemente, a viabilização dos primeiros assentamentos, que viriam a se tornar cidades e, posteriormente, impérios. Por outro lado, a necessidade filosófica e psicológica de encontrar uma causa antropomórfica para o comportamento dos corpos celestes. Considerando que somos a única espécie animal com capacidade de autoconsciência, ou seja, pensar sobre nós mesmos, temos, ao longo dos milhares de anos de nossa evolução, a tendência a atribuir intencionalidade aos fenômenos da natureza, daí a atribuição de *status* divino aos diversos astros celestes e sua influência proposital em nossos destinos.

Com o desenvolvimento do pensamento racionalista desde a antiguidade, mas, especialmente a partir do Renascimento e, posteriormente, com o Iluminismo, veio a ideia de método científico e demarcação rigorosa das diversas ciências e seus objetos de pesquisa. O que antes misturava mitologia, misticismo e observação da natureza, foi cindido entre religião e ciência, com rígida separação entre as diversas disciplinas e áreas científicas, cada uma com os seus objetos e leis, porém todas seguindo o método científico.

Quanto ao Direito, ainda por cima há um antigo debate sobre o seu *status*: seria ciência ou não?

A discussão passa por uma visão mais ou menos pragmática sobre o fenômeno jurídico, que não deixa de ser consequência da cultura dos povos. Povos continentais-europeus, tais como os franceses, suíços e germânicos sempre tiveram uma tendência mais racionalista, no sentido de determinismo na natureza e na sociedade. O iluminismo no continente desenvolveu obsessão pelo racionalismo "à la Descartes", pela construção de caixas de música, inúmeros autômatos, relógios monumentais repletos de inúmeras complicações que exigiam anos de trabalho minucioso de artesãos relojoeiros.

Este fascínio por programas preordenados teve repercussões também no sistema econômico do mercantilismo, assim como no governo absoluto, seguido de uma revolução supostamente libertária (na França), mas que desandou em milhares de vítimas do jacobino. Não por coincidência, o sistema jurídico romano-germânico, dominante na Europa continental, também conhecido como *civil law*, é do tipo codificado, ou seja, exatamente com a mesma característica obsessiva de previsão *ex ante* do mundo e suas relações sociais.

Por outro lado, na Grã-Bretanha, os cientistas, inventores e filósofos, já no início do século XVIII, vinham de uma tradição descentralizadora, onde se percebia e se buscava um equilíbrio autorregulável, mais orgânico, espontâneo e livre. Enquanto a França teve a sua revolução com execução de nobres em praça pública, um século antes, em 1688, a Inglaterra teve a sua revolução gloriosa, sem derramamento de sangue e com a instituição de direitos individuais e monarquia constitucional, com limitação dos poderes do Rei, perfectibilizando o que já havia se iniciado séculos antes, com o advento da Magna Carta (1215). Na filosofia e na ciência, o Empirismo de John Locke e David Hume, em contraste ao racionalismo de Decartes. Na tecnologia, este pensamento conduziu à invenção de dispositivos de retroação como o regulador de bolas da máquina a vapor de Watt, e na economia ao sistema de livre mercado, descrito por Adam Smith e sua metáfora da mão invisível. Também, não por coincidência, o sistema jurídico britânico já era do tipo não codificado, com tradição costumeira, jurisprudencial, e consideravelmente mais autorregulável e melhor adaptável à realidade social e sua constante mudança.

Quanto à teoria jurídica, sempre vigorou uma visão mais pragmática nos países da *Common Law*, especialmente os Estados Unidos da América.

No final do século XIX, no entanto, a Europa Continental, assim como os EUA, nutriam uma postura sobremaneira formalista quanto ao estudo do Direito. Na Alemanha, ainda vigorava a Jurisprudência dos Conceitos, autocentrada e autossuficiente, sem interesse em abrir-se para a influência de outras disciplinas.

Esta corrente logo seria combatida pela nascente *Jurisprudência dos Interesses*, com influência de Jhering e protagonizada por juristas como Phillipp Heck, Heirinch Stoll e Rudolf Müller-Erzbach. Tal corrente criticava o caráter fechado e formalista da J.C., sustentando que as normas e decisões jurídicas provinham de interesses materiais, nacionais, religiosos e éticos – enfim, de influências externas ao sistema jurídico, porém por ele absorvidas. Mas a noção de interdisciplinaridade jamais viria a se tornar a tônica da doutrina jurídica europeia.

Já nos EUA, pelos primeiros anos do século XX, o Direito então igualmente bastante formalista e cerrado, seria combatido pelo nascente Realismo Jurídico, centrado em figuras como o juiz da Suprema Corte e grane jurista, Oliver Wendell Holmes Jr. O R.J. propiciaria o surgimento de futuras escolas de pensamento, tais como a *Critical Legal Studies*, bem como permitiria a interdisciplinaridade no estudo do Direito, abrindo suas portas para disciplinas como a Sociologia e a Economia (tempos depois, o movimento do *Law and Economics* surgiria como fruto do pensamento realista). Nascia a interdisciplinaridade jurídica.

Como indagamos linhas atrás, o *status* de "ciência" ao Direito sempre foi atribuído pelos juristas continentais europeus. Max Weber (*Economia e Sociedade*), sociólogo alemão, era rígido em demarcar as diversas ciências jurídicas, distinguindo-as em política do Direito, sociologia do Direito e Ciência do Direito *stricto sensu*, sendo o objeto desta, as normas. Hans Kelsen, jurista austríaco, ia por linha bastante semelhante, em sua *Teoria Pura do Direito*, atribuindo *status* científico à análise das normas jurídicas.

A "teoria" de Kelsen, não obstante uma construção notável, não seguia o método científico, qual seja: observação do fenômeno de interesse, identificação do problema a ser solucionado, proposição de hipótese e teste empírico. A teoria "pura" é essencialmente conceitual, sem qualquer empiria, sequer sendo passível de refutação, de acordo com o teste popperiano de demarcação do que é e do que não é ciência, guardando apenas coerência lógica interna. Ironicamente, o mais influente juspositivista de língua inglesa do último século, o inglês H.L. Hart nominou a sua obra magna de "*The Concept of Law*", jamais atribuindo caráter científico a sua proposta, mas apenas, como o próprio título indica, natureza conceitual.

Também ironicamente, os norte-americanos, sempre pragmáticos, jamais conferiram prestígio científico ao Direito, vendo-o como um instrumento ou tecnologia para solução de problemas, especificamente, evitando ou dirimindo conflitos intersubjetivos. A ironia se dá pelo fato de ao mesmo tempo que para eles o Direito não pertence à categoria das ciências, aplicam o método científico no estudo dos problemas jurídicos. A análise de dados e a proposição e o teste de hipóteses nos artigos de *legal scholars* americanos demonstram isso, ao mesmo tempo em que os tribunais solenemente ignoram a doutrina ao fundamentar suas decisões, bastando-se em seus precedentes.

O viés pragmático naturalmente exige uma postura empírica e naturalmente abre as fronteiras para que outras disciplinas possam emprestar suas ferramentas aos juristas, de modo que os problemas com que estes se deparam na práxis possam ser mais eficientemente solucionados. Não seria diferente com o Direito Tributário.

Se pensarmos que o Direito positivo é, em essência, uma tecnologia projetada para incentivar condutas humanas, sendo que estas se imiscuem nos mais diversos segmentos da realidade, seja a vida social, familiar, profissional, seja a Política, a Economia, os governos e tudo o mais que interage com os indivíduos e sua ação no mundo, nada mais esperado que a utilização do que for necessário para a solução de problemas de natureza jurídica, mas que impactam as mais diversas áreas da vida humana.

A tributação, então, nem se diga. A cobrança de tributos é tão antiga quanto a própria civilização, e nem poderia ser de outra forma. Os mais antigos contratos sociais pressupunham a instauração de algum tipo de poder central ordenador da vida social, fossem pequenos agrupamentos humanos, cidades ou mesmo impérios. E esse poder central necessariamente requeria recursos para sua manutenção, advindos da transferência de riqueza particular para si, por meio de tributos. Imagine então o impacto de tributos na vida social, religiosa, economia e política ao longo da história. Exemplos disso são as inúmeras revoluções e revoltas sociais geradas pela tributação excessiva e opressora: desde a reforma libertária, ocorrida na cidade estado de Lagash, antiga Suméria, por volta do ano 2.500 a.C, passando pela Magna Carta inglesa (1215), Revolução Americana (1776) e Inconfidência Mineira (1789), apenas para citar algumas. Todas tributárias.

Sendo assim, nada mais bem-vindo ou mesmo necessário para a solução de problemas tributários que a utilização do ferramental de outras disciplinas, desde que úteis e eficientes para tanto. A seguir, iremos propor algumas delas.

3. A análise econômica do Direito

A tributação é um dos segmentos do sistema jurídico com maior impacto econômico, pois é o instrumento que possibilita e garante a existência e a manutenção do Estado. Não há e nunca houve civilização sem tributos, a ponto do jurista e juiz da suprema corte americana, Oliver Wendell Holmes Jr. declarar "eu gosto de pagar tributos, pois são o que nos possibilita viver em uma civilização".[2]

A forma de manter a civilização se dá, ao menos até hoje, pela existência de uma autoridade central, que garantirá a ordem social. Em sistemas democráticos, essa manutenção se dá via transferência de renda do cidadão para o Estado, via tributos. Sistemas não democráticos não necessitam tributar o cidadão, pois toda a riqueza já pertence ao Estado, portanto, a tributação pressupõe a propriedade privada dos meios de produção. E essa transferência de renda é formalmente autoconsentida, considerando que tributo só pode ser instituído por lei, que pressupõe a proposição, discussão, aprovação e instituição legislativa, por um parlamento eleito pelo voto popular.

---

2. "I like to pay taxes. With them I buy civilization", frase retirada de seu voto no caso Compañía General de Tabacos de Filipinas v. Collector of Internal Revenue, Suprema Corte americana, 1927.

Todavia, o tributo gera toda uma sorte de incentivos aos agentes econômicos. A sua criação e manipulação é delicada como lidar com explosivos, e qualquer deslize pode gerar efeitos catastróficos. Uma abordagem da dogmática jurídico tributária tradicional foca apenas na estrutura normativa do tributo, seja a sua disposição legal, seja a sua aplicação pelas Fazendas Públicas e sua interpretação pelos Tribunais. Mas descuida da análise do comportamento dos atores sociais envolvidos, sejam os legisladores, os agentes fiscais, os contribuintes e os juízes, *todos indivíduos racionais movidos a incentivos.*

A Análise Econômica do Direito (ou Direito e Economia, expressões sinônimas) emprega o ferramental da teoria econômica ao estudo do fenômeno jurídico, centrando-se no comportamento racional dos agentes, ou seja, como reagem a incentivos e quais as consequências de suas escolhas, em um mundo de recursos escassos. E normas jurídicas tributárias são potentes incentivos, mas difíceis de controlar ou prever efeitos decorrentes. A AED propicia potentes instrumentos para compreender e descrever o comportamento do agente, bem como também propor alterações nos incentivos, com o fim de obter resultados específicos.

A título de exemplo, podemos pensar no *design* normativo, i.e., como propor uma lei que gere os efeitos pretendidos pelo legislador. Vejamos o imposto sobre grandes fortunas, previsto pelo art. 153, VII, da Constituição Federal. O dispositivo não estabelece qual a incidência ou forma de tributação, tampouco define o que seria uma "grande fortuna", ou seja, o tributo poderia incidir tanto sobre patrimônio (riqueza estática), quanto a renda (riqueza dinâmica). Considerando que o legislador complementar resolvesse instituir o referido imposto na forma de uma alíquota excedente sobre uma base de cálculo do imposto sobre a renda, também de competência federal, algo como 50% sobre uma base de cálculo que excedesse "x" milhões de reais auferidos em determinado ano-base. Eis o imposto sobre grandes fortunas finalmente criado. Como analisá-lo, então?

Um tributarista tradicional provavelmente analisaria a lei que instituiu a exação, o procedimento que a criou, sua relação horizontal e vertical com o ordenamento, assim como também a contraporia com princípios tributários, por exemplo, os princípios do não confisco e da capacidade contributiva.

E o que faria um analista econômico do Direito? O foco de atenção seria quais os possíveis incentivos que esse tributo causaria nos contribuintes, considerando os postulados de autointeresse racional do *mainstream* econômico. Se a intenção do legislador é arrecadar, uma simples aplicação do instrumento analítico conhecido como Curva de Laffer,[3] que relaciona a arrecadação com a carga tributária, indicaria que provavelmente essa alíquota não geraria receita para a Fazenda, mas sim fuga de capital. Em outras palavras, os detentores de grandes fortunas não aceitariam serem cobrados nesse montante, recorrendo a outras estratégias, como planejamento tributário, sonegação fiscal ou, no limite, mudança de residência fiscal. Foi o que ocorreu efetivamente quando, na década passada, a França instituiu alíquota de 75% para quem ganhava mais de um milhão de euros por ano, e o exemplo mais notório foi o ator francês Gerard Depardieu, que foi residir na Bélgica. Em síntese, o tributo não gerou os efeitos pretendidos, logo, *não foi eficiente.*

Portanto, a análise foca nos incentivos e nas consequências, tanto da escolha do legislador ao propor o tributo, quanto a do contribuinte, ao fugir dele. Igualmente, poderiam ser analisadas escolhas e consequências dos auditores fiscais e dos juízes, em outras situações.

Este foi apenas um arranhão na superfície do manancial de ferramentas que a Análise Econômica do Direito propicia ao jurista. Outros conceitos e instrumentos como custos de transação, escolha do consumidor, elasticidade de oferta e demanda, eficiência alocativa, externalidades, teoria dos bens públicos etc. são extremamente potentes para analisar

3. Criada por Arthur Laffer, economista norte-americano.

o comportamento dos agentes frente à tributação, sendo um complemento importante para a dogmática jurídica tributária.

4. Economia Comportamental

A Economia Comportamental, ou, como é conhecida internacionalmente Behavioral *Economics* e sua aplicação ao Direito, *Behavioral Law and Economics,* surge como uma proposta de desafiar o modelo padrão da teoria da escolha racional e seu objeto de estudo, o modelo do homo *economicus*, ou seja, maximizador, que reage a incentivos e pondera custo-benefício em suas decisões, em um contexto de recursos limitados e restrições orçamentárias.

A partir da contribuição de Herberto Simon, e sua concepção de racionalidade limitada (*bounded rationality*), o *mainstream* passou a absorver essas novas ideias como refinamentos e ajustes finos do modelo tradicional, reconhecendo que muitas vezes os indivíduos não agem de forma totalmente racional (sequer no sentido econômico clássico), não maximizam sua utilidade, ou são transitivos e consistentes em suas escolhas. Há toda sorte de vieses que influenciam a escolha perfeitamente racional, além da informação ser incompleta, e, ainda por cima, falhas como aversão a risco, ou desconto hiperbólico, além de questões emocionais e ideológicas que impedem uma decisão maximizadora clássica.

Diversos autores importantes, como Daniel Kanehmann (Nobel em 2002), Amos Tversky, Richard Thaler (Nobel em 2017), Cass Sunstein, dentre outros, trabalham como Economia Comportamental aplicada a várias áreas, inclusive a jurídica. A aplicação de E.C. pode ser, assim como a Teoria da Escolha Racional tradicional, tanto positiva como normativa. A análise positiva se propõe a analisar e descrever compor comportamentos como eles realmente se dão no mundo real; a análise normativa visa a propor alterações na estrutura de incentivos para que os comportamentos se alterem.

No caso da E.C., a sua proposta original foi justamente ser mais precisa a descrever os comportamentos humanos como eles realmente ocorrem, com todos os vieses e falhas cognitivas, e os atalhos (heurísticas) que buscamos ao tomar decisões por conta dessas falhas, que têm diversas causas, inclusive de natureza evolucionária, mas que nem sempre alcançam resultados ótimos, e tampouco operam pelo modelo clássico do *homo economicus*.

Posteriormente, levando em conta essas heurísticas e vieses, os pesquisadores da área, como Thaler e Sunstein propuseram a "arquitetura da escolha", ou, de forma mais simples, "nudge". Trata-se de incentivos que buscam, sem ferir a liberdade de escolha, induzir os indivíduos[4] a tomarem decisões que lhes tragam melhores benefícios, dentro da proposta que foi denominada "Paternalismo Libertário".

Para a tributação, pode-se pensar nos mais diversos "nudges", especialmente quando se trata de *design* normativo e política tributária. Por exemplo, o uso de normas sociais ou de reputação pública com atribuição de selos de bom contribuinte para as empresas, podem incentivar ao cumprimento de obrigações tributárias.

Em outras palavras, o uso de sanções premiais que não apenas recompensem os contribuintes, mas que o façam de forma a aproveitar os vieses, seja para arrecadar, seja para mudar comportamentos, pela função extrafiscal. Um bom exemplo foi a nota fiscal paulista, que há alguns anos, incentivou os contribuintes a pedirem sempre nota fiscal ao adquirirem alguma mercadoria, com o incentivo de terem depositado parte do ICMS arrecadado pelo governo, em suas contas bancárias, em dinheiro. Ou seja, o Estado de São Paulo

4. Exemplo simples é o do aeroporto de Amsterdã, que colocou pequenos adesivos com o formato de alvos, como aqueles onde se atiram dardos ou flechas) nos mictórios. O efeito foi que os usuários passaram a urinar muito menos no piso, apenas pelo incentivo a acertar o alvo. Outro antigo exemplo, é colocar um prato ou drinque bastante caro, seguido de opção mais barata, quando o dono do bar ou restaurante deseja é que essa segunda opção seja a pedida. Apenas a comparação entre as duas opções já induz o consumidor a acreditar que está tendo vantagem em pedir a segunda delas.

"privatizou" a fiscalização tributária, diminuindo a sonegação graças à recompensa dada aos contribuintes. Outros estados da federação que instituíram programa semelhante, porém, em vez de retornarem aos contribuintes com dinheiro depositados em suas contas, ofereceram desconto no pagamento de impostos como IPVA. Pela escolha racional clássica, não faria diferença alguma entre as duas opções (considerando que tenham o mesmo valor monetário), pois seja receber em dinheiro, seja em desconto de imposto que obrigatoriamente teriam que pagar, são opções perfeitamente equivalentes. Contudo, os contribuintes, por preferirem a recompensa em dinheiro, aderiram de forma muito maior ao programa paulista.

5. Neurociência, Neuroeconomia e Neurodireito

O campo de pesquisa conhecido como Neurociência, que se refere à pesquisa anatômica, fisiológica e biológica do sistema nervoso, especialmente o humano, passou a ter grande relevância a partir do avanço da tecnologia de imagem, incluindo tomografia positrônica, *pet scans*, ressonância magnética etc., que correlaciona e identifica a estrutura do cérebro a diversas formas de cognição e comportamento.

Como decorrência da neurociência, surgiram aplicações para economia e para o Direito, especialmente como fundamento e comprovação cientifica de diversos aspectos e hipóteses da Economia Comportamental. No que se refere ao Direito, além de suporte tecnológico para a implementação de políticas públicas, calcadas na arquitetura da escolha, a neurociência também vem sendo utilizada como instrumento para produzir elementos de prova em processos criminais.[5]

---

5. Um caso paradigmático foi o de John Hinckley, processado por tentar assassinar o Presidente Ronald Reagan, em 1981. Durante o processo criminal, os seus advogados de defesa juntaram aos autos uma tomografia computadorizada de seu cérebro, com o fim de alegar insanidade decorrente de esquizofrenia, e portanto, obter a absolvição (not guilty for reason of insanity). Ainda que a promotoria tenha se oposto, o Juiz acatou as provas e o réu foi absolvido por insanidade. Para saber mais, ver: https://bit.ly/3ayNoe3

Quanto à tributação, a Neurociência poderá vir a ter importância justamente para o desenho de reformas tributárias e demais políticas fiscais que dependam da melhor compreensão do comportamento humano via estudo do sistema nervoso.

6. Teoria dos Jogos

A teoria dos jogos é uma intersecção entre a Economia e a Matemática avançada, tendo por objeto não apenas a escolha individual ou agregado de escolhas individuais, como a teoria economia tradicional, mas o *comportamento estratégico*.

Por comportamento "estratégico", compreende-se todo aquele em que o indivíduo, ao agir, leve em conta como os demais reagirão a ele, buscando antecipar essas reações, de modo a alcançar algum objetivo. Como ocorre com a clássica teoria da escolha racional, o objetivo aqui não é o foco de análise, mas sim os meios empregados para alcançá-lo.

A Teoria dos Jogos foi oficialmente introduzida com a publicação da obra *Theory of Games and Economic Behavior*, do físico e matemático húngaro John Von Neumann em coautoria com o economista alemão Oskar Morgeinstern, em 1944. Na sequência, outros economistas e matemáticos passaram a se dedicar ao tema, sendo possivelmente o mais famoso deles, o americano John Nash, criador do famoso equilíbrio que leva o seu nome, presente nas interações estratégicas modeladas pela teoria. Outros pesquisadores trouxeram grandes contribuições para a teoria, tais como Robert Aumann, Thomas Schelling, que dividiram o Nobel em 2005, assim como diversos outros autores.

O Direito é um campo extremamente fértil para a Teoria dos Jogos, considerando que as normas são potentes incentivos, e, na linguagem da teoria, funcionam como recompensas (*pay offs*) para os jogadores envolvidos. Há diversas interações modeladas, conhecidas como jogos famosos, sendo certamente o mais célebre deles o "dilema do prisioneiro". Mas há outros conhecidos também, como o Caça ao Cervo (*stag hunt*), o Jogo do Covarde (*Chicken game*), dentre muitos outros, inclusive com bastante complexidade e construídos a depender do que se quer analisar e modelar (desenho de mecanismo). Uma aplicação recente no Brasil, mas muito bem-sucedida, é o dilema do prisioneiro nas chamadas "delações premiadas" do direito penal, instituto trazido pela Lei 12.850/2013. Os *pay offs* são desenhados para que o suspeito ou mesmo réu, já em processo penal, tenha incentivos para delatar outros implicados nos mesmos crimes, de modo a aliviar a sua pena, assim como os outros que ele denunciar, por sua vez, poderão receber as mesmas alternativas pelo Ministério Público, até chegar a determinados indivíduos, topo da cadeia alimentar criminosa, que não terão mais a quem delatar. O mais perfeito dilema do prisioneiro dinâmico.

No direito e mais especificamente, no tributário, inúmeras aplicações são possíveis, tanto descritivas quanto normativas. Por exemplo, podemos identificar a guerra fiscal como uma espécie de dilema do prisioneiro, interação onde os agentes são incentivados a não cooperar e ainda adotar comportamento oportunista. O mesmo se dá com a reforma tributária, onde é necessário coadunar interesses de todos os entes da federação, em um contexto tampouco cooperativo. Alterando-se alguns *pay offs*, vislumbra-se a possibilidade de converter esse jogo em cooperativo, mas o grande problema é saber como alterar e qual a medida para tanto.

Outra aplicação é o Jogo do Covarde (ou outras versões dele, como o *brinksmanship*) para situações de conflito e negociação. As recentes leis de transação tributária, tanto a federal (Lei 13.988/2020), quanto estaduais e municipais, podem propiciar interessantes modelagens estratégicas, já previamente utilizadas em fusões e aquisições, mercado de capitais etc.

7. Conclusões

O presente texto pretendeu referir, de forma breve, algumas das disciplinas que podem, em conjunção à dogmática jurídica, auxiliar à melhor compreensão da tributação, e, a partir daí, ser capaz de propiciar ao jurista, economista, contador ou administrador, ferramentas que possam não apenas incrementar a eficiência em suas respectivas atividades relacionadas aos tributos, como também ser capaz de melhorar o próprio sistema jurídico. Espero que esse artigo possa instigar os leitores a conhecer essas outras áreas que não se confundem com a teoria jurídica tradicional, mas que podem vir a ajudá-la, de forma que acredito ser consideravelmente eficaz, a tornar-se mais útil e condizente com as necessidades de um mundo cada vez mais conectado, globalizado e complexo.

Algumas sugestões de leitura adicional

CARVALHO, Cristiano. *Teoria da decisão tributária.* 2ª ed. São Paulo: Almedina, 2018.

COOTER, Robert D., Ulen, Thomas. *Law and Economics.* 5ª ed., Pearson, 2007. Princeton University Press, 2001.

FRIEDMAN, David. Law´s Order. What Economics has to do with Law and why it matters.

GAZZANIGA, Michael e outros. *Neuroscience and the Law.* Washington: Dana Press, 2004.

KAHNEMAN, Daniel. *Rápido e devagar.* Rio de Janeiro: Objetiva, 2011.

POLITSER, Peter. Neuroeconomics. *A guide to the new science of making choices.* Oxford University Press, 2008.

SCHELLING, Thomas. *The strategy of conflict.* Harvard University Press, 1981.

THALER, Richard. Misbehaving. *A construção da Economia Comportamental.* Rio de Janeiro: Intrínseca, 2015.

TIMM, Luciano Benetti e outros. *Direito e economia no Brasil.* 4ª ed., São Paulo: Foco, 2021.

ZALUSKI, Wojciech. *Game Theory in Jurisprudence.* Cracovia, Copernicus, 2013.

DIREITO AO CRÉDITO DE ICMS SOBRE AS MERCADORIAS EMPREGADAS NO PROCESSO PRODUTIVO

Eurico Marcos Diniz de Santi[1]

Sumário: 1. Introdução: o direito constitucional passa (muda), as estruturas infralegais permanecem...– 2. A não cumulatividade é regra expressa na Constituição: não há autorização constitucional para sua limitação – 3. A LC 87/96 veicula o atual universo normativo de possibilidades do direito ao crédito de ICMS: se houve pagamento do imposto na entrada e não é mercadoria alheia à atividade, então há direito ao crédito de ICMS – 4. A estrutura do antigo imposto sobre o consumo (IC) contaminou a aplicação da não cumulatividade e do direito ao crédito do IPI e do ICM que, por sua vez, contaminam até hoje o ICMS – 5. A vigência do Convênio 66/88 induziu restrições à não cumulatividade do ICMS na vigência da LC 87/96, que veicula regime de crédito físico mais amplo – 6. A LC 87/96 veicula o atual universo normativo de possibilidades do direito ao crédito de ICMS mais amplo do que o antigo Convênio 66/88 já revogado – 7. O art. 33, I, adia a implantação do "crédito financeiro" PARA 2020: bens de uso e consumo do estabelecimento não se confundem com mercadorias alheias à atividade da empresa – 8. A vedação ao crédito sob o fundamento de que se trata de bens de uso e consumo implica falsa lacuna de conhecimento: é fato incontroverso que as mercadorias são empregadas no processo produtivo das associadas IBÁ – Referências.

---

1. Professor da FGV Direito SP, Coordenador do Núcleo de estudos Fiscais da FGV e Diretor-Fundador do Centro de Cidadania Fiscal (CCiF).

1. Introdução: o direito constitucional passa (muda), as estruturas infralegais permanecem...

Juridicamente, com o advento da CF/88, o ICMS foi instituído no âmbito de nova ordem constitucional. Neste cenário, a **NÃO CUMULATIVIDADE DO ICMS** é **REGRA EXPRESSA** e não há qualquer autorização constitucional para sua limitação, excetuadas as hipóteses de isenção e não incidência, *ex vi* do art. 155, § 2°, II da CF88, determinando que o imposto: "será não cumulativo, compensando-se o que for devido em cada operação relativa à circulação de mercadorias ou prestação de serviços com o montante cobrado nas anteriores pelo mesmo ou outro Estado ou pelo Distrito Federal".

Este artigo é uma homenagem à arguta provocação do Prof. Paulo Ayres Barreto ao texto da proposta da PEC45 sobre a não cumulatividade do IBS: o problema não é o texto da CF/88, o problema é a dependência da trajetória arraigada na legislação infraconstitucional.

A prevalência das estruturas administrativas sobre o direito tributário reflete o que RAYMUNDO FAORO[2] denomina "patrimonialismo de estado português": em um Estado cujas exações tributárias são voltadas apenas à satisfação de objetivos estritamente arrecadatórios, o Direito Tributário é facilmente desvirtuado. OTTO MAYER,[3] ironizou a permanência das estruturas do direito administrativo sob uma nova ordem constitucional: "*o direito constitucional passa, o direito administrativo permanece*".

A LC 87/96 veicula o atual universo normativo de possibilidades do direito ao crédito de ICMS e determina os critérios relevantes para sua solução: se houve Pagamento de ICMS na Entrada (**+PIE**), e não se trata de Mercadoria Alheia

2. FAORO, Raymundo. *Os Donos do poder*. Formação do Patronato Político Brasileira, Editora Globo, 1987.

3. MAYER, Otto. *Derecho administrativo alemán*, 3 volumes: Editorial Depalma, 1950.

à Atividade (**-MAA**), o critério Bem de Uso e Consumo (**BUC**) é irrelevante e há direito ao crédito (**+C**):

$$(\mathbf{+PIE}) \,.\, (\mathbf{-MAA}) \rightarrow (\mathbf{+C})$$

Trata-se, pois, de "CASO FÁCIL", conforme Herbert Hart.[4] A distinção entre "casos fáceis" e "casos difíceis" serve como paradigma da atividade interpretativa.[5] Os casos fáceis são aqueles cuja solução está presente no texto da lei, sem necessitar de maiores investigações dos significados de seus termos e expressões; os casos difíceis, por sua vez, representam dilema a ser enfrentado pelo aplicador, pois o deslinde final da questão depende de interpretação de termos e expressões vagas ou da solução de embate moral subsistente no plano de fundo do caso concreto.[6]

Não obstante, a não cumulatividade do novo ICMS foi atingida por velhos conceitos jurídicos carregados pelo Convênio 66/88 que, contaminado pelas estruturas do IC, do IPI e do ICM, restringiu a sua não cumulatividade: além de negar o crédito aos bens de uso e consumo, estabeleceu que apenas as mercadorias utilizadas no processo industrial que integrarem o produto final na condição de elemento indispensável à sua composição ou forem nele consumidas é que tinham direito ao crédito do imposto. Somente após 8 anos de vigência do Convênio 66/88, é que foi instituída a LC 87/96, corrigindo tais distorções e veiculando

4. H.L.A. Hart, Positivism and the separation of law and morals, *Harvard Law Review*, 71 (1958), p. 607.

5. Cf. Victoria Iturralde Sesma, esta era a concepção de Jerzy Wróblewski, segundo o qual somente quando o texto era considerado obscuro seria necessário proceder à sua interpretação em virtude do caráter discricional que o intérprete poderia imprimir a ele, enquanto que nos textos claros não havia espaço para este tipo de valoração (SESMA, Victoria Iturralde. *Interpretación literal y significado convencional:* una reflexión sobre los límites de la interpretación jurídica. Madrid, Barcelona, Buenos Aires e São Paulo: Marcial Pons, 2014, p. 27).

6. Cf. PECZENIK, Aleksander. *On law and reason.* 2ª ed. Holanda: Springer Netherlands, 2008, p. 15. No mesmo sentido: SCHAUER, Frederick. The interpretation of rules. In *Playing by the rules: a philosophical examination of rule-based decision-making in law and in life.* Nova York: Oxford University Press, 2002, p. 207-212.

REGIME DE CRÉDITO FÍSICO DE ICMS MAIS AMPLO: todas as mercadorias **NÃO ALHEIAS À ATIVIDADE** passaram a dar direito ao crédito de ICMS, *ex vi* do art. 20, §1°.

O universo normativo de possibilidades do direito ao crédito de ICMS inaugurado pela LC 87/96 é mais amplo que o universo de possibilidades do Convênio 66/88, pois passou a **PERMITIR O CRÉDITO INCLUSIVE SOBRE AS MERCADORIAS QUE NÃO SE INTEGRAM AO PRODUTO FINAL OU NÃO SE CONSOMEM NO PROCESSO PRODUTIVO: A VIGÊNCIA DA LC 87/96 ABANDONA OS CRITÉRIOS ERRONEAMENTE IMPORTADOS DO IC, IPI E ICM.**

Contudo, para fazer valer a ampliação do direito ao crédito sobre todas as entradas de mercadorias não alheias à atividade, as Assembleias Legislativas dos 27 Estados seriam obrigadas a aumentar, por lei, as alíquotas efetivas do imposto para manutenção dos mesmos patamares de arrecadação.

Ocorre que a tradição das Administrações Tributárias brasileiras sempre preferiu evitar o custo político da edição de leis e da transparência[7] revelada pelo aumento das alíquotas, priorizando a manutenção da cumulatividade do sistema anterior, utilizando os critérios do já revogado Convênio 66/88 e ignorando as inovações do direito ao crédito da LC 87/96. Esta mesma lógica está presente nas sucessivas postergações da implantação do "crédito financeiro", *ex vi* do art. 33, I, da LC 87/96: legalidade, transparência e cidadania fiscal continuam sendo desafios para a cultura tributária brasileira.

A tentativa de restrição do direito ao crédito sobre **MERCADORIAS NÃO ALHEIAS À ATIVIDADE**, conforme regra expressa no art. 20, §1° da LC 87/96, funciona também como estratégia dos Estados de ILUSÃO E OFUSCAÇÃO FISCAL para burlar os procedimentos democráticos de legitimação, mantendo o cidadão-contribuinte mal informado sobre a carga tributária, conforme demonstram TINO

7. A restrição infraconstitucional da regra da "não cumulatividade" fere a TRANSPARÊNCIA exigida pelo art. 150, § 5°, da CF/88.

SANANDAJI (*University of Chicago*) e BJÖRN WALLACE (*Stockholm School of Economics*).[8]

O fato é que as autoridades **NÃO APLICAM A LC 87/96**: em conformidade com a LC 87/96, **HÁ PLENO DIREITO AO CRÉDITO FÍSICO DE ICMS** sobre **MERCADORIAS NÃO ALHEIAS À ATIVIDADE**. Trata-se de **caso fácil.** A solução está CLARA no próprio texto da LC 87/96: a aplicação do art. 20, §1º garante o direito ao crédito de ICMS sobre as entradas de mercadorias empregadas no processo produtivo.

2. A não cumulatividade é regra expressa na Constituição: não há autorização constitucional para sua limitação

O imposto sobre Circulação de Mercadorias e Prestação de Serviços de Transporte Interestadual e Intermunicipal e de Comunicação ("ICMS") decorre de competência tributária atribuída aos Estados pelo art. 155, II da CF88 e possui como característica fundamental a não cumulatividade, disposta no art. 155, § 2°, I, da CF88, que garante ao contribuinte o direito de abater de suas operações o montante do ICMS devido nas operações anteriores. Trata-se de mecanismo de compensação de créditos, no qual o montante do imposto devido na operação anterior representa crédito a ser deduzido do imposto a ser pago nas operações subsequentes, evitando a incidência de imposto sobre imposto ou o "efeito cascata".

O direito ao crédito do ICMS é norma constitucional que prescreve a não cumulatividade do ICMS, conforme ensina GERALDO ATALIBA:[9] *"É a Constituição, meus senhores, que dá a mim, cidadão que pratico operação mercantil, no Brasil, o direito de me creditar do ICM relativo às operações anteriores; não é lei nenhuma. Não é a lei complementar que dá; não é a lei ordinária do Estado, muito menos; não é*

---

8. Fiscal Illusion and Fiscal Obfuscation: An Empirical Study of Tax Perception in Sweden.

9. ATALIBA, Geraldo. ICM na Constituição. In *Revista de Direito Tributário* n. 57. Ano 15. Julho-Setembro 1991. pp 90-104.

a doutrina: é a Constituição. [...] Portanto, ***a lei não pode diminuir, reduzir, retardar, anular, ignorar um direito que a Constituição deu****"*. Se a regra da não cumulatividade é norma constitucional, qualquer exceção a ela também deve ser constitucional, conforme também adverte **AIRES FERNANDINO BARRETO.**[10]

A CF/88 que instituiu o ICMS no plano jurídico desta nova ordem constitucional, acompanhado de sua não cumulatividade, trouxe como únicas hipóteses de exceção a isenção e a não incidência, que diminuem a área de abrangência azul da não cumulatividade integral do ICMS. Assim, constitucionalmente, **AS ÚNICAS LIMITAÇÕES POSSÍVEIS** à não cumulatividade do ICMS são somente aquelas dispostas pelo próprio texto constitucional, *ex vi* do art. 155, § 2°, II, *a* e *b*, quais sejam, as hipóteses de (**i**) **isenção** e (**ii**) **não incidência.**[11]

3. A LC 87/96 veicula o atual universo normativo de possibilidades do direito ao crédito de ICMS: se houve pagamento do imposto na entrada e não é mercadoria alheia à atividade, então há direito ao crédito de ICMS

CARLOS ALCHOURRÓN e **EUGÊNIO BULYGIN**[12] são os autores que conceberam a Teoria do Normative Systems: poderosa ferramenta analítica que permite ao jurista sistematizar as normas jurídicas incidentes (**UNIVERSO NORMATIVO DE POSSIBILIDADES**) e determinar os efeitos jurídicos decorrentes (**UNIVERSO NORMATIVO DE SOLUÇÕES**). Nesse contexto, a LC 87/96 inaugurou o atual e vigente

10. AIRES BARRETO. *Créditos de ICMS* - Limites da Lei Complementar. O ICMS, a LC 87/96 e questões jurídicas atuais. São Paulo: Dialética, 1997.

11. Art. 155. Compete aos Estados e ao Distrito Federal instituir impostos sobre: [...] § 2°. O imposto previsto no inciso II atenderá ao seguinte: [...] II - a isenção ou não incidência, salvo determinação em contrário da legislação: a) não implicará crédito para compensação com o montante devido nas operações ou prestações seguintes; b) acarretará a anulação do crédito relativo às operações anteriores.

12. ALCHOURRÓN, C. BULYGIN, E. *Introducción a la metodología de las ciencias jurídicas y sociales*. Buenos Aires: Astrea, 1974.

UNIVERSO NORMATIVO DE POSSIBILIDADES DO DIREITO AO CRÉDITO DE ICMS sobre todas as entradas no estabelecimento do contribuinte, observados os seguintes critérios normativos aplicáveis ao caso em análise:[13]

CRITÉRIO	DEFINIÇÃO	FUNDAMENTO NORMATIVO
PIE	**P**AGAMENTO DE **I**CMS NA **E**NTRADA	**LC 87/96, art. 20**: é assegurado ao sujeito passivo o direito de creditar-se do **imposto anteriormente cobrado em operações de que tenha resultado a entrada de mercadoria** no estabelecimento.
MAA	**M**ERCADORIA **A**LHEIA À **A**TIVIDADE	**LC 87/96, art. 20, § 1º**: não dão direito a crédito as entradas de mercadorias que se refiram a **mercadorias ou serviços alheios à atividade do estabelecimento.**
BUC	**B**EM DE **U**SO E **C**ONSUMO	**LC 87/96, art. 33, I**: somente darão direito de crédito as mercadorias destinadas ao **uso ou consumo do estabelecimento nele entradas a partir de 1º de janeiro de 2020.**

A combinação dos 3 critérios normativos acima identificados irá determinar o **UNIVERSO NORMATIVO DE POSSIBILIDADES** (Casos 1 a 8) e, consequentemente, **O UNIVERSO NORMATIVO DE SOLUÇÕES** (N1, N2, N3, N4): se dá direito ao crédito (+C) ou se não dá direito ao crédito (-C), conforme demonstrado no quadro abaixo:

UNIVERSO NORMATIVO DE POSSIBILIDADES				UNIVERSO NORMATIVO DE SOLUÇÕES			
casos	Critérios Relevantes			Vigentes desde 1996		Vigentes após 2020	
	PIE	MAA	BUC	N1 (-PIE)→(-C)	N2 (+PIE).(-MAA)→(+C)	N3 (+PIE).(+MAA).(+BUC)→(+C)	N4 (+PIE).(+MAA).(-BUC)→(-C)
1	-PIE	-MAA	+BUC	-C			
2	-PIE	-MAA	-BUC	-C			
3	-PIE	+MAA	+BUC	-C			
4	-PIE	+MAA	-BUC	-C			
5	+PIE	-MAA	+BUC		+C		
6	+PIE	-MAA	-BUC		+C		
7	+PIE	+MAA	+BUC			+C	
8	+PIE	+MAA	-BUC				-C

13. Não abordamos as demais hipóteses (i.e. energia elétrica, serviços de comunicação, saídas isentas ou não tributadas etc.), pois não se aplicam ao caso.

Em linguagem formal e lógica, podemos explicar o quadro acima da seguinte forma:

1) **CASOS 1 a 4: aplica-se a solução N1 e não há direito ao crédito de ICMS.**

   Se não houve Pagamento de ICMS na Entrada (-**PIE**), os demais critérios são irrelevantes e não há direito ao crédito (-**C**): (-**PIE**) → (-**C**) = **N1**.

2) **CASOS 5 e 6: aplica-se a solução N2 e há direito ao crédito de ICMS.**

   Se houve Pagamento de ICMS na Entrada (+**PIE**), e não se trata de Mercadoria Alheia à Atividade (-**MAA**), o critério Bem de Uso e Consumo (**BUC**) é irrelevante e há direito ao crédito (+**C**): (+**PIE**) . (-**MAA**) → (+**C**) = **N2**.

3) **CASO 7: aplica-se a solução N3 e há direito ao crédito de ICMS após 2020.**

   Se houve Pagamento de ICMS na Entrada (+**PIE**), é Mercadoria Alheia à Atividade (+**MAA**) e é Bem de Uso e Consumo (+**BUC**) do estabelecimento, há direito ao crédito (+**C**) **após 2020**: (+**PIE**) . (+**MAA**) . (+**BUC**) → (+**C**) = **N3**

4) **CASO 8: aplica-se a solução N4 e não há direito ao crédito de ICMS.**

   Se houve Pagamento de ICMS na Entrada (+**PIE**), é Mercadoria Alheia à Atividade (+**MAA**) e não é Bem de Uso e Consumo (-**BUC**) do estabelecimento, então não há direito ao crédito de ICMS (-**C**) *mesmo após 2020:*

   (+**PIE**) . (+**MAA**) . (-**BUC**) → (-**C**) = **N4**

As soluções **N3** e **N4** aplicáveis aos **CASOS 7 e 8**, portanto, só serão possíveis após 2020. Por isso, a qualificação do bem como uso e consumo (**BUC**) É IRRELEVANTE para o universo de possibilidades vigentes no momento: considerando tratar-se de casos com pagamento de imposto na entrada (+**PIE**), então basta saber se não se trata de **MERCADORIA ALHEIA A ATIVIDADE** (-**MAA**) para definir o direito ao crédito (+**C**), aplicando-se, nessa hipótese, a Norma **N2**.

4. A estrutura do antigo imposto sobre o consumo (IC) contaminou a aplicação da não cumulatividade e do direito ao crédito do IPI e do ICM que, por sua vez, contaminam até hoje o ICMS

A história da tributação sobre o consumo no Brasil remonta à Constituição Federal de 1946 (CF46) que instituiu o Imposto sobre Consumo (IC), de competência da União, *ex vi* do art. 15, inciso II, sem mencionar direito ao crédito. Somente com a promulgação da Lei 3.520/58, cujo art. 5° previa deduzir o IC pago sobre os "*artigos sujeitos ao impôsto utilizados na fabricação do produto final*", passou a ser possível o crédito sobre determinadas aquisições. Conforme ALCIDES JORGE COSTA,[14] foi nesta época que se introduziu o conceito de "produto intermediário", o qual se originou vinculado à própria noção de não cumulatividade do imposto.

Com o advento da EC 18/65, instituiu-se a reforma do sistema tributário brasileiro e a repartição da competência do IC, que passou a operar como IPI no âmbito federal e ICM na esfera estadual.[15] Contudo, em vez de se promulgar nova lei para o IPI, o Decreto-Lei 34/66 alterou a Lei 4.502/64 do antigo IC, que passou a ser a lei de regência do IPI, vigente até os dias atuais.

---

14. COSTA, Alcides Jorge. *ICM na Constituição e na lei complementar*. São Paulo: Resenha Tributária, 1978, p. 6-150. [...] **a primeira manifestação da regra da não cumulatividade se deu em 30 de dezembro de 1958, quando a Lei 3.520**, que tratava do antigo Imposto sobre Consumo, incidente sobre o ciclo de produção industrial, dispõe que, do imposto devido em cada quinzena, fosse deduzido o valor do imposto que, no mesmo período, houvesse incidido sobre matérias primas **e outros produtos empregados na fabricação e acondicionamento dos produtos tributados**."

15. O STF, no julgamento do RE 79.601/RS, decidiu que o ICM e o IPI são sucessores do IC de tal forma que a sistemática e conceito erigidos na vigência do IC devem permanecer aplicáveis a eles (STF, RE 79.601/RS).

Desde o primeiro Regulamento do IPI, veiculado pelo Decreto 61.514/67 (RIPI/67), ficou estabelecido que dariam, direito ao crédito, somente os produtos intermediários que, embora não se integrando ao produto final, fossem consumidos no processo de industrialização (art. 30, I). Com exceção do Decreto 70.162/72 (RIPI/72) que em seu art. 32, I, incluiu a exigência de consumição imediata e integral,[16] todos os Regulamentos do IPI que se sucederam mantiveram o direito ao crédito sobre produtos intermediários que, embora não se integrando ao novo produto, forem consumidos no processo de industrialização, sem exigência imediata e integral (RIPI/79 - art. 66, I; RIPI/82 - art. 82, I; RIPI/98 - art. 147, I; RIPI/2002 - art. 164, I; e, RIPI/2010 - art. 226, I).

ALCIDES JORGE COSTA[17] explica que à época do Decreto-Lei 406/68, que regulou o ICM na esfera nacional, todos os entes federados se espelharam na legislação do IPI para implementar a regra da não cumulatividade do ICM, deixando plasmada nas leis estaduais regras pertinentes apenas ao IPI. Contudo, as regras de crédito para manutenção da não cumulatividade de um imposto que incide sobre o processo industrial (IPI) tem inúmeras peculiaridades que POR ÓBVIO não se aplicam a um imposto incidente sobre o comércio e circulação de mercadorias e serviços (ICM e ICMS): **EXIGIR A INTEGRAÇÃO NO PRODUTO FINAL OU CONSUMIÇÃO NO PROCESSO PRODUTIVO É CRITÉRIO TÍPICO DO IPI, POIS APLICÁVEL AO PROCESSO PRODUTIVO INDUSTRIAL.**

Apesar da clara distinção, há confusão na atividade das autoridades fazendárias que: (**i**) **ERRARAM** ao importar os critérios do IC, IPI e ICM na elaboração do Convênio 66/88; e, (**ii**) mesmo após a edição da LC 87/96 que veicula o atual universo normativo de possibilidades do direito ao crédito de ICMS, **ERRAM** ao fundamentar glosas ao crédito de ICMS

16. Observe-se que tais critérios introduzidos temporariamente pelo RIPI/72, via Decreto, nunca constaram da legislação do IPI: não há lei que os respalde.

17. COSTA, Alcides Jorge. *ICM na Constituição e na Lei Complementar*. São Paulo: Resenha Tributária, 1978, p. 156.

sobre mercadorias não alheias à atividade com base em **CRITÉRIOS NORMATIVOS INEXISTENTES** na LC 87/96.

5. A vigência do Convênio 66/88 induziu restrições à não cumulatividade do ICMS na vigência da LC 87/96, que veicula regime de crédito físico mais amplo

O art. 34, §8° do Ato das Disposições Constitucionais Transitórios (ADCT) da CF/88, dispôs que na falta da edição de lei complementar, necessária para instituição do ICMS, os Estados e o Distrito Federal deveriam celebrar, mediante convênio, nos termos da LC 24/75, normas para regular **provisoriamente** a matéria. Ocorre que o Convênio 66/88 não se limitou a regular o ICMS nos limites da competência que lhe fora outorgada pela CF/88. Pelo contrário, foi além e criou **RESTRIÇÕES À NÃO CUMULATIVIDADE E AO DIREITO AO CRÉDITO DE ICMS.**[18]

No que interessa ao caso presente, o Convênio 66/88 vedou o crédito de ICMS sobre (i) bem destinado ao uso e consumo e (ii) mercadoria que, apesar de utilizada no processo industrial não for integrada ao produto final na condição de elemento indispensável ou não for nele consumida. **Integração e consumição da mercadoria no processo produtivo são conceitos importados indevidamente da legislação do IPI, conforme já mencionado acima.**

As restrições do já revogado Convênio 66/88 representam a prática reiterada dos Estados: a implementação da não cumulatividade irrestrita conforme prevista na CF/88 demandaria alteração das alíquotas nominais por intermédio do Poder Legislativo para manter a arrecadação. Buscando fugir do debate democrático necessário (aumento das alíquotas), os

---

18. No julgamento do RE 149922-2/SP, o STF decidiu que a competência do Convênio 66/88 deveria limitar-se às matérias não abrangidas pela legislação até então existente, especialmente pelo DL 406/68, recepcionado pela CF/88 como lei complementar. Assim, estando a matéria regulada pelo DL 406/88 não havia lugar para nova definição pelo Convênio 66/88, sob pena de invasão do princípio constitucional da legalidade tributária.

Estados restringem o direito ao crédito do imposto como forma de garantir a arrecadação.

Além de ofensa ao princípio da legalidade tributária, *ex vi* do art. 150, I, da CF/88, tal prática também fere a transparência[19] exigida pelo art. 150, §5º da CF88: trata-se de estratégia de ilusão e ofuscação fiscal, mantendo o contribuinte mal informado da carga tributária efetiva e garantindo arrecadação pelo tortuoso caminho da lavratura de autos de infração, protegidos pelo sigilo fiscal, que consubstanciam glosas de créditos legítimos e escondem os verdadeiros montantes do imposto efetivamente recolhido aos cofres públicos.

6. A LC 87/96 veicula o atual universo normativo de possibilidades do direito ao crédito de ICMS mais amplo do que o antigo Convênio 66/88 já revogado

A LC 87/96 inaugurou o **ATUAL UNIVERSO NORMATIVO DE POSSIBILIDADES DO DIREITO AO CRÉDITO DE ICMS** (§ A2) sobre todas as entradas no estabelecimento do contribuinte, exceto mercadorias (i) para uso e consumo do estabelecimento ou (ii) alheias à atividade. Comparativamente ao Convênio 66/88, o direito ao crédito de ICMS foi ampliado pela LC 87/96:

EXCEÇÕES	CONVÊNIO 66/88	LC 87/96
Mercadorias para uso e consumo	Vedação total ao crédito	Incluiu o direito ao crédito financeiro - sucessivamente postergado 2020 (**BUC**)
Outras mercadorias	Permite o crédito somente das mercadorias integradas ou consumidas	Permite o crédito sobre todas mercadorias, exceto se alheias à atividade (**MAA**)

19. JOSEPH STIGLITZ ressalta a importância das "transparent taxes": quanto mais transparente o tributo, menores serão as chances de Governos cometerem abusos contra o contribuinte, que passa a ter meios de avaliar as políticas tributárias e a satisfação dos interesses do eleitorado (*Economics of The Public Sector.* Fourth Edition. W. W. Norton Company, Inc. pp. 521).

Após a LC 87/96, portanto, **basta MERCADORIA NÃO ALHEIA À ATIVIDADE do estabelecimento para que dê direito ao crédito de ICMS relativo à sua entrada**: o universo normativo de possibilidades do direito ao crédito de ICMS da LC 87/96 é mais amplo que o universo de possibilidades do Convênio 66/88 pois **PERMITE O CRÉDITO INCLUSIVE SOBRE AS MERCADORIAS QUE NÃO SE INTEGRAM AO PRODUTO FINAL OU NÃO SE CONSOMEM NO PROCESSO PRODUTIVO: A VIGÊNCIA DA LC 87/96 ABANDONA OS CRITÉRIOS ERRONEAMENTE IMPORTADOS DO IC, IPI E ICM.**

7. O art. 33, I, adia a implantação do "crédito financeiro" PARA 2020: bens de uso e consumo do estabelecimento não se confundem com mercadorias alheias à atividade da empresa

Antes da LC 87/96, a tributação do ICMS no Brasil seguiu o sistema do crédito físico, segundo o qual apenas os produtos que se incorporam fisicamente à mercadoria de saída davam direito ao crédito, mesmo que, sabidamente, essa sistemática provocasse uma incidência cumulativa do imposto, conforme veiculado pelo Convênio 66/88. Com o advento da LC 87/96, sinalizou-se a chegada da sistemática do crédito financeiro, sucessivamente prorrogada nos termos do art. 33, I, a fim de outorgar prazo ao legislador estadual para ajustar as alíquotas nominais no ICMS frente ao novo regime de não cumulatividade mais amplo e à necessidade de se manter a arrecadação.

No que concerne à tributação sobre o consumo, esta é a tendência mundial: a maioria dos países têm migrado para uma sistemática de tributação sobre valor agregado (IVA)[20] sendo que dos 168 países que adotam o IVA, apenas Brasil e Haiti mantêm o crédito físico. No modelo de crédito financeiro, tudo o que a empresa adquire com pagamento de imposto

20. Nos últimos 20 anos, 85% dos países que fizeram reforma tributária adotaram o modelo IVA.

confere direito ao crédito, desonerando os meios de produção e viabilizando que a tributação ocorra de fato sobre o consumo e de forma transparente.

Apesar de já estar em trâmite a Proposta de Emenda à Constituição n° 45 (PEC/45),[21] a adoção de um verdadeiro modelo IVA ainda deverá percorrer um longo caminho. Contudo, tal como nos modernos IVAs, o Brasil busca a implementação do modelo do crédito financeiro desde a promulgação da Lei 87/96, cujo art. 20 sempre dispôs sobre a possibilidade de creditamento também sobre os bens de uso e consumo geral do estabelecimento.

O prazo inicialmente previsto no art. 33, I, da LC 87/96 para entrada em vigor do direito ao crédito sobre bens de uso e consumo geral do estabelecimento era 01.01.1998. Este prazo foi sucessivamente prorrogado pelas Lei Complementares 92/97, 99/99, 114/02, 122/06 e 138/10, sendo que essa última fixou a data final em 01.01.2020, conforme redação atual do dispositivo:

> **Art. 33.** Na aplicação do art. 20 observar-se-á o seguinte:[...] **I – somente darão direito de crédito as mercadorias destinadas ao uso ou consumo do estabelecimento nele entradas *a partir de 1º de janeiro de 2020;***

O art. 33 da LC 87/96 veicula apenas a postergação da eficácia do modelo de crédito financeiro. Logo, os "bens de uso e consumo" cujo direito ao crédito foi adiado até 01.01.2020 não guardam qualquer relação com "bens de uso e consumo do processo produtivo", ou seja, "**MERCADORIAS NÃO ALHEIAS À ATIVIDADE** do estabelecimento" que já têm direito ao crédito e são justamente aquelas sobre os quais as associadas IBÁ sofrem ilegalmente a glosa.

---

21. A proposta encampada pela PEC 45/2019, apresentada pelo Deputado Baleia Rossi (MDB/SP) à Câmara dos Deputados em 12.04.2019 propõe a substituição dos 5 tributos atualmente incidentes sobre o consumo (ISS, ICMS, IPI e PIS/COFINS) pelo Imposto sobre Bens e Serviços (IBS). Trata-se de tributo de modelo IVA, não-cumulativo, cobrado no destino, com alíquota uniforme, incidente sobre uma base ampla de bens e serviços, que desonera as exportações e os investimentos, concedendo crédito integral imediato e financeiro.

Com a entrada em vigor do crédito financeiro prevista para 2020, toda aquisição de mercadoria passará a gerar direito ao crédito de ICMS, sendo irrelevante a qualificação da Mercadoria como Alheia à Atividade (**MAA**). Permanecerão relevantes os critérios **PIE** e **BUC**, conforme Normas **N3** e **N4** (§**A2**).

8. A vedação ao crédito sob o fundamento de que se trata de bens de uso e consumo implica falsa lacuna de conhecimento: é fato incontroverso que as mercadorias são empregadas no processo produtivo das associadas IBÁ

Os problemas do direito podem ser reduzidos a 4 tipos: (**i**) lacunas normativas, representadas pela ausência de norma, (**ii**) lacunas de reconhecimento, quando ocorre imprecisão semântica do texto normativo, (**iii**) lacunas de conhecimento, relacionadas a problemas de prova e análise de fatos e, (**iv**) lacunas axiológicas, que dizem respeito às divergências valorativas sobre a solução concreta oferecida pelo direito.[22]

A análise dos recursos apresentados pela IBÁ e associadas aos Tribunais Superiores **NÃO DEVE SER OBSTADA POR FALSA LACUNA DE CONHECIMENTO** sob o argumento de que se trata de matéria de fato. É FATO INCONTROVERSO que os produtos elencados na **Tabela 1** (§A2) são **MERCADORIAS NÃO ALHEIAS À ATIVIDADE (EMPREGADAS NO PROCESSO PRODUTIVO)** das Associadas IBÁ e **NÃO SE CONFUNDEM COM BENS DE USO E CONSUMO DO ESTABELECIMENTO,** sendo descabida a tentativa das autoridades fiscais de deslocar o debate para a caracterização da natureza desses bens, buscando enquadrá-los em hipóteses de restrição ao crédito.[23]

---

22. ALCHOURRÓN, Carlos E; BULYGIN, Eugenio. *Introducción a la metologia de las ciencias juridicas y sociais*. Buenos Aires, Astrea, 1993.

23. O art. 20, §1° da LC 87/96 garante o direito ao crédito para todos os bens da **Tabela 1**: estes são os "produtos intermediários", empregados no processo produtivo das associadas IBA e vinculados à atividade principal. Já os bens de uso e consumo

É falaciosa a utilização da expressão "bens de uso e consumo" nas autuações para designar quais produtos conferem ou não o direito ao crédito do ICMS. Até 2020, ou nova prorrogação, **NÃO É A NATUREZA DO BEM (USO E CONSUMO) QUE AFASTA O DIREITO AO CRÉDITO DE ICMS, MAS SIM, INEXISTÊNCIA DE VÍNCULO DA MERCADORIA COM A ATIVIDADE DO CONTRIBUINTE:** somente os bens de uso e consumo **alheios** ao processo produtivo é que têm o direito ao crédito financeiro negado até 2020.

Enfim, vale o registro: o termo "bem de uso e consumo" é ambíguo.[24] É usado em autos de infração como tentativa de confundir e reunir em uma única categoria os bens de uso e consumo do processo produtivo que geram crédito físico (mercadorias não alheias à atividade -MAA) com os bens de uso e consumo do estabelecimento ainda sem direito ao crédito financeiro adiado para 2020 (mercadorias alheias à atividade +MMA): ocorre **FALÁCIA DA COMPOSIÇÃO,** atribui-se ao todo a propriedade de parte, numa tentativa de ampliar, indevidamente, a abrangência do art. 33, I, da LC 87/96 e negar o direito ao crédito físico do art. 20, §1°, da LC 87/96.

Referências

ATALIBA, Geraldo. ICM na Constituição. In *Revista de Direito Tributário* n. 57. Ano 15. Julho-Setembro 1991. pp 90-104.

AIRES BARRETO. *Créditos de ICMS* - Limites da Lei Complementar. O ICMS, a LC 87/96 e questões jurídicas atuais. São Paulo: Dialética, 1997.

ALCHOURRÓN, C. BULYGIN, E. *Introducción a la metodología de las ciencias jurídicas y sociales.* Buenos Aires: Astrea, 1974.

---

geral do estabelecimento **não estão em discussão nos autos**, são alheios ao processo produtivo, e encaixam-se na hipótese de crédito financeiro postergada para 2020 (art. 33, I da LC 87/96).

24. Pode designar bens de uso e consumo do processo produtivo ou bens de uso e consumo geral.

COPI, Irving M. *Introdução à lógica*. São Paulo: Mestre Jou, 1978.

COSTA, Alcides Jorge. *ICM na Constituição e na lei complementar*. São Paulo: Resenha Tributária, 1978.

FAORO, Raymundo. *Os Donos do Poder*. Formação do Patronato Político Brasileiro. Rio de Janeiro: Editora Globo, 1987.

HART, H. L. A. Positivism and the separation of law and morals, *Harvard Law Review*, 71 (1958), p. 607.

MAYER, Otto. *Derecho administrativo alemán*, 3 volumes: Editorial Depalma, 1950.

PECZENIK, Aleksander. *On law and reason*. 2ª ed. Holanda: Springer Netherlands, 2008.

SESMA, Victoria Iturralde. *Interpretación literal y significado convencional:* una reflexión sobre los límites de la interpretación jurídica. Madrid, Barcelona, Buenos Aires e São Paulo: Marcial Pons, 2014.

SCHAUER, Frederick. The interpretation of rules. In *Playing by the rules: a philosophical examination of rule-based decision-making in law and in life*. Nova York: Oxford University Press, 2002.

STIGLITZ, Joseph. *Economics of The Public Sector.* Fourth Edition. W. W. Norton Company. Inc. pp. 521

TINO SANANDAJI (*University of Chicago*); BJÖRN WALLACE (*Stockholm School of Economics*). Fiscal Illusion and Fiscal Obfuscation: An Empirical Study of Tax Perception in Sweden.

COMO O RECONHECIMENTO PENAL DA ILICITUDE DA PROVA AFETA SUA VALIDADE NO ÂMBITO TRIBUTÁRIO

Fabiana Del Padre Tomé[1]

Sumário: Introdução – 1. Da configuração de "prova ilícita" – 2. Prova obtida por meio ilícito – 3. Vedação, no âmbito tributário, de prova ilicitamente produzida – 4. Da prova contaminada por derivação (teoria dos frutos da árvore envenenada) – Conclusões – Referências.

Introdução

A possibilidade de efetuar-se estudo interdisciplinar do direito tem sido foco de acirradas controvérsias: há quem apregoe seja a interpretação das normas jurídicas efetuadas sempre, e necessariamente, com o auxílio de conceitos inerentes a outras disciplinas; outro grupo rejeita, em absoluto, esse trânsito entre o Direito e outras disciplinas; e, ainda, parcela da comunidade jurídica admite a interdisciplinaridade, desde que observados certos limites e condições.[2]

---

1. Doutora em Direito Tributário pela PUC/SP. Professora nos Cursos de Mestrado e de Especialização da PUC/SP e do IBET. Advogada.

2. BARRETO, Paulo Ayres. *Planejamento tributário:* limites normativos. São Paulo: Noeses, 2016, p. 29.

A inesgotabilidade de qualquer *objeto* que se pretenda conhecer torna imprescindível efetuar um *corte metodológico*, demarcando os ângulos pelos quais se desempenhará a atividade cognitiva. Como a representação do mundo nunca se dá de modo completo, o objeto é o significado pensado, conteúdo do ato de conhecer. A coisa-em-si ocupa o lugar de elemento externo, *em nome do qual se fala*, em nome do qual se *constitui o objeto*. É o sujeito cognoscente quem dá sentido àquilo que o cerca, interpretando o mundo.

Todas essas noções aplicam-se, na íntegra, ao *objeto* de uma disciplina: referido objeto só se configura como tal a partir do momento em que é construído, demarcado e determinado pelos preceitos inerentes à própria disciplina científica. *"Na base de qualquer disciplina, existe um corte, uma acção humana que 'separa' e que 'proíbe' confundir, sempre em função de um projecto"*.[3] Com tal separação, tem-se a construção do objeto pela comunidade científica. O que determina uma disciplina, portanto, é seu objetivo; e o objetivo delimita o objeto que considera apropriado para tanto.

Firmes em tais premissas, verificamos que a disciplina jurídica abrange o conjunto de ordens, comandos dirigidos ao comportamento humano intersubjetivo. É a função linguística predominante nas proposições jurídico-positivas, que se direciona às condutas intersubjetivas para alterá-las, como enfatizado por Lourival Vilanova:[4] *"Altera-se o mundo físico mediante o trabalho e a tecnologia, que o potencia em resultados. E altera-se o mundo social mediante a linguagem das normas, uma classe da qual é a linguagem das normas do Direito"*.

Essa função do direito, consistente em disciplinar as condutas intersubjetivas para realizar os valores desejados pela sociedade, só pode ser implementada mediante a expedição

---

3. FOUREZ, Gérard. *A construção das ciências*. Tradução de João Duarte. Lisboa: Instituto Piaget, 2002, p. 114.

4. VILANOVA, Lourival. *As estruturas lógicas e o sistema do direito positivo*. São Paulo: Max Limonad, 1997, p. 3-4.

de enunciados prescritivos que, tomados em sua estrutura lógica, desencadeiem um juízo hipotético-condicional, enlaçando, no consequente, dois sujeitos de direito, e que sejam introduzidos no ordenamento mediante veículo apropriado.

Nesse contexto, pretendemos examinar a relação intrínseca entre os fatos constituídos na órbita jurídica, mais especificamente o reconhecimento da ilicitude da prova na esfera penal e seus efeitos na constituição fática e relacional tributária.

1. Da configuração de "prova ilícita"

Conforme já tivemos oportunidade de sustentar em obra específica sobre o tema, o termo prova é um termo revestido do problema semântico da ambiguidade (processo/produto), podendo conotar tanto a sequência de atos mediante os quais se opera o relato probatório, como também o resultado desse processo:

> *Prova* é palavra que padece do problema semântico da ambiguidade processo/produto, designando tanto a sequência de atos mediante os quais se opera o relato probatório como o resultado desse processo. Indica, simultaneamente, a tomada do depoimento testemunhal e o testemunho reduzido a termo, expresso em base documental. *Prova* pode ser considerada o processo de determinação do fato (um ou mais fatos jurídicos em sentido amplo, direcionados a certificar um fato jurídico em sentido estrito, como é o caso do fato jurídico tributário), mas é também entendida como o produto desse processo, ou seja, o próprio fato jurídico em sentido amplo.
>
> Não podemos esquecer que provar significa enunciar um fato, constituindo-o na realidade jurídica. Esse processo probatório há de seguir, necessariamente, o trâmite legalmente prescrito, que denominamos *procedimento organizacional da prova*, composto pelo conjunto de regras que regulam a admissão, produção e valoração dos elementos levados aos autos, determinando o transcurso probatório. A missão das normas procedimentais é exatamente estabelecer as ações necessárias para que o ato de fala produza um enunciado probatório. Só se tem enunciação produtora de provas se admitida pelo sistema jurídico, mediante as normas de procedimento: normas de competência que determinam como deve dar-se a produção da prova. Apresentam-se

> como regras sintáticas, tal como sua gramática, que prescrevem o modo como hão de agir os sujeitos para obter o enunciado probatório, estabelecendo a forma organizacional de seus atos.[5]

Nesse sentido, a prova pode ser compreendida como o processo de enunciação do fato jurídico que se pretende provar (prova-processo), assim como pode ser compreendida como sendo este fato jurídico em si (prova-produto).

Enquanto processo (prova-processo), a prova será compreendida como o conjunto de normas que disciplinará os procedimentos necessários para que dado fato jurídico seja constituído, isto é, para que dado fato ingresse no mundo jurídico. Neste sentido, as lições de Paulo de Barros Carvalho:

> Se os fatos são entidades linguísticas, com pretensão veritativa, entendida esta cláusula como a utilização de uma linguagem competente para provocar o consenso (Habermas), *os fatos jurídicos serão aqueles enunciados que puderem sustentar-se em face das provas em direito admitidas*. Aqui, no hemisfério do direito, usar competentemente a linguagem significa manipular de maneira adequada os seus signos e, em especial, a simbologia que diz respeito às provas, isto é, às técnicas que o direito positivo elegeu para articular os enunciados fácticos com que opera. De ver está que o discurso prescritivo do direito posto indica, fato por fato, os instrumentos credenciados para constituí-los, de tal sorte que os acontecimentos do mundo social que não puderem ser relatados com tais ferramentas de linguagem não ingressam nos domínios do jurídico, por mais evidentes que sejam. O sistema do direito positivo estabelece regras estruturais para organizar como fatos as situações existenciais que julga relevantes. Cria, com isso, objetivações mediante um sistema articulado de símbolos que vão orientar os destinatários quanto ao reconhecimento daquelas ocorrências.[6]

Assim, a legalidade da prova também poderá ser analisada por perspectivas distintas, isto é, tanto da perspectiva da

5. TOMÉ, Fabiana Del Padre. *A prova no direito tributário*. 4. ed. São Paulo: Noeses, 2016, p. 78-79.

6. CARVALHO, Paulo de Barros. *Direito tributário: fundamentos jurídicos da incidência*. 10. ed. São Paulo: Saraiva, 2015, p. 157-158.

prova-produto como da perspectiva da prova-processo. Em outras palavras, não bastará que a prova-produto atenda aos preceitos da legalidade, ao passo em que o intérprete também deverá se atentar para que os procedimentos para produzir esta prova também obedeçam aos ditames legais.

Diante dessa premissa, alguns juristas classificam as provas como ilícitas ou ilegítimas, ambas espécies do gênero provas ilegais, aquelas primeiras traduzindo-se como ilegalidades de cunho processual, enquanto as segundas se refeririam às ilegalidades de caráter material. São essas as lições de Fábio Aguiar Munhoz Soares e Alexandre de Moraes, respectivamente:

> Quanto às provas não permitidas, deve-se atentar à sua natureza: se exclusivamente processual ou substancial, voltada à finalidade e lógica do processo, ou se advém a vedação em vista de violação de direitos reconhecidos do indivíduo, independentemente dos fins processuais. No primeiro caso, temos as chamadas provas ilegítimas e, no segundo caso, as provas ilícitas.
>
> [...]
>
> Ambas as modalidades se constituem em espécie de provas ilegais, já que toda prova ilícita ou ilegítima é ilegal por atentar contra a ordem legal ou constitucional.[7]
>
> As provas ilícitas não se confundem com as provas ilegais e as ilegítimas. Enquanto, conforme já analisado, as provas ilícitas são aquelas obtidas com infringência ao direito material, as provas ilegítimas são as obtidas com desrespeito ao direito processual. Por sua vez, as provas ilegais seriam o gênero do qual as espécies são as provas ilícitas e as ilegítimas, pois configuram-se pela obtenção com violação de natureza material ou processual ao ordenamento jurídico.[8]

Em ambos os casos, porém, tem-se violação a disposições legais, maculando a prova. Por isso mesmo, adotamos a classificação de Cândido Rangel Dinamarco, para quem prova

7. SOARES, Fábio Aguiar Munhoz. *Prova ilícita no processo: de acordo com a nova reforma do Código de Processo Penal.* 1. ed. (2009). 1. reimp. Curitiba: Juruá, 2011, p. 50.

8. MORAES, Alexandre de. *Direito constitucional.* 27. ed. São Paulo: Atlas, 2011, p. 117.

ilícita configura gênero que abrange as ilegalidades de ambas as espécies (natureza material e processual). Segundo o autor, "*provas ilícitas são as demonstrações de fatos obtidas por modos contrários ao direito, quer no tocante às fontes de prova, quer quanto aos meios probatórios.*"[9]

Parece-nos ser essa a melhor posição que reflete o enunciado prescritivo veiculado pelo legislador constitucional no bojo do art. 5º, inc. LVI, da Constituição, nos termos do qual "*são inadmissíveis, no processo, as provas obtidas por meios ilícitos*".

Ilícitas, portanto, são as provas produzidas em inobservância a prescrições legais.

2. Prova obtida por meio ilícito

A caracterização da prova depende dos métodos reconhecidos pelo respectivo sistema. Para ingressar no ordenamento jurídico, um fato qualquer (social, econômico, político etc.) passa por uma espécie de *filtro*, que seleciona quais propriedades entram e quais ficam de fora daquele conjunto. São as exigências do sistema autopoiético, conferindo, por esse meio, certeza e segurança jurídica.

Em nome desses valores superiores, muitos fatos sociais não deixam de caracterizar-se como eventos em relação ao sistema do direito. É o que acontece com as provas constituídas com violação às normas vigentes. Ao estabelecer os critérios de seleção de elementos, o direito positivo brasileiro nega reconhecimento às provas obtidas ilicitamente (art. 5º, LVI, da CF/88). A ilicitude não é qualificativo da prova, mas do meio pelo qual esta foi produzida ou do modo de sua utilização. Esse caráter não recai sobre o conteúdo veiculado no documento probatório, mas sobre outro fato, relatado no antecedente da norma geral e concreta que configura o instrumento introdutor da prova. Trata-se de vício na enunciação

---

9. DINAMARCO, Cândido Rangel. *Instituições de direito processual civil.* v. III. São Paulo: Malheiros Editores, 2002, p. 50.

e, por conseguinte, nas marcas por esta deixada (enunciação-enunciada), devendo ser rejeitada a prova cujo processo de produção tenha desrespeitado determinação legal.

A proibição da prova[10] obtida ilicitamente implementa o princípio da segurança jurídica, reforçando nossa argumentação no sentido de que a única verdade buscada nos autos processuais, sejam eles judiciais, sejam administrativos, é a verdade lógica. Ademais, conferir efeitos jurídicos a provas produzidas ou utilizadas de modo ilícito implicaria ignorar não apenas prescrições legais ordinárias, mas, principalmente, direitos individuais assegurados pela Constituição. É o Texto Magno a medida e o limite seguro para a produção e apreciação probatória, devendo ser afastada a prova colhida com infringência a direito de caráter constitucional.

Cândido Rangel Dinamarco[11] critica essa opção radical do constituinte, a qual, segundo seu entendimento, acaba por *"exigir que o juiz finja não conhecer de fatos seguramente comprovados, só por causa da origem da prova: a parte, que nem sempre será o sujeito responsável pela ilicitude [mas ainda quando o fosse], suportará invariavelmente essa restrição ao seu direito à prova, ao julgamento segundo a verdade e à tutela jurisdicional a que eventualmente tivesse direito"*. Não concordamos com tal posicionamento, pois é o próprio sistema do direito que determina como as realidades jurídicas serão constituídas. E, ao fazê-lo, exige que o relato dos fatos seja realizado de forma específica, com observância à legislação em vigor. Além de veiculada no corpo da Constituição, tal prescrição é repetida no Código Processual Civil (art. 369), que indica como meios de provas possíveis todos os que sejam legais e moralmente legítimos. Com tal imperativo, exclui a possibilidade de admitir provas ilicitamente produzidas.

10. Em termos mais rigorosos, poderíamos dizer que aquilo que é obtido ilicitamente e, por isso, não aceito nos autos, figura na condição de simples protoprova que, em virtude do vício de legalidade, não alcança o status de prova.

11. DINAMARCO, Cândido Rangel. *Instituições de direito processual civil.* v. III. São Paulo: Malheiros Editores, 2002, p. 50.

Considerando as diversas teorias concernentes ao assunto, Ada Pellegrini Grinover[12] também afasta o princípio da admissibilidade da prova realizada com ilicitude quando conjugada à punição do infrator pelo ilícito de direito material cometido. Isto porque, leciona a doutrinadora, *"a aceitarmos essa teoria, estaríamos até mesmo incentivando a prática de atos ilícitos pelos agentes públicos, que muito raramente incorrem em punições efetivas"*. Pondera, entretanto, que apenas violação a preceito constitucional macularia peremptoriamente a prova, de modo que, em relação à prova elaborada com infringência à lei ordinária, de caráter civil, penal ou administrativo, aplicar-se-ia o critério da proporcionalidade, conjugado ao princípio do *male captum bene retentum*, punindo-se o responsável pelo ato cometido. Conclusão desse jaez, conquanto possa atrair muitos adeptos, não encontra respaldo em nosso ordenamento. O Texto Magno não dá margem a exceções, sendo a *teoria dos frutos da árvore contaminada*, adotada pelo Supremo Tribunal Federal, decorrência direta das prescrições constitucionais.

Como leciona Marcelo Neves,[13] *"a vigência jurídica das expectativas normativas não é determinada imediatamente por interesses econômicos, critérios políticos, representações éticas, nem mesmo por proposições científicas", sendo dependente de "processos seletivos de filtragem conceitual no interior do sistema jurídico"*. O ordenamento brasileiro, ao inadmitir a utilização de provas obtidas ilicitamente, impede que os elementos probatórios assim produzidos passem por aquele *filtro*, adentrando no sistema do direito posto. Eis o sistema jurídico assimilando os fatores do ambiente de acordo com seus próprios critérios.

Ressalte-se que há diversos posicionamentos doutrinários para classificação das chamadas "provas ilícitas" (que,

12. GRINOVER, Ada Pellegrini. *O processo em sua unidade*. Rio de Janeiro: Forense, 1980, p. 178.

13. NEVES, Marcelo. *A constitucionalização simbólica*. São Paulo: Acadêmica, 1994, p. 120-121.

como já dito, trata-se prova produzida por meio ilícito). A doutrina brasileira, em geral, desenvolve conceitos de "prova ilícita" com base no entendimento de que esta seria uma subespécie de prova ilegal, ao lado da prova ilegítima. Nesse sentido, tanto os atos ilícitos quanto os ilegítimos configuram uma ilegalidade e, por consequência, não pode ser permitida no processo uma prova obtida por meios ilegais. Segundo tal classificação, a prova será ilegal sempre que houver violação do ordenamento, quer sejam de natureza material ou meramente processual e, ao seu turno, será ilícita a prova quando sua proibição for de natureza material, vale dizer, quando for obtida ilicitamente, ao passo que as provas ilegítimas são aquelas obtidas com desrespeito ao direito processual. Segundo essa corrente doutrinária, trabalharíamos com o gênero "prova ilegal" e suas espécies: prova ilegítima e prova ilícita. A primeira seria conceituada como aquela colhida com violação a uma ou mais normas de direito processual, ou seja, durante o andamento de processos. Já a segunda seria a obtenção de prova com infração às normas ou princípios de direito material, em âmbito extraprocessual.

Entretanto, para outros doutrinadores, como Marinoni e Arenhart,[14] ilícita é a prova quando viola uma norma, seja de direito material, seja de direito processual. Propõe-se que a expressão "prova ilícita" seja entendida para designar uma violação às normas ou princípios, seja de ordem material ou processual. Isso porque a Constituição Federal brasileira, ao tratar da prova ilícita, não teria feito qualquer distinção entre violação de direitos materiais ou processuais. A inadmissibilidade de provas obtidas por meios ilícitos foi erigida à categoria constitucional.

Assim, como se percebe, não há um consenso sobre a terminologia do termo "prova ilícita". Uns o colocam como sinônimo de "prova proibida" ou "prova vedada", como se fosse o

14. MARINONI, Luiz Guilherme; ARENHART, Sérgio Cruz. *Manual do processo de conhecimento*. 5. ed., rev., atual. e ampl. São Paulo: R T, 2006, p. 325.

próprio gênero, enquanto outros o entendem como uma subespécie de prova ilegal, por exemplo.

Com o devido acato que merecem todos os posicionamentos acima comentados, entendemos ser a "prova ilícita" um único instituto, que abrange a produção probatória violadora de qualquer direito resguardado pelo ordenamento, seja no âmbito material ou processual. Não nos parece adequada a distinção da prova entre "ilícita" e "ilegítima". Muito embora a etimologia da palavra "ilícito" advenha do latim "illicitus" e signifique o que é contrário à lei ou moral, tecnicamente, ao campo do direito está reservada a observação do lícito e ilícito, enquanto à moral se encarregaria a análise da legitimidade ou não.

Considerando que o fechamento operacional do sistema do direito tem como ponto de partida o reconhecido de dois valores excludentes, interdefiníveis por negação em razão da conformidade com o próprio direito, tudo o que não esteja no campo do "lícito" encontra-se, portanto, no campo do "ilícito". Tal esquema binário encobre complexas estruturas lógicas, trabalhando o direito com determinados recortes do sistema social das comunicações que lhe são relevantes, atribuindo-lhes o código lícito ou ilícito e, já dentro do sistema jurídico, ocorre nova divisão que permite implementar o código, conectando as comunicações escolhidas e atribuindo-lhes sentido de acordo também com o código lícito ou ilícito. Nesse contexto é que os fatos sociais passam a integrar o sistema jurídico, surtindo os correspondentes efeitos.

3. Vedação, no âmbito tributário, de prova ilicitamente produzida

Estando veiculado na Constituição da República, o preceito que proíbe o emprego de provas obtidas por meios ilícitos estende-se por todo o ordenamento, não sendo necessária sua enunciação no âmbito infraconstitucional. Ao vedar o uso de provas ilicitamente produzidas, o constituinte referiu-se ao *processo*, de modo amplo, abrangendo, dessa forma, não apenas os processos judiciais, mas também os administrativos.[15]

A constituição jurídica dos fatos, dentre eles os fatos jurídicos tributários, encontra limites traçados pelo próprio ordenamento. Este não permite que, em nome da pretensão de provar determinados fatos, violem-se quaisquer direitos assegurados. É imperativo, por conseguinte, que as normas infraconstitucionais, ao disciplinarem a produção probatória, rejeitem aquelas modalidades de composição de provas que, de alguma forma, possam comprometer direitos relacionados com a liberdade e individualidade dos sujeitos. Eis, nas palavras de Maria Rita Ferragut,[16] "a segurança jurídica e o respeito aos direitos individuais, impondo limites ao conhecimento humano juridicamente relevante", evidenciando a dualidade entre mundo do *ser* e do *dever-ser*, entre o sistema social e o jurídico.

A regra impeditiva da adoção de medidas comprometedoras de direitos individuais, aplicada ao campo do direito tributário, não inviabiliza a atividade de fiscalização e arrecadação tributária, pois é excepcionada pela existência de prévia autorização do Poder Judiciário. Tendo este avaliado a pertinência da medida, sua proporcionalidade e necessidade para a preservação de interesse público maior, cabível a permissão para que se adote procedimento normalmente repudiado pelo ordenamento.

4. Da prova contaminada por derivação (teoria dos frutos da árvore envenenada)

A teoria dos frutos da árvore envenenada (*fruits of poisonous tree*) tem por objetivo disciplinar as consequências processuais da utilização de provas obtidas a partir de outra

15. No art. 5º, LV, do Texto Constitucional, há expressa referência a "processo judicial ou administrativo", confirmando não ter o constituinte realizado distinções entre ambos, para fins de aplicação dos princípios gerais do processo.

16. FERRAGUT, Maria Rita. *Presunções no direito tributário*. São Paulo: Dialética, 2001, p. 50.

considerada ilícita. No nosso ordenamento jurídico, provas derivadas de outras provas consideradas ilícitas são inadmissíveis, como forma de garantir proteção aos direitos fundamentais da ampla defesa e do contraditório. Em outras palavras, a prova que possua nexo de causalidade com a prova obtida por meios ilícitos não poderá ingressar nos autos do processo, sendo considerada igualmente ilícita, por derivação. Mas se tal prova puder ser obtida de outra forma ou não apresente causalidade com a originalmente ilícita, não há que se falar em inadmissibilidade de tal prova. Apesar de ser impossível negar, *a priori*, a inadmissibilidade de prova secundária por contaminação pela primária, como forma de garantir proteção aos direitos fundamentais dos cidadãos (teoria do fruto da árvore envenenada), há de se admitir, também, que essa teoria não é absoluta, comportando exceções.

Tais exceções, ou atenuantes, inspiradas no direito norte-americano, são: *limitação da fonte independente* e da *descoberta inevitável*. A limitação da fonte independente (*independent source doctrine*) evidencia que, caso seja demonstrado que a prova obtida por derivação de prova aparentemente ilícita em verdade desta não decorre, deve ser afastado o nexo de causalidade entre elas e, consequentemente, do próprio vício de nulidade por ilicitude. Nesses casos, com comprovação de fonte independente, a teoria dos frutos da árvore envenenada não tem aplicação.

Da mesma forma, estaria fora do alcance da teoria da ilicitude por derivação de prova ilícita, quando a descoberta da prova seja inevitável (*inevitable discovery doctrine*), ou seja, na eventualidade de ficar demonstrado que a prova ilícita produzida seria obtida de qualquer forma, afasta-se a contaminação por derivação imposta pela teoria dos frutos da árvore envenenada e a prova é lícita. Ou seja, uma vez comprovado que as provas consideradas "ilícitas" seriam descobertas inevitavelmente se continuássemos seguindo uma linha de investigação independente (que já existia quando da obtenção da prova), ela seria, em verdade, lícita.

Em tais casos, é necessária a comprovação dos pressupostos legais, não sendo possível aplicar referidas teorias com suporte em meras presunções. Assim, o fato de a autoridade fiscal ter o poder-dever de verificar os fatos praticados pelo contribuinte e examinar sua documentação não é suficiente para inferir-se a descoberta inevitável. Se seus procedimentos tiveram início em razão de prova ilícita, é absolutamente descabido presumir que a fiscalização seria desencadeada independentemente das circunstâncias ilegais que lhe deram ensejo.

Concluímos assim que, ainda que a produção das provas secundárias, em si, não tenha incorrido em ilegalidade, o fato de derivarem de provas e procedimentos ilícitos, também as contaminam de ilegalidade.

Esse fenômeno jurídico é explicado pela teoria do fruto da árvore envenenada (*"fruits of poisonous tree"*), elucidada pelos estudiosos do direito penal. Roque Jerônimo Andrade e Antônio Magalhães Gomes Filho, respectivamente, explicam que este fenômeno jurídico implica o reconhecimento da mácula de ilegalidade das provas secundárias que decorram de provas declaradamente ilegais:

> A ilicitude original da prova transmite-se, por repercussão, a outros dados probatórios que nela se apoiem, dela derivem ou nela encontrem o seu fundamento causal (na doutrina portuguesa: efeito à distância), contaminando outros elementos probatórios eventualmente coligidos, oriundos direta ou indiretamente de conduta inaceitável.[17]

> É impossível negar a priori a contaminação da prova secundária pela ilicitude inicial, não somente por um critério de causalidade, mas principalmente em razão da finalidade com que são estabelecidas as proibições em análise. De nada valeriam tais restrições à admissibilidade da prova se, por via derivada, informações colhidas a partir de uma violação ao ordenamento pudessem servir ao convencimento do juiz – nessa matéria importa ressaltar o elemento profilático, evitando-se condutas

---

17. ANDRADE, Roque Jeronimo. Flagrante preparado no âmbito das provas ilícitas. *Revista da Procuradoria Geral do Estado de São Paulo*, São Paulo, n. 49-50, p. 37-50, jan./dez. 1998, p. 46.

> atentatórias aos direitos fundamentais e à própria administração correta e leal da justiça penal.[18]

Em igual sentido, Ada Pellegrini e Torquato Avolio concluem, respectivamente, que as provas ilícitas por derivação também devem ser excluídas do processo, sob pena de violação a direitos fundamentais:

> Na posição mais sensível às garantias da pessoa humana, e consequentemente mais intransigente com os princípios e normas constitucionais, a ilicitude da obtenção da prova transmite-se às provas derivadas, que são, assim, igualmente banidas do processo.[19]
>
> Se a prova ilícita tomada por referência comprometer a proteção a valores fundamentais, como a vida, a integridade física, a privacidade ou a liberdade, essa ilicitude há de contaminar a prova dela referida, tornando-a ilícita por derivação, e, portanto, igualmente inadmissível no processo. Pouco importa, assim, que uma lei ordinária venha ou não a prever expressamente a cominação de inadmissibilidade ou nulidade das provas ilícitas por derivação, pois já estamos diante da ponte – antes extraída do sistema constitucional e ora inserida textualmente na Constituição – que possibilita deduzir a inadmissibilidade processual a partir da ilicitude material.[20]

Apesar de ser uma teoria originada no direito norte-americano, a teoria dos frutos da árvore envenenada foi internalizada ao direito nacional, posto que o Plenário do próprio Supremo Tribunal Federal a tem aplicado reiteradamente.[21]

---

18. GOMES FILHO, Antonio Magalhães. A inadmissibilidade das provas ilícitas no processo penal brasileiro. *Revista Brasileira de Ciências Criminais*. São Paulo, ano 18, n. 85, jul./ago. 2010, p. 403.

19. GRINOVER, Ada Pellegrini. A eficácia dos atos processuais à luz da Constituição Federal. *Revista da Procuradoria Geral do Estado de São Paulo*. São Paulo, n. 37, jun. 1992, p. 135.

20. AVOLIO, Luiz Francisco Torquato. *Provas ilícitas*: interceptações telefônicas, ambientais e gravações clandestinas. 6. ed. São Paulo: Ed. RT, 2015, p. 80.

21. STF - HC: 129646 SP 0005223-20.2015.1.00.0000, Relator: Celso de Mello, Data de Julgamento: 03.10.2020, Segunda Turma, Data de Publicação: 07.10.2020; STF - HC 72588, Rel. Min. Maurício Corrêa, julgamento: 12.06.1996, Tribunal Pleno, Publicação: 04.08.2000; STF – HC 73351, Rel. Min. Ilmar Galvão, Julgamento: 09.05.1996,

Dessa forma, na circunstância de as provas colhidas nos autos do processo administrativo serem decorrente de práticas consideradas ilícitas e, portanto, nulas no âmbito de ação penal, estas configuram provas ilícita por derivação e, desta forma, os atos administrativos que se suportam nessas provas ilícitas não se sustentam no ordenamento jurídico.

Em casos como esse, o STJ já se manifestou no sentido de que as provas que derivam de provas ilícitas também são pechadas de ilicitude:

> [...] 2. Se todas as provas que embasaram a denúncia derivaram da vistoria considerada ilegal, é de se reconhecer a imprestabilidade também destas, de acordo com a teoria dos frutos da árvore envenenada, trancando-se a ação penal instaurada. 3. Ordem concedida para determinar o trancamento da ação penal em apreço, sem prejuízo do oferecimento de nova denúncia com base em outras provas admitidas pelo ordenamento jurídico.[22]
>
> [...] 3. A teoria dos frutos da árvore envenenada, com previsão constitucional no art. 5º, LVI, da CF/1988, determina que as provas, ainda que lícitas, mas decorrentes de outras ilegais, assim consideradas pela obtenção em desacordo com as normas que asseguram a sua higidez, são consideradas com mácula e devem ser extirpadas do processo. 4. No caso, a indagação de testemunha acerca de prova considerada ilícita macula de ilegalidade o seu depoimento, de modo que deve ser assegurada a higidez de todo o acervo probatório, a fim de conferir a supracitada legitimidade de um eventual édito condenatório, em atenção às garantias de cunho constitucional.
>
> [...].[23]

Nem se alegue a independências entre as instâncias penal e cível/tributária para pretender a utilização das provas anuladas em processo penal. Sobre o assunto, convém recordar

---

Tribunal Pleno, Publicação: 19.03.1999.

22. STJ - HC: 392466 CE 2017/0058452-1, Relator: Ministro Sebastião Reis Júnior, Data de Julgamento: 12.12.2017, T6 - Sexta Turma, Data de Publicação: DJe 12.03.2018.

23. *STJ* - HC: 426421 SP 2017/0306664-2, Relator: Ministro Ribeiro Dantas, Data de Julgamento: 06/03/2018, T5 - Quinta Turma, Data de Publicação: DJe 12.03.2018.

que o ordenamento jurídico é uno e indecomponível, conforme nos ensina Paulo de Barros Carvalho:

> É nesse sentido que entrevemos a desvinculação do direito tributário com relação às demais construções do direito positivo, circunstância que lhe empresta, decididamente, traço particular e foros de autonomia, não científica, como de cotio se afirma, mas autonomia meramente didática, uma vez que o direito constitui sistema unitário e indecomponível, debaixo de qualquer pretexto, que não aquele que busca meios e formas de expor a arquitetura de seus institutos, segundo métodos adequados de compreensão.[24]

Nessa senda, a ramificação do direito em searas se deflagra como prerrogativa da ciência do direito, a qual visa a facilitar o estudo e a compreensão deste sistema linguístico normativo, o que não lhe retira o caráter unitário.

Tratando-se de sistema unitário e indecomponível, a realidade jurídica constituída no âmago desse sistema deve ser igualmente una. Ou seja, não se pode admitir que o STJ declare a ilicitude das provas colhidas nos autos da ação penal e, paralelamente, estas sejam admitidas para fins de constituição de créditos tributário, sob o argumento de independência das instâncias.

Pautando-se o ato administrativo em provas obtidas por meio do procedimento expurgado pelo juízo penal, a ilegalidade do referido ato administrativo se deflagrará como inafastável e, portanto, comprovada de plano.

Conclusões

Diante das premissas firmadas, concluímos que, se as provas que fundamentam a autuação fiscal tiverem sido, no âmbito de ação penal, declaradas como ilegais, então estas

---

24. CARVALHO, Paulo de Barros. *Curso de direito tributário*. 29 ed. São Paulo: Saraiva, 2018, p. 379.

não se prestam para fundamentar a constituição de créditos tributários.

Do mesmo modo, se o procedimento de fiscalização tiver sido deflagrado em virtude de prova posteriormente reconhecida em ação penal como ilícita, então, com fundamento na teoria dos frutos da árvore envenenada ("*fruits of poisonous tree*"), todo o processo administrativo deflagra-se como ilícito por derivação.

Sendo as provas anuladas por decisão proferida em ação penal, o argumento de independência entre as instâncias não pode ser utilizado para convalidar os atos administrativos tributários que se fundamentaram em tais provas ilícitas.

Por fim, o fato de a autoridade fiscal ter o poder-dever de verificar os fatos praticados pelo contribuinte e examinar sua documentação não é suficiente para inferir-se a descoberta inevitável. Se os procedimentos fiscalizatórios tiveram início em razão de prova ilícita, é absolutamente descabido presumir que a fiscalização seria desencadeada independentemente das circunstâncias ilegais que lhe deram ensejo.

Referências

ANDRADE, Roque Jeronimo. Flagrante preparado no âmbito das provas ilícitas. *Revista da Procuradoria Geral do Estado de São Paulo*, São Paulo, n. 49-50, p. 37-50, jan./dez. 1998.

AVOLIO, Luiz Francisco Torquato. *Provas ilícitas*: interceptações telefônicas, ambientais e gravações clandestinas. 6. ed. São Paulo: Ed. RT, 2015.

BARRETO, Paulo Ayres. *Planejamento tributário:* limites normativos. São Paulo: Noeses, 2016.

CARVALHO, Paulo de Barros. *Direito tributário:* fundamentos jurídicos da incidência. 10. ed. São Paulo: Saraiva, 2015.

_____. *Curso de direito tributário*, 29 ed. São Paulo: Saraiva, 2018.

DINAMARCO, Cândido Rangel. *Instituições de direito processual civil*. v. III. São Paulo: Malheiros Editores, 2002.

FERRAGUT, Maria Rita. *Presunções no direito tributário*. São Paulo: Dialética, 2001.

FOUREZ, Gérard. *A construção das ciências*. Tradução de João Duarte. Lisboa: Instituto Piaget, 2002.

GOMES FILHO, Antonio Magalhães. A inadmissibilidade das provas ilícitas no processo penal brasileiro. *Revista Brasileira de Ciências Criminais*. São Paulo, ano 18, n. 85, jul./ago. 2010.

GRINOVER, Ada Pellegrini. A eficácia dos atos processuais à luz da Constituição Federal. *Revista da Procuradoria Geral do Estado de São Paulo*. São Paulo, n. 37, jun. 1992.

_____. *O processo em sua unidade*. Rio de Janeiro: Forense, 1980.

MORAES, Alexandre de. *Direito constitucional*. 27. ed. São Paulo: Atlas, 2011.

NEVES, Marcelo. A constitucionalização simbólica. São Paulo: Acadêmica, 1994.

SOARES, Fábio Aguiar Munhoz. *Prova ilícita no processo: de acordo com a nova reforma do Código de Processo Penal*. 1. ed. (2009). 1. reimp. Curitiba: Juruá, 2011.

TOMÉ, Fabiana Del Padre. *A prova no direito tributário*. 4. ed. São Paulo: Noeses, 2016.

O FRACASSO DAS REFORMAS TRIBUTÁRIAS PÓS-1988 E A NECESSÁRIA REFORMA FINANCEIRA FEDERATIVA

Fernando Facury Scaff[1]

Sumário: I - Exposição do problema – II - Em busca de reforma tributária desde 1988 – III – As mais recentes propostas de reforma tributária – IV - A proposta de reforma financeira – V - Ajustes tributários infraconstitucionais a serem adotados de imediato – Conclusões – Referências.

I - Exposição do problema

01. Por qual motivo tem fracassado as diversas tentativas de se fazer uma reforma constitucional tributária no Brasil, desde a promulgação da Constituição de 1988?

O escopo deste trabalho é apresentar uma resposta à questão acima formulada, demonstrando as razões pelas quais se deve fazer alguma espécie de reforma *financeira* no Brasil, não *apenas tributária*. Para se chegar a esta resposta, será necessário (1) apresentar em rápidas linhas a trajetória

---

1. Professor Titular de Direito Financeiro da Universidade de São Paulo. Livre docente e Doutor em Direito pela USP. Advogado sócio do escritório Silveira, Athias, Soriano de Mello, Bentes Lobato & Scaff – Advogados.

financeira brasileira desde 1988, em especial após o plano real, (2) comentar as mais recentes propostas de reforma tributária em debate durante o governo Bolsonaro, (3) para então se chegar à análise dos motivos de seu insucesso, e apresentar para debate uma proposta de reforma *financeira*, que envolva aspectos da dívida, despesa e receita públicas, sendo que neste último item estará inserida a reforma tributária, e, (4) por fim, sugerir o que fazer nesse meio tempo sobre o impasse tributário presente na sociedade.

A ideia central do texto é que, sem negociar toda a dívida interfederativa, tornando pública e transparente sua dinâmica, inclusive quanto aos juros e prazos de pagamento, não haverá espaço para debater a questão dos gastos públicos.

As reformas tributárias apresentadas partem sempre do pressuposto do aumento de arrecadação, sem observar a necessária função estratégica que deve ter o sistema tributário, que deve ser voltado ao desenvolvimento sustentável do país, com pleno respeito aos objetivos traçados no art. 3º da Constituição, que se conjugam com os objetivos *ESG – Enviromental, Social and Governance*. Logo, para desconectar a reforma tributária da questão meramente arrecadatória, deve-se isolar uma das principais despesas de Estados e Municípios, que é o de sua dívida para com a União, concedendo-lhe um tratamento diferenciado de pagamento.

II - Em busca de reforma tributária desde 1988

02. O direito deve regular as relações sociais e estabelecer receitas para que o Estado desempenhe suas atividades, quaisquer que sejam os governos ao longo do tempo e do espaço geográfico (federalismo). Para tanto, deve-se analisar quais fontes de receita serão estabelecidas para que tal escopo seja atendido.

O sistema tributário brasileiro atual foi desenhado na década de 1960 do século passado, para uma sociedade bastante diferente daquela em que hoje se vive, seja em termos sociais, econômicos, de costumes, jurídicos, tecnológicos etc.

Os constituintes que gestaram a Carta de 1988 partiram do sistema existente e sobre ele fizeram pequenos ajustes, sendo um dos principais a extinção dos Impostos Únicos que antes existiam e foram incorporados ao ICMS, passando assim a tributar a circulação de energia elétrica, combustíveis, minerais e outros produtos essenciais que estavam submetidos àquela sistemática de tributação única. Com isso, o ICMS, de arrecadação estadual, passou a ser o tributo com maior arrecadação no país, e a autonomia federativa prevista em 1988 avançava.

03. Todavia, grassava, no Brasil, uma hiperinflação que só poderia ser debelada através de políticas adotadas pelo governo central, que depois de vários e sucessivos fracassos, mesmo anteriores a 1988, só vieram a ser bem-sucedidas em 1994, com o Plano Real, implementado na transição entre o governo Itamar e o de FHC.

É neste momento que se verifica um influxo no federalismo brasileiro, com a concentração de poderes financeiros na União, através de diversas medidas, dentre elas:

1) Ampliação desmesurada da arrecadação exclusiva na União, centrada nas *contribuições*, tributos não compartilhados, em detrimento das receitas compartilhadas com os Estados (Imposto de Renda e IPI): criação da CSLL; criação do IPMF e, após, da CPMF; aumento brutal da arrecadação do Pis e da Cofins e uso intensivo das CIDEs;

2) Criação da DRU – Desvinculação de Receitas da União, sob diversos nomes prévios, de modo a permitir que houvesse maior liberdade no uso dos recursos federais, sendo que grande parte deles foi utilizado para pagamento da dívida pública;

3) Aprovação da Lei 9.496/97, que estabeleceu critérios para a consolidação, assunção e refinanciamento,

pela União, da dívida pública de responsabilidade dos Estados e do Distrito Federal que se pautava em três eixos principais: (i) arrocho das contas estaduais; (ii) venda de ativos e (iii) privatização dos bancos estaduais;

4) Aprovação do Programa de Incentivo à Redução do Setor Público Estadual na Atividade Bancária (PROES) entre 1996/97, pelo qual a União assumiu as dívidas dos bancos estaduais, sendo que, em contrapartida, os Estados ficariam responsáveis pela geração de superávit operacional para o pagamento dos juros, destinando parte de sua receita corrente líquida para o pagamento das parcelas junto à União;

5) Incremento do processo de privatização de empresas estatais estaduais, como as dos setores de telefonia e, principalmente, as distribuidoras de energia elétrica, obrigando os Estados a se desfazer de seu patrimônio, buscando gerar superávit primário para pagar o serviço da dívida com a União;

6) Criação do Fundo da Lei Kandir em 1996, pela Lei Complementar 87, tornando os Estados ainda mais dependentes, pois necessitavam negociar, periodicamente, o recebimento dessa verba com a União, o que engessou ainda mais a relação federativa;

7) Surgimento nesse meio tempo da primeira Comissão encarregada de propor uma *reforma tributária*, a *Comissão Ary Osvaldo Mattos Filho*, ainda sob o *governo Itamar*, sem que fosse aprovada;

8) Surgimento de outra Comissão nos *dois mandatos de FHC*, formalizada como uma Proposta de Emenda Constitucional, a PEC 175/95, igualmente sem sucesso.

O fato é que as propostas de reforma tributária não prosperaram e o desequilíbrio financeiro e também federativo se intensificaram, pois:

9) Outra proposta de reforma tributária foi apresentada durante o primeiro governo Lula, a PEC 41/2003 (EC 42 e 44/2003), que, igualmente, não suficiente para adequar o sistema;

10) Outro movimento de reforma tributária surgiu durante o segundo governo Lula, a PEC 223/2008, igualmente sem êxito;

11) Passou a ocorrer de forma intensiva o uso de isenções do IPI, tributo compartilhado, concedendo benefícios *como chapéu alheio*, o que impactou fortemente as transferências obrigatórias para os Estados;

12) Além disso, deve-se registrar que os *diversos contratos de refinanciamento dos empréstimos firmados entre os Estados e a União*, continham cláusulas leoninas e juros altos ao longo do tempo, o que gerou inadimplências, renegociações e judicialização. A lógica de tais empréstimos era pautada por uma ótica de direito privado, embora se trate de dívida entre entes públicos;

13) Diversas tentativas frustradas ocorreram para uma renegociação mais justa das dívidas entre Estados e União, como a Lei Complementar 148/2014, a Lei Complementar 156/2016, até se chegar à Lei Complementar 159/2017, que instituiu o Regime de Recuperação Fiscal, no qual já ingressou o Estado do Rio de Janeiro, e outros se encontram prestes a nele ingressar.

04. Como visto, ao longo desse período foram várias as tentativas de reformar o sistema tributário, pois, passo a passo: (1) tornou-se muito caro (2) e muito complexo, (3) com alta regressividade, pois se cobra mais de quem ganha menos, (4) gera problemas concorrenciais, fruto da guerra fiscal que remanesce, a despeito de equacionada em suas grandes linhas pela Lei Complementar 160/17, (5) não se encontra adaptado ao mundo digital, cada vez

mais presente nas relações econômicas, e (6) tornou-se obsoleto, em face dos sistemas tributários mundiais. Além de (7) ter sufocado os Estados e Municípios, tornando-os satélites financeiros a girar sob a órbita da União, *quase* autarquias federais.

Portanto, busca-se modificar o sistema tributário de modo a torná-lo (1) mais simples, (2) mais eficiente, (3) tornando-o fiscalmente mais justo, (4) adaptado aos sistemas mundiais, e também (5) à economia digital e cada vez mais globalizada, (6) com redução da carga tributária, ou, pelo menos, sua melhor distribuição na sociedade, e também (7) com respeito ao federalismo traçado na Carta de 1988.

O problema está nos detalhes, pois falta definir quem ganha e quem perde na reforma pretendida, pois são muitos os interesses envolvidos. Apenas exemplificando, e considerando tão somente três bases imponíveis: *renda, consumo e propriedade*, a reforma tributária que se pretende realizar deverá: (1) reduzir ou ampliar a carga tributária? (2) considerando que deverá haver redistribuição do ônus fiscal pela sociedade, quem pagará mais e quem pagará menos: rentistas, empresários, trabalhadores etc.? (3) a carga tributária será mais onerosa para quais setores econômicos: comércio, indústria, serviços em geral, serviços financeiros etc.? (4) Como ficará a questão da competência tributária entre os entes federados? (5) E como ficará o rateio federativo do que for arrecadado?

E tudo isso envolvendo um intenso jogo de poder entre Governadores *versus* Presidente, entre Executivo *versus* Legislativo, entre economistas *versus* juristas, entre os diversos setores públicos versus os setores privados, dentre muitas outras disputas.

As dificuldades são enormes e, além dos fracassos acima referidos, outras tentativas estão em curso, com iguais problemas para aprovação.

III – As mais recentes propostas de reforma tributária

05. O IPEA – Instituto de Pesquisas Econômicas Aplicadas apresentou uma proposta de reforma apenas da tributação *sobre o consumo*. Consiste, em linhas largas, na adoção de um IVA – Imposto sobre o Valor Agregado, de âmbito dual, isto é, de cobrança concomitante entre a União e os Estados. A União cobraria a CFC – Contribuição Especial sobre o Consumo, que equivaleria aos atuais Pis e Cofins; e os Estados cobrariam o IVV – Imposto sobre Vendas no Varejo (estadual e municipal).

06. O Sindifisco apresentou também uma proposta que batizou de *Reforma Solidária*, na qual propõe: (1) tributar mais a renda e o patrimônio, (2) tributar menos o consumo, (3) implementar o Imposto sobre Grandes Fortunas, previsto na Constituição e até hoje não efetivado, (4) desonerar a folha de salários e tributar as transações financeiras, (5) criar alguma espécie de tributação ambiental e (6) revisar a partilha dos tributos.

07. Um grupo de empresários, intitulados *Grupo Brasil 200*, propôs extinguir todos os tributos e cobrar um *imposto único, cumulativo*, incidindo sobre a movimentação financeira.

08. Foi apresentada uma Proposta de Emenda Constitucional – PEC 110/2019 do Senado Federal, que é um Projeto Substitutivo à PEC 293/2004, proposto pelo então deputado federal Luiz Carlos Hauly, que, em linhas gerais, consiste em: extinção de tributos, consolidando as bases tributáveis em dois novos impostos: (1) Imposto sobre Bens e Serviços (IBS), nos moldes de um IVA; e (2) um *Imposto Seletivo*, que seria um imposto específico sobre alguns bens e serviços, dentre eles: combustíveis, cigarros, energia elétrica, telecomunicações, automóveis, bebidas alcoólicas e não alcoólicas – uma espécie de *excise tax* com função arrecadatória.

O IBS, imposto sobre o consumo, teria as seguintes características: (1) arrecadação estadual (com rateio municipal), embora a legislação fosse federal; (2) criação de um *superfisco nacional*, unificando todos os níveis federativos; (3) seria adotado o *princípio do destino* na tributação; (4) as alíquotas seriam homogêneas em todo o país; (5) haveria completa vedação de incentivos fiscais; (6) e haveria um benefício para a baixa renda através de gastos públicos, e não pela redução da receita. É também prevista (7) a autorização para criação de um *adicional* do IBS para financiar a previdência social;

Ao lado disso, também propõe: (1) extinção da CSLL, sendo sua base incorporada ao IRPJ; (2) transferência do ITCMD da competência estadual para a federal, com a arrecadação integralmente destinada aos Municípios; (3) ampliação da base de incidência do IPVA para incluir aeronaves e embarcações, com a arrecadação integralmente destinada aos Municípios; e a (4) criação de fundos estadual e municipal para reduzir a disparidade da receita *per capita* entre os Estados e Municípios, com recursos destinados a investimentos em infraestrutura.

09. Tramita também a Proposta de Emenda Constitucional PEC 45/2019, na *Câmara dos Deputados*, exclusivamente sobre a tributação do consumo, decorrente de um projeto formulado pelo Centro de Cidadania Fiscal, tendo à frente o economista Bernard Appy, e proposto pelo Deputado Federal Baleia Rossi (PMDB-SP).

A PEC 45 também cria e extingue tributos, centradamente sobre o consumo, substituindo IPI, PIS, Cofins, CIDE, ICMS e ISS pelo Imposto sobre Bens e Consumo – IBS, (1) arrecadado pela União, e (2) com o produto compartilhado entre União, Estados e Municípios. O IBS teria (3) alíquota única, sem seletividade, (4) haveria vedação de concessão de incentivos fiscais, (5) benefícios para pessoas com baixa renda ocorreria através de despesa pública e não de alíquotas diferenciadas, e (6) seria também criado um *Imposto Seletivo*, apenas com função *extrafiscal*, não arrecadatória, para desestimular o consumo de certos bens e serviços (cigarros, bebidas alcoólicas etc.).

10. Em razão de estas duas PECs, a 110 e a 45, se constituírem em algo mais do que uma *proposta*, mas em um *projeto normativo*, em debate no Congresso, é necessário comentar alguns aspectos de ambas que, em linhas gerais, muito se parecem.

A unificação de tributos pode até simplificar, mas não torna o sistema de tributação sobre o consumo nem mais *justo* e nem menos *regressivo*. Em muitas situações pode ocasionar apenas a mudança de nomenclatura e aumentar a complexidade – vide o que ocorreu com a incorporação dos Impostos Únicos pelo ICMS em 1988, que tornou esse tributo muito mais complexo, ao invés de simplificar o sistema.

Em nenhuma das PECs se tem a exata dimensão sobre a carga tributária, se *aumentará* ou *diminuirá*. Tudo indica que aumentará, a despeito das insistentes negativas governamentais. Se aumentar, haverá maior sufoco na sociedade; se diminuir, sem que se reduza a despesa, haverá o risco de aumento do endividamento público.

É sabido, contudo, que haverá brutal aumento de carga tributária para certos segmentos, como por exemplo, no *setor de serviços*, que engloba atividades como *educação e saúde*. O setor de serviços usa intensivamente mão de obra, que não gera créditos, havendo risco de aumento de desemprego, sem a possibilidade de repasse em cadeia. Uma *alternativa para debate* seria estabelecer desde logo a possibilidade de adoção de um sistema de *crédito presumido* para todas as empresas que utilizem mão de obra intensiva.

De outra banda, observa-se que a PEC 45, ao deslocar a arrecadação dos Estados, concentrando-a na União, violaria a cláusula pétrea do federalismo (art. 60, §4º, I, CF)? A jurisprudência do STF não enfrentou diretamente a questão, só de forma lateral até aqui.[2] E, independente disso, é interessante

2. O federalismo é um dos "pilares da autonomia dos entes políticos" (STF, RE 591.033, Min. Ellen Gracie). E também "consagram a fórmula de divisão de centros de poder em um Estado de Direito" (STF, ADI 4228, Min. Alexandre de Moraes). Além

para nosso país ter maior concentração de poder financeiro nos Estados ou na União? Entende-se que o fracionamento do poder financeiro é a melhor conduta.

A uniformidade de alíquotas pode gerar problemas em face das peculiaridades regionais ou de cada segmento econômico, impedindo que produtos de primeira necessidade sejam menos onerados pela carga tributária. Do feijão ao avião haverá a mesma tributação sobre o consumo, o que não é adequado. O uso de 04 ou 05 faixas de alíquotas seria uma alternativa a ser considerada.

Ademais, a PEC prevê uma longa transição com a convivência dos dois sistemas tributários sobre o consumo, que em alguns casos pode chegar a 10 anos, o que pode estimular modificação normativa futura de modo a manter os dois coexistindo de forma perene – o que é um risco e acresce complexidade ao sistema, pois, ao longo de 10 anos, a vida das empresas tornar-se-á um *inferno*, tendo que conviver com o sistema atual e o que estiver em implantação gradual.

Além disso, a criação do *Superfisco Nacional*, que terá que ser implantado abrangendo as atuais máquinas arrecadatórias da União, Estados e Municípios, acarretará problemas práticos de elevada monta, por exemplo, para a obtenção de Certidão Negativa de Débitos. Sem falar nos aspectos processuais, absolutamente silenciados – haverá centralização do processo fiscal, administrativo e judicial?

Sobre a alegada *segurança jurídica* que a adoção do IBS traria, constata-se que não basta a aprovação da reforma constitucional, sendo necessária a aprovação de leis complementares, leis ordinárias, decretos, portarias, circulares, instruções normativas, formulários etc., para sua efetivação, o que demandará tempo para sua criação e sedimentação do entendimento sobre cada qual dos aspectos envolvidos. Logo,

---

disso, "não pode emenda constitucional suspendê-la[s] ou afastá-la[s], porque, se o fizer, ofenderá o pacto federativo, enfraquecendo-o, pelo que é tendente a aboli-lo" (STF, ADI-MC 926-5, voto do Ministro Carlos Velloso, Tribunal Pleno, DJ 06.05.1994).

é bastante concreta a possibilidade de surgirem *dúvidas e ampla judicialização* em face da vasta gama de novos conceitos jurídicos a serem alterados em todo esse conjunto normativo.

Outro aspecto silente é sobre o *que será feito com os créditos atualmente existentes dos contribuintes contra os Fiscos*? Será reconhecido o direito de compensar os créditos de ICMS contra o futuro IBS? Esse valor será convertido em precatórios? Não foi dita nenhuma palavra a respeito desse importante aspecto, sendo necessário regular isso nos referidos projetos.

E como ficarão as empresas de pequeno porte que possuem comando constitucional para receber tratamento favorecido (art. 170, IX)? O *Simples* passará a ser um regime tributário favorecido apenas para fins de Imposto sobre a Renda, uma vez que o IBS possui alíquota única?

Outra dúvida: como ficará a *Zona Franca de Manaus, que possui previsão constitucional de tratamento diferenciado até o ano de 2073* (art. 92-A, ADCT)? Com a unificação de tributos proposta pelo IBS sua vantagem competitiva se restringirá ao Imposto sobre a Renda? É realmente essa a intenção? Seguramente haverá judicialização da matéria.

11. Embora as PECs 45 e 110 não tenham sido formalmente propostas pelo governo Bolsonaro, obtiveram seu apoio explícito durante seu trâmite, devendo ser unificadas em um projeto único, em algum momento dentro do Congresso Nacional, para facilitar sua votação.

No âmbito dos tributos federais, o Ministro da Economia, Paulo Guedes, previa quatro fases. A primeira (1) tem 54 páginas de mudanças normativas, sem considerar a exposição de motivos, e tramita em regime de urgência como PL 3.887, visando a unificar o Pis e a Cofins sob o nome de CBS – Contribuição sobre operações com Bens e Serviços, e a segunda (2) é a reforma do IRPF e IRPJ, com tributação de dividendos, que é o PL 2.337, que possui 40 páginas, sem contar a exposição de motivos. As demais, a serem apresentadas, são: (3) a reforma do IPI, transformando-o em um imposto seletivo, e (4) a desoneração da folha de salários, com a criação de um tributo sobre transações, à semelhança da CPMF. Essas propostas de alteração da *legislação* devem ser acopladas às propostas de alteração da *Constituição* já em curso no Congresso (PEC 45 e PEC 110), embora a tramitação legislativa de cada qual seja diferente.

12. Deve-se iniciar a análise pelo PL 3887, que visa à unificação do Pis e da Cofins. O intuito é comentar seus principais pontos positivos e negativos. Os pontos positivos são claríssimos e de fácil percepção em face do pandemônio tributário em que vivemos. Visa a simplificar o sistema acabando com vários formulários desnecessários (obrigações acessórias) e unificar as duas contribuições que, na prática, são superpostas.

A proposta, porém, é mais ambiciosa, pois, além de unificar, visa a *reformar* o sistema criando as bases de um IVA – Imposto sobre o Valor Agregado nacional, ao qual deverão ser futuramente somados o ICMS (estadual) e o ISS (municipal). Para isso, *alega-se* que (1) toda aquisição de bens e serviços gerará crédito a ser compensado, e que (2) não haverá aumento de carga tributária, a despeito de ser proposta uma alíquota de 12%.

Os pontos negativos são vários, mas comentar-se-á apenas três, que possuem mais destaque, e que, de certa maneira, *estão entrelaçados*: (1) o *timing*, (2) a alíquota proposta e (3) o sistema de compensação de créditos.

Primeiro, sobre o *timing*. Encontramo-nos em plena crise econômica decorrente da pandemia sanitária. Isso dificulta fortemente os debates, que estão sendo realizados no Congresso Nacional através de sistema *on-line*, e não presenciais. Nesse sentido, há receio que qualquer proposta no âmbito tributário aponte para maior carga tributária do que seria adequado para o desenvolvimento econômico.

Para ultrapassar a presente crise, que é distinta de todas as anteriores, o correto seria olhar para a solução adotada pela União Europeia, que criou um Fundo no valor de 750 bilhões de euros, fruto de *endividamento*, para soerguer a atividade econômica daqueles países confederados a ser pago em 30 *anos*.[3] No Brasil, estamos buscando uma saída que possibilita o aumento da carga tributária imediato (prazo de seis *meses*), gerando *insegurança jurídica e econômica*, o que *espanta* os investimentos. Seria melhor adotar a alternativa europeia, e a União se endividar e organizar um plano de recuperação da economia, apoiando empresas e combatendo o desemprego, de forma *federativamente* organizada.

Quem sabe se, em vez das 54 páginas de projeto de lei visando à *reforma* do sistema, não fosse melhor apenas umas poucas páginas para *unificação* do Pis e da Cofins, limpando os excessos? A segurança jurídica sairia fortalecida.

Segundo, sobre a *alíquota*. A proposta apresentada unifica duas contribuições que, somadas, possuem *hoje* duas alíquotas básicas: 3,65% para a incidência *cumulativa*, e 9,25% para a incidência *não cumulativa*. A alíquota proposta é única, de 12%. Só isso já aponta para dois fatos: (1) haverá aumento da carga tributária, pois a alíquota de 3,65% desaparecerá, e (2) a nova alíquota sugerida *empurra* o problema para Estados e Municípios, pois invade seu espaço de tributação, uma vez que estes deverão *encolher* suas alíquotas para se chegar a algum valor adequado para o futuro IVA, que comporá a tributação integral *sobre o consumo*.

A equipe tributária do Ministro Guedes aponta para dois aspectos acerca desse ponto: que a alíquota será *por fora*, e não como é hoje, *por dentro*, e que toda aquisição de insumos gerará crédito.

Observe-se o primeiro argumento. Não foi apresentada a fórmula financeira que comprove o alegado. Como uma alíquota de 9,25%, por dentro equivale a 12% *por fora*? Seria importante que essa comprovação *técnica* aflorasse para poder comprovar a alegação. Cálculos simples não apontam para

---

3. Conselho Europeu extraordinário, 17–21 de julho de 2020. Disponível em: https://bit.ly/39uCS76Acesso em: 09 jul. 2021.

isso, considerando ainda que o sistema *"por fora" não significa* a adoção do sistema norte-americano, mas o afastamento da superposição de bases de cálculo. Até prova técnica em contrário, a alíquota está majorada – sem considerar a questão da extinção do regime cumulativo, com alíquota atual de 3,65%.

Terceiro ponto, a questão do *amplo creditamento na compra de insumos*. Este é o argumento principal para se alegar que não haverá aumento de carga tributária – o que não condiz com o que se verifica em concreto. Registre-se que a própria equipe tributária vem variando o discurso. Inicialmente dizia-se, de forma peremptória, que não haveria aumento de carga tributária, e que o setor de serviços "não entendeu como funciona o imposto",[4] para, após, dizer que "não existe em lugar nenhum do mundo reforma tributária nula", o que é completamente diferente, pois, o "nula" aponta para a macroeconomia, afirmando que alguns ganharão e outros perderão[5] – o que está correto.

Já está identificado quem vai perder: o setor de serviços. O aumento da carga tributária será brutal. Isso foi bem apontado pelo economista e Presidente do Insper, Marcos Lisboa. O exemplo dele é didático. Olha para um escritório de advocacia que presta serviços no valor de R$ 100, e após recolher PIS e Cofins, fica com pouco mais de R$ 96. Depois da reforma, com o tributo a 12%, o serviço passará a custar R$ 112, e "o desembolso da empresa contratante continuará sendo de R$100, pois poderá descontar R$ 12 dos seus tributos devidos". Nesse caso, "o escritório vai receber R$ 112, irá recolher R$ 12 ao Fisco e ficará com R$ 100, mais do que ganha atualmente". E arremata, "aparentemente, há advogados que não entendem como funciona o IVA, imposto adotado em mais de 160 países".[6]

4. Jornal *O Estado de São Paulo*, edição de 23/07/20, entrevista com Vanessa Rahal Canado, *'Setor de serviços não entendeu, mas será beneficiado', diz economista*. Disponível em: https://bit.ly/3AMbuO1 Acesso em: 10 jul. 2021.

5. Jornal *Valor Econômico*, edição de 24/07/20. Muitos setores se beneficiam com a reforma, afirma Tostes. Disponível em: https://glo.bo/3zuGz7b Acesso em: 09 jul. 2021.

6. Jornal *Folha de São Paulo*. Brasil imaginário. Alguns mitos sobre a reforma tributá-

Como disse, o exemplo é didático – porém esconde diversos aspectos em sua simplicidade e na *soberba* ao afirmar a *ignorância* de advogados. Desloquemos o olhar para o setor de educação. Será que o Insper, qualificada instituição de ensino superior presidida pelo economista Marcos Lisboa, conseguirá transferir o acréscimo de 12% do novo tributo para as mensalidades escolares aos alunos? Os alunos aceitarão o aumento do *preço*?

O que está *oculto* no exemplo é que o setor de serviços não trabalha apenas para empresas, que tomarão esse crédito. E ainda, nem todas aceitarão o aumento de preços. E se aceitarem, isso tem nítida conotação inflacionária.

O fato é que o setor de serviços, exatamente por prestar "*serviços*", não tem créditos a serem compensados. Olhemos para os escritórios de advocacia – o que se adquire para prestar serviços advocatícios? Papel, tinta, energia elétrica, água, aluguel, condomínio. Mesmo que tudo isso gere crédito, o que é duvidoso, ainda assim será grande o impacto fiscal, pois o principal insumo de qualquer prestador de serviços é a mão de obra – que não gerará crédito, segundo a proposta. Seguramente o Insper tem como principal custo os salários de seu qualificado corpo docente. Aqui está o problema.

Como solucioná-lo? Ou se utiliza para o setor de serviços a *mesma alíquota* proposta para o *setor financeiro*, de 5,8% (o que já representa aumento da carga tributária); ou se concede *crédito* (*pleno* ou *presumido*) para o custo de *mão de obra*, principal insumo do setor de serviços – e também do setor financeiro.

13. Observe-se agora o PL 2.337, que busca alterar as regras do imposto de renda para as pessoas físicas e jurídicas em nosso país, com o intuito de que, se aprovadas, passem a vigorar a partir de 01.01.2022.

O projeto altera alíquotas pontuais e prazos de pagamento de rendimentos de aplicações financeiras, dentre outras coisas. Serão analisados três pontos específicos, sem pretender

ria. Edição de 25/07/20. Disponível em: https://bit.ly/39t7xl9 Acesso em: 10 jul. 2021.

esgotar o assunto: (1) a ampliação da faixa de isenção dos rendimentos, que hoje é de R$ 1.903,98 e se propõe que passe a ser de R$ 2.500,00, proposta que *necessariamente* deve ser analisada em conjunto com a redução do desconto simplificado na declaração anual de rendimentos, cujo teto passa a ser de R$ 40 mil/anuais; (2) a possibilidade de antecipação da valorização imobiliária para fins de pagamento de IR sobre lucros de capital no percentual de 5%, e (3) a tributação de dividendos, isentos pela Lei 9.294/95, que se propõe passem a ser tributados na base de 20%, exceto quando recebidos de microempresas e de empresas de pequeno porte.

Primeiro: a ampliação da faixa de isenção para R$ 2.500,00 é positiva, porém se deve considerar que (1) o valor é inferior ao das perdas inflacionárias, e (2) é praticamente a metade do que o Presidente prometeu em sua campanha presidencial – nenhuma surpresa neste ponto, pois ele também havia prometido não se candidatar à reeleição e é candidatíssimo desde que assumiu.[7]

Ora, sendo positiva a ampliação da faixa de isenção, onde está o erro? Exatamente em seu contraponto, *a redução do desconto simplificado na declaração anual*. Vamos a um exemplo didático: consideremos um indivíduo que receba R$ 3.500,00 mensais de salário bruto, correspondente a R$ 42.000,00 anuais (sem considerar o 13º). Sob as regras *atuais*, teria cerca de R$ 6.000,00 de retenção na fonte, que seriam *devolvidos* quase na íntegra na Declaração de Ajuste anual. Nas regras *propostas*, não terá mais este desconto, *devendo pagar* Imposto de Renda no Ajuste anual. Logo, para esta faixa de renda haverá a mesma incidência de IR na Fonte, e não haverá restituição. Resultado: *aumento da carga tributária*.

Qual a implicação desses dois aspectos analisados em conjunto? Quem ganha menos terá a *sensação* de que terá mais algum dinheiro no bolso, pois o desconto mensal *na*

7. Bolsonaro diz que é contra a reeleição. Disponível em: https://bit.ly/3nViswr Acesso em: 22 set. 2021. Vide a partir do 0,35 segundo.

fonte poderá ser menor, mas, quando for fazer a Declaração de Ajuste anual, constatará que, *em vez de receber devolução será obrigado a pagar*. Em síntese, *o governo está propondo dar com uma mão e retirar com a outra*.

Isso aliviará *de imediato*, no *dia a dia*, o bolso dos trabalhadores que vivem com as menores faixas de renda, mas obrigará ao pagamento de Imposto de Renda ao final. Se aprovado o projeto, a folga mensal no bolso ocorrerá durante todo o ano *eleitoral* de 2022, mas o pagamento da diferença só acontecerá em 2023, quando a eleição já terá ocorrido.

Segundo: a possibilidade de antecipar o pagamento da valorização imobiliária, tributando-a em 5%, parece adequada, mas, a quem interessa? A ideia é simples. Quem adquiriu um imóvel e o viu ser valorizado ao longo do tempo poderá reavaliá-lo, pagando apenas 5% sobre essa valorização. Poderá também não o fazer, pagando 15% sobre a valorização ocorrida ao longo do período. Trata-se de medida de *planejamento tributário lícito* à disposição de todos os que decidirem antecipar esse pagamento (sob uma alíquota de 5%), para ficar com o valor de seus bens atualizados, afastando a alíquota de 15% sobre uma base de cálculo maior, pois desatualizada.

Os proprietários de imóveis agradecem esta oferta, que certamente acarretará grande arrecadação no primeiro semestre de 2022 – *período eleitoral*. Trata-se de medida que *sorri para o andar de cima de nossa pirâmide social*, e que acarretará dinheiro no caixa para as *eleições* de 2022, pois estes 5% serão pagos durante o ano eleitoral.

Terceiro: alega-se que a tributação de dividendos é justa, pois há tributação sobre a remuneração dos trabalhadores, mas ela não ocorre sobre os lucros distribuídos (dividendos) aos sócios/acionistas. É um bom argumento, mas que não se sustenta por alguns motivos no caso concreto: (1) a partir de 1994, quando foi isentada a distribuição de dividendos, a carga tributária brasileira era de 25% do PIB, hoje é de 33%, sendo que a carga tributária da União era de 19% e hoje é de 24%, e sua maior parte é sobre a receita bruta, isto é, sem que se verifique se houve ou não *lucro* - retornaremos à situação pré-1994, com o agravante de que hoje a carga tributária total é sensivelmente maior; além disso, (2) busca-se acabar com a *pejotização*, isto é, reduzir o número de pessoas físicas fantasiadas de pessoas jurídicas, porém a proposta, ao isentar quem recebe de microempresas e de empresas de pequeno porte (faturamento anual R$ 4,8 milhões) estimulará o fracionamento das médias empresas, criando ainda mais *pejotização*.

14. Enfim, deve-se ou não tributar a renda que é distribuída aos sócios ou acionistas, os chamados *dividendos*?

O fato é que, sobre este tema vem se instalando uma *estranha* controvérsia, pois a *esquerda* deseja tributar os dividendos, e a *extrema direita*, representada pelo governo Bolsonaro, até mesmo incluiu essa tributação no PL 2.337. O assim chamado *centro* (que nem sempre corresponde ao *Centrão*) aparenta reagir a mais este aumento da carga tributária.

O que está ocorrendo? Quem terá razão?

No Brasil, denomina-se de *imposto sobre a renda* uma multiplicidade de incidências, que, em alguns países são legislações distintas, divididas entre a tributação sobre a renda das corporações (nosso IRPJ) e a tributação sobre a renda das pessoas naturais (nosso IRPF). Além disso, existem receitas que são tributadas exclusivamente na fonte, regras próprias para a tributação dos ganhos de capital, receitas que são isentas e diversos tipos de reduções da base de cálculo.

De certa maneira isso forma um *sistema de tributação da renda*, e que *aparenta* uma enorme complexidade, mas que nem sempre está presente, pois algumas *válvulas de escape* foram criadas ao longo do tempo para que pequenas e médias empresas possam sobreviver. Daí porque existem pelo menos três diferentes formas de apuração do IRPJ: (1) tributação pelo *Simples*, (2) pelo sistema de *lucro presumido* e (3) através do *lucro real*. O fato é que os três sistemas estão sob ataque da Receita Federal,[8] além do que foi proposto pelo PL 2337/2021.

Em apertada síntese, o que se busca em todos esses sistemas é apurar o *lucro* das empresas, que decorre de uma apuração das receitas *menos* as despesas, considerados alguns *ajustes* contábeis, e tributá-lo ao final. Logo, neste ponto se identifica um aspecto de importância central, que é a busca da identificação do *lucro*, para que, sobre ele, incida o imposto sobre a renda das pessoas jurídicas (IRPJ).

É necessário desdobrar alguns pontos para a perfeita compreensão da questão central a ser abordada: a tributação dos dividendos.

Primeiro: só existe lucro a ser *distribuído* se a empresa tiver tido lucro – o que é óbvio. Se a empresa não tiver lucro, como distribuirá o que não tem? Portanto, tributação de *dividendos* (lucros *distribuídos*) parte do pressuposto da existência de lucro na empresa (lucros *auferidos*).

Segundo: é *formalmente* verdadeiro que os dividendos se constituem receita dos acionistas/sócios, e que isso muda a *caixinha de análise*, pois, se eles forem pessoas físicas (o que nem sempre ocorre, e complica ainda mais a proposta do governo Bolsonaro) sairemos da tributação das pessoas jurídicas (IRPJ) para a das pessoas físicas (IRPF). Essa é a explicação da Receita Federal quando diz que não se pode somar as alíquotas,[9] pois o projeto baixa em 5% as alíquotas do IRPJ (lucro *auferido* pelas empresas) e cria uma incidência de 20% sobre a distribuição dos dividendos, que é uma incidência sobre as pessoas físicas (IRPF).

---

8. *Receita diz haver distorções em Simples e MEI e vê necessidade de mudar regras.* Jornal Folha de SPaulo, edição de 07/07/21, disponível em https://bit.ly/3v3PEDp, última consulta em 11 jul. 2021.

9. Receita diz que é equivocado somar cobrança do IRPJ à alíquota que incidirá sobre dividendos. *Jornal Valor*, edição de 29/06/21. Disponível em: https://glo.bo/3kwu-Tg5Acesso em: 11 jul. 2021.

Terceiro: ocorre que a afirmação acima (2º ponto) é tão somente um jogo de palavras, pois se as empresas não tiverem *auferido* lucros, não haverá *distribuição* de lucros (1º ponto).

Logo, se o raciocínio até aqui apresentado estiver correto e fluido, passemos a outro ponto importantíssimo de análise.

Quarto: a tributação da renda das pessoas jurídicas no Brasil (IRPJ) tem dois componentes que devem ser destacados: (a) sua trajetória histórica, e (b) um *tributo esquisito*, que é o Pis/Cofins. Vamos a eles.

Pelo (a) *aspecto histórico* constata-se que existia IRPJ antes da Constituição de 1988. O que não existia eram duas figuras que distorcem e majoram essa incidência, tornando os cálculos meio *nublados*: (1) o *Adicional* do IRPJ (criado em dezembro de 1995 pela Lei 9.249/95), sem correção de seu valor desde 1996, o que prejudica os contribuintes, aumentando artificialmente a carga tributária, e (2) a CSLL – Contribuição Social dobre o Lucro Líquido (criada em dezembro de 1988 pela Lei 7.689), que, por ter sido batizada de *contribuição*, aumentou a receita da União sem compartilhá-la com os Estados e Municípios.

Observemos agora a (b) tributação pelo Pis/Cofins, tecendo apenas dois comentários. Identifica-se como (1) *esquisita* porque incide sobre a receita bruta das empresas. Ora, *receita bruta* corresponde a (praticamente) tudo que entra no caixa da empresa, seja através da emissão de *faturas*, seja a receita *financeira*. Pode-se afirmar, com alguma largueza conceitual, que *essa incidência é quase uma tributação sobre o consumo*, campo de incidência próprio dos Estados, através do ICMS. Isso tanto é verdadeiro, que as PECs 45 e 110, que visam a reformar o sistema de tributação do consumo em nosso país, incorporam o PIS/Cofins nessa incidência (proposta da IBS), o que também é alegado pela Receita Federal ao patrocinar a unificação desses dois tributos através do PL 3887/20 (proposta de CBS).

Observe-se que *o pagamento do Pis/Cofins ocorre antes mesmo da apuração do lucro*, o que também distorce o mecanismo de sua apuração, pois as empresas são tributadas pela *receita bruta*

– *o lucro só será apurado posteriormente*, e aí então se poderá constatar se a empresa teve ou não lucro no período.

Além do que foi exposto sobre o Pis/Cofins, deve-se ainda observar seu (2) aspecto *histórico*, pois ambos existiam antes de 1988. O Pis, criado pela Lei Complementar 7/70, era de 0,15% do faturamento das empresas, e o antecessor da Cofins, o Finsocial, foi instituído pelo Decreto-lei 1.940/82, era de 0,5% sobre o faturamento das empresas. Para tornar curta uma longa história, hoje a somatória de ambos incide na proporção de 3,65% sobre a receita bruta das empresas (quando estas não tomam créditos, isto é, pelo método da *cumulatividade*) ou na proporção de 9,25% sobre a receita bruta (sendo permitido o uso de *alguns* créditos, sob o método não *cumulativo*).

Alguém poderá indagar: e o que tudo isso tem a ver com a questão da tributação dos *dividendos, que são os lucros distribuídos*?

A resposta é simples: o Brasil optou pelo aumento da carga tributária das empresas sob duas modalidades: (1) *aumentando a tributação sobre a renda das pessoas jurídicas* através do (a) *Adicional* de Imposto de Renda e (b) da CSLL; e (2) aumentando a tributação sobre o consumo, através do Pis/Cofins, *pago antecipadamente à apuração do lucro das empresas*.

Logo, a *majoração da tributação do lucro das empresas* foi *compensada* com a *desoneração da tributação da distribuição dos lucros aos sócios/acionistas*.

E por qual motivo isso ocorreu? Porque facilita a arrecadação e simplifica todo o procedimento de apuração do lucro *distribuído*. Isso foi consolidado através da Lei 9.294, de 1995, que isentou a tributação de dividendos. Antes disso a fiscalização necessitava identificar mecanismos muito comuns de DDL – *Distribuição Disfarçada de Lucros*, verdadeiros desvios de arrecadação, pelos quais as empresas mascaravam a distribuição dos lucros, sem os oferecer à tributação. Exemplos: pagamento de planos de saúde ou aquisição de veículos para os sócios, sem que tais benefícios fossem oferecidos à tributação pelo IRPF.

A proposta atual, apresentada pelo governo Bolsonaro, de tributar os dividendos em 20%, fará com que esse tipo de análise fiscal volte a ser necessária, o que se evidencia no PL 2.337/2021, que traz incontáveis normas a respeito. Porém, isso será feito pelo sistema de inteligência artificial da Receita Federal? Dificilmente funcionará de modo adequado, sendo necessário um batalhão de servidores públicos para realizar esta tarefa a contento – e todos sabemos que o contingente de servidores da Receita Federal tem minguado ano a ano.

Para concluir, retorne-se à pergunta inicial deste tópico: deve-se ou não tributar a renda que é distribuída aos sócios ou acionistas, os chamados *dividendos*? Resposta: Sim e não.

Sim, desde que reduzida a carga tributária incidente sobre o *lucro auferido* pelas empresas, considerando todos esses *penduricalhos onerosos* referidos (Adicional de IR, CSLL e as incidências de Pis e Cofins), sem majorar a carga tributária total.

Não, pois o sistema atualmente vigente já tributa fortemente, de modo direto e indireto, o lucro *auferido* pelas empresas, descartando a análise dos lucros *distribuídos* aos sócios/acionistas. Recorde-se: só se distribui o que se tem, logo, a *distribuição* foi previamente tributada, pela carga atualmente aplicada aos lucros *auferidos* pelas empresas.

O que será injusto – e é o que pretende o governo Bolsonaro – é *manter a carga tributária sobre o lucro auferido pelas empresas* (IRPJ e penduricalhos), e ainda *criar nova incidência de 20% sobre a distribuição* desse lucro – sobre os dividendos (IRPF). Isso gerará um sem-número de problemas.

IV – A proposta de reforma financeira

15. Não restam dúvidas, é necessária uma reforma tributária com "R" maiúsculo, cujo principal escopo seja alavancar nosso desenvolvimento socioeconômico. O sistema atual, criado na década de 1960 do século passado rendeu bons

frutos, tanto que nos permitiu ser a 8ª maior economia do mundo até uns sete anos atrás porém, o modelo precisa de reformas, seja em razão de a economia ter se modificado substancialmente, seja pelos vários *remendos* que foram sendo feitos ao longo do tempo, sempre baseados na necessidade de tapar buracos na arrecadação.

A lógica de mudança de modelo deve ter por base alavancar nossa economia e não simplesmente arrecadar. Deve-se ter em mente os novos horizontes da economia digital e os objetivos ESG – Enviromental, Social and Governance, sigla que aponta para os novos desafios para o desenvolvimento socioeconômico, o que está alinhado com as diretrizes estabelecidas em nossa Constituição, como *objetivos fundamentais* (art. 3º), amparados nos *pilares* determinados pelo art. 1º. Assim, as bases tributárias *renda, patrimônio e consumo* devem estar delineadas para, com base nos *pilares*, se atingir tais *objetivos* constitucionais.

Ocorre que todas as propostas que foram apresentadas nas últimas décadas buscavam equacionar estas bases tributárias com os olhos voltados para aumentar a arrecadação – e isso, a despeito de necessário, é insuficiente.

O fato é que o Brasil é uma federação, e não está sendo fundado nos dias atuais – existe como país há mais de cinco séculos, e é formalmente independente há quase dois séculos. Nesse sentido, observando os problemas atuais, constata-se que não é suficiente reformar o sistema tributário, é necessário observar também um problema *silencioso*, mas extremamente importante, que diz respeito à dívida pública de Estados e Municípios com a União.

Se não for equacionada esta dívida pública, a questão tributária permanecerá com foco no aumento da arrecadação, sem que observe o necessário desenvolvimento socioeconômico.

O fato é que se insiste em reformar apenas o sistema tributário nacional, sem atentar para o desequilíbrio federativo ocasionado para o ajuste macroeconômico do país, em meados da década de 1990, e fortemente intensificado desde então. O que vem gerindo o país é a dívida pública, e não seus governantes. Estes atuam para pagar a dívida, e só governam com o que sobra de dinheiro após a quitação dessa dívida.

E, ainda mais, o problema da dívida interfederativa cria uma dificuldade adicional para a solução do problema tributário, pois, de forma silenciosa, age de forma a impedir que haja um novo pacto federativo, de modo a estipular o que ficaria sob a responsabilidade de cada ente federado.

Posicionado o problema, apresenta-se, como uma *ousadia* para *debate*, alguns aspectos que são necessários para uma reforma do federalismo financeiro no Brasil, incluindo três dimensões: *dívida, receita e despesa.*

16. Sobre a *dívida*. Uma ideia é que a União assuma toda a dívida de Estados e Municípios, *zerando o jogo* interfederativo. Toda a dívida se tornaria federalizada.

Claro que isso trará uma inexorável injustiça, pois alguns Estados são pouco endividados, normalmente os mais novos, como Amapá e Rondônia, e outros são muito endividados, como Rio de Janeiro e São Paulo. Assim, a dívida se tornaria de todos os brasileiros, e caberia à União equacioná-la, sem os critérios privatísticos que a regem atualmente, pois inadequados para as questões entre entes públicos. A dívida seria dos brasileiros e não dos cariocas, paulistas ou gaúchos. Seria o ônus a ser pago pela reorganização política-financeira brasileira. Todavia, essa injustiça seria valorizada pelo resgate e recuperação do federalismo solidário previsto na versão original de nossa Constituição.

Algo semelhante foi feito no final dos anos 1990, mas se manteve a lógica de créditos e débitos entre a União e os Estados, o que descambou para intensa judicialização da matéria. A proposta é mais ousada – simplesmente transferir a dívida *financeira* de Estados e Municípios para a União. Todos os brasileiros pagarão.

É necessário, contudo, estabelecer *limites para as despesas de custeio* dos Estados, em especial com o pagamento de pessoal, em razão da folga orçamentária que passarão a ter. Uma ideia seria *estabelecer um patamar mínimo de investimentos* estaduais ou até mesmo *regionais*, em face dos *consórcios públicos* hoje existentes, respeitados os mínimos para saúde e educação.

Para quitar essa dívida, a União poderia criar um tributo *temporário*, de modo claro e transparente, para que todos os brasileiros soubessem que aquele pagamento serviria para pagar essa grande reconciliação financeira federativa. Para que não haja dúvida: tal fonte de arrecadação deverá ser *temporária* e *transparente*, com *prestação de contas* detalhada e apartada, devendo ser previamente *auditada* e *conciliada* pela União. Poder-se-ia argumentar que, com o custo da dívida, o valor do tributo seria altíssimo e seu prazo de duração indeterminado, e que toda a tributação temporária no Brasil acaba se tornando definitiva. Ocorre que (1) financiar dívida pública através de um tributo isolado traz várias vantagens, dentre elas: (1.1) transparência, pois a sociedade saberá exatamente o que está pagando, a quem está pagando e qual o valor dos juros e parcelas que estão sendo quitadas; (1.2) como a *dívida* possui um caráter *negocial* e *intergeracional*, pode ser *alongada*, mediante composição de juros e prazos, o que impactará no valor mensal a ser pago; (1.3) isso distingue a *dívida* das *despesas*, pois estas possuem distinto caráter obrigacional e prazo para desembolso; (1.4) mesmo sendo alta a dívida, ela deve ser paga, através de um tributo isolado ou pelo conjunto da arrecadação, como vem ocorrendo de forma opaca.

Com isso, devem-se abandonar metas de superavit *primário*, retornando ao que antes existia, de meta de superavit *nominal* – o que é muito mais transparente e permite melhor controle. Hoje é dificílimo saber qual o verdadeiro tamanho de nosso déficit – sabe-se que ele existe, mas qual seu tamanho com precisão e de forma fácil de ser identificada nos orçamentos? Os arts. 4º e 9º da Lei de Responsabilidade Fiscal admitem essa possibilidade.

Deve-se implantar o Conselho de Gestão Fiscal, de que trata o art. 67 da Lei de Responsabilidade Fiscal, para que seja feito o acompanhamento e a avaliação, de forma permanente, da política e da operacionalidade da gestão fiscal, com ampla representação federativa. Novas dívidas de Estados e Municípios só com a escuta desse Conselho e o aval do Senado. Isso deslocaria a STN – Secretaria do Tesouro Nacional para desempenhar seu verdadeiro papel, que não é *nacional*, mas *federal* – apenas para o âmbito da *União*. Transformar-se-ia em uma Secretaria do Tesouro *Federal*.

O desenho federativo desse Conselho está em aberto e deve ser debatido, sendo prevista sua criação por lei ordinária (art. 67, §2º, LRF). Ressalta-se que se trata de um *conselho*, órgão *técnico* de caráter *opinativo*. Quem deve *decidir* sobre o assunto é o Senado Federal, órgão composto de forma paritária por todos os Estados, e que já possui *competência constitucional* para deliberar sobre este tipo de questão.

17. Sobre a *receita*. Ultrapassada a questão da *dívida*, pode-se analisar com atenção a reforma tributária, isto é, da *arrecadação*.

Em linhas gerais, entende-se que a base tributária *renda* deve permanecer na União, com arrecadação compartilhada com Estados e Municípios, de modo semelhante ao que hoje ocorre.

A base tributária *consumo* deve ser *dual*, ou seja, pode haver *imposição* tributária pela União e pelos Estados, com *partilha* do que tiver sido arrecadado com os Municípios. Aqui, devem-se incluir os bens imateriais consumidos (economia digital). Deve-se extinguir o Confaz e atribuir as funções de *harmonização* tributária ao Senado Federal, que criaria uma Comissão Permanente para seu acompanhamento e resolução de conflitos.

A base tributária *patrimônio* deve ser municipal para os imóveis (atuais IPTU e ITR) e estadual para os demais bens (atual IPVA). Aqui, devem-se incluir as *transferências* de patrimônio, nos mesmos moldes.

A tributação do *comércio exterior* deve permanecer na União (atuais Impostos de Importação e de Exportação), bem como a tributação sobre operações financeiras (atual IOF).

Deve-se extinguir e proibir a instituição de *contribuições* de qualquer espécie, exceto as previdenciárias e as no interesse de categorias profissionais e econômicas. Trata-se de uma experiência nefasta nestes trinta e poucos anos do atual sistema tributário. Nem mesmo a vetusta contribuição de *melhoria* deve remanescer, pois é restrita aos livros acadêmicos, sem nenhuma aplicação em mais de sessenta anos de existência. Os tributos serão apenas os *impostos* e as *taxas* – devendo ser analisado se devem permanecer os dois tipos atuais, as de prestação de serviços e as *de polícia*.

Este sistema tributário deve estar pautado com os objetivos nacionais, isso é desenvolvimento socioeconômico e não somente com intuito arrecadatório, o que implica o uso intenso da *extrafiscalidade*.

As renúncias fiscais (incentivos fiscais) já concedidas devem ser respeitadas até seu prazo final, sob controle das condições estabelecidas. As que tiverem sido concedidas *sem* prazo ou *sem* condições devem ser repactuadas, ouvidos os setores envolvidos, sem soluções impostas *goela abaixo* dos contribuintes. Novas renúncias fiscais só com a escuta do Conselho de Gestão Fiscal e o aval do Senado.

18. Sobre as *despesas*. Afastado o saldo da *dívida* federativa, que será concentrada na União e financiada através de um único tributo *temporário*, conforme acima exposto, cada ente federado deverá manter suas atuais atribuições nas despesas, que deverão ser melhor delineadas através de lei complementar, na forma do art. 23, parágrafo único da Constituição – o que já tarda. Só assim poder-se-á identificar qual ente federado é o principal responsável pela condução de cada política pública dirigida à população.

Nesse sentido, Estados e Municípios, com fôlego financeiro em face da federalização de suas dívidas para com a

União, terão espaço para adotar as *políticas públicas* que lhe competem no âmbito da segurança, saúde, saneamento, educação etc., sem que dependam da União para dar cada passo. E também organizar planos de pagamento de seus *precatórios* e *restos a pagar* com pessoas físicas e jurídicas, encerrando esse capítulo igualmente nefasto em nosso sistema.

19. O desenho parece bastante com o que atualmente existe? Sim, em linhas gerais. O perigo mora nos detalhes de sua implementação. Repete-se: esse modelo nos permitiu ser a 8ª economia mundial até uns poucos anos atrás, necessitando de ajustes, em especial no âmbito da *dívida*, mal necessário e silencioso, que está sufocando e emperrando a solução dos problemas no âmbito da *receita* e da *despesa*.

Esta proposta olha para a totalidade do problema envolvendo dívida, receita e despesa públicas, visando a implantar um novo federalismo em nosso país, e permitir que se discuta uma reforma tributária de verdade, com "R" maiúsculo, e não a que foi debatida ao longo das décadas pós-1988, além de arranjos quotidianos. A dívida *impede que se analise o problema da* receita *de forma clara e distribua as despesas para cada ente federado de forma plenamente identificada*.

Não se tem a menor ilusão acerca do *timing* de *aprovação* de algo parecido, mas a melhor conduta seria *iniciar já*, no âmbito do Congresso, criando uma Comissão de Especialistas para a Reforma Financeira Federativa, da qual sairiam interligadas propostas para *futura* deliberação parlamentar nestes três âmbitos. Há muita gente qualificada pensando nisso, porém de forma fracionada, dentro e fora da máquina estatal. É necessário equacionar todos esses aspectos de forma *global e federativa*, e com a flexibilidade necessária para que, por lei, sejam realizadas as alterações, com o mínimo possível de modificações constitucionais, para não engessar a política – afinal, *quanto mais detalhada a Constituição, menor o espaço da política*.

Em suma, é necessário iniciar *já* o debate de forma global sobre todos esses aspectos, de modo que se tenha um *projeto* para ser discutido em 2023, com o futuro Congresso a ser eleito em 2022. Por ora, são apenas *ideias* que sequer se revestem de caráter de *proposta*, quanto mais de *projeto*.

O que se busca é ter um *projeto* completo, nacional e federativo para debate, e não esses *projetos desengonçados*, *fracionados* e *descosturados* que o atual governo vem apresentando, com debate sobre (1) tributação do *consumo* por um lado (PEC 45 e PEC 110 – criação do IBS); por outro lado sobre (2) a *unificação* do Pis e da Cofins (PL 3887/2020 – criação da CBS) e, mais recentemente, (3) reformando a tributação sobre a *renda* (PL 2337/2021). Para alavancar o desenvolvimento socioeconômico, é necessário engavetar esses três projetos de reforma tributária apresentados, e começar do zero, de forma global, e sem urgências eleitorais.

V - Ajustes tributários infraconstitucionais a serem adotados de imediato

20. Como exposto no tópico anterior, é necessário fazer uma reforma que seja não somente centrada nos aspectos tributários, observando também a questão da dívida interfederativa e as despesas de cada ente federado – ou seja, é necessário observar a lógica federativa e financeira como um todo, sem a qual não se conseguirá desatar o nó tributário que pende desde 1988, pois o sistema adotado pela Constituição teve por estrutura o que foi implantado na década de 1960 do século passado.

Porém, enquanto tal reforma financeira não surge, o que pode ser feito nesse ínterim? É o foco deste apartado.

Sugere-se que sejam realizados ajustes tributários infraconstitucionais em alguns tópicos que dificultam fortemente a vida dos contribuintes e seu relacionamento com os Fiscos, conforme se passa a expor.

21. Um aspecto importantíssimo diz respeito à simplificação tributária. Consta que as empresas brasileiras gastam em

média 1.958 horas e R$ 60 bilhões por ano com obrigações acessórias, e que são contratados 01 funcionário na área contábil para cada 200 funcionários no Brasil, sendo que na Europa essa proporção é de 1 funcionário para a área fiscal a cada 500 empregados, e, nos Estados Unidos, essa proporção duplica (1 funcionário da área contábil para cada 1.000 empregados).[10]

A sugestão infraconstitucional passa por: (a) sistematizar a coleta de informações fiscais nos diferentes níveis federativos; (b) reduzir a complexidade do sistema Pis/Cofins, de modo a (b.1) tratar de modo diferenciado as empresas com mão de obra intensiva, e (b.2) também tratar de forma diferenciada as empresas com poucos insumos geradores de crédito.

22. Outro aspecto relevante a ser observado no âmbito infraconstitucional diz respeito à redução do valor das multas fiscais aplicadas, pois, apenas no âmbito federal coexistem: (a) multa de ofício, na proporção de 75%, (b) multa isolada, em 50%, (c) multa qualificada, de 150% e (d) multa agravada, que acarreta a majoração em 50% dos valores acima, em situações específicas

Observa-se que no âmbito estadual e municipal existem situações bastante piores.

A proposta é singela: reduzir as multas para o mesmo patamar que são dispostas nos Programas de Parcelamentos Especiais da União / Estados / Municípios. Isso possivelmente venha a reduzir a busca por tais Programas, que aplicam penalidades bastante menores que as existentes na legislação de regência da matéria.

23. É importante também *reduzir aberrações*, tais como as *Taxas de Fiscalização de Recursos Minerais – TFRMs*,

10. Empresas gastam 1.958 horas e R$ 60 bilhões por ano para vencer burocracia tributária, apontam pesquisas. Portal G1, 20/11/17. Disponível em: https://glo.bo/3hXYvRQ - que faz referência ao Relatório *Doing Business* do Banco Mundial. Disponível em: https://bit.ly/3zy8yCX Acesso de ambos em: 11 jul. 2021.

criadas por vários Estados, como o de Minas Gerais, Pará e Amapá (ADIs 4785, 4786 e 4787), a *Taxa de Fiscalização de Recursos Hídricos – TFRH*, criada pelo Estado do Pará (ADI 5374); a *Taxa de Fiscalização do Petróleo e Gás – TFPG*, criada pelo Estado do Rio de Janeiro (ADI 5512 e 5480) entre outros absurdos que se encontra no quotidiano das legislações estaduais e municipais.

O mesmo se aplica aos *Fundos que cobram tributos*, como o FETHAB, de Mato Grosso, e o FUNDERSUL, de Mato Grosso do Sul, dentre outros.

No âmbito federal, é igualmente injustificável situações como a da *Lei Complementar 110/2001, que instituiu* contribuição social de 10% sobre o montante de todos os depósitos efetuados na conta do FGTS do empregado, no momento da despedida sem justa causa, para custeio de determinada despesa, que se extinguiu, porém a cobrança permaneceu.

É necessário criar critérios rigorosos no Código Tributário Nacional para a cobrança de taxas, a fim de que o valor cobrado tenha correspondência garantida por *estudos prévios* e com suspensão da cobrança em caso de reiterado *superávit.*

É também necessário criar normas que responsabilizem governantes (Poder Legislativo e Executivo) que criarem exigências consideradas inconstitucionais. Uma possibilidade seria a de determinar sua inelegibilidade por prazo determinado.

24. Outra proposta infraconstitucional para diminuir os problemas tributários é a de acabar com o sistema de substituição tributária, que atribui poder quase *imperial* aos Governadores e Secretários de Fazenda na determinação da base de cálculo do ICMS.

Já existe tecnologia digital implantada nos Fiscos, como o Sped Fiscal, que permite acabar com o sistema de substituição tributária, reforçando a estrita legalidade.

25. Outra medida adequada e necessária, sem alterar a Constituição, é a de rever procedimentos de cobrança da Dívida Ativa, pois o sistema atual simplesmente não funciona, e está defasado desde sua implantação, em 1980, a despeito de alterações pontuais.

Observe-se que, após o término do processo administrativo a dívida aumenta em 10%, e com a singela inscrição em dívida ativa o débito aumenta em outros 10%. É necessário reduzir o custo fiscal da negociação, com redução do encargo de 20% (Dec-lei 1.025/69) das Execuções Fiscais.

É necessário ampliar as possibilidades de negociação de exigências inconstitucionais ou ilegais, que os Fiscos exigem regularmente, sem que tal procedimento fique nas mãos dos Fiscos, que escolhe os grupos que devem participar de transações ofertadas, como se vê na Lei 13.988/2020. É sempre adequado manter os demais Poderes dentro desse processo: Judiciário, tentando coibir arbitrariedades, e Legislativo, em busca de isonomia.

26. Algumas entidades empresariais, como a Fecomércio-SP já se manifestaram propugnando medidas infraconstitucionais tributárias para a melhoria do sistema de negócios no Brasil, dentre elas:

a) estabelecer critérios para inclusão de contribuintes no sistema de *malha fina*, o que hoje ocorre de modo aleatório e discricionário;

b) criar compensação universal de créditos e débitos, inclusive de precatórios, entre os contribuintes e os Fiscos;

c) permitir a participação em licitações sem CND, com retenção de 15% para amortização da dívida, caso vencedor do certame;

d) adotar a anterioridade semestral para instituição de obrigações acessórias.

27. A despeito de todas as sugestões listadas neste tópico se referirem ao âmbito infraconstitucional, existe uma medida importantíssima, que requer modificação constitucional, sobre a qual se deixou de prestar a devida atenção. Diz respeito à redução do poder de tributar do Poder Executivo.

Consta do art. 62 da CF que, em caso de relevância e urgência, o Presidente da República poderá editar Medidas Provisórias, as quais são vedadas (§1°, I, *b*) quando a matéria for relativa a direito penal, processual penal e processual civil", não havendo vedação quanto à edição desse tipo de legislação extraordinária em matéria de direito tributário.

A proposta é singela: incluir no art. 62, §1º, I, *b*, a vedação da edição de Medidas Provisórias relativa à matéria tributária.

Permaneceria a possibilidade de edição de medida provisória em matéria tributária conforme já estabelecido no §2º do referido artigo, delimitando-a *apenas* para os casos previstos nos arts. 153, I, II, IV, V, e 154, II, e só produzindo efeitos se obedecidos os princípios da anterioridade aplicáveis para este tipo de norma.

Conclusões

28. Pode-se afirmar que uma das causas do insucesso das diversas propostas de reforma tributária que foram apresentadas desde 1988 decorreu de seu fracionamento, por não terem observado todos os complexos problemas financeiros envolvidos, que possuem pelo menos a dimensão da *receita*, principalmente a *tributária*, mas também a da *dívida* entre a União e os demais entes federados, em especial os Estados, e a identificação mais precisa da responsabilidade de cada ente federado nas *despesas*. Observa-se que em todos esses aspectos a dimensão federativa é de extrema importância, pois, sem o apoio dos entes federados, em especial dos Governadores, o intuito reformista não prospera ou não gera bons frutos.

A situação das atuais propostas de reforma tributária é ainda pior, pois está sendo apresentada de forma fatiada, entre a tributação do consumo, a do Pis/Cofins e a da renda, o que dificulta ainda mais a manutenção de coerência e de consistência no sistema tributário, se e quando algumas dessas propostas descoordenadas e desconcatenadas prosperar e se tornar norma.

A melhor conduta seria instalar uma Comissão de Estudos para discutir uma Proposta de Reforma Financeira Federativa, envolvendo o âmbito da *receita*, *despesa* e *dívida* interfederativa, de modo a permitir discutir todos esses aspectos em conjunto, tentando desobstruir os empecilhos políticos e financeiros que muitas vezes emperram seu trâmite normal.

Enquanto isso, há muito a ser feito no âmbito infraconstitucional para melhorar o sistema e facilitar o ambiente de negócios, obstruído pelas barreiras e óbices encontrados em leis, decretos e portarias, em todos os níveis federativos.

É necessário, portanto, começar a planejar uma grande reforma financeira federativa no Brasil, sem descurar dos problemas conjunturais que afetam quotidianamente os indivíduos e as empresas em nosso país.

Referências

Bolsonaro diz que é contra a reeleição. Disponível em: https://bit.ly/3nViswr Acesso em: 22 set. 2021.

Conselho Europeu. Disponível em: https://bit.ly/39uCS76 Acesso em: 09 jul. 2021.

Jornal *O Estado de São Paulo*. Setor de serviços não entendeu, mas será beneficiado. Disponível em: https://bit.ly/3AMbuO1 Acesso em: 10 jul. 2021.

Jornal *Folha de São Paulo*. Brasil imaginário. Alguns mitos sobre a reforma tributária. Disponível em: https://bit.ly/39t7xl9 Acesso em: 10 jul. 2021.

Jornal *Valor Econômico.* Muitos setores se beneficiam com a reforma, afirma Tostes. Disponível em: https://glo.bo/3zuGz7b Acesso em: 09 jul. 2021.

Jornal Valor. Receita diz que é equivocado somar cobrança do IRPJ à alíquota que incidirá sobre dividendos. Disponível em: https://glo.bo/3kwuTg5 Acesso em: 11 jul. 2021.

Portal G1. Empresas gastam 1.958 horas e R$ 60 bilhões por ano para vencer burocracia tributária, apontam pesquisas. Disponível em: https://glo.bo/3hXYvRQ Acesso em: 11 jul. 2021.

Relatório *Doing Business* do Banco Mundial. Disponível em: https://bit.ly/3zy8yCX Acesso em: 11 jul. 2021.

DIREITO TRIBUTÁRIO E INTERDISCIPLINARIDADE: A TRIBUTAÇÃO DOS SERVIÇOS PELO ISS E A JURISPRUDÊNCIA DO STF

Gustavo Brigagão[1]

Sumário: 1. Introdução – 2. Regras definidoras de competências tributárias à luz de conceitos definidos pelo direito privado – art. 110 do CTN – 3. Conceito de serviços para fins de incidência do ISS e a jurisprudência do Supremo Tribunal Federal – 4. Conclusão – Referências.

1. Introdução

Escrever sobre tema de tamanha importância – Direito tributário e Interdisciplinaridade – já seria, por si, motivo de muita satisfação. Desenvolver esse tema em obra tão bem

---

1. Presidente nacional do Centro de Estudos das Sociedades de Advogados (Cesa); Presidente honorário da Associação Brasileira de Direito Financeiro (ABDF); Vice-Presidente do Fórum Permanente de Direito Tributário da Escola da Magistratura do Rio de Janeiro; membro do Conselho de Administração da Câmara Britânica (BRITCHAM); diretor da Federação das Câmaras de Comércio do Exterior (FCCE); membro do Conselho de Altos Estudos de Finanças e Tributação - CAEFT, da Associação Comercial de São Paulo; professor na pós-graduação em Direito Tributário da Fundação Getulio Vargas e sócio do escritório Brigagão, Duque Estrada – Advogados.

organizada por Caio Takano e Simone Barreto, em homenagem ao querido e festejado Paulo Ayres Barreto, faz dessa empreitada motivo de ainda maior alegria.

Paulo Ayres é daquelas pessoas que marcam pela simpatia, pelo profundo conhecimento das matérias com que lidam e pela competência intelectual que demonstram nos seus posicionamentos. Tenho por ele profunda admiração, entre vários outros motivos, pelas ideias que defende e pela forma clara e didática com que se expressa. É um grande amigo, um respeitado professor e um excelente advogado que prima pela excelência. Homenagem mais que merecida!

Dentro do tema macro que me foi oferecido, abordarei, nesta oportunidade, um assunto que, à luz das regras preconizadas pelo Código Tributário Nacional (CTN), bem demonstra a Interdisciplinaridade do Direito Tributário com institutos do Direito Privado: a tributação de serviços pelo imposto sobre serviços de qualquer natureza (ISS).

2. Regras definidoras de competências tributárias à luz de conceitos definidos pelo direito privado – art. 110 do CTN

Como assevera a nossa melhor doutrina, a competência tributária não é constitucionalmente repartida entre os entes tributantes por meio do estabelecimento de *tipos*, mas, sim, por *conceitos* que a própria lei maior determina de forma expressa:

> PAULO AYRES BARRETO[2]
>
> Não se repartiu competência tributária mediante fixação de tipos. Trilhou-se o caminho dos conceitos determinados, em absoluta conformidade com a pretensão de, de um lado, definir as possibilidades de atuação legiferante e, de outro, evitar conflitos

2. BARRETO, Paulo Ayres, Conceitos constitucionais e competência tributária, in *Temas de Direito tributário – Estudos em homenagem a Eduardo Botallo*, organizadores: Nélida Cristina dos Santos, José Antonio Balieiro Lima e Gilberto Frigo Junior. São Paulo: Saraiva, 2013, p. 336.

> de competência. Se a evitação desses conflitos, em face de uma rígida e exaustiva discriminação de competência impositiva por força de utilização de conceitos determinados, já dá azo a uma série de dificuldades, que dirá se entendermos que houve mera enumeração de tipos no plano constitucional, cabendo ao legislador complementar estabelecer os conceitos.
>
> As referências terminológicas, postas no plano constitucional, conquanto não mereçam o atributo da univocidade, configuram efetivos parâmetros a serem observados na definição de onde se inicia e, fundamentalmente, onde se encerra o espaço para a instituição de tributos por parte de cada ente tributante.

Quando a Constituição Federal (CF) determina que os entes políticos tributantes têm competência para tributar esses ou aqueles bens, direitos ou atividades, ela está não só outorgando àqueles entes poder para tributar essas manifestações de capacidade contributiva, como também limitando esse poder. De fato, a respectiva tributação jamais poderá se dar sobre algo que extrapole aquilo que tenha sido objeto de expressa referência pelo dispositivo constitucional, quando da atribuição da respectiva competência tributária.

Assim, por exemplo, quando a CF determina que a União e os Estados têm competência para tributar as importações (CF, art. 153 e 155, respectivamente), não poderá o legislador federal ou estadual editar norma que permita a tributação sobre atividade que não configure, em sua essência, efetiva importação, ou determinar que o respectivo fato gerador deva considerar-se ocorrido em momento anterior à sua realização.

Não poderiam os referidos legisladores, dessa forma, determinar que o imposto incidiria no momento em que o bem importado saísse do país de origem, pois, nessa ocasião, não teria ainda ocorrido a entrada no país de bem de procedência estrangeira (configuradora da importação em si). Tanto assim, que tais legisladores, em regra, buscam definir momentos sempre posteriores ao ingresso do bem no país para determinar o momento do nascimento da respectiva obrigação tributária (desembaraço aduaneiro, entrada no estabelecimento importador etc.).

Da mesma forma, se o conceito utilizado pela Constituição Federal estiver definido por outro ramo do Direito (v.g., propriedade, transmissão de propriedade, doação, mercadoria, serviços etc.), o Estado (sujeito ativo) não pode lhe ampliar os contornos para, com isso, tributar situações que não seriam objeto de incidência se adotado o conceito daquele outro ramo do Direito.

Nesse sentido, o art. 110 do CTN determina que "a lei tributária não pode alterar a definição, o conteúdo e o alcance de institutos, conceitos e formas de direito privado, utilizados, expressa ou implicitamente, pela CF, pelas Constituições dos Estados, ou pelas Leis Orgânicas do Direito Federal ou dos Municípios, para definir ou limitar competências tributárias".

Na verdade, esse dispositivo não inova. Ele simplesmente declara o direito que todos os contribuintes naturalmente têm de não serem onerados além dos limites impostos pela CF à competência tributária atribuída aos entes tributantes. De fato, mesmo que esse dispositivo não existisse, ainda assim, a limitação ao poder de tributar nele contida se aplicaria, da mesma forma, com fundamento no princípio de que o Estado não pode extrapolar a competência tributária que lhe é constitucionalmente conferida.

Mas seria essa regra aplicável somente em relação às situações em que o conceito constitucionalmente utilizado para definição de competências fosse de Direito Privado?

Não, não se pode interpretar a referência que o dispositivo faz a "conceitos e formas do direito privado" como uma licença para que o Estado altere como queira os conceitos de direito público utilizados pela Constituição para determinar a respectiva competência tributária. Como dito, a impossibilidade de o Estado fazê-lo decorre do fato de que tal comportamento configura indiscutível extrapolação de competência.

Tanto assim, que o STF, ao julgar o RE nº 166.772-9/RS, em sessão plenária, por maioria de votos, firmou o princípio de que os vocábulos e expressões contidos na CF devem ser sempre interpretados no seu sentido técnico, legal, conforme se verifica do seguinte trecho do voto do Ministro Relator MARCO AURÉLIO:[3]

> [...] Analise-se, portanto, o real alcance do texto do inciso I do artigo 195, no que, repita-se, alude a "empregadores e a folha de salários". Sempre soube dedicada a expressão "empregadores" para qualificar aqueles que mantêm, com prestadores de serviços, relação jurídica regida pela Consolidação das Leis do Trabalho e este enfoque restou assentado por esta Corte quando, defrontando-se com a ação direita de inconstitucionalidade movida pelo Procurador-Geral da República contra preceitos da Lei n° 8.112, de 11 de dezembro de 1991, Lei do "Regime Único", afastou a pertinência do artigo 114 da Constituição Federal, que define a competência da Justiça do Trabalho para julgar controvérsias a envolver empregadores e trabalhadores. Na oportunidade declarou-se competir não à Justiça do Trabalho, mas à Justiça Federal, julgar as lides que envolvam a União e os servidores públicos que a ela prestam serviços sob a égide daquele Regime. *Teve-se presente que, não sendo o liame regido pela Consolidação das Leis do Trabalho, impossível é cuidar-se da figura do empregador.* Refiro-me ao que decidido – na ocasião contra o meu voto, pelas razões que expus –, na ação direta de inconstitucionalidade n° 492, relatada pelo Ministro Carlos Velloso, cujo acórdão foi publicado no Diário de Justiça de 12 de março de 1993. Destarte, já no que o inciso I do artigo 195 revela contribuição devida pelos empregadores, procede à pretensão recursal. A teor do art. 2° da Consolidação das Leis do Trabalho, considera-se empregador a empresa individual ou coletiva que, assumindo riscos da atividade econômica, admite, assalaria e dirige a prestação pessoal de serviços. O vínculo empregatício pressupõe, em si, a dependência do prestador dos serviços. Se de um lado a economia e a técnica não são indispensáveis à configuração do fenômeno, de outro há de se fazer presente a jurídica, *a revelar a submissão do prestador dos serviços ao tomador, sem a qual não se pode dizer a existência de contrato de trabalho regido pela Consolidação das Leis do Trabalho e, portanto, de empregado e de empregador.* [...]"
>
> "[...] Impossível é, no caso, cogitar-se da existência de um contrato de trabalho tal como definido legalmente e consagrado por doutrina e jurisprudência e, por via de consequência, das

---

3. Note-se que, nesse julgamento, analisou-se o conceito de "folha de salário", que é conceito de Direito do Trabalho, cuja natureza de direito público é defendida por muitos.

> figuras do empregador e do empregado, bem como da satisfação de salários, *considerado não o sentido vulgar do vocábulo, mas o técnico, o legal, como previsto no art. 110 do CTN.* [...]" (grifamos)
>
> (*Revista Forense*, vol. 329, pág. 219 a 221)

Na mesma linha, o voto proferido pelo Ministro CELSO MELLO:

> As expressões *empregador, salários e empregado*, Sr. Presidente, refletem noções conceituais largamente consolidadas no plano de nossa experiência jurídica. Desse modo, e não obstante o sentido comum que se lhes possa atribuir, esses conceitos encerram carga semiológica que encontra, no discurso normativo utilizado pelo legislador constituinte, plena correspondência com seu exato, técnico e jurídico significado, do qual *não pode* o legislador ordinário divorciar-se ao veicular a disciplina de qualquer espécie tributária, sob pena de transgredir o comando inscrito no art. 110 do Código Tributário Nacional, que faz prevalecer, consoante adverte ALIOMAR BALEEIRO ("Direito Tributário Brasileiro", p. 444, 10ª ed. 1993, Forense), "o império do Direito Privado [...] quanto à definição, conteúdo e ao alcance dos institutos, conceitos e formas daquele direito [...]" (grifamos).

Portanto, seja de Direito Público ou Privado, os conceitos utilizados pela Constituição Federal para a definição de competências tributárias devem ser analisados e compreendidos à luz dos ramos do Direito a que pertençam.

3. Conceito de serviços para fins de incidência do ISS e a jurisprudência do Supremo Tribunal Federal

Dispõe a CF, em seu art. 156, III, que compete aos Municípios instituir e cobrar o ISS sobre "*serviços de qualquer natureza*, não compreendidos no art. 155, II [ICMS], definidos em lei complementar" (atualmente, tais serviços estão elencados na lista anexa à LC 116/2003).

Ao examinar esse dispositivo à luz do art. 110 do CTN, o entendimento da doutrina majoritária (do qual comungo) sempre foi o de que, tendo a CF utilizado a expressão "serviços" para delimitar a competência dos Estados (no caso, às prestações de serviços de transporte interestadual e intermunicipal) e dos Municípios (àqueles constantes da citada lista de serviços tributáveis anexa à LC 116/2003), não poderia a definição, o conteúdo e o alcance desse instituto de direito privado ser alterado pela lei tributária.

A teor do art. 594 do Código Civil (CC) e segundo a melhor doutrina, a "prestação de serviços" pressupõe o esforço humano configurador de uma obrigação de fazer, e não de dar,[4] cumprida por uma das partes do contrato (prestador) em benefício de outra (tomador). Nesse sentido:

> AIRES F. BARRETO[5]
>
> O doutrinador conceitua serviço como a "prestação de esforço humano a terceiros, com conteúdo econômico, em caráter negocial, sob regime de direito privado, mas sem subordinação, tendente à obtenção de um bem material ou imaterial"
>
> PAULO BARROS DE CARVALHO[6]
>
> [...] é forçoso que a atividade realizada pelo prestador apresente-se sob a forma de "obrigação de fazer". Eis aí outro elemento caracterizador da prestação de serviços. Só será possível a incidência do ISS se houver um negócio jurídico mediante o qual uma das partes se obrigue a praticar certa atividade, de natureza física ou intelectual recebendo, em troca, remuneração.

---

4. SOARES DE MELO José Eduardo, em obra escrita em coautoria com LEANDRO PAULSEN, entende que a materialidade do ISS "[...] não se restringe a "serviço", mas a uma prestação de serviço, compreendendo um negócio (jurídico) pertinente a uma obrigação de "fazer" de conformidade com as diretrizes de direito privado." Ainda de acordo com o referido autor, "a obrigação de "fazer" concerne à prestação de uma utilidade ou comodidade a terceiro, de modo personalizado e incindível, configurando-se de modo negativo à obrigação "de dar" (entrega de coisas móveis ou imóveis a terceiros)". (*Impostos federais, estaduais e municipais*, 11ª ed. - São Paulo: Saraiva Educação, 2018. p. 361-362).

5. BARRETO, Aires F. *Curso de direito tributário municipal*. São Paulo: Saraiva, 2009, p. 317.

6. CARVALHO, Paulo Barros de. Não incidência do ISS sobre atividades de franquia (Franchising). *RET* 56/65, jul.-ago. 2007.

HUMBERTO ÁVILA[7]

> [...] a CF/88 ao utilizar o termo "serviços" na regra de competência tributária municipal, incorporou o conceito infraconstitucional pré-constitucional de obrigação de fazer, cujo núcleo semântico é o esforço humano empreendido em benefício de outrem.

Assim, tendo a CF/88 outorgado aos Municípios competência para a instituição de imposto sobre "serviços", o ISS não poderá, consequentemente, incidir sobre negócio jurídico diverso, como é o caso daqueles representados por meras "obrigações de dar". Esse entendimento foi confirmado pelo Plenário do Supremo Tribunal Federal (STF) ao julgar o RE 116.121-3 em 11.10.2000, de que foi relator o Ministro Marco Aurélio. Naquela ocasião, superando jurisprudência anterior (firmada pelo precedente fixado pelos RE 112.947-6, da 2ª Turma, Rel. Min. Carlos Madeira; e RE 115.103-0, 1ª Turma, Rel. Min. Oscar Correa), o tribunal entendeu, por maioria de votos, que o ISS não poderia incidir sobre a locação de bens móveis (obrigação de dar), então prevista no item 79 da lista de serviços tributáveis pelo ISS anexa ao Decreto-Lei ("DL") nº 406, de 31.12.1968. Eis a ementa do acórdão:

> TRIBUTO - FIGURINO CONSTITUCIONAL. A supremacia da Carta Federal é conducente a glosar-se a cobrança de tributo discrepante daqueles nela previstos. IMPOSTO SOBRE SERVIÇOS - CONTRATO DE LOCAÇÃO. A terminologia constitucional do Imposto sobre Serviços revela o objeto da tributação. *Conflita com a Lei Maior dispositivo que imponha o tributo considerado contrato de locação de bem móvel.* Em Direito, os institutos, as expressões e os vocábulos têm sentido próprio, descabendo confundir a locação de serviços com a de móveis, práticas diversas regidas pelo Código Civil, cujas definições são de observância inafastável - artigo 110 do Código Tributário Nacional. [...] *Em síntese, há de prevalecer a definição de cada instituto, e somente a prestação de serviços, envolvido na via direta do esforço humano, é fato gerador do tributo em comento.* (grifos nossos).

---

7. ÁVILA, Humberto. Imposto sobre a Prestação de Serviços de Qualquer Natureza. ISS. Normas constitucionais aplicáveis. Precedentes do Supremo Tribunal Federal. Hipótese de incidência, base de cálculo e local da prestação. Leasing financeiro: análise da incidência. *RDDT* 122/120, nov. 2005.

A conclusão pela impossibilidade de tributar a locação de bens móveis pelo ISS foi reiterada pelo STF em diversas outras ocasiões, resultando na edição, em 04.02.2010, da Súmula Vinculante n° 31, cujo teor segue abaixo transcrito:

> "É inconstitucional a incidência do Imposto sobre Serviços de Qualquer Natureza – ISS sobre operações de locação de bens móveis."

Essa súmula vinculante permanece em pleno vigor, a revelar que o entendimento do STF acerca da matéria não foi suplantado pelos julgados posteriores da Corte que examinaram o alcance do conceito de "serviço" para fins de incidência do ISS.

Não obstante, nos últimos anos, o STF vem proferindo decisões que dão indícios de que a jurisprudência do Tribunal sobre o tema poderá vir a ser revista (*signalling*). De fato, esses julgados mais recentes apontam para a adoção de conceito de serviço mais amplo para fins de incidência do ISS, desatrelado da noção de obrigação de fazer proveniente do direito privado.

De fato, no julgamento do RE 547.245, ocorrido em 02.12.2009, por meio do qual se examinou a incidência do ISS sobre operações de leasing, o Ministro Eros Grau[8] expressou entendimento no sentido de que o conceito constitucional de "serviço" não necessariamente seria tão restritivo quanto o da lei civil. Nesse sentido, transcreva-se:

> Em síntese, há serviços, para os efeitos do inciso III do artigo 156 da Constituição Federal, que, por serem de qualquer natureza, não consubstanciam típicas obrigações de fazer. *Raciocínio adverso a este conduziria à afirmação de que haveria serviço apenas nas prestações de fazer, nos termos do que define o direito privado. Note-se, contudo, que afirmação como tal faz tábula rasa da expressão 'de qualquer natureza', afirmada do texto da Constituição.* Não me excedo em lembrar que toda atividade de dar consubstancia também um fazer e há inúmeras atividades de fazer que

8. Em sentido idêntico foram os votos proferidos pelos Ministros Joaquim Barbosa e Cezar Peluso naquela assentada.

> envolvem um dar. (RE 547.245, Rel. Eros Grau, Tribunal Pleno, julgado em 02.12.2009) (grifos nossos)

Posteriormente, por ocasião do julgamento do RE 651.703, ocorrido em 29.06.2016, que tratou da incidência do ISS sobre operação de planos de saúde, o Ministro Relator Luiz Fux consignou expressamente, no voto condutor,[9] que, no seu entender, o objetivo do legislador constitucional nunca foi o de subordinar a repartição de receitas tributárias a conceitos civilistas estanques e imutáveis, mas sim, submeter à tributação toda exteriorização de riqueza, sejam as de cunho material (pelo ICMS), sejam as imateriais (pelo ISS).

Instado a se manifestar, por meio de embargos de declaração, sobre como essa decisão se coadunava com o precedente do RE 116.121 (acima referido) e com a Súmula Vinculante 31, o Ministro Luiz Fux afirmou que esse último julgamento (do RE 651.703) não representava, de forma alguma, superação (*overruling*) do entendimento do Tribunal sobre a matéria, tendo em vista que a dicotomia entre obrigação de dar e de fazer não havia sido a razão de decidir (*ratio decidendi*) que teria prevalecido no posicionamento tomado pelos demais ministros presentes à sessão de julgamento. Vide abaixo os seguintes trechos da sua manifestação:

> Apesar de ressalvar o meu ponto de vista pessoal durante o julgamento de mérito, no sentido de que a classificação dicotômica entre "obrigação de dar" e "obrigação de fazer" [...] possui cunho eminentemente civilista e não corresponde à classificação efetuada pelo constituinte ao atribuir competências aos entes

---

9. Cite-se a seguinte passagem do voto proferido Ministro relator naquela ocasião: "[..] A classificação (obrigação de dar e obrigação de fazer) escapa à *ratio* que o legislador constitucional pretendeu alcançar, ao elencar os serviços no texto constitucional tributáveis pelos impostos, qual seja, a de captar todas as atividades empresariais cujos produtos fossem serviços sujeitos a remuneração no mercado. [...], o conceito de prestação de serviços não tem por premissa a configuração dada pelo Direito Civil, mas relacionado ao oferecimento de uma utilidade para outrem, a partir de um conjunto de atividades materiais ou imateriais, prestadas com habitualidade e intuito de lucro, podendo estar conjugada ou não com a entrega de bens ao tomador."

> federados, **assumo que essa não foi a *ratio decidendi* de todos os votos proferidos [...].**"
>
> "[...] Esse é o principal ponto que denota a não superação ainda do precedente do RE 116.121 [...] bem como da Súmula Vinculante nº 31, editada por esta Corte com amparo no mencionado julgamento. [...] *o Colegiado entendeu que prevalece no caso o elemento inerente ao "fazer"*, devido às características específicas dos contratos de assistência privada à saúde celebrados pelas operadoras de planos de saúde, de natureza complexa.

Já na ementa dos acórdãos exarados pelo Plenário do STF quando do julgamento das ADIs 1.945 e e 5.659[10] – no âmbito das quais restou reconhecida a incidência do ISS sobre operações com softwares –, atesta-se que "diversos precedentes da Corte têm superado a velha dicotomia entre obrigação de fazer e obrigação de dar".

O voto proferido pelo Ministro Kássio Nunes Marques quando do julgamento das ADIs acima referidas bem resume o atual panorama jurisprudencial sobre o tema:

> [...] ressalto que analiso a presente controvérsia à luz do entendimento atual desta Corte quanto ao conceito de serviço, destacando, desde já, *reconhecer que a ainda existente dicotomia observada entre obrigações de dar e de fazer encontra-se em caminho para ser melhor contextualizada* [...]. (grifos nossos)

No julgamento dos REs 603.136 e 634.764, o Plenário do STF reputou constitucional a incidência do ISS sobre os contratos de franquia e a exploração de atividades de apostas, respectivamente.

Apesar de o Tribunal ter decidido por ampla maioria em ambos os casos – foram dois votos vencidos no caso das franquias e apenas um no caso das apostas , é impossível afirmar, com segurança, qual foi o fundamento determinante encampado pelo Tribunal para validar a exigência do imposto nessas situações.

---

10. O julgamento das referidas ADIs foi finalizado em 24.02.2021.

De fato, em ambos os casos, a corrente vencedora (i.e., constitucionalidade da incidência do ISS) foi formada somente por dois votos escritos, que são absolutamente conflitantes quanto às razões de decidir adotadas.

O Ministro relator, Gilmar Mendes, se manteve fiel à jurisprudência há muito consolidada pelo Tribunal e cristalizada por meio da edição da Súmula Vinculante 31, que restringe o conceito de serviço para fins de incidência do ISS às obrigações de fazer do Direito Civil. Como conseguiu enxergar na franquia a existência de obrigações de fazer, manifestou-se favoravelmente à tributação da atividade.

O Ministro Alexandre de Moraes, por sua vez, adotou premissa diametralmente oposta e indicou, em seu voto, que a jurisprudência do STF que havia dado ensejo à edição da súmula vinculante acima referida já teria sido superada desde o RE 651.703, caso em que o Tribunal julgou constitucional a incidência do ISS sobre as atividades de planos de saúde.

Com a devida vênia, esse entendimento do Ministro Alexandre de Moraes é equivocado, pois, como visto na manifestação do Ministro Fux nos embargos de declaração opostos naquele RE, acima referida, o julgamento proferido naquela ocasião não representou superação do entendimento do Tribunal sobre a matéria.

Percebe-se, portanto, que, por conta do julgamento no Plenário Virtual, temos dois casos julgados em sede de repercussão geral em que sequer é possível definir à qual das fundamentações adotadas nos votos dos Ministros Gilmar Mendes e Alexandre de Moraes os demais Ministros aderiram, nem, muito menos, a fundamentação jurídica que prevaleceu no julgado (*ratio decidendi*).

E, pior, ao votar, é possível que a maioria dos Ministros tenha se filiado ao voto (do Ministro Alexandre de Moraes) que equivocamente considerou superada a jurisprudência consolidada no Tribunal sobre a necessidade da obrigação de fazer para fins de incidência do ISS, por não ter tido a oportunidade de ser esclarecida da falsa premissa, em debates com outros Ministros.

Como demonstram esses e outros julgamentos, a sistemática de julgamento (plenário virtual) vem produzindo efeitos desastrosos na jurisprudência do STF, do que resulta profunda insegurança jurídica para o jurisdicionado. Nada diferente se poderia esperar de um julgamento em que as sustentações orais dos advogados são feitas em gravações enviadas ao Tribunal (sem qualquer garantia incontestável de que sejam ouvidas pelos julgadores) e os ministros, sem debaterem uns com os outros, votam por meio de meras postagens eletrônicas e o resultado é apurado como se se tratasse de uma competição desportiva.

De fato, a incerteza acerca da atual compreensão do Tribunal sobre a matéria em exame contrasta com a previsão do Código de Processo Civil (CPC/2015) no sentido de que "a modificação de [...] jurisprudência pacificada [...] observará a necessidade de fundamentação adequada e específica, considerando os princípios da segurança jurídica, da proteção da confiança e da isonomia." (art. 927, §4º).

Um outro aspecto, ainda, relativo ao julgamento do RE 603.136 (franquia) é o de que, nele, o Tribunal entendeu que, nos contratos complexos em que as obrigações de fazer forem indissociáveis das obrigações de dar, o ISS haverá de incidir ainda que aquelas (de fazer) sejam ancilares a estas (de dar).

O voto condutor proferido pelo ministro Gilmar Mendes nesse julgamento bem demonstra que, naquela ocasião, o STF concluiu que, como o vínculo contratual na franquia compreende obrigações de fazer e "separar umas [atividades] das outras acabaria por desnaturar a relação contratual em questão", dever-se-ia autorizar a incidência do ISS.

Com a devida vênia, manifestamos aqui a nossa profunda discordância quanto à conclusão a que chegou essa decisão. Ela é frontalmente contrária a toda a jurisprudência e doutrina até então predominantes, que sempre bem diferenciaram as atividades-meio das atividades-fim, para efeitos tributários. Esse entendimento terá que ser revisitado em julgamentos futuros, para que o ponto seja esclarecido e o equívoco eliminado.

Por fim, mencionamos a ADI 3.142, que teve por objeto o subitem 3.04 da lista anexa à LC 116/2003. Esse item previa como tributável pelo ISS a atividade de "locação, sublocação, arrendamento, direito de passagem ou permissão de uso, compartilhado ou não, de ferrovia, rodovia, postes, cabos, dutos e condutos de qualquer natureza".

Ao julgar a matéria, o STF concluiu ser inconstitucional a cobrança do ISS sobre a cessão de infraestrutura prevista nesse item. A única possibilidade de tributação seria nos casos em que (i) ela fosse cumulada com prestação de serviço prevista como tributável em um outro item e, também, (ii) não fosse possível segmentar o valor da cessão de eventual serviço agregado, também na linha da jurisprudência tradicional do STF.

Houve a oposição de embargos de declaração em face do acórdão exarado na ADI em exame, sob a alegação de que haveria a necessidade de modulação dos efeitos da decisão por pretensa modificação da jurisprudência do STF.

Essa alegação foi rechaçada da seguinte forma pelo ministro relator, Dias Toffoli:

> Por fim, quanto ao pedido de modulação dos efeitos do acórdão embargado para que o entendimento adotado seja aplicado apenas aos contratos celebrados após o julgamento desta ação direta, julgo que ele não merece acolhimento. Esse pedido se ampara em dois pontos: a) o caso representou relevante alteração da jurisprudência da Corte; b) o acórdão embargado provoca oneração dos custos anteriormente previstos nos citados contratos. Ao contrário do que alega a embargante, tenho, para mim, que o acórdão embargado não promoveu alteração no entendimento da Corte sobre a matéria, e sim reiterou diversas orientações do Tribunal sobre a incidência do ISS. Em meu voto, após citar o RE nº 116.121/SP, do qual se originou a Súmula Vinculante nº 31, registrei que julgados posteriores provocaram atualização na jurisprudência da Corte, sem, contudo, "infirmar o resultado daquele caso nem [...] revogar o verbete vinculante". Em seguida,

> citei os RE nºs 592.905/SC, 547.245/SC e 625.706/SP, bem como a Rcl nº 14.290/DF-AgR. [...] Foi à luz dessas orientações do próprio Tribunal Pleno que a presente ação direta foi julgada. Não há que se falar, assim, em inovação na jurisprudência da Corte.

4. Conclusão

Diante do demonstrado neste estudo, verifica-se que, incontestavelmente, ainda prevalece no STF o entendimento de que só se dá a incidência do ISS se a atividade exercida envolver obrigação de fazer. Os votos proferidos em alguns precedentes do Tribunal que afirmam o oposto são equivocados, o que se comprova pela simples constatação de que a Súmula Vinculante 31 encontra-se em pleno vigor.

Há, contudo, uma sinalização (*signalling*) de que, possivelmente, o Tribunal ampliará o conceito constitucional de "serviços" para entender nele inseridas quaisquer utilidades imateriais, ainda que configurem meras "obrigações de dar". Ou, o que é ainda pior, continuará – como tem ocorrido em alguns votos – enxergando obrigações de fazer em contratos nos quais tais atividades somente se manifestam de forma ancilar.

Na visão do autor, essa possível alteração de jurisprudência comprometerá a interdisciplinaridade que o Direito Tributário mantém com outros ramos (principalmente o Direito Civil), fará tábula rasa do princípio que fundamenta o disposto no art. 110 do CTN e trará profunda insegurança jurídica para as já conturbadas relações jurídicas entre Fisco e contribuintes.

Referências

(na ordem de citação)

BARRETO, Paulo Ayres. Conceitos constitucionais e competência tributária, in Temas de Direito tributário – *Estudos em homenagem a Eduardo Botallo*, organizadores: Nélida Cristina dos Santos, José Antonio Balieiro Lima e Gilberto Frigo Junior. São Paulo: Saraiva, 2013, p. 336.

SOARES DE MELO José Eduardo, e PAULSEN, Leandro. *Impostos federais, estaduais e municipais*, 11ª ed. São Paulo: Saraiva, 2018, p. 361-362.

BARRETO, Aires F. *Curso de direito tributário municipal*. São Paulo: Saraiva, 2009, p. 317.

CARVALHO, Paulo Barros de. *Não incidência do ISS sobre atividades de franquia (Franchising)*. RET 56/65, jul.-ago. 2007.

ÁVILA, Humberto. Imposto sobre a Prestação de Serviços de Qualquer Natureza. ISS. Normas constitucionais aplicáveis. Precedentes do Supremo Tribunal Federal. Hipótese de incidência, base de cálculo e local da prestação. Leasing financeiro: análise da incidência. *RDDT* 122/120, nov. 2005.

AS BASES DE CÁLCULO DAS CONTRIBUIÇÕES DE INTERVENÇÃO NO DOMÍNIO ECONÔMICO

Humberto Ávila[1]

Sumário: Introdução – 1. A estrutura sintática do enunciado normativo: o importante é a construção verbal "tendo [por]", e não a "poderão [ter]" – 2. A regra atributiva de competência tributária: 2.1 A estrutura lógica da norma: ela estatui um comando, não uma faculdade; 2.2 A eficácia temporal da norma: ela vale para o futuro, mas desde sua edição; 2.3 A natureza da norma: ela obriga, não recomenda; 2.4 A forma lógica da norma: ela é condicional, não categórica; 2.5 A função da norma: ela limita o poder, não o torna ilimitado – Conclusões – Referências.

Introdução

É com enorme satisfação que acolhi o oportuno convite para participar desta justa homenagem ao Professor Paulo Ayres Barreto. Dentre as suas extensas, importantes e decisivas contribuições doutrinárias para o Direito Tributário, destaca-se o seu trabalho sobre o regime jurídico, a destinação e o controle das contribuições na Constituição Federal de 1988, trabalho esse que considero absolutamente essencial no tratamento do tema, mercê da clareza da sua linguagem, do rigor da sua metodologia e da consistência da sua fundamentação, sempre centrada no sistema constitucional tributário

---

1. Professor Titular de Direito Tributário da USP.

brasileiro. Daí eu ter escolhido tratar das bases de cálculo das contribuições de intervenção no domínio econômico, matéria da qual o homenageado é profundo conhecedor.

Dentro desse contexto, o objetivo deste artigo é a regra reconstruída a partir da alínea "a" do inciso III do §2º do art. 149 da Constituição, que confere competência à União para instituir contribuições de intervenção no domínio econômico. O dispositivo normativo introduzido pela Emenda Constitucional n. 33/2001 apresenta a seguinte redação:

> Art. 149. [...]
>
> § 2º. **As contribuições** sociais e **de intervenção no domínio econômico** de que trata o *caput* deste artigo: [...]
>
> III - **poderão ter alíquotas:**
>
> a) ***ad valorem*, tendo por base o faturamento, a receita bruta ou o valor da operação e, no caso de importação, o valor aduaneiro;**
>
> b) específica, tendo por base a unidade de medida adotada.

O enunciado normativo acima reproduzido, naquilo que interessa ao objeto deste artigo, é o seguinte: "As contribuições de intervenção no domínio econômico poderão ter alíquotas *ad valorem*, tendo por base o faturamento, a receita bruta ou o valor da operação e, no caso de importação, o valor aduaneiro, ou específica, tendo por base a unidade de medida adotada". Tal enunciado tem sido interpretado no sentido de que à União seria atribuído o *poder discricionário* de adotar, ou não, o faturamento, a receita bruta ou o valor da operação e, no caso da importação, o valor aduaneiro, como bases de cálculo da contribuição de intervenção no domínio econômico.

O principal fundamento dessa interpretação reside no emprego da locução verbal "poderão ter" pelo dispositivo constitucional. Tal emprego tem sido usado para dar suporte ao argumento da discricionariedade da competência e do caráter exemplificativo da enumeração das bases de cálculo, o qual pode ser assim sintetizado: por conter o verbo "poder", entre suas múltiplas acepções, o sentido de "ter permissão ou autorização para", alega-se que a Constituição, ao empregar a locução verbal "poderão ter", teria atribuído à União *plena liberdade* de adotar, ou não, as bases de cálculo indicadas, entre outras. Como consequência desse raciocínio, poder-se-ia afirmar que as referidas bases teriam sido arroladas em caráter *exemplificativo*, e não taxativo, pela Constituição.

Em que pese o raciocínio acima, as regras constitucionais que atribuem poder de tributar aos entes federados predeterminam as bases de cálculo a serem utilizadas para tributação, sendo isso verdadeiro inclusive para as contribuições de intervenção no domínio econômico referidas no *caput* do art. 149 da Constituição. Desse modo, a flexibilização ou alteração das bases de cálculo fixadas constitucionalmente, seja por via legislativa, seja por via interpretativa, afigura-se inconciliável com a força normativa da Constituição.

Para justificar essa conclusão, o presente artigo divide-se em duas partes. Na primeira, examina-se a estrutura sintática do enunciado normativo baseado na alínea "a" do inciso III do §2º do art. 149 da Constituição, com o propósito de evidenciar que a Constituição não conferiu discricionariedade à União para adoção de bases de cálculo das contribuições de intervenção no domínio econômico diversas da ali indicadas. Na segunda, demonstra-se que a interpretação do dispositivo constitucional que atribui liberdade à União para adotar, ou não, as bases de cálculo fixadas constitucionalmente conduz à violação direta da Constituição, por ser contrária ao conteúdo, à natureza, à forma lógica e à função das regras de competência tributária.

1. A estrutura sintática do enunciado normativo: o importante é a construção verbal "tendo [por]", e não a "poderão [ter]"

A interpretação conforme a qual teria a União a faculdade de adotar ou não as bases de cálculo previstas no inciso III do

§2º do art. 149 da Constituição alicerça-se fundamentalmente no emprego da locução verbal "poderão ter" por este dispositivo: "As contribuições sociais e de intervenção no domínio econômico de que trata o *caput* deste artigo poderão ter alíquotas *ad valorem*, tendo por base o faturamento, a receita bruta ou o valor da operação e, no caso de importação, o valor aduaneiro, ou específica, tendo por base a unidade de medida adotada" (grifo adicionado). Como será demonstrado, semelhante interpretação, não bastasse concentrar o foco nas expressões erradas, de quebra lhes atribui sentidos equivocados.

Com efeito, a leitura atenta do enunciado normativo objeto de interpretação permite facilmente constatar que o emprego da locução verbal "poderão ter" se dá com referência exclusiva às *alíquotas*, que podem ser *ad valorem* ou específica, não às *bases de cálculo* sobre as quais serão aplicadas as alíquotas *ad valorem*. Para essas bases de cálculo, serve-se o enunciado normativo da construção verbal "tendo [por]". É de proveito reproduzi-lo novamente, desta feita destacado e com grifos adicionados às partes que merecem realce:

> As contribuições sociais e de intervenção no domínio econômico de que trata o *caput* deste artigo **poderão** ter alíquotas *ad valorem*, **tendo por** base o faturamento, a receita bruta ou o valor da operação e, no caso de importação, o valor aduaneiro, ou específica, **tendo por** base a unidade de medida adotada.

A leitura do enunciado normativo completo revela a existência de três orações, uma principal e duas subordinadas. A oração principal encontra-se em "as contribuições de intervenção no domínio econômico de que trata o *caput* deste artigo poderão ter alíquotas *ad valorem* [...] ou específica [...]". Examinando-a, verifica-se que os sujeitos são "as contribuições sociais e de intervenção no domínio econômico...", e que a predicação verbal é formada pela locução verbal (transitiva direta) "poderão ter", composta do verbo principal "ter" e do verbo auxiliar "poderão", e pelo complemento verbal (transitivo direto) "alíquotas *ad valorem* ou específica". A decomposição de tais elementos permite inequivocamente constatar que a construção verbal composta "poderão ter" diz respeito às alíquotas *ad valorem* ou específica ("poderão ter alíquotas..."), as quais lhe são objeto e completam o sentido.

As aludidas orações subordinadas, por sua parte, classificam-se como orações subordinadas adverbiais modais reduzidas de gerúndio. Caracterizam-se essas orações por indicar o meio, o modo, o instrumento pelo qual se realiza ou se deve realizar determinada ação ou fim expresso na oração principal. No caso em comento, pois, à luz do que se pode depreender da relação sintática entre a oração principal e suas duas subordinadas, conclui-se que, optando a União por instituir alíquotas do tipo *ad valorem* ou específica, o modo pelo qual deverá aplicá-las é adotando – tendo por base – uma das respectivas modalidades de cálculo previstas no inciso. Por outros termos, é facultado à União adotar, ou não, alíquotas *ad valorem*, caso em que deverá ter por base o faturamento, a receita bruta ou o valor da operação e, no caso de importação, o valor aduaneiro; ou específica, caso em que deverá ter por base a unidade de medida adotada.

Do escrutínio dessas duas orações subordinadas adverbiais modais reduzidas de gerúndio é possível constatar, sem qualquer margem para dúvida, que a construção verbal usada em referência às bases de cálculo é "tendo [por]", e não "poderão [ter]". Esta última está inserida na oração principal e, como dito, concerne exclusivamente às alíquotas, com as quais estabelece relação de transitividade, e não às bases de cálculo. Estas se acham presentes nas orações subordinadas, cujo conteúdo compreende uma enumeração finita demarcada pelo uso da partícula disjuntiva "ou" e do conectivo "e", assim gerando um rol de natureza taxativa: no caso das alíquotas *ad valorem*, "a", "b" ou "c" e "d"; no caso da alíquota específica, "e".

Note-se, relativamente a essa enumeração, que poderia a Constituição, se assim o pretendesse, ter cuidado de empregar termos que denotassem alternativas, como *entre outros*, *e outros*, ou simplesmente vírgula em lugar do conectivo, recurso sintático utilizado para assinalar a não exaustividade de uma enumeração. Desse modo, porém, não procedeu; antes empregou a partícula disjuntiva "ou" para delimitar uma série finita de elementos alternativos (faturamento, receita bruta *ou* valor da operação) e agregou-lhe o conectivo "e" para individualizar uma alternativa de aplicação específica (valor aduaneiro, *no caso de importação*) e pôr termo à lista. O resultado, vale repisar, é este: assiste à União o poder de escolher ou não as alíquotas *ad valorem* ou específica; se optar pelas alíquotas *ad valorem*, as bases de cálculo terão de ser "a", "b" *ou* "c" *e* "d"; se optar pela alíquota específica, a base de cálculo terá de ser a unidade de medida adotada.

Tal constatação, ademais de sintaticamente inequívoca, é crucial para a interpretação do enunciado normativo ora discutido, pois são precisamente as construções verbais antes mencionadas ("poderão [ter]" e "tendo [por]") que revelam o *modal deôntico* a conectar a hipótese da regra de competência à sua consequência e especificar se esta exprime uma faculdade (uma autorização, que pode ou não ser *invocada*) ou uma obrigação (um comando ou dever, que deve ser obrigatoriamente observado.

Nesse ponto, o decisivo é ressaltar que a expressão "tendo [por]" comporta significado diverso daquele da locução verbal "poderão ter". Com efeito, a construção verbal "tendo [por]", forma nominal gerundiva do verbo "ter [por]", não conota "ter permissão ou autorização para", como sucede com o verbo "poder" no presente contexto; significa, mui diversamente, "considerar(-se)", "julgar(-se)", "tomar(-se) como".[2] Denota, pela introdução do predicativo do objeto direto, a qualidade, o estado ou o conceito em que se tem uma pessoa ou coisa.[3] É o que ocorre nas sentenças "Ter alguém *por* mes-

2. LUFT, Celso Pedro. *Dicionário prático de regência verbal*. 8. ed. São Paulo: Ática, 2002, p. 503.

3. BECHARA, Evanildo. *Gramática da* língua portuguesa. 1. ed. Rio de Janeiro: Lucerna, 2001, p. 314.

tre", ou "Ter *por* certo um resultado esperado", ou ainda "ter *por* base a experiência adquirida", para usar apenas alguns exemplos. Reexaminado-se a estrutura sintático-semântica do enunciado constitucional, é possível observar, em ambas as espécies de construção verbal dele constantes ("poderão [ter]" e "tendo [por]"), a presença do elemento modal a exprimir deonticamente a noção, na oração principal, de *faculdade* (ou discricionariedade), dado o valor de permissão plasmado na locução verbal "poderão ter", e, nas subordinadas, de *obrigatoriedade* (ou prescritividade), dado o sentido normatizante que subjaz à forma modal gerundiva indicativa do meio, modo ou instrumento pelo qual se efetiva ou se deverá efetivar determinada ação ou finalidade. As análises semântica e sintática desses termos e expressões permitem concluir, pois, que à União assiste a *faculdade* de instituir uma contribuição social ou contribuição de intervenção no domínio econômico com alíquotas *ad valorem* ou específica ("poderão [ter]"). Caso, porém, decida ela exercer sua competência mediante a adoção de alíquotas *ad valorem*, *obrigada* está a escolher uma das bases de cálculo expressamente previstas ("tendo [por]").

Sendo assim, o emprego dessas distintas construções verbais deonticamente modalizadas ("poderão [ter]", para as alíquotas, e "tendo [por]", para as bases de cálculo) possibilita decompor o significado do enunciado normativo em duas regras: de um lado, uma regra explícita atributiva de *faculdade*, relativa à *existência* de competência tributária e definidora do órgão, da fonte e do procedimento, de acordo com a qual está a União *autorizada* a instituir contribuições sociais e contribuições de intervenção no domínio econômico com alíquotas *ad valorem* ou específica; e, de outro, uma regra explícita prescritiva de um *comando*, relativa ao modo de *exercício* de competência tributária e definidora do objeto e do conteúdo, consoante a qual a União, caso opte por instituir a contribuição social ou a contribuição de intervenção no domínio econômico com alíquotas *ad valorem*, *obrigada* está a adotar, como bases de cálculo, o faturamento, a receita bruta ou o valor da operação e, no caso da importação, o valor aduaneiro.

Ressalte-se que a enumeração, constante do referido enunciado normativo, de determinadas bases de cálculo, e não de outras, só pode, pois, exprimir o significado de finitude. De um lado, porque, como dito, o enunciado normativo enumerou expressamente as bases de cálculo mediante o emprego do disjuntivo "ou", que significa alternatividade entre opções limitadas, e do conectivo "e", que serve para encerrar uma dada enumeração, não tendo feito uso de expressões como "exemplificativamente", "especialmente", "tais como" ou "entre outros", as quais poderiam ter sido empregadas para assinalar o caráter não exaustivo da enumeração.

De outro, porque os entes federados, no âmbito do poder de tributar, só podem fazer aquilo que a Constituição os autoriza a fazer. Não há, no âmbito do Direito Público, especialmente no âmbito específico do Direito Tributário, uma *regra geral inclusiva* que autorize ao Poder Público fazer tudo quanto não esteja proibido, como sucede no âmbito do Direito Privado. Por essa razão é que confere a Constituição o poder de tributar mediante regras atributivas de competência, como evidenciam seus arts. 148, 149, 153, 155, 156 e 195. Com efeito, ociosa seria a indicação de fatos geradores e bases de cálculo se pudessem os entes federados fazer tudo aquilo que não fosse expressamente proibido pela Constituição. Sendo assim, porém, a circunscrição material do poder de tributar por meio de uma regra só pode ter o efeito de excluir tal poder sobre outras matérias. Pertinentes e elucidativas, aqui, as tradicionais expressões latinas: o que é expresso causa a invalidade do que é silente (*expressum facit cessare tacitum*); quem diz sobre alguma coisa nega sobre outra (*qui dicit uno negat de altero*); a expressão de um significa a exclusão de outro (*expressio unius est excluso alterius*); onde a lei quis, determinou; onde não quis, calou (*ubi lex voluit dixit; ubi tacuit noluit*).[4] Vale dizer, a atribuição do poder de tributar sobre determinados fatos e determinadas bases econômicas tem o efeito de

4. CÔTÉ, Pierre-André. *Interprétation des lois*. 4. ed. Montreal: Thémis, 2009, p. 385. GUASTINI, Riccardo. *Filosofia del Diritto Positivo*. Torino: Giappichelli, 2017, p. 339.

excluir o mesmo poder sobre outros fatos e outras bases. A esse respeito, já me pronunciei:

> As regras previstas pela Constituição de 1988 devem ser qualificadas como regras que estabelecem proibições (ou comandos para não agir de determinado modo), na medida em que, ao preverem, expressamente ou por implicação lógica, determinados aspectos das hipóteses de incidências e das consequências (fatos geradores, bases de cálculo, sujeitos ativos e passivos), proíbem que o destinatário exerça a competência relativamente a fatos geradores, bases de cálculo e sujeitos diversos daqueles previstos.[5]

A conclusão anterior – no sentido de que a atribuição do poder de tributar sobre determinados fatos e determinadas bases de cálculo exclui o mesmo poder sobre outros fatos e outras bases – decorre da estrutura sintática do dispositivo e do modo como foram tais elementos referidos pelo enunciado normativo. Sendo assim, o caráter taxativo da enumeração não depende exclusivamente do emprego dos termos "somente" ou "só". É que as regras de competência que delimitam o objeto de uma competência normativa, ao enumerar as matérias sobre as quais uma dada fonte pode editar normas, "*circunscrevem* a competência da fonte em questão às matérias enumeradas (com a exclusão de qualquer outra). Por conseguinte, não pode a fonte em questão editar normas fora das matérias indicadas".[6] Tanto é assim que os enunciados normativos constantes dos arts. 148, 149, 153, 155, 156 e 195 da Constituição, mesmo não empregando o termo "somente" ou "só", são interpretados pelo Supremo Tribunal Federal e pela doutrina como referindo, de maneira exaustiva, as espécies, os fatos geradores e as bases de cálculo dos tributos que a União, os Estados e os Municípios e o Distrito Federal podem instituir.

É preciso ressaltar que, ao interpretar o enunciado normativo no sentido de que as bases de cálculo nele previstas assumem caráter taxativo e não exemplificativo, não se está

---

5. ÁVILA, Humberto. *Competências tributárias*. São Paulo: Malheiros, 2018, p. 34.

6. GUASTINI, Riccardo. *Filosofia del diritto positivo*. Torino: Giappichelli, 2017, p. 51.

efetuando uma interpretação *restritiva*, mas uma interpretação *estrita* ou *não extensiva*. Lembre-se de que um resultado interpretativo é qualificado como restritivo quando o significado atribuído ao enunciado é *mais restrito* do que aquele exprimido pelo seu significado gramatical; é considerado extensivo quando o significado atribuído ao enunciado é *mais amplo* do que aquele exprimido pelo seu significado gramatical; e é considerado estrito quando o significado atribuído ao enunciado *coincide* com aquele exprimido pelo seu significado gramatical.[7]

Sendo assim, entretanto, a interpretação de acordo com a qual a competência da União, quando esta optar pelas alíquotas *ad valorem*, deve ser exercida "tendo por base o faturamento, a receita bruta ou o valor da operação, e, no caso de importação, o valor aduaneiro", qualifica-se como uma interpretação estrita (ou não extensiva), e não como uma interpretação restritiva, pois o significado atribuído não apenas coincide com o gramatical, como obedece à estrutura sintática do enunciado e às regras básicas de gramática. A bem da verdade, portanto, é a interpretação no sentido de que a competência da União, quando esta optar pelas alíquotas *ad valorem*, não precisa ser exercida "tendo por base o faturamento, a receita bruta ou o valor da operação, e, no caso de importação, o valor aduaneiro", que deve ser qualificada como uma interpretação extensiva, pois o significado atribuído é mais amplo que o gramatical, como de quebra desconsidera a estrutura sintática do enunciado e as regras básicas de gramática.

Dessa forma, não há dúvidas de que a correta interpretação do art. 149, §2°, inciso III, alínea "*a*", da Constituição, conduz à conclusão de que a Constituição, ao atribuir competência à União para instituir contribuições sociais e de intervenção no domínio econômico fixou as bases de cálculo que poderiam ser por ela utilizadas. Não houve assim, portanto, a atribuição de qualquer poder discricionário à União para

7. CÔTÉ, Pierre-André. *Interprétation des lois*. 4. ed. Montreal: Thémis, 2009, p. 537. GUASTINI, Riccardo. *Interpretare e Argomentare*. Milano: Giuffrè, 2011, p. 271.

que esta adotasse, ou não, o faturamento, a receita bruta ou o valor da operação e, no caso da importação, o valor aduaneiro, como bases de cálculo das referidas contribuições. Disso decorre que qualquer tentativa de alterar esta conclusão, seja por via legislativa, seja por via interpretativa, viola diretamente a Constituição, por contrariar o conteúdo, a natureza, a forma lógica e a função das regras de competência tributária. É o que se passa a demonstrar.

2. A regra atributiva de competência tributária

2.1 A estrutura lógica da norma: ela estatui um comando, não uma faculdade

Como se sabe, regras podem ser representadas por uma estrutura hipotético-condicional "Se A, então Z", sendo "A" a hipótese, que refere uma classe de fatos, circunstâncias ou estados de fato, e sendo "B" a consequência, que estatui uma permissão (conduta não proibida), uma faculdade (conduta autorizada), uma proibição (conduta vedada) ou uma obrigação (conduta obrigatória). No caso das regras de competência tributária em geral, a hipótese refere uma classe de fatos ou circunstâncias que, uma vez ocorrendo, leva à implementação da consequência, que é precisamente a atribuição de uma faculdade consistente na autorização para o exercício de um poder – nesse caso, o poder de tributar.

No caso da regra (atributiva, relativa à existência) da competência tributária para a instituição de contribuição de intervenção no domínio econômico, a hipótese da regra prevê as propriedades que devem estar presentes em determinada situação, a fim de que surja a faculdade para instituir o referido tributo ("As contribuições de intervenção no domínio econômico de que trata o *caput* deste artigo..."). Conforme o referido *caput* do art. 149 da Constituição, essas propriedades ("P") são: necessidade de intervenção ("P1") no domínio econômico ("P2") como instrumento de atuação na respectiva área ("P3").

A consequência da regra de competência ("Z"), por sua vez, estatui a faculdade atribuída à União ("...poderão ter alíquotas *ad valorem* [, tendo por base o faturamento, a receita bruta ou o valor da operação e, no caso de importação, o valor aduaneiro,] ou específica [, tendo por base a unidade de medida adotada]). Consoante o referido inciso III do §2º do art. 149 da Constituição, a faculdade atribuída à União consiste em poder instituir determinada contribuição mediante a escolha entre alíquotas *ad valorem* ("B") ou específica ("C"). Sendo assim, e com propósito meramente didático, a regra de competência para instituir a contribuição de intervenção no domínio econômico pode ser simbolizada pela seguinte formulação:

Se A (P1 + P2 + P3), então Z (B ou C)

Quer essa estrutura simbólica simplesmente dizer que, havendo necessidade de intervenção no domínio econômico como instrumento de atuação da União na respectiva área (hipótese), tem ela, a União, a faculdade de instituir uma contribuição de intervenção com alíquotas *ad valorem* ou específica (consequência). Reafirme-se que a noção de faculdade de que ora se fala é exprimida pela locução verbal "poderão ter", cujo complemento integra o sintagma nominal "alíquotas *ad valorem* ou específica". Logo, como resta evidente, só pode tal locução referir-se às alíquotas, não às bases de cálculo. Com efeito, a estrutura sintática da oração impede afirmar-se o contrário sem que sejam burladas regras básicas de gramática da língua portuguesa, como também a estrutura lógica da norma impede sustentar-se o oposto sem que seja rompida sua estrutura hipotético-condicional.

Se a União vier a exercer sua competência tributária optando pela precitada alternativa "B" (alíquotas *ad valorem*), aplicar-se-á a regra (conformadora, relativa ao exercício) da referida competência. A hipótese de tal regra prevê a situação que deve ocorrer para que seja aplicada a consequência: "Se alíquotas *ad valorem*". A consequência da mencionada regra estatui a obrigação de considerar determinadas bases de cálculo ("...tendo por base o faturamento, a receita bruta ou o valor da operação e, no caso de importação, o valor aduaneiro, ou específica, tendo por base a unidade de medida adotada"). Sendo assim, a regra relativa ao exercício da competência para instituir a contribuição de intervenção no domínio econômico pode ser representada pela seguinte configuração:

Se B, então X ("a", "b" ou "c" e "d") ou Y ("e")

Quer essa estrutura simbólica singelamente dizer que, vindo a União a exercer sua competência tributária mediante a adoção de alíquotas *ad valorem* (hipótese), terá ela a obrigação de tomar como base o faturamento, a receita bruta ou o valor da operação e, no caso de importação, o valor aduaneiro (consequência); se, contudo, vier a exercer tal competência mediante a adoção de alíquota específica (hipótese), só poderá tomar como base determinada unidade de medida (consequência). Isso significa que o elemento escolhido para exprimir o modal deôntico obrigatório é a construção verbal "tendo [por]", cujo complemento é expresso pelos sintagmas "base o faturamento, a receita bruta ou o valor da operação e, no caso de importação, o valor aduaneiro" ou "base a unidade de medida adotada". Mais uma vez, ressalte-se que só pode o verbo "tendo [por]" referir-se às bases de cálculo. Aqui também a estrutura sintática da oração impede afirmar-se o contrário sem que sejam violadas regras básicas de gramática da língua portuguesa, da mesma forma que a estrutura lógica da norma afasta a possibilidade de argumentar-se diversamente sem que se quebre sua estrutura hipotético-condicional.

Vê-se que, no caso ora analisado, a consequência de uma regra compõe a hipótese da outra, exemplificando paradigmaticamente aquilo que a doutrina qualifica como concatenação normativa.[8] Assim, a conjugação dessas duas regras ou fragmentos de regras (a atributiva de competência e a conformadora

8. GUASTINI, Riccardo. *Interpretare e Argomentare*. Milano: Giuffrè, 2011, p. 297.

do exercício de competência) produz a regra completa de competência, que pode ser expressa pela seguinte articulação:

Se A (P1 + P2 + P3), então Z [B (“a”, “b” ou “c” e “d”) ou C (“e”)]

Quer essa estrutura simbólica resumidamente dizer que, havendo necessidade de intervenção no domínio econômico como instrumento de atuação da União na respectiva área (hipótese: “Se A (P1 + P2 + P3)”), tem ela, a União, a faculdade de instituir uma contribuição de intervenção com alíquotas *ad valorem* ou específica (consequência: “então Z [B ou C]”); decidindo, todavia, adotar alíquotas *ad valorem* (“B”), obrigada está a utilizar determinadas bases de cálculo (consequência: “B (“a”, “b” ou “c” e “d”)”).

Em suma, a regra de competência prevista no inciso III do §2º do art. 149 da Constituição pode ser qualificada como uma *norma sobre a produção jurídica*, na medida em que determina a criação de outra norma: a regra legal de tributação. A referida regra de competência disciplina, pois, tanto a forma (definindo qual o órgão competente para criar a norma legal e qual o procedimento a ser adotado no exercício da competência) quanto a matéria (definindo qual o conteúdo da norma legal). No que tange a esse conteúdo, a regra de competência atua duplamente. De um lado, para definir o *objeto da disciplina*, isto é, a classe de fatos a que a norma pode referir-se (a hipótese da regra legal). Assim, o conteúdo da regra legal é limitado pela regra de competência na medida em que esta predetermina a hipótese daquela (seu aspecto material), de modo que a regra legal não pode disciplinar senão a classe de fatos determinada pela regra de competência.[9] No caso em apreço, só poderá a regra legal disciplinar situação econômica que exija intervenção no domínio econômico como instrumento de atuação da União na respectiva área. De outro lado, atua a regra de competência

9. GUASTINI, Riccardo. *Filosofia del Diritto Positivo*. Torino: Giappichelli, 2017. p. 47 e ss.

para definir *o modo de disciplina*, isto é, o tipo de consequência que deve ser conexa àquela classe de fatos (a consequência da regra legal). Logo, o conteúdo da norma legal é limitado pela regra de competência na medida em que esta predetermina a consequência daquela (sua base de cálculo), de maneira que a regra legal não pode conectar à referida classe de fatos outra consequência senão aquela determinada pela regra de competência. No presente caso, deverá o legislador tomar por base o faturamento, a receita bruta ou o valor da operação e, no caso de importação, o valor aduaneiro.

Note-se que foi com o propósito específico de regular o *modo de disciplina* que a Constituição empregou orações subordinadas adverbiais *modais* reduzidas de gerúndio, as quais se caracterizam precisamente por indicar o *modo* pelo qual se deve realizar determinada ação ou fim expresso na oração principal. No caso em comento, pois, optando a União por instituir alíquotas do tipo *ad valorem*, o modo pelo qual deverá aplicá-las é adotando – tendo por base, como prevê o dispositivo – uma das respectivas modalidades de cálculo arroladas no mencionado inciso. A parte que interessa aos propósitos deste artigo, portanto, é a da regra de competência que regula o modo da disciplina que deverá a regra legal adotar, isto é, o tipo de consequência que esta deverá conectar à classe de fatos. E, nesse aspecto específico, verifica-se, com absoluta nitidez, que a regra de competência estatui um *comando* destinado a fixar um *limite material direto* à regra legal de tributação da União.

Tudo quanto foi asserido até aqui com base na estrutura sintática das orações e na estrutura lógica da norma, presta-se a demonstrar que o argumento segundo o qual teria a União o poder discricionário de escolher, de acordo com critérios de conveniência e oportunidade, a base de cálculo da contribuição de intervenção no domínio econômico, necessariamente parte de uma *premissa sintática e logicamente falsa*, qual seja, a de que o dispositivo constitucional, ao referir-se às bases de cálculo das contribuições de intervenção no domínio econômico, teria empregado a locução verbal "poderão ter", que atribuiria à União a faculdade de adotar ou não as mencionadas bases. Isso simplesmente não é verdade. Com efeito, serve-se o dispositivo constitucional dessa locução para referir-se às alíquotas, que podem ser *ad valorem* ou específica. Para aludir às bases de cálculo das contribuições de intervenção no domínio econômico, o mencionado dispositivo emprega a expressão "tendo [por]". Basta ler o dispositivo com base na sua estrutura sintática e na sua forma lógica para comprová-lo de forma irrecusável.

Constata-se, portanto, que a interpretação que defende o poder discricionário da União de escolher, estribada em critérios de conveniência e oportunidade, as bases de cálculo das contribuições de intervenção no domínio econômico, termina por fazer ler "poderão ter alíquotas *ad valorem*, que **poderão ter** por base o faturamento, a receita bruta ou o valor da operação e, no caso de importação, o valor aduaneiro, ou específica, que **poderá ter** por base a unidade de medida adotada", onde concretamente está escrito "poderão ter alíquotas *ad valorem*, **tendo por** base o faturamento, a receita bruta ou o valor da operação e, no caso de importação, o valor aduaneiro, ou específica, **tendo por** base a unidade de medida adotada".

Ao fazê-lo, semelhante atividade interpretativa insere, nas orações subordinadas, expressão constante da oração principal, com o que termina por trocar os modais deônticos de lugar, substituindo uma obrigação, que precisa ser observada, por uma faculdade, que pode ou não ser invocada. E, ao assim proceder, transforma uma norma imperativa, que estatui um comando, em outra facultativa, que prevê uma autorização. Todos esses expedientes culminam com a mudança da Constituição, que, a pretexto de ser interpretada para ser cumprida, resulta alterada e, pois, manifestamente infringida.

No que toca a tal procedimento, é oportuno recorrer às expressivas e sempre lembradas palavras do Ministro Luiz Galotti, para quem, relativamente aos dispositivos normativos, é preciso interpretar "interpretando e, não, mudando-lhe o texto" [RE n. 71.758/GB (RTJ 66/165)]. Interpretar mudando o texto não é interpretar, mas criar, e criar não pode o intérprete quando diante de dispositivos constitucionais que atribuem aos entes federados o poder de tributar e o exercício desse poder tem o condão de restringir os direitos fundamentais de dignidade, igualdade, liberdade e propriedade dos contribuintes, tanto quanto de afetar os princípios estruturantes do Estado de Direito, como os princípios democrático, de separação dos poderes e da segurança jurídica. Ademais, não se pode olvidar que não há interpretação correta para o termo errado. E a interpretação ancorada na locução "poderão ter" focaliza a expressão errada, deixando de considerar a certa, tal qual o julgador que condena um acusado sem provas, ou com amparo em provas espúrias, deixando de considerar provas robustas que seguramente conduziriam ao verdadeiro autor do crime.

O decisivo, até aqui, é demonstrar que interpretar o dispositivo focalizando a locução verbal "tendo [por]", inserida nas orações subordinadas adverbiais modais reduzidas de gerúndio constantes do dispositivo constitucional, e não a locução verbal "poderão [ter]", inserida na oração principal, não configura uma opção caprichosa do intérprete, sujeita à sua crença individual e independente de qualquer base empírica; é antes uma decorrência do exame da linguagem concretamente empregada pela Constituição com base nas regras de gramática da língua portuguesa e nas regras racionais de argumentação lógica.

2.2 A eficácia temporal da norma: ela vale para o futuro, mas desde sua edição

Examinado, pois, o primeiro dos dois argumentos baseados na expressão "poderão [ter]", resta agora enfrentar o segundo. De acordo com o segundo argumento, ainda que fosse a União obrigada a adotar uma das bases de cálculo previstas pelo inciso III do §2º do art. 149 da Constituição, só seria obrigada a fazê-lo para as contribuições criadas *após* a Emenda Constitucional n. 33/2001, pelo simples fato de a expressão "poderão ter" haver sido empregada no tempo verbal futuro. Tal argumento, contudo, também é improcedente, pelas seguintes razões.

Em primeiro lugar, o referido argumento é improcedente porque, como sobejamente demonstrado, a locução verbal "poderão [ter]" é impertinente à solução da controvérsia, na medida em que, relativamente às bases de cálculo, o inciso III do §2º do art. 149 da Constituição emprega a construção verbal "tendo [por]", que, como visto, traduz uma obrigação ou comando, não uma faculdade. Se, portanto, a locução "poderão [ter]" é impertinente, irrelevante, naturalmente, é a argumentação nela baseada. E uma argumentação, depois de demonstrada irrelevante, já não precisaria ser contestada.

Ainda assim, por amor ao debate, prossegue-se com a contestação do referido argumento ajuntando-se que ser ele improcedente, em segundo lugar, porque a mudança constitucional, seja pela introdução de uma nova ordem constitucional, seja pela modificação da ordem vigente, visa – com o perdão da obviedade – a alterar a ordem constitucional. A consecução de semelhante objetivo pressupõe a não recepção da legislação infraconstitucional editada sob a vigência da ordem constitucional anterior, bem como sua incompatibilidade com a nova ordem constitucional. Se a nova ordem constitucional, que serve precisamente para atribuir fundamento de validade à legislação infraconstitucional, tivesse de conviver com a legislação infraconstitucional que lhe é incompatível, deixaria de ser nova ordem constitucional exatamente por deixar de atribuir fundamento de validade à legislação infraconstitucional. Toda legislação infraconstitucional anterior, embora incompatível com a nova ordem constitucional, permaneceria válida. O argumento de que a legislação infraconstitucional permaneceria válida mesmo quando incompatível com a nova ordem constitucional contraria, portanto, o próprio sentido de uma mudança constitucional e implica aceitar que qualquer alteração constitucional seria promovida para que tudo continuasse igual.

Em terceiro lugar, é improcedente o mencionado argumento porque, nas hipóteses em que a legislação anterior à mudança constitucional vá se tornar incompatível com a nova ordem constitucional, querendo o legislador constituinte, originário ou derivado, manter sua constitucionalidade, ele o fará expressamente. Por exemplo, estabelece o art. 240 da Constituição que "**Ficam ressalvadas do disposto no art. 195** as atuais contribuições compulsórias dos empregadores sobre a folha de salários, destinadas às entidades privadas de serviço social e de formação profissional vinculadas ao sistema sindical". Vale dizer, com o advento do art. 195 da Constituição, as contribuições editadas antes de sua introdução deixariam de ter fundamento constitucional e poderiam ser declaradas inconstitucionais. Em face dessa situação, cuidou a Constituição expressamente de ressalvá-las dos limites impostos pela nova regra de competência.

Isso significa, para o tema do presente artigo, que, tencionasse o legislador manter as contribuições de intervenção no domínio econômico, editadas antes do advento da mudança constitucional operada pela Emenda Constitucional 33/2001, teria expressamente estabelecido "**Ficam ressalvadas do disposto no inciso III do §2º do art. 149** as atuais contribuições de intervenção no domínio econômico destinadas às entidades privadas de serviço social e de formação profissional vinculadas ao sistema sindical". Ele, contudo, não procedeu dessa forma. Logo, não há como interpretar a questão de outro modo senão mediante o emprego do argumento *a contrario*: se o legislador, para determinada situação que lhe é conhecida, estabelece determinada consequência que deixou de estabelecer para situação similar, é porque pretendeu aí estabelecer a consequência contrária. Em outras palavras, se o legislador, quando quer ressalvar de nova regra de competência tributos anteriormente instituídos, cuida de fazê-lo expressamente, quando da nova regra não os ressalva expressamente é porque implicitamente os submete a seus limites.

Em quarto lugar, é improcedente o argumento apresentado porque não é dado extrair apenas do tempo verbal empregado pelo legislador, sem um argumento ulterior, a conclusão de que teria ele implicitamente regulado a recepção de uma norma infraconstitucional. Ora, o legislador não emprega os modos e tempos verbais com rigor científico. Quando, por hipótese, ele prevê que "os assassinos *serão* punidos com pena de reclusão de seis a vinte anos", não está a emitir um enunciado descritivo preditivo antecipando que os assassinos *serão* de fato punidos no futuro; está apenas a expressar um enunciado prescritivo determinando que eles *devem ser* punidos. Ou seja, conquanto tenha empregado o modo verbal indicativo, em vez do imperativo, e o tempo verbal futuro, em vez do presente, o legislador em verdade emitiu um enunciado com a função prescritiva de ordenar comportamentos, não de prevê-los.

Com isso se quer dizer que o legislador constituinte a todo momento se utiliza do futuro do indicativo sem que isso tenha implicações necessárias sobre a recepção ou não de legislação infraconstitucional anterior, inclusive porque o fenômeno da recepção depende da compatibilidade da legislação infraconstitucional anterior com a nova ordem constitucional, e não do tempo verbal empregado pelo legislador. Uma rápida consulta à Constituição revela um texto repleto de verbos conjugados no futuro, inclusive porque a legislação é, por definição, direcionada ao futuro.

Isso posto, do fato de o inciso III do §2º do art. 149 da Constituição, introduzido pela Emenda Constitucional 33/2001, ter empregado a locução verbal *poder ter* no tempo verbal futuro não se segue, de modo algum, que a legislação infraconstitucional tenha sido recepcionada e, por tal razão, não possa estar eivada de inconstitucionalidade superveniente. Lembre-se, por oportuno, que não se cogita da aplicação retroativa da referida Emenda, mas da sua aplicação a partir da sua edição, para derrogar efeitos futuros de legislação que lhe é anterior.

Na esteira das considerações anteriores, é lícito concluir de forma categórica, e com base na estrutura sintática do enunciado normativo e na forma lógica do seu significado, pela absoluta impossibilidade de se interpretar o enunciado normativo ora em discussão no sentido de que teria atribuído à União o *poder discricionário* de adotar, como bases de cálculo da contribuição de intervenção no domínio econômico, o faturamento, a receita bruta ou o valor da operação e, no caso da importação, o valor aduaneiro, pelo fato de conter a construção verbal "poderão ter", que, por seu significado, exprimiria uma faculdade, passível ou não de ser exercida, e por seu tempo verbal, só se aplicaria às contribuições instituídas após sua introdução, não antes. Como demonstrado, tal argumentação, além de infringir regras sintáticas básicas de gramática e a própria estrutura da regra de competência, colide com o conteúdo do enunciado constitucional, com princípios constitucionais fundamentais e com o próprio postulado da supremacia da Constituição.

Não obstante violar regras sintáticas básicas de gramática, o conteúdo do enunciado constitucional, os princípios constitucionais fundamentais e o postulado da supremacia da Constituição, a mencionada interpretação contraria ainda a natureza, a forma lógica e a função da regra de competência tributária.

2.3 A natureza da norma: ela obriga, não recomenda

A referida interpretação contraria a *natureza* do significado do enunciado constitucional na medida em que transforma uma norma jurídica em mera recomendação moral. Para demonstrá-lo, é preciso, ainda que muito brevemente, traçar uma distinção entre enunciados descritivos e enunciados prescritivos. Enunciados descritivos são aqueles usados com a função de descrever como as coisas são ou serão ("a porta está fechada"). Enunciados prescritivos são aqueles usados com a função de dirigir o comportamento alheio ("Pedro, fecha a porta!"). Entre as espécies de significados de enunciados prescritivos estão as normas, tanto as jurídicas, que estabelecem comandos, proibições, faculdades e permissões, quanto as morais, que preveem conselhos, recomendações e sugestões. A diferença entre as normas jurídicas e as normas morais não reside no cumprimento da função prescritiva, que ambas exercem, mas na relação que a prescrição mantém com a conduta (se direta ou indireta), com o destinatário (se autônoma ou heterônoma) e com a sanção (se a prevê ou não).[10]

Resumidamente, uma norma jurídica traduz o significado de um enunciado prescritivo que atua *imediatamente* sobre a conduta do destinatário, impondo-lhe, *mesmo contra sua vontade e independentemente dela*, determinado dever, *sob pena de aplicação de determinada sanção*. Uma norma jurídica exprime, portanto, um significado que regula a conduta de forma direta, heterônoma e coativa. Já uma norma moral traduz o significado de um enunciado prescritivo que atua *indiretamente* sobre a conduta do destinatário, podendo ou não ser seguido, porquanto é o destinatário quem decide, autonomamente e com base em sua própria consciência, não na autoridade de outrem, se age ou não conforme a prescrição, *sem poder ser submetido a qualquer tipo de sanção normativa*. Uma norma moral expressa, pois, um significado que regula a conduta de maneira indireta, autônoma e não coativa. Em outras palavras, uma norma moral, de que é exemplo uma simples recomendação, pode ou não ser seguida, dependendo exclusivamente da vontade do destinatário, que não poderá sofrer qualquer espécie de sanção por deixar de adotar o comportamento recomendado. Dito de maneira ainda mais simples: o destinatário de uma recomendação a segue se quiser e sem sofrer qualquer consequência jurídica institucionalizada.

Em razão das considerações anteriores, faz-se uma diferenciação entre normas morais, como os conselhos e as recomendações, e normas jurídicas, como as regras que preveem faculdades ou estatuem comandos e proibições. Trata-se de distinção bastante antiga, que foi incorporada ao debate da Teoria do Direito. Os conselhos – já o demonstrava Hobbes em 1651 – são dados em benefício de quem os recebe, podendo ou não ser seguidos, sem que a seu destinatário seja dado

10. GUASTINI, Riccardo. *Filosofia del Diritto Positivo*. Torino: Giappichelli, 2017. p. 47 e ss. BARBERIS, Mauro. *Filosofia del Diritto*. 3. ed. Torino: Giappichelli, 2008, p. 117 e ss.

aplicar uma sanção por deixar de segui-lo. Os comandos, em contrapartida, são estabelecidos em proveito de uma autoridade, devendo ser seguidos mesmo contra a vontade do destinatário, que pode sofrer sanção caso não o observe. Como afirma o filósofo inglês, "um comando existe quando alguém diz: faz isso ou não faz isso (*'Hoc fac, vel non fac'*), sem esperar outra razão que não seja a vontade de quem o diz", ao passo que "um conselho existe quando alguém diz faz ou não faz isso (*'Hoc fac vel no fac'*), e deduz suas razões do benefício que deriva para aquele a quem o diz".[11]

Pois bem, a regra de competência para instituir uma contribuição de intervenção no domínio econômico constitui uma norma *jurídica*, pois traduz o significado de um enunciado que atua diretamente sobre a conduta do destinatário, impondo-lhe, mesmo contra sua vontade e independentemente dela, determinado dever, sob pena de aplicação de determinada sanção. Com efeito, por força dela a conduta da União é regulada de forma direta, mediante a atribuição de uma faculdade para instituir determinado tributo ("Compete exclusivamente à União instituir contribuições...") conjugada com um comando que regula seu exercício ("tendo por base..."), sob pena de uma sanção traduzida na decretação de invalidade formal do dispositivo legal ou material da norma legal que contrariar a faculdade ou o comando ("Compete ao Supremo Tribunal Federal, precipuamente, a guarda da Constituição, cabendo-lhe julgar, mediante recurso extraordinário, as causas decididas em única ou última instância, quando a decisão recorrida contrariar dispositivo desta Constituição").

Note-se que a regra em apreço é reconstruída a partir de um dispositivo que integra a Constituição e está presente na seção "Dos Princípios Gerais", constante do capítulo "Do Sistema Tributário Nacional", inserido no título "Da Tributação e do Orçamento". Acresce que o referido dispositivo constitui

11. HOBBES, Thomas. *Leviathan.* The English and Latin Texts. v. 2. cap. 25. MALCOLM, Noel (ed.). Oxford: Clarendon, 2012 (1651), p. 398.

parágrafo de um artigo que especifica uma competência tributária: "Compete exclusivamente à União...". Considerando a *fonte normativa* onde inserido tal enunciado e a linguagem em que vertido, seria no mínimo estranho que ele exprimisse uma norma moral, em vez de jurídica, e que, em lugar de estatuir comandos normativos a serem obrigatoriamente observados pela União, apenas contivesse recomendações morais que poderiam ou não ser seguidas conforme a consciência das autoridades integrantes daquela. Aceitar esse tipo de interpretação importa retirar toda e qualquer força normativa da norma constitucional. Como há muito disse Hobbes, "pactos sem a espada são apenas palavras e não têm a força para assegurar de fato um homem" ("*Verba enim sunt, dumque verba tantùm sunt, non timentur, ideoque ad securitatem hominum per sie armis inutilia sunt*").[12] Normas havidas como recomendações não passam, pois, de pactos sem a espada: *inutilia sunt* – são inúteis. Em verdade, a interpretação no sentido de que o enunciado normativo em discussão configura uma simples recomendação anula totalmente a norma jurídica que o referido enunciado exprime. Trata-se, pois, de uma interpretação abrogante, como a define TARELLO:

> Por "interpretação abrogante" se entende o êxito da atividade do intérprete que consiste na denegação que a um enunciado particular do discurso legislativo seja atribuído qualquer significado preceptivo, isto é, que o êxito da atividade do intérprete consista na asserção de que aquele enunciado particular do discurso legislativo não exprime norma alguma.[13]

O que se pode concluir, portanto, é que a única interpretação que atribui efeito útil à mudança constitucional e garante a função prescritiva do significado do enunciado normativo é aquela no sentido de que a nova regra de competência limitou materialmente o poder de tributar da União.

---

12. HOBBES, Thomas. *Leviathan*. The English and Latin Texts. v. 2. cap. 17. MALCOLM, Noel (ed.). Oxford: Clarendon, 2012 (1651), p. 255.

13. TARELLO, Giovanni. *L'interpretazione dela legge*. Milano: Giuffrè, 1980, p. 37.

2.4 A forma lógica da norma: ela é condicional, não categórica

A mencionada interpretação contraria também a forma lógica da regra de competência tributária, na medida em que converte uma regra condicional em uma regra categórica. Regra condicional é aquela que estabelece o que deve ser feito ou deixado de ser feito caso se verifiquem determinadas circunstâncias de fato. Um enunciado condicional pode ser examinado em dois elementos: uma hipótese (ou antecedente), isto é, a parte do enunciado que determina a condição ("Se..."); e uma consequência (ou consequente), isto é, a parte do enunciado que estatui a consequência ("...então..."). A regra de competência apresenta, portanto, uma estrutura sintática ou forma lógica condicional: "*Se* A, *então* Z", em que a hipótese refere-se a uma classe de circunstâncias de fato, prevendo o que é disciplinado, e a consequência, a uma classe de consequências jurídicas, estabelecendo como é disciplinado. Diferencia-se, portanto, das regras categóricas, isto é, das regras incondicionais, como do tipo "É proibido fumar". Distingue-se também das normas portadoras das chamadas cláusulas gerais, assim entendidas aquelas normas que, em virtude da genericidade e vagueza dos predicados constantes do enunciado com base no qual são reconstruídas, contêm tanto uma hipótese quanto uma consequência indeterminadas, a exemplo da que estabelece que "os contratos devem seguir a boa-fé", sem definir o que é boa-fé nem a consequência para sua violação.

Pois bem, a regra de competência para instituir uma contribuição de intervenção no domínio econômico constitui uma regra *hipotético-condicional*, tanto por referir uma classe determinada de circunstâncias de fato ("Se necessidade de intervenção no domínio econômico como instrumento de atuação da União na respectiva área..."), quanto por estatuir uma classe determinada de consequências ("..., então faculdade de instituir uma contribuição de intervenção com alíquotas *ad valorem* sobre determinadas bases de cálculo ou específica"). Em outras palavras, a regra de competência reconstruída a partir do enunciado constitucional apresenta a forma lógica de uma regra *hipotético-condicional* que outorga uma *faculdade* cujo exercício depende da obediência a um *comando*. Trata-se, portanto, de uma norma secundária sobre a produção jurídica que confere uma competência mediante a especificação do órgão e do procedimento (União, por meio de lei) e circunscreve materialmente seu objeto (determinadas bases de cálculo).

A interpretação no sentido de que o enunciado constitucional atribuiria à União o *poder discricionário* de adotar, como bases de cálculo da contribuição de intervenção no domínio econômico, o faturamento, a receita bruta ou o valor da operação e, no caso da importação, o valor aduaneiro, altera a forma lógica da regra constitucional, por duas razões. De um lado, por transformar uma *regra hipotético-condicional* – que outorga uma *faculdade*, se presentes determinadas circunstâncias de fato, e estatui um *comando*, se exercida a referida faculdade sob determinada forma – em uma regra categórica, sem a previsão de circunstâncias de fato necessárias à sua incidência. De outro, por converter uma *regra com consequência determinada* – que prevê a obrigação de considerar determinadas bases de cálculo, se exercida a faculdade de determinada forma – em uma *regra portadora de cláusula geral*, que não determina a consequência a ser implementada caso preenchidas as condições de fato previstas em sua hipótese.

2.5 A função da norma: ela limita o poder, não o torna ilimitado

A interpretação em causa contraria ainda a *função* da regra de competência, na medida em que deixa de limitar o exercício do poder de tributar. Regras de competência constituem uma espécie das normas sobre a produção jurídica, assim entendidas aquelas metanormas (normas sobre normas) que disciplinam a criação de outras normas e podem ser subdivididas em normas que determinam quais os órgãos competentes para criar normas e com quais procedimentos deve ser exercida a competência (metanormas formais), de um lado, e normas que limitam ou predeterminam o conteúdo da norma a ser criada (metanormas materiais), de outro. Sua função consiste precisamente em atribuir o poder mediante a outorga de faculdades e limitar seu exercício por meio da estatuição de comandos e proibições. No âmbito do Direito Tributário, especialmente em países que adotam a forma federativa de Estado, as regras de competência discriminam as competências entre os entes federados, regulam seu exercício e delimitam-lhes o conteúdo. Sua função precípua é, portanto, limitar o poder de tributar.

Pois bem, a regra de competência para instituir contribuições de intervenção no domínio econômico prevista no inciso III do §2º do art. 149 da Constituição configura exemplo paradigmático de regra de competência cuja função é limitar o poder de tributar, na medida em que o enunciado normativo que lhe serve de fundamento possui as seguintes características: emprega linguagem que exprime função prescritiva ou imperativa, como é o caso da expressão deonticamente modalizada "tendo [por]", cuja forma nominal gerundiva comporta o sentido normatizante do enunciado; enumera expressa e taxativamente as bases de cálculo mediante o emprego do disjuntivo "ou", que significa alternatividade entre opções limitadas, e do conectivo "e", que serve para encerrar uma dada enumeração, evitando fazer uso de expressões como "exemplificativamente", "especialmente", "tais como" ou "entre outros", empregadas para assinalar o caráter não exaustivo de uma enumeração. Considerando a linguagem e as expressões nele utilizadas, causaria espécie que o enunciado normativo servisse não para limitar o poder de tributar da União, mas tão somente para orientar sua atuação.

Acrescente-se às considerações precedentes a circunstância de o inciso III do §2º do art. 149 da Constituição ter sido inserido por meio da Emenda Constitucional 33/2001. A prevalecer a interpretação de que se limitaria tal dispositivo a trazer recomendações à União, a própria mudança constitucional perderia inteiramente a razão de ser. Numa palavra: teria a Constituição sido modificada para ficar rigorosamente igual. Semelhante entendimento, além de retirar qualquer efeito útil da referida Emenda, tornaria sem sentido o próprio conteúdo do enunciado normativo, pois a competência da União permaneceria igual mesmo após a introdução de 79 novas palavras na Constituição. Essas palavras, sem exprimir significados, não passariam de símbolos desprovidos de qualquer sentido – nada mais que nacos de tinta sobre uma folha de papel. Tal proceder, entre tantos efeitos adversos, elimina o caráter normativo da Constituição, por subtrair-lhe o poder de influir no comportamento dos destinatários de suas normas.

Não se pode, porém, presumir que o legislador tenha modificado a Constituição para que ela continuasse igual. Ao contrário, segundo o chamado princípio do efeito útil, é preciso presumir que "cada termo, cada frase, cada alínea, cada parágrafo foram redigidos deliberadamente com vistas a produzir algum efeito. O legislador é econômico em suas palavras: ele não 'fala para não dizer nada'".[14] Exatamente por isso, as mudanças normativas promovidas pela Emenda Constitucional 33/2001 devem ser entendidas como alterações aptas a modificar a competência da União, impondo novos limites à sua atuação.

Conclusões

Todo o exposto permite alcançar às seguintes conclusões. Em primeiro lugar, a estrutura sintática do enunciado não deixa dúvidas de que o importante é a construção verbal "tendo [por]", e não a "poderão [ter]". A interpretação do inciso III do §2º do art. 149 da Constituição que focaliza a construção verbal "poderão [ter]" padece de inequívoco erro de ordem sintático-gramatical, uma vez que do escrutínio da oração "alíquotas *ad valorem*, tendo por base o faturamento, a receita

14. CÔTÉ, Pierre-André. *Interprétation des lois*. 4. ed. Montreal: Thémis, 2009, p. 318.

bruta ou o valor da operação e, no caso de importação, o valor aduaneiro" e da oração "alíquota específica, tendo a unidade de medida adotada", é possível constatar, sem qualquer espaço para dúvida, que a construção verbal usada em referência às bases de cálculo é "tendo [por]", e não "poderão [ter]". Este último está inserido na oração principal e concerne exclusivamente às alíquotas, com as quais estabelece relação de transitividade, e não às bases de cálculo. Estas se acham presentes nas orações subordinadas, cujo conteúdo compreende uma enumeração finita demarcada pelo uso da partícula disjuntiva "ou" e do conectivo "e", assim gerando um rol de natureza taxativa: no caso das alíquotas *ad valorem*, "a", "b" ou "c" e "d"; no caso da alíquota específica, "e".

Em segundo lugar, o emprego de distintas construções verbais deonticamente modalizadas ("poderão [ter]", para as alíquotas, e "tendo [por]", para as bases de cálculo) possibilita decompor o significado do enunciado normativo em duas regras: de um lado, uma regra explícita atributiva de *faculdade*, relativa à *existência* de competência tributária e definidora do órgão, da fonte e do procedimento, de acordo com a qual está a União *autorizada* a instituir contribuições de intervenção no domínio econômico com alíquotas *ad valorem* ou específica; e, de outro, uma regra explícita prescritiva de um *comando*, relativa ao modo de *exercício* de competência tributária e definidora do objeto e do conteúdo, consoante a qual a União, caso opte por instituir a contribuição de intervenção no domínio econômico com alíquotas *ad valorem*, *obrigada* está a adotar, como bases de cálculo, o faturamento, a receita bruta ou o valor da operação e, no caso da importação, o valor aduaneiro.

Nesse sentido, o elemento escolhido para exprimir o modal deôntico obrigatório é a construção verbal "tendo [por]", cujo complemento é expresso pelos sintagmas "base o faturamento, a receita bruta ou o valor da operação e, no caso de importação, o valor aduaneiro" ou "base a unidade de medida adotada". Daí a improcedência do argumento segundo o qual teria a União o poder discricionário de escolher, de acordo com critérios de conveniência e oportunidade, a base de cálculo da contribuição de intervenção no domínio econômico, já que o dispositivo constitucional emprega a locução verbal "poderão [ter]" para referir-se às alíquotas, que podem ser *ad valorem* ou específica. Para aludir às bases de cálculo das contribuições sociais e de intervenção no domínio econômico, o mencionado dispositivo emprega a expressão "tendo [por]".

Em terceiro lugar, a regra de competência prevista no inciso III do §2º do art. 149 da Constituição pode ser qualificada como uma norma sobre a produção jurídica, da espécie das regras hipotético-condicionais que exprimem uma faculdade cumulada com um comando e cuja função é limitar o poder de tributar da União. Logo, o conteúdo da norma legal é limitado pela regra de competência na medida em que esta predetermina a consequência daquela (sua base de cálculo), de maneira que a regra legal não pode conectar à referida classe de fatos outra consequência senão aquela determinada pela regra de competência. No caso, o legislador deverá tomar por base o faturamento, a receita bruta ou o valor da operação e, no caso de importação, o valor aduaneiro.

Referências

ÁVILA, Humberto. *Competências tributárias.* São Paulo: Malheiros, 2018.

BECHARA, Evanildo. *Gramática da língua portuguesa.* 1. ed. Rio de Janeiro: Lucerna, 2001

CÔTÉ, Pierre-André. *Interprétation des lois.* 4. ed. Montreal: Thémis, 2009.

BARBERIS, Mauro. *Filosofia del Diritto.* 3. ed. Torino: Giappichelli, 2008,

GUASTINI, Riccardo. *Filosofia del Diritto Positivo.* Torino: Giappichelli, 2017.

_____. *Interpretare e Argomentare.* Milano: Giuffrè, 2011,

HOBBES, Thomas. *Leviathan.* The English and Latin Texts. v. 2. cap. 17. MALCOLM, Noel (ed.). Oxford: Clarendon, 2012 (1651).

LUFT, Celso Pedro. *Dicionário prático de regência verbal.* 8. ed. São Paulo: Ática, 2002

TARELLO, Giovanni. *L'interpretazione dela legge.* Milano: Giuffrè, 1980.

DIREITO TRIBUTÁRIO E INTERDISCIPLINARIDADE

Ives Gandra da Silva Martins[1-2]

Sumário: 1. Introdução – 2. Do Direito Natural – 3. Da Economia – 4. Conclusão – Referências.

1. Introdução

Foi com muito prazer e honra que recebi o convite para escrever estudo em homenagem a Paulo Ayres Barreto; tão brilhante jurista quanto seu saudoso pai, Aires Fernandino Barreto, com profundos conhecimentos de direito tributário o qual, seja como advogado, professor ou doutrinador, nunca deixou de se destacar em suas atividades. Tenho por ele especial carinho e admiração, sendo que nossa amizade remonta aos tempos de

---

1. Professor Emérito das Universidades Mackenzie, UNIP, UNIFIEO, UNIFMU, do CIEE/O ESTADO DE SÃO PAULO, das Escolas de Comando e Estado-Maior do Exército - ECEME, Superior de Guerra - ESG e da Magistratura do Tribunal Regional Federal – 1ª Região; Professor Honorário das Universidades Austral (Argentina), San Martin de Porres (Peru) e Vasili Goldis (Romênia); Doutor Honoris Causa das Universidades de Craiova (Romênia) e das PUCs-Paraná e Rio Grande do Sul e Catedrático da Universidade do Minho (Portugal); Presidente do Conselho Superior de Direito da FECOMERCIO/SP. E-mail: igm@gandramartins.adv.br.

2. Agradeço a contribuição de minha Assistente Ana Regina Campos de Sica, que resgatou textos meus, auxiliando-me na elaboração do presente artigo.

seu pai, um querido amigo que me apresentou ao homenageado. É, pois, por conhecê-lo há longa data que sei que a homenagem que lhe prestam é de absoluta pertinência e justiça.

No que tange ao tema proposto para estas breves considerações, qual seja, o da *interdisciplinaridade no direito tributário*, ressalto, desde logo, que a imposição tributária, sempre que examinada à luz dos princípios que regem a Ciência do Direito, tem recebido variada gama de análises, o mais das vezes desrelacionada dos elementos pré e metajurídicos que a informam.

Creio, entretanto, que a reflexão acadêmica sobre o Direito Tributário deve ocorrer em conjunto com o raciocínio e a linguagem de outras ciências (tais como a filosofia, sociologia, política, história, economia etc.), visto que esta contaminação, a meu ver, termina por enriquecer a compreensão da problemática gerada pelas necessidades do Erário, sob o prisma de sua normatividade.

A assepsia total do Direito, ou seja, sua não contaminação por elementos de outras áreas, sobre empobrecê-lo, restringe o papel do jurista ao de um costureiro da ordem social, e não mais o médico, que sempre foi. De criador e orientador da ordem social justa, reduz-se ao papel de mero instrumentalizador daqueles princípios e criações percebidas em outras áreas do conhecimento humano.[3] Nesta esteira, compartilho do entendimento do nosso homenageado:

> A expressão interdisciplinaridade jurídica, que dá ensejo a grandes polêmicas, refere-se exatamente ao trânsito entre as diversas áreas do conhecimento humano, tais como a Ciência Econômica, as Ciências Sociais e a Ciência Política. Trata-se de equivalente significativo do que se denominou intertextualidade externa ou extrajurídica.[4]

---

3. Ylves José de Miranda Guimarães, em *"O tributo" (Max Limonad),* oferta uma visão jusnaturalista da imposição tributária e ataca, contundentemente, os positivistas por sua percepção mutiladora do Direito.

4. BARRETO, Paulo Ayres. *Planejamento tributário:* limites normativos. São Paulo: Noeses, 2016, p. 30.

Procurarei, portanto, ao tratar do complexo tema da interdisciplinaridade no direito tributário, não obstante as inúmeras abordagens possíveis, analisar este ramo do direito que trata da imposição tributária sob, especificamente, dois enfoques: o do direito natural e o da economia, dado o limite espacial deste estudo.

2. Do Direito Natural

As denominadas leis naturais — na moderna concepção do direito natural, que não se choca com o Direito Positivo, pois há normas que o Estado apenas reconhece e outras que cria — são, quase sempre, normas de aceitação social. O respeito ao direito à vida,[5] é típica norma de comportamento que seria cumprida pela maior parte de qualquer população, mesmo que sanção não houvesse. Para tais normas, compreende-se que as normas sancionatórias sejam secundárias, pois o brilho das normas primárias ou de comportamento, por si só, assegura a força de sua aplicação e aceitação pela comunidade.

O mesmo não acontece quanto às normas de rejeição social, em relação as quais prevalece a necessidade da norma sancionatória, para que seja cumprida. O tributo é, a meu ver, grande exemplo de norma de rejeição social, posto que a sanção assegura ao Estado a certeza de que ele será recolhido, pois a carga desmedida que implica traz como consequência o desejo popular de descumpri-la.[6]

Tanto assim é que um contribuinte, que seria incapaz de matar alguém, mesmo que não houvesse norma sancionatória, muitas vezes é tentado a não pagar tributos, só o fazendo

---

5. O Caderno de Direito Natural, n. 2, dedicado ao "Direito à Vida" e escrito por Gustavo Miguez de Mello, Ives Gandra da Silva Martins, José Carlos Graça Wagner e Walter Moraes (Ed. Cejup/CEEU, 1987), realça este aspecto pertinente às normas de reconhecimento pelo Estado e aquelas de criação, dentro da doutrina sobre o direito natural a partir de Puy, Hervada, Izquierdo, Villadrich, Leclerq, Pedro Galvão de Souza, Ylves José de Miranda Guimarães e outros.

6. MARTINS, Ives Gandra da Silva. *Teoria da norma tributária*. São Paulo: Ed. RT, 1980.

em face do receio de que a norma sancionatória lhe seja aplicada. É que todos os contribuintes sabem que pagam mais do que deveriam para atender às necessidades maiores do Estado e às necessidades menores dos detentores do poder.

Neste ponto, considero conveniente elucidar que a carga é sempre desmedida, pelo menos em face de seis aspectos, sobre os quais já me debrucei no passado:

I. Objetivos e necessidades mal colocados. Normalmente, o contribuinte entende que a fixação de objetivos, no concernente às necessidades públicas, é feita na perspectiva de metas superiores às possibilidades governamentais, quando não mal eleitas entre as prioridades existentes. Por essa razão, o aumento de receita pretendida para atendimento de metas mal escolhidas representa, quase sempre, indiscutível fonte de atrito entre contribuintes e Fisco, nunca estando aqueles satisfeitos com os fins escolhidos.

II. Gastos supérfluos. Os gastos supérfluos do Poder Público, decorrentes da contratação de funcionários desnecessários e de mordomias institucionalizadas, na Administração direta e indireta não lucrativa, trazem outra área de atrito, pois o contribuinte sente que o peso excessivo da receita aumentada para o inútil e supérfluo é coberto pela carga tributária acrescida. E, nos momentos mais agudos de crise econômica, a contestação é maior, pela necessidade de contenção e sacrifício exigidos pelos governos, que nunca têm a coragem de atingir a própria máquina administrativa.

III. Os contribuintes apenados. Muitas vezes, a eleição de política tributária para o desenvolvimento traz, em seu bojo, injustiças detectadas, com privilégios a certos contribuintes em detrimento de outros. A política brasileira de incentivos fiscais, regionais e setoriais, embora necessária, trouxe benefícios indiscutíveis a alguns empreendimentos com capacidade de aproveitá-la, mas provocou disparidades em relação a pequenos empreendimentos, sem técnica e capital de origem para suportar carga maior, pelo não acesso a tais benefícios. Outras vezes, setores menos essenciais são beneficiados em detrimento de outros essenciais, por exemplo, a tributação de imposto de renda em relação aos rendimentos de trabalho e aos ganhos de capital, distorção a justificar a perspectiva do contribuinte de tributos sobre o rendimento do trabalho, de que paga demais, por erro de enfoque público.

IV. A sonegação e o tratamento prático diferencial. Outro aspecto também característico da resistência do contribuinte é aquele concernente à revolta dos que pagam, porque não podem deixar de fazê-lo (indicação das fontes pagadoras), em relação aos que sonegam, à falta de máquina fiscalizadora eficiente, no que se sentem injustiçados e confiscados em seus recursos, para o atendimento das necessidades de uma comunidade na qual os sonegadores são também beneficiados.

V. A fiscalização. Outra faceta, que faz o contribuinte sentir o tributo como uma penalidade, refere-se à fiscalização, onde a existência, ainda, em alguns setores, de agentes que pressionam para fazer "acordos" ou "vender favores", leva-o à certeza da injustiça de uma estrutura que permite tão baixa moralidade exatora. Infelizmente, no Brasil, tal nível de desvios e crimes contra a Administração Pública chegou ao Congresso Nacional, como o ano de 2005 demonstrou.

VI. A sonegação e o aumento de receita. Por fim, entre outros importantes fatores, deve-se lembrar do princípio de que a tributação ganha níveis elevados para compensar a receita não arrecadável dos sonegadores, com o que aqueles que pagam têm a certeza de estar pagando mais do que deveriam para cobrir a parte dos que não pagam.[7]

Nesta esteira, para atingir suas finalidades, objetivas e subjetivas, definidas por aqueles que o representam, o Estado necessita da receita tributária. Esta só pode ser retirada da substância econômica, passiva ou ativa, resultante das relações desse tipo, presentes ou passadas, razão pela qual o fato econômico é aquele que dá origem à imposição tributária.

7. *Da sanção tributária*, Saraiva, 1980, p. 48/50.

O Estado participa, em relação de imposição, da fenomenologia econômica, principalmente por meio daquela jurídico-tributária. Sendo assim, as relações econômicas devem fluir naturalmente, cabendo ao Estado o mínimo de interferência na sua fluição natural, dela retirando apenas o que seja fundamentalmente necessário para prover suas funções instrumentais de preservação e de estimulador do desenvolvimento social. Logo, a economia, como todas as relações humanas, vitais ou físicas, do Universo, é também regida por leis naturais.

Sabemos, entretanto, que o Estado nem sempre se limita a estas funções, entendendo os que detêm o poder ser necessário campo maior de atuação. Por outro lado, não poucas vezes, os que detêm o poder identificam os seus próprios interesses com os interesses do Estado.

Sempre que aparecem estas colocações, a receita passa a ser superior à que é necessária, de tal maneira que o Estado retira do substrato econômico mais do que o devido para satisfazer as verdadeiras necessidades estatais e aquelas apenas presumivelmente estatais.

Esta participação desmedida do Estado nas relações econômicas estáticas e dinâmicas, passadas e presentes, transforma a norma de imposição tributária em norma de rejeição social, fazendo com que ingresse naquela categoria de normas que poucas pessoas cumpririam sem sanção.

Como já aventado, as normas de aceitação social seriam cumpridas pela grande maioria dos seres humanos, mesmo que inexistisse sanção, que é mera consequência, visando a atingir pessoas cujo comportamento se mostre inadequado à convivência social e aos casos patológicos. Já nas normas de rejeição social, a sanção é o único elemento efetivamente assegurador de seu cumprimento, pois, sem ele, a grande maioria da sociedade não as obedeceria.

Ora, em função da teoria da participação desmedida do Estado no fato econômico, a imposição tributária ganha a formulação de norma de rejeição social, pois os que a ela estão sujeitos sabem que devem pagar não só o que é necessário objetivamente ao Estado, mas também o que constitui desperdício estatal, na identificação dos objetivos daquele com os objetivos pessoais dos que detêm o poder.

Quanto mais a participação desmedida crescer, tanto mais a característica de rejeição afetará a norma, pois o direito positivo mais se afastará do direito natural. Por esta razão, a imposição tributária deve ater-se a dez princípios fundamentais que, cumpridos, poderão permitir a aproximação das normas de direito positivo daquelas de direito natural.

I. Os dois primeiros princípios são de natureza estrutural: o da capacidade contributiva e o da redistribuição de riquezas, ambos afetos a uma política tributária voltada para a justiça da tributação.

II. Os dois princípios seguintes são de natureza formal: o da legalidade e o da tipicidade da tributação, colocados como simples garantias daqueles que sofrem a relação de imposição e na lei encontram sua única segurança.

III. Os princípios da igualdade genérica e da desigualdade seletiva têm características estruturais e formais porque, visando à justiça da tributação, são também instrumentalizados em nível de proteção do sujeito obrigado à prestação da exigência imposta.

IV. Os princípios da inter-relação espacial e da imposição igualitária, por outro lado, representam princípios de pressão salvaguardadores do sujeito passivo da imposição tributária, com condições de usufruir de sua capacidade de escolha do sistema tributário espacialmente mais favorável à sua sujeição.

V. Por fim, compõem soluções estruturais e formais, que devem reger a imposição tributária os princípios do superior interesse nacional e o da tríplice função integrativa, caracterizada pela conexão absoluta de três outros ramos fundamentais à sua percepção, a saber: o direito econômico (fato), o direito financeiro (valor) e o direito tributário (norma).

Não sem razão é nosso querido homenageado, Professor Associado ao *Departamento de Direito Econômico, Financeiro e Tributário* da Universidade de São Paulo. Nesta esteira, a Economia fornece o fato, cabendo à Ciência das Finanças a valoração deste, na composição da norma e, por fim, ao Direito Tributário cabe a geração da norma, como resultante do processo elaborativo anterior.

É, pois, o que passo agora a demonstrar pelo enfoque econômico.

3. Da Economia

No campo do direito tributário (Título VI), inúmeros princípios de conteúdo ético perfilam os arts. 145 a 164, os mais relevantes sendo os princípios de igualdade, de respeito à capacidade contributiva e do não confisco, previstos nos seguintes termos:

> Art. 150 da CF/88: Sem prejuízo de outras garantias asseguradas ao contribuinte, é vedado à União, aos Estados, ao Distrito Federal e aos Municípios:
>
> I – exigir ou aumentar tributo sem lei que o estabeleça;
>
> II – instituir tratamento desigual entre contribuintes que se encontrem em situação equivalente, proibida qualquer distinção em razão de ocupação profissional ou função por eles exercida, independentemente da denominação jurídica dos rendimentos, títulos ou direitos;
>
> III – cobrar tributos:
>
> a) em relação a fatos geradores ocorridos antes do início da vigência da lei que os houver instituído ou aumentado;
>
> b) no mesmo exercício financeiro em que haja sido publicada a lei que os instituiu ou aumentou;
>
> c) antes de decorridos noventa dias da data em que haja sido publicada a lei que os instituiu ou aumentou, observado o disposto na alínea *b*; (Incluído pela Emenda Constitucional nº 42, de 19.12.2003)
>
> IV – utilizar tributo com efeito de confisco;

> V – estabelecer limitações ao tráfego de pessoas ou bens por meio de tributos interestaduais ou intermunicipais, ressalva a cobrança de pedágio pela utilização de vias conservadas pelo poder público;
>
> VI – instituir impostos sobre:
>
> a) patrimônio, renda ou serviços, uns dos outros;
>
> b) templos de qualquer culto;
>
> c) patrimônio, renda ou serviços dos partidos políticos, inclusive suas fundações, das entidades sindicais dos trabalhadores, das instituições de educação e de assistência social, sem fins lucrativos, atendidos os requisitos da lei;
>
> d) livros, jornais, periódicos e o papel destinado a sua impressão.
>
> [...].

O mesmo se diga no Título VIII, que cuida da ordem social, em que a Seguridade Social, a educação, a cultura, a comunicação social, o meio ambiente e a família têm um notável enquadramento de princípios éticos a orientar os elaboradores da lei infraconstitucional e seus aplicadores a agir no interesse da comunidade e do ser humano.[8]

---

8. *Escrevi sobre o art. 221 inciso IV da C.F. assim redigido: "IV. respeito aos valores éticos e sociais da pessoa e da família", o seguinte:* "O inciso IV do artigo 21 é de longe o mais violentado artigo da Constituição Federal, no curso destes 33 anos de sua existência.
Diariamente, hora a hora, em quase todas as emissoras de televisão em todas as regiões do país, os valores éticos e sociais da pessoa e da família são denegados por uma programação deletéria, que corrói, vilependia, desagrega, esfacela, desestrutura todos os esforços que pais e educadores não contaminados fazem para dar um conteúdo ético à pessoa e à família, que é a célula fundamental da sociedade.
Ouvia, em Portugal, no ano retrasado (1995 - Setembro), quando proferi palestra sobre o espaço comunitário cultural lusíada, de algumas senhoras presentes, que a invasão das novelas brasileiras defensoras do adultério, divórcio, mau-comportamento familiar, pederastia, drogas, homosexualismo etc. fazia-as identificar a população brasileira com o apodrecimento da sociedade estampado em tais manifestações 'culturais'.
Em outras palavras, a Europa passou a conhecer o Brasil pelas novelas e a identificar aquela realidade deturpada, como se fosse a realidade brasileira, sem perceber que a grande maioria da família brasileira não se desagregou.
Dir-se-á que tais programas apodrecidos são produzidos porque têm público. A verdade, todavia, é que tais programas manipulam a sociedade, criando hábitos viciados, sendo os responsáveis, à falta de alternativa, pela deterioração dos costumes,

É, todavia, na Ordem Econômica, que claro fica que os princípios éticos a nortear o direito são inerentes à própria Economia, valorizando, o Constituinte, o trabalho e a iniciativa privada, vedando o abuso do poder econômico, incentivando a livre-concorrência, procurando dar tratamento preferencial às empresas de pequeno porte, cuidando da utilização racional da terra, não permitindo ao Estado atuar, a não ser excepcionalmente, na área que é própria do setor privado, reduzindo os monopólios estatais. Todos dispositivos objetivam criar um país mais competitivo e capaz de gerar um Estado do Bem-Estar Social para a sociedade brasileira.[9]

---

que começa a respingar em parte da família brasileira, contaminada pela apologia do esgarçamento das instituições, que tais programas sugerem.
Da mesma forma que o viciado em drogas, que mesmo sabendo o mal que elas representam não consegue delas se livrar, a droga das novelas, uma vez viciando seus consumidores, torna-os tão dependentes quanto aqueles dos entorpecentes. Ao juntarmos uma fruta podre a uma boa, não é a podre que fica boa, mas a boa que fica podre.
O dispositivo impõe o respeito aos valores éticos e sociais da família e da pessoa humana. As programações diárias desrespeitam todos os valores éticos – nem sabem, seus produtores, o que é ético nas programações – e sociais, tanto da pessoa, quanto da família. Exige, portanto, coragem cívica por parte dos governantes, tentar corrigir tal distorção, visto que o receio de ficar mal com a mídia dificulta a defesa dos valores sociais e familiares". *(Comentários à Constituição do Brasil, 8º volume,* Ed. Saraiva, 1998, p. 851/853).

9. O art. 170 contém o seguinte discurso:
Art. 170. A ordem econômica, fundada na valorização do trabalho humano e na livre- iniciativa, tem por fim assegurar a todos existência digna, conforme os ditames da justiça social, observados os seguintes princípios:
I – soberania nacional;
II – propriedade privada;
III – função social da propriedade;
IV – livre-concorrência;
V. defesa do consumidor;
VI. defesa do meio ambiente, inclusive mediante tratamento diferenciado conforme o impacto ambiental dos produtos e serviços e de seus processos de elaboração e prestação; (Redação dada pela Emenda Constitucional nº 42, de 19.12.2003);
VII. redução das desigualdades regionais e sociais;
VIII. busca do pleno emprego;
IX. tratamento favorecido para as empresas de pequeno porte constituídas sob as leis brasileiras e que tenham sua sede e administração no país.
Parágrafo único. É assegurado a todos o livre exercício de qualquer atividade econômica, independentemente de autorização de órgãos públicos, salvo nos casos previstos em lei.

E, à evidência, no § 4º do art. 173, o Constituinte conformou os três desvios que devem ser evitados, por ferir a ética empresarial, na exploração da atividade econômica, nos seguintes termos:

> § 4º. A lei reprimirá o abuso do poder econômico que vise à dominação dos mercados, à eliminação da concorrência e ao aumento arbitrário dos lucros.

Portanto, a economia tem os seus próprios caminhos, mas não só o Estado deve respeitá-los, abstendo-se de criar obstáculos contrários à sociedade, e de tributar de forma confiscatória ou injusta, como os próprios agentes econômicos não podem ferir as normas da livre-concorrência, praticando atitudes abusivas, que desde a distante "Lei Sherman" (lei antitruste de 1890) dos Estados Unidos é combatida em todo o mundo.

A imposição tributária, como decorrência das necessidades do Estado de gerar recursos para sua manutenção e dos governos que os administram, é fenômeno que surge no campo da Economia, sendo reavaliado na área de Finanças Públicas e normatizado pela Ciência do Direito.

Sendo assim, impossível se faz o estudo da imposição tributária, em sua plenitude, sem dominar os princípios fundamentais que regem a Economia (fato), as Finanças Públicas (valor) e o Direito (norma), uma vez que, pretender conhecer bem uma ciência, desconhecendo as demais, é correr o risco de um exame distorcido, insuficiente e de resultado, o mais das vezes, incorreto.

Os formuladores do sistema jurídico-tributário brasileiro, intencional ou intuitivamente, apreenderam toda a característica própria da fenomenologia impositiva tributária, cuja relação, em face da interferência crescente do Estado, tem natureza de rejeição social, elegendo, como o gênero fundamental da imposição, a obrigação tributária, que é composta de duas espécies-tipos, a saber: o tributo e a sanção, em função da sua relevância para o desenho da norma impositiva.

Até o presente, todo o estudo do direito tributário tem sido feito a partir da concepção de que seu núcleo é o tributo, quando, em verdade, o é a obrigação tributária, de tributo e sanção constituída. O art. 113 do CTN não contém, portanto, falha explicativa, mas representa a mais adequada formulação do núcleo do direito impositivo, nos seguintes termos:

> Art. 113. A obrigação tributária é principal ou acessória.
>
> §1º. A obrigação principal surge com a ocorrência do fato gerador, tem por objeto o pagamento de tributo ou penalidade pecuniária e extingue-se juntamente com o crédito dela decorrente.
>
> §2º. A obrigação acessória decorre da legislação tributária e tem por objeto as prestações, positivas ou negativas, nela previstas no interesse da arrecadação ou da fiscalização dos tributos.
>
> §3º. A obrigação acessória, pelo simples fato da sua inobservância, converte-se em obrigação principal relativamente à penalidade pecuniária.

Embora, em nível de direito tributário, o tributo e a sanção sejam espécies da obrigação tributária, esta mesma obrigação, examinada à luz do direito financeiro, de caráter meramente axiológico, vê suas espécies (tributo e penalidade) serem examinadas como meras técnicas de imposição.

Assim é que, repetidas vezes, a sanção, que visa a punir atividades sonegatórias ou fraudulentas, não é exteriorizada como norma sancionatória, mas como norma tributária de comportamento como, na distribuição disfarçada de lucros.

Com efeito, a substância econômica pertinente ao estudo das relações micro e macroeconômicas oferta o campo sobre o qual incidirá a ação do Estado, objetivando apropriar-se de parcela daquela riqueza criada pelos cidadãos, em suas mais variadas formas, a fim de atender às necessidades da comunidade e àquelas que dizem respeito exclusivamente aos interesses dos detentores do poder.[10]

---

10. *O Caderno de Pesquisas Tributárias, n. 4*, com estudos de Dejalma de Campos, Gaetano Paciello, Gaze Assem Tufaile, Hugo de Brito Machado, Ives Gandra da Silva Martins, Joaquim Luiz de Castro, José Carlos Graça Wagner, José Carlos de

O fato de que a imposição tributária representa apropriação de bens dos cidadãos para duplo atendimento das necessidades legítimas do Estado, enquanto representante do povo de uma nação, e daquelas menos legítimas ou sem nenhuma legitimidade dos detentores do poder, traz elemento de relevo indiscutível para a concepção de uma adequada teoria tributária.

Com efeito, a avaliação econômica, procedida no campo das Finanças Públicas, da matéria suscetível de imposição, é ofertada pela Economia, e pode resultar em regimes diferentes de normação tributária. É, por exemplo, o que pode acontecer com a indústria cigarreira que, em alguns países, era até há algum tempo, de exploração direta pelo Estado, sob o regime de monopólio, e, em outros, verdadeira indústria fiscal.[11]

O aspecto valorativo do "substractum" econômico, que termina por desaguar em solução de regulação tributária ou meramente administrativa, visto sob o prisma de uma teoria tripartida do direito de conteúdo unitário, traz como consequência do ato de valorar a escolha definitiva da solução normativa, que, quando adentrando o campo tributário, necessita instrumental mais abrangente de percepção e mais limitado de execução.

Isso ocorre porque o ato de valorar o fato econômico tributável implica o conhecimento unitário da realidade imponível, de um lado, e das necessidades públicas, de outro, convergência que pode afetar, se incorretamente colocada, o grau de justiça fiscal pertinente à imposição.[12]

Souza Costa Neves, Juan Carlos Luqui, Leon F. Szklarowsky, Manuel de Juano, Roberto V. Calvo, Sacha Calmon Navarro Coelho e Ylves José de Miranda Guimarães (CEEU/Resenha Tributária, 1979), cuidou em profundidade desta realidade.

11. Carlos Alberto Longo, em seu livro: *Caminhos para a unificação orçamentária*: por um orçamento confiável. (Forense/Academia Internacional de Direito e Economia — Série Realidade Brasileira, 4), no exame da evolução histórica do controle orçamentário vinculado sempre, no seu mais denso elemento, à tributação, revela a tendência de amplificação da imposição à medida que as relações econômicas se tornam mais complexas.

12. Johannes Messner, em sua monumental obra *Ética social, política y económica a luz del derecho natural* (Rialp, 1967), oferta a concepção tripartida de conteúdo unitário do direito para esta área nevrálgica do desenvolvimento social.

Com efeito, se a valoração ganhar foros de neutralidade, destituindo-se a consequência de qualquer conteúdo ético, numa redução da axiologia ao simples ato mecânico de escolha formal, sem outras preocupações, a tridimensionalidade desse segundo momento, embora justificada no plano formal e instrumental, perde significado, em visão mais abrangente do Direito, em que o ideal de justiça, muito além do mínimo ético idealizado por Bentham, constitui a própria essência da norma jurídica.[13]

Em outras palavras, a visão tridimensional do fenômeno jurídico pode ser exteriorizada de forma plena ou ganhar uma quarta dimensão, em que o ato de valorar não se exterioriza mecanicamente, mas com decidido conteúdo ético. Ora, mais do que valorar, é necessário valorar bem.[14]

É bem verdade que, em uma visão formal, o valorar bem poderá distanciar-se do valor justo, na medida em que se beneficie um dos polos da norma, o que levou Hart – pensamento que respeito – a lembrar, o que repito, com certo ceticismo, que as leis, embora feitas para serem aplicadas a governantes e governados, por serem feitas pelos governantes, terminam sendo suportadas apenas pelos governados.[15]

Ainda assim, valorar bem implica uma relação de igualdade ou de proporcionalidade isonômica entre os polos sujeitos à relação criada. O valorar bem que implique privilégios de um lado sobre o outro tem como consequência um desequilíbrio fático que descompassa a norma no tempo, sobre tirar-lhe legitimidade.[16]

---

13. Jeremy Bentham, *Uma introdução aos princípios da moral e da legislação*, São Paulo; Abril, 1974.

14. É a posição dos três autores que escreveram o “Caderno de Direito Natural”, n. 1 (Ed. Cejup/CEEU, 1985), a saber: Ives Gandra da Silva Martins, Luiz Carlos de Azevedo e Walter Moraes. O caderno intitula-se “Lei Positiva e Lei Natural”.

15. L. H. Hart, *The concept of Law*, Oxford, Ed. Clarendon, 1961.

16. Em meu livro “A nova classe ociosa” (Forense/Academia Internacional de Direito e Economia — Série Realidade Brasileira, 3, 1987), procuro, no Anexo II, formular uma teoria de alcance da norma a partir de sua legitimidade, distendendo-a no tempo, quanto mais o ato de valorar bem corresponder à captação dos verdadeiros

O valorar bem é valorar justo, ofertando, desde o início de sua vigência, equilíbrio capaz de permitir longa duração à norma, último momento do processo de juridicização da realidade social.[17]

Significa dizer que no campo da imposição tributária, o valorar bem é valorar justo, mas o valorar justo nem sempre é possível. Mas há de se convir que a imposição tributária será tanto mais justa quanto mais houver equilíbrio entre os dois polos, passivo e ativo da respectiva relação, sendo função do legislador e do intérprete, em uma segunda fase, com flexibilidade menor, objetivar a justiça da norma fiscal, a partir da enunciação da correta e justa carga a ser suportada pelo cidadão.

Grande parte do esforço mundial, na década de 1980, para reduzir a carga tributária global, decorreu dessa percepção fenomênica, ou seja, a de que quanto maior a presença do Estado, mais danosa ao cidadão, devendo ser reduzida às menores dimensões possíveis, para permitir a segurança interna e externa, administração de justiça, saúde, educação, previdência e repressão ao abuso de poder econômico e nada mais.[18]

A imposição tributária, portanto, oferta a melhor forma de atendimento às necessidades públicas,[19] visto que, das di-

---

e corretos anseios da comunidade.

17. Oscar Dias Corrêa, em seu livro "O Supremo Tribunal Federal, Corte Constitucional do Brasil" (Forense, 1987), no Capítulo "A juridicização da política ou a politização da Justiça", sob outro ângulo, o do poder de decidir, hospeda idêntica postura.

18. Estados Unidos, França, Itália, Holanda, Inglaterra e Japão procuraram reduzir a carga tributária global pelo enxugamento de uma máquina administrativa ineficiente e diminuição da presença do Estado na Economia, como empresário. O corporativismo do funcionalismo público tem dificultado ação mais corajosa nesses países.

19. Gustavo Miguez de Mello, em seu estudo "Uma visão interdisciplinar dos problemas jurídicos, econômicos, sociais, políticos e administrativos relacionados com uma reforma tributária", publicado pela *Notícias Econômicas* (27 a 31 de agosto de 1979), p. 5-20, enumera onze finalidades específicas -que reproduzo, resumindo-as- para a cobrança de tributos, a saber: justiça fiscal, alocação de recursos, desenvolvimento econômico, pleno emprego, combate à inflação (estas duas visando a estabilização interna), equilíbrio do balanço de pagamentos internacionais (visando a estabilização externa), finalidade social, coordenação fiscal intergovernamental,

versas fontes de receitas públicas conhecidas na doutrina e na prática, é aquela que mais recursos propicia ao Estado.[20]

Assim sendo, no que diz respeito às normas de rejeição social, parece-me que a norma sancionatória é, evidentemente, a assecuratória de norma tributária de comportamento. Em outras palavras, tendo a dignidade de categoria especial, em nível do tributo, a sanção merece estudo pertinente à sua concretização, pois visa a punir o ilícito, que é o descumprimento da lei impositiva.

4. Conclusão

Da mesma forma que os membros do organismo humano têm funções diferentes, mas estão interligados e interdependentes, a ponto de as disfunções de um afetarem as funções de todos os outros, também no organismo social as funções das ciências que estudam todos os fenômenos da sociedade estão interligadas, não sendo possível o exame de qualquer uma delas sem uma ampla visão de todas as outras.

Sendo assim, a separação dos conteúdos das ciências é meramente acadêmica, pois, na natureza, todas as leis físicas, químicas, biológicas ou humanas estão interligadas, razão pela qual o Direito não se reduz a uma instrumentalização normativa, mas é o resultado do fenômeno aprendido pelos operadores da norma, à luz de valores, que, teoricamente, seriam os mais necessários, em determinado período e espaço, para serem legalizados.

---

finalidade política, finalidade jurídica, finalidade administrativa. Tais finalidades foram detectadas pelo eminente advogado carioca a partir de estudos brasileiros e de autores e grupos estrangeiros, entre os quais se destacam Ruy Barbosa, J. Pechman, E Quintana, G. A. Silva, J. M. Sidou, J. Due, R. e P. Musgrave, C. Shoup, V. Urquidi, W. Heller, M. C. Calvo, assim como do notável relatório da "Royal Comission of Taxation" (Canadá, Queen's Printer, Ottawa, 1966, 5 v).

20. Aliomar Baleeiro, em seu conhecido *Uma introdução à Ciência das Finanças* (Forense, 1969), divide as receitas públicas originárias e derivadas em cinco, sendo a tributária a de maior importância.

A ética no Direito e na Economia está bem delineada no texto constitucional brasileiro. Tem seu perfil retirado do direito natural e inserido como direito positivo, na ordem vigente. No campo do Direito Tributário, a eleição da obrigação tributária, como núcleo da imposição tributária, provoca, por decorrência, a eleição, a mesmo nível, do tributo e da sanção, como espécies ou técnicas impositivas, cuja análise necessita, afora a sua interligação com todos os demais ramos do direito e a sua sustentação constitucional, da integração absoluta entre a Economia (fato), as Finanças Públicas (valor) e o Direito Tributário (norma).

Sendo assim, a fenomenologia da imposição tributária, examinada sob esta perspectiva e sem qualquer espécie de preconceitos, sobre representar campo de atuação maior do Estado, pode servir como efetiva ação de reorientação de costumes, desde que sua análise não se restrinja aos exames isolados do fato, do valor e da norma.

Ora, nenhuma teoria de imposição tributária é possível sem que todos os seus campos sejam apreendidos, sendo a relevância dos elementos pré-jurídicos de igual intensidade que a daqueles que terminam por provocar a norma.

Por todo o exposto, creio que tenha ficado evidenciado ao leitor que, a meu ver, a melhor forma de avaliar-se essa fenomenologia tributária é estudando-a a partir de uma concepção de interdependência, que pode abrir campos insuspeitados de atuação da norma tributária e transformar o tributo no verdadeiro instituto superior de realização da sociedade e não apenas de manutenção dos detentores do poder.

Referências

BALEEIRO, Aliomar. *Uma introdução à ciência das finanças*. Rio de Jeneiro: Forense, 1969.

BARRETO, Paulo Ayres. *Planejamento tributário:* limites normativos. São Paulo: Noeses, 2016.

BENTHAM, Jeremy. *Uma introdução aos princípios da moral e da legislação*, São Paulo; Abril, 1974.

GUIMARÃES, Ylves José de Miranda. *O tributo* – a análise ontológica à luz do direito natural e do Dire. São Paulo: Max Limonad, 1983.

HART, L. H. *The concept of Law*, Oxford, Ed. Clarendon, 1961.

LONGO, Carlos Alberto. *Caminhos para a unificação orçamentária*: por um orçamento confiável. Rio de Janeiro: Forense/Academia Internacional de Direito e Economia — Série Realidade Brasileira, 4, ano, 1989.

MARTINS, Ives Gandra da Silva. *Da sanção tributária*. São Paulo: Saraiva, 1980.

____. *Comentários à Constituição do Brasil*. 8° volume. São Paulo: Saraiva, 1998.

_____; AZEVEDO, Luiz Carlos; MORAES, Valeter. Caderno de direito Natural n. 1. (Lei positiva e lei natural). São Paulo: Ed. Cejup/CEEU, 1985.

MELLO, Gustavo Miguez de; MARTINS, Ives Gandra da Silva; WAGNER, José Carlos Graça; MORAES, Walter. Caderno de direito Natural n. 2. (Direito à vida). São Paulo: Ed. Cejup/ CEEU, 1987.

_____. Uma visão interdisciplinar dos problemas jurídicos, econômicos, sociais, políticos e administrativos relacionados com uma reforma tributária. *Notícias Econômicas* (27 a 31 de agosto de 1979), p. 5-20.

MESSNER, Johannes. *Ética social, política y económica a luz del derecho natural*. Madrid: Ediciones Rialp S.A., 1967.

MARTINS, Ives Gandra da Silva. *Teoria da norma tributária*. São Paulo: Ed. RT, 1980.

PREÇOS DE TRANSFERÊNCIA, PRIVACIDADE DE DADOS E COMPARABILIDADE

Jonathan Barros Vita[1]

Sumário: Introdução – 1. Síntese do processo de construção de operações parâmetro – 2. Sujeitos envolvidos nas provas da construção da operação parâmetro – 3. A proteção de dados e a construção de operações parâmetro – Conclusões – Referências.

Introdução

Antes de iniciar este texto, é importante ressaltar o seu contexto em uma obra que vem, merecidamente, homenagear o amigo e professor Paulo Ayres Barreto, com o qual tenho tido a oportunidade de usufruir de agradáveis conversas e momentos acadêmicos bastante importantes.

---

1. Advogado, Consultor Jurídico e Contador. Especialista em Direito Tributário pelo Instituto Brasileiro de Estudos Tributários – IBET-SP, Mestre e Doutor em Direito pela Pontifícia Universidade Católica de São Paulo – PUC-SP e Mestre em Segundo Nível em Direito Tributário da Empresa pela Universidade Comercial Luigi Bocconi – Milão – Itália. Estágio de pós-doutorado como Senior visiting research fellow na WU (Wirtschaftsuniversität Wien) – Viena – Áustria. Coordenador e professor titular do Mestrado e Doutorado em Direito da UNIMAR. Professor de diversos cursos de pós-graduação no Brasil e exterior. Conselheiro do Conselho Municipal de Tributos de São Paulo. Ex-Conselheiro do CARF – Conselho Administrativo de Recursos Fiscais. Ex-Juiz do Tribunal de Impostos e Taxas do Estado de São Paulo. Ex-Secretário da Comissão Especial de Direito Tributário do Conselho Federal da OAB.

Nesse plano, poder fazer uma homenagem a uma pessoa muito importante para a minha carreira acadêmica é uma grata satisfação, retribuindo aqui, ainda que minimamente, as gentilezas como ter prefaciado um de meus livros[2] e as várias oportunidades dentro de seus domínios de atuação, especialmente na USP e no IDEPE.

A proposta do artigo, também, em certa medida, estabelece um diálogo evolutivo com a primeira obra do homenageado,[3] que teve como núcleo central os preços de transferência, tema bastante caro dos meus textos jurídicos e objeto de meu doutoramento, de cuja banca ele participou como examinador, e as suas atuais especulações do direito tributário no plano da economia digital.

Prosseguindo e avançando ao objetivo específico do artigo, ou seja, a relação entre privacidade de dados e preços de transferência no campo da comparabilidade de operações é fundamental para compreender os limites da mineração de dados na criação de operações parâmetro.

Nesse sentido, a abordagem aqui apresentada se resume à identificação de comparáveis em bases de dados amplas (públicas ou privadas), atingindo, por exemplo, o clássico tema dos *secret comparables*.[4]

Interessantemente, o problema da validação desses comparáveis pelas administrações tributárias e pelas agências de proteção de dados precisam ser discutidas de maneira a compreender os limites da anonimização e tratamento de dados e os níveis mínimos de provas que podem ser utilizados para

---

2. VITA, Jonathan Barros. *Relações entre valoração aduaneira e preços de transferência*. São Paulo: Fiscosoft/Revista dos Tribunais/Thomson Reuters, 2014.

3. BARRETO, Paulo Ayres. *Imposto sobre a renda e preços de transferência*. São Paulo: Dialética, 2001.

4. Como importante marco da doutrina nacional no estudo deste instituto, inclusive com certos elementos do direito comparado: SCHOUERI, Luís Eduardo. Considerações sobre o princípio *arm's length* e os *secret comparables*. *Homenagem a Paulo de Barros Carvalho*. São Paulo: Quartier Latin, 2008.

as construções de operações parâmetro, incluindo a proteção dos dados dos sujeitos indiretamente envolvidos.

Lembra-se aqui que já existem alguns textos que relacionam a proteção de dados à tributação no Brasil e no direito comparado, entretanto, nenhum deles faz menções aos preços de transferência com sua dinâmica própria de ação.

Esses problemas no campo dos preços de transferência são mais potencializados, pois os dados dos usuários estão sendo reprocessados e tratados para uma finalidade não necessariamente descrita em seus acordos comerciais, no que cabe compreender os limites dessa operação frente à Lei Geral de Proteção de Dados – LGPD – (Lei 13.709/2018), excluindo dessa análise as cláusulas de sigilo comercial.

É dizer, com uma grande automação dos processos das buscas de comparáveis e com uso intensivo de *big data* (re) criar operações parâmetro, acaba por ser necessário (re)organizar esse fluxo de dados para garantir a licitude e *compliance* de todo esse processo.

Como forma de atingir tais objetivos do trabalho, inicialmente, o processo de construção de operações parâmetro nos preços de transferência será estruturado e, no item seguinte, as provas utilizadas para tal processo serão vistas sob o prisma dos sujeitos envolvidos.

Por fim, uma análise da lei geral de proteção de dados brasileira e suas limitações no uso de dados públicos e privados deve ser realizada no campo da construção de operações parâmetro.

Finalmente e sob o ponto de vista epistemológico, para atingir os objetivos traçados nesse artigo, o método aplicável é o empírico-dialético, utilizando-se de técnicas de pesquisa bibliográfica e legislativa, e o sistema de referência utilizado[5] é formado da conjugação entre a Teoria dos Sistemas de Niklas

5. Para a visão mais global deste sistema de referência proposto: VITA, Jonathan Barros. *Teoria geral do direito*: direito internacional e direito tributário. São Paulo: Quartier Latin 2011.

Luhmann,[6] o Construtivismo Lógico-Semântico de Barros Carvalho[7] e ferramentas específicas do *Law and Economics.*[8-9-10]

1. Síntese do processo de construção de operações parâmetro[11]

Como nota inicial, tem-se que os sistemas tipo *Civil Law* possuem maiores dificuldades que aqueles de *Common Law* (com nítida influência do *Law and* Economics) no processo parametrização, comparação e equalização de operações, fundamentados na dificuldade de identificação, determinação e construção de operações parametrizadas substitutivas no plano de institutos como a valoração aduaneira e os preços de transferência.

As ferramentas teóricas disponíveis atualmente, na doutrina brasileira, são extremamente deficientes e baseadas, apenas, no empirismo, e não no processo de generalização e abstração necessários para a construção de normas jurídicas e proposições científicas.

---

6. LUHMANN, Niklas. *Law as a social system.* Oxford: Oxford University Press, 2004.

7. CARVALHO, Paulo de Barros. *Direito tributário, linguagem e método.* 5ª edição. São Paulo: Noeses, 2013.

8. Como representação do texto clássico sobre o tema: POSNER, Richard A. *Economic Analysis of Law.* 9a ed. New York: Wolters Kluwer, 2014.

9. Como exemplos de coletâneas que representam os clássicos autores do tema: ROEMER, Andrés. *Derecho y economía: una revisión de la literatura.* Cidade do México: ITAM, 2000; ZYLBERSZTAJN, Décio; STAJN, Rachel. *Direito e economia:* análise econômica do direito e das organizações. Rio de Janeiro: Campus jurídico, 2005.

10. Como exemplos bem acabados de um sistema de referência baseado nos clássicos autores americanos aplicados ao direito tributário: CALIENDO, Paulo. *Direito tributário e análise econômica do direito:* uma visão crítica. Rio de Janeiro: Elsevier, 2009; e CARVALHO, Cristiano Rosa de. *Teoria do sistema jurídico:* direito, economia, tributação. São Paulo: Ed. Quartier Latin, 2005.

11. Como versão mais extensa sobre esse processo e suas peculiaridades, que foi aqui condensada: VITA, Jonathan Barros. Parametrização, comparabilidade e equalização: premissas teóricas para construção de operações parâmetro nos preços de transferência e na valoração aduaneira. In: *Revista da Receita Federal* - estudos tributários e aduaneiros, v. 2, p. 39-60, 2015.

Nesse contexto, importante se faz o processo de reequilibrar os fatores de precificação, na comparação e (re)estabilização das operações através de seus ajustes, modificando os elementos de determinação das condições dos fatos e do preço de transação, postos em uma norma individual e concreta.

Dessa forma, a modificação da base de cálculo tributária por institutos como os preços de transferência, a valoração aduaneira e as medidas de defesa comercial buscam (finalisticamente) o (re)equilíbrio/(re)balanceamento/(re)estabilização da concorrência fiscal ou comercial de maneira leal, equânime e equilibrada entre empresas nacionais e internacionais, entre bens importados e bens nacionais.

Para realizar tais operações do ponto de vista tributário, equilibrando a carga fiscal total de uma empresa com suas concorrentes, algumas considerações teóricas são necessárias sobre o ato de comparar operações e o processo de determinação do valor final da base de cálculo (tributária ou não) através da equalização parametrizada que possui como linhas-guia programas jurídicos.

Esse processo deve ser realizado em etapas, nas quais se criam elementos de parametrização, estabelecendo de critérios/parâmetros pelo sistema jurídico que permitam a comparabilidade de operações (coleta de dados), perfazendo uma plataforma operativa que delimita os fatores que serão utilizados como base para nestas programações de comparação e que, caso existam diferenças entre as operações encontradas e os parâmetros (pré)estabelecidos, utiliza-se da equalização, lembrando que todas estas operações são realizadas sincronicamente pelo sistema jurídico e econômico.

Sinteticamente, deve ser elucidado que, neste item, as considerações tomadas são referentes aos processos teóricos utilizados para operacionalizar, através das regras do sistema jurídico, a (re)criação de operações (fatos jurídicos) com o fim de (re)calcular a base de cálculo tributária na valoração aduaneira e nos preços de transferência.

Esquematicamente, nestes processos de alteração do *status quo* das operações do sistema, modificando os valores de comercialização para fins tributários (ou não), têm-se, basicamente, cinco etapas, cada uma com alguns (sub)processos envolvidos:

- Criação de normas gerais e abstratas que pressupõe os elementos de parametrização, determinando os critérios de seleção das operações praticadas a serem ajustadas, e os ajustes das operações que serão utilizadas para construir a base de comparação, operação parâmetro ou paramétrica;

- Identificação, através destes critérios, de operação comercial realizada com dúvidas sobre sua validade jurídica relativa, especificamente, ao direito tributário;

- Realização de um processo de comparação de várias operações/normas individuais e concretas representantes de transações comerciais similares (cujos critérios para identificação da similaridade entre as operações para fins de comparação serão definidos na operação anterior de parametrização), constantes em, a exemplo, contratos mercantis ou lançamentos tributários, cujo processamento é realizado através de estruturas econômicas direcionadas pelos programas de parametrização jurídicos enquanto programas de propósito específico do sistema econômico, permitindo a construção de uma operação parametrizada ideal (emulando as condições de mercado), que substituirá, se for o caso, a operação praticada;

- Ajuste de equalização entre as operações de mercado colhidas na comparabilidade a serem utilizadas na citada construção da operação parâmetro, modificando ou não os valores de transação através da recondução, a exemplo, das operações entre partes não vinculadas a condições de negociação entre partes vinculadas, também realizadas pelos processos sincrônicos realizados pelo sistema do direito e econômico, especialmente, testes e comparações entre estas operações; e

- Tomada de decisão final no sistema jurídico, produzindo uma norma individual e concreta da tributação, diferenciada ou não (no plano da construção do fato e da sua da base de cálculo correspondente) daquela NIC (Norma Individual e Concreta) tomada como fundamento e oriunda do direito privado/civil.

De forma sintética, a parametrização é estabelecida por normas gerais e abstratas que servirão como fundamento de redução de complexidades para observação dos elementos constituintes (fatores de precificação e condições contratuais) de uma transação objeto de análise.

A partir do processo de parametrização, nos quais os elementos fundamentais de uma transação são delimitados legalmente, cabe ao processo de comparabilidade a busca, dentro de um dado mercado/contexto comercial, em condições de espaço e tempo determinadas por um instrumento legal (norma geral e abstrata), de operações que se assemelhem, individual e concretamente, àquela operação sob análise.

Nesse sentido, a comparabilidade utiliza-se mais de fatores individuais e concretos (provas) do que de elementos gerais e abstratos (restrições espaço-temporais a busca de operações, a exemplo) para sua operação.

Aparte esse significado inicial da comparabilidade, cabe ressaltar que esta pode se dar em vários níveis, sendo exemplo a comparabilidade entre o produto objeto de uma relação jurídica, a exemplo, espécie de bem objeto do contrato de compra e venda.

Nesse contexto, um método primário de comparação entre produtos surge, do ponto de vista formal, a partir, a exemplo, do Sistema Harmonizado, é a desconsideração da subclasse ou subposição, buscando-se, como elemento de comparação, uma classe superior ou uma classe horizontalmente similar em nível e com produto análogo/similar.

Como nota importante a este ponto, menciona-se que o uso de bases de dados (*databases*) como SISCOMEX (Sistema Integrado de Comércio Exterior) para construir operações parâmetro para os fins da valoração aduaneira ou preços de transferência deve ser realizado com certas reservas, pois seus dados não são plenamente confiáveis, uma vez que dentre suas transações podem estar operações não parametrizadas/controladas e os elementos de equalização não são visualizáveis corretamente.[12-13]

É dizer, a base de dados do SISCOMEX despersonifica/desindividualiza/anonimiza as operações, produzindo uma artificial redução de complexidades e generalização não congruente dos dados de mundo, retirando os elementos necessários à equalização das operações, especialmente, por não conter dados sobre marca, qualidade, quantidades e curva de economia de escala, entre outros.[14]

Curiosamente, os cuidados mencionados têm como ponto tangente o conhecido problema do uso de *secret comparables*, o que ocasiona ilegalidade do processo de comparabilidade nos termos propostos, assim como restrições abusivas da busca de operações comparáveis no mercado.

---

12. Com críticas semelhantes: CARVALHO, Paulo de Barros. Preços de transferência no Direito Tributário brasileiro. *Revista de Direito Tributário Internacional*. São Paulo: Quartier Latin, v. 3, ano 1, nº 3, p. 185-203, jun. 2006; e TÔRRES, Heleno Taveira. *Direito tributário internacional:* planejamento tributário e operações transnacionais. São Paulo: Revista dos Tribunais, 2001.

13. No mesmo sentido: WCO. *Guidelines on the development and use of a national valuation database as a risk assessment tool*. Bruxelas: WCO, 2012.

14. Com críticas semelhantes: CARVALHO, Paulo de Barros. Preços de transferência no Direito Tributário brasileiro. *Revista de Direito Tributário Internacional*. São Paulo: Quartier Latin, v. 3, ano 1, nº 3, p. 185-203, jun. 2006; e TÔRRES, Heleno Taveira. *Direito tributário internacional:* planejamento tributário e operações transnacionais. São Paulo: Revista dos Tribunais, 2001.

Finalmente, seguindo os processos de parametrização e comparabilidade, o processo de equalização é tido, operacional e sistemicamente, da mesma forma referida do momento de comparação utilizando os acoplamentos operacionais, pressuposição recíproca e sincronia de funcionamento entre os subsistemas sociais do direito e da economia.

2. Sujeitos envolvidos nas provas da construção da operação parâmetro[15]

Como interessante ângulo de análise pragmática da Teoria das Provas e preços de transferência, tem-se a visualização das provas em seu aspecto subjetivo, englobando-se: os aspectos relativos aos sujeitos envolvidos na produção das provas; e o ônus da produção das provas.

No contexto do primeiro destes problemas subjetivos das provas, interessante é verificar que 11 são os sujeitos potencialmente envolvidos nestas formações probatórias imaginando que as operações sob controle são entre sujeitos localizados nos países A e B: pessoa vinculada do estado A; pessoa vinculada do estado B; pessoas não vinculadas do estado A; pessoas não vinculadas do estado B; Estado A; Estado B; entidades de classe ou setoriais do país A; entidades de classe ou setoriais do país B; empresas, instituições ou organismos de notória especialização do estado A, como bolsas de valores; empresas, instituições ou organismos de notória especialização do estado B; organismos internacionais reconhecidos independentes.

Antes de adentrar em algumas especificidades destes sujeitos envolvidos na produção de provas que fundamentam os preços de transferência, nota-se que em quase todos os casos analisados sobre este ângulo é necessária a atuação de terceiros como intermediários ou produtores de provas, portanto,

15. Como versão mais extensa sobre esse processo e suas peculiaridades, que foi aqui condensada: VITA, Jonathan Barros. *Preços de transferência*. São Paulo: Fiscosoft/Revista dos Tribunais/Thomson Reuters, 2014.

havendo uma triangulação que tem como vértices fixos o contribuinte e a administração pública.[16]

Logo, reiterando que sendo a prova uma espécie de programação comunicativa, uma rede intrincada e escalonada de produções e retroalimentações comunicativas são criadas tendo como polos finais de aceitabilidade os estados que realizam os ajustes, porém, há um filtro realizado por cada sujeito que ecoa ou participa dos atos comunicativos probatórios.

Prosseguindo para a análise individualizada destes sujeitos, as empresas vinculadas (residentes ou não residentes em um Estado) servem como auxiliares diretos do fisco com suas informações específicas, a exemplo, de transações com partes não vinculadas ou com as empresas vinculadas cujas operações estão sob controle.

Nesse plano, importante é citar que uma série de documentos somente podem ser produzidos pelo contribuinte envolvido, especialmente nos métodos que utilizam os custos como parâmetro, vez que certos dados são específicos de uma empresa, como: condições negociais da formação dos seus custos, manutenção e correspondente amortização e depreciação de suas máquinas, política de descontos incondicionados, valores dos prêmios, comissões ou corretagens, juros praticados nas operações com terceiros, ou giro de estoques.

Já quando se exige provas de empresas não vinculadas (residentes ou não residentes), várias são as situações concretas envolvidas, pois estes dados podem ser coletados pelo contribuinte ou administração pública (provocada ou de maneira autônoma) sob o intermédio ou não da administração tributária de outro país.

Da mesma forma, os Estados envolvidos podem participar mediante pesquisas ou relatórios oficiais (genéricos) produzidos pela administração direta ou indireta, ou por

16. Com a mesma constatação: VICENTE, Marcelo Alvares. *Controle fiscal dos preços de transferência*. 2007. Dissertação (Mestrado em direito) – Faculdade de Direito, PUC, São Paulo.

declarações individuais e concretas da administração pública com a qual o Brasil possua tratado específico ou seguindo o art. 26 do modelo OCDE de trocas de informação, ou assistência administrativa para arrecadação de tributos do art. 27 do Modelo e dos ajustes correlativos do art. 9.2 do mesmo modelo, lembrando que estes dois últimos artigos não são parte dos TDTs ratificados pelo Brasil.

Adicionalmente, recorda-se que a relação de reciprocidade em matéria de tributação internacional deve ser considerada para que os elementos produzidos pelos países com tais relações com o Brasil sejam aceitos.

Igualmente, importante é mencionar que, apesar de tais trocas de informação e cooperações administrativas serem apenas entre autoridades fiscais, nada impede que o contribuinte realize a mediação da transferência destes dados, provocando a autoridade do país A a ceder informações e a autoridade do país B a recebê-los.

Contextualmente, reitera-se que a porta aberta para a bi-implicação da aceitabilidade probatória sob todos os ângulos (sintático, semântico e pragmático) pode ser produzida por esta interferência e interação entre fiscos, mediada ou não pelo contribuinte.

Obviamente, lembra-se que estas provas internacionais possuem em seu reconhecimento e tradução para o direito nacional, vez que estas somente podem ser aceitas se produzidas de acordo com as regras de produção probatória do outro sistema jurídico e admitirem critérios semelhantes de quantificação, como os princípios contábeis, sendo estes dois elementos condições necessárias para o reconhecimento da prova de um estado pelo outro.

Neste mesmo contexto, a expressão administração tributária constante do art. 21, I, também, deve envolver as administrações aduaneiras que, em alguns países são distintas, mas que o número de acordos de assistência aduaneira, especialmente mediada pela OMC é muito maior que aqueles em matéria tributária (do imposto sobre a renda) e pode servir de maneira útil a busca destes dados.

Como mais um dos sujeitos envolvidos na produção probatória, as entidades de classe ou setoriais (como a FIESP – Federação das Indústrias do Estado de São Paulo, a exemplo) do Estado *a* ou *b* que podem produzir estas pesquisas de mercado, pois estas entidades realizam pesquisas de médias ponderadas de mercado, devendo indicar os fatores como empresas participantes e condições de coleta destes dados.

Essa possibilidade também se estende as instituições educacionais (como FGV, IBMEC, entre outras), empresas de auditoria (como PWC, KPMG, entre outras) ou organismos de notório conhecimento.

Com relação às bolsas de valores nacionais ou internacionais, estas as que possuam caráter global, como NYSE, Nasdaq, Londres ou Chicago, estas duas últimas utilizadas, especialmente, para avaliação de *commodities*, que podem ser consideradas como instituições especializadas.

Como último grupo de sujeitos produtores de provas nos preços de transferência, menciona-se que os organismos internacionais são sumarizados naqueles reconhecidos pelo Brasil através de tratados como a OMC ou de notória especialização e globalização como a OCDE.

Como segundo item desta análise subjetiva da produção probatória dos preços de transferência, pôde ser visto que vários são os casos de uma (não positivada) inversão do ônus da prova, pois o contribuinte deve se esforçar para produção de certas provas para que não sejam arbitrados os valores de transação.

Esta é uma nota característica dos preços de transferência, em que os sistemas de produção probatórios do fisco não são sofisticados nem acessáveis de maneira transparente (incluindo o SISCOMEX e o extinto SISCOSERV – Sistema Integrado de Comércio Exterior de Serviços, Intangíveis e Outras Operações que Produzam Variações no Patrimônio), inclusive possuindo problemas no cálculo de riscos de transação.

Nesse sentido, estes sistemas de controle deveriam apenas ser utilizados como ferramentas parâmetro e não como dados plenamente confiáveis, pois estas bases de dados (*databases*) podem estar contaminadas por transações não adequadamente controladas e por não deter os elementos qualitativos que permitiriam a equalização destas transações.[17-18]

Outrossim, inexiste uma rede/memória recursiva de transações que permita uma aplicação dos preços de transferência de maneira homogênea.

Obviamente, sabe-se que muitas destas dificuldades surgem da própria natureza dos segredos comerciais das empresas, porém mais mecanismos sofisticados poderiam ser elaborados para permitir a parametrização qualitativa dos dados e o acesso do contribuinte, evitando os *secret comparables*.

Por conta dessa inversão de fato do ônus da prova, aliada a mecanismos pouco transparentes e imotivados de desconsideração das provas do contribuinte, um novo marco regulatório é necessário para desenvolver um ambiente colaborativo entre todos os mencionados sujeitos participantes das formações dos preços de transferência.

Além disso, uma compensação aos custos sofridos ou revelação indireta de segredos comerciais deveria ser oferecida àqueles que produzem provas por sua liberalidade deveria existir, permitindo acesso aos seus dados para a produção de operações parâmetro seja estimulada.

Exemplo dessa situação está na necessidade de contratação, por parte do contribuinte de uma série de relatórios ou de intermediação entre administrações tributárias.

---

17. Com críticas semelhantes: CARVALHO, Paulo de Barros. Preços de transferência no Direito Tributário brasileiro. *Revista de Direito Tributário Internacional*. São Paulo: Quartier Latin, v. 3, ano 1, nº 3, p. 185-203, jun. 2006; e TORRES, Heleno Taveira. *Direito tributário internacional*: planejamento tributário e operações transnacionais. São Paulo: Revista dos Tribunais, 2001.

18. A WCO, apesar de lidar com valoração aduaneira, possui um importante texto no qual estas preocupações são assinaladas: WCO. *Guidelines on the development and use of a national valuation database as a risk assessment tool*. Bruxelas: WCO, 2012.

3. A proteção de dados e a construção de operações parâmetro

Partindo das premissas estabelecidas anteriormente em relação ao processo de construção de operações parâmetro, que pressupõe a coleta de dados de uma série de sujeitos envolvidos na cadeia comercial, terceiros não relacionados e, atém mesmo, instituições públicas e privadas, tem-se que a discussão a respeito da aplicabilidade dos dispositivos da LGPD se faz fundamental para estabelecer os limites do uso destes dados por particulares ou, mesmo, pela administração tributária, especialmente no âmbito dos comparáveis.

Nesse campo, vale primeiro estabelecer alguns conceitos fundantes da proteção de dados conforme definidos na LGPD para, secundariamente, elucidar os impactos destes dispositivos no campo dos impactos e das condutas permitidas aos contribuintes que se utilizam dos preços de transferência.

Sob o ponto de vista definitório, a LGPD tomou uma opção de denotar, nos incisos do seu art. 5º,[19] uma série de classes

---

19. Art. 5º. Para os fins desta Lei, considera-se:
I - dado pessoal: informação relacionada a pessoa natural identificada ou identificável;
II - dado pessoal sensível: dado pessoal sobre origem racial ou étnica, convicção religiosa, opinião política, filiação a sindicato ou a organização de caráter religioso, filosófico ou político, dado referente à saúde ou à vida sexual, dado genético ou biométrico, quando vinculado a uma pessoa natural;
III - dado anonimizado: dado relativo a titular que não possa ser identificado, considerando a utilização de meios técnicos razoáveis e disponíveis na ocasião de seu tratamento;
IV - banco de dados: conjunto estruturado de dados pessoais, estabelecido em um ou em vários locais, em suporte eletrônico ou físico;
V - titular: pessoa natural a quem se referem os dados pessoais que são objeto de tratamento;
VI - controlador: pessoa natural ou jurídica, de direito público ou privado, a quem competem as decisões referentes ao tratamento de dados pessoais;
VII - operador: pessoa natural ou jurídica, de direito público ou privado, que realiza o tratamento de dados pessoais em nome do controlador;
VIII - encarregado: pessoa indicada pelo controlador e operador para atuar como canal de comunicação entre o controlador, os titulares dos dados e a Autoridade Nacional de Proteção de Dados (ANPD); (Redação dada pela Lei nº 13.853, de 2019) Vigência
IX - agentes de tratamento: o controlador e o operador;
X - tratamento: toda operação realizada com dados pessoais, como as que se

vinculadas ao tema da proteção de dados, criando um feixe conotações que possuem irradiação semântica regida pelos princípios/fundamentos positivados nos arts. 2º[20] e 6º[21] desta Lei.

---

referem a coleta, produção, recepção, classificação, utilização, acesso, reprodução, transmissão, distribuição, processamento, arquivamento, armazenamento, eliminação, avaliação ou controle da informação, modificação, comunicação, transferência, difusão ou extração;
XI - anonimização: utilização de meios técnicos razoáveis e disponíveis no momento do tratamento, por meio dos quais um dado perde a possibilidade de associação, direta ou indireta, a um indivíduo;
XII - consentimento: manifestação livre, informada e inequívoca pela qual o titular concorda com o tratamento de seus dados pessoais para uma finalidade determinada;
XIII - bloqueio: suspensão temporária de qualquer operação de tratamento, mediante guarda do dado pessoal ou do banco de dados;
XIV - eliminação: exclusão de dado ou de conjunto de dados armazenados em banco de dados, independentemente do procedimento empregado;
XV - transferência internacional de dados: transferência de dados pessoais para país estrangeiro ou organismo internacional do qual o país seja membro;
XVI - uso compartilhado de dados: comunicação, difusão, transferência internacional, interconexão de dados pessoais ou tratamento compartilhado de bancos de dados pessoais por órgãos e entidades públicos no cumprimento de suas competências legais, ou entre esses e entes privados, reciprocamente, com autorização específica, para uma ou mais modalidades de tratamento permitidas por esses entes públicos, ou entre entes privados;
XVII - relatório de impacto à proteção de dados pessoais: documentação do controlador que contém a descrição dos processos de tratamento de dados pessoais que podem gerar riscos às liberdades civis e aos direitos fundamentais, bem como medidas, salvaguardas e mecanismos de mitigação de risco;
XVIII - órgão de pesquisa: órgão ou entidade da administração pública direta ou indireta ou pessoa jurídica de direito privado sem fins lucrativos legalmente constituída sob as leis brasileiras, com sede e foro no País, que inclua em sua missão institucional ou em seu objetivo social ou estatutário a pesquisa básica ou aplicada de caráter histórico, científico, tecnológico ou estatístico; e (Redação dada pela Lei nº 13.853, de 2019) Vigência
XIX - autoridade nacional: órgão da administração pública responsável por zelar, implementar e fiscalizar o cumprimento desta Lei em todo o território nacional. (Redação dada pela Lei nº 13.853, de 2019)

20. Art. 2º. A disciplina da proteção de dados pessoais tem como fundamentos:
I - o respeito à privacidade;
II - a autodeterminação informativa;
III - a liberdade de expressão, de informação, de comunicação e de opinião;
IV - a inviolabilidade da intimidade, da honra e da imagem;
V - o desenvolvimento econômico e tecnológico e a inovação;
VI - a livre-iniciativa, a livre-concorrência e a defesa do consumidor; e
VII - os direitos humanos, o livre desenvolvimento da personalidade, a dignidade e o exercício da cidadania pelas pessoas naturais.

21. Art. 6º. As atividades de tratamento de dados pessoais deverão observar a boa-fé e os seguintes princípios:

Mais ainda, a Lei, em seu art. 4º,[22] realiza um recorte de

I - finalidade: realização do tratamento para propósitos legítimos, específicos, explícitos e informados ao titular, sem possibilidade de tratamento posterior de forma incompatível com essas finalidades;
II - adequação: compatibilidade do tratamento com as finalidades informadas ao titular, de acordo com o contexto do tratamento;
III - necessidade: limitação do tratamento ao mínimo necessário para a realização de suas finalidades, com abrangência dos dados pertinentes, proporcionais e não excessivos em relação às finalidades do tratamento de dados;
IV - livre acesso: garantia, aos titulares, de consulta facilitada e gratuita sobre a forma e a duração do tratamento, bem como sobre a integralidade de seus dados pessoais;
V - qualidade dos dados: garantia, aos titulares, de exatidão, clareza, relevância e atualização dos dados, de acordo com a necessidade e para o cumprimento da finalidade de seu tratamento;
VI - transparência: garantia, aos titulares, de informações claras, precisas e facilmente acessíveis sobre a realização do tratamento e os respectivos agentes de tratamento, observados os segredos comercial e industrial;
VII - segurança: utilização de medidas técnicas e administrativas aptas a proteger os dados pessoais de acessos não autorizados e de situações acidentais ou ilícitas de destruição, perda, alteração, comunicação ou difusão;
VIII - prevenção: adoção de medidas para prevenir a ocorrência de danos em virtude do tratamento de dados pessoais;
IX - não discriminação: impossibilidade de realização do tratamento para fins discriminatórios ilícitos ou abusivos;
X - responsabilização e prestação de contas: demonstração, pelo agente, da adoção de medidas eficazes e capazes de comprovar a observância e o cumprimento das normas de proteção de dados pessoais e, inclusive, da eficácia dessas medidas.

22. Art. 4º Esta Lei não se aplica ao tratamento de dados pessoais:
I - realizado por pessoa natural para fins exclusivamente particulares e não econômicos;
II - realizado para fins exclusivamente:
a) jornalístico e artísticos; ou
b) acadêmicos, aplicando-se a esta hipótese os arts. 7º e 11 desta Lei;
III - realizado para fins exclusivos de:
a) segurança pública;
b) defesa nacional;
c) segurança do Estado; ou
d) atividades de investigação e repressão de infrações penais; ou
IV - provenientes de fora do território nacional e que não sejam objeto de comunicação, uso compartilhado de dados com agentes de tratamento brasileiros ou objeto de transferência internacional de dados com outro país que não o de proveniência, desde que o país de proveniência proporcione grau de proteção de dados pessoais adequado ao previsto nesta Lei.
§ 1º. O tratamento de dados pessoais previsto no inciso III será regido por legislação específica, que deverá prever medidas proporcionais e estritamente necessárias ao atendimento do interesse público, observados o devido processo legal, os princípios gerais de proteção e os direitos do titular previstos nesta Lei.
§ 2º. É vedado o tratamento dos dados a que se refere o inciso III do caput deste artigo por pessoa de direito privado, exceto em procedimentos sob tutela de pessoa

sua aplicabilidade, criando exceções iniciais a seu campo de ação, entretanto, tal artigo não aponta diretamente nenhuma exceção aplicada à matéria tributária.

Adentrando ao tema desse subitem, curiosamente, houve uma opção legislativa de não submeter os dados das pessoas jurídicas à proteção pela LGPD (assim como tinha ocorrido com a GDPR da União Europeia), o que cria uma série de vulnerabilidades dessas empresas em defesa do não abuso dos seus dados por terceiros, algo que nitidamente não é coberto seja no campo do Código Civil, da propriedade intelectual/industrial ou, mesmo, da concorrência desleal.

Nesse campo, uma interessante ilação é de que há a possibilidade de tratamento de dados (sem anonimização), para fins de comparabilidade no caso das pessoas jurídicas, mas não das pessoas físicas, impactando as bases de dados que podem ser utilizadas para a construção das operações parâmetro.

Obviamente, o uso destes dados se enquadra perfeitamente nos campos da finalidade, adequação e necessidade previstos pela LGPD no seu art. 4º, incisos I, II e III, respectivamente.

Adicionalmente, tem-se que o cumprimento de obrigação legal de realizar os preços de transferência pelo particular/empresa/contribuinte também se encaixam no art. 7º, inciso II, da LGPD[23], com desnecessidade de consentimento individual para coleta e tratamento de dados.

---

jurídica de direito público, que serão objeto de informe específico à autoridade nacional e que deverão observar a limitação imposta no § 4º deste artigo.
§ 3º. A autoridade nacional emitirá opiniões técnicas ou recomendações referentes às exceções previstas no inciso III do caput deste artigo e deverá solicitar aos responsáveis relatórios de impacto à proteção de dados pessoais.
§ 4º. Em nenhum caso a totalidade dos dados pessoais de banco de dados de que trata o inciso III do caput deste artigo poderá ser tratada por pessoa de direito privado, salvo por aquela que possua capital integralmente constituído pelo poder público. (Redação dada pela Lei nº 13.853, de 2019).

23. Art. 7º. O tratamento de dados pessoais somente poderá ser realizado nas seguintes hipóteses:
I - mediante o fornecimento de consentimento pelo titular;

Outrossim, a exceção contida no inciso VI do mesmo artigo é aplicável, pois o processo de fiscalização e administrativo tributário se amoldam a essa espécie normativa da exclusão do consenso.

Lembra-se, ainda, que as pesquisas realizadas por órgãos privados ou, mesmo, instituições educacionais, como mencionado no item anterior, também possuem a mesma dispensa de consentimento, como previsto no inciso IV do art. 7º[24] c/c o art. 4º, II, *b*, deixando claro que os dados das transações econômicas não são considerados como dados sensíveis pela LGPD.

Importante parêntese serve para também ressaltar que, a menção do inciso IV do artigo 4º é necessária quando os dados se referirem a países que possuem grande proteção de dados para os seus usuários, ou seja, no caso do uso de dados de sujeitos não residentes (vinculados ou não ao contribuinte).

Em relação aos bancos de dados públicos utilizados para construção de operações parâmetros como o SISCOMEX (que se utiliza de operações de pessoas físicas e jurídicas), tem-se que estes possuem previsões específicas de que os dados sejam tratados pelo poder público para cumprir com sua finalidade, interesse público e execução de competências legais (art 23, *caput*, da LGPD[25]), assim como a necessidade de interoperabilidade (art. 25[26]), o que permite o seu acesso pelos particulares/contribuintes que são gravados pelos preços de transferência.

II - para o cumprimento de obrigação legal ou regulatória pelo controlador;

24. IV - para a realização de estudos por órgão de pesquisa, garantida, sempre que possível, a anonimização dos dados pessoais;

25. Art. 23. O tratamento de dados pessoais pelas pessoas jurídicas de direito público referidas no parágrafo único do art. 1º da Lei nº 12.527, de 18 de novembro de 2011 (Lei de Acesso à Informação) , deverá ser realizado para o atendimento de sua finalidade pública, na persecução do interesse público, com o objetivo de executar as competências legais ou cumprir as atribuições legais do serviço público, desde que: [...].

26. Art. 25. Os dados deverão ser mantidos em formato interoperável e estruturado para o uso compartilhado, com vistas à execução de políticas públicas, à prestação de serviços públicos, à descentralização da atividade pública e à disseminação e ao acesso das informações pelo público em geral.

Lateralmente, como forma de regular os dados que podem ser disponibilizados a terceiros do âmbito do Ministério da Economia/Fazenda (o que inclui o SISCOMEX e a Receita Federal) através do SERPRO (Serviço Federal de Processamento de Dados) foi editada a Portaria MF 457, de 8 de dezembro de 2016, a qual, entretanto, não foi atualizada para a LGPD e simplesmente não lida com outros elementos da privacidade de dados e sua aplicação ao poder público.

Tal situação indica, preliminarmente, que os termos de uso do SISCOMEX necessitam de uma reformulação tanto para lidar com o uso de terceiros dos seus dados, obviamente fazendo ressalvas a administração tributária, pois nesse sistema não há qualquer menção ao uso ou tratamento de dados, bem como não há qualquer menção a anonimização dos dados desses sujeitos.

Prosseguindo, mais especificamente e com menção expressa à LGPD, a Portaria RFB 2.189, de 6 de junho de 2017, alterada por diversas portarias, sendo a última a Portaria RFB nº 62, de 30 de agosto de 2021, a qual trouxe, em seu novo § 3º do art. 1º[27], a exclusão da disponibilização a particulares de dados da Nota Fiscal Eletrônica (NF-e), pois estes se enquadrariam no campo do art. 26, § 1º da LGPD.[28]

Ainda nesse contexto, o anexo I da Portaria passou a viger com uma lista de aproximadamente 386 espécies de dados, de 10 categorias/bases de dados tanto de pessoas físicas como jurídicas que, em seu interior, estabelecem parâmetros de perguntas e respostas às consultas que lidam com tratamento desses dados.

---

27. § 3º. Fica revogada a autorização para disponibilização de acesso ao conjunto de dados e informações relativos à Nota Fiscal Eletrônica (NF-e) por terceiros a partir do dia 1º de dezembro de 2021.

28. Art. 26. O uso compartilhado de dados pessoais pelo Poder Público deve atender a finalidades específicas de execução de políticas públicas e atribuição legal pelos órgãos e pelas entidades públicas, respeitados os princípios de proteção de dados pessoais elencados no art. 6º desta Lei.
§ 1º. É vedado ao Poder Público transferir a entidades privadas dados pessoais constantes de bases de dados a que tenha acesso, exceto:

De outro lado, no § 4º do novo art. 1º da Portaria,[29] houve extensão da restrição de acesso de dados por particulares também das pessoas jurídicas, o que transborda, ao menos teoricamente, os preceitos da LGPD e pode gerar, ainda que indiretamente, risco a obtenção de dados públicos para construção de operações parâmetro, ferindo o devido processo legal no campo dos preços de transferência.

Logo e curiosamente, a autorização dada para tratamento de dados exclui terceiros privados, o que pode provocar uma assimetria da informação para fins de construção de operações parâmetro de preços de transferência, pois permite que se gerem, constantemente, *secret comparables* não auditáveis.

É dizer, as cadeias de informação que são usadas para construção de operações parâmetro são fundamentais para, de fato, ter-se um processo de produção dessas operações de forma mais fiel à realidade e, também, para preservar o devido processo legal.

Portanto, ter autorização para o tratamento de dados de terceiros (e, talvez, o copyright para esse uso) como elemento necessário para que se utilizem bases de dados públicos para construir operações parâmetro, pode gerar, sem dúvidas, ao lado de problemas como segredos comerciais, uma grande barreira à defesa da garantia fundamental dos contribuintes em operacionalizar os preços de transferência.

Essas situações de interação entre os preços de transferência e a proteção de dados vêm, nesse sentido, fragilizando a obtenção de dados pelos particulares em condições de igualdade com o poder público, incluindo as limitações que podem advir do não consentimento e da não difusão de informações parametrizadas e anonimizadas pelo poder público em seus sistemas.

29. § 4º. Fica atestada a implementação de processo de identificação de risco institucional ou risco ao sigilo individual da pessoa física ou jurídica a que se referem os dados e informações, como garantidores da conformidade com os termos do inciso I, art. 2º, da Portaria MF nº 457, de 8 de dezembro de 2016, c/c o § 2º, Art. 11, da Lei nº 13.709, de 14 de agosto de 2018 (Lei Geral de Proteção de Dados Pessoais - LGPD)".

De outro lado e, finalmente, o uso de dados de parceiros comerciais nos métodos do tipo *cost plus* (tanto na importação como exportação) ou *resale minus* (na exportação) vem cada dia tendo mais dificuldades, pois há a necessidade de que dados de muitos sujeitos direta e indiretamente envolvidos nas transações possam ser expostos e, portanto, gerem quebra aos preceitos da LGPD, além de cláusulas de sigilo comercial.

Sumarizando, conclusivamente, a interação entre os dados advindos dos citados potenciais 11 sujeitos que estão envolvidos na produção de provas dos preços de transferência (sem contar com os seus parceiros comerciais) pode gerar situações bastante difíceis na acurácia da produção de operações parâmetro ou na defesa administrativa ou judicial dos interesses dos contribuintes.

Conclusões

i) A produção de operações parâmetro seguem um processo no qual as etapas constitutivas são parametrização, comparabilidade e equalização, que permitem, a partir dos dados da operação sob investigação e dos parâmetros legalmente estabelecidos, investigar a validade dos fatos jurídicos produzidos e, caso seja necessário, criar a operação substitutiva.

ii) A parametrização é uma operação que replica a produção das normas gerais e abstratas, estabelecendo os critérios mínimos para identificação de uma operação sob os mesmos critérios de uma operação sob controle.

iii) A comparabilidade é o processo em que são buscadas (no plano individual e concreto e, normalmente, com marcas de delimitação de espaço e tempo) operações que se adequem à hipótese parametrizada e possam ser utilizadas para a construção da operação parametrizada substitutiva (com seu novo fato jurídico e sua nova base de cálculo tributária).

iv) A equalização é o processo de (re)processamento das operações comparáveis para sua correção e adequação aos parâmetros estabelecidos legalmente (na parametrização) e nos aspectos mais específicos da transação sub exame, no que se incluem situações não passíveis de repetição.

v) A Teoria das Provas é fundamental para compreender os processos envolvidos na arrecadação de documentos para comprovar tanto quais as operações comparáveis, como determinar os sujeitos responsáveis pela sua produção e infirmar, por exemplo, as margens de lucratividade fixas.

vi) O uso sem maiores fundamentações dos dados do SISCOMEX (e do extinto SISCOSERV) pode representar *secret comparables* no direito brasileiro, potencializando, indevidamente a paridade de armas e assimetria da informação entre fisco e contribuintes.

vii) Potencialmente são 11 os sujeitos que estão envolvidos na produção de provas dos preços de transferência, além, obviamente dos seus parceiros comerciais.

viii) A proteção de dados, sob o ponto de vista da LGPD é aplicável apenas às pessoas físicas e não jurídicas, entretanto, para a cessão de dados públicos a particulares no campo tributário houve limitação também às pessoas jurídicas através do § 4º do art. 1º da Portaria RFB 2.189, de 6 de junho de 2017, alterada pela Portaria RFB 4255, de 27 de agosto de 2020.

ix) O SISCOMEX ainda não foi adaptado integralmente à LGPD, e não há previsão expressa para o uso de seus dados pelos contribuintes, o que pode ajudar a produzir *secret comparables* no campo dos preços de transferência, dada a característica de anonimização dos dados das transações registradas nesse sistema.

x) Especificamente no campo da construção de operações parâmetro dos preços de transferência, com as restrições de acesso de dados criadas pela Portaria RFB 2.189/2017, existe uma assimetria de informações entre fisco e contribuintes, o que é consubstanciado pela impossibilidade de acesso/uso de certos dados públicos pelos contribuintes.

xi) A interação entre proteção de dados e preços de transferência, se vista de forma a restringir a defesa dos contribuintes, pode gerar ilegalidades frente ao inciso VI do art. 7º da LGPD, além de um prejuízo potencial à ampla defesa e contraditório no processo administrativo fiscal.

Referências

BARRETO, Paulo Ayres. *Imposto sobre a renda e preços de transferência*. São Paulo: Dialética, 2001.

BELLAN, Daniel Vitor; RIBEIRO, Ricardo Pereira. Conceito de similaridade para efeito de controle fiscal dos preços de transferência. In: FERNANDES, Edison Carlos (Coord.). *Preços de transferência*. São Paulo: Quartier Latin, 2007. p. 115-140.

CALIENDO, Paulo. *Direito tributário e análise econômica do direito*: uma visão crítica. Rio de Janeiro: Elsevier, 2009.

_____. *Direito tributário e análise econômica do direito*: uma visão crítica. Rio de Janeiro: Elsevier, 2009.

CARVALHO, Cristiano Rosa de. *Teoria do sistema jurídico:* direito, economia, tributação. São Paulo: Ed. Quartier Latin, 2005.

CARVALHO, Paulo de Barros. *Direito Tributário, linguagem e método.* 5ª edição. São Paulo: Noeses, 2013.

_____. Preços de transferência no Direito Tributário brasileiro. *Revista de Direito Tributário Internacional.* São Paulo: Quartier Latin, v. 3, ano 1, nº 3, p. 185-203, jun. 2006.

LUHMANN, Niklas. *Law as a social system.* Oxford: Oxford University Press, 2004.

MAISTO, Guglielmo. Cross-border valuation for income tax, customs duties and VAT. *IBFD Bulletin*. Amsterdam: IBFD, p. 107-113, mar. 2001.

POSNER, Richard A. *Economic Analysis of Law*. 9ª ed. New York: Wolters Kluwer, 2014.

ROEMER, Andrés. *Derecho y economía:* uma revisión de la literatura. Cidade do México: ITAM, 2000.

SCHOUERI, Luís Eduardo. Considerações sobre o princípio *arm's length* e os *secret comparables*. *Homenagem a Paulo de Barros Carvalho*. São Paulo: Quartier Latin, 2008.

TORRES, Heleno Taveira. *Direito tributário internacional:* planejamento tributário e operações transnacionais. São Paulo: Revista dos Tribunais, 2001.

VICENTE, Marcelo Alvares. *Controle fiscal dos preços de transferência*. 2007. Dissertação (Mestrado em direito) – Faculdade de Direito, PUC, São Paulo.

VITA, Jonathan Barros. Parametrização, comparabilidade e equalização: premissas teóricas para construção de operações parâmetro nos preços de transferência e na valoração aduaneira. In: *Revista da Receita Federal* – estudos tributários e aduaneiros, v. 2, p. 39-60, 2015.

_____. *Preços de transferência*. São Paulo: Thomson Reuters, 2014.

_____. *Relações entre valoração aduaneira e preços de transferência*. São Paulo: Thomson Reuters, 2014.

_____. *Teoria geral do direito:* direito internacional e direito tributário. São Paulo: Quartier Latin 2011.

_____. *Valoração aduaneira*. São Paulo: Thomson Reuters, 2014.

WCO. *Guidelines on the development and use of a national valuation database as a risk assessment tool*. Bruxelas: WCO, 2012.

ZYLBERSZTAJN, Décio; STAJN, Rachel. *Direito e economia:* análise econômica do direito e das organizações. Rio de Janeiro: Campus jurídico, 2005.

DIREITO TRIBUTÁRIO: IMPLICAÇÕES COM O ORDENAMENTO JURÍDICO E A INTERDISCIPLINARIDADE

José Eduardo Soares de Melo[1]

Sumário: I - Homenagem ao jurista Paulo Ayres Barreto – II - Direito tributário face o ordenamento jurídico – III - Direito tributário e disciplinas afins – Referências.

I. Homenagem ao jurista Paulo Ayres Barreto

Conheço o estimado Amigo desde a década de 1980, quando – por convite do *scholar* e ícone jurídico Geraldo Ataliba –, passei a exercer a advocacia em escritório integrado por Aires Barreto (seu pai) e Cléber Giardino, consagradas expressões do direito tributário.

Desde jovem, Paulo demonstrara esforço pessoal (e capacidade intelectual) ao concluir, ao mesmo tempo, a *graduação em Direito* (USP-1983), e a *Administração de Empresas* (FGV, 1984).

1. Doutor e Livre-Docente em Direito. Professor Titular da Faculdade de Direito da PUC-SP (2012-2015). *Visiting Scholar* da U.C. Berkeley (Califórnia). Professor Emérito da Faculdade Brasileira de Tributação. Consultor Jurídico. Técnico em Contabilidade.

A *carreira acadêmica* sempre fora coroada de êxitos, com a obtenção dos títulos de "*Mestre*" (PUC-SP – 1999 – Tese "Imposto de Renda e os preços de transferência", em banca que tive o privilégio de participar); "*Doutor*" (USP – 2005 – Tese "As Contribuições e a destinação do produto da arrecadação"); "*Livre Docente*" (USP – 2008 – Tese "Elisão Tributária: Limites Normativos"), e "*Professor Associado*" (USP).

Ministra preciosas *aulas* de direito tributário na "Velha e Sempre Nova Academia do Largo de São Francisco", na disciplina denominada "competência tributária", no mestrado e doutorado.

Produção bibliográfica esmerada compreendendo, entre outros, significativos livros como "Imunidades", "IR e Preços de Transferência", "Planejamento Tributário", e "Contribuições" (premiado como o melhor livro pela Apet, em 2008, além de edição em espanhol)".

Inúmeros e diversificados artigos jurídicos têm sido elaborados e compõem diversas obras coletivas, além de serem objeto de exposição em dezenas de congressos nacionais e internacionais.

Integrara centenas de "*Bancas Examinadoras*" de mestrado e doutorado, em diversas instituições de ensino, nos últimos 20 anos. Tive o privilégio de compartilhar de 24 bancas, estando sempre atento às lições ministradas pelo querido Amigo, em suas arguições conduzidas com seriedade científica, e respeito aos candidatos.

No Instituto Geraldo Ataliba (IGA-IDEPE) – que há 40 anos promove consagrados congressos de direito tributário – sou apreciador de sua postura precisa e ponderada como Diretor, e (atualmente), como Presidente.

Integra a Academia Tributária das Américas, ABDT, IBET, FECOMÉRCIO, OAB, IBDT, sendo membro do corpo editorial de diversas revistas jurídicas.

É o caso de se indagar: como também encontra tempo para exercer a *advocacia*, com dedicação, brilhantismo, e eficiência?

Certamente, com o pleno apoio, entusiasmo, e colaboração da jurista Simone (sua querida mulher), e de seus dois filhos.

Parabéns, Paulo. Cumprimento-o como *expert superior do direito tributário*, fruto de suas prestimosas e relevantes participações nos mais diversificados âmbitos jurídicos, eventos/obras; e, também, como figura humana gentil, discreta, atenciosa, e *Amigo* sincero e leal.

II. Direito Tributário face o ordenamento jurídico

1. Direito Constitucional

Discriminação das competências às pessoas políticas; indicação de espécies de tributos; princípios constitucionais genéricos e específicos; previsão de normas veiculadoras e disciplinadoras de matéria tributária (lei complementar, lei ordinária, resoluções, decretos).

Ex: O princípio da anterioridade (art. 150, III, *a*, da CF) – regra geral – dispõe que a instituição e a majoração de tributo só podem incidir sobre fatos que passam a existir após sua vigência, tendo eficácia a partir do primeiro dia do exercício seguinte à de sua publicação (considerado o período de noventa dias) – ISS, IPTU, ITR.

Exceções: (i) impostos de importação, exportação, operação de crédito, câmbio, seguro, títulos e valores mobiliários, e sobre guerra (arts. 153, I, II, V, e 154 - exigência na data de sua previsão legal; (ii) IR não se sujeita à regra dos noventa dias (art. 150, § 1º); (iii) IPI não se condiciona à previsão da anterioridade ao exercício financeiro, mas deve considerar a anterioridade nonagesimal (art. 150, alínea *c*); (iv) empréstimo compulsório (exceção à regra nonagesimal – art. 150, § 1º) etc.

2. Direito Civil

Propriedade e transmissão de bens móveis e imóveis, entre particulares; serviços prestados por profissionais, negócios jurídicos; sociedades civis; heranças etc.

Ex: O IPTU tem como fatos geradores a propriedade, o domínio útil, ou a posse de bem imóvel por natureza ou por acessão física, como definido na lei civil, localizado na zona urbana do Município (art. 156, I, da CF, art. 32 do CTN).

O conceito de "propriedade" não está expresso na legislação, defluindo de preceito do Código Civil (art. 1.228), que consagra o direito de propriedade, ao dispor que "o proprietário tem a faculdade de usar, gozar e dispor da coisa, e o direito de reavê-la do poder de quem quer que injustamente a possua ou detenha".

A "posse" deflui do conceito de possuidor, como sendo todo aquele que tem de fato o exercício, pleno ou não, de algum dos poderes inerentes à propriedade (art. 1.196 do Código Civil); o que não ocorre com o mero detentor, que, achando-se em relação de dependência para com outro, conserva a posse em nome deste e em cumprimento de ordens ou instruções suas (art. 1.198 do Código Civil).

Ex: Institutos do Código Civil utilizados no âmbito tributário, tais como (I) comodato (art. 579) – não incidência do ICMS (Súmula nº 573 do STF); e (II) doação (at. 538) – incidência do ITCMD.

3. Direito Administrativo

Lançamento; fiscalização e arrecadação dos tributos; prestação de serviços públicos; exercício regular do poder de polícia; edição de normas regulamentares.

Ex: O ICMS (materialidade de operação mercantil) não pode incidir sobre o "fornecimento de água pelo poder público".

Remunera-se por "taxas", a utilização efetiva ou potencial, de serviço público específico e divisível, prestado ao contribuinte ou posto à sua disposição (art. 77 do CTN).

Serviço público "é toda atividade de oferecimento de utilidade ou comodidade fruível diretamente pelos administrados, prestada pelo Estado ou por quem lhe faça as vezes, sob um regime de direito público – portanto consagrador de prerrogativas de supremacia e de restrições pessoais – instituído pelo Estado em favor dos interesses que houver definido como próprios do sistema normativo".[2]

> **STF**
>
> Tributário. ICMS. Fornecimento de água tratada por concessionário de serviço público. Não incidência. Ausência de fato gerador.
>
> 1. O fornecimento de água potável por empresas concessionárias desse serviço público não é tributável por meio do ICMS.
>
> 2. As águas em estado natural são bens públicos e só podem ser exploradas por particulares mediante concessão, permissão ou autorização.
>
> 3. O fornecimento de água tratada à população por empresas concessionárias, permissionárias ou autorizadas não caracteriza uma operação de circulação de mercadorias.
>
> 4. Precedentes da Corte. Tema já analisado na liminar concedida na ADI nº 567, de relatoria do Ministro Ilmar Galvão e na ADI nº 2.224-5-DF, Relator o Ministro Néri da Silveira [...]". [3]

4. Direito Comercial/ Direito Civil

Sociedades empresariais. Negócios societários (constituição e transformações).

Ex: O ICMS (LC 87/96, art. 3º, VI) não incide sobre "operações de qualquer natureza de que decorra a transferência de propriedade de estabelecimento industrial, comercial ou de outra espécie".

Aplicação dos negócios jurídicos seguintes:

- *Cisão*: operação pela qual a companhia transfere parcela do seu patrimônio para uma ou mais sociedades,

---

2. MELLO, Celso Antônio Bandeira de. *Prestação de serviços públicos e administração indireta*, 3ª. ed., 3ª. tir., São Paulo: Malheiros Editores, 1996, p. 1.

3. RE nº 607.056-RJ – Plenário – rel. Min. Dias Toffoli – j. 10.04.2013 – *Dje* 16.05.2013, p. 19.

constituídas para esse fim ou já existentes, extinguindo-se a companhia cindida, se houver versão de todo o seu patrimônio, ou dividindo-se o seu capital, se parcial a versão (art. 229 da Lei 6.404/76, que regra a Sociedade por Ações).

- *Incorporação*: operação pela qual uma ou mais sociedades são absorvidas por outra, que lhes sucede em todos os direitos e obrigações (art. 227 da Lei 6.404/76, e art. 1.116 do Código Civil).

- *Fusão*: operação pela qual se unem duas ou mais sociedades para formar sociedade nova, que lhes sucederá em todos os direitos e obrigações; enquanto a *transformação* é a operação pela qual uma sociedade passa, sem dissolução e liquidação de um tipo para outro (arts. 222, 228, 232, 233, 234, da Lei nº 6.404/76; e arts. 1.113 a 1.115, e 1.119 do Código Civil).

STJ

I – Transformação, incorporação, fusão e cisão constituem várias facetas de um só instituto; a transformação das sociedades. Todos eles são fenômenos de natureza civil, envolvendo apenas as sociedades objeto de metamorfose e os respectivos donos de cotas ou ações. Em todo o encadeamento da transformação não ocorre qualquer operação comercial.

II – A sociedade comercial – pessoa jurídica corporativa – pode ser considerada um condomínio de patrimônios ao qual a ordem jurídica confere direitos e obrigações diferentes daqueles relativos aos condôminos (Kelsen).

III – Os cotistas de sociedade comercial não são, necessariamente, comerciantes. Por igual, o relacionamento entre a sociedade e seus cotistas é de natureza civil.

IV – A transformação em qualquer de suas facetas das sociedades não é fato gerador de ICMS.[4]

4. REsp nº 242.721/SC – 1ª. T. – rel. p/acórdão Min. Humberto Gomes de Barros – j. 19.6.00 – *DJU* 1 de 17.9.2001, p. 112.

5. Direito Penal

Sanções (prisão, multa, regime especial de fiscalização, interdição, perdimento de bens, apreensão de coisas, proibição de transacionar com repartições públicas), pela violação de normas tributárias (falta de pagamento de tributo; descumprimento de obrigações acessórias; sonegação fiscal; contrabando; descaminho; apropriação indébita).

Ex: O STF firmou as posturas seguintes:

> "É inadmissível a apreensão de mercadorias como meio coercitivo para pagamento de tributo."[5]
>
> "É inadmissível a interdição de estabelecimento como meio coercitivo para cobrança de tributos."[6]

As sanções penais implicam responsabilidade subjetiva (dolo), e privação de liberdade (pena de prisão).

Nos crimes tributários, as condutas especificadas revelam caráter doloso da pessoa, mediante fraudes, falsificações, adulterações e artifícios. A responsabilidade penal é sempre subjetiva, de modo que, no crime praticado no âmbito da pessoa jurídica, responderá pelo ilícito aquele que detinha, de fato, o poder de gestão.

Ex: Crime Tributário. O simples fato de o Fisco haver dado início ao processo administrativo não significa que se esteja diante de um ilícito tributário de natureza criminal, com perfeita caracterização de responsabilidade penal da pessoa do infrator (criminoso).

O STF firmou a diretriz seguinte: "Não se tipifica crime material contra a ordem tributária, previsto no art. 1º, incisos I a IV, da Lei 8.137/90, antes do lançamento definitivo do tributo".[7]

---

5. Súmula nº 323.

6. Súmula nº 70.

7. Súmula Vinculante nº 24.

6. Direito Processual

Constituição do crédito tributário e obediência aos princípios do contraditório e da ampla defesa; processo judicial visando à cobrança do crédito (executivo fiscal), ou discussão sobre sua exigibilidade (mandado de segurança, declaratória, anulatória, consignação; repetição de indébito etc.).

Ex: A suspensão da exigibilidade do crédito tributário, por concessão de medida liminar em mandado de segurança (art. 151, IV, do CTN), deve obedecer à sistemática prevista na legislação processual (Lei federal 12.016/2009).

Os fundamentos relevantes consistem no "*fumus boni juris*" (fumaça do bom direito), e no "*periculum in mora*" (perigo da demora), sendo facultado ao juiz exigir do impetrante caução, fiança ou depósito, com o objetivo de assegurar o ressarcimento à pessoa pública.

7. Direito Internacional

Tratados e acordos firmados entre os países possuem viabilidade eficacial (art. 5º, §§ 2º e 3º, da CF), sendo que a integração entre os países decorre de diversos sistemas pertinentes a Zonas Preferenciais (redução de tarifas para determinados produtos), União Aduaneira (adoção de Tarifa Externa Comum), Mercado Comum (livre circulação de mercadorias e de fatores produtivos), e Uniões Econômicas (coordenação e harmonização de políticas econômicas, fiscais, e monetárias entre os países-membros).

Observam-se as normas do GATT (Acordo Geral de Tarifas Aduaneiras e Comércio); que originara a OMC (Organização Mundial do Comércio); a ALADI (Associação Latino-Americana de Integração), que substituíra a ALALC; e o MERCOSUL (Mercado Comum do Sul).

Ex: Os tratados celebrados em matéria tributária colimam a eliminação de direitos alfandegários, e restrições não tarifárias à circulação de produtos, bem como outra medida de efeito equivalente, objetivando o livre trânsito de bens, serviços, e fatores produtivos entre os países signatários.

De modo específico, a eliminação de dupla exigência de imposto de renda, e a desoneração de imposto de importação.

8. Direito Urbanístico

As normas urbanísticas concernem à disciplina, ao planejamento, ao uso e à ocupação do solo da cidade, à atividade edilícia, à ordenação dos espaços habitáveis, à proteção do meio ambiente e sua constante inter-relação com as zonas urbana e rural.

No âmbito municipal abrangem dois setores, isto é, o da ordenação espacial (plano diretor) e as normas de uso e ocupação do solo urbano e urbanizável, compreendendo o zoneamento, loteamento e composição paisagística da cidade, o controle da construção, incidindo sobre o traçado urbano, equipamentos sociais e edificação particular.

Ex: O Estatuto da Cidade (Lei federal 10.257/2001, e alterações) dispôs que a propriedade urbana cumpre sua "função social" quando atende às exigências fundamentais da ordenação da cidade expressas no plano diretor, inclusive sobre o parcelamento, edificação ou utilização compulsórios.

Legislação paulistana (Decreto 55.638/2014) estabelecera que, no caso de imóveis considerados ociosos pela Prefeitura – sem que tenham sido tomadas medidas para sua regularização –, será aplicada a progressividade do IPTU das alíquotas (2% a 15% sobre o valor do imóvel – do primeiro ao quarto ano). Permanecendo a ociosidade, poderá ser desapropriado o imóvel (âmbito do direito administrativo) mediante pagamento com títulos da dívida pública.

III. Direito tributário e disciplinas afins

1. Contabilidade

A *Contabilidade* objetiva registrar os eventos concernentes às atividades empresariais face à sua configuração econômica, sem cogitar o substrato de tais atividades. Auxilia na apresentação das demonstrações financeiras, balanço patrimonial, lucros ou prejuízos acumulados, resultado do exercício, e fluxo de caixa.

O *Direito Tributário* tem por finalidade constatar os efeitos decorrentes dos resultados societários das empresas, a respectiva natureza jurídica (independente da aparência econômica), e sua adequação (ou não) às normas de incidência tributária. As técnicas contábeis constituem elementos auxiliares para apuração de uma específica situação tributária (lucro real, prejuízo fiscal, no âmbito do IR).

A legislação nacional básica sobre apuração de resultados societários (Lei federal 6.404/76) sofrera alterações com o objetivo de adaptar-se aos padrões internacionais contábeis, por meio da Lei federal 11.638, de 28 de dezembro de 2007 (e modificações da Lei 11.941, de 27 de maio de 2009).

Trata-se de temas relativos à composição das contas do patrimônio (imobilizado, diferido, intangível); critérios de avaliação do ativo e do passivo; aspectos da demonstração do resultado do exercício e dos fluxos de caixa e do valor adicionado; reservas de lucros etc.

A Comissão de Valores Mobiliários fixa as respectivas diretrizes pelo Comitê de Pronunciamentos Contábeis (CPC), criado pela Resolução 1.055/2005, publicada em 24 de outubro de 2005.

O CPC tem por objetivo o estudo, o preparo, e a emissão de Pronunciamentos Técnicos sobre procedimentos de Contabilidade e a divulgação de informações dessa natureza, para permitir a emissão de normas pela entidade reguladora brasileira, visando à centralização e uniformização do seu processo de produção, levando em conta a convergência da Contabilidade brasileira aos padrões internacionais.

Primorosas as assertivas seguintes:

> [...] a contabilidade nada cria, pois apenas deve registrar, através de métodos científicos e confiáveis, e segundo a linguagem das partidas dobradas, os fatos tais como se encontram na realidade fenomênica, a qual lhe é externa [...].[8]
>
> a) a ciência contábil trabalha com a essência econômica;
>
> b) a partir da edição da Lei n. 11.638/07 consagrou-se, em definitivo, a distinção entre os princípios que norteiam as relações econômicas, para fins de registro contábil, e aqueles que norteiam as relações jurídicas, na atividade empresarial.
>
> c) os novos padrões contábeis não foram incorporados ao Direito Tributário;
>
> d) a prática contábil é nula, para efeitos de solução de um conflito envolvendo o Direito;
>
> e) a primazia da essência sobre a forma deve ser concebida como técnica, ou recurso, com vistas a tornar os relatórios contábeis mais eficientes na sua função de servir de instrumento para análise prospectiva, não podendo, isoladamente, ser fundamento para aferição de vícios jurídicos.[9]

Na realidade, e em termos de competência, a Contabilidade não estabelece regras de tributação, e não pode alterar a fisionomia dos negócios jurídicos. Do mesmo modo, o Direito Tributário não pode traçar diretrizes relativas a lançamentos contábeis, classificação de contas etc., sequer interferir nos princípios que regram a Contabilidade.

A apuração dos tributos decorre da realização de atos, negócios, estados, e situações de natureza jurídica, bem

---

8. OLIVEIRA, Ricardo Mariz de. *Fundamentos do Imposto de Renda (2020)*. Volume I, Instituto Brasileiro de Direito Tributário, 2020, p. 117.

9. BIFANO, Elidie Palma. "Contabilidade e direito: a nova relação", in Roberto Quiroga Mosquera; Alexsandro Broedel Lopes (Coord.). *Controvérsias jurídico-contábeis – aproximações* e distanciamentos. São Paulo: Dialética, 2010, pp. 116-117.

como atividades governamentais, de conformidade com as materialidades delineadas na Constituição Federal. A exigência tributária deflui da subsunção dos fatos ocorridos com as previsões normativas. Podem ocorrer deformações tributárias (ficções etc.) no caso de serem consideradas as exclusivas regras tributárias.

O *conceito contábil de "receita"* (Pronunciamento CPC 47, vigente a partir de janeiro de 2018, revogando o CPC 30), estabelece os princípios para todas as empresas em todas as atividades, aplicando-se em qualquer contrato com os clientes, com algumas exceções. Objetiva retratar a transferência de bens ou de serviços aos clientes por um valor que reflete a contraprestação a qualquer entidade que espera ter direito em troca dos referidos bens e serviços.

A Receita Federal do Brasil expediu a IN RFB 1.771/2017 (publicada em 22.12.2017), regulamentando os impactos do novo modelo contábil na determinação do IR, da CSLL, do PIS e da COFINS.

Entretanto, o "conceito contábil" não poderia constituir elemento, ou critério idealizador, da configuração da "receita tributável", embora o legislador possa considerar pressupostos contábeis.

O "conceito constitucional" é que tem a virtude jurídica de delimitar o âmbito da receita tributável, tendo o STF assentado as posturas seguintes:

> a) *o conceito de receita* acolhido pelo art. 195, I, "b", da Constituição Federal, *não se confunde com o conceito contábil.*
>
> b) ainda que a contabilidade elaborada para fins de informação ao mercado, gestação, e planejamento das empresas possa ser tomada pela lei como ponto de partida para determinação das bases de cálculo de diversos tributos, de modo algum subordina a tributação;
>
> c) a contabilidade possui ferramenta utilizada para fins tributários, mas moldada nesta seara pelos princípios e regras próprias do Direito Tributário;

d) sob o específico prisma constitucional, *receita bruta* pode ser definida como o ingresso financeiro que se integra no patrimônio na condição de elemento novo e positivo, sem reserva ou condições. [10]

Examinando exaustivamente esta matéria, na consideração de diversas posturas doutrinárias, fora asseverado que, juridicamente:

- receita é um tipo de entrada ou ingresso no patrimônio da pessoa jurídica, sendo certo que nem todo ingresso ou entrada é receita;

- receita é o tipo de entrada ou ingresso que se integra ao patrimônio sem reserva, condição ou compromisso no passivo, acrescendo-o como elemento novo e positivo;

- a receita passa a pertencer à entidade com sentido de permanência;

- a receita remunera a entidade, correspondendo ao benefício efetivamente resultante de atividades suas;

- a receita provém de outro patrimônio, e se constitui em propriedade da empresa pelo exercício das atividades que constituem as fontes do seu resultado;

- a receita exprime a capacidade contributiva da entidade;

- a receita modifica o patrimônio, incrementando-a.[11]

No *âmbito das contribuições sociais* (COFINS e PIS) incidentes sobre as receitas, não deve ser considerado o conceito contábil (única ou exclusivamente), mas a legislação federal pertinente.

---

10. RE 606.107/RS – Plenário – rel. Min. Rosa Weber – j. 22.5.13 – Repercussão Geral-CPC, art. 543-B.

11. OLIVEIRA, Ricardo Mariz de. *Fundamentos do Imposto de Renda (2020)*. Volume I – Instituto Brasileiro de Direito Tributário, 2020, p. 127.

*

No tocante à figura do *"lucro"* – prevista como hipótese de incidência das contribuições devidas pelo empregador, sobre o lucro das empresas, e da entidade a ela equiparada (art. 195, da CF) – CSL –, não se apura, propriamente, dos quadrantes constitucionais, sendo conformada por conceitos de direito privado.

Derivado do latim *lucrum* ("ganho", "proveito", "vantagem"), entende-se, de modo amplo, como *toda a vantagem ou utilidade* que se possa ter ou tirar de uma coisa, ou de um negócio; tudo que venha *beneficiar a pessoa*, trazendo um engrandecimento ou enriquecimento a seu patrimônio, seja por meio de *bens materiais* ou simplesmente de *vantagens*, que *melhorem* suas condições patrimoniais, entende-se um *lucro*. No sentido técnico do comércio, *lucro* restringe-se ao *resultado pecuniário*, obtido nos negócios.[12]

Embora o constituinte tenha estabelecido a incidência do IR (art. 153, II), com o qual o lucro mantém conotação, não há que confundir ou mesclar essas duas figuras.

O lucro societário – como resultado positivo das atividades empresariais – e a referência à contribuição social, *não apresentam o lucro* (ou renda) pertinente ao IR, em que as bases de cálculo não são necessariamente as mesmas.

No *"âmbito contábil"*, o Pronunciamento CPC 32 (divulgado em 16 de setembro de 2009) tratara do reconhecimento e mensuração de ativos e passivos fiscais diferidos, do reconhecimento de despesas ou receita tributária, da consequência tributária dos dividendos.

Entende-se que a pureza do resultado contábil – pautado por um sistema engendrado por seus cientistas – não se compagina com a positividade jurídica, implicando resultado

12. SILVA, De Plácido e. *Vocabulário jurídico*, 1ª. ed., vol. III, p. 967. Rio de Janeiro: Forense, 1963.

diferente, mediante a obtenção de duas espécies "contábil", e "real" (fiscal).

O lucro real tributável compreende o lucro do exercício (soma algébrica do lucro operacional, dos resultados não operacionais, do saldo da correção monetária, e das participações nos lucros), ajustado pelos valores indicados.

Os mencionados ajustes – para a apuração do lucro sujeito à incidência do IR –, constituem elementos estranhos e posteriores ao lucro societário (contábil), apurável para distribuição de resultados a sócios, acionistas, administradores etc.

O lucro fiscal – que ocasiona o fato gerador do IR –, toma como elemento básico o lucro contábil, mas não faz parte de sua íntima estrutura, de modo integral.

Devem as "contribuições sociais" observar os princípios, diretrizes, e critérios aplicáveis aos impostos (capacidade contributiva), em caráter genérico; e, ao IR, em caráter específico (deduções, abatimentos gerais, para apuração do lucro), "porque os valores constitucionais protegidos por esses preceitos específicos, tipificadores desses regimes especiais, não podem ser contornados, superados, nem violados, em nenhuma hipótese. A circunstância de querer a lei federal financiar certas finalidades, mediante contribuição, não significa que possa descaracterizar ou violar as principais regrais constitucionais aos impostos aplicáveis.[13]

*

Renda significa a materialidade do imposto de competência da União (IR, art. 153, III, da CF). Produto do capital e do trabalho, ou da combinação de ambos (art. 43 do CTN).

Representa o saldo positivo resultante do confronto entre certas entradas e saídas do patrimônio, ao longo de um

13. ATALIBA, Geraldo. *Hipótese de incidência tributária*. 6ª. ed., 16ª. tir., São Paulo: Malheiros Editores, 2016, p. 208.

período de tempo, distinguindo-se de conceitos tangenciais como faturamento, capital, lucro, ganho, resultado, patrimônio e fortuna, previstos no texto constitucional.[14]

Os regimes de apuração de resultados são os seguintes:

a) econômico ou jurídico (*competência*), que toma em consideração as receitas ingressadas no patrimônio do contribuinte, independente da realização da moeda, os custos e as despesas incorridas juridicamente, independente do seu pagamento;

b) financeiro (*caixa*), que leva em conta, exclusivamente, o dinheiro ingressado ou saído do patrimônio.

Fácil inferir, como regra geral, que o fluxo de dinheiro (ingressos e saídas de numerário) do patrimônio do contribuinte pode revelar-se indiferente para caracterizar a disponibilidade econômica ou jurídica de renda. Nem todas as receitas ou rendimentos realizam-se em dinheiro, e os gastos podem ser pagos em bens de natureza diversa (móveis, imóveis, cessão de direitos).

*

No âmbito do *ICMS*, a legislação paulista (Lei 13.918, de 22 de dezembro de 2009) contempla situações relativas às *presunções*, com *conotações contábeis*, a saber:

> Art. 74-A. Presume-se a ocorrência de omissão de operações e prestações de serviços tributáveis, realizadas sem o pagamento do imposto nas seguintes hipóteses:
>
> I – existência de *saldo credor de caixa*;
>
> II – constatação de *suprimentos a caixa não comprovados*;
>
> III – manutenção, no *passivo*, de *obrigações já pagas ou inexistentes*;

14. GONÇALVES, José Artur Lima. *Imposto sobre a Renda:* pressupostos constitucionais. , 1ª. ed., 2ª. tir. São Paulo. Malheiros Editores, 2002, pp. 177-185.

> IV – constatação de *ativos ocultos*;
>
> V – existência de entrada de mercadorias não registradas;
>
> VI – declaração de vendas pelo contribuinte em valores inferiores às informações recebidas por instituições financeiras e administradoras de cartões de crédito ou débito;
>
> [...]
>
> § 2º. Diante da presunção de que trata este artigo, caberá ao contribuinte o ônus da prova da não ocorrência dos fatos geradores ou do pagamento do imposto.

Analiso as situações seguintes:

- *Saldo Credor de Caixa*: valor relativo às atividades do contribuinte, num determinado período de tempo, podendo significar a insuficiência de numerário para satisfazer gastos.

Presunção de falta de pagamento de IR (*com reflexos no ICMS, IPI, ISS, PIS, COFINS)*, caracterizado pela omissão de valores no registro de receita, ressalvada ao contribuinte a prova da improcedência da presunção.

- *Passivo Fictício*: permanência entre os débitos relacionados no balanço do exercício social, de compromissos resgatados no decorrer do exercício.

Significa o valor indevidamente acrescido ou diminuído a crédito de terceiros, geralmente nas contas de fornecedores, duplicatas a pagar, conta-corrente, e outros da mesma natureza. Implica elevação ou diminuição irreal de dívidas da sociedade, acarretando a subavaliação ou superavaliação ativa.

Pode presumir falta de pagamento de IR (com efeitos no ICMS, IPI, ISS, PIS, COFINS).

Todavia, as dívidas existentes podem constituir parcelas do capital próprio, nem sempre representa fraude contábil, nem gera conclusão segura de sonegação de vendas ou de receitas omitidas, porque podem decorrer de simples irregularidades de escrituração, sem reflexo no âmbito tributário, como nos casos seguintes:

a) pagamento de débitos realizados com recursos pessoais dos sócios, cujo ingresso de numerário na empresa não tenha sido contabilizado;

b) engano em razão de permanência de débito saldado na conta de fornecedores devido a lapso contábil referente à falta de baixa do título quitado. Se as receitas contabilizadas e os saldos de caixa existentes, no dia do pagamento, forem suficientes para saque da importância, não há como se conceber a existência de receita omitida e a sonegação de impostos.

O STF, de longa data, repudiara a ampla exigência tributária assentada na referida situação contábil:

> A existência de passivo fictício é relevante para o Imposto de Renda, mas não funciona em relação ao Imposto de Circulação de Mercadorias (ICM), que demanda a prova de uma operação mercantil com seu fato gerador próprio.
>
> Simples suprimentos de caixa não acarretam a circulação de mercadorias e, por isso mesmo, não são tributáveis, tanto mais em relação a eles não se pode falar de valor agregado. Não havendo prova cabal da saída de mercadorias.[15]

Concluindo: "A solução melhor será sempre a de que nenhum imposto é devido, não permitindo qualquer interpretação distinta a exegese máxima do STF".

- *Ativo Oculto*: bem patrimonial de propriedade ou posse do contribuinte, sem registro nos livros contábeis ou fiscais, apurado mediante fiscalização, cuja aquisição presume seja realizada com recursos omitidos à tributação, implicando incidências tributárias.

15. *Apud* Ives Gandra da Silva Martins, "Presunções no Direito Tributário". *Caderno de Pesquisas Tributárias* nº 9. São Paulo: CEU/Resenha Tributária, 1984, pp. 44/45.

Entretanto, pode ocorrer que o pagamento dos débitos, no exercício anterior, tenha sido efetuado com recursos próprios, e que apenas esse ingresso de numerário na empresa não tenha sido contabilizado.

- *Depósitos Bancários Injustificados*: valores creditados em montantes superiores aos contabilizados pelas sociedades, ou declarados pelas pessoas físicas.

Acontece de que os referidos valores, por si só, não autorizam o lançamento do IR (sequer do ICMS, IPI, ISS) porque podem decorrer de variados motivos estranhos ao tributo, a saber:

a) os depósitos representariam bens de terceiros que não teriam ingressado no patrimônio do contribuinte.

   Ex: recebimento de valores para serem recolhidos judicialmente.

b) os depósitos corresponderiam a ingressos financeiros não tributáveis;

   Ex: valores pagos por clientes face à aquisição de bens isentos do imposto.

c) os depósitos decorreriam de atividades sujeitas à incidência tributária, mas que já teriam sido oferecidos à tributação.

Precisas as considerações seguintes:

> Presunções tributárias, ficções legais, pautas fiscais, arbitramento tributários, substituições "para frente" e outros expedientes de semelhante jaez, quando utilizados desnecessariamente, operando como autêntico 'atalho', ao dever de investigação, conculcam o primado da verdade material, e, muitas vezes, sequer satisfazem a verdade formal.[16]

---

16. MARINS, James. *Direito Processual Tributário Brasileiro (Administrativo e Judicial)*, 8ª. ed., São Paulo: Dialética, 2015, p. 175.

2. Economia

A atividade financeira do poder público implica a necessidade de obter recursos para poder atingir seus objetivos fundamentais, consistentes na construção de uma sociedade livre, justa e solidária, no desenvolvimento nacional, na erradicação da pobreza e marginalização, na redução das desigualdades sociais e regionais, bem como na promoção do bem-estar da coletividade (art. 3º da CF).

A execução das inúmeras atividades (eminentemente públicas, e em setores dedicados à atividade privada, despindo-se de privilégios e prerrogativas) implica a utilização de pessoal, aquisição de bens, realização de investimentos, demandando a obtenção e manuseio de valores atinentes às receitas, despesas, elaboração de orçamentos, significando procedimento de autêntica gestão financeira.

Constata-se a ingerência da Economia no que concerne a determinados valores pecuniários, compreendendo a receita derivada do patrimônio das pessoas privadas (naturais e jurídicas), *têm a característica de tributos*, consoante sistemática constitucional, regrados por peculiar regime jurídico. A Constituição Federal contém capítulo específico (arts. 170 a 181) tratando dos "Princípios Gerais da *Atividade Econômica*" com marcante interferência do âmbito tributário como é o caso da "propriedade privada" e "função social da propriedade" (IPTU e ITR), e "defesa do consumidor" (ICMS, IPI, ISS); e "contribuições de intervenção no domínio econômico" (CIDE).

Interessante a ponderação no sentido de que "no direito tributário brasileiro são visíveis tensões entre o que pode ser considerado "jurídico" e o que é entendido como "econômico"; assinalando-se que "para o jurista que se debruça sobre a realidade das práticas tributárias no Brasil, quais devem ser os critérios mais valiosos da análise e decisão? Os econômicos ou os jurídicos?[17]

---

17. CASTRO, Marcus Faro de. *Direito, Tributação e Economia no Brasil*: Aportes da

O autor assinala que "as relações entre direito e economia no campo do direito tributário brasileiro parece em boa medida ter passado a gravitar em torno de dois polos principais: (i) o das controvérsias acerca da chamada "interpretação econômica do direito tributário", de origem europeia; e (ii) o das propostas de que, para fins de caracterização e resolução de questões de direito tributário, seja empregada a abordagem da chamada "Análise Econômica do Direito" (AED), desenvolvida inicialmente nos Estados Unidos".[18]

O nosso ilustre homenageado, de longa data, assinalara o seguinte:

> Estamos convencidos de que os aspectos econômicos e financeiros que foram efetivamente positivados, continuam sendo tratados como se não pertencessem ao mundo do direito; como se não exercessem, por vezes, papel decisivo na demarcação de uma entidade jurídica.[19]

O princípio que veda o confisco no âmbito tributário (art. 150, §4°, da CF), atrelado ao princípio da capacidade contributiva (art. 145, §1°, da CF), limita a interferência econômica governamental no patrimônio dos particulares, como seria o caso da aplicação de alíquota de 20% sobre o valor venal de imóvel do contribuinte, para fins de apuração do IPTU, que resultaria na perda da propriedade em 5 anos.

Pertinentes as assertivas seguintes:

> A relação da tributação com a Livre Concorrência aparece, num primeiro momento, quando, por meio de normas tributárias indutoras, promove-se a regulação dos mercados, contemplados pelo próprio constituinte. Citem-se os casos em que se afasta

---

análise jurídica da política econômica. *Law, Taxation and the Economy in Brazil: na Appraisal From the Perspective of the Legal Analysis of Economics Policy.*, pp. 23 e 26. https://www.gov.br-pt.br ano I número-ii2011, pesquisado em 28 jul. 2021.

18. *Ob. Cit.* p. 29.

19. BARRETO, Paulo Ayres. *Contribuições:* regime jurídico, destinação e controle. São Paulo: Noeses, 2006, p. 25.

> o princípio da anterioridade (artigo 150, III, *b*, c/c 150, § 1º), e se mitiga o princípio da Legalidade Tributária (artigo 150, I, c/c 1523, § 1º), para permitir que o Poder Executivo altere alíquotas dos impostos aduaneiros, do Imposto sobre Produtos Industrializados e do Imposto sobre Operações de Crédito, Câmbio, Seguros, Títulos e Valores Mobiliários.[20]

No âmbito do ISS, pioneiramente, fora compreendido que

> adotou-se o conceito *econômico* de serviço, assim entendido o bem econômico (meio idôneo para satisfazer uma necessidade) que não seja bem material, isto é, que não seja extensão corpórea ou de permanência no espaço. Serviço, no sentido econômico, é sinônimo de bem imaterial, fruto de esforço humano aplicado à produção.[21]

O STF, decidindo a respeito da incidência do ISS sobre as atividades das operadoras de planos privados de assistência à saúde, assentou as diretrizes seguintes:

> [...] 10. *A Constituição Tributária deve ser interpretada de acordo com o pluralismo metodológico*, abrindo-se para a interpretação segundo variados métodos, que vão desde o literal até o sistemático e teleológico, sendo certo que os conceitos constitucionais tributários não são fechados e unívocos, *devendo-se recorrer também aos aportes de ciências afins para a sua interpretação, como a Ciência das Finanças, Economia e Contabilidade.*
>
> [...];
>
> 13. *Os tributos sobre o consumo, ou tributos sobre o valor agregado, de que são exemplos o ISSQN e o ICMS, assimilam considerações econômicas*, porquanto baseados em conceitos elaborados pelo próprio Direito Tributário ou em conceitos tecnológicos, caracterizados por grande fluidez e mutação quanto à sua natureza jurídica.
>
> 14. *O critério econômico não se confunde com a vetusta teoria da interpretação econômica do fato gerador consagrada no Código*

20. SCHOUERI, Luis Eduardo. *Direito Tributário*. São Paulo: Editora Saraiva*jur*, 9a., ed., 2019, pp. 380/381.

21. MORAES, Bernardo Ribeiro de. *Doutrina e Prática do Imposto sobre Serviços*. Ed. RT, 1975, p. 41).

> *Tributário Alemão de 1919, rechaçada pela doutrina e jurisprudência, mas antes em reconhecimento da interação entre o Direito e a Economia, em substituição ao formalismo jurídico,* a permitir a incidência do Princípio da Capacidade Contributiva.[22]

As situações desonerativas de gravames tributários, mediante a concessão de incentivos e benefícios fiscais (imunidades, isenção, créditos prêmios, redução de base de cálculo e de alíquotas etc.) – situadas no âmbito da extrafiscalidade –, caracterizam-se como intervenção da economia na esfera tributária.

Referências

ATALIBA, Geraldo. *Hipótese de incidência tributária.* 6ª. ed., 16ª. tir., São Paulo: Malheiros Editores, 2016.

BARRETO, Paulo Ayres. *Contribuições:* regime jurídico, destinação e controle. São Paulo: Noeses, 2006.

BIFANO, Elidie Palma. "Contabilidade e direito: a nova relação", in Roberto Quiroga Mosquera; Alexsandro Broedel Lopes (Coord.). *Controvérsias jurídico-contábeis* – aproximações e distanciamentos. São Paulo: Dialética, 2010.

CASTRO, Marcus Faro de. *Direito, Tributação e Economia no Brasil*: Aportes da análise jurídica da política econômica. *Law, Taxation and the Economy in Brazil: na Appraisal From the Perspective of the Legal Analysis of Economics Policy.*

GONÇALVES, José Artur Lima. *Imposto sobre a Renda:* pressupostos constitucionais. 1ª. ed., 2ª. tir. São Paulo. Malheiros Editores, 2002.

MARINS, James. *Direito Processual Tributário Brasileiro (Administrativo e Judicial)*, 8ª. ed., São Paulo: Dialética, 2015.

22. RE 651.703-PR – Plenário – rel. Min. Luiz Fux, j. 29.09.2016 – Tema 581 da Repercussão Geral – grifei.

MARTINS, Ives Gandra da Silva. Presunções no Direito Tributário. *Caderno de Pesquisas Tributárias* nº 9. São Paulo: CEU/Resenha Tributária, 1984.

MELLO, Celso Antônio Bandeira de. *Prestação de serviços públicos e administração indireta*, 3ª. ed., 3ª. tir., São Paulo: Malheiros Editores, 1996.

MORAES, Bernardo Ribeiro de. *Doutrina e prática do Imposto sobre Serviços*. São Paulo: Ed. RT, 1975.

OLIVEIRA, Ricardo Mariz de. *Fundamentos do Imposto de Renda (2020)*. Volume I, Instituto Brasileiro de Direito Tributário, 2020.

SCHOUERI, Luis Eduardo. *Direito Tributário*. São Paulo: Editora Saraiva*jur*. 9ª ed., 2019.

SILVA, De Plácido e. *Vocabulário jurídico*, 1ª. ed., vol. III. Rio de Janeiro: Forense, 1963.

CONFLITO ENTRE PODERES NO PROCESSO ORÇAMENTÁRIO E TRIBUTÁRIO: ANÁLISE DE UM CASO

José Maria Arruda de Andrade[1]

Sumário: 1. Introdução – 2. Equilíbrio funcional dos poderes: função normativa, função administrativa e função jurisdicional – 3. Processo legislativo tributário e o exercício de sua competência – 4. A desoneração da folha de pagamento e sua política econômica anticíclica – 5. A validade da prorrogação e a Emenda Constitucional 103/2019 – 6. Pertinência temática da matéria incluída no PLV 15/2020 – 7. Validade da rejeição parlamentar ao veto presidencial – 8. Considerações finais – Referências.

Meus caros colegas, Caio Augusto Takano e Simone Rodrigues Costa Barreto, convidaram-me a apresentar texto em um livro em homenagem ao querido Prof. Paulo Ayres Barreto, que, ainda jovem, já produziu tantos textos de referência em matéria tributária e reuniu em torno de si ilustres pesquisadores e jovens professores.

Antes de conhecer o hoje amigo Paulo Ayres, fui leitor do jurista Paulo Ayres. Busquei nele sempre a precisão terminológica, a erudição doutrinária do que temos de melhor

---

1. Professor da Faculdade de Direito da USP (FDUSP). Livre-docente e doutor pela FDUSP.

sobre cada tema por ele estudado e a contribuição segura de quem refletiu em cada faceta do objeto analisado para chegar às suas próprias conclusões. Une-nos a paixão pela tributação de serviços e pelo planejamento tributário, mas, acima de tudo, o respeito às nossas tradições, lastreadas na melhor doutrina brasileira. Daí sua exortação nas inúmeras bancas que fizemos juntos para que os candidatos ou candidatas não se desatentassem dos textos clássicos do direito brasileiro.

Após o seu ingresso como professor das nossas Arcadas do Largo de São Francisco, onde ele também se graduou, pude dialogar mais com o professor homenageado. Certamente, quem o conhece experimenta a sensação de compreender melhor seus textos elegantes, profundos, serenos – porém, com forte personalidade na fixação de limites a abusos conceituais. Essa é a personalidade de nosso homenageado. Um amigo extremamente gentil, elegante, cordial e colaborador, que consegue a proeza de reunir todas essas características até mesmo quando sobe o tom de voz em momentos em que a discordância científica assim o exige.

O convívio diuturno com o meu amigo de departamento só fez crescer minha admiração por sua carreira acadêmica. Nesta obra, que celebra a amizade de inúmeros colegas, resolvi escrever um dos seus temas de predileção: a relação do direito tributário com outros sub-ramos do direito. Escolhi escrever sobre a relação entre o direito constitucional, econômico, financeiro e tributário, após reflexão sobre um caso concreto bem específico e peculiar: a disputa entre Poderes Executivo e Legislativo em torno da prorrogação do benefício tributário da desoneração da folha de pagamentos para o exercício de 2021, em que ficou clara a discordância do Poder Executivo em aceitar a derrubada do veto presidencial à prorrogação e a correspondente e posterior judicialização do tema, por meio da Ação Direita de Inconstitucionalidade (ADI) nº 6.632, contra o art. 33 da Lei 14.020/2020.

1. Introdução

Os noticiários econômicos relataram um embate curioso, ainda que indesejável, entre Legislativo e Executivo, envolvendo a prorrogação da desoneração da folha de pagamento no exercício de 2021. Originalmente, a medida perderia sua vigência em dezembro de 2020. A pandemia e a pressão decorrente do aumento do desemprego, todavia, motivaram a decisão política do Congresso Nacional.

Após a inserção de comando legal de prorrogação durante a conversão da Medida Provisória (MP) 936, de 1º de abril de 2020, o Presidente da República vetou tal dispositivo – ao que parece, após súbita mudança de opinião – e o Congresso Nacional, por ampla maioria, rejeitou o veto presidencial. O Presidente, contudo, distribuiu Ação Direta de Inconstitucionalidade (ADI) contra a prorrogação da medida (atualmente, Lei 14.020/2020), que está sob a relatoria do Ministro Enrique Lewandowski, alegando que nela (i) não haveria o cumprimento da regra de neutralidade fiscal, em virtude de ausência de cálculo de estimativas de seu custo no orçamento de 2021, bem como de que (ii) haveria ofensa ao art. 195, §9º da CF/88 e (iii) inclusão de dispositivo no Projeto de Conversão sem pertinência temática com o texto original da Medida Provisória.

O tema desafia a dogmática jurídica e permite diversas reflexões de direito constitucional, financeiro e tributário.

No presente estudo, nos dedicaremos a enfrentar o tema a partir da perquirição acerca da competência normativa em matéria orçamentária, tributária e os atuais limites da competência infraconstitucional em se tratando da desoneração da folha de pagamentos. Em outro estudo,[2] enfrentamos o tema a partir de considerações de responsabilidade fiscal, de forma a saber se houve descumprimento ou não por parte do legislador, que aprovou a conversão em lei da medida provisória sem apresentar a compensação financeira decorrente da

2. Publicado na *Revista Fórum de Direito Financeiro e Econômico* (RFDFE).

prorrogação e sem apresentar o impacto sobre a meta fiscal de 2020 (os dois incisos do art. 14 da Lei de Responsabilidade Fiscal - LRF).

O presente texto abordará a prorrogação da desoneração da folha de pagamentos em 2021, a partir da análise de constitucionalidade de sua prorrogação em virtude de sua pertinência temática ao processo de conversão da MP 936/2020, bem como da necessária relação de equilíbrio entre o Legislativo e o Executivo na apreciação de matéria tributária e no atendimento de requisitos de responsabilidade fiscal durante a promulgação da Lei 14.020/2020 e da Lei de Diretrizes Orçamentárias de 2021, esta última, ocorrida em 16 de dezembro de 2020.

O Projeto de Lei (PLV) 15/2020 decorreu do processo de conversão em lei da Medida Provisória 936, de 1º de abril de 2020. O Veto Presidencial (26/2020) insurgiu-se contra dispositivo que prorrogou a folha de pagamentos durante todo o ano de 2021.

O dispositivo objeto desse veto, por sua vez, foi incluído no Projeto de Lei pela Câmara dos Deputados e foi confirmado, posteriormente, pelo Senado Federal. Trata-se do art. 33 do PLV, que alterou os arts. 7º e 8º da Lei 12.546, de 14 de dezembro de 2011, para estender a chamada "desoneração da folha de pagamento" por um ano.

As razões utilizadas para a justificativa de veto presidencial foram baseadas em existência de afronta às regras de responsabilidade fiscal, da Lei de Diretrizes Orçamentárias (LDO) para 2020 e da Emenda Constitucional da Reforma Previdenciária.

Quando do retorno da Lei ao Congresso Nacional, em sessão de 04 de novembro de 2020, o Senado confirmou o entendimento da Câmara dos Deputados, resolvendo, por ampla maioria,[3] rejeitar o veto presidencial ao art. 33, que é, então, promulgado na Lei 14.020/2020, por ato do Presidente da República.

3. 64 votos a 2 no Senado e 430 votos a 33 na Câmara dos Deputados.

2. Equilíbrio funcional dos poderes: função normativa, função administrativa e função jurisdicional

A despeito de nossa inspiração iluminista a respeito da doutrina da Separação dos Poderes,[4] sequer aqueles autores clássicos defenderam uma separação total dos poderes, nem, tampouco, a nossa carta constitucional, hodiernamente, a adota.

Uma perspectiva mais estrutural dos poderes da República acaba por distingui-los entre o poder que legisla (Legislativo), o que administra (Executivo) e o que julga (Judiciário); todavia, uma visão funcionalista, no esteio das lições de Eros Grau,[5] perquire a partir das funções exercidas por cada um deles.

Assim, o Poder Executivo, que tem a função administrativa, exerce uma função normativa (regulamentos, atos normativos do Banco Central) e jurisdicional (tribunais administrativos, processos disciplinares). Por sua vez, o Poder Judiciário exerce uma função normativa (ao regulamentar a atividade dos tribunais) e administrativa (ao organizar e fiscalizar as instâncias do próprio Judiciário). Ainda nessa linha, o Legislativo, ao lado da função normativa, exerce funções administrativas (a de regulamentação de seu próprio funcionamento) e jurisdicionais (julgamento disciplinar de seus pares, por exemplo).

A perspectiva funcional permite explicar com mais acuidade e aderência à realidade as diversas atividades de cada poder da República, de modo a não se deixar enganar por alguma visão extremada e metafórica de separação dos poderes, nunca afirmada pelo próprio Montesquieu em sua obra.

O Poder Executivo, afora a sua função principal de administração, possui e exerce uma função normativa (ao elaborar normas de conjuntura, como as do Banco Central e atos

4. A Declaração dos Direitos do Homem e do Cidadão, de 1789, proclamou em seu art. 18: "a sociedade na qual não seja assegurada a garantia dos direitos, nem determinada a separação dos poderes, não tem constituição".

5. GRAU, Eros Roberto. *O direito posto e o direito pressuposto*. 7ª ed. São Paulo: Malheiros, 2008, pp. 225-244.

regulamentares) e, ainda, possui parcela da *função legislativa* em sentido estrito, ao deter a competência de iniciativa legislativa em matéria orçamentária, por exemplo, e o poder de veto de leis aprovadas nas Casas do Congresso Nacional.

Esse último aspecto, o da parcela de função legislativa por parte do Poder Executivo, demonstra-se com o art. 165 da CF/1988:

> Art. 165. **Leis de iniciativa do Poder Executivo** estabelecerão:
>
> I - o plano plurianual;
>
> II - as diretrizes orçamentárias;
>
> III - os orçamentos anuais.
>
> [...]
>
> §6º. O projeto de lei orçamentária será acompanhado de demonstrativo regionalizado do efeito, sobre as receitas e despesas, decorrente de isenções, anistias, remissões, subsídios e benefícios de natureza financeira, tributária e creditícia. *(grifos adicionados)*

Perceba-se a parcela da função legislativa do Executivo, plasmada na sua competência de iniciativa do processo orçamentário anual, incluindo o seu exclusivo dever de envio do demonstrativo dos benefícios tributários, conhecido como Demonstrativo de Gastos Tributários (DGT), e que é elaborado pela Secretaria da Receita Federal do Brasil (RFB).[6]

Outra demonstração de função legislativa exercida pelo Executivo é o poder de veto de lei, o qual se encontra previsto no art. 66 da CF/88:

> Art. 66. A Casa na qual tenha sido concluída a votação enviará o projeto de lei ao Presidente da República, que, aquiescendo, o sancionará.

6. Trata-se de documento em que se apontam todas as previsões que a Receita Federal do Brasil considera serem gastos indiretos (benefícios tributários), seus valores, regionalizados e totais e sua projeção nos dois anos seguintes.

> § 1º. Se o Presidente da República considerar o projeto, no todo ou em parte, inconstitucional ou contrário ao interesse público, vetá-lo-á total ou parcialmente, no prazo de quinze dias úteis, contados da data do recebimento, e comunicará, dentro de quarenta e oito horas, ao Presidente do Senado Federal os motivos do veto.

Tais parcelas de função legislativa, contudo, têm sua previsão na própria Constituição, que de forma alguma retira a competência legislativa final e predominante do Legislativo. Basta simples análise constitucional para confirmar tal assertiva:

> Art. 48. Cabe ao Congresso Nacional, com a sanção do Presidente da República, não exigida esta para o especificado nos arts. 49, 51 e 52, dispor sobre todas as matérias de competência da União, especialmente sobre:
>
> I - sistema tributário, arrecadação e distribuição de rendas.

No caso do veto, é importante destacar que a decisão última e legítima de aceitá-lo ou não será do Legislativo, nos termos dos §§ 4º ao 7º do art. 66 da CF/88:

> § 4º. O veto será apreciado em sessão conjunta, dentro de trinta dias a contar de seu recebimento, só podendo ser rejeitado pelo voto da maioria absoluta dos Deputados e Senadores.
>
> § 5º. Se o veto não for mantido, será o projeto enviado, para promulgação, ao Presidente da República.
>
> § 6º. Esgotado sem deliberação o prazo estabelecido no § 4º, o veto será colocado na ordem do dia da sessão imediata, sobrestadas as demais proposições, até sua votação final.
>
> § 7º. Se a lei não for promulgada dentro de quarenta e oito horas pelo Presidente da República, nos casos dos § 3º e § 5º, o Presidente do Senado a promulgará, e, se este não o fizer em igual prazo, caberá ao Vice-Presidente do Senado fazê-lo.

Tudo isso permite concluir no sentido de que legislar em matéria tributária e seus reflexos nos esforços fiscais é competência do Legislativo, tendo o Executivo a função de auxiliar na iniciativa legal do Projeto de Lei Orçamentária Anual (PLOA), que deverá ser instruído com o Demonstrativo de Gasto Tributário (DGT).

Dessa forma, é dever do Executivo, portanto, providenciar as informações necessárias para ajustar o esforço fiscal das metas presentes na Lei de Diretrizes Orçamentárias (LDO) e na correspondente Lei Orçamentária anual (LOA) às renúncias fiscais aprovadas por meio de leis específicas no ano anterior ao de sua execução.

Em termos ainda mais diretos e específicos ao caso: a prorrogação da desoneração foi aprovada e apontava os mecanismos de compensação, incluindo o dever do Executivo Federal apresentar eventuais compensações complementares. A discordância posterior do Executivo quanto ao mérito da prorrogação, sem qualquer entrega de projeto alternativo, não poderia ser motivo de invalidade do dispositivo legal somente porque o Governo decidiu omitir as informações fiscais que detém.

A inércia do Executivo não pode ser utilizada como expansão de uma competência legislativa que não lhe cabe, que seria a de dar a palavra final na decisão política de legislação tributária.

No presente caso, ainda mais questionável seria a alegação de descumprimento das regras de responsabilidade fiscal, tendo em vista que, no dia 14 de dezembro de 2020, o Ministro da Economia enviou documento[7] em que, finalmente, é estabelecida uma meta fiscal mais realista e é atualizada a receita líquida, com a devida subtração correspondente à prorrogação da desoneração da folha de pagamentos, o que demonstra, cabalmente, que tal renúncia foi levada em consideração na previsão da meta fiscal de 2021, atendendo, portanto, a uma das alternativas do art. 14 da Lei de Responsabilidade Fiscal, no caso, a de seu inciso I, assim como o art. 113 do Ato das Disposições Constitucionais Tributárias (ADCT).

7. Disponível em: https://bit.ly/3AGddV0 Acesso em: 25 ago. 2021.

3. Processo legislativo tributário e o exercício de sua competência

Avançando no tema da competência legislativa em matéria tributária, tal poder é concorrente entre os Entes da Federação, nos termos da Constituição Federal de 1988:

> Art. 24. Compete à União, aos Estados e ao Distrito Federal legislar concorrentemente sobre:
>
> I - direito tributário, financeiro, penitenciário, econômico e urbanístico;
>
> II – orçamento;

Afora esse exercício concorrente de função legislativa (vertical), consentâneo com a repartição de competências tributárias do sistema tributário nacional (arts. 145 a 156, da CF/88), há de se reconhecer, no processo legislativo tributário, um equilíbrio entre os Poderes Executivos e Legislativos, como mencionado acima.

Não há exclusividade de iniciativa legislativa do Executivo em matéria tributária, muito embora haja predomínio de início de projetos por parte desse Poder. Contudo, o Legislativo detém a competência legítima não só de aprovar ou reprovar iniciativas do Executivo, mas também de exercer a função legislativa plena ao tratar de matéria tributária, seja iniciando um projeto, seja promovendo alterações naqueles projetos enviados à sua deliberação.

Daí a dinâmica das negociações entre esses Poderes, no exercício conjunto de suas competências legislativas, seja por meio de vetos do Executivo, seja pelas emendas do Legislativo.

Ao final, o que se busca é a aprovação, *com representação democrática*, de lei tributária (e orçamentária), justamente por representar um dos corolários do Estado de Direito, desde as revoluções democráticas do século XVIII, que nada mais são do que revoluções de cunho financeiro-orçamentário.

Nessa matéria, o Executivo não consegue impor sua vontade sem aprovação do Legislativo, que detém a competência principal em função normativa (criar leis). Uma matéria apresentada ao Legislativo que não obtenha maioria no parlamento não será aprovada. Uma inclusão de regra no âmbito do Legislativo poderá ser sancionada pelo Chefe do Executivo ou vetada. Contudo, destaca-se que o veto presidencial poderá ser rejeitado pelo Poder Legislativo, por maioria absoluta, no que decorrerá a validade do texto aprovado originalmente pelas Casas Legislativas.

Em matéria orçamentária, contudo, a fase inicial do processo orçamentário cabe ao Executivo, que é o Poder que detém os dados que permitem o exercício pleno das previsões de receitas, despesas e renúncias. Em outros termos, cabe ao Executivo a iniciativa do processo legislativo orçamentário, cabendo a esse Poder demonstrar que as renúncias tributárias (gastos tributários indiretos) foram levadas em conta na frustação de receitas, na previsão de despesas *ou* de que há medida de compensação da renúncia.

Por deter essa função, o Executivo tem um poder fático desequilibrador, ainda que não regulado, de selecionar o que aprova ou não em matéria tributária, de forma que, qualquer incentivo fiscal que tenha apoio Legislativo e não do Executivo poderá ser barrado com o já tradicional "despacho padrão" de descumprimento do art. 14 da Lei de Responsabilidade Fiscal (LRF).[8]

---

8. Art. 14. A concessão ou ampliação de incentivo ou benefício de natureza tributária da qual decorra renúncia de receita deverá estar acompanhada de estimativa do impacto orçamentário-financeiro no exercício em que deva iniciar sua vigência e nos dois seguintes, atender ao disposto na lei de diretrizes orçamentárias e a pelo menos uma das seguintes condições:
I - demonstração pelo proponente de que a renúncia foi considerada na estimativa de receita da lei orçamentária, na forma do art. 12, e de que não afetará as metas de resultados fiscais previstas no anexo próprio da lei de diretrizes orçamentárias;
II - estar acompanhada de medidas de compensação, no período mencionado no *caput*, por meio do aumento de receita, proveniente da elevação de alíquotas, ampliação da base de cálculo, majoração ou criação de tributo ou contribuição.
[...]..

Tal poder fático, todavia, não frustra a competência plena do Poder Legislativo, a quem cumpre legislar em matéria tributária e financeira. Quando se trata de equilíbrio horizontal[9] da função legislativa em matéria tributária, após a deliberação parlamentar completa em torno de uma matéria, como a da prorrogação da desoneração da folha de pagamento, o Poder Executivo não pode, entendemos, alegar um vício de processo legislativo quando se trata de função que lhe cabe inicialmente (cumprir os requisitos materiais do art. 14 da LRF), notadamente quando a própria lei promulgada determinou a ele tal dever, a tempo.

Em outros termos, a inércia do Executivo passa a ser o descumprimento de comando legal que não o autoriza alegar, valendo-se de sua própria omissão, que não obedecerá à regra que prorrogou a desoneração.

4. A desoneração da folha de pagamento e sua política econômica anticíclica

A tributação sobre a folha de empregados paira sobre o custo das empresas, representando um dos maiores fatores de ineficiência e desemprego e, portanto, de efeitos nocivos à eficiência produtiva, à competitividade e, ainda, à renda das famílias, interferindo no processo circular entre firma e

9. Ricardo Lobo Torres, ao tratar da Separação Horizontal do Poder Tributário assevera: "A separação dos poderes do Estado é instrumento geral e formal que se aplica aos diversos poderes substantivos. Não é apenas o poder político que se divide, como garantia da liberdade individual, senão que também o poder tributário – ou a soberania tributária (Steuerhoheit) – se fraciona e se distribui entre órgãos diferentes. O importante é considerar que a Constituição Tributária é um subsistema ao lado da Constituição Política, donde se segue que o poder tributário se harmoniza com o político dentro do mesmo sistema constitucional e, como este, se distribui entre o Legislativo, o Executivo e o Judiciário. Não se trata de um poder independente, com a sua própria divisão, mas de um poder substancial que, com os demais poderes regulados pela Constituição sofre a mesma limitação através de mecanismos de separação de funções de legislar, administrar e julgar e de sua distribuição a órgãos diferentes". TORRES, Ricardo Lobo. *Tratado de direito constitucional, financeiro e tributário*. Volume 1: Constituição Financeira, Sistema Tributário e Estado Fiscal. Rio de Janeiro: Renovar, 2009, p. 397.

família, que alimenta o nível de demanda efetiva (de consumo e investimento).

Inúmeras foram as discussões sobre essa problemática do custo elevado e de restrições à formalização do trabalho. Não à toa os esforços para a redução da informalidade laboral, por meio da criação das contribuições previdenciárias incidentes sobre os pagamentos a autônomos, administradores e diretores. Contudo, tal iniciativa foi declarada inconstitucional, posteriormente, quadro este que se transformou com o surgimento de mudança constitucional, por meio da Emenda Constitucional 20/98 e da Lei Complementar 84/96.

O dispositivo assim ficou redigido:

> Art. 195. A seguridade social será financiada por toda a sociedade, de forma direta e indireta, nos termos da lei, mediante recursos provenientes dos orçamentos da União, dos Estados, do Distrito Federal e dos Municípios, e das seguintes contribuições sociais: (Vide Emenda Constitucional nº 20, de 1998)
>
> I - do empregador, da empresa e da entidade a ela equiparada na forma da lei, incidentes sobre: (Redação dada pela Emenda Constitucional nº 20, de 1998)
>
> a) a folha de salários e demais rendimentos do trabalho pagos ou creditados, a qualquer título, à pessoa física que lhe preste serviço, mesmo sem vínculo empregatício; (Incluído pela Emenda Constitucional nº 20, de 1998)
>
> b) a receita ou o faturamento; (Incluído pela Emenda Constitucional nº 20, de 1998)
>
> c) o lucro; (Incluído pela Emenda Constitucional nº 20, de 1998).

A Emenda Constitucional 20/98 previu, ainda, a possibilidade de alteração das bases de incidência, de acordo com a atividade econômica e o uso intensivo de mão de obra. Na antiga redação, hoje revogada, tinha-se:

> § 9º. As contribuições sociais previstas no inciso I deste artigo poderão ter alíquotas ou bases de cálculo diferenciadas, em razão da atividade econômica ou da utilização intensiva de mão de obra.

Em 2005, outra Emenda Constitucional, EC 47/2005, ampliou as possibilidades de manejo da incidência previdenciária patronal:

> § 9º. As contribuições sociais previstas no inciso I do *caput* deste artigo poderão ter alíquotas ou bases de cálculo diferenciadas, em razão da atividade econômica, da utilização intensiva de mão de obra, do porte da empresa ou da condição estrutural do mercado de trabalho. (Redação dada pela Emenda Constitucional nº 47, de 2005).

Por fim, mais recentemente, a EC 103/2019, que tratou da Reforma Previdenciária, restringiu tal mandamento, com eficácia a partir de novembro de 2019:

> § 9º. As contribuições sociais previstas no inciso I do caput deste artigo poderão ter alíquotas diferenciadas em razão da atividade econômica, da utilização intensiva de mão de obra, do porte da empresa ou da condição estrutural do mercado de trabalho, sendo também autorizada a adoção de bases de cálculo diferenciadas *apenas no caso das alíneas "b" e "c" do inciso I do caput* (Redação dada pela Emenda Constitucional nº 103, de 2019).

Antes de tratarmos da EC 103/2019, convém relatar que a criação da Política da Desoneração da Folha de Pagamento nada mais foi do que a criação de uma contribuição substituta (CPRB) à contribuição previdenciária patronal, incidente sobre a folha de pagamentos na razão de 20% em favor de outra, incidente sobre a receita bruta, na razão de 1% ou 2%, à época, a depender do setor econômico.

Deve-se registrar que esta política surgiu como uma medida anticíclica,[10] ou seja, de enfrentamento de efeitos econômicos adversos de curto prazo, inserida no denominado Plano Brasil Maior, cujo propósito divulgado foi o de "*sustentar o*

---

10. Políticas anticíclicas são medidas adotadas para evitar os efeitos nocivos dos ciclos econômicos. Assim, uma crise econômica que gere desemprego e falta de estímulo ao investimento (redução da demanda efetiva, em termos keynesianos) poderá ser enfrentada com expansão dos gastos públicos, endividamento público ou estímulos de natureza fiscal. O tema é inspirado na releitura revolucionário de John M. Keynes da tradição neoclássica, que pressupunha uma tendência ao equilíbrio geral.

crescimento econômico inclusivo num contexto econômico adverso"; e de "*sair da crise internacional em melhor posição do que entrou, o que resultaria numa mudança estrutural da inserção do país na economia mundial*".[11]

Não se deve analisar uma renúncia tributária (gasto tributário indireto) sem identificar as razões de sua intervenção estatal. As diretrizes dessa política econômica, em específico, sempre estiveram relacionadas aos seguintes fatores:

i. incentivo à formalização laboral nos setores desonerados;

ii. ampliação da competitividade dos produtos desonerados;

iii. repasse dos valores desonerados pelo Tesouro Nacional à seguridade social; e

iv. preocupação em estabelecer critério temporal para a vigência da medida;

v. avaliação de resultados pelos trabalhadores, empregadores e governo (avaliação tripartite).

A política foi implementada por meio da Medida Provisória 540/2011, cuja exposição de motivos assinala, ao lado do objetivo de intervenção anticíclica,[12] a preocupação com a formalização

11. Ver detalhes em: https://bit.ly/3mmolRS e https://bit.ly/3Ehc5bu Ambos com acesso em: 28 set. 2021.

12. Consta na Exposição de Motivos da MP nº 540/2011: "2. Desde a crise financeira internacional em 2008, a economia global vem atravessando uma série de turbulências que colocam em dúvida a capacidade dos países desenvolvidos se recuperarem e voltarem a exibir um crescimento econômico robusto e sustentável. Esse quadro não só tem possibilitado o aumento do peso dos países emergentes, mas também tem lhes permitido atuarem como motor da economia mundial.
3. No entanto, esse novo alinhamento tem trazido uma série de desafios à execução da política econômica. Um desses desafios é a manutenção da competitividade externa. Com efeito, a redução da demanda externa por parte dos países desenvolvidos tem desestimulado nossas exportações. Esse efeito aliado ao forte ciclo dos preços das commodities e de redirecionamento dos fluxos de capitais em direção aos países emergentes, que tem causado forte valorização da taxa de câmbio, acaba por reduzir a competitividade da indústria nacional e deteriora o saldo comercial brasileiro".

do emprego (valorização do trabalho humano, nos termos do art. 170 da CF/88[13]) e com o aumento de produtividade dos setores escolhidos (serviços de tecnologia da informação - TI e tecnologia da informação e comunicação - TIC, bem como das indústrias moveleiras, de confecções e de artefatos de couro). Ao longo de sua vigência, diversas leis foram sendo promulgadas para ampliar o rol de setores econômicos pertencentes ao programa.[14]

Do ponto de vista da política tributária, se a troca da base do tributo original (folha de pagamentos) fosse realizada em condições neutras de carga tributária (sem redução da arrecadação potencial), haveria um mero deslocamento de um custo diretamente relacionado ao trabalho em prol de outro, direcionado à atividade econômica. No mínimo, configuraria um melhor casamento entre os momentos de faturamento de uma empresa e sua tributação, já que o custo do trabalho é mensal e o faturamento nem sempre é feito em curtos lapsos temporais.[15]

A troca, todavia, foi realizada de forma a garantir um incentivo tributário para os contribuintes (ou a sua maioria) dos setores econômicos eleitos. Ou seja, cumprindo os requisitos

---

13. "Art. 170. A ordem econômica, fundada na *valorização do trabalho humano* e na livre iniciativa, tem por fim assegurar a todos existência digna, conforme os ditames da justiça social, observados os seguintes princípios:
[...]
VIII - *busca do pleno emprego*" (grifos adicionados).

14. Como exemplos: A Medida Provisória nº 563, de 3 de abril de 2012, convertida na Lei nº 12.715, de 17 de setembro de 2012, ampliou a desoneração a setores da indústria de transformação: têxtil, plásticos, material elétrico, bens de capital, autopeças, ônibus, naval, aéreo, móveis, hotéis, *call center* e *design house*. A Medida Provisória nº 582, de 20 de setembro de 2012, convertida na Lei nº 12.794, de 2 de abril de 2013, por sua vez, incluiu no programa novos segmentos da indústria: papel e celulose, vidros, equipamento ferroviário, fogões, refrigeradores e lavadores, entre outros. Houve, ainda, a ampliação do programa por meio da Lei nº 12.844, de 19 de julho de 2013 e demais leis posteriores.

15. Há estudos sobre os efeitos macroeconômicos da troca de bases em termos neutros, ou seja, sem a efetiva disponibilidade econômica (benefício tributário) aos setores escolhidos pelas medidas. Em geral, sem o efetivo incentive, os resultados são mais tímidos. A título exemplificativo, ver: PAES, Nelson Leitão. Os Impactos da Alteração da Contribuição Previdenciária Patronal para a Indústria. In: *Estudos Econômicos*, vol. 42, n. 4, out/dez. 2012. p. 773-799.

de um gasto tributário indireto, houve disponibilidade econômica no contribuinte, por meio de uma renúncia tributária, a permitir a indução de comportamentos que privilegiassem a manutenção de postos de trabalho, sua formalidade, aumento de produtividade e a concorrência com produtos importados.

Discussões teóricas sobre essa substituição (a troca da base folha de pagamento pela receita bruta) não são recentes.[16] Ainda assim, a sua mera transposição para o sistema tributário brasileiro requereu enormes esforços legislativos, como as já mencionadas emendas constitucionais.

Ao tratar desse tipo de política econômica, costumamos chamar atenção à necessidade e dever de profunda análise (*i*) dos estudos que precederam a elaboração da medida; (*ii*) da forma como foram implementadas; (*iii*) de sua gestão executiva; e, sobretudo, (*iv*) da análise de sua eficiência ou efetividade.

Um dos aspectos positivos desta desoneração, a permitir a sua governança, foi a criação da Comissão Tripartite de Avaliação da Folha de Pagamento (CTDF), formada por representantes do Governo Federal, dos trabalhadores e empresários,[17] responsável por analisar a afetividade de seus impactos econômicos, como geração de emprego e renda, formalização do trabalhador, competitividade, arrecadação tributária, desenvolvimento setorial e capacitação e a inovação tecnológica (art. 2º do Decreto 7.711/2012).

---

16. Por todos, ver: Macroeconomic Effects of a Shift from Direct to Indirect Taxation: A Simulation For 15 EU Member States. Note presented by the European Commission services (DG TAXUD) at the 72nd meeting of the OECD. Working Party No. 2 on *Tax Policy Analysis and Tax Statistics*, Paris. p. 14-16, November 2006. Disponível em: https://bit.ly/3o34k48 Acesso em: 23 set. 2021. Um balanço mais recente, no contexto europeu, pode ser visto em Koske, Isabell. Fiscal Devaluation – Can It Help to Boost Competitiveness? *Economics Department Working Paper* No. 1089. Disponível em: https://bit.ly/3u4MVcu Acesso em: 23 set. 2021. No Brasil, já tinha sustentado uma possível política nestes moldes, Gerson Augusto da Silva na década de 1970, em palestra posteriormente publicada como: *A política tributária como instrumento do desenvolvimento*. 2ª ed. Brasília: ESAF, 2009.

17. Art. 10 da Lei 12.546/2011, regulamentado pelo Decreto nº 7.711, de 3 de abril de 2012.

No decorrer da vigência da medida, os setores econômicos responderam de forma positiva aos estímulos do programa (96% de aprovação, em 2013), o que pode estar tanto relacionado à mudança da base da tributação, quanto à redução da carga tributária pura e simplesmente. Ambas as respostas foram registradas nas consultas formuladas pela Confederação Nacional das Indústrias (CNI) em 2012 e 2013, para divulgação na Comissão Tripartite de Avaliação.[18]

Em uma reavaliação posterior do programa, por parte do então Ministério da Fazenda, em uma troca de gestão, houve um reposicionamento, e os aspectos positivos, outrora apontados, foram substituídos por uma preocupação com o custo do programa.[19]

Poucos meses após a confirmação de sua permanência (o que certamente não completa um ciclo de investimento por aqueles que confiaram na lei aprovada no final do ano passado), houve forte aumento de alíquotas.[20]

Para assegurar outro tipo de caráter indutor, desta vez o da porta da saída da medida, finalmente o governo concordou com uma regra de *opcionalidade* entre o regime incentivado e o ordinário, a permitir a saída daqueles que percebessem uma elevação tributária em suas projeções a partir das novas alíquotas.

Razões de nova prorrogação da desoneração da folha de pagamento

As razões da prorrogação da desoneração da folha de pagamento estão diretamente relacionadas às razões de ser do próprio Programa Emergencial de Manutenção do Emprego e da Renda, proposto na Medida Provisória 936/2020, a saber, "*preservar*

---

18. Consulta sobre a desoneração da folha. Disponível em: https://bit.ly/3CHbFe0 Acesso em: 23 set. 2021.

19. Ver o estudo da Secretaria de Política Econômica do Ministério da Fazenda, anteriormente disponível em: https://bit.ly/3lURGSg e, atualmente, em https://bit.ly/3zAZnSu, acesso em: 16 dez. 2020.

20. O que fez com que houvesse variação de alíquotas de 1% a 4,5%, conforme o setor.

o emprego e a renda; garantir a continuidade das atividades laborais e empresariais e reduzir o impacto social decorrente das consequências do estado de calamidade pública e de emergência de saúde pública", nos termos do art. 2º da Lei 14.020/2020.

Já a desoneração da folha de pagamento, como visto, teve a finalidade de ajudar a enfrentar os efeitos da crise econômica mundial, envolvendo as variáveis de *emprego* e *produtividade*, por meio da indução de comportamentos dos beneficiados no programa.

Em distintos momentos de sua vigência, o programa recebeu alterações legislativas, seja no sentido de diminuir o volume do benefício tributário – por meio do aumento das alíquotas da CPRB e da regra de opcionalidade –, seja pela diminuição do número de setores econômicos beneficiados.

Com o advento da reforma previdenciária, que contou com expressiva adesão parlamentar, houve-se por bem restringir, novamente, a duração do programa, dessa vez prevendo-se seu término em dezembro de 2020. Deve-se registrar, contudo, que não há relação entre essa renúncia tributária e as contas da previdência social, já que o custo do programa é suportado integralmente pelo Tesouro Nacional, que repassa o valor renunciado ao Regime Geral da Previdência Social (RGPS).

Os recentes impactos econômicos da pandemia de COVID-19 e seus reflexos econômicos imediatos desafiaram os três Poderes do Estado a refletirem sobre os melhores instrumentos de combate aos efeitos da crise. Em momentos dramáticos como esse, muito da radicalidade dos debates entre ortodoxos e heterodoxos cede à realidade dos fatos. Houve necessidade de declaração de calamidade pública e de expansão dos gastos no combate às consequências de tal crise pandêmica, impondo ao Governo Federal, em 2020, um gasto de R$ 508,4 bilhões, com previsão total de R$ 574,9 bilhões.[21]

21. Monitoramento dos Gastos da União com COVID-19. Disponível em: https://bit.ly/3zBWG2M Acesso em: 16 dez. 2020.

O descompasso atual entre Poderes Legislativo e Executivo, no tocante à matéria tributária, todavia, é de conhecimento geral. A necessidade de prorrogação da desoneração da folha de pagamento como importante fator de estímulo de empregabilidade (geração ou manutenção de postos de trabalho) foi prontamente percebida pelo Poder Legislativo, detentor final da função legislativa em nossa Constituição. Tal percepção, ao que parece, foi compartilhada pelo próprio Poder Executivo, que concordou com a prorrogação até o momento em que, provavelmente inspirado na insistência da equipe econômica em projetos paralelos de reforma tributária, como a da criação de uma nova CPMF transmutada em tributo digital, decidiu, unilateralmente, pelo veto presidencial à prorrogação.

A demonstração da falta de adesão ao ato unilateral da Presidência da República foi a sua apreciação pelo Congresso Nacional, nos termos do art. 84, inciso V da CF/88, com uma votação expressiva de 64 votos a 2 no Senado e 430 votos a 33 na Câmara dos Deputados pela sua derrubada.[22]

Nesse sentido, a melhor perspectiva para se analisar uma decisão de política econômica de enfrentamento de curto prazo de uma crise sanitária e econômica é a do crivo democrático do Poder Legislativo (Estado de Direito). Poderes não são separados, equilibram-se. O vácuo de atuação presidencial no combate aos efeitos econômicos nocivos do COVID-19 impulsionou medidas legislativas mais claras e assertivas. Daí as razões expostas na Câmara dos Deputados ao propor a prorrogação da medida até dezembro de 2021:

> Atentos à necessidade de adoção de medidas eficazes para mitigar as graves consequências econômicas da pandemia causada pelo novo coronavírus, estamos propondo a prorrogação do prazo da desoneração da folha de salários, previsto na Lei nº 12.546, de 2011, para 31 de dezembro de 2022.[23]

---

22. Congresso derruba veto à desoneração da folha. Disponível em: https://bit.ly/3hYc8Af Acesso em: 25 ago. 2021.

23. Parecer da Secretaria Geral da Mesa – Medida Provisória 936/2020 - Câmara dos

Depreende-se da leitura dos pareceres da Câmara dos Deputados e do Senado, a conjugação de elementos objetivos, tais como: (*i*) a calamidade pública, que independe de confirmação por meio de decreto para 2021 para se justificar; e (*ii*) a necessidade de induzir as expectativas virtuosas de gastos das empresas com manutenção de mão de obra e investimentos.

As razões de natureza econômica da Desoneração da Folha de Pagamento, tão claramente expostas no momento de sua criação (política anticíclica contra os efeitos da crise financeira mundial), foram sendo alteradas durante os anos. Contudo, em um momento como o atual, de enfrentamento da pandemia cumulado com a sensibilidade e a legitimidade democrática, o Poder Legislativo entendeu ser válido prorrogar, por mais um ano, a medida, considerando o atual nível de renúncia (bem reduzido em relação ao programa original, que possuía alíquotas mais baixas) como importante instrumento de combate à debilidade de empregabilidade potencial dos setores envolvidos na medida.

5. A validade da prorrogação e a Emenda Constitucional 103/2019

Um dos pontos mais discutidos acerca da validade da prorrogação da desoneração da folha de pagamento foi o de sua constitucionalidade, por conta da Emenda Constitucional 103/2019, que alterou a redação do §9º do art. 195 da CF/88, nos seguintes termos:

> § 9º. As contribuições sociais previstas no inciso I do caput deste artigo poderão ter alíquotas diferenciadas em razão da atividade econômica, da utilização intensiva de mão de obra, do porte da empresa ou da condição estrutural do mercado de trabalho, sendo também autorizada a adoção de bases de cálculo diferenciadas *apenas no caso das alíneas "b" e "c" do inciso I do caput.* (grifos adicionados)

Deputados. Deputado Orlando Silva. Disponível em: https://bit.ly/2W6A0tU Acesso em: 25 ago. 2021.

A própria EC 103/2019 prescreveu, em seu art. 30, com vigência a partir de novembro de 2019, o que segue:

> Art. 30. A vedação de diferenciação ou substituição de base de cálculo decorrente do disposto no § 9º do art. 195 da Constituição Federal não se aplica a contribuições que substituam a contribuição de que trata a alínea "a" do inciso I do caput do art. 195 da Constituição Federal *instituídas antes da data de entrada em vigor desta Emenda Constitucional.* (grifos adicionados)

Perceba-se, por relevante: a regra geral de vedação de troca de base nas contribuições previdenciárias e a regra explícita e clara de que tal inovação constitucional não atingiria "as contribuições" (CPRB) que substituíram a contribuição previdenciária patronal ordinária, incidente sobre a folha de pagamento.

As duas regras constitucionais conjugam-se harmoniosamente, ao prescreverem a vedação prospectiva de novos programas de troca de base de cálculo das contribuições previdenciárias e, *ao mesmo tempo*, a garantia de que tal inovação não atingiria os programas já existentes.

Um dos principais aspectos da questão aqui proposta, assim, está relacionado, justamente, à validade constitucional da prorrogação da "adoção de bases de cálculo diferenciadas" nas contribuições sobre a folha e pagamentos, já que a EC 103/2019 determinou que tal expediente seria permitido somente para as contribuições previdenciárias (sobre a folha de pagamento) instituídas antes da nova Emenda Constitucional.

O texto da Emenda Constitucional parece bem claro ao prescrever que as *contribuições previdenciárias*, a partir de novembro de 2019, não poderiam ser objetos de novos programas de troca de bases tributárias. Tal decisão legislativa, contudo, está muito distante da vedação de que um programa, cuja validade foi assegurada pelo próprio art. 30 da EC 103/2019, não poderia ser estendido.

Parece-nos muita clara a distinção entre os verbos *instituir* uma nova troca de bases tributáveis e a decisão sobre *prorrogar* a data de encerramento do programa original da desoneração da folha de pagamentos. Ora, a sua prorrogação, após a decisão legislativa válida de término em dezembro de 2020, está plenamente validada com a mudança do cenário econômico e a clara limitação temporal de que tal incentivo tributário terá sua vigência estendida apenas até dezembro de 2021, com base na necessidade de intervenção estatal de natureza anticíclica.

Sobre o tema, o Supremo Tribunal Federal (STF) já se manifestou, em decisão que se tornou referência a todos os juristas dedicados ao direito tributário, acerca da distinção entre *instituir* um tributo ou *prorrogar* a sua vigência, justamente na apreciação da constitucionalidade da extensão temporal da Contribuição sobre Movimentações Financeiras (CPMF) na Ação Direta de Inconstitucionalidade (ADI) 2.666:

> AÇÃO DIRETA DE INCONSTITUCIONALIDADE. CONTRIBUIÇÃO PROVISÓRIA SOBRE MOVIMENTAÇÃO OU TRANSMISSÃO DE VALORES E DE CRÉDITOS E DIREITOS DE NATUREZA FINANCEIRA-CPMF (ARTS. 84 E 85, ACRESCENTADOS AO ADCT PELO ART. 3º DA EMENDA CONSTITUCIONAL Nº 37, DE 12 DE JUNHO DE 2002).
>
> [...]
>
> 2 - Proposta de emenda que, votada e aprovada na Câmara dos Deputados, sofreu alteração no Senado Federal, tendo sido promulgada sem que tivesse retornado à Casa iniciadora para nova votação quanto à parte objeto de modificação. Inexistência de ofensa ao art. 60, § 2º da Constituição Federal no tocante à supressão, no Senado Federal, da expressão "observado o disposto no § 6º do art. 195 da Constituição Federal", que constava do texto aprovado pela Câmara dos Deputados em 2 (dois) turnos de votação, tendo em vista que essa alteração não importou em mudança substancial do sentido do texto (Precedente: ADC nº 3, rel. Min. Nelson Jobim). Ocorrência de mera prorrogação da Lei nº 9.311/96, modificada pela Lei nº 9.539/97, não tendo aplicação ao caso o disposto no § 6º do art. 195 da Constituição Federal. *O princípio da anterioridade nonagesimal aplica-se somente aos casos de instituição ou modificação da contribuição social, e não ao caso de simples prorrogação da lei que a houver instituído ou modificado.*

> 3 - Ausência de inconstitucionalidade material. O § 4º, inciso IV do art. 60 da Constituição veda a deliberação quanto a proposta de emenda tendente a abolir os direitos e garantias individuais. Proibida, assim, estaria a deliberação de emenda que se destinasse a suprimir do texto constitucional o § 6º do art. 195, ou que excluísse a aplicação desse preceito a uma hipótese em que, pela vontade do constituinte originário, devesse ele ser aplicado. A presente hipótese, no entanto, versa sobre a incidência ou não desse dispositivo, que se mantém incólume no corpo da Carta, a um caso concreto. Não houve, no texto promulgado da emenda em debate, qualquer negativa explícita ou implícita de aplicação do princípio contido no § 6º do art. 195 da Constituição.
>
> 4 - Ação direta julgada improcedente. Julgamento em 03/10/2002, Publicação em 06/12/2002 (grifos adicionados).

Mais recentemente, em agosto de 2020, o plenário do STF decidiu no mesmo sentido, no Recurso Extraordinário de nº 601.967/RS, de relatoria do Ministro Alexandre de Moraes, ao fixar as teses de repercussão geral no Tema 346:

> (ii) Conforme o artigo 150, III, c, da CF/1988, o princípio da anterioridade nonagesimal aplica-se somente para leis que ***instituem*** ou ***majoram*** tributos, não incidindo relativamente às normas que ***prorrogam*** a data de início da compensação de crédito tributário. *(grifos adicionados)*

Adicionalmente, muito do cenário jurídico-normativo relativo ao cumprimento de metas fiscais foi alterado por conta da pandemia. E não poderia ser diferente. As receitas previstas foram totalmente frustradas e o aumento dos gastos públicos (e do endividamento público) foi e continua sendo necessário. Ora, a partir de sua competência legislativa final, o Congresso Nacional valeu-se de sua legitimidade para adotar um reforço ao programa original do governo, que viera incompleto e tímido, por conta da já notória insistência de parte do governo em criar novos tributos, como a tributação sobre os pagamentos (renomeada, indevidamente, de imposto digital).

Afastada a ideia de que a EC 103/2019 proibira a *prorrogação excepcional* de um programa já existente, resta analisar a pertinência temática entre a matéria normatizada na MP

936/2020 e a Lei 14.020/2020, fruto de sua conversão, com a inclusão do artigo que impôs a prorrogação da vigência da CPRB.

6. Pertinência temática da matéria incluída no PLV 15/2020

A Medida Provisória 936/2020 instituiu o Programa Emergencial de Manutenção do Emprego e da Renda, prevendo medidas trabalhistas complementares para enfrentamento do estado de calamidade pública reconhecido pelo Decreto Legislativo 6, de 20 de março de 2020, e da emergência de saúde pública de importância internacional decorrente do coronavírus.

De acordo com a Exposição de Motivos 104, do Ministério da Economia, em virtude do impacto abrupto "e sem precedentes" no setor produtivo e nas relações de trabalho, houve necessidade de atuação direta do Estado na economia.

A MP 936/2020 propôs medidas com o objetivo de preservar o emprego e a renda, no sentido de garantir a continuidade das atividades laborais e empresariais. Assim, criou regras de redução proporcional de jornada de trabalho e de salários e a suspensão temporária do contrato de trabalho, com o pagamento do Benefício Emergencial de Preservação do Emprego e da Renda, custeado com recursos da União, operacionalizado e pago pelo Ministério da Economia ao empregado.

Cristalina, portanto, a aderência temática entre tais mecanismos de redução do custo trabalho com a prorrogação de um benefício tributário (gasto indireto) que suaviza a carga tributária sobre o emprego de setores econômicos intensivos em mão de obra.

A prorrogação da desoneração da folha de pagamento, em verdade, *apenas intensifica*, por meio de uma outra técnica, a da renúncia, o objetivo prescrito no Programa Emergencial de Manutenção do Emprego e da Renda, no sentido de reforçar o nível de empregabilidade dos setores afetados e o nível de renda dos empregados que tiverem os seus postos mantidos.

Parece-nos clara, desse modo, a pertinência temática entre os dispositivos originais que criaram o Programa Emergencial de Manutenção do Emprego e da Renda e o dispositivo inserido no art. 33, com a prorrogação da desoneração.

7. Validade da rejeição parlamentar ao veto presidencial

O Processo Legislativo, como visto anteriormente, envolve atuações coordenadas entre o Poder Executivo e o Legislativo, cabendo, ao último, a palavra final no processo decisório, mesmo em temas envolvendo matéria de inciativa do Executivo, como o orçamento.

No âmbito tributário não há reserva absoluta de iniciativa do Executivo, ao contrário, cabe ao Legislativo, com possibilidade de veto presidencial, a definição das matérias de competência da União Federal. Veja-se:

> Art. 48. Cabe ao Congresso Nacional, com a sanção do Presidente da República, não exigida esta para o especificado nos arts. 49, 51 e 52, dispor sobre todas as matérias de competência da União, especialmente sobre:
>
> I - sistema tributário, arrecadação e distribuição de rendas.

No eventual caso de veto presidencial à determinação do Congresso Nacional, a própria Constituição Federal prescreve as regras de solução do impasse decisório:

> Art. 66. A Casa na qual tenha sido concluída a votação enviará o projeto de lei ao Presidente da República, que, aquiescendo, o sancionará.
>
> § 1º. Se o Presidente da República considerar o projeto, no todo ou em parte, inconstitucional ou contrário ao interesse público, vetá-lo-á total ou parcialmente, no prazo de quinze dias úteis, contados da data do recebimento, e comunicará, dentro de quarenta e oito horas, ao Presidente do Senado Federal os motivos do veto.
>
> [...]

> § 4º. O veto será apreciado em sessão conjunta, dentro de trinta dias a contar de seu recebimento, só podendo ser rejeitado pelo voto da maioria absoluta dos Deputados e Senadores.
>
> § 5º. Se o veto não for mantido, será o projeto enviado, para promulgação, ao Presidente da República.
>
> § 6º. Esgotado sem deliberação o prazo estabelecido no § 4º, o veto será colocado na ordem do dia da sessão imediata, sobrestadas as demais proposições, até sua votação final.
>
> § 7º. Se a lei não for promulgada dentro de quarenta e oito horas pelo Presidente da República, nos casos dos § 3º e § 5º, o Presidente do Senado a promulgará, e, se este não o fizer em igual prazo, caberá ao Vice-Presidente do Senado fazê-lo.

Percebe-se, serenamente, a validade do processo legislativo que culminou em um veto presidencial – inesperado – e a sua rejeição por ampla decisão legislativa, conforme resultado de votos, mencionado acima. A própria CF/88 prevê cada etapa percorrida; daí que a Lei 14.020/2020 já foi promulgada pelo Presidente da República, após a rejeição ao veto ao art. 33 da lei, por meio da Mensagem 648 do Chefe do Executivo Federal.[24]

8. Considerações finais

Nosso estudo dedicou-se aos aspectos constitucionais do tema (com elementos de direito financeiro, econômico e tributário). Outro questionamento, de natureza infraconstitucional, seria inquirir se as regras de responsabilidade fiscal teriam sido atendidas, notadamente o já citado art. 124 da LRF.

Entendemos que não houve violação às regras de direito financeiro e de responsabilidade fiscal. Os gastos tributários indiretos (benefícios tributários) devem ser acompanhados de estimativas de seu impacto fiscal, em vistas à neutralidade e à responsabilidade fiscal intertemporal.

A prorrogação por mais um ano da medida prevista no programa da desoneração da folha de pagamentos foi um

24. Publicada no *Diário do Senado Federal* em 12 de novembro de 2020.

reforço que o Poder Legislativo entendeu ser necessário à política anticíclica de enfrentamento dos efeitos da pandemia COVID-19.

As regras de atendimento à neutralidade fiscal possuem aspecto dinâmico em sua concretização, defendemos. Isto porque, o primeiro estágio de uma renúncia é a sua previsão em lei (primeiro controle democrático). O segundo, a partir de documentos e informações fiscais na Lei de Diretrizes Orçamentárias, é o de análise de seu impacto fiscal, anualmente (segundo controle democrático).

No momento da inclusão do art. 33 da Lei 14.020/2020, os seus proponentes apresentaram fonte de compensação (no art. 34 havia a previsão de majoração de alíquota da COFINS-‑Importação); eventuais ajustes por ventura necessários de compensação (art. 14, inciso II, da LRF) seriam apresentados pelo governo, que concordava, até então, com a medida.

Com a inovação política representada pelo veto presidencial à prorrogação e à forma de sua compensação, houve a rejeição ao veto presidencial e a determinação que o Poder Executivo deveria apresentar as informações de estimativa de renúncia (DGT) e de impacto fiscal.

Desse momento em diante, que nomeamos *de efeito dinâmico de atendimento a regras fiscais*, a medida ainda não seria inconstitucional (art. 113 do ADCT), até porque ainda não produzira efeitos. A omissão de apresentação de informações era do próprio Poder Executivo, que se acostumou a utilizar o art. 14 da LRF como veto final e escudo de sua vontade unilateral.

Antes da produção de efeitos fiscais por conta do início da prorrogação da CPRB, contudo, o Governo Federal apresentou a nova meta fiscal no Projeto de Lei de Diretrizes Orçamentárias (PLDO 2021), cumprindo, portanto, o que fora determinado durante a promulgação da Lei 14.020/2020, já que a previsão de receita teve o custo da desoneração subtraído, o que constou na atualização do PLDO.

Nesse sentido, a omissão de uma informação que cabe ao Executivo, exclusivamente, produzir (art. 165, §6º da CF/88), jamais poderia ser utilizada como força política para inviabilizar uma decisão legislativa tomada por ampla maioria de parlamentares. Seria uma forma de incentivar uma usurpação de função legislativa. A prestação de informações, por parte do Governo Federal, a tempo de incluir a desoneração da folha de pagamentos na meta fiscal de 2021 assegura os valores constitucionais de responsabilidade fiscal e validade do art. 33 da Lei 14.020/2020.

A aprovação da LDO 2021 representa o atendimento às regras constitucionais e legais de cunho financeiro fiscal. O uso do controle concentrado de constitucionalidade para entrar no mérito (político) da decisão parlamentar, buscando apontar um vício de processo legislativo decorrente de sua própria omissão, não se justifica, portanto, no direito constitucional positivo brasileiro.

Referências

Congresso derruba veto à desoneração da folha. Disponível em: https://bit.ly/3hYc8Af Acesso em: 25 ago. 2021.

Consulta sobre a desoneração da folha. Disponível em: https://bit.ly/3CHbFe0 Acesso em: 23 set. 2021.

Macroeconomic Effects of a Shift from Direct to Indirect Taxation: A Simulation For 15 EU Member States. Note presented by the European Commission services (DG TAXUD) at the 72nd meeting of the OECD. Working Party No. 2 on *Tax Policy Analysis and Tax Statistics*, Paris. p. 14-16, November 2006. Disponível em: https://bit.ly/3o34k48 Acesso em: 23 set. 2021.

Monitoramento dos Gastos da União com COVID-19. Disponível em: https://bit.ly/3zBWG2M Acesso em: 16 dez. 2020.

Nota de análise sobre a desoneração da folha. Disponível em: https://bit.ly/3zAZnSu Acesso em: 16 dez. 2020.

Parecer da Secretaria Geral da Mesa – Medida Provisória 936/2020 - Câmara dos Deputados. Deputado Orlando Silva. Disponível em: https://bit.ly/2W6A0tU Acesso em: 25 ago. 2021.

GRAU, Eros Roberto. *O direito posto e o direito pressuposto.* 7ª ed. São Paulo: Malheiros, 2008.

KOSKE, Isabell. Fiscal Devaluation – Can It Help to Boost Competitiveness? *Economics Department Working Paper* No. 1089. Disponível em: https://bit.ly/3u4MVcu Acesso em: 23 set. 2021.

PAES, Nelson Leitão. Os Impactos da Alteração da Contribuição Previdenciária Patronal para a Indústria. In: *Estudos Econômicos*, vol. 42, n. 4, out/dez. 2012. p. 773-799.

SILVA, Gerson Augusto da. *A política tributária como instrumento do desenvolvimento.* 2ª ed. Brasília: ESAF, 2009.

TORRES, Ricardo Lobo. *Tratado de direito constitucional, financeiro e tributário.* Volume 1: Constituição Financeira, Sistema Tributário e Estado Fiscal. Rio de Janeiro: Renovar, 2009.

A TRIBUTAÇÃO DO SOFTWARE: ASPECTOS INTERDISCIPLINARES

Karem Jureidini Dias[1]

Michell Przepiorka[2]

Sumário: 1. Introdução – 2. Sistema jurídico e interdisciplinaridade – 3. Software: definição metajurídica e jurídica – 4. Qualificação jurídico-tributária do software e repercussões na tributação em âmbito federal – 5. Conclusão – Referências.

1. Introdução

Recebemos com enorme felicidade o convite para homenagear o querido amigo e Professor Paulo Ayres Barreto, cuja obra já impacta diretamente a doutrina e a jurisprudência. Para a justa homenagem, optou-se por analisar a tributação do software, cuja amplitude de abrangência, tão essencial na atualidade, reclama segurança jurídica, não integralmente assegurada mesmo após as recentes decisões proferidas pelo

---

1. Advogada. Doutora e Mestre pela PUC-SP. Ex-Juíza do TIT. Ex-Membro da CSRF/MF. Professora.

2. Advogado. Mestre pelo Instituto Brasileiro de Direito Tributário. Juiz do Conselho Municipal de Tributos de São Paulo.

e. Supremo Tribunal Federal, porquanto limitada às esferas estaduais e municipais.

A qualificação jurídico-tributária das operações envolvendo software tem grande repercussão não apenas sob o enfoque do conflito de competência entre Estados e Municípios, mas também para fins de tributação federal. O Supremo Tribunal Federal apenas recentemente firmou seu entendimento acerca da tributação do consumo sobre o software, especialmente sem suporte físico, o que pode impactar de forma significativa a tributação federal.

2. Sistema jurídico e interdisciplinaridade[3]

O Direito regula as condutas intersubjetivas, tomando por objeto os eventos que ocorrem no mundo fenomênico. Na norma, a partir do fato jurídico, por meio de linguagem prescritiva, determina-se a consequência jurídica, representada por uma relação modalizada deonticamente, a qual corresponde aos efeitos jurídicos do fato: se A, então *deve ser* B. O Direito é, assim, objeto cultural que se manifesta por intermédio de linguagem prescritiva, conforme o princípio da imputação: dado o fato, *deve ser* a relação jurídica.

Importa registrar que é o sistema jurídico que prescreve quais fatos são fatos jurídicos ou deixam de ser jurídicos – juridicização e desjuridicização do fático.[4] Nesse contexto, sistema é o "conjunto de regras ou leis que fundamentam determinada ciência".[5]

Para o reconhecimento jurídico dos eventos ocorridos no mundo, o operador do direito deve partir dos elementos que

3. Vide para maiores aprofundamentos JUREIDINI DIAS, Karem. *Fato tributário:* revisão e efeitos jurídicos. 2. ed. São Paulo: Noeses, 2019.

4. Nesse sentido, leia-se VILANOVA, Lourival. *Causalidade e relação no direito.* 2ª ed. São Paulo: Saraiva, 1989, p. 22-23.

5. Conceito obtido a partir de Antônio Houaiss e Mauro de Salles Villar. *Dicionário Houaiss de Língua Portuguesa.* Rio de Janeiro: Objetiva, 2001.

compõem o fato em sentido lato e verificar se o conjunto desses elementos se subsume a um determinado conceito, sendo certo que esse conceito pode estar veiculado em qualquer texto. Daí porque fundamental assumir a intertextualidade como pressuposto de juízo válido do conceito do fato imponível, bem como do conceito da materialidade em concreto (fato jurídico tributário).

De outro lado, cumpre à Ciência do Direito, por meio de proposições descritivas, enunciar acerca da validade das normas do Direito Positivo.[6] A função da Ciência do Direito é justamente falar do seu objeto – o Direito Positivo –, partindo dos textos de todos os seus ramos didaticamente segregados, bem como de outros sistemas aos quais o Direito Positivo se reporta. A separação do Direito em diversos ramos é corte meramente didático com fins analíticos, pela simples razão, como afirma Alfredo Augusto Becker,[7] de "não poder existir regra jurídica independente da totalidade do sistema jurídico [...]".

O Direito Positivo, ao regular condutas intersubjetivas, oferece inúmeros e variáveis conteúdos, frutos da experiência sociocultural, com flagrante carga axiológica. As divisões em vários ramos do sistema jurídico é providência metodológica que possibilita a aproximação do objeto de conhecimento, mas não é limitante da tarefa de interpretar. Para interpretar, inclusive com o fim de descrever o evento e constituir o fato jurídico tributário, o operador do direito compõe significações da mensagem.

A tradução dos suportes fáticos não raramente depende da compreensão de institutos de Direito Positivo metodologicamente separados do campo do Direito Tributário que lhes aproveita. É por essa razão que o ordenamento jurídico,

---

6. Enquanto Direito Positivo é um sistema prescritivo regido pela Lógica deôntica, a Ciência do Direito é sistema formado de proposições descritivas, regidas pelas leis da lógica clássica.

7. BECKER, Alfredo Augusto. *Teoria geral de direito tributário*. 4ª ed. São Paulo: Noeses, 2007, p. 33 e p. 129.

caracterizado como sistema pela Ciência do Direito, pressupõe a intertextualidade. Nos dizeres de Paulo de Barros Carvalho,[8] a intertextualidade é "o intenso diálogo que os textos mantêm entre si, sejam eles passados, presentes ou futuros, pouco importando as relações de dependência estabelecidas entre eles". O mestre segrega os dois níveis característicos em que a intertextualidade se apresenta: (i) intertextualidade intrajurídica, que se estabelece entre os vários ramos do ordenamento; e (ii) intertextualidade jurídica, que abrange todos os setores que têm o Direito como objeto.

Não por outra razão, Paulo Ayres Barreto sustenta o necessário "reconhecimento de um espaço para investigações de caráter interdisciplinar", importando na adequação da valoração do fato jurídico.[9]

A Ciência do Direito, reportando-se aos textos de Direito Positivo, analisa o dado e apresenta a regra para sua interpretação. A compatibilização entre o conceito do fato imponível e o fato jurídico tributário torna exigível ou não o cumprimento da conduta prescrita. Não é difícil verificar a multiplicidade de interpretações que se pode atribuir para uma mesma situação (fato concreto), principalmente quando o operador do direito tem que conjugar os conceitos do regime jurídico pertinentes à materialidade colhida para a tributação, com o conceito do fato imponível, aferido pelas feições que lhe são atribuídas pela norma tributária. A melhor interpretação será aquela que estiver mais legitimada no Direito Positivo, sempre na premissa de que o próprio Direito sofre metamorfoses, provocadas por experiências e circunstâncias sociais que, de certa forma, alteram valores, tornando dinâmica a interpretação.

Importa esclarecer que se toda materialidade do fato tributário é jurídica, já que inserida no sistema por veículo hábil

---

8. *Direito tributário, linguagem e método*. 2ª ed. São Paulo: Noeses, 2008, p. 193.

9. BARRETO, Paulo Ayres. Ordenamento e Sistemas Jurídicos. In: CARVALHO, Paulo de Barros (Coord.) e CARVALHO, Aurora Tomazini de (Org.). *Constructivismo lógico-semântico*. Vol. I. São Paulo: Noeses, 2014, p. 264.

e agente competente, então o suporte fático do fato jurídico tributário será sempre um conceito jurídico, e não um conceito de outra ordem qualquer. Com isso queremos dizer que a materialidade do fato jurídico tributário poderá se reportar, ainda que mediatamente, a um objeto tratado por outro sistema, mas desde que inserido no sistema jurídico e com os efeitos que este lhe atribui.

São elementos regidos por outras ciências os dados contábeis,[10] físicos, biológicos e todos aqueles afetos às ciências ônticas ou ideais. Tais fatos são traduzidos segundo os signos e as regras das respectivas ciências. Essa afirmativa não implica outra de que, como muitos pretendem, a interpretação colha *ipso facto* tais elementos na composição do fato jurídico tributário. Os elementos regidos por outros sistemas devem ser interpretados respeitando-se a autonomia daquele respectivo sistema.

Em outras palavras, para se analisar o fato jurídico tributário, o intérprete deve buscar o conceito do objeto a que ele se reporta. Se esse objeto é também sujeito ao sistema do Direito Positivo, então é lá que estarão as regras para a sua interpretação, observando-se o regime jurídico ao qual o objeto se submete. Noutro giro, se esse objeto se reporta a elementos regidos por outras ciências, por exemplo, as Ciências Contábeis, então deverá se submeter também às regras do sistema daquela específica ciência, para efeito da tradução do suporte fático do fato jurídico tributário.

Anotamos, nesse ponto, o pressuposto e o limite da utilização da linguagem das outras ciências. Quando o Direito Tributário toma por materialidade algo cuja interpretação importa na aferição de elementos objeto de outra ciência, então a utilização da linguagem desta outra ciência é pressuposto de validade da interpretação, conotativa ou denotativa, do suporte fático. Por outro lado, essa interpretação sofre

10. Os dados contábeis devem ser tratados em separado, já que em muitos aspectos foram recepcionados pelo Direito, seja no âmbito cível, seja no âmbito tributário.

limites estabelecidos nos próprios textos de Direito Positivo e na Ciência do Direito, ao determinar os efeitos implicantes da tradução do suporte fático (produto).

O Direito não escolhe os fatos, mas seleciona elementos que no conjunto projetam-se para eventos futuros, concretizados nos fatos jurídicos tributários. A própria Lei Complementar 95/98, que dispõe sobre a elaboração, a redação, a alteração e a consolidação das leis, em seu art. 11 , assevera que a redação das disposições normativas deve ser clara, utilizando as palavras e as expressões em sentido comum, desde que não versem sobre assunto técnico, hipótese em que vale a nomenclatura própria do subsistema que rege a materialidade colhida. Logicamente, a aplicação do direito a um caso concreto representa uma relação entre conceitos. O fato que se subsume à hipótese normativa depende do conceito dos seus elementos denotativos, extraídos de regras de interpretação intrassistêmicas ou intersistêmicas.

Para a tradução válida dos suportes fáticos, na ideia de que o Direito pressupõe a intertextualidade intrassistêmica e intersistêmica, cada fato (tomado por suporte fático) deve ser conceituado a partir da subsunção do conjunto de seus elementos ao conjunto dos elementos que denotam o respectivo conceito normativo. Tanto os elementos quanto o conceito normativo devem ser extraídos das regras próprias do sistema (inclusive quando oriundo de outras Ciências) ou subsistema (quando pertencente a outros ramos jurídicos) que originariamente normatiza o fato, tomado por suporte fático. Nesse aspecto, passamos à análise sob a perspectiva fenomênica do software.

3. Software: definição metajurídica e jurídica

Foge ao escopo do presente artigo apresentar uma evolução pormenorizada dos softwares,[11] contudo é possível afir-

11. Ver MOREAU, René. *The computer comes of age*. trad. J. Howlett. Massachusetts London, England: The MIT Press Cambridge, 1984. Ver também DE CARVALHO,

mar que ela está atrelada ao desenvolvimento de tecnologia na montagem do computador, mas também de programas capazes de gerir e processar essas informações.[12]

Conhecendo o potencial atualmente ilimitado dos softwares, é curioso que as versões mais rudimentares começaram a ser estudadas nos anos 30 do século XX, na resolução de equações matemáticas.[13] Grande desenvolvimento sobreveio a partir das décadas de 1940 e 1950, graças à codificação de instruções e dados em formato numérico,[14] quando o software passou a ser utilizado na composição de computadores mais avançados para compensar as inadequações do maquinário (*hardware*).[15 -16]

Hoare define computadores e seus programas em termos puramente matemáticos,[17] não muito distante em termos teó-

---

André C. P. L. F; LORENA, Ana Carolina. *Introdução à computação:* hardware, software e dados. Rio de Janeiro : LTC, 2017.

12. HENNESSY, John L.; PATTERSON, David A. *Arquitetura de computadores*: uma abordagem quantitativa, 6ª ed, tradução Daniel Vieira. Rio de Janeiro: Elsevier, 2019, 1.1. Introdução.

13. Para o histórico vide MOREAU, René. *The computer comes of age*. trad. J. Howlett. Massachusetts London, England: The MIT Press Cambridge, 1984, p. 4-46.

14. MOREAU, René. *The computer comes of age*. trad. J. Howlett. Massachusetts London, England: The MIT Press Cambridge, 1984, p. 41.

15. BAUER, Friedrich L. A Computer Pioneer's Talk: Pioneering Work in Software During the 50s in Central Europe. In. HASHAGEN, Ulf; KEIL-SLAWIK, Reinhard; NORBERG, Arthur L. (Eds.). *History of computing: software issues*. I International Conference on the History of Computing (ICHC 2000), April 5-7, 2000, Heinz-Nixdorf-MuseumsForum, Paderborn, Germany. Berlin; Heidelberg; New York; Barcelona; Hongkong; London; Mailand; Paris; Tokio: Springer, 2002, p. 12-13.

16. Para entender a afirmação, é necessário ter em mente que os primeiros computadores eram formatados em grandes estruturas a partir de válvulas eletrônicas e tubos miniaturizados, ocupando salas inteiras (Ver https://www.computerhistory.org/revolution/birth-of-the-computer/4/92.)

17. Segundo relata Michael S. Mahoney, Hoare teria apresentado, em sua palestra de inauguração no cargo de professor de Computação em Oxford em 1985, os seguintes princípios: (1) Computers are mathematical machines. Every aspect of their behavior can be defined with mathematical precision, and every detail can be deduced from this definition with mathematical certainty by the laws of pure logic. (2) Computer programs are mathematical expressions. They describe with

ricos de suas antepassadas, as calculadoras. Seria o equivalente a comparar o homem ao macaco, com uma interface e habilidades mais abrangentes, sem descartar a importância das calculadoras, é claro.

Trazendo para uma realidade um pouco menos abstrata, o computador é composto por um processador, memória e periféricos.[18] Após os desafios iniciais em relação à memória dos mecanismos – os mais maduros lembrarão dos disquetes[19] -, o desafio passou a ser a interface com o usuário.

Assim como o ordenamento jurídico demanda linguagem competente para juridicização de *inputs* da realidade, os softwares desenvolvem-se a partir de uma linguagem de programação,[20] que indica as ações que serão realizadas pelo computador a partir de uma série de premissas.

---

unprecedented precision and in every minutest detail the behaviour, intended or unintended, of the computer on which they are executed. (3) A programming language is a mathematical theory. It includes concepts, notations, definitions, axioms and theorems, which he1p a programmer to develop a program which meets its specification, and to prove that it does so. (4) Programming is a mathematical activity. Like other branches of applied mathematics and engineering, its successful practice requires determined and meticulous application of traditional methods of mathematical understanding, calculation and proof (HOANEY, Michael S. Software as Science-Science as Software. In. HASHAGEN, Ulf; KEIL-SLAWIK, Reinhard; NORBERG, Arthur L. (Eds.). *History of computing: software issues*. I International Conference on the History of Computing (ICHC 2000), April 5-7, 2000, Heinz-Nixdorf-MuseumsForum, Paderborn, Germany. Berlin; Heidelberg; New York; Barcelona; Hongkong; London; Mailand; Paris; Tokio: Springer, 2002, p. 36).

18. DE CARVALHO, André C. P. L. F; LORENA, Ana Carolina. *Introdução à computação:* hardware, software e dados. Rio de Janeiro : LTC, 2017, cap. 5.

19. Disponível em: https://glo.bo/3EEzDIv Acesso em: 21 set. 2021.

20. Segundo Dilermando Junior et al, Linguagem de Programação é uma linguagem artificial desenvolvida para expressar sequências de ações que podem ser executadas por uma máquina, em particular um computador. Linguagens de programação podem ser usadas para criar programas que controlam o comportamento de uma máquina e/ou para expressar algoritmos com precisão. Existem muitas linguagens de programação. Assembly, C, Pascal, Java, Visual Basic são alguns exemplos de linguagem de programação (PIVA JUNIOR, Dilermando et al. *Algoritmos e programação de computadores*. 2ª edição, Rio de Janeiro: Elsevier, 2019, p. 2.

Para que o computador funcione,[21] portanto, além da parte tangível (hardware), são necessárias duas espécies de programas: (i) programas de controle (software de sistema), responsáveis por garantir o correto fluxo de operações na máquina para a resolução de um problema específico e (ii) os programas de aplicação (software aplicativo), responsáveis por fornecer a sequência de instruções necessárias para a resolução do problema. Ao conjunto desses programas, Moreau dá o nome de software.[22]

Nesse sentido também, a Organização para a Cooperação e Desenvolvimento Econômico (OCDE) define software como sendo um programa, ou uma série de programas, contendo instruções direcionadas a um computador, instruções estas que são direcionadas ao processo operacional do próprio computador (operational software) ou para o cumprimento de outras tarefas (softwares aplicativos).[23-24] Vale ainda a transcrição da definição apresentada por Manuel dos Santos, dada sua completude e clareza:

> [...] o software é uma criação técnica, que visa à solução de problemas específicos (aspecto técnico ou funcional), mediante instruções ao hardware para execução de tarefas específicas, mas que se concretiza por meio da utilização de elemento expressivo presente nas chamadas obras intelectuais, destinado

---

21. Segundo Delgado e Ribeiro, um computador é constituído pelos seguintes componentes fundamentais: processador, memória de instruções, memória de dados e interface com o mundo exterior (DELGADO, José; RIBEIRO, Carlos. *Arquitetura de computadores*. 5ª edição, trad. Elvira Maria Antunes Uchôa, Rio de Janeiro : LTC, 2017, 1.4 Estrutura básica de um computador.

22. MOREAU, René. *The computer comes of age*. trad. J. Howlett. Massachusetts London, England: The MIT Press Cambridge, 1984, p. 38.

23. OCDE. Model Tax Convention on income and on Capital: Condensed Version 2017. S.L.: OECD Publishing, 2017, p. 280. Disponível em: https://bit.ly/3ktiQQA Último acesso em: 24 jul. 2021.

24. Tradução de Daniel de Paiva Gomes e de Eduardo de Paiva Gomes. (A qualificação dos rendimentos da Computação em Nuvem: O entendimento da OCDE e o posicionamento brasileiro. In. PISCITELLI, TATHIANE (ORG.) *Tributação da nuvem:* conceitos tecnológicos, desafios internos e internacionais. São Paulo: Thomson Reuters, 2018, p. 144.

> a comunicar informações determinadas ao usuário do programa, quer um técnico, quer o usuário final (aspecto simbólico ou textual).[25]

Em resumo, o *software nada mais é do que uma sequência de passos ou instruções descritos por um algoritmo, que, quando executados, fazem com que o computador realize uma tarefa.*[26]

No âmbito jurídico, a preocupação com softwares surge no contexto de proteção intelectual já na Convenção de Concessão de Patentes Europeias, em Munique em 1973, em que se esclareceu a impossibilidade do programa de computador ser protegido pelo sistema patentário. Tal entendimento foi incorporado expressamente no sistema brasileiro a partir da Lei 9.279/96,[27] o que levou à sua proteção sob o manto do direito autoral,[28] como expressamente prescrito no art. 2º da Lei 9.609/98[29] e no §1º do art. 7º da Lei 9.610/98.[30]

Atualmente, portanto, a regulamentação dos softwares no aspecto de propriedade intelectual é prescrita na Lei 9.609/98, com aplicação subsidiária da Lei 9.610/98. Conceitualmente,

---

25. DOS SANTOS, Manoel J. Pereira. Software – Acesso ao código fonte e transferência de tecnologia. *Revista de Direito de Informática e Telecomunicações* – RDIT, Belo Horizonte, ano6, n. 11, jul/dez 201, p. 70.

26. DE CARVALHO, André C. P. L. F; LORENA, Ana Carolina. *Introdução à computação:* hardware, software e dados. Rio de Janeiro : LTC, 2017, 6.1 Software e Programa.

27. Art. 8º. É patenteável a invenção que atenda aos requisitos de novidade, atividade inventiva e aplicação industrial. [...]
Art. 10. Não se considera invenção nem modelo de utilidade: [...] V - programas de computador em si.

28. Para evolução da matéria no Brasil, ver DOS SANTOS, Manoel J. Pereira. Software – Acesso ao código fonte e transferência de tecnologia. *Revista de Direito de Informática e Telecomunicações* – RDIT, Belo Horizonte, ano6, n. 11, p. 67-80, jul/dez 2011.

29. Art. 2º. O regime de proteção à propriedade intelectual de programa de computador é o conferido às obras literárias pela legislação de direitos autorais e conexos vigentes no País, observado o disposto nesta Lei.

30. Art. 7º. *São obras intelectuais* protegidas as criações do espírito, expressas por qualquer meio ou fixadas em qualquer suporte, tangível ou intangível, conhecido ou que se invente no futuro, tais como: [...] § 1º Os programas de computador são objeto de legislação específica, observadas as disposições desta Lei que lhes sejam aplicáveis.

a própria Lei 9.609/1998 veicula a definição de software para fins legais em seu art. 1º:

> Art. 1º. Programa de computador é a expressão de um conjunto organizado de instruções em linguagem natural ou codificada, contida em suporte físico de qualquer natureza, de emprego necessário em máquinas automáticas de tratamento da informação, dispositivos, instrumentos ou equipamentos periféricos, baseados em técnica digital ou análoga, para fazê-los funcionar de modo e para fins determinados

Poder-se-ia questionar a atualidade da definição, haja vista que se limita à existência de um suporte físico, o que de todo ultrapassado na realidade factual, recentemente confirmada pela jurisprudência do Supremo Tribunal Federal.[31]

É interessante que ao contrário do que se espera de uma lei voltada à proteção do software, a lei brasileira acaba extrapolando esses limites ao dispor também sobre regras relativas à sua comercialização.[32] Especificamente, três tipos de contrato servem aos negócios com programas de computador: (i) contratos de licença de uso; (ii) contratos de licença de direitos de comercialização de programas de computador oriundos do exterior; e (iii) contratos de transferência de tecnologia.

De fato, a Lei 9.609/98 prevê em seu art. 9º que "o uso de programa de computador no País será objeto de contrato de licença", e em seu art. 10 dispõe sobre a licença de direitos de comercialização. O que indica uma opção do legislador, uma

---

31. Com efeito, a Ministra Cármen Lúcia ao proferir seu voto nos autos da ADI 1.945 reconhece que: independente das várias modalidades de comercialização de programas de computador e serviços consectários, o software consubstancia-se como série lógica de comandos, previamente ordenada e codificada, para a consecução de tarefas por hardware geralmente disponibilizado pelo usuário. Caracteriza-se, portanto, não como um bem que realiza tarefas, mas trabalho intelectual, escrito em linguagem natural ou de programação, e em ambiente próprio de regras, do qual se utiliza o usuário para que o seu equipamento eletrônico produza o resultado pretendido.

32. DOS SANTOS, Manoel J. Pereira. Software – Acesso ao código fonte e transferência de tecnologia. *Revista de Direito de Informática e Telecomunicações* – RDIT, Belo Horizonte, ano6, n. 11, jul/dez 201, p. 68.

vez que a Lei 9.610/98 estabelece, em seu art. 49,[33] outras possibilidades para os demais direitos autorais, como por exemplo a concessão e cessão. A transferência de tecnologia, por sua vez, é prevista no art. 11 da Lei 9.609/98.[34]

Didaticamente, a disponibilização de softwares pode se dar de ao menos três formas distintas, (i) transferência parcial de direitos e restrita ao que for necessário à normal operação do software; (ii) a transferência parcial da propriedade intelectual de modo a viabilizar a exploração comercial do software (ex: possibilidade de reproduzir ou distribuir ao público, ou de modificar o software); e (iii) a transferência da integralidade dos direitos intelectuais do software, com transferência de propriedade.[35]

Conhecidas as principais operações com software, ressalvada a prestação de serviço para desenvolvimento sob demanda ou assistência técnica – não se tratando ambos objetos deste estudo –, passamos ao tratamento tributário a partir dos conceitos aferidos pela intertextualidade intrassistêmica e intersistêmica.

---

33. Art. 49. Os direitos de autor poderão ser total ou parcialmente transferidos a terceiros, por ele ou por seus sucessores, a título universal ou singular, pessoalmente ou por meio de representantes com poderes especiais, por meio de licenciamento, concessão, cessão ou por outros meios admitidos em Direito, obedecidas as seguintes limitações: [...].

34. Art. 11. Nos casos de transferência de tecnologia de programa de computador, o Instituto Nacional da Propriedade Industrial fará o registro dos respectivos contratos, para que produzam efeitos em relação a terceiros. Parágrafo único. Para o registro de que trata este artigo, é obrigatória a entrega, por parte do fornecedor ao receptor de tecnologia, da documentação completa, em especial do código-fonte comentado, memorial descritivo, especificações funcionais internas, diagramas, fluxogramas e outros dados técnicos necessários à absorção da tecnologia.

35. EINSEN, Oliver; VOSS, Oliver. Cloud Computing under Double Tax Treaties: A German Perspective. *Intertax*, Vol. 40, n. 11, p. 584-592.

4. Qualificação jurídico-tributária do software e repercussões na tributação em âmbito federal

É importante que se diga que a qualificação do software como serviço ou mercadoria não impacta tão somente a tributação sobre o consumo de competência de Estados e Municípios, incidentes na operação, mas também o tratamento tributário na esfera federal, mormente a alíquota de imposto retido na fonte incidente nas remessas ao exterior, a definição do percentual de presunção para fins de aplicação das regras de tributação do imposto sobre a renda pelo lucro presumido, a incidência do PIS e da COFINS importação, e mesmo para fins de qualificação como insumo e respectivos créditos e/ou custos.

No presente artigo, concentraremos esforços na análise da tributação de operações com software a partir da perspectiva federal, tendo em consideração as recentes decisões proferidas pelo Supremo Tribunal Federal na ADI 1.945, na ADI 5659 e no RE 605552, julgado sob o manto da repercussão geral.

Apenas para rememorar. Após o advento da Constituição Federal, aos Estados foi outorgada a competência para tributar operações relativas à circulação de mercadorias e sobre prestações de serviços de transporte interestadual e intermunicipal e de comunicação, nos termos do art. 155, enquanto aos municípios, nos termos do art. 156, garantiu-se a competência para tributar "serviços de qualquer natureza, não compreendidos no art. 155, II, definidos em lei complementar".

Neste cenário, Estados e Municípios começaram a disputar a qualificação das referidas operações, a fim de garantir a sua referida quota tributária, sem se preocupar com o impacto que isso teria na tributação federal e tampouco com a segurança jurídica dos contribuintes, muitas vezes tão penalizados pela dupla e indevida cobrança.

Para ilustrar, apresentamos a evolução legislativa do Estado de São Paulo buscando garantir a sua tributação:

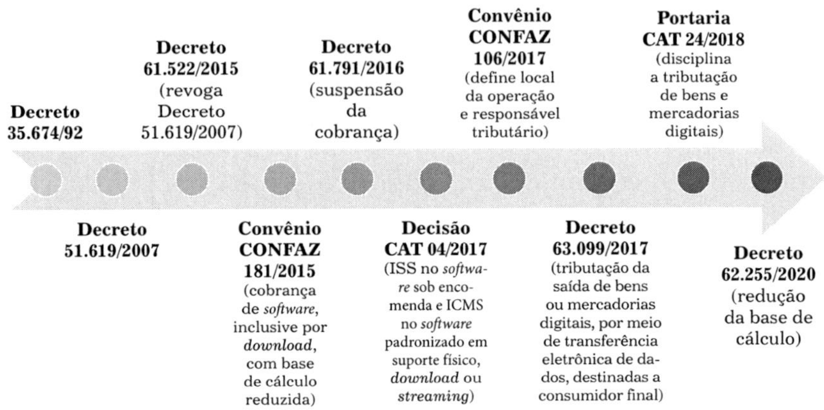

Tudo isso, enquanto o Município de São Paulo, seguia insistindo com a tributação:

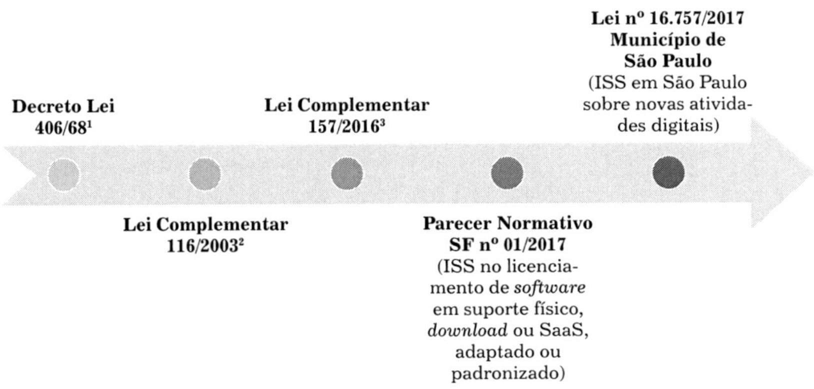

De tão longa data é a disputa entre os entes federados que a questão foi inicialmente decidida pelo Supremo Tribunal Federal, de modo quase salomônico, diferenciando entre os softwares de prateleira e softwares personalizados,[36]ressal-

---

36. Recurso extraordinário : prequestionamento mediante embargos de declaração (Súm. 356). A teor da Súmula 356, o que se reputa não prequestionado é o ponto indevidamente omitido pelo acórdão primitivo sobre o qual "não foram opostos embargos declaratórios". Mas se, opostos, o Tribunal a quo se recuse a suprir a omissão, por entendê-la inexistente, nada mais se pode exigir da parte (RE 210.638, Pertence, DJ

vando – e aqui residiu controvérsia sobre o fundamento – que o conceito de mercância dependeria de se tratar de software de prateleira com *corpus mechanicum*.

Contudo, embora buscasse conformar interesses de Estados e Municípios, referida decisão não pacificou a atuação dos entes federados, que continuaram cobrando o ICMS e o ISS sobre a mesma operação, a exemplo de São Paulo, conforme se verifica da Solução de Consulta DEJUG 11, de 17 de maio de 2016 (D.O.M. 11.07.2016):

> ISS – Serviço de Licenciamento ou cessão de uso em programas de computador padronizados – Consulente que comercializa softwares expõe sobre a possível incidência do ICMS pelo Estado nas vendas de Software acompanhado de meio físico e indaga se é possível autuação caso recolha a este imposto e não recolha o ISS – Enquadramento correspondente ao Subitem 1.05 da lista de serviços do art. 1º da Lei nº 13.701/2003 – Incidência do ISS sobre o licenciamento ou cessão de direito de uso de programas de computação
>
> [...]
>
> 10. A definição legal não comporta nenhum tipo de distinção, razão pela qual o ISS incide sobre quaisquer modalidades de licenciamento ou cessão de direito de uso de programas de computação, independentemente do tipo de software comercializado ou da denominação empregada.

19.6.98). II. RE: questão constitucional: âmbito de incidência possível dos impostos previstos na Constituição: ICMS e mercadoria. Sendo a mercadoria o objeto material da norma de competência dos Estados para tributar-lhe a circulação, a controvérsia sobre se determinado bem constitui mercadoria é questão constitucional em que se pode fundar o recurso extraordinário. III. Programa de computador ("software"): tratamento tributário: distinção necessária. Não tendo por objeto uma mercadoria, mas um bem incorpóreo, sobre as operações de "licenciamento ou cessão do direito de uso de programas de computador" " matéria exclusiva da lide ", efetivamente não podem os Estados instituir ICMS: dessa impossibilidade, entretanto, não resulta que, de logo, se esteja também a subtrair do campo constitucional de incidência do ICMS a circulação de cópias ou exemplares dos programas de computador produzidos em série e comercializados no varejo - como a do chamado "software de prateleira" (off the shelf) - os quais, materializando o corpus mechanicum da criação intelectual do programa, constituem mercadorias postas no comércio. (RE 176626, Relator(a): SEPÚLVEDA PERTENCE, Primeira Turma, julgado em 10.11.1998, DJ 11.12.1998 PP-00010 EMENT VOL-01935-02 PP-00305 RTJ VOL-00168-01 PP-00305).

E a Resposta a Consulta Tributária 8714/2016, do Estado de São Paulo:

> ICMS Softwares customizados (personalizados) Incidência Comercialização via download.
>
> I. Na produção de software sob encomenda, para atender necessidade exclusiva e específica de determinado usuário, prepondera a atividade intelectual, caracterizando-se prestação de serviços não sujeita ao ICMS.
>
> II. Já a comercialização de software padronizado, mesmo na hipótese de ser adaptado ou customizado à necessidade do adquirente, seja por mídia física ou por transferência eletrônica de dados (download ou streaming), está sujeita à incidência do ICMS, inclusive no que se refere ao valor cobrado pela licença ou cessão de uso.
>
> III. Nas operações com software a base de cálculo do imposto fica reduzida de modo que a carga tributária corresponda a 5% (artigo 73 do Anexo II do RICMS/2000).
>
> IV. Nas operações com software comercializado por transferência eletrônica de dados (download ou streaming) o ICMS incidente não será exigido até que a legislação competente defina o local de ocorrência do fato gerador para efeito da determinação do estabelecimento responsável pelo pagamento do imposto (artigo 37 das Disposições Transitórias DDTT do RICMS/2000).

Nesse cenário, a cada novo normativo inúmeras medidas judiciais eram propostas pelos contribuintes. Apenas como exemplo mais recente, lembramos do Decreto 63.099/2017, altamente atacado pelos contribuintes, revelando alta litigância em torno da matéria.

É nesse contexto que, vinte anos após a decisão proferida no RE 176626, a questão voltou a ser analisada pelo Supremo Tribunal Federal, nos autos da ADI n. 1945 e da ADI 5659. Enquanto nesta, de relatoria do Ministro Dias Toffoli, a Confederação Nacional de Serviços (CNS) propôs ação contra o Decreto de Minas Gerais n. 46.877/2015 e outros diplomas legais; naquela, da relatoria da Ministra Cármen Lúcia, o Movimento Democrático Brasileiro (MDB) argumentava a inconstitucionalidade de dispositivos da Lei de Mato Grosso n. 7.098/1998.

Passamos à análise da ADI 5659, cujos fundamentos muito se assemelham aos da ADI 1945.

O Ministro relator Dias Toffoli, na premissa de que a tradicional distinção entre software de prateleira (padronizado) e por encomenda (personalizado), não seria suficiente para a definição da competência para tributação dos negócios jurídicos com programas de computador em suas diversas modalidades, considerou que a previsão em legislação complementar já indicaria a competência dos Municípios:

> [...] o licenciamento ou cessão de direito de uso de software, seja ele padronizado, (customizado ou não) seja por encomenda, independentemente de a transferência do uso ocorrer via download ou por meio de acesso à nuvem, enquadrando-se no subitem 1.05 da lista de serviços anexa à Lei Complementar nº 116/03 - sem prejuízo de que, no caso do modelo Software-as-a-Service (SaaS), outras utilidades disponibilizadas ao usuário possam ser desmembradas do licenciamento e submetidas à tributação nos subitens 1.03 e 1.07 - já teriam o condão de extirpar eventuais dúvidas que poderiam existir acerca da incidência do ISS nas transações com programas de computador. [...]

Por sua vez, o Ministro Facchin entendeu que, independentemente do modo de comercialização, seria constitucional a incidência de ICMS sobre softwares de prateleira, ainda que a circulação da mercadoria ocorra apenas de forma digital e virtual.

A Ministra Carmén Lúcia, em linha com o voto proferido na ADI 1945, acompanhou a divergência inaugurada pelo Ministro Facchin, adotando a distinção entre software padronizado e customizado:

> [...] a alteração desse código computacional programado de maneira genérica, voltado a um livre mercado de usuários, com resultados úteis ao licenciado ou ao cessionário, ainda conhecido como adquirente do produto, não faz, a meu ver, o programa de computador ou software equivaler a uma prestação de serviços.

Registre-se, entretanto, como bem recordado pelo Ministro Gilmar Mendes em seu voto, que o critério de padronização do produto para fins de determinação da incidência tributária do ISS ou do ICMS havia recentemente sido utilizado para decisão do RE 605.502, em que se decidiu pela incidência do imposto municipal sobre as operações realizadas por farmácias de manipulação envolvendo o preparo e o fornecimento de medicamentos encomendados para posterior entrega aos fregueses, em caráter pessoal, para consumo.[37]

A despeito das divergências, prevaleceu no Supremo Tribunal Federal o entendimento de que as operações de licenciamento e a cessão de direito de uso de software, qualificam-se como serviço e não como circução de mercadoria. Foram contudo, modulados os efeitos da decisão.[38]

---

37. EMENTA: Recurso Extraordinário. Repercussão geral. Direito Tributário. Incidência do ICMS ou do ISS. Operações mistas. Critério objetivo. Definição de serviço em lei complementar. Medicamentos produzidos por manipulação de fórmulas, sob encomenda, para entrega posterior ao adquirente, em caráter pessoal. Subitem 4.07 da lista anexa à LC nº 116/03. Sujeição ao ISS. Distinção em relação aos medicamentos de prateleira, ofertados ao público consumidor, os quais estão sujeitos ao ICMS. 1. A Corte tradicionalmente resolve as ambiguidades entre o ISS e o ICMS com base em critério objetivo: incide apenas o primeiro se o serviço está definido por lei complementar como tributável por tal imposto, ainda que sua prestação envolva a utilização ou o fornecimento de bens, ressalvadas as exceções previstas na lei; ou incide apenas o segundo se a operação de circulação de mercadorias envolver serviço não definido por aquela lei complementar. 2. O critério objetivo pode ser afastado se o legislador complementar definir como tributáveis pelo ISS serviços que, ontologicamente, não são serviços ou sempre que o fornecimento de mercadorias seja de vulto significativo e com efeito cumulativo. 3. À luz dessas diretrizes, incide o ISS (subitem 4.07 da Lista anexa à LC nº 116/06) sobre as operações realizadas por farmácias de manipulação envolvendo o preparo e o fornecimento de medicamentos encomendados para posterior entrega ao fregueses, em caráter pessoal, para consumo; incide o ICMS sobre os medicamentos de prateleira ofertados ao público consumidor e produzidos por farmácias de manipulação. 4. Fixação da seguinte tese para o Tema nº 379 da Gestão por temas de repercussão geral: "Incide ISS sobre as operações de venda de medicamentos preparados por farmácias de manipulação sob encomenda. Incide ICMS sobre as operações de venda de medicamentos por elas ofertados aos consumidores em prateleira." 5. Recurso extraordinário a que se nega provimento.
(RE 605552, Relator(a): DIAS TOFFOLI, Tribunal Pleno, julgado em 05.08.2020, PROCESSO ELETRÔNICO REPERCUSSÃO GERAL - MÉRITO DJe-243 DIVULG 05.10.2020 PUBLIC 06.10.2020).

38. O Tribunal, por maioria, modulou os efeitos da decisão, atribuindo eficácia ex nunc, a contar da publicação da ata de julgamento do mérito em questão para: a) impossibilitar a repetição de indébito do ICMS incidente sobre operações com

Concordamos com as conclusões da Suprema Corte, na medida que o verdadeiro elemento de *distinguishing* ou, melhor dizendo, conotativo de que não se trata de uma mercadoria é, justamente, a sua definição interdisciplinar regida pelas Leis 9.609/98 e 9.610/98. Ora, em se tratando de direito de autor e de mera licença de uso ou de comercialização, não se pode estar diante de um objeto de mercancia, cuja transferência de propriedade – para uso, gozo e disposição – é fundamental. Ilustrativamente, pensamos em um livro, se ele possui um *corpus mechanichum* (papel), há uma transferência daquele *corpus mechanicum*, mas jamais de seu conteúdo. O Supremo Tribunal Federal não entendeu essencial o *corpus mechanichum* para se tratar de mercadoria, o que leva a crer que admite, em hipótese, a existência de mercadoria digital. O *distinguishing*, longe de ser a existência de suporte físico, é a natureza do conteúdo digital, este, no caso do software, não transferível (salvo as hipóteses de transferência de tecnologia), mas apenas licenciado para uso.

De se notar ainda, que a Corte acabou por resolver também a discussão sobre a licença ser ou não uma prestação de serviço. Muitos defenderam que a licença não comportaria em si uma obrigação de fazer e, portanto, não estaria submetida à tributação pelo ISS, ainda que de mercadoria não se tratasse. Ainda na decisão proferida pela Suprema Corte também essa matéria se resolveu pela submissão do licenciamento do

---

softwares em favor de quem recolheu esse imposto, até a véspera da data da publicação da ata de julgamento do mérito, vedando, nesse caso, que os municípios cobrem o ISS em relação aos mesmos fatos geradores; b) impedir que os estados cobrem o ICMS em relação aos fatos geradores ocorridos até a véspera da data da publicação da ata de julgamento do mérito. Ficam ressalvadas (i) as ações judiciais em curso, inclusive de repetição de indébito e execuções fiscais em que se discutam a incidência do ICMS e (ii) as hipóteses de comprovada bitributação, caso em que o contribuinte terá direito à repetição do indébito do ICMS. Por sua vez, incide o ISS no caso de não recolhimento do ICMS ou do ISS em relação aos fatos geradores ocorridos até a véspera da data da publicação da ata de julgamento do mérito, nos termos do voto do Relator, vencido o Ministro Marco Aurélio, que não modulava os efeitos da decisão. Presidência do Ministro Luiz Fux. Plenário, 24.02.2021.

software ao conceito de prestação de serviço, como elencado na Lei Complementar 116/2003.

A despeito do acerto, em nosso entender, da decisão do Supremo Tribunal Federal, necessário se fez a modulação dos efeitos, não só para proteger os entes federados, o que não a legitimaria, mas especialmente os contribuintes. Com isso restou impedida a dupla tributação, hipótese em que ressalvado o direito de restituição. Na mesma linha, a modulação de efeitos, legitimou a tributação "escolhida" e adimplida preteritamente pelo contribuinte, porquanto a natureza da obrigação – se mercadoria ou serviço – afeta sobremaneira a tributação federal em diversos níveis, tanto na importação quanto no mercado interno. Não houvesse modulação de efeitos, o contribuinte já exaurido pela dupla tributação e morosa definição, seria ainda mais punido pela retroatividade de cobranças nas três esferas federativas, em que pese ter apenas tentado se ajustar às conflitantes determinações à época vigentes.

Neste ponto, chama-se atenção ao posicionamento da Receita Federal então vigente que se pautou pela interpretação do Supremo Tribunal Federal, proferida a mais de vinte anos. Para demonstrar segue o quadro exemplificativo de posicionamentos refletidos em soluções de consulta emitidas pela Receita Federal, que buscou se enquadrar na referida qualificação:

Tipo de software	Qualificação	Consequências tributárias
Software de prateleira (standard)	Mercadoria se nacional Se internacional não (COSIT 154/2016)	Não se aplica retenção na fonte do Imposto sobre a Renda da Pessoa Jurídica (IRPJ), Contribuição Social sobre o Lucro Líquido (CSLL), Contribuição para o Programa de Integração Social (PIS) e Contribuição para o Financiamento da Seguridade Social (COFINS) nos licenciamentos entre pessoas jurídicas brasileiras (SC COSIT 374/2014, 130/2016, 230/2017, 243/2017).
		Aplica-se o percentual de presunção de venda de mercadorias quando da apuração do IRPJ e da CSLL no lucro presumido (SC COSIT 123/2014 e 374/2014).
Software customizável	Avaliação caso a caso, dependendo das adaptações feitas ao software de prateleira	Se as alterações modificarem substancialmente o software para atender às necessidades específicas do cliente, aplica-se o percentual de presunção de prestação de serviços quando da apuração do IRPJ e da CSLL no lucro presumido; caso contrário, deve-se adotar o percentual de presunção de venda de mercadorias (SC Cosit 130/2016 e 235/2017).
Software por encomenda (customizado)	Qualificado como serviço	Aplicam-se as retenções na fonte de IRPJ, CSLL, PIS e COFINS nos licenciamentos entre pessoas jurídicas brasileiras (SC COSIT 243/2017).
		Aplica-se o percentual de presunção de prestação de serviços quando da apuração do IRPJ e da CSLL no lucro presumido (SC COSIT 123/2014 e 374/2014).
Software de prateleira importado	Qualificado como royalty	Incidência do Imposto sobre a Renda Retido na Fonte (IRRF) sobre as remessas para remuneração do licenciamento (SC COSIT 154/2016 e SD COSIT 18/2017).
		Aplicação do artigo de royalties do acordo de bitributação (SD COSIT 4/2016).
Software customizável importado	Análise caso a caso, dependendo da capacidade de medir a prestação de serviço	Incidência de PIS-Importação e Cofins-Importação na parcela identificada como serviço de customização do software. A parcela residual é qualificada como royalty (SC 162/2017).
SaaS importado	Qualificado como serviço técnico	Tributação da remessa para remuneração do licenciamento do SaaS sujeita ao IRRF e à Contribuição de Intervenção no Domínio Econômico (Cide) (SC Cosit 191/2017).

Evidencia-se que a Receita Federal incorporou a distinção entre softwares customizados e não customizados para fins de aplicação da legislação federal na maior parte das vezes, existindo, contudo, manifestações que não mantêm o mesmo racional a depender do tributo objeto da consulta. Deixando de lado eventuais divergências de manifestação da própria Receita Federal do Brasil, no que tange aos efeitos fiscais federais, deverá prevalecer a natureza do negócio jurídico apresentada pelo contribuinte para fins de tributação do consumo devida aos Estados e/ou Municípios.

Noutras palavras, ao menos para o passado, o contribuinte pode contar com a proteção prevista no art. 146 do Código Tributário Nacional,[39] haja vista a clara alteração do critério jurídico. De mais a mais, a modulação de feitos, em nosso pensar, resguarda a própria natureza da operação, conforme submetida pelo contribuinte. Nesse caso, ainda que o contribuinte tenha tomado como mercadoria o que hoje restaria enquadrado como serviço, fato é que não foi um planejamento ou uma opção do contribuinte, mas uma dura escolha diante de uma dupla e indevida tributação pelos entes federados, agravada por um longo período de indefinição jurisprudencial. Assim, protegida está a natureza da operação anteriormente apresentada e cuja tributação foi adimplida.

Já no que tange ao futuro, aos contribuintes restará conformar o seu negócio, dependendo de se licenciamento se tratar, à definição conferida pelo Supremo Tribunal Federal. Da mesma forma, entendemos que deverá a União ajustar a sua tributação conforme a natureza definida pela Suprema Corte, já que na hierarquia das linguagens, é essa que prevalece. Qualquer posicionamento que contrarie aquela *ratio decidendi* não estará legitimado no sistema.

---

39. Art. 146. A modificação introduzida, de ofício ou em conseqüência de decisão administrativa ou judicial, nos critérios jurídicos adotados pela autoridade administrativa no exercício do lançamento somente pode ser efetivada, em relação a um mesmo sujeito passivo, quanto a fato gerador ocorrido posteriormente à sua introdução.

5. Conclusão

Para o reconhecimento jurídico dos eventos ocorridos no mundo, o operador do direito deve partir dos elementos que compõem o fato em sentido lato e verificar se o conjunto desses elementos se subsume a um determinado conceito, sendo certo que esse conceito pode estar veiculado em qualquer texto. Daí porque fundamental assumir a intertextualidade como pressuposto de juízo válido do conceito do fato imponível, bem como do conceito da materialidade em concreto (fato jurídico tributário).

Nesse aspecto, vimos que o software foi originalmente qualificado como direito autoral para fins de proteção da propriedade intelectual, do mesmo que estipulou modalidade de negócios (i) contratos de licença de uso; (ii) contratos de licença de direitos de comercialização de programas de computador oriundos do exterior; e (iii) contratos de transferência de tecnologia.

Nas hipóteses que envolvem o licenciamento, entendemos correta a decisão do Supremo Tribunal Federal que se alinhou à natureza jurídica das obrigações prescritas no ordenamento jurídico, de acordo com os elementos conotativos próprios da intertextualidade.

A modulação de efeitos adotada, resguarda a própria natureza da operação, conforme submetida pelo contribuinte, concretizando a segurança jurídica. Necessária a modulação, porquanto ao longo dos vinte anos em que aguardou uma decisão definitiva, o contribuinte foi compelido a conformar seu negócio conforme a pressão provida por Estados e Municípios para qualificar sua operação, diante de uma dupla e indevida tributação. Com a modulação, está protegida a natureza da operação anteriormente apresentada e cuja tributação foi adimplida, evitando-se novos litígios.

Em relação ao futuro, tendo o Supremo Tribunal Federal manifestado-se de forma definitiva, a contribuintes e entes federados não resta outra opção que não a conformidade, sob o risco de implosão sistêmica, haja vista que qualquer posicionamento que contrarie a *ratio decidendi*, adotada pela Suprema Corte, não está legitimado no sistema.

Referências

BARROS DE CARVALHO, Paulo. *Direito tributário, linguagem e método*, 2ª ed., São Paulo, Noeses, 2008.

BAUER, Friedrich L. A Computer Pioneer's Talk: Pioneering Work in Software During the 50s in Central Europe. In. HASHAGEN, Ulf; KEIL-SLAWIK, Reinhard; NORBERG, Arthur L. (Eds.). *History of computing: software issues*. I International Conference on the History of Computing (ICHC 2000), April 5-7, 2000, Heinz-Nixdorf-MuseumsForum, Paderborn, Germany. Berlin; Heidelberg; New York; Barcelona; Hongkong; London; Mailand; Paris; Tokio: Springer, 2002, p. 11-22.

BARRETO, Paulo Ayres. Ordenamento e Sistemas Jurídicos. In: CARVALHO, Paulo de Barros (Coord.) e CARVALHO, Aurora Tomazini de (Org.). *Constructivismo lógico-semântico*. Vol. I. São Paulo: Noeses, 2014, p. 249-269;

BECKER, Alfredo Augusto. *Teoria geral de direito tributário*. 4ª ed., São Paulo, Noeses, 2007.

DE CARVALHO, André C. P. L. F; LORENA, Ana Carolina. *Introdução à computação:* hardware, software e dados. Rio de Janeiro : LTC, 2017.

DELGADO, José; RIBEIRO, Carlos. *Arquitetura de computadores*. 5ª edição, trad. Elvira Maria Antunes Uchôa, Rio de Janeiro : LTC, 2017.

DOS SANTOS, Manoel J. Pereira. Software – Acesso ao código fonte e transferência de tecnologia. *Revista de Direito de Informática e Telecomunicações* – RDIT, Belo Horizonte, ano 6, n. 11, p. 67-80, jul/dez 2011.

EINSEN, Oliver; VOSS, Oliver. Cloud Computing under Double Tax Treaties: A German Perspective. *Intertax*, Vol. 40, n. 11, p. 584-592.

HENNESSY, John L.; PATTERSON, David A. *Arquitetura de computadores*: uma abordagem quantitativa. 6ª ed. Tradução Daniel Vieira. Rio de Janeiro: Elsevier, 2019.

HOANEY, Michael S. Software as Science-Science as Software. In. HASHAGEN, Ulf; KEIL-SLAWIK, Reinhard; NORBERG, Arthur L. (Eds.). *History of computing: software issues.* I International Conference on the History of Computing (ICHC 2000), April 5-7, 2000, Heinz-Nixdorf-MuseumsForum, Paderborn, Germany. Berlin; Heidelberg; New York; Barcelona; Hongkong; London; Mailand; Paris; Tokio: Springer, 2002, p. 25-48.

JUREIDINI DIAS, Karem. *Fato tributário:* revisão e efeitos jurídicos. 2. ed. São Paulo: Noeses, 2019.

MOREAU, René. *The computer comes of age*. trad. J. Howlett. Massachusetts London, England: The MIT Press Cambridge, 1984.

OCDE. Model Tax Convention on income and on Capital: Condensed Version 2017. S.L.: OECD Publishing, 2017. Disponível em: https://bit.ly/3ktiQQA Último acesso em: 24 jul. 2021.

PIVA JUNIOR, Dilermando et al. *Algoritmos e programação de computadores.* 2ª edição. Rio de Janeiro: Elsevier, 2019.

VILANOVA, Lourival. *Causalidade e relação no direito*, 2ª ed., São Paulo, Saraiva, 1989.

A SUPREMA CORTE E OS PRINCIPAIS JULGADOS DE ISS DURANTE A PANDEMIA

Marcela Medrado Passos Gomes[1]

Paulo Fernando Souto Maior Borges[2]

Sumário: Introdução – 1. Incidência do ISS sobre os contratos de franquia: RE 603.136/RJ - Tema 300 (Julgado em 29.05.2020, DJe em 16.06.2020) – 2. Incidência do ISS sobre exploração de atividade de apostas: RE 634.764 – Tema 700 (Julgamento em 08.06.2020 e DJe em 01.07.2020) – 3. Caráter taxativo da lista de serviços sujeitos ao ISS a que se refere o art. 156, III, da Constituição Federal: RE 784439 - Tema 296 (Julgado em 29.06.2020 e DJe em 15.09.2020) – 4. Incidência de ISS sobre materiais empregados na construção civil: RE 603497/MG – Tema 247 (Julgamento em 29.06.2020 e DJe 13.08.2020) – 5. ISS e farmácias de manipulação: RE 605.552/RS - Tema 379 (Julgamento em 05.08.2020 e DJe em 06.10.2020) – 6. ISS e locação, sublocação, arrendamento, direito de passagem ou permissão de uso, compartilhado ou não, de ferrovia, rodovia, postes, cabos, dutos e

---

1. Graduada em Direito pela Universidade Salvador (UNIFACS). Especialista em Direito Tributário pelo Instituto Brasileiro de Estudos Tributários – IBET. Mestre em Direito Tributário pela Faculdade de Direito da Universidade de São Paulo (USP). Professora do Curso de Especialização em Direito Tributário pelo Instituto Brasileiro de Estudos Tributários e Assistente de Coordenação da sucursal do curso em Salvador-Bahia (IBET - Salvador). Advogada e sócia de Aires Barreto Advogados Associados.

2. Graduado em Direito pela Universidade Católica de Pernambuco. Mestre em Direito Tributário pela Pontifícia Universidade Católica de São Paulo – PUC/SP. Cursou Extensão em Contabilidade Tributária na Fundação Getúlio Vargas do Rio de Janeiro. Professor no Curso de Introdução ao Direito Tributário da Escola Superior de Advocacia da OAB/RJ. Membro da Comissão Especial de Assuntos Tributários da OAB/RJ. Membro da Associação Brasileira de Direito Financeiro. Advogado e sócio de Aires Barreto Advogados Associados no Rio de Janeiro.

condutos: ADI 3.142/DF (Julgamento em 05.08.2020 e DJe em 09.10.2020) – 7. Incidência de ISS sobre *software*: ADIs 5.659 e 1.945 (Julgamento em 24.02.2021 e DJe em 20.05.2021) – 8. Cadastro em órgão municipal de prestador de serviços não estabelecido no território do Município: RE 1167509/SP - Tema 1020 (Julgamento em 01.03.2021 e DJe em 16.03.2021) – Conclusão – Referências.

Introdução

Foi com muita alegria que recebemos o convite dos Profs. Simone Rodrigues Costa Barreto e Caio Augusto Takano para participarmos desta homenagem ao sócio fundador do escritório e um de nossos principais mentores não só na advocacia, mas também na academia, Prof. Paulo Ayres Barreto, em comemoração do seu aniversário de sessenta anos – alegria esta que foi incrementada por podermos fazê-lo em conjunto.[3]

O tema sobre o qual nos propusemos a discorrer no presente artigo está atrelado ao panorama jurisprudencial dos principais julgados de ISS pela Suprema Corte durante a pandemia. A ideia não passa por analisar a fundo todos os casos – mesmo por uma questão de limites editoriais –, mas sim, por reportar o tratamento que veio a ser destinado pela Corte Suprema em relação à matéria correlata ao Imposto sobre Serviços (doravante "ISS") durante a pandemia e os respectivos resultados decorrentes destes julgamentos, para ao fim indicarmos as conclusões a que chegamos com base numa análise jurimétrica dos casos analisados. Senão, vejamos.

1. Incidência do ISS sobre os contratos de franquia: RE 603.136/RJ - Tema 300 (Julgado em 29.05.2020, DJe em 16.06.2020)

Por uma questão cronológica, iniciamos nossa análise pelo Tema 300, que discute a incidência do ISS sobre os

3. Os autores não poderiam deixar de registrar também os seus agradecimentos ao Gabriel Franchito Cypriano, graduando em Direito pela PUC-SP e Assistente Jurídico do Aires Barreto, cuja valiosa contribuição se deu tanto no levantamento jurisprudencial quanto na estruturação do presente texto.

contratos de franquia. Trata-se de um dos primeiros julgados importantes da Suprema Corte, em matéria de ISS, durante o período de pandemia que, como sabido por todos que militam na área, tem sido um momento marcado por decisões relevantes do STF na esfera tributária.

Nesse julgado, reafirmando a jurisprudência da Corte, nos termos do voto do Relator, Ministro Gilmar Mendes, prevaleceu o entendimento, por maioria, de que é constitucional a incidência do ISS sobre contratos de franquia (itens 10.04 e 17.08 da lista de serviços anexa à LC 116/2003).

Com base no precedente relativo à incidência do imposto municipal sobre as operadoras de planos e seguros de saúde (RE 651.703/PR, Rel. Min. Luiz Fux), concluiu o Relator que, muito embora tenha o STF promovido uma interpretação mais ampla do conceito constitucional de *serviços*, desvinculada das teorias civilistas, de modo a tornar a tributação mais condizente com a realidade econômica atual, não se pode afirmar ter sido totalmente superado o entendimento de que o ISS incide apenas sobre *obrigações de fazer*, e não sobre *obrigações de dar* (no seu dizer, a incidência poderia se dar sobre *obrigações mistas*), tal como muito bem salientado pelo nosso homenageado, em todas as suas falas mais recentes.

Já em relação ao contrato de franquia, propriamente dito, segundo o Min. Rel. Gilmar Mendes, este teria caráter híbrido, englobando várias prestações – como a cessão do uso de marca, a assistência técnica, o direito de distribuição de produtos ou serviços – sendo algumas destas atividades-meio; outras, atividades-fim. Referida estrutura incluiria, portanto, tanto prestações *de dar* como prestações *de fazer* (dando a entender estarmos diante da chamada *obrigação mista*).

Sua conclusão pela incidência do ISS baseou-se na constatação de que no contrato de franquia haveria "*inegável aplicação de esforço humano destinado a gerar utilidade em favor de outrem (o franqueado)*", ainda que o vínculo contratual não se limite a uma mera obrigação de dar, nem à mera obrigação de fazer.

Vale salientar a divergência costumeira do Min. Marco Aurélio, que divergiu do Relator ao reconhecer que da leitura dos dispositivos da lista de serviços, "*constata-se não se estar diante de obrigação de fazer, tendo-se, em essência, obrigação de dar, revelada na cessão do direito de uso de marca ou patente – circunstância a excluir a atividade do campo de incidência tributária do ISS, ante a ausência, no núcleo, de elementos característicos do tipo serviço*". O voto divergente embasou-se, inclusive, nas lições do Prof. Aires Fernandino Barreto (pai do homenageado, cuja influência sobre sua obra é pressuposta), em parecer juntado aos autos do processo:

> [...] Nos contratos em que se prevê assistência técnica, instrução, treinamento ou avaliação pessoal por parte do franqueador, essas tarefas são meras atividades-meio, e não atividades-fim. Deveras, são elementos consubstanciados em métodos e meios de venda, viabilizadores da exploração da marca objeto da franquia. É dizer, configuram requisitos, insumos, condições (às vezes até sofisticações) da atividade-fim: a cessão de direitos designada franquia.

Fato é que, a despeito dos esforços envidados pelos contribuintes e da robustez dos argumentos utilizados, foi firmada a Tese de n° 300, na linha de que "*É constitucional a incidência de Imposto sobre Serviços de Qualquer Natureza (ISS) sobre contratos de franquia (franchising) (itens 10.04 e 17.08 da lista de serviços prevista no Anexo da Lei Complementar 116/2003).*"

2. Incidência do ISS sobre exploração de atividade de apostas: RE 634.764 – Tema 700 (Julgamento em 08.06.2020 e DJe em 01.07.2020)

Relativamente à exploração de atividade de apostas, ao analisar o Tema 700 que trata da *Constitucionalidade da incidência do Imposto sobre Serviços de Qualquer Natureza (ISS-QN) sobre a atividade de exploração de jogos e apostas — tais como a venda de bilhetes, de pules ou de cupons de apostas — e a validade da base de cálculo utilizada,* o Supremo Tribunal

Federal, por maioria, e nos termos do voto do Ministro Relator Gilmar Mendes, concluiu pela conformidade da incidência do imposto municipal com a Constituição Federal de 1988.

Fundamentando o seu entendimento na doutrina do Prof. Bernardo Ribeiro Moraes, o Relator decidiu que as atividades de distribuição e venda de bilhetes e demais produtos de loteria, bingos, cartões, pules ou cupons de apostas (ou seja, a exploração de atividade de apostas) enquadram-se no conceito constitucional de serviço, "*tendo em vista ser uma atividade humana prestada com finalidade econômica*". Assim, restaria configurado o pressuposto do "*trabalho (esforço humano) prestado em favor de terceiro*".

Quanto à base de cálculo, esta corresponderia ao valor pago pela "*distribuição e venda de bilhetes e demais produtos de loteria, bingos, cartões, pules ou cupons de apostas, sorteios e prêmios*", e não ao valor da aposta.

Como de costume, reafirmando a dicotomia *obrigações de dar x fazer* para fins de incidência do ISS, divergiu o Ministro Marco Aurélio, sustentando que nas atividades de apostas não se verificaria obrigação *de fazer* a ensejar a incidência do imposto de competência municipal.

A despeito da referida divergência, fato é que também em relação a esta, tese os contribuintes restaram vencidos, vez que a conclusão se deu pela incidência do imposto sobre as atividades de apostas, ainda que tenha decidido pela limitação da sua base de incidência aos valores pagos a título de comissão.

3. Caráter taxativo da lista de serviços sujeitos ao ISS a que se refere o art. 156, III, da Constituição Federal: RE 784439 - Tema 296 (Julgado em 29.06.2020 e DJe em 15.09.2020)

O tema da taxatividade da lista de serviços anexa à Lei Complementar 116 também não é novo, já tendo sido objeto de decisão pelo Superior Tribunal de Justiça, em sede de

Recurso Repetitivo 1.111.234/PR, Tema 132. Na ocasião, a Corte Superior firmou o entendimento de que, embora a lista fosse taxativa, ela comporta interpretação extensiva, cumprindo ao julgador a análise acurada das atividades autuadas, a fim de enquadrá-las (ou não) nos itens expressamente previstos na lista anexa à LC 116/2003. Dessa forma, a interpretação extensiva da lista não teria o condão de alcançar atividades cuja natureza (essência) não esteja ali prevista, relevando em importância a necessidade de se identificar a natureza do serviço autuado e sua respectiva subsunção (ou não) à lista de serviços.

Instado a se manifestar sobre Tema 296, no bojo do recurso extraordinário interposto por uma instituição financeira e que tratava, como pano de fundo, das atividades de recuperação de créditos e despesas, o Plenário da Suprema Corte, por sua vez, firmou a tese de que *"É taxativa a lista de serviços sujeitos ao ISS a que se refere o art. 156, III, da Constituição Federal, admitindo-se, contudo, a incidência do tributo sobre as atividades inerentes aos serviços elencados em lei em razão da interpretação extensiva"*. Por ocasião, restaram vencidos os Ministros Gilmar Mendes, Celso de Mello e Ricardo Lewandowski, que acompanhavam a Relatora, Ministra Rosa Weber, mas divergiam quanto à fixação da tese, e o Ministro Marco Aurélio que dava provimento ao recurso do Banco envolvido. Veja-se a transcrição de trechos da ementa, naquilo que mais interessa ao presente artigo:

> 7. As listas de serviços preveem ser irrelevante a nomenclatura dada ao serviço e trazem expressões para permitir a interpretação extensiva de alguns de seus itens, notadamente se socorrendo da fórmula "e congêneres". Não existe obstáculo constitucional contra esta sistemática legislativa. Excessos interpretativos que venham a ocorrer serão dirimíveis pelo Poder Judiciário.
>
> 8. Embora a lei complementar não tenha plena liberdade de qualificar como serviços tudo aquilo que queira, a jurisprudência do Supremo Tribunal Federal não exige que ela inclua apenas aquelas atividades que o Direito Privado qualificaria como tais. Precedentes nesse sentido julgados em regime de repercussão geral, a saber: RE 592.905, Rel. Ministro Eros Grau, e RE 651.703, Rel. Ministro Luiz Fux, em que examinadas as incidências do

> ISS, respectivamente, sobre as operações de arrendamento mercantil e sobre aquelas das empresas de planos privados de assistência à saúde.
>
> 9. O enquadramento feito pelo Tribunal local de determinadas atividades em itens da lista anexa ao DL 406/1968 não pode ser revisto pelo Supremo Tribunal Federal. Eventual violação da Constituição Federal apresenta-se como ofensa reflexa e a análise do recurso extraordinário demanda a revaloração das provas produzidas no processo.

Para a Relatora, a interpretação extensiva seria possível, ainda que considerada a lista como taxativa, vez que o art. 1º, §4º, da LC 116/2003 prevê que "*a incidência do imposto não depende da denominação dada ao serviço prestado*". Assim, "*consabido que os efeitos jurídicos de um fenômeno dependem daquilo que ele é realmente, e não do nome a ele atribuído pelas partes*". Ademais, como razão adicional para o voto, afirmou que, para permitir a obtenção de interpretação mais ampla, as próprias listas recorrem a expressões como "de qualquer natureza", "de qualquer espécie", "entre outros" e "e congêneres".

No tocante à dualidade das prestações de "dar" e de "fazer", relevantes são os apontamentos feitos pelo Ministro Alexandre de Moraes, que, acompanhando a Relatora, apontou que, no julgamento dos planos de saúde (RE 651703), a Suprema Corte teria adotado "*o entendimento de que Direito Constitucional adota conceitos próprios, não utilizando as premissas dadas pelo Direito Privado [...] está afastada a vinculação entre o termo serviço e a obrigação de fazer disposta no Código Civil*".

Por outro lado, como normalmente acontecia quando do seu mandato, o Min. Marco Aurélio ressaltou ser imprescindível a verificação da presença da obrigação de fazer como pressuposto legitimador da incidência do ISS:

> O enfoque adotado sinaliza óptica linear quanto aos pressupostos legitimadores da tributação: a previsão da atividade na lei complementar a que se refere o artigo 156, inciso III, da Constituição Federal, bem assim a compatibilidade entre a materialidade do tributo e os elementos característicos do tipo serviço, a revelar desempenho de atividade, obrigação de fazer.

> Forte nessas premissas, a taxatividade surge elemento indissociável da legalidade e da tipicidade tributária, rechaçados tipos abertos, passíveis de extensão conforme a vontade do intérprete.

Parece-nos que, a despeito das conclusões consignadas no voto da Min. Relatora, o resultado do julgamento em questão não se distanciou do quanto já decidido pelo Superior Tribunal de Justiça quanto ao tema. A nosso ver, permanece espaço para discussão da legalidade e constitucionalidade da incidência do ISS sobre determinadas atividades que, por sua natureza, não configuram prestação de serviço, não podendo se subsumir, portanto, a qualquer dos itens da lista anexa, ainda que por uma interpretação extensiva.

4. Incidência de ISS sobre materiais empregados na construção civil: RE 603497/MG – Tema 247 (Julgamento em 29.06.2020 e DJe 13.08.2020)

Neste caso, o Plenário do STF foi instado a se manifestar sobre a recepção, pela CF/88, do art. 9º, § 2º, "a", do Decreto-lei 406/68, que autoriza a dedução da base de cálculo do ISS do valor dos *materiais* fornecidos em serviços de concretagem, prestados em obras de construção civil.[4]

As duas Turmas do STF já haviam tangenciado o tema em outras oportunidades, nas quais concluíram pela recepção do Decreto-Lei 406/68 pela atual ordem constitucional, com *status* de lei complementar, valendo citar, a título

4. Art 9º. A base de cálculo do imposto é o preço do serviço.
[...]
§ 2º. Na prestação dos serviços a que se referem os itens 19 e 20 da lista anexa o impôsto será calculado sôbre o preço deduzido das parcelas correspondentes: (Redação dada pelo Decreto-Lei nº 834, de 1969) [...]
a) ao valor dos materiais adquiridos de terceiros, quando fornecidos pelo prestador de serviços; (Redação dada pelo Decreto-Lei nº 834, de 1969)
b) ao valor das subempreitadas já tributadas pelo imposto. (Redação dada pelo Decreto-Lei nº 834, de 1969).

exemplificativo, o julgamento do *leading case*, RE 214414 AgR da Segunda Turma.[5]

Nada obstante, até o julgamento do caso em análise, o Plenário não havia se manifestado acerca do alcance específico do art. 9º, § 2º, do Decreto-Lei 406/68, haja vista a natureza infraconstitucional da matéria.[6]

No caso específico, o acórdão de origem, do TJMG, havia se limitado a aplicar a jurisprudência do STF no sentido da recepção do Decreto-lei 406/68 pela CF/88, concluindo pela possibilidade de dedução, nos termos do seu art. 9º, § 2º.

O acórdão veio a ser reformado pelo STJ, pela decisão monocrática do Min. Humberto Martins que, sem mencionar a jurisprudência do STF, afirmou que a jurisprudência do STJ "*pacificou o entendimento de que a base de cálculo do ISS é o preço total do serviço, de maneira que, na hipótese de construção civil, não pode haver a subtração do material empregado para efeito de definição da base de cálculo*". Interposto o agravo regimental, com referência à violação da jurisprudência do STF pela decisão recorrida, a 2ª Turma do Superior Tribunal de Justiça ainda assim reiterou os termos da decisão monocrática.

Diante desse contexto, a Min. Relatora Rosa Weber revisitou a jurisprudência do STJ quanto ao Decreto-lei 406/68, com as alterações da LC 56/87 e da LC 116/2003, a fim de

---

5. CONSTITUCIONAL. TRIBUTÁRIO. ISS. CONSTRUÇÃO CIVIL. D.L. 406/68, art. 9º, § 2º, a e b. I. - Dedução do valor dos materiais e subempreitadas no cálculo do preço do serviço. D.L. 406/68, art. 9º, § 2º, a e b: dispositivos recebidos pela CF/88. Citados dispositivos do art. 9º, § 2º, cuidam da base de cálculo do ISS e não configuram isenção. Inocorrência de ofensa ao art. 151, III, art. 34, ADCT/88, art. 150, II e 145, § 1º, CF/88. RE 236.604-PR, Velloso, Plenário, 26.5.99, RTJ 170/1001. II. - RE conhecido e provido. Agravo improvido. (RE 214414 AgR, Segunda Turma, Rel. Min. Carlos Velloso, julgado em 05.11.2002).
No mesmo sentido, cf.: RE 262598, Primeira Turma, Rel. Min. Ilmar Galvão, Rel. p/ Acórdão: Min. Cármen Lúcia, julgado em 14.08.2007; RE 599582 AgR, Segunda Turma, Rel. Min. Ayres Britto, julgado em 29.03.2011.

6. Nesse sentido, vide RE 568204 AgR, Primeira Turma, Rel. Min. Cármen Lúcia, julgado em 15.09.2009; AI 634934 AgR, Primeira Turma, Rel. Min. Ricardo Lewandowski, julgado em 23.06.2009.

concluir pela sua adequação, ou não, à Constituição. Assim, citou o entendimento consignado no REsp 926.339[7] de que "*tanto ao tempo da vigência do DL 834/69 quanto da LC 56/87, a dedução dos materiais empregados, por prescrição dos itens 19 e 32, respectivamente, restringia-se ao fornecimento de mercadorias produzidas pelo prestador de serviços fora do local da prestação de serviço*". Nesse sentido, os referidos itens teriam criado, em relação ao § 2º do art. 9º do DL 406/68, "*uma regra de dedução ainda mais específica, que não admitia o abatimento de outros valores que não aqueles correspondentes aos materiais expressamente consignados, sobre os quais se fez recair a incidência do ICMS*".

De acordo com a Relatora, a despeito de ter a LC 56/87 transplantado os serviços mencionados pelos itens 19 e 20 da lista anexa, aos quais se aplica o art. 9º, § 2º, "a", do Decreto-Lei 406/68, aos itens 32, 33 e 34 da lista anexa, "*A redação do art. 9º, §2º, a, é clara e, em princípio, não daria margem a divergências interpretativas. Nos serviços de construção civil, o preço do serviço (base de cálculo geral do imposto) sofrerá o abatimento do valor dos materiais fornecidos pelo prestador dos serviços, com o que chegaríamos à base de cálculo aplicável a tais serviços: preço do serviço menos o valor dos materiais fornecidos pelo próprio prestador*".

O que teria ensejado a divergência interpretativa seria, para a Relatora, a ressalva posta entre parênteses no item correspondente da lista anexa: "*exceto o fornecimento de mercadorias produzidas pelo prestador de serviços, fora do local da prestação dos serviços, que fica sujeito ao ICM*".

O trecho poderia ser interpretado no sentido que **(i)** o abatimento a que se refere o art. 9º, §2º, "a", somente se aplica às mercadorias mencionadas entre parênteses no item da lista anexa, ou seja, às mercadorias produzidas pelo prestador fora do local da prestação de serviços, que se sujeitavam ao antigo ICM; ou **(ii)** o abatimento diria respeito às mercadorias

---

7. Segunda Turma, Rel. Min. Eliana Calmon, julgado em 03.05.2007.

produzidas no próprio local da prestação dos serviços, de modo que o ISS não alcançaria o valor relativo à mercadoria alguma, quer fossem produzidas no local da prestação do serviço (pela determinação do art. 9º, § 2º, a), quer fora dele (pela ressalva do item da lista, que sujeitava tais mercadorias ao ICM).

Na sequência, ressaltou a Relatora que a LC 116/2003 reitera em seu art. 7º, § 2º, I, com algumas diferenças, a regra do art. 9º, § 2º, "a", do DL 406/68, ao prever que não se incluem na base de cálculo do ISS "*o valor dos materiais fornecidos pelo prestador dos serviços previstos nos itens 7.02 e 7.05 da lista de serviços anexa a esta Lei Complementar*". Tais itens dizem respeito a, justamente, serviços de construção civil, ressalvando "*o fornecimento de mercadorias produzidas pelo prestador dos serviços, fora do local da prestação dos serviços, que fica sujeito ao ICMS*".

Com base nesse contexto normativo, e pautando-se também na Súmula 166 do STJ – segundo a qual o fornecimento de concreto, para construção civil, sujeita-se à incidência do ISS – concluiu a Relatora que não ofende a Constituição Federal a interpretação de que sujeitam-se ao ICMS e são excluídas da base de cálculo do ISS somente as mercadorias produzidas fora do local da prestação do serviço e comercializadas pela contribuinte, nos termos da jurisprudência do STJ.[8]

Ao concluir o voto, ainda reafirmou o entendimento de que o art. 9º, § 2º, do DL 406/68 foi recepcionado pela CF/88, de modo que sua aplicação ao caso concreto não ensejaria reforma do acórdão do STJ, que, sem negar a premissa da recepção do mencionado dispositivo legal, teria se limitado a fixar-lhe o respectivo alcance.

A tese de repercussão geral foi acolhida por unanimidade, nos seguintes termos: "*O art. 9º, § 2º, do DL nº 406/1968 foi recepcionado pela ordem jurídica inaugurada pela Constituição de 1988*".

8. AgRg nos EDcl no REsp 973.432/MG, Segunda Turma, Rel. Ministro Herman Benjamin, julgado em 02.12.2008.

5. ISS e farmácias de manipulação: RE 605.552/RS - Tema 379 (Julgamento em 05.08.2020 e DJe em 06.10.2020)

Já em relação à incidência do ISS sobre as farmácias de manipulação, prevaleceu no STF o entendimento, por maioria, de que incide o imposto municipal sobre as operações de venda de medicamentos preparados por farmácias de manipulação sob encomenda, cabendo a tributação estadual (ICMS), nas operações de venda de medicamentos por elas ofertados aos consumidores em prateleira, nos termos do voto do Relator (Min. Dias Toffoli).

O Relator pautou seu entendimento no art. 155, § 2º, IX, "b", da CF, segundo o qual o ICMS incide sobre o valor total da operação, quando mercadorias forem fornecidas com serviços não compreendidos na competência tributária dos Municípios. A própria sistemática prevista no texto constitucional, diante do fato de ser comum serviços serem prestados concomitantemente com o fornecimento de mercadorias (as chamadas operações mistas), teria estabelecido que deve incidir a lógica de que o ICMS é residual em relação ao ISS.

Assim, concluiu o Relator que, como regra geral, "*nas chamadas operações mistas, o ICMS incidirá sobre o valor total da operação somente nas hipóteses em que o serviço não esteja compreendido na competência municipal, isto é, naqueles casos em que o serviço não está elencado no rol da lei complementar*". Enquanto isso, "*incidirá o ISS sobre mercadorias fornecidas com serviços abrangidos pela competência dos municípios, ou seja, serviços definidos em lista anexa de lei complementar, desde que não sejam transporte interestadual e intermunicipal e de comunicação, nem sejam serviços ressalvados em lei complementar como de incidência do ICMS*".

Seguindo esse raciocínio, haveria "*inequívoca prestação de serviço nesse preparo e fornecimento de medicamento encomendado*", vez que a materialidade do ISS que se observa no objeto principal do contrato, consiste em "***fazer*** *algo por prévia encomenda de outrem, ou seja, a manipulação magistral* *do medicamento para uso pontual do encomendante*". Por outro lado, a mesma característica não se observa nos medicamentos de prateleira, produzidos em massa, sobre os quais deveria incidir o ICMS.

Como de costume, divergiu o Min. Marco Aurélio, para quem, diante de negócios jurídicos complexos, seria indispensável ter-se em vista o conjunto de atos praticados para extrair a essencialidade da prestação. Nessa lógica, "*se, de um lado, o negócio entabulado revela, em essência, obrigação de dar, não recai o ISS, porquanto ausentes os elementos característicos do tipo serviço, revelando-se possível a tributação pelo ICMS, evidenciada a circulação de mercadoria [...] de outro, existente, no núcleo da prestação, ato humano, um fazer, surge o serviço, a viabilizar a cobrança do imposto municipal*".

No caso dos medicamentos, prevaleceria o aspecto de venda de um produto, sendo que o serviço seria meramente acessório, meio para obter aquilo se o consumidor pretende comprar. Ao encomendar o medicamento manipulado, o consumidor não teria interesse na atividade do farmacêutico, mas no resultado (o medicamento).

Nessa mesma linha, reconheceu o Min. Edson Fachin que "*ainda que haja trabalho humano em momento anterior à entrega, o que é denominado 'fazer para dar', o elemento buscado é uma mercadoria com determinadas características, e não um serviço*", razão pela qual deveria incidir o ICMS. O Ministro ainda analisou possível impacto nos preços do medicamento caso a decisão da Corte fosse pela incidência do ISS:

> Se se entender que o ISS deve incidir sobre as vendas das farmácias magistrais, é nestas em que o consumidor preferirá adquirir a Fluoxetina, visto que este imposto apresenta, na maioria das vezes, caráter menos oneroso do que o ICMS. Os consumidores, como regra, procuram o menor preço, e, como o preço praticado pelas demandantes é inferior ao das drogarias, aquelas seriam beneficiadas.
>
> Isso não acontece, portanto, porque o "serviço" lá prestado lhe traz maiores benefícios, eis que não importa o tratamento da manipulação ou se o medicamento foi comprado sob o nome comercial de

> Prozac: o que é de fato relevante é a venda e o consumo da medicação. Com efeito, o essencial na relação jurídica instaurada entre o consumidor e a farmácia de manipulação é o produto final, a "fórmula encomendada", seu preço, venda e consumo.
>
> Nesse contexto, o produto decorrente da atividade de manipulação de insumos para produção de fórmulas magistrais alopáticas e oficinais tem como finalidade a venda. Sua destinação é, então, atrelada à circulação e à comercialização.

Apesar das divergências, e nesse caso específico sem maiores surpresas para os contribuintes, foi fixada a Tese 379, na linha de que somente sobre os medicamentos de prateleira deve incidir o ICMS, cabendo, ao município, a tributação pelo ISS em relação aos medicamentos manipulados: *"Incide ISS sobre as operações de venda de medicamentos preparados por farmácias de manipulação sob encomenda. Incide ICMS sobre as operações de venda de medicamentos por elas ofertados aos consumidores em prateleira."*

6. ISS e locação, sublocação, arrendamento, direito de passagem ou permissão de uso, compartilhado ou não, de ferrovia, rodovia, postes, cabos, dutos e condutos: ADI 3.142/DF (Julgamento em 05.08.2020 e DJe em 09.10.2020)

No presente caso, os Ministros, por maioria, julgaram parcialmente procedente o pedido formulado na ação direta, para dar interpretação conforme a Constituição Federal ao subitem 3.04 da lista anexa à Lei Complementar 116/2003, a fim de admitir a cobrança do ISS nos casos em que as situações nele descritas integrem relação mista ou complexa em que não seja possível claramente segmentá-las de uma obrigação de fazer, seja no que diz com o seu objeto, seja no que concerne ao valor específico da contrapartida financeira, nos termos do voto do Relator, Ministro Dias Toffoli.

O Relator iniciou seu voto ressaltando que o fato de o ISS ter sucedido o antigo imposto sobre indústrias profissões (IIP) não seria argumento inequívoco para se concluir pela possibilidade de tributação, pelo novo imposto municipal, da operação de locação de bens (considerada isoladamente) e de outras semelhantes a ela.

Admitiu, nessa linha, que "a interpretação econômica não pode preponderar sobre a interpretação jurídica, a qual concebe a hermenêutica constitucional de forma sistemática com os demais ramos do Direito".

Em seguida, o Ministro passou a analisar a jurisprudência da Corte acerca do fato gerador do ISS. Em suas próprias palavras, no julgamento do RE 116.121/SP, "o entendimento foi construído com base não só no primado da legislação civil como fonte para interpretação do conceito de serviço, levando-se em conta o art. 110 do CTN, mas também na clássica dicotomia civilista entre obrigações de dar e de fazer: na espécie, o negócio não revelaria prestação de um esforço humano, enquadrando-se, portanto, na primeira categoria (obrigação de dar), razão pela qual seria inviável a cobrança do tributo".

Para o Min. Relator, os julgados posteriores ao RE 116.121/SP, refletiriam atualização da jurisprudência da Corte e não chegaram a infirmar o resultado deste precedente ou a revogar a Súmula 31.

Nos julgamentos do RE 592.905/SC e do RE 547.245/SC, teria o Supremo passado a consignar que "o conceito de serviço a que se refere o art. 156, III, da CF/88 não deveria ser interpretado exclusivamente nos termos da legislação de Direito Civil", tendo em vista que, conforme sustentou o Min. Eros Grau, restringir a materialidade do imposto apenas a serviço enquadrado em típica obrigação de fazer, como definido pelo direito privado, resultaria na desconsideração da expressão "de qualquer natureza", constante do aludido dispositivo constitucional.

Com base nesses e outros julgados, o Relator fixou quatro orientações:

> (1) no caso em que a operação tributada revelar como a essência dela, de modo chapado, simples obrigação de dar – como, por

> exemplo, uma mera locação de bens móveis – inviável será a incidência do ISS relativamente a ela (Súmula Vinculante nº 31);
>
> (2) no caso em que a operação tributada revelar obrigação de fazer, possível é a incidência do ISS;
>
> (3) no caso de relação mista ou complexa, sendo possível claramente segmentar uma circunstância não sujeita ao ISS (como uma obrigação de dar), "seja no que diz com o seu objeto, seja no que concerne ao valor específico da contrapartida financeira", inviável é a incidência do imposto tão somente quanto a essa circunstância;
>
> (4) no caso de relação mista ou complexa em que não seja possível essa clara segmentação, estando a operação tributada definida em lei complementar como serviço de qualquer natureza, nos termos do art. 156, III, da Constituição Federal, é cabível, *a priori*, a incidência do imposto municipal.
>
> Em relação ao último caso (4), reitero que, apenas a princípio, será possível a cobrança do ISS. Isso porque, por exemplo, determinadas relações mistas ou complexas podem envolver, simultaneamente, circulação de mercadorias e prestações de serviços, provocando dúvidas quanto à cobrança desse tributo ou do ICMS.

Feitas essas considerações, passou o Min. Relator a analisar o dispositivo impugnado, subitem 3.04 da lista anexa à LC 116/2003, o qual define como serviços, para fins de cobrança do ISS, "locação, sublocação, arrendamento, direito de passagem ou permissão de uso, compartilhado ou não, de ferrovia, rodovia, postes, cabos, dutos e condutos de qualquer natureza".

Em seu entendimento, embora as situações descritas no subitem 3.04 da lista anexa à LC 116/2003, quando levadas em conta por si sós, revelem não ser possível extrair fato tributável pelo ISS, vez que representam simples obrigação de dar ou de abstenção de uma prática, o mesmo não se poderia dizer "*quando as mesmas situações estiverem baralhadas com alguma obrigação de fazer, isto é, quando elas integrarem relação mista ou complexa em que não for possível claramente separá-las de uma obrigação desse tipo*", caso em que seria cabível, *a priori*, a cobrança do imposto municipal.

Divergiu do Relator o Min. Marco Aurélio, que, pautando-se pelo RE 116.121/SP, bem como nos votos vencidos que proferiu nos julgamentos do *leasing* e plano de saúde, concluiu que o dispositivo impugnado veicularia, essencialmente obrigação de dar, e não obrigação de fazer.

> Cuida-se de circunstância a excluir a atividade do campo de incidência tributária do ISS, ante a ausência, no núcleo, de elementos característicos do tipo serviço na operação indicada no item 3.04 da lista de serviços anexa à Lei Complementar nº 116/2003. Antes, versa a disponibilização de certo bem – ferrovia, rodovia, postes, cabos, dutos e condutos de qualquer natureza –, e não a prestação de serviço propriamente dita, revelando-se esta, caso existente, mero acessório ao cerne do negócio jurídico.

Prevaleceu, assim, o entendimento conforme a Constituição, pela incidência do ISS nos casos em que as situações descritas no subitem 3.04 da lista anexa à Lei Complementar 116/2003 integrem relação mista ou complexa em que não seja possível claramente segmentá-las de uma obrigação de fazer, seja no que diz com o seu objeto, seja no que concerne ao valor específico da contrapartida financeira.

7. Incidência de ISS sobre *software*: ADIs 5.659 e 1.945 (Julgamento em 24.02.2021 e DJe em 20.05.2021)

Embora juridicamente exista, tão somente, uma única espécie de *software* – vez que a legislação brasileira não faz qualquer menção à existência jurídica de mais de uma –, duas eram as realidades postas, sujeitas à incidência de impostos distintos: (i) o *software* feito sob encomenda, sobre o qual se discutia sobre a incidência do imposto de competência municipal (ISS), e (ii) o chamado *software* de prateleira, aquele comercializado no varejo e disponibilizado tanto através de suporte físico (CD-ROM, pen drive), quanto via *download*, sobre o qual recairia o imposto de competência estadual (ICMS). As expressões "software de prateleira" e "software de encomenda", não passa, portanto, de mera construção doutrinária e jurisprudencial, mas que há muito já vem sendo discutida no âmbito dos Tribunais Superiores.

Desde 1998, quando do julgamento do Recurso Extraordinário 176.626/SP, o STF havia concluído pela incidência do ICMS sobre operações com *softwares* gravados em suporte físico e comercializados no varejo, os chamados *softwares de prateleira*. Naquela oportunidade, sob a Relatoria do Min. Sepúlveda Pertence, o STF consignou a recusa da incidência do ICMS sobre operações de licenciamento ou cessão de programas de computador.

Em novo momento, quando do julgamento do RE 199.464, de Relatoria do Min. Ilmar Galvão, em 02.03.1999, o STF pronunciou-se no sentido de admitir a cobrança do ICMS, na hipótese de comercialização de disquetes contendo programas de computador.

Já em 2010, no julgamento da Medida Cautelar na ADI 1.945/MT, a Corte Suprema reafirmou a incidência do ICMS também sobre *software* comercializado por meio de transferência eletrônica de dados (*download*), não abrangendo, porém, o licenciamento ou cessão de uso dos ditos programas. O Min. Ricardo Lewandowski, em esclarecimentos exarados em seu voto-vista levantou ponderações a respeito da alteração do quadro fático, entendendo que "a realidade mudou", pelo que se poderia tributar a operação, mesmo que feita *on-line*, através de *internet*. No entanto, entendeu que a apreciação de tal tema deveria ser postergada, pelo menos liminarmente, até que houvesse posicionamento definitivo da Corte sobre a real natureza destes produtos. A matéria foi decidida, assim, em sede liminar, restando pendente julgamento do mérito da ADI 1.945/MT. Pendia de deliberação, outrossim, a incidência tributária sobre os *softwares por encomenda*, em que pese a Suprema Corte já manifestasse seu entendimento pela incidência do ISS, uma vez se tratar de "serviço típico" e individualizado.

Em 2021, agora se debruçando sobre o mérito da questão, em julgamento conjunto das Ações Diretas de Inconstitucionalidade 5.659 e 1.945, de Relatoria do Min. Dias Toffoli e da Min. Cármem Lúcia, respectivamente, o Plenário da Suprema Corte decidiu pela incidência do ISS, e não do ICMS, nas operações envolvendo o licenciamento ou a cessão de direito de uso de programas de computador (*software*). A conclusão do Supremo alcançou tanto os *softwares* comercializados no varejo ("software de prateleira"), quanto aqueles feitos por encomenda, para atender às necessidades específicas do consumidor.

Em seu voto, o Min. Dias Toffoli defendeu que tanto no fornecimento personalizado por meio do comércio eletrônico direto quanto no licenciamento ou na cessão de direito de uso está clara a obrigação de fazer na confecção do programa de computador, no esforço intelectual e, ainda, nos demais serviços prestados ao usuário. A distinção entre *software sob encomenda* ou *padronizado* foi tida, assim, por irrelevante.

Parece-nos que, sob tal perspectiva, em que pese a dicotomia entre a obrigação de dar e a obrigação de fazer tenha sido reafirmada, ao concluir pela incidência indistinta do ISS sobre a atividade de construção do *software*, à luz do esforço humano prestado a terceiro, o Supremo Tribunal Federal acabou incorrendo em atecnia, desprezando a existência de *softwares* postos em comércio e que seria tanto "mercadoria", tais quais outras postas em prateleiras de supermercado.

Por maioria, prevaleceu a proposta de modulação apresentada pelo Min. Dias Toffoli, que abrange diversas situações envolvendo os contribuintes, os estados e os municípios. Oito foram as situações fáticas analisadas[9] e com propostas de efeitos distintos.

---

9. i) Contribuintes que recolheram apenas ICMS: não terão direito à restituição do tributo. Por outro lado, os municípios não poderão cobrar ISS, sob pena de bitributação;
ii) Contribuintes que recolheram apenas ISS: o pagamento será considerado válido. Os estados não poderão cobrar ICMS;
iii) Contribuintes que não recolheram ICMS ou ISS até a véspera da publicação da ata de julgamento: possibilidade de cobrança do ISS (respeitada a prescrição);
iv) Contribuintes que recolheram ISS e ICMS até a véspera da publicação da ata de julgamento, mas não ajuizaram ação de repetição de indébito: possibilidade de restituição do ICMS, mesmo se não houver ação em curso, sob pena de enriquecimento ilícito dos estados. Neste caso, deverá ser considerado válido o recolhimento de ISS;
v) Ações judiciais pendentes de julgamento movidas por contribuintes contra

Não obstante o julgamento da matéria por meio das ADIs, pende de conclusão o julgamento do Recurso Extraordinário em Repercussão Geral 688.223/PR, também de Relatoria do Min. Dias Toffoli, afetado ao Tema 590, em que se discute a incidência de ISS sobre contratos de licenciamento ou de cessão de programas de computador (*software*) desenvolvidos para clientes de forma personalizada.

8. Cadastro em órgão municipal de prestador de serviços não estabelecido no território do Município: RE 1167509/SP - Tema 1020 (Julgamento em 01.03.2021 e DJe em 16.03.2021)

Por fim, no último julgado analisado, o Supremo Tribunal Federal fixou, por maioria, a seguinte tese de repercussão geral, nos termos do voto do Ministro Marco Aurélio (Relator): "*É incompatível com a Constituição Federal disposição normativa a prever a obrigatoriedade de cadastro, em órgão da Administração municipal, de prestador de serviços não estabelecido no território do Município e imposição ao tomador da retenção do Imposto Sobre Serviços – ISS quando descumprida a obrigação acessória*».

estados, inclusive ações de repetição de indébito, em que se discute a incidência de ICMS: deverão ser julgadas com base no entendimento firmado pelo STF de que incide ISS, e não ICMS, em operações de *softwares*, com a possibilidade de restituição ou liberação de valores depositados a título de ICMS;
vi) Ações judiciais, inclusive execuções fiscais, pendentes de julgamento movidas por estados visando a cobrança do ICMS quanto a fatos ocorridos até a véspera da data de publicação da ata de julgamento: deverão ser julgadas com base no entendimento firmado pelo STF de que incide ISS em operações de *softwares*;
vii) Ações judiciais, inclusive execuções fiscais, pendentes de julgamento movidas por municípios visando á cobrança de ISS quanto a fatos ocorridos até a véspera da data de publicação da ata de julgamento: deverão ser julgadas com base no entendimento firmado pelo STF de que incide ISS em operações de softwares, salvo se o contribuinte já recolheu ICMS;
viii) Ações judiciais pendentes de julgamento movidas por contribuintes contra municípios discutindo a incidência do ISS até a véspera da data de publicação da ata de julgamento: deverão ser julgadas com base no entendimento firmado pelo STF pela incidência de ISS em operações de softwares.

Nos termos do voto do Relator, ao estipular a "penalidade" de retenção do ISS pelo tomador dos serviços, nos casos em que o prestador, situado em outro Município, não observar a obrigação acessória de cadastramento na Secretaria Municipal, a norma "*opera verdadeira modificação do critério espacial e da sujeição passiva do tributo, revelando duas impropriedades formais: a usurpação da competência legislativa da União, a quem cabe editar a norma geral nacional sobre a matéria, e a inadequação do móvel legislativo, considerada a exigência constitucional de veiculação por lei complementar*".

Em outras palavras, ao passo que imputava ao tomador a retenção do tributo a ser recolhido, discrepando do teor da lei de regência do ISS, a sistemática descrita na norma do Município de São Paulo conduzia à imprecisão na identificação do sujeito ativo da obrigação tributária, revelando inobservância ao princípio da tipicidade, corolário da legalidade tributária.

Por sua vez, o Ministro Alexandre de Moraes não vislumbrou qualquer ofensa ao princípio da territorialidade, à reserva de lei complementar e ao princípio da vedação ao tratamento discriminatório. Em seu entendimento, o fato de o serviço ser prestado a tomadores localizados no Município de São Paulo legitimaria o "*legítimo interesse da municipalidade em verificar a origem e a regularidade das empresas prestadoras, não apenas para fins de arrecadação, mas, sobretudo, para fins de fiscalização, nos termos do art. 113, § 2º, do Código Tributário Nacional*". No voto divergente, alegou, ainda, que a "*Lei Complementar 116/03 não estabeleceu como local de incidência do tributo o local onde se encontra 'sediado' o estabelecimento do prestador*".

Assim, por meio do Tema 1020, restou fixada a tese de que "*É incompatível com a Constituição Federal disposição normativa a prever a obrigatoriedade de cadastro, em órgão da Administração municipal, de prestador de serviços não estabelecido no território do Município e imposição ao tomador da retenção do Imposto Sobre Serviços – ISS quando descumprida a obrigação acessória*".

Conclusão

A partir do panorama jurisprudencial apresentado, observa-se uma forte inclinação da Suprema Corte pela adoção de interpretação mais abrangente do conceito de serviço. Uma leitura apressada dos recentes julgados em matéria de ISS poderia, até mesmo, levar à equivocada conclusão de que o STF superou o entendimento de que a prestação de serviço, para fins do ISS, consiste em uma "obrigação de fazer".

No entanto, à exceção do entendimento que vem sendo defendido pela Min. Rosa Weber e pelo Min. Alexandre de Moraes, ao adentrarmos nas razões de decidir dos demais Ministros, nos parece que o entendimento majoritário da Suprema Corte ainda tem sido pela tradicional dicotomia "obrigação de fazer" x "obrigação de dar", utilizada como fundamento norteador dos diversos votos vencedores e vencidos acima apresentados. Essa advertência vem sendo feita pelo Professor homenageado, em suas mais recentes falas, a exemplo do último Congresso do IDEPE.

No mais, observa-se que, à exceção do caso relativo à incidência do ISS sobre as farmácias de manipulação, e àquele relativo ao julgamento pela inconstitucionalidade dos cadastros dos prestadores de outros municípios, a maior parte dos julgados contou com uma resolução por parte da Suprema Corte desfavorável aos contribuintes – o que somente corrobora a advertência efetuada desde o início da pandemia pelo Prof. Paulo Ayres Barreto, no sentido de que o momento atual é o pior possível para os contribuintes terem analisada a matéria tributária perante a Corte.

Isso porque, dado o esperado apelo político pela necessidade da incursão em maiores gastos públicos para o enfrentamento da atual crise sanitária (decorrente da disseminação do COVID-19) – a despeito dos reiterados recordes de arrecadação, mesmo em tempos de pandemia –, a tendência que se verifica no Judiciário por simples análise jurimétrica é de decisões pela legitimidade das pretensões fiscais dos entes tributantes, em razão de uma maior sensibilidade dos julgadores a este tipo de argumento, notadamente em momentos de comoção generalizada.

Referências

BARRETO, A. F.; BARRETO, P. A.. *ISS na Constituição e na lei*. 4. ed. *São Paulo:* Noeses, 2018. v. 1.

BARRETO, P. A. Conceitos Constitucionais e Competência Tributária. In: Nélida Cristina dos Santos, José Antonio Balieiro Lima e Gilberto Frigo Júnior. (Org.). *Temas de Direito Tributário*. 1 ed. São Paulo: Saraiva, 2013, v. , p. 331-344.

CARVALHO, Paulo de Barros. *Direito tributário, linguagem e método*, 2ª ed., São Paulo: Noeses, 2008.

SUPERIOR TRIBUNAL DE JUSTIÇA https://www.stj.jus.br/sites/portalp/Inicio

SUPREMO TRIBUNAL FEDERAL http://portal.stf.jus.br/

O CONSEQUENCIALISMO E O CONTROLE DE CONSTITUCIONALIDADE DAS NORMAS

Marcelo Fortes[1]

Fernando Munhoz Ribeiro[2]

Sumário: 1. Noções iniciais – 2. Direito, interpretação e consequencialismo – 3. Controle de constitucionalidade e o campo extrajurídico – 4. A modulação de efeitos e a limitação das consequências das decisões – 5. Conclusões – Referências.

1. Noções iniciais

No atual estágio da evolução do controle de constitucionalidade das normas, com a previsão de instrumentos que conferem maior abstração[3] na apreciação dos recursos pelo

1. Mestre em Direito Tributário pela Pontifícia Universidade Católica de São Paulo (PUC-SP). Advogado.

2. Mestre em Direito Tributário pela Pontifícia Universidade Católica de São Paulo (PUC-SP). Master of Laws (LL.M.) em Direito Tributário Internacional pela *Vienna University of Economics and Business (Wirtschaftsuniversität Wien)*, Áustria. Professor convidado em cursos de pós-graduação. Advogado.

3. ALVIM, Teresa Arruda; DANTAS, Bruno. *Recurso especial, recurso extraordinário e a nova função dos tribunais superiores*. 5ª ed. São Paulo: Thomson Reuters Brasil, 2018, p. 336.

STF, há um descolamento da matéria controvertida do processo individualmente considerado, uma vez reconhecida a existência da repercussão geral do tema tratado, e o enfrentamento da questão de forma mais abrangente, inclusive com a possibilidade de participação de terceiros interessados. Ao final, concluída a apreciação, o entendimento que prevalecer será adotado para solucionar o processo individual e produzirá efeitos vinculantes.[4]

Em razão dos efeitos expansivos das decisões proferidas pelo STF[5] e a característica da transcendência subjetiva, com potencial de afetar indeterminado número de indivíduos e empresas, na apreciação da constitucionalidade de normas jurídicas que fundamentam a exigência tributária, é lugar comum a invocação do argumento segundo o qual o reconhecimento da invalidade (constitucionalidade) da norma acarretará em consequência muito danosa para os cofres públicos, visto que elevada quantia deverá, por exemplo, ser devolvida aos contribuintes que pagaram o tributo indevidamente.

São fatores extrajurídicos, que exercem importante influência na construção de normas jurídicas e, em especial, nas decisões proferidas pelo STF. Essa preocupação será endereçada no presente artigo. É certo que o Direito deve evoluir e não pode deixar de interagir com fatores externos e outras ciências do conhecimento. Entretanto, como pontua Paulo Ayres Barreto,[6] "conquanto possível a existência de um espaço interdisciplinar de comutação discursiva, há que se reconhecer os estritos limites à consideração dessa comutatividade para a solução de problemas próprios da Ciência do Direito".

---

4. A amplitude da vinculação dos efeitos da decisão dependerá do instrumento utilizado para provocar a atuação do Poder Judiciário.

5. FERRAZ, Taís Schilling. *O precedente na jurisdição constitucional*. São Paulo: Saraiva, 2017, p. 213.

6. BARRETO, Paulo Ayres. Ordenamento e sistemas jurídicos. In: CARVALHO, Paulo de Barros (coord.). *Constructivismo Lógico-Semântico*. V. I. São Paulo: Noeses, 2014.

2. Direito, interpretação e consequencialismo

O direito, como instrumento de disciplina das condutas pelos integrantes de uma dada sociedade, visa a assegurar o valor justiça, traçando o que é certo perante aquele grupo em um momento específico. Isto quer dizer, a própria criação dos enunciados prescritivos reflete os valores tidos como relevantes em dado período de tempo, os quais poderão ser objeto de positivação e estabelecerão os comportamentos aceitáveis ou indesejados.

Pela mesma razão, a evolução da sociedade também influenciará na intepretação dos enunciados do direito positivo e, a depender do instante em que a norma jurídica for criada, o valor nela refletido poderá ser diverso. Esse é o resultado direto das modificações existentes na sociedade e da necessidade de as autoridades incumbidas de criar normas individuais e concretas adequarem a interpretação do texto do direito positivo aos valores prevalecentes no momento em que esta ocorrer.

Muitos dos princípios constitucionais representam a positivação de valores, mas outros, apesar de receberem a denominação de princípio, ostentam a característica de uma regra. Por exemplo, o princípio da isonomia reflete o desejo do poder constituinte originário de uma sociedade igualitária e que almeja tratar todos de igual modo; ao passo que o denominado princípio da não cumulatividade do IPI ou do ICMS não indica a positivação de um valor, mas a aposição da alcunha de "princípio" a uma regra que norteia a instituição dos aludidos tributos.

Humberto Ávila fornece importantes contribuições para a discussão da temática envolvendo a distinção entre regras e princípios. Para ele, a principal diferença reside no grau de abstração dos princípios, na medida em que esses não estão vinculados a uma situação hipotética específica, ao passo que as regras contêm tal delimitação e também a definição da consequência, ainda que essa dependa do ato de aplicação.[7]

---

7. ÁVILA, Humberto Bergmann. *Teoria dos princípios*. 8ª ed. Malheiros Editores: São Paulo, 2008, p. 48.

A despeito desse debate quanto à distinção entre princípios e regras, não podemos deixar de salientar que, no ato de construção de normas jurídicas, o intérprete refletirá valores que lhes são mais relevantes. O ponto importante, contudo, está na necessidade de que a valoração atribuída aos signos dos enunciados prescritivos encontre amparo no direito positivo, visto que muitos princípios, especialmente os constitucionais, são resultantes da positivação de valores desejados pelo sistema. Logo, o ato de interpretar e construir as normas jurídicas não é desprovido de limites, mas encontra suas balizas valorativas postas pelo próprio sistema, as quais devem ser respeitadas.

Nessa sorte de ideias, tem-se que o ato de decidir (e de construir normas jurídicas) consiste na emissão de um ato de fala[8] no qual se verifica a opção da autoridade estabelecida pelo direito positivo para tomar determinada decisão e, por conseguinte, criar normas jurídicas que disciplinarão relações jurídicas.[9]

A decisão deve ser entendida como o ato em que uma autoridade competente, ao apreciar um caso específico, cria a norma individual e concreta que disciplinará a relação entre os sujeitos determinados nos polos daquele litígio.

Essa afirmação poderá ser aplicada a todas as situações em que há criação de norma jurídica, uma vez que é inerente a todo processo de interpretação de textos a atribuição de significação aos signos existentes no suporte físico interpretado. Até porque, o direito é um texto imerso em um contexto e a significação atribuída aos signos sofre as influências desse contexto (do intérprete).

Assim, tendo como premissa que a decisão introduz uma norma individual e concreta, não há como negar que externará valores da autoridade, individualmente considerada, que a

8. MOUSSALLEM, Tárek Moysés. *Revogação em matéria tributária*. São Paulo: Noeses, 2005, p. 52-53.

9. TOMÉ, Fabiana Del Padre. *A prova no direito tributário*. 4ª ed. São Paulo: Noeses, 2016, p. 61.

produziu. Contudo, é importante mencionar que essa autoridade não deve atribuir o significado que lhe for, em particular, conveniente. Deve, sim, procurar agir dentro das balizas que o sistema do direito admite como razoáveis, não obstante a margem de subjetividade marca a prática desse ato.

Um dos aspectos que comumente é invocado no estudo concernente aos limites da interpretação e sua amplitude na prolação de decisões judiciais, com especial enfoque àquelas proferidas pelo STF, é o consequencialismo e em que medida a avaliação das consequências da adoção de certa posição pode ser aceita como fator relevante.[10] Ricardo Lobo Torres pondera que os efeitos econômicos, sociais ou culturais deverão ser considerados pelo aplicador do direito, de modo que possam ser evitados ou potencializados, sempre atento à influência na sociedade.[11]

Também, seguindo raciocínio semelhante, Heleno Taveira Torres preconiza que o consequencialismo trata de uma forma de dirigismo da decisão, pautado nas consequências práticas externas ao sistema jurídico, justificando-se na prevalência de alguns fatos e normas a serem aplicadas.[12] Roberto Cordoniz Leite Pereira pontua que o argumento consequencialista se caracteriza como uma justificação externa de decisões, na medida em que não está previsto no direito positivo, que serve como mecanismo para o controle de precedentes.[13]

---

10. O art. 21 do Decreto-Lei 4.657/42, incluído pela Lei 13.655/2018, estabelece que, na prolação de decisão que decretar ser inválida um ato administrativo, deverá indicar as consequências jurídicas decorrentes. Apesar de ser restrito o seu campo de atuação, observa-se uma hipótese na qual a legislação admite que a autoridade julgadora determine quais serão as consequências da decisão proferida.

11. TORRES, Ricardo Lobo. O consequencialismo e a modulação dos efeitos das decisões do Supremo Tribunal Federal. *Revista Direito Tributário Atual*, v. 24. São Paulo: Dialética, 2009.

12. TORRES, Heleno Taveira. Segurança Jurídica em matéria tributária e consequencialismo. In: ROCHA, Valdir de Oliveira (coord.). *Grandes questões atuais do direito tributário*, v. 15. São Paulo: Dialética, 2011.

13. PEREIRA, Roberto Cordoniz Leite. O consequencialismo decisório e a sua relevância para o Direito Tributário. *Revista Direito Tributário Atual*, v. 38. São Paulo: IBDT, 2017.

Esses autores admitem a invocação de argumentos consequencialistas para dar sustentação a certas decisões judiciais, sempre atentas aos resultados que serão irradiados para a sociedade e tendo tais fatores como justificativa.

Sistematizando o tema, Daniela Gueiros Dias disserta que o consequencialismo comporta dois tipos de análise:

> Na primeira, chamada consequencialismo de primeira ordem, argumentos consequencialistas são utilizados para atribuir sentido aos dispositivos normativos ou para aplicar uma norma (ou, ainda, afastar sua aplicação) em uma situação concreta. Na segunda, chamada de consequencialismo de segunda ordem, o consequencialismo é uma espécie de estratégia da decisão. Nesse sentido, ele não diz respeito diretamente à interpretação e à aplicação do Direito, mas fornece razões para a adoção de uma determinada postura interpretativa e aplicativa pelo julgador, seja ela o próprio consequencialismo de primeira ordem ou não.[14]

Segundo essa linha de raciocínio, na primeira perspectiva, o consequencialismo atua no instante em que o aplicador do direito interpreta os enunciados prescritivos, influenciando na atribuição de sentido aos termos utilizados pelo texto do direito positivo. Em outras palavras, o ato de interpretar as palavras e expressões do texto toma como referencial as consequências que a adoção de determinado sentido terá após a criação da norma.

Em outra vertente, no consequencialismo de segunda ordem, a decisão (como ato de aplicação do direito e construção de uma norma individual e concreta) é tomada levando em conta os efeitos que produzirá. Nesta perspectiva, o julgador faz uma avaliação dos potenciais reflexos da decisão a ser proferida e, admitindo que esses são os efeitos que pretende atingir, caminha nessa direção.

A argumentação consequencialista, ainda que inexistente enunciado prescritivo que expressamente autorize a sua

---

14. DIAS, Daniela Gueiros. *Consequencialismo judicial no direito tributário brasileiro*. São Paulo: IBDT, 2021. p. 30-31.

invocação como justificativa para a tomada de uma decisão, tem sido aplicada no Ordenamento Jurídico brasileiro, principalmente em casos tributários que apresentem grande repercussão econômica.

Merece maior aprofundamento a investigação da possibilidade da sua utilização pelo STF, que, no exercício do controle de constitucionalidade da legislação tributária, particularmente como fundamentação para modular os efeitos de algumas decisões, não raro lança mão de argumentos com conotação consequencialista para limitação dos seus efeitos.

Paulo Ayres Barreto endossa que, "embora operativamente fechado, o sistema jurídico é cognoscitivamente aberto", o que "significa que, conquanto o sistema seja operativamente fechado, isto é, somente as informações criadas dentro do Direito são relevantes para o Direito (autorreferência), essas informações devem ser interpretadas consoante o sistema social".[15-16]

São relevantes essas lições e evidenciam que, não obstante o sistema do direito seja fechado e tome suas premissas como norte para a criação de normas jurídicas, o ato de interpretação dos enunciados do direito positivo sofre as influências do sistema social e dos aplicadores e essas estão refletidas nos atos de aplicação (decisões judiciais).

Entretanto, a possibilidade de a autoridade competente refletir na decisão os valores que lhe são caros e, antecipando o resultado que poderá ser atingindo pelo pronunciamento judicial, interpretar os dispositivos legais, atenta às consequências que o sentido empregado acarretará, não significa a chancela para a prolação de decisão totalmente descolada do direito positivo.

Os enunciados do sistema do direito positivo deverão ser interpretados em sua unidade sistêmica e as normas jurídicas

15. BARRETO, Paulo Ayres. *Planejamento tributário:* limites normativos. São Paulo: Noeses, 2016, p. 32.

16. Vide art. 5º do Decreto-Lei 4.657/42 (Lei de Introdução às Normas do Direito Brasileiro).

deverão estar em sintonia com esse. Por conseguinte, o limite da interpretação pela autoridade competente é dado pelo próprio direito, justamente porque não são desejadas interpretações teratológicas e muito menos se admite que ditas autoridades possuam poder absoluto para a criação de normas jurídicas conforme a sua conveniência.

3. Controle de constitucionalidade e o campo extrajurídico

Com a introdução da repercussão geral como mais um dos requisitos formais que possibilitam o conhecimento do recurso extraordinário a ser apreciado pelo STF, observa-se que esse recurso passou a ser um veículo para fazer chegar ao STF questões de grande interesse nacional, uma vez que, se a matéria posta não tiver o condão de afetar uma quantidade relevante de sujeitos, essa não será apreciada pela Corte. Registre-se que a introdução desse novo requisito contribuiu para realçar o papel de Corte Constitucional do STF, não apenas de mais uma e última instância que poderia vir a ser demandada a resolver certa lide.

O elemento que apresenta maior destaque é a imperiosidade de a matéria a ser apreciada pelo STF ultrapassar os interesses das partes que compõem os polos da demanda (transcendência subjetiva). Aqui é possível constatar a intenção de mudar a forma como a Corte deve ser compreendida, de "mais uma instância" na estrutura do Poder Judiciário para o órgão competente para dirimir controvérsias constitucionais importantes e de interesse da sociedade brasileira, não apenas de pequena quantidade de interessados.

Uma vez reconhecida a repercussão geral de uma matéria, há um descolamento da apreciação do tema do julgamento do processo específico que possibilitou que a matéria chegasse à Corte. De fato, é pertinente aduzir que, primeiro, o STF decidirá a respeito do assunto constitucional que teve a repercussão geral reconhecida, não se limitando aos fundamentos expostos na peça recursal, podendo também receber contribuições de entidades representativas (*amici curiae*) com notório conhecimento sobre o tema, e, após a conclusão, aplicar o entendimento ao processo individual.

Esse novo modelo de julgamento de recursos versando sobre temas de grande interesse, com a divisão do julgamento do tema, guarda grande semelhança com a apreciação inerente ao controle abstrato e concentrado de constitucionalidade. Somente e após o encerramento dessa fase, a solução será aplicada ao caso específico que possibilitou a chegada da matéria ao STF. Essa forma de apreciação recebe a denominação de abstrativização do julgamento de recurso extraordinário avulso.

Os efeitos subjacentes às decisões proferidas segundo essa sistemática são vinculantes para os órgãos do Poder Judiciário, seja porque: i) uma vez aplicado pelo Tribunal de 2º grau, não admitirão a interposição de novo recurso extraordinário, ou mesmo; ii) diante da previsão de cabimento de reclamação contra a decisão do Tribunal de 2º grau, desde que exaurida a instância ordinária e, ainda assim, houver relutância na conformidade à posição consagrada pelo STF na repercussão geral.

Nessa ordem, é possível constatar, inclusive, uma importante modificação no tocante ao controle de constitucionalidade exercido pelo STF nos últimos anos, haja vista o fato de que, decisões proferidas no julgamento de processos subjetivos, mas segundo o regime de repercussão geral, passam a ter efeito semelhante ao oriundo do controle abstrato e concentrado.

Essa nova forma de encarar a atuação da Corte Constitucional decorre da atribuição do chamado efeito transcendente às decisões do STF em controle de constitucionalidade difuso, especialmente quando marcado pela abstrativização. No voto proferido no julgamento da Reclamação 4.335,[17]o Ministro

17. Rcl 4335, Relator Ministro GILMAR MENDES, Tribunal Pleno, julgado em 20.03.2014, *DJe*-208 DIVULG 21.10.2014 PUBLIC 22.10.2014.

Gilmar Mendes fornece relevantes subsídios para compreensão do tema e dessa nova fase do controle de constitucionalidade no Brasil:

> O Supremo Tribunal Federal percebeu que não poderia deixar de atribuir significado jurídico à declaração de inconstitucionalidade proferida em sede de controle incidental, ficando o órgão fracionário de outras Cortes exonerado do dever de submeter a declaração de inconstitucionalidade ao plenário ou ao órgão especial, na forma do art. 97 da Constituição. Não há dúvida de que o Tribunal, nessa hipótese, acabou por reconhecer efeito jurídico transcendente à sua decisão. Embora na fundamentação desse entendimento fale-se em quebra da presunção de constitucionalidade, é certo que, em verdade, a orientação do Supremo acabou por conferir à sua decisão algo assemelhado a um efeito vinculante, independentemente da intervenção do Senado. Esse entendimento está hoje consagrado na própria legislação processual civil (CPC, art. 481, parágrafo único, parte final, na redação da Lei n. 9756, de 17.12.1998).
>
> Essa é a orientação que parece presidir o entendimento que julga dispensável a aplicação do art. 97 da Constituição por parte dos Tribunais ordinários, se o Supremo já tiver declarado a inconstitucionalidade da lei, ainda que no modelo incidental.
>
> [...]
>
> De qualquer sorte, a natureza idêntica do controle de constitucionalidade, quanto às suas finalidades e aos procedimentos comuns dominantes para os modelos difuso e concentrado, não mais parece legitimar a distinção quanto aos efeitos das decisões proferidas no controle direto e no controle incidental.
>
> Somente essa nova compreensão parece apta a explicar o fato de o Tribunal ter passado a reconhecer efeitos gerais à decisão proferida em sede de controle incidental, independentemente da intervenção do Senado. O mesmo há de se dizer das várias decisões legislativas que reconhecem efeito transcendente às decisões do STF tomadas em sede de controle difuso.

As manifestações do STF são de interesse de toda a coletividade e têm o condão de impactar significativamente a sociedade, razão pela qual os efeitos que poderão irradiar costumam ser considerados pelas decisões (argumento consequencialista).

O STF não atua de modo hermético ou mesmo sem considerar os acontecimentos verificados na sociedade – muito embora seja frequente a tentativa de refutar essa assertiva –, especialmente porque, ao interpretar os dispositivos constitucionais aplicáveis aos casos sob sua apreciação, as concepções prevalecentes naquele momento são tomadas como premissas.

Entretanto, a influência de fatores extrajurídicos na aplicação do direito exige alguns temperamentos, sob pena de aceitar que o Poder Judiciário arrogue para si função típica do Poder Legislativo.

No que toca ao controle de constitucionalidade de leis que criam ou modificam a regra-matriz de um tributo, o argumento de que a declaração de inconstitucionalidade poderá ter um impacto relevante nas contas públicas e comprometer a capacidade do ente federativo de dar continuidade às atividades de interesse da população é frequentemente suscitado (às vezes ocultado).

Essa argumentação, estritamente consequencialista, não pode servir de referência para o exercício do controle de constitucionalidade e muito menos como justificativa para o reconhecimento da validade de um diploma que crie ou modifique a legislação de um tributo.

Consoante exposto por Paulo Ayres Barreto,[18] as informações relevantes para o Direito são criadas conforme o seu sistema autorreferencial, com influências do sistema social. Logo, ainda que seja admitida a interpretação de enunciado prescritivo considerando certos fatores extrajurídicos, esse ato, criação de uma norma, deve ser empreendido em sintonia com os dispositivos legais aplicáveis e conforme um dos sentidos aceitos pelo sistema do direito.

Portanto, conclui-se que o exercício do controle de constitucionalidade da norma tributária deve ser exercido segundo

18. BARRETO, Paulo Ayres. *Planejamento tributário: limites normativos*. São Paulo: Noeses, 2016, p. 32.

os critérios de referência do sistema jurídico, sendo vedada a invocação de argumentação consequencialista no desempenho de tal função.

No entanto, como se verá a seguir, para a definição da abrangência dos efeitos da decisão tomada, o próprio sistema do direito positivo autoriza que fundamentos consequencialistas sejam invocados como justificativa para a sua limitação temporal.

4. A modulação de efeitos e a limitação das consequências das decisões

Com a edição do CPC de 2015, foi introduzido o art. 927, § 3º,[19] que contém redação semelhante à do art. 27 da Lei 9.868/99, o qual autoriza não apenas o STF a modular os efeitos de suas decisões, mas também os tribunais superiores, desde que ocorra modificação de sua jurisprudência ou em julgamento de recursos repetitivos. A razão para justificar a modulação dos efeitos deverá ser o interesse social e segurança jurídica.

O ponto de atenção é a existência de um entendimento com amplo alcance e que cuja modificação tenha o condão de afetar um número expressivo de relações jurídicas, razão essa que permite sejam calibrados os efeitos da decisão, com o estabelecimento de um momento específico a partir do qual a interpretação conferida deverá ser observada.

Nessa linha de raciocínio, a definição de segurança jurídica se mostra necessária. A concepção de segurança jurídica adotada nesse artigo guarda relação com os pronunciamentos exarados pelas autoridades às quais foi atribuída competência para resolver conflitos ou mesmo editar atos com força normativa.

---

19. Art. 927. Os juízes e os tribunais observarão:
[...]
§ 3º. Na hipótese de alteração de jurisprudência dominante do Supremo Tribunal Federal e dos tribunais superiores ou daquela oriunda de julgamento de casos repetitivos, pode haver modulação dos efeitos da alteração no interesse social e no da segurança jurídica.

A Lei de Introdução às Normas do Direito Brasileiro foi alterada pela Lei 13.655/2018, a qual introduziu, dentre outros enunciados, o art. 24, que estabelece que a revisão de atos, tanto na esfera administrativa quanto na judicial, deve levar em consideração a orientação e interpretação prevalecentes no momento da prática do ato.

Este enunciado prescritivo apresenta relevante ponto a ser observado pelas autoridades detentoras de competência para revisão de atos.

A possibilidade de mudança de interpretação de enunciados prescritivos é resultado da própria dinâmica do estado de direito e reflete as modificações, em diversas acepções, que acometem a sociedade e influenciam os aplicadores do direito.

A busca pela segurança jurídica impõe que os atos consolidados e concluídos no passado em sintonia com orientação predominante naquele instante devam ser protegidos e insuscetíveis de revisão ou reforma com arrimo em interpretação superveniente. As ponderações de Humberto Ávila, no que diz respeito a esse tipo de insegurança, são oportunas:

> Pode-se dentro de todo esse contexto, afirmar que não apenas o futuro, mas também o passado termina provocando insegurança. O cidadão, pela ausência de inteligibilidade do ordenamento jurídico, não sabe o que é válido hoje (insegurança com relação ao Direito presente); ele, pela falta de previsibilidade do ordenamento jurídico, igualmente não sabe o que será válido ou vinculante amanhã (insegurança com relação ao Direito futuro); e ele, pela carência de estabilidade do ordenamento jurídico, paradoxalmente também não sabe se o que foi válido ontem continuará valendo hoje (insegurança com relação ao Direito pretérito). O Direito não é seguro. E um Direito que não é seguro, não é direito, como lembra Carnelutti.[20]

Justamente em decorrência de um cenário marcado por mudanças de interpretação, a segurança jurídica como valor a

---

20. ÁVILA, Humberto Bergmann. *Segurança jurídica*. 2ª edição. São Paulo: Malheiros, 2012, p. 68.

ser alcançado pressupõe o estabelecimento de balizas e critérios que protejam os administrados que agem com moderação e seguindo orientações fornecidas pela própria Administração ou mesmo precedentes emanados do Poder Judiciário.

Não se pode admitir que uma interpretação predominante em determinado período seja utilizada como fundamento para a revisão e/ou reforma de ato praticado muitos anos antes e no qual a orientação era diversa. Essa a concepção de segurança jurídica preconizada neste artigo e com base na qual entendemos que a modulação dos efeitos de decisões que modificam jurisprudência dominante deveria se pautar.

E nesse sentido, as consequências da modificação da jurisprudência dominante é tida, pelo próprio direito positivo, como um fator que autoriza a limitação dos seus efeitos. E qual seria essa consequência? A desconsideração de inúmeros atos jurídicos concretizados sob a orientação então dominante, com a necessidade de retorno à situação anterior e, no que tange à obrigação tributária, possibilidade de restituição de valores pagos indevidamente ou mesmo cobrança de quantias não quitadas oportunamente.

Assim, mediante autorização para que os efeitos da decisão sejam limitados e evitadas as consequências do desfazimento de atos concretizados segundo a orientação dos tribunais superiores no momento em que celebrados, o direito positivo reconhece que, excepcionalmente, o consequencialismo pode servir como justificativa para uma decisão.

O outro requisito, alternativo, a autorizar a modulação dos efeitos de decisões é o interesse social. A ideia de interesse social se confunde com a própria concepção de segurança jurídica, pois quaisquer medidas atentatórias à segurança jurídica são igualmente atentatórias ao interesse social. Mais uma vez, as consequências da decisão para a sociedade poderão ser utilizadas como razão motivadora da limitação dos efeitos do pronunciamento judicial.

O argumento frequentemente invocado como fundamento para os pedidos de limitação dos efeitos de decisão que reconhece a inconstitucionalidade de dispositivo que cria ou modifica a regra-matriz de determinado tributo – consequência danosa para os cofres públicos – não comporta acolhimento se considerado isoladamente. Interesse social não se confunde com interesse da Administração Tributária.

Os pressupostos autorizadores da consideração das consequências da decisão como justificativa extrajurídica para a limitação dos efeitos do pronunciamento estão postos pelo direito positivo e devem ser observados.

Ademais, levando em consideração o momento em que estão sendo introduzidos e aperfeiçoados mecanismos que autorizam os julgamentos de recurso de forma abstrata, atribuindo-se uma elevada força vinculante aos pronunciamentos dos tribunais superiores quando atuam dessa forma, há pertinência em afirmar que quaisquer decisões oriundas de instrumento dotado de tal nível de vinculação podem afetar o interesse social.

A acepção de interesse social está subjacente e compreendida nos instrumentos que permitem a realização de julgamentos com enfoque abstrato, na medida em que um dos pressupostos para tanto é a transcendência dos efeitos da decisão – logo, grande número de interessados.

Pertinente é, ainda, asseverar que os tribunais superiores também sofrem com alteração em sua composição, o que justifica a modificação da sua jurisprudência e o entendimento a respeito de determinados temas. Portanto, desde que sejam razoáveis, as diferentes interpretações de um mesmo texto são aceitáveis e igualmente válidas.

Porém, as alterações jurisprudenciais, quando decorrem da modificação da interpretação acerca de um mesmo dispositivo, dentre as várias possíveis, não devem ter efeitos retroativos.

Destarte, pretender atribuir efeitos retroativos à decisão que altera jurisprudência dominante, em decorrência de novo modo de interpretar um enunciado, é afronta à segurança jurídica, como anteriormente afirmado. Relevante lembrar que as decisões tomadas pelos tribunais superiores servem de parâmetro para decisões que serão exaradas pelos tribunais.

Por se tratar de situação excepcional e na qual o direito autoriza que fatores externos ao seu próprio sistema autorreferencial, a modulação dos efeitos das decisões com arrimo em argumentos consequencialistas deve ser encarada com moderação e tão somente quando estiver caracterizada a alteração de jurisprudência dominante.

O art. 24 de LINDB apresenta importante elemento que deve ser considerado na análise da temática, uma vez que estabelece que a revisão ou a reforma não pode atingir situações concretizadas e nas quais tenham sido observadas orientações prevalecentes no momento da sua prática.

Infere-se, portanto, que o direito positivo autoriza a adoção de argumentos consequencialistas para que, quando houver modificação de jurisprudência dominante de tribunal superior, sejam modulados os seus efeitos, cabendo ao tribunal definir a partir de que momento o novo entendimento deve ser observado.

5. Conclusões

O exercício do controle de constitucionalidade de normas tributárias deve ter como parâmetro os enunciados prescritivos e, no desempenho de tal função, argumentos consequencialistas não são admitidos pelo direito positivo em vigor. O sistema jurídico é autorreferencial, apesar de admitir influência de outros sistemas no ato de interpretação dos enunciados prescritivos.

A despeito da vedação à adoção dos argumentos consenquencialistas para o controle de constitucionalidade, entendemos que há autorização para que, nos casos em que houver modificação de jurisprudência dominante e desde que presentes razões de segurança jurídica ou interesse social, as consequências da decisão sobre as relações jurídicas concretizadas possam justificar a modulação dos efeitos da decisão.

Por se tratar de uma exceção admitida pelo direito positivo, é imprescindível que os requisitos autorizadores estejam presentes para sua aplicação, razão pela qual a frequente alegação de que a decisão que declara a inconstitucionalidade de dispositivo legal que cria ou modifique a regra-matriz de um tributo e, por conseguinte, reconhece o direito à repetição do indébito tributário, causará grande impacto nos cofres públicos, isoladamente considerada, não merece acolhida.

Referências

ALVIM, Teresa Arruda; DANTAS, Bruno. *Recurso especial, recurso extraordinário e a nova função dos tribunais superiores*. 5ª ed. São Paulo: Thomson Reuters Brasil, 2018.

ÁVILA, Humberto Bergmann. *Segurança jurídica*. 2ª ed. São Paulo: Malheiros, 2012.

_____. *Teoria dos princípios*. 8ª ed. São Paulo: Malheiros Editores, 2008.

BARRETO, Paulo Ayres. *Planejamento tributário:* limites normativos. São Paulo: Noeses, 2016.

_____. Ordenamento e sistemas jurídicos. In: CARVALHO, Paulo de Barros (coord.). *Constructivismo Lógico-Semântico*. V. I. São Paulo: Noeses, 2014.

DIAS, Daniela Gueiros. *Consequencialismo judicial no direito tributário brasileiro*. São Paulo: IBDT, 2021.

FERRAZ, Taís Schilling. *O precedente na jurisdição constitucional*. São Paulo: Saraiva, 2017.

MOUSSALLEM, Tárek Moysés. *Revogação em matéria tributária*. São Paulo: Noeses, 2005.

PEREIRA, Roberto Cordoniz Leite. O consequencialismo decisório e a sua relevância para o Direito Tributário. *Revista Direito Tributário Atual*, v. 38. São Paulo: IBDT, 2017.

TOMÉ, Fabiana Del Padre. *A prova no direito tributário*. 4ª ed. São Paulo: Noeses, 2016.

TORRES, Heleno Taveira. *Direito constitucional tributário e segurança jurídica*. São Paulo: Ed. RT, 2011.

_____. Segurança Jurídica em matéria tributária e consequencialismo. In: ROCHA, Valdir de Oliveira (coord.). *Grandes questões atuais do direito tributário*, v. 15. São Paulo: Dialética, 2011.

TORRES, Ricardo Lobo. O consequencialismo e a modulação dos efeitos das decisões do Supremo Tribunal Federal. *Revista Direito Tributário Atual*, v. 24. São Paulo: Dialética, 2009.

LIMITES À IMUNIDADE DO ITBI - STF, REPERCUSSÃO GERAL - Tema 796

Maria Leonor Leite Vieira[1]

O art. 156, da Constituição Federal de 1988, em seu § 2º, estabelece que o Imposto sobre a Transmissão *Inter vivos*, de competência do Município,

> Art. 156. [...]
>
> § 2º. [...]
>
> I - não incide sobre a transmissão de bens ou direitos incorporados ao patrimônio de pessoa jurídica em realização de capital, nem sobre a transmissão de bens ou direitos decorrentes de fusão, incorporação, cisão ou extinção de pessoa jurídica, salvo se, nesses casos, a atividade preponderante do adquirente for a compra e venda desses bens ou direitos, locação de bens imóveis ou arrendamento mercantil;
>
> [...].

com o que provoca o estudioso a analisar, detalhadamente, qual a hipótese de incidência do referido imposto, isto é, indagar qual seria, exatamente, o núcleo, dentro do critério material da Regra-Matriz de Incidência a fazer jus ao inteiro teor do que o

---

1. Mestre - Profª Direito Tributário – PUC/SP. Conselho Superior de Direito – Fecomércio. Advogada.

ditou o Texto Magno, para efeito da "imunidade", aqui, especialmente, abordada pelo Supremo Tribunal Federal ao julgar o TEMA 796, incluído no rol da Repercussão Geral.

A investigação da dicção constitucional exige, por certo – e desde logo – observar que o núcleo da materialidade que será alcançada pela exclusão da competência, aqui observada, *"é a incorporação de imóveis ao patrimônio de pessoa jurídica, quando o valor total desses bens excederem o limite do capital social a ser integralizado"*, o que conduz o raciocínio à realização de ato oneroso; se liberalidade, portanto, não haverá que se falar em incidência do imposto, mas, sim, em doação, que tem como pressuposto a gratuidade, por ato unilateral ou consensual, passível de incidência do ITCMD, de outra estrutura e competência dos Estados e do Distrito Federal.

E, falar em alcance de Imunidade, significa falar, sem dúvida, em interpretação apropriada do Direito, uma vez que o Constituinte afere aos termos o conteúdo que tem, cabendo ao intérprete dar-lhe os contornos adequados, de modo sistemático, para a exata e correta compreensão e integração ao todo legislado.

O homenageado desta feita, o Prof. PAULO AYRES BARRETO,[2] reconhecido e festejado como grande e interessado investigador dos limites constitucionais postos para a instituição e cobrança dos tributos, procurando, sempre, tecer argumentos acerca da interpretação do Direito, assevera, com o rigor que adota:

> O direito manifesta-se pela linguagem. Porta de entrada para qualquer processo interpretativo é a linguagem, instrumento de comunicação do direito, assim como de uma infinidade de outros campos do conhecimento científico. Desvalar o conteúdo, sentido e alcance de normas jurídicas exige, como passo inicial, travar contato com a linguagem do direito.

2. Barreto, Paulo Ayres – *Contribuições*: regime jurídico, destinação e controle. 3ª edição. São Paulo: Noeses, 2020, p. 8.

Mais adiante, em pormenorizado exame, como é de seu feito, chama o alerta de Paulo de Barros Carvalho, para quem "*o processo de interpretação tem como limite nosso horizonte cultural, 'pois fora dessas fronteiras não é possível a compreensão'*".[3]

Dando continuidade a seu minucioso estudo, Paulo Ayres transcreve trecho de José Souto Maior Borges, ao ensinar que "*a interpretação do Direito pelo órgão competente para a produção é essencialmente diversa da interpretação do Direito pela ciência do Direito*".[4] Cabe ao cientista do Direito formular proposições descritivas e não prescritivas.

Mais além, o professor paulista, dando um fecho de extraordinária concretude às discussões acerca da interpretação de texto normativo assevera:

> *Em síntese, em decorrência da amplitude e abrangência das normas constitucionais, a sua interpretação dá ensejo a maiores dificuldades. Temos como cediço que, quanto maior for a possibilidade de controle de uma norma jurídica, mais efetiva será sua aplicação. O exercício desse controle pressupõe clareza e precisão normativas. Ao contrapor às diretrizes principiológicas regras de menor abrangência, o legislador constituinte, a um só tempo, revela como pretende dar efetividade ao princípio e permite um melhor controle de sua aplicação.* [5]

Pois bem, lembradas estas básicas premissas, passemos ao exame do quanto estabelecido no mencionado artigo constitucional que mantém a redação original ao fazer menção a "*bens imóveis por natureza ou por acessão física*", tudo, claro, nos termos da Lei Civil[6] que foi alterada para "*bens imóveis*

---

3. *Op. Cit*, p. 9.

4. Idem, p. 9.

5. Ibidem, p. 20.

6. Código Civil - Art. 79. São bens imóveis o solo e tudo quanto se lhe incorporar natural ou artificialmente.
Art. 80. Consideram-se imóveis para os efeitos legais:
I - os direitos reais sobre imóveis e as ações que os asseguram;
II - o direito à sucessão aberta.
Art. 81. Não perdem o caráter de imóveis:

natural ou artificialmente construídos" (CC/ 2016) o que não altera o raciocínio ora empreendido, mas exige detença para bem assentar suas bases.

Aqui, a advertência de Aires Fernandino Barreto,[7] em seu *Curso de Direito Tributário Municipal*, aparece nítida:

> Caracterizam-se os direitos reais pela existência de uma obrigação passiva universal, imposta a todos os membros da sociedade indistintamente, no sentido de que devem respeitar seu exercício por parte de seu titular ativo. No direito real existe um sujeito ativo, titular do direito, e há uma relação jurídica, que não se estabelece com a coisa, pois que esta é o objeto do direito, mas tem a faculdade de opô-la *erga omnes*, estabelecendo-se desta sorte uma relação jurídica em que é sujeito ativo o titular do direito real e sujeito passivo a generalidade anônima dos indivíduos.

A partir daí pondera a partir do comando inserto no art. 1.225,[8] do Código Civil, que direitos reais são, exclusivamente: *(i) a posse, (ii) a propriedade, (iii) os direitos reais de gozo ou fruição: a enfiteuse, (iv) a servidão predial, (v) o usufruto, (vi) o uso, (vii) a habitação, (viii) a propriedade fiduciária, (ix) o*

I - as edificações que, separadas do solo, mas conservando a sua unidade, forem removidas para outro local;
II - os materiais provisoriamente separados de um prédio, para nele se reempregarem.

7. Ed. Saraiva, 2009, p. 282.

8. Atual redação do art. 1.225 do CC/2002: "Art. 1.225. São direitos reais:
I - a propriedade;
II - a superfície;
III - as servidões;
IV - o usufruto;
V - o uso;
VI - a habitação;
VII - o direito do promitente comprador do imóvel;
VIII - o penhor;
IX - a hipoteca;
X - a anticrese.
XI - a concessão de uso especial para fins de moradia; (Incluído pela Lei nº 11.481, de 2007)
XII - a concessão de direito real de uso; e (Redação dada pela Lei nº 13.465, de 2017)
XIII - a laje. (Incluído pela Lei nº 13.465, de 2017)".

direito real de aquisição: compromisso de compra e venda; (x) os direitos reais de garantia: penhor, hipoteca, anticrese .Estes últimos (penhor, anticrese, hipoteca) estão fora do campo de incidência do ITBI.[9]

Se assim é, cabe perscrutar qual a exceção encontrada no Texto Constitucional para a incidência do imposto de que cuidamos? A resposta, observada no Tema 796, objeto neste momento, é singela: *a atividade preponderante do adquirente não ser a compra e venda desses bens ou direitos, locação de bens imóveis ou arrendamento mercantil e desde que não exceda o limite do capital social a ser integralizado.*

Incumbe, portanto, examinar o que vem a ser a atividade preponderante e, para tanto, é obrigatório utilizarmos conceitos estabelecidos pelo Código Tributário Nacional, no artigo 37, em observância ao art. 146, da CF/88:

> *O disposto no artigo anterior não se aplica quando a pessoa jurídica adquirente tenha como atividade preponderante a venda ou locação de propriedade imobiliária ou a cessão de direitos relativos à sua aquisição.*
>
> § 1°. *Considera-se caracterizada a atividade preponderante referida no texto constitucional quando 'mais de 50% (cinquenta por cento) da receita operacional da pessoa jurídica adquirente, nos 2 (dois) anos anteriores e nos 2 (dois) subsequentes à aquisição, decorrer de transações (daquela natureza) mencionadas nesse artigo.*
>
> § 2°. *Se a Pessoa Jurídica adquirente iniciar suas atividades após a aquisição, ou menos de 2 (dois) anos antes dela, apurar-se-á a preponderância referida no parágrafo anterior levando em conta os 3 (três) primeiros anos seguintes à data da aquisição.*
>
> § 3°. *Verificada a preponderância referida neste artigo, tornar-se-á devido o imposto nos termos da lei vigente à data da aquisição, sobre o valor do bem ou direito nessa data.*
>
> § 4°. *O disposto neste artigo não se aplica à transmissão de bens ou direitos, quando realizada em conjunto com a totalidade do patrimônio da pessoa jurídica alienante.*

---

9. BARRETO, Aires Fernandino. *Curso de direito tributário municipal.* São Paulo: Saraiva, 2009, p. 282-283.

Em resumo: o comando constitucional é mais abrangente do que o entendimento que se lhe foi atribuído pelo Supremo Tribunal Federal ao atrelar seus limites à direção dada pelo art. 37, da Lei complementar nº 5.172/66 - CTN, acima transcrito, é dizer, o limite para o gozo da referida imunidade é que *a atividade preponderante do adquirente* não seja a compra e venda desses bens ou direitos, locação de bens imóveis ou arrendamento mercantil. A rigor, não há, no Texto Maior nenhuma outra baliza, muito menos relativa à integralização de qualquer valor ao capital social.

O que se tem visto, na prática, em inúmeros Municípios, é o estabelecimento da obrigação de comprovar, periodicamente, a não preponderância das atividades mencionadas, limitada ao valor da quota a ser integralizada. Devendo pagar sobre a diferença.

Via de regra, é necessário que o interessado, nos termos das legislações municipais:

1. Faça a alteração no contrato social, observando o valor do capital social necessário a fim de abarcar o valor venal do bem imóvel a ser integralizado e, prevendo essa integração, com todas as informações necessárias para a individualização do bem;

2. Proceder ao devido registro do contrato social na Junta comercial;

3. Requerer, ao Município, o reconhecimento da não incidência;

4. Proceder ao registro na matrícula do imóvel e transferência do bem, junto ao Cartório do Registro de Imóveis;

5. Verificar os deveres instrumentais indicados pelas Prefeituras Municipais, já que tem que demonstrar a observância aos prazos estatuídos no art. 37, do CTN,

acima transcritos – 02 anos – após a integralização do capital social.

Por tudo isto, permanece a indagação: a quem incumbe provar que a atividade exercida é preponderante, para o gozo da imunidade? Pois bem, o Supremo Tribunal Federal entendeu que a parcela destinada a título de reserva de Capital da sociedade está sujeita ao ITBI, uma vez que não tributar o valor destinado para a reserva de Capital seria interpretar o art. 156 *de forma extensiva.*

O Ministro Alexandre de Moraes, ao redigir o acórdão, asseverou que a imunidade de ITBI deve ser interpretada de forma estrita e não alcança o valor do imóvel não destinado "à integralização do Capital subscrito, e, sim, a outro objetivo", como a formação de reserva de Capital. A imunidade deveria se restringir ao que foi consignado à conta de Capital, e, assim, a parcela do valor do imóvel registrada como 'reserva de capital' deveria ser tributada. O entendimento foi seguido pela maioria do Tribunal, vencidos os senhores Ministros Min. Marco Aurélio, Edson Fachin, Ricardo Lewandowski e Cármem Lúcia, para quem a *"interpretação teleológica do dispositivo constitucional levaria à conclusão de que a totalidade do valor do imóvel estaria coberta pela imunidade, pouco importando se a subscrição do Capital social foi realizada com ou sem ágio"*, cuja ementa merece ser transcrita:

> *A imunidade em relação ITBI, prevista no inciso I do § 2º do art. 156 da Constituição Federal, não alcança o valor dos bens que exceder o limite do capital social a ser integralizado.* (RE 796376 – 05.08.2020)

Em conclusão: entendeu o Supremo Tribunal Federal que deve ser levado para completo entendimento e aplicação do Texto Constitucional o comando irradiado do Código Tribunal Nacional, que faz menção à proporção entre o valor do imóvel que foi transferido e o capital social da sociedade que recebeu o imóvel. O reconhecimento da imunidade dar-se-á quando da transferência de propriedade para a sociedade adquirente que não tiver a atividade imobiliária como preponderante, dentro do limite dos 50% mencionados a título de integralização.

De fato, os imóveis passam a integrar o conjunto de bens da sociedade em questão, bem como a conta de reserva de Capital e de capital social são parte integrante do patrimônio líquido da sociedade. Portanto, pode-se concluir que, do ponto de vista jurídico e contábil, os imóveis passaram a constituir o patrimônio da sociedade, nos termos da previsão constitucional de realização de Capital.

Em verdade, a transferência de bens imóveis em integralização de Capital Social subscrito é operação comum na estruturação de empresas e não deveria estar sujeita à incidência do ITBI, quando a atividade preponderante desta sociedade não seja imobiliária, independentemente do que for alocado em Capital social ou reserva de Capital, tudo nos moldes da Lei 6.404/76.

As críticas que têm sido postas ao julgamento mencionado estão, justamente, nos limites impostos ao legislador e ao intérprete que estão atreladas ao sentido técnico dos institutos jurídicos, pertencentes ao Direito Privado e utilizados pela Constituição Federal para definir ou limitar competências tributárias, como tinham se pronunciado os senhores Ministros que restaram vencidos (Marco Aurélio, Edson Fachin, Ricardo Lewandowski e Cármen Lúcia).

Afinal, como ensina o Professor Paulo de Barros Carvalho

> As manifestações normativas que exprimem as imunidades tributárias se incluem no subdomínio das sobrenormas, metaproposições prescritivas que colaboram, positiva ou negativamente, para traçar a área de competência das pessoas titulares de poder político, mencionando-lhes os limites materiais e formais da atividade legiferante. Chegamos até aqui com o propósito de reconhecer que espécie normativa é a figura da imunidade, e já sabemos tratar-se de regra que dispõe acerca da construção de outras regras. Além disso, salientamos que o espaço frequentado por tais normas é o patamar hierárquico da Constituição

> Federal, porquanto é lá que estão depositadas as linhas definidoras da competência tributária, no direito positivo brasileiro. [10]

O que confirma, como acentua o Ministro Marco Aurélio em seu voto pelo provimento do Recurso Extraordinário (796.376),

> *a razão de ser da Imunidade – e nada surge sem causa, princípio lógico e racional do determinismo - é facilitar o trânsito jurídico de bens considerando o ganho social decorrente do desenvolvimento nacional, como um dos objetivos fundamentais da República, como inserido no artigo 3º, III, da Lei Maior:* [11]

Com efeito, continua,

> o ágio na subscrição de cotas ou ações representa investimento direto na sociedade empresária, tanto quanto a integralização de capital pura e simples, devendo receber idêntico tratamento. É consagrada a noção: onde houver o mesmo fundamento, aplica-se o mesmo direito.
>
> E nem se diga ter o constituinte, ao lançar a expressão "em realização de capital', afastado a interpretação teleológica ora proposta. Mediante a previsão, buscou-se manter a incidência do ITBI em outras formas de aquisição da propriedade, como a dação em pagamento e a compra e venda – situações nas quais os bens se incorporam ao patrimônio da pessoa jurídica, ausente realização de capital.[12]

Reparam os doutrinadores, com veemência, que o constituinte não parte de um significado aleatoriamente escolhido, mas dá-lhe um significado muito mais aberto ao restringir o âmbito da imunidade. A demarcação já vem no Texto Magno – ela indica a contingência de que não se pode tomar como

---

10. CARVALHO, Paulo de Barros. *Curso de direito tributário.* 30ª ed. São Paulo: Saraiva, 2019, p. 213.

11. "Constituem objetivos fundamentais da República Federativa do Brasil:
[...]
III – erradicar a pobreza e a marginalização e reduzir as desigualdades sociais".

12. Min. Marco Aurélio – idem.

base algo que ela não estabeleceu. Verdadeiramente, as regras e princípios ou, mesmo, termos menos relevantes, por assim dizer, não são inseridos "vazios de fundamentação" e de conteúdo, deixando ao legislador, complementar ou ordinário, ou, mesmo, ao Judiciário, o papel de preenchê-los com o significado que lhe caibam. O sentido a ser emprestado deve o que mais os prestigie a Ordem Constitucional, como um todo.

Observe-se que o Min. Alexandre Moraes, em seu voto, rechaçou a interpretação extensiva quanto à integralização de Capital, mas expandiu o comando ao limitar ao valor da integralização.

Escreve o Min. relator para o acórdão:

> Revelaria interpretação extensiva a exegese que pretendesse albergar, sob o manto da imunidade, os imóveis incorporados ao patrimônio da pessoa jurídica que não fossem destinados à integralização do capital subscrito, e sim a outro objetivo – como, no caso presente, em que se destina o valor excedente à formação de reserva de capital.
>
> [...]
>
> O que não se admite é que, a pretexto de criar-se uma reserva de capital, pretenda-se imunizar o valor dos imóveis excedente às quotas subscritas, ao arrepio a norma constitucional e em prejuízo ao fisco municipal.
>
> Ainda que o preceito constitucional em apreço tenha por finalidade incentivar a livre iniciativa, estimular o empreendedorismo, promover a capitalização e o desenvolvimento das empresas, não chega ao ponto de imunizar imóvel cuja destinação escapa da finalidade da norma".[13]

É voz corrente que diversos são os métodos de interpretação utilizados para se alcançar o verdadeiro sentido, conteúdo e alcance da norma jurídica. Aqui, também no acórdão sob exame, vimos que é, justamente isto, que o Supremo procura determinar: a rota traçada pela Constituição para aferir a dita imunidade.

---

13. Min. Alexandre de Moraes – RE 796.376/SC.

Deste modo, vimos a menção, aqui, ao modo de interpretação coerente para se alcançar o interesse – legítimo – dado pelo legislador constituinte, mencionando-se o método mais coerente para se alcançar o seu exato significado, para não se lhe emprestar amplitude ou pouquidade. O método 'teleológico' – aquele em que se procura, como ensina Paulo de Barros Carvalho:[14]

> [...] acentuar a finalidade da norma, antessupondo o exame da *ocasio legis*, que teria o condão de indicar a direção finalística do comando legislado. Por fim, o método sistemático, momento em que o intérprete se volta para o sistema jurídico para observar, detidamente, a regra e cotejo com a multiplicidade dos comandos normativos que dão sentido de existência ao direito positivo. É nesse intervalo que o exegeta sopesa os grandes princípios, indaga dos postulados que orientam a produção das normas jurídicas nos seus vários escalões, pergunta das relações de subordinação e de coordenação que governam a existência das regras. O método sistemático parte, desde logo, de uma visão grandiosa do direito e intenta compreender a lei como algo impregnado de toda pujança que a ordem jurídica ostenta.
>
> Pretende a doutrina convencional que a interpretação se faça pela interveniência de todos os métodos, por intermédio de aplicações sucessivas. Ao percorrê-los, terá o intérprete esgotado o estádio declarativo, devendo ingressar na fase integrativa, caso haja topado com a existência de lacunas.

Nesse trecho de encerramento, merece ser transcrita a fala certeira do prestigiado professor paulista, pela perfeição de raciocínio:

> De qualquer modo, a exegese dos textos legais, para ser completa, tem de valer-se de incursões nos níveis sintático, semântico e pragmático da linguagem jurídica, única forma de chegar-se ao conteúdo intelectual, lembrando-nos sempre que a interpretação é um ato de vontade e um ato de conhecimento e que, como ato de conhecimento, não cabe à Ciência do Direito dizer qual é o sentido mais justo ou correto, mas, simplesmente, apontar as interpretações possíveis.[15]

---

14. Paulo de Barros Carvalho, *op cit*, p. 126.

15. Paulo de Barros Carvalho, *op. cit.* p. 129.

Deste modo, dentro do espaço de liberdade do intérprete, podemos concluir após traçadas estas premissas, que a interpretação dada ao dispositivo constitucional, pelo Supremo Tribunal Federal traça limites que vão além da voz pretendida, ao definir que:

> A imunidade em relação ITBI, prevista no inciso I do § 2º do art. 156 da Constituição Federal, não alcança o valor dos bens que exceder o limite do capital social a ser integralizado.

O art. 156, em investigação, com certeza, ainda continuará provocando discussões, com o passar do tempo, relativamente a novas ou antigas integralizações de capital, com ágio de subscrição ou reserva de capital, ou, mesmo, à diferença entre o custo histórico e o valor de IPTU ou ITR, matérias não abordadas na Repercussão Geral julgada.

Referências

BARRETO, Aires Fernandino. *Curso de direito tributário municipal.* São Paulo: Saraiva, 2009.

BARRETO, Paulo Ayres. *Contribuições*: regime jurídico, destinação e controle. 3ª edição. São Paulo: Noeses, 2020.

CARVALHO, Paulo de Barros. *Curso de direito tributário.* 30ª ed. São Paulo: Saraiva, 2019.

RESPONSABILIDADE TRIBUTÁRIA DAS PLATAFORMAS DIGITAIS

Maria Rita Ferragut[1]

Sumário: 1. O que é uma plataforma digital? – 2. A OCDE recomenda que a responsabilidade pelo recolhimento de tributos seja atribuída aos fornecedores estrangeiros (origem)? – 3. Da responsabilidade tributária das plataformas digitais em caso de não emissão dos documentos fiscais – 4. Da responsabilidade solidária das plataformas digitais na importação de bens.

A escolha do tema de nossas reflexões, para obra que visa a homenagear a valiosa contribuição intelectual de PAULO AYRES BARRETO para o Direito Tributário brasileiro, foi pautada na interdisciplinaridade e na importância atual do tema. Direito tributário local e internacional, presente e futuro, novas tecnologias. Da mesma forma que o tema nos instiga profundamente, o homenageado foi capaz de me inspirar, incentivar e apoiar desde a época em que ainda era sua estagiária, assim como o faz com tantos de seus alunos. Por isso é grande a minha alegria em poder merecidamente homenageá-lo.

Ao tratarmos da responsabilidade tributária das plataformas digitais, vamos muito além da já conhecida discussão da

---

1. Livre-docente pela USP. Mestre e Doutora pela PUC/SP. Autora dos livros *Responsabilidade tributária, As provas e o direito tributário* e *Presunções no direito tributário*. Professora do IBET e da PUC/COGEAE. Advogada em São Paulo.

solidariedade tributária e do interesse comum. Propomo-nos a investigar um novo modelo de negócios que cresce vertiginosamente, e como ele pode ser afetado pela maior eficiência da arrecadação em detrimento da inobservância do Código Tributário Nacional – CTN.

Comecemos lembrando que a causa mais difundida para a criação das normas de responsabilidade tributária é arrecadatória. Por razões de conveniência e necessidade, a lei pode eleger um terceiro para ser o responsável pelo pagamento do tributo, em caráter pessoal, subsidiário ou solidário. Esse terceiro deve conectar-se indiretamente com o fato gerador, ou direta ou indiretamente com a pessoa que o realizou.

Já a segunda causa para a existência das normas de responsabilidade tributária é sancionatória. Neste caso, a lei determina que o terceiro seja responsável pelo pagamento do tributo como forma de puni-lo pelo ato praticado ou omitido, contrário à previsão legal. Nessa situação, enquadram-se os arts. 134, 135 e 137 do CTN.

Entretanto, não há, no CTN, uma única hipótese de responsabilidade advinda de situação em que o terceiro não controla, participa ou se responsabiliza, preservando-se com isso a capacidade contributiva e assegurando-se que o patrimônio desse terceiro não seja indevidamente atingido. Igualmente, não há hipótese de solidariedade além das contempladas no art. 124 do CTN.

A partir dessas premissas, neste texto trataremos das seguintes questões:

1. O que é uma plataforma digital?

2. A OCDE realmente recomenda que a responsabilidade pelo recolhimento de tributos seja atribuída aos fornecedores estrangeiros (origem)?

3. É legal a atribuição de responsabilidade tributária às plataformas digitais em virtude da ausência de registro da operação pelo vendedor?

4. É possível imputar a solidariedade tributária às plataformas digitais estabelecidas no exterior, pelo pagamento do tributo devido na importação de bens em relação às operações realizadas por seu intermédio?

Vejamos.

1. O que é uma plataforma digital?

As plataformas digitais consistem na versão contemporânea do intermediário, daquele que apresenta ao comprador produto pertencente ao vendedor. Normalmente são responsáveis por coletar o pagamento e repassá-lo aos vendedores, deduzindo sua comissão.

A importância das plataformas não passou desapercebida no Projeto de Lei 3.887/2020, que instituiu a Contribuição Social sobre Operações com Bens e Serviços - CBS, e que em seu art. 6º prevê o seguinte: "considera-se plataforma digital qualquer pessoa jurídica que atue como intermediária entre fornecedores e adquirentes nas operações de vendas de bens e serviços de forma não presencial, inclusive na comercialização realizada por meios eletrônicos", excetuando-se as pessoas jurídicas que apenas forneçam acesso à internet, processamento de pagamentos, publicidade ou, finalmente, procura de fornecedores, desde que não cobrem pelo serviço com base nas vendas realizadas.

2. A OCDE recomenda que a responsabilidade pelo recolhimento de tributos seja atribuída aos fornecedores estrangeiros (origem)?

Em sua Exposição de Motivos, o PL 3.887/2020 traz as seguintes explicações acerca da responsabilidade tributária das plataformas digitais:

> 16. As disposições da CBS também seguem as recomendações da OCDE no que se refere à adequação do sistema de tributação do

consumo à economia digital. Em 2015, o relatório do Action 1 do BEPS (*Base Erosion and Profit Shifting*) ressaltou que, mesmo com as dificuldades das administrações tributárias em cobrar o imposto sobre valor adicionado nas transações internacionais B2C (*Business to Consumer*), o princípio do destino deveria ser mantido, a fim de manter a neutralidade nas transações entre países. Assim, ficou mantida a tributação incidente na importação realizada por não contribuinte, sendo a responsabilidade pelo recolhimento atribuída aos fornecedores estrangeiros (origem). Essa medida vem acompanhada da diretriz de simplicidade para a inscrição das plataformas digitais ou outros fornecedores de serviços e intangíveis no Brasil.

16.1. A responsabilidade das plataformas digitais também foi imposta aos estabelecimentos brasileiros, mas apenas nas hipóteses em que não houver registro em documento fiscal por parte dos fornecedores de bens.

Por conta de seu papel de intermediação, conhecendo as operações realizadas pelas empresas que ali anunciam, bem como os compradores, a OCDE publicou, no início de julho/2020, o *Model Rules for Reporting by Platform Operators with respect to Sellers in the Sharing and Gig Economy,*[2] no qual recomenda que os países imponham sobre as empresas que operam as plataformas digitais a obrigação de **informar** as operações por elas intermediadas. Não há, dentre as recomendações da OCDE, qualquer previsão acerca da responsabilidade pelo recolhimento de tributos.

Por isso, embora o PL acerte ao afirmar que, segundo a OCDE, recomenda-se que a tributação do consumo seja feita de acordo com o princípio da destinação, a premissa trazida na Exposição de Motivos, de que OCDE recomenda que a responsabilidade pelo recolhimento de tributos seja atribuída aos fornecedores estrangeiros, revela-se incompatível com a tendência internacional e as recomendações da própria organização.

2. Disponível em: https://bit.ly/3llQqY8 Acesso em: 14 set. 2021.

3. Da responsabilidade tributária das plataformas digitais em caso de não emissão dos documentos fiscais

É inegável que o PL 3.887/2020 transferiu às plataformas digitais a função de *fiscalização* das empresas vendedoras. Resta saber se a lei pode assim proceder, ou se esta função compete às autoridades fiscais, conforme inclusive já decidiu o STJ no Resp 1.148.444/MG, ao tratar da glosa de créditos de ICMS quando forem adquiridas mercadorias acobertadas por notas fiscais posteriormente declaradas inidôneas.

Dispõe o art. 5º do PL 3887/2020 que "as plataformas digitais são responsáveis pelo recolhimento da CBS incidente sobre a operação realizada por seu intermédio nas hipóteses em que a pessoa jurídica vendedora não registre a operação mediante a emissão de documento fiscal eletrônico."

No caso das operações ocorridas via plataformas digitais localizadas no Brasil, a CBS pretende transferir para essas empresas a responsabilidade por *fiscalizar* se houve ou não a emissão da nota fiscal de venda, de tal maneira que, uma vez identificado que o lojista correspondente não efetuou a emissão de documento fiscal eletrônico – ou seja, não emitiu a nota fiscal eletrônica – caberá à respectiva empresa que opere como plataforma digital recolher a CBS.

O objetivo da lei está claro: criar indiretamente um dever de fiscalização e, subsidiariamente, de arrecadação.

Mas como impor essa obrigação a essas pessoas jurídicas? A plataforma tem meios efetivos de saber se a pessoa jurídica vendedora emitiu os documentos fiscais pertinentes? E caso consiga descobrir, e tiver ocorrido a não emissão, a plataforma deverá constituir a obrigação tributária do vendedor, já que sem isso o recolhimento da CBS não tem como ser feito?

A CBS inova nosso ordenamento. Ocorre que para criar novas hipóteses de responsabilidade tributária – aqui entendidas as não contempladas nos arts. 124, 132, 133, 134, 135 e 137 do CTN – o art. 128 também do CTN exige que o terceiro esteja vinculado ao fato gerador da respectiva obrigação tributária, ao prescrever que "a lei pode atribuir de modo expresso a responsabilidade pelo crédito tributário a terceira pessoa, vinculada ao fato gerador da respectiva obrigação, excluindo a responsabilidade do contribuinte ou atribuindo-a a este em caráter supletivo do cumprimento total ou parcial da referida obrigação." No enunciado não há referência ao vínculo comercial como sendo suficiente para a atribuição da responsabilidade.

E no caso concreto o art. 128 não foi observado. De fato, a plataforma está vinculada ao contribuinte, e muito indiretamente ao fato gerador da obrigação principal (comercialização de bens por seu intermédio). Mas não se vincula à obrigação acessória, única contemplada no PL como, se descumprida, gerará o nascimento da obrigação de terceiro.

Esse aspecto merece nossa atenção. O que gera a obrigação de recolher a CBS nas operações de vendas de mercadoria – e de emitir a nota fiscal correspondente – não é a apresentação do cliente à empresa vendedora, mas sim, a efetiva remessa da mercadoria adquirida pelo comprador, operando-se a sua *tradição* e, com isso, concretizando-se a operação de compra e venda.

Nesse sentido, a plataforma está presente apenas na primeira parte da relação desenvolvida entre comprador e vendedor: tal como qualquer outra intermediação comercial, é ela que aproxima um ao outro, e auxilia no trânsito dos recursos financeiros. A operação de venda em si – que se concretiza com a tradição da mercadoria – normalmente não está sob o controle da plataforma.

E fora de seu controle está, igualmente, a emissão de documentos fiscais de terceiros, razão pela qual a CBS é incompatível com o art. 128 do CTN.

Já no que diz respeito à validade formal do PL 3.887/2020, entendemos que a implementação de novas hipóteses de responsabilidade tributária não se encontra adstrita à reserva da lei complementar.

Não percamos de vista que o art. 146, III, da Constituição exige tão somente que as *normas gerais* que tratem de sujeição passiva em matéria tributária sejam fixadas por lei complementar, deixando margem de regulamentação para que leis *ordinárias* disponham sobre regras específicas acerca de responsabilidade tributária.

Segundo o STF, novas formas de responsabilidade podem ser criadas, desde que respeitados os arts. 128, 134 e 135 do CTN, hierarquicamente superiores às leis ordinárias, razão pela qual, leis ordinárias não poderiam dispor de forma *diversa* desses enunciados. Nesse sentido, oportuno esclarecer que o STF *não decidiu* que apenas lei complementar é veículo normativo apto a instituir novas regras de responsabilidade tributária.

Assim, desde que não colida com princípios constitucionais e normas gerais já constantes do CTN, o legislador ordinário está autorizado a disciplinar a matéria, desde que siga os parâmetros do art. 128 do CTN.

Por fim, não há de se mencionar aqui que a plataforma digital teria *interesse comum* (art. 124, I, do CTN) na falta de emissão de nota fiscal pelo vendedor. A plataforma digital não ganha nem mais, nem menos, com a eventual evasão fiscal praticada, já que, salvo prova em contrário, sua comissão não será maior.

Ademais, é a não emissão de documento fiscal, e não a operação de venda, o fato tomado pela legislação como apto a gerar a responsabilidade tributária, de forma que nem pela perspectiva lícita – participar do fato gerador que gerou o faturamento – nem pela ilícita – concorrer para a fraude, a responsabilidade seria possível.

Interessante notar que mesmo para aqueles que possuem um entendimento mais amplo do art. 124, I, do CTN, reconhecem que a solidariedade é cabível quando o responsável solidário participar do fato gerador ou do ilícito. Não há uma terceira hipótese.

É nesse sentido, inclusive, o Parecer Normativo COSIT 04/2008, da Receita Federal. Confira-se:

> A responsabilidade tributária solidária a que se refere o inciso I do art. 124 do CTN decorre de interesse comum da pessoa responsabilizada na situação vinculada ao fato jurídico tributário, que pode ser tanto o ato lícito que gerou a obrigação tributária como o ilícito que a desfigurou.
>
> A responsabilidade solidária por interesse comum decorrente de ato ilícito demanda que a pessoa a ser responsabilizada tenha vínculo com o ato e com a pessoa do contribuinte ou do responsável por substituição. Deve-se comprovar o nexo causal em sua participação comissiva ou omissiva, mas consciente, na configuração do ato ilícito com o resultado prejudicial ao Fisco dele advindo.
>
> [...].

Cotejando o caso concreto ao disposto acima, não há responsabilidade tributária, pois a plataforma não se vincula:

i. Ao ato lícito que gerou a obrigação tributária, ou seja, a receita bruta de cada operação.

ii. Ao ilícito que desconfigurou a obrigação, tendo em vista que a previsão legal é de descumprimento de obrigação acessória – registro das operações mediante documento fiscal pertinente –, fato totalmente alheio à intermediação na venda do bem. Como regra, a plataforma não tem gerência e nem acesso a esse tipo de informação.

iii. E como se não bastasse, também não há nexo causal entre sua participação consciente, comissiva ou omissiva, e o resultado dele advindo, posto não controlar e nem participar do cumprimento das obrigações acessórias dos vendedores.

Portanto, a norma proposta penaliza indevidamente a plataforma e cria a estranha figura de sanção que não decorre de descumprimento de norma dispositiva.

4. Da responsabilidade solidária das plataformas digitais na importação de bens

Na importação de bens, o PL 3.887/2020 qualifica como contribuintes da CBS o importador ou o destinatário, e, em se tratando de plataformas digitais estrangeiras que disponham de clientes no Brasil, cria a responsabilidade solidária pelos tributos devidos na importação. Além disso, impõe o dever de as plataformas registrarem-se perante a Receita Federal.

Caso o PL 3.887/2020 venha a ser convertido em lei, será a primeira vez que o Brasil atribuirá responsabilidade tributária direta a uma pessoa jurídica não residente. As plataformas estrangeiras terão não apenas que controlar o fluxo das mercadorias comercializadas, mas também identificar o momento do desembaraço aduaneiro para efetuar o pagamento dos tributos correspondentes.

Novamente fazemos referência ao art. 124 do CTN, que trata da solidariedade. Seria esse o fundamento de validade pretendido pela CBS?

Ora, o interesse comum na situação que constitua o fato jurídico tributário (inciso I) deve ser entendido como a situação que aponta para *a relação jurídica originária do fato tributário*, ou seja, a relação jurídica privada da qual o legislador contempla o fato que interessa ao direito tributário (ato ou negócio jurídico). No caso, a receita bruta de cada operação, alcançando negócios jurídicos que envolvam bens e serviços em sentido amplo.

E há interesse das plataformas na receita bruto do vendedor? Certamente não, a menos que se empregue ao termo uma interpretação extremamente ampla.

Já o art. 124, II, do CTN prescreve que "serão solidárias as pessoas expressamente designadas por lei." Em função do princípio da estrita legalidade somente essa poderia ser a prescrição. Qual a diferença, então, entre os incisos I e II do art. 124?

Entendemos que no inciso II, as pessoas solidariamente obrigadas são as referidas nos arts. 134 e 135 do CTN, bem como outras que venham a ser criadas, desde que observados os preceitos desses artigos e também do art. 128 do CTN.

Nesse sentido já se posicionou o STF no RE 562.276/PR, julgado segundo o regime dos recursos repetitivos: "o preceito do artigo 124, II, no sentido de que são solidariamente obrigadas 'as pessoas expressamente designadas por lei', não autoriza o legislador a criar novos casos de responsabilidade tributária sem a observância dos requisitos exigidos pelo art. 128 do CTN, tampouco a desconsiderar as regras-matrizes de responsabilidade de terceiros estabelecidas em caráter geral pelos arts. 134 e 135 do mesmo diploma."

Assim, tratar-se de atribuição de responsabilidade tributária excessiva, considerando inclusive que essa imputação transfere a responsabilidade de residentes no Brasil, sobre as quais o Fisco tem jurisdição para cobrar o cumprimento de obrigações tributárias, para terceiros não residentes, que serão obrigados a criar uma estrutura apenas para o cumprimento dessas obrigações, já que as plataformas serão obrigadas a se cadastrar no Brasil a fim de atender à obrigação acessória que lhe foi imposta.

Portanto, e como bem recomenda a OCDE, a obrigação das plataformas deveria restringir-se ao envio das informações relevantes para as autoridades competentes, vale dizer, o nome das pessoas físicas e jurídicas adquirentes e o valor das transações. Isso é suficiente para municiar o Fisco com as informações que lhe são necessárias. Não se viola a lei e nem se caminha na contramão do mundo em nome da praticabilidade da arrecadação.

DIRETO TRIBUTÁRIO E INTERDISCIPLINARIDADE

Renato Lopes Becho[1]

Sumário: 1. Introdução – 2. Nem todas as decisões são explicáveis pelos métodos de interpretação clássicos – 3. Vivemos uma crise nas decisões de direito tributário? – 4. Reflexões sobre as decisões judiciais no *Common Law* – 5. Quais influências podem estar afetando os julgamentos tributários? – 6. Conclusão – Referências.

1. Introdução

Nos dias que correm, vão se tornando mais claras as limitações da *ciência* do direito para explicar diversas decisões judiciais, notadamente em matéria tributária.

Neste artigo, escrito em momento de justa homenagem a Paulo Ayres Barreto, abordar-se-á a necessidade de abertura do ensino do direito para outros ramos do conhecimento. Essa abertura surge imperiosa para a busca pela compreensão do direito real, inclusive em um campo como o da regulação da tributação, que recebeu forte embasamento teórico do

1. Mestre, doutor e professor de Direito Tributário na PUC/SP. Livre-docente em Direito Tributário pela USP. Pesquisador visitante (pós-doutorado) no King's College, Londres. Juiz federal em São Paulo/SP.

princípio da estrita legalidade. Porém, na prática, vão se avolumando decisões judiciais (portanto, em ambiente de processo) em matéria tributária em que os intérpretes e estudiosos no sistema jurídico não conseguem enxergar a presença da legislação como o principal propulsor da decisão.

Considerando a larga experiência na advocacia do homenageado, aliado à sua carreira no magistério, revisitamos o tema das *considerações sobre dados extrajurídicos que podem estar influenciando os julgamentos tributários*.[2]

2. Nem todas as decisões são explicáveis pelos métodos de interpretação clássicos

Estão consolidados na doutrina brasileira, inclusive na tributária, os clássicos métodos interpretativos, a saber: gramatical, histórico, teleológico e sistemático.[3] Todos esses métodos partem do mesmo pressuposto: a fonte primária do direito é a lei.

Luís Eduardo Schoueri[4] vai além, ampliando a exposição para abarcar as escolas da exegese, do direito livre, histórica, a jurisprudência dos conceitos e a jurisprudência dos interesses. Mas, como esperamos fique evidenciado, o presente estudo aborda pontos diferentes, posto que não fixa sua atenção

2. Com o indicado título, pesquisa anterior foi publicada na *Revista Brasileira da Advocacia*. São Paulo, ano 3, vol. 8, jan-mar. 2018, p. 155/176; e na *Juris Plenum*. Editora Plenum. Edição n.º 86 (mar./abr. 2019). – Caxias do Sul, RS: Editora Plenum, 2019, p. 105/122. Há partes, aqui, utilizadas em nosso *Ativismo jurídico em processo tributário*: crise, teoria dos precedentes e efeitos do afastamento da estrita legalidade tributária. São Paulo: Ed. RT, 2021, capítulo VII.

3. Paulo de Barros Carvalho. *Curso de direito tributário*. 24. ed. São Paulo: Saraiva, 2012, p. 130-134, com especial ênfase à interpretação como um sistema de linguagem; Roque Antonio Carrazza. *Curso de direito constitucional tributário*. 21. ed. São Paulo: Malheiros, 2005, p. 42 e seguintes, com especial relevo para o papel dos princípios e a interpretação sistemática; Regina Helena Costa. *Curso de direito tributário*: Constituição e Código Tributário Nacional. 5. ed. São Paulo: Saraiva, 2015, p. 182-188; Luciano Amaro. *Curso de direito tributário brasileiro*. 14. ed. São Paulo: Saraiva, 2008, p. 205 e seguintes.

4. *Direito tributário*. São Paulo: Saraiva, 2011, p. 600 e s.

na interpretação, mas em dados que podem estar influenciando o julgador, sem que sejam explicitados na decisão.

Isso porque, começa-se a perceber, no ambiente acadêmico brasileiro, que há decisões administrativas e judiciais que podem não estar fundadas na legislação. Ou, ao menos, não estão sendo fundamentadas, explícita ou implicitamente, em toda a legislação aplicável ou em elementos jurídicos que podem ter influenciado a tomada de decisão dos julgadores. Outros componentes podem estar agindo na tomada de decisão.

3. Vivemos uma crise nas decisões de direito tributário?

A forma como as decisões judiciais são tomadas foi sofrendo alteração ao longo dos tempos, fruto de todos os influxos típicos de um elemento cultural como é o direito. Tais decisões estão intimamente relacionadas com a interpretação das normas jurídicas, o que varia com a época que se analisa.

Atualmente, há situações em que a decisão judicial é facilmente compreendida, quando ocorre a chamada *subsunção* ou *incidência da norma*, em que um fato social é confrontado com uma norma jurídica e a decisão judicial é alcançada quase como um resultado matemático.[5]

É um modelo que tem nos clássicos gregos sua origem, cuja estrutura pode ser assim exemplificada: todo homem é mortal; Sócrates é homem; logo, Sócrates é mortal. Em termos jurídicos, pode ser assim exposto: o descumprimento de um contrato leva à aplicação de sua cláusula penal – uma multa, p. ex.; o contrato *sob judice* foi descumprido; logo, a multa deve ser aplicada. Ou, em matéria tributária, "ocorrido o fato

5. Seu formato típico pode ser assim descrito: "Costuma-se designar por incidência o fenômeno especificamente jurídico da subsunção de um fato a uma hipótese legal, como consequente e automática comunicação ao fato das virtudes jurídicas previstas na norma." Geraldo Ataliba. *Hipótese de incidência tributária*. 6. ed. 10. tir. São Paulo: Malheiros, 2009, p. 45.

'João receber honorários', incide o mandamento 'quem receber honorários pagará 10% ao estado'".[6]

Mas nem sempre é assim, como dito no item anterior. Sem buscarmos os contornos mais atuais para a norma jurídica – posto não ser o objeto deste estudo –, uma reflexão acurada sobre diversas decisões judiciais, notadamente em matéria tributária, permite identificar que, por vezes, os julgadores simplesmente não aplicam a Constituição ou a legislação de regência, o que pode apontar para uma crise do direito.

Ao que parece, essa crise não é nova (talvez apenas vejamo-la com mais clareza) e nem é somente brasileira. A assertiva decorre do quanto dito por Luis Recasens Siches:

> A nossa época é um tempo de crise, de gravíssima crise, a terceira das grandes crises que registra a história universal, em que o fenômeno da crise se apresenta com formidável volume e radical intensidade. A crise é um mundo de transformação profunda, uma quebra das convicções fundamentais que regeram a vida do pretérito e a ausência de um novo sistema de convicções que se haja instalado real e efetivamente como estrutura da sociedade; portanto, é embaraçoso, um não sei o que esperar, uma perda de segurança na vida e de clareza e firmeza quanto às diretrizes de conduta.[7]

As sensações apontadas por Recasens Siches (quebra das regras que regeram o passado; ausência de um sistema instalado de novas convicções, insegurança jurídica e falta de clareza e firmeza nas diretrizes de conduta) apresentam-se,

---

6. Geraldo Ataliba. *Hipótese de incidência tributária*. 6. ed. 10. tir. São Paulo: Malheiros, 2009, p. 46.

7. *Tratado general de filosofia del derecho*. México: Porrua, 1965, p. 530-531. Tradução livre, nossa. No original consta: "No se debe olvidar que nuestra época es un tiempo de crisis, de gravísima crisis, de la tercera de las grandes crisis que registra la historia universal; y que el fenómeno de la crisis se presenta con formidable volumen y radical intensidad. La crisis es un mundo de transformación profunda, una quiebra de las convicciones fundamentales que rigieron la vida del pretérito y la ausencia de un nuevo sistema de convicciones que se haya instalado real y efectivamente como estructura de la sociedad; por lo tanto, es azoramiento, un no saber a qué atenerse, una pérdida de seguridad en la vida y de claridad y firmeza en cuanto a las directrices de conducta".

atualmente, com matiz forte o suficiente para serem incontestes. Para ilustrar, é forçoso reconhecer que a *subsunção* do fato à norma não mais se apresenta em importantes decisões administrativas e judiciais. A surpresa com tais decisões reforça a caracterização do estado de crise, bem como a ausência de clareza e firmeza quanto às condutas do contribuinte que serão aceitas ou não pelo fisco (tenha-se em mente, por exemplo, os negócios jurídicos que são aceitos e aqueles que são considerados *planejamento tributário* e desconsiderados pelos agentes fiscais, em que pese a ausência da lei que veicule os procedimentos para essa desconsideração).

A percepção de crise do direito fica evidente com o livro "Por que tenho medo dos juízes (a interpretação/aplicação do direito e os princípios)", de Eros Roberto Grau, em que o ex-Ministro do Supremo Tribunal Federal tece fortes críticas à atuação dos juízes, inclusive de seus antigos colegas de Pretório Excelso.[8] Ele parte da deturpação criada em torno dos princípios jurídicos, que o leva, inclusive, a rever seu próprio pensamento. Em seguida, menciona a *banalização* dos princípios da proporcionalidade e da razoabilidade, que leva os juízes a "corrigir" o legislador. Confira-se:

> Outra, na banalização dos "princípios" (entre aspas) da proporcionalidade e da razoabilidade, em especial do primeiro, concebido como um *princípio* superior, aplicável a todo e qualquer caso concreto – o que conferiria ao Poder Judiciário a faculdade de "corrigir" o legislador, invadindo a competência deste.[9]

Deixando claro que o problema maior do momento (de crise, na nossa opinião) do direito atual está na conduta dos

8. Anoto que Luís Eduardo Schoueri também se vale da obra de Eros R. Grau. Todavia, fixamo-nos em versão posterior, cujo título evidenciamos supra. Nesses termos, veja-se Schoueri, *Direito tributário*. São Paulo: Saraiva, 2011, p. 611.

9. Eros Roberto Grau. *Por que tenho medo dos juízes (a interpretação/aplicação do direito e os princípios)*. 6. ed. refundida do *Ensaio e discurso sobre a interpretação/aplicação do direito*. São Paulo: Malheiros, 2013, p. 18.

juízes, usurpando o que é, classicamente, a função do legislador, Eros Grau os repreende nos seguintes termos:

> Isto é necessário afirmar bem alto: os juízes aplicam o *direito*, os juízes não fazem *justiça*! Vamos à Faculdade de Direito aprender *direito*, não justiça. *Justiça* é como a religião, a filosofia, a história.[10]

Todas as perplexidades que tais, de juristas da nomeada de Eros Roberto Grau ao advogado que atua sozinho e não consegue explicar a decisão judicial para um surpreso cliente, dão azo ao surgimento de ideias preconcebidas, que, não raras vezes, desmerecerão os julgadores, aqui e alhures. Essa percepção surge de assertiva de José Hermano Saraiva:

> A função dos conceitos e dos princípios gerais como elemento de integração e de referencia do juízo é, aliás, tão indispensável que quando, por qualquer motivo (e esses motivos podem ser muitos), os conceitos deixem de estar presentes no espírito do julgador, o vácuo resultante é logo preenchido pelos preconceitos. E é uma sub-rogação perniciosa, porque, se aos conceitos podemos nós conhecer e deduzir, os preconceitos escapam a toda a possibilidade de determinação.[11]

A sensação de crise no direito, para nós, advém da identificação de um certo *descolamento* das decisões judiciais do

---

10. Eros Roberto Grau. *Por que tenho medo dos juízes (a interpretação/aplicação do direito e os princípios)*. 6. ed. refundida do *Ensaio e discurso sobre a interpretação/aplicação do direito*. São Paulo: Malheiros, 2013, p. 19. Quanto aos *princípios* da proporcionalidade e razoabilidade, ensina: "O número *de vezes nas quais esses dois 'princípios'* são mencionados pela jurisprudência do STF Federal [sic] nestes últimos anos – seja determinando normas de decisão, seja conformando a produção de normas jurídicas gerais – impressiona muito, a ponto de podermos, ironicamente, dizer que ele deixa de ser um Tribunal constitucional para se transformar em um tribunal da proporcionalidade e da razoabilidade. A transgressão do sistema, agora sob o pretexto de aplicação desses princípios, é praticada à largada." (p. 136). O autor diz que isso não é fato novo, provando sua assertiva citando Jean Schmidt, *Essai sur la Notion de Principe Juridique – Contribution à l'Étude des Principes Généraux du Droit en Droit Positif Français*, em tese de 1955, o que reforça nossa afirmativa que a crise atual não é nova. Mas, repetimos, talvez ela possa estar, entre nós, mais evidente.

11. *O que é o direito?* A crise do direito e outros estudos jurídicos. Lisboa: Gradiva, 2009, p. 317.

quanto decidido nas casas parlamentares. Quando os juízes deixam de aplicar os conceitos previamente estabelecidos, notadamente aqueles estipulados na Constituição Federal e nas leis do país, surge um ambiente propício para o surgimento de toda sorte de preconceitos, conceitos (agora quanto à atuação dos próprios juízes) previamente estabelecidos. Que, como mencionado, não são de agora. Lembremo-nos do conselho de Rui Barbosa na sua célebre *Oração aos Moços* para que os juízes não achem sempre razão à Fazenda Pública.[12]

O *pré-conceito* com juízes que não aplicam as leis pode ter sido, no passado – ao menos nas situações de dúvida quanto ao que decidir – estudado, tanto que mencionado o *in dubio pro fiscum*[13] e seu contraponto, o *in dubio pro contribuinte*,[14] sendo que este, nos ensinamentos de Sacha Calmon Navarro Coêlho,[15] encontra-se legislado no art. 112 do CTN, quando se trata de infrações fiscais.

Atualmente, ao deixar de aplicar a lei, os julgadores administrativos e judiciais lançam sombras sobre a decisão, deixando-a no escuro e dando margem a interpretações preconceituosas. Contudo, o problema pode estar nas ferramentas científicas que estão sendo utilizadas.

Se pensarmos na história, antes das descobertas científicas já se viveu épocas de superstição e preconceito, que na verdade encobriam o desconhecimento reinante. É claro que não estamos propondo que, por trás de decisões administrativas e judiciais, especialmente em matéria tributária, alguém diga

12. "Não vos mistureis com os togados, que contraíram a doença de achar sempre razão ao Estado, ao Governo, à Fazenda; por onde os condecora o povo com o título de "fazendeiros". Essa presunção de terem, de ordinário, razão contra o resto do mundo, nenhuma lei a reconhece à Fazenda, ao Governo, ou ao Estado". *Oração aos Moços*. Rio de Janeiro: Casa de Rui Barbosa, 1949, p. 71.

13. Rubens Gomes de Sousa. *Compêndio de legislação tributária*. Edição póstuma. São Paulo: Ed. RT, 1975, p. 76-77.

14. Carlos Maximiliano. *Hermenêutica e aplicação do direito*. 16 ed. Rio de Janeiro: Forense, 1997, p. 333.

15. *Curso de direito tributário brasileiro*. 12. ed. Rio: Forense, 2012, p. 581.

que é *a ira dos deuses*. Mas não podem ser *sinais dos tempos*? Se a resposta for positiva, sem colocarmos nenhum sentido pejorativo, temos que aprimorar nossos mecanismos de percepção desses sinais, que poderão demonstrar como captá-los e conhecê-los, ajustando e atualizando as ferramentas profissionais.

Nesse contexto, atentemos para as lições de T. H. Huxley, expondo os avanços científicos entre os anos 1837 a 1887:

> A diminuição ou remoção da ignorância ou preconceito local, a criação de interesses comuns entre os povos amplamente separados e o fortalecimento da organização da comunidade contra a anarquia política ou social, assim efetuados [pelas descobertas científicas], exerceram influência sobre a fortuna presente e futura da humanidade, cujo pleno significado pode ser adivinhado, mas que ainda não pode ser estimado em seu pleno valor.[16]

A pergunta que surge, então, pode ser assim externada: será possível conhecer o que está influenciando os julgadores, inclusive em matéria tributária? De nossa parte, acreditamos que, se mudarmos o foco de nossa atenção, indo além das referências tradicionais brasileiras ou mesmo latinas (por vezes até mesmo lançando mão de obras desenvolvidas por outros ramos do conhecimento que não o propriamente jurídico, desde que tenham o julgador ou o ato de decidir como objeto), talvez seja possível ampliarmos o raio de pesquisa e encontrar elementos que, desenvolvidos com propriedade no futuro, auxiliem a comunidade jurídica a lidar com a formação da decisão judicial, notadamente em matéria tributária.

Isso porque nosso sistema jurídico, de origem romano-germânico, fortemente impactado pelo Código Napoleônico,

---

16. *The advance of science in the last half-century*. New York: D. Appleton, 1889 (ebook do Projeto Gutenberg). Tradução livre, nossa. No original consta: "The diminution or removal of local ignorance and prejudice, the creation of common interests among the most widely separated peoples, and the strengthening of the forces of the organisation of the commonwealth against those of political or social anarchy, thus effected, have exerted an influence on the present and future fortunes of mankind the full significance of which may be divined, but cannot, as yet, be estimated at its full value". Disponível em: https://bit.ly/3tQXKi4 Acesso em: 20 jan. 2017.

deixou o juiz em segundo plano na formação do direito, sempre atrás do legislador. Contudo, se os juízes estão saindo – em conduta certa ou errada, o que não vem ao caso explorar agora, para os fins que almejamos neste estudo – da postula secundária que habitualmente se encontravam, é sabido que assim já acontece em outro sistema jurídico. Como se sabe, o *Civil Law* reflete a história do legislador no centro do direito, enquanto o *Common Law*, de origem inglesa, o julgador tem um papel central na formação do direito.

É o caminho que nos propusemos a pesquisar, cujo resultado é o que segue.

4. Reflexões sobre as decisões judiciais no *Common Law*

Como é cediço, os países que adotam o sistema do *Civil Law* têm na lei o elemento central do direito. É o caso do Brasil, facilmente fundamentado no princípio da legalidade (art. 5º, II, da Constituição Federal), em matéria tributária reforçado pelo princípio da estrita legalidade (art. 150, I, da CF). Por esse princípio, o direito positivo infraconstitucional será formado por decisões e atos dos parlamentos, é dizer, pelos parlamentares. Eles estipularão o que será lícito e o ilícito, o certo perante a lei ou o punível pela lei. Abaixo da Constituição está, em primeiro lugar, a lei.

Já o sistema do *Common Law* tem na decisão judicial seu elemento central. Originado na Inglaterra medieval, sua construção teórica mais próxima da nossa realidade está no constitucionalismo norte-americano, onde a figura de John Marshall é o primeiro grande expoente. Um julgado crucial é o conhecido *Marbury v. Madison*, de 1803 (portanto, logo após a Constituição, que é de 1789). Após estabelecer que os poderes do Legislativo são definidos e limitados pela Constituição, fixou:

> *É enfaticamente a província e o dever do Poder Judiciário dizer o que é o direito. Aqueles que aplicam a regra aos casos concretos*

> *têm que, necessariamente, expor e interpretar aquela regra. Se duas leis conflitam entre si, os tribunais decidem por uma.*[17]

O objetivo de Marshall era dizer que, se uma lei conflita com a Constituição, o Judiciário tinha que decidir pela aplicação por essa, pois, do contrário, ela não seria a lei maior de uma nação. Nascia aí o Constitucionalismo moderno.

Após Marshall, o segundo grande nome do Poder Judiciário norte-americano foi Oliver Wendell Holmes Jr., que ensinou:

> Quando nós estudamos o direito, nós não estamos estudando um mistério, mas uma profissão bem conhecida. Nós estamos estudando o que nós devemos esperar quando comparecemos diante de juízes, ou aconselhamos pessoas de forma a mantê-los longe dos tribunais. [...] O objeto de nosso estudo, então, é predição, predição da incidência da força pública pela instrumentalidade dos tribunais.[18]

Talvez tenha sido essa cultura de ver o direito como produto da atuação de juízes e de tribunais que incentivou os norte-americanos a se atentarem para a figura dos julgadores. Pode ser, também, que o processo de escolha e nomeação dos juízes (os *estaduais* ou *locais* são escolhidos por eleição direta, enquanto os *federais* são nomeados pelo presidente da República, após aprovação do Senado) tenha influenciado, mas o fato é que, nos EUA, é possível localizar-se algumas

---

17. John Marshall. "*Opinion in* Marbury v. Madison". In *Writings*. New York: Literary Classics of the United States, 2010, p. 250. Tradução livre, nossa. No original consta: "It is emphatically the province and duty of the judicial department to say what the law is. Those how apply the rule to particular cases, must of necessity expound, and interpret that rule. If two laws conflict with each other, the courts must decide on the operation of each".

18. Oliver Wendell Holmes Jr. "The path of the law", in *The path of the law and the Common Law*. New York: Kaplan, 2009, p. 1. Tradução livre, nossa. No original consta: "When we study law we are not studying a mystery but a well-known profession. We are studying what we shall want in order to appear before judges, or to advise people in such a way as to keep them out of court. [...] The object of our study, then, is prediction, the prediction of the incidence of the public force through the instrumentality of the courts".

reflexões sobre a atuação judicial nos termos como estamos investigando.

Nos tempos recentes, destacamos algumas obras que têm nos juízes e tribunais sua atenção. Jeffrey Toobin, por exemplo, publicou dois livros sobre os juízes da Suprema Corte dos EUA.[19] Em tais obras, fica evidenciado como os partidos do presidente da República que indica os ministros do Tribunal influenciam os votos e o direcionamento das decisões ali tomadas, que refletem em todas as demais instâncias.

Robert A. Carp e Ronald Stidham levantam a questão central deste estudo (dados extrajurídicos que influenciam decisões judiciais) em relação aos magistrados norte-americanos. Confira-se:

> Em que bases e por quais razões os juízes nos Estados Unidos regram suas atuações em requerimentos, petições e questões de política judiciária com os quais têm que lidar? Responderemos a essa pergunta sumariando as teorias e conclusões de pesquisas de um grande número de estudiosos judiciais que tentam descobrir o que faz com que os juízes decidam.[20]

Após fixarem que tanto os juízes federais quanto os estaduais norte-americanos tendem a ser fortemente influenciados pelos precedentes judiciais e "virtualmente todos os juízes refletem, em algum grau, suas filiações político-partidárias", aduzem que "todos os juristas são sujeitos a dois tipos maiores de influência: a cultura legal e a cultura democrática".[21]

---

19. *The Nine*. New York: Anchor Books, 2008; e *The Oath*. New York: Doubleday, 2012. Este último versando sobre a relação da Suprema Corte e o primeiro mandato de Barack Obama.

20. *Judicial process in America*. 3 ed. Washington: Congressional Quarterly, 1996, p. 291. Tradução livre, nossa. No original consta: "On what basis and for what reasons do judges in the United States rule the way they do on the motions, petitions, and judicial policy questions with which they must deal? We shall respond to this query by summarizing the theories and research findings of a large number of judicial scholars who have tried to find out what makes judges tick".

21. Robert A. Carp e Ronald Stidham. *Judicial process in America*. 3 ed. Washington: Congressional Quarterly, 1996, p. 292. Tradução livre, nossa. No original

Essas influências encontrarão explicações diversas em duas escolas de pensamentos, como se verá.

Dentro da "cultura legal", os autores incluem "a natureza do raciocínio legal" (*the nature of legal reasoning*), basicamente a analogia; a "aderência ao precedente" (*adherence to precedent*); e, por fim, as "restrições à tomada de decisão pelo juiz" (*constraints on trial judge decision making*), como a existência de outras vias para a solução do litígio, possibilidade de solução do conflito por outro poder (requerimento ao Poder Executivo ou solicitação de um ato legislativo, p. ex.) e o pressuposto inicial de que as leis e atos administrativos são constitucionais, *v.g.* São três elementos da cultura legal, então: raciocínio jurídico, aplicação de precedentes e restrições internas.[22]

Dentro da "cultura democrática", os autores observaram a influência da filiação partidária dos magistrados, dividindo a pesquisa em 24 itens como "discriminação racial", "regulação da economia local" e "liberdade de religião", dentre diversos outros, e separando as decisões por influência dos partidos Democrata e Republicano; impacto da política local e regional (divisão entre sul e norte do país, que fez eclodir a Guerra Civil americana, com reflexos raciais até os dias de hoje); impacto da opinião pública (maior entre juízes estaduais do que federais, por exemplo) e outras influências que tais.[23]

Considerando os limites deste texto, vamos direto à conclusão dos autores quanto ao processo de tomada da decisão dos juízes norte-americanos:

---

consta: "[...] virtually all judges reflect to some degree their political party affiliation"; "[...] all jurists are subject to two major kinds of influences: the legal subculture and the democratic subculture". Nota da tradução: traduzimos "subculture" por cultura pois, em português, *subcultura* poderia ser interpretada com *cultura inferior*, o que não representa, na nossa opinião, a leitura dos autores citados.

22. Robert A. Carp e Ronald Stidham. *Judicial process in America*. 3 ed. Washington: Congressional Quarterly, 1996, p. 293-300.

23. Idem, p. 300-325.

> Juízes federais e estaduais tomam centenas de decisões a cada ano, e acadêmicos têm que buscar explicar o pensamento por trás dessas decisões. Duas escolas de pensamento oferecem duas explicações. Uma teoria é baseada nas regras e procedimentos da cultura legal. As decisões dos juízes, de acordo com esse modelo, são o produto do tradicional raciocínio legal, da aderência aos precedentes e das autorrestrições judiciais. Outra escola de pensamento, a abordagem realista-comportamentalista, argumenta que os juízes são influenciados na tomada de decisão por fatores como a filiação partidária, valores e atitudes locais, opinião pública e pressões do Legislativo e Executivo. Nós afirmamos que, na grande maioria dos casos, o modelo da cultura legal é mais acurada na predição da tomada de decisão judicial. Todavia, estímulos da cultura democrática comumente são úteis em contabilizar decisões judiciais (1) quando a evidência legal é contraditória ou compelem igualmente a ambos os lados; (2) se a situação envolve novas áreas do direito e não há precedentes significativos; e (3) quando juízes são inclinados a ver a si mesmos mais como ativistas legais do que intérpretes da lei.[24]

Esse último ponto, juízes ativistas e juízes intérpretes da lei, gerou uma grande distinção na forma como os magistrados são vistos, que passam a ser considerados como *legalistas* em um grupo e *realistas* em outro.[25]

---

24. Robert A. Carp e Ronald Stidham. *Judicial process in America*. 3 ed. Washington: Congressional Quarterly, 1996, p. 331-332. Tradução livre, nossa. No original consta: "Federal and state judges make hundreds of millions of decisions each year, and scholars have sought to explain the thinking behind these decisions. Two schools of thought provide two explanations. One theory is based on the rules and procedures of the legal subculture. Judges' decisions, according to this model, are the product of traditional legal reasoning and adherence to precedent and judicial self-restraint. Another school of thought, the realist-behavioralist approach, argues that judges are influenced in their decision making by such factors as party affiliation, local values and attitudes, public opinion, and pressures from the legislative and executive branches. We asserted that in the vast majority of cases, the legal subculture model is the more accurate predictor of judicial decision making. However, stimuli from the democratic subculture often become useful in accounting for judges' decisions (1) when the legal evidence is contradictory or equally compelling on both sides; (2) if the situation concerns new areas of the law and significant precedents are absent; and (3) when judges are inclined to view themselves more as activist lawmakers than as law interpreters".

25. A relação do realismo jurídico com o direito tributário brasileiro foi apresentada por nós, no livro *Filosofia do direito tributário*. São Paulo: Saraiva, 2009, p. 291-294.

Richard A. Posner, juiz federal norte-americano de Segunda Instância, parece ser um importante expoente desse segundo grupo. Senão vejamos:

> Eu sinto certo constrangimento em falar a respeito de juízes, especialmente juízes de segundo grau (minha principal referência), porque eu sou um deles. Biógrafos são mais confiáveis do que autobiógrafos, e gatos não são consultados nos princípios da psicologia felina. Ao mesmo tempo, eu sou atingido por quão irreais são as concepções quanto aos juízes mantidas pela maioria das pessoas, incluindo advogados praticantes e eminentes professores universitários, que nunca foram juízes – e mesmo por alguns juízes. Esse irrealismo é devido a uma variedade de coisas, incluindo diferentes perspectivas de diferentes ramos das profissões jurídicas – incluindo também uma certa carga de imaginação. Isto é, também, devido ao fato de que a maioria dos juízes *é* cautelosa, ou mesmo tímida, em discutir o que eles fazem. Eles tendem a repetir mecanicamente o discurso oficial a respeito do processo judicial (quão regrado ele é) e, costumeiramente, acreditam nisso, apesar de ele não descrever a prática verdadeira. Há, ainda, o senso de que julgar é realmente uma profissão diferente de praticar ou ensinar o direito e se você não é um deles você não consegue entender isso. Eu me lembro que, quando fui apontado para o tribunal, um juiz de outra corte, que era meu conhecido, me deu boas vindas "ao clube". Este livro abre um pouco as cortinas.[26]

---

26. *How judges think*. Cambridge, Massachusetts (EUA) e London: Harvard University Press: 2010, p. 2. Tradução livre, nossa. No original consta: "I feel a certain awkwardness in talking about judges, especially appellate judges (my main concern), because I am one. Biographies are more reliable than autobiographies, and cats are not consulted on the principles of feline psychology. At the same time, I am struck by how unrealistic are the conceptions of the judge held by most people, including *practicing lawyers and eminent* law professor, who have never been judges – and even by some judges. This unrealism is due to a variety of things, including the different perspectives of the different branches of the legal profession – including also a *certain want of imagination. It* is also due to the fact that most judges are cagey, even coy, in discussing what they do. They tend to parrot an official line about the judicial process (how rule-bound it is), and often to believe it, though it does not describe their actual practices. There is also the sense that judging really is a different profession from practicing or teaching law, and if you're not in it you can't understand it. I remember when I was appointed receiving a note from a court of appeals judge in another circuit with whom I was acquainted, welcoming me to 'the club'. This book parts the curtains a bit".

As considerações sobre o *realismo judicial* chegaram ao ponto de construir uma caricatura: o que os juízes comem no café da manhã influencia suas tomadas de decisão! O evidente cinismo foi abordado pelo também juiz norte-americano de Segundo Grau Alex Kozinski,[27] que apresentou o que seria dito nas faculdades de direito sobre a decisão judicial: uma farsa. Nesse contexto, se o juiz dormiu bem ou mal, se se alimentou bem ou estava com indigestão na hora da tomada de decisão refletiria no julgamento.[28]

O que pode ser uma piada de salão foi tratado com seriedade, todavia, por Shai Danzier, Jonathan Levav e Liora Avnaim-Pesso,[29] cuja exposição e síntese pode ser assim versada:

> As decisões judiciais são baseadas somente em leis e fatos? O formalismo legal sustenta que os juízes aplicam razões legais a fatos em um processo de maneira racional, mecânica e deliberada. Em contraste, realistas legais argumentam que a aplicação racional das razões legais não é suficiente para explicar as decisões de juízes e que fatores psicológicos, políticos e sociais influenciam as decisões judiciais. Nós testamos a caricatura comum do realismo de que a justiça é "o que o juiz comeu no café-da-manhã" em sequências de decisões sobre liberdade

---

27. "What I Ate for breakfast and other mysteries of judicial decisionmaking". In *Quarterly Report*, p. 254-257. Disponível em: https://bit.ly/3tSQQcn Acesso em: 20 jan. 2017.

28. "But as far back as I can remember in law school, the notion was advanced with some vigor that judicial decisionmaking is a farce. Under this theory what judges do is glance at a case and decide who should win; and they do this on the basis of their digestion (or how they slept the night before or some other variety of personal factors). If the judge has had a good breakfast and a good night's sleep, he might feel lenient and jolly; if he had indigestion or a bad night's sleep, he might be a grouch and take it out on the litigants. Of course, even judges can't make both sides lose; I know, I've tried. So a grouchy mood, the theory went, is likely to cause the judge to take it out on the litigant he least identifies with, usually the guy who got run over by the railroad or is being foreclosed on by the bank. This theory immodestly called itself Legal Realism". "What I Ate for breakfast and other mysteries of judicial decisionmaking". Alex Kozinski. In *Quarterly Report*, p. 254. Disponível em: https://bit.ly/3tSQQcn Acesso em: 20 jan. 2017.

29. "Extraneous factors in judicial decisions". In *PNAS early edition*. Princeton: Princeton University, 2011, p. 1-4. Disponível em: https://bit.ly/3nG35rA Acesso em: 20 jan. 2017.

> condicional tomadas por experientes juízes. Gravamos duas pausas diárias para alimentação, que resultaram na segmentação em três distintas "sessões de julgamento". Identificamos que a porcentagem de decisões favoráveis cai gradualmente de aproximadamente 65% para próximo a zero em cada sessão de julgamento e retorna abruptamente a aproximadamente 65% após a pausa. Nossas descobertas sugerem que as decisões judiciais podem oscilar por variáveis externas que podem não ser transportadas para as decisões legais.[30]

Finalizando as citações deste item, valemo-nos de Aharon Barak,[31] que foi presidente da Suprema Corte de Israel. A introdução ao livro já é uma boa síntese do que enfrentou em seu texto: críticas e dúvidas quanto à atuação judicial, bem como pontos importantes da teoria geral do direito. Assim, por exemplo, ele limita o ativismo judicial aos casos difíceis, considera que neles não há uma única resposta correta, reconhece em tais situações a existência de *discricionariedade judicial* – ainda que não absoluta –, assume que os juízes também criam o direito. Enfim, como ele mesmo assume, seu livro examina *a filosofia judicial*, do qual destacamos:

> Existem situações em que o juiz se vê diante da necessidade de escolher entre várias opções legais, sem que o sistema legal o oriente nessa escolha discricionária. É verdade que limitações

30. "Extraneous factors in judicial decisions". In *PNAS early edition*. Princeton: Princeton University, 2011, p. 1. Disponível em: https://bit.ly/3nG35rA Acesso em: 20 jan. 2017. Tradução livre, nossa. No original consta: "Are judicial rulings based solely on laws and facts? Legal formalism holds that judges apply legal reasons to the facts of a case in a rational, mechanical, and deliberative manner. In contrast, legal realists argue that the rational application of legal reasons does not sufficiently explain the decisions of judges and that psychological, political, and social factors influence judicial rulings. We test the common caricature of realism that justice is "what the judge ate for breakfast" in sequential parole decisions made by experienced judges. We record the judges' two daily food breaks, which result in segmenting the deliberations of the into three distinct "decision sessions". We find that percentage of favorable rulings drops gradually from ≈ 65% to nearly zero within each decision session and returns abruptly to ≈ after a break. Our findings suggest that judicial rulings can be swayed by extraneous variables that should have no bearing on legal decisions".

31. *The judge in a democracy*. Princeton (New Jersey, EUA): Princeton University Press, 2006, p. ix-xxi.

> (procedimentais ou substantivas) reduzem as opções à sua disposição e às considerações que ele é autorizado a tomar. A discrição judicial nunca é absoluta, mas dentro da moldura dessas limitações, ele tem liberdade de escolha. Como essa escolha deve ser feita? Claramente, não existem regras que guiem em todos os casos para um e somente um resultado. A existência de regras negaria a existência de discrição judicial; todavia, a escolha não pode ser baseada em acontecimentos. O juiz deve esforçar-se pela melhor solução. Como ele irá descobri-la? Eu acredito que cada juiz tem que criar para si mesmo uma filosofia judicial com a qual ele irá resolver os casos difíceis. Ela será um sistema não obrigatório que irá guiá-lo no exercício de seu poder discricionário. Estes são um conjunto de pensamentos sobre como exercer discrição em casos difíceis. A filosofia judicial é um pensamento organizado sobre a maneira como um juiz deve lidar com a problemática de um caso difícil. De minha experiência, a maioria dos juízes tem uma filosofia judicial. Para a maioria, ela é inconsciente. Procuro elevar a filosofia judicial ao domínio da consciência e submetê-la à crítica pública.[32]

O que Barak sustenta, em síntese, é que cada juiz deve criar sua *filosofia judicial* para resolver os casos difíceis, que os direcionará no uso de sua *discricionariedade*, sendo que ele procura expor essa filosofia, submetendo-a ao escrutínio público.

---

32. Aharon Barak. *The judge in a democracy*. Princeton (New Jersey, EUA): Princeton University Press, 2006, p.117-118. Tradução livre, nossa. No original consta: "Situations exist in which the judge is faced with the necessity of choosing between various legal options, without the legal system guiding this choice the judge has discretion. True, limitations (procedural and substantive) placed upon him limit the options at his disposal and the considerations that he is allowed to consider. A judge's discretion is never absolute, but within the framework of these limitations, he has the freedom to choose. How should this choice be made? Clearly, there are no rules that would lead in every case to one and only one result. The existence of rules would negate the very existence of judicial discretion; nevertheless, the choice cannot be based on happenstance. The judge must strive for the optimal solution. How will he discover this solution? I believe that each and every judge must create for himself a judicial philosophy about the manner in which he will solve hard cases. This should be a system of nonobligatory consideration that will guide him in exercising his discretion. These are a set of thoughts about how to exercise discretion in hard cases. Judicial philosophy is an organized thought about the way in which a judge is to contend with the problematics of a hard case. From my experience, the majority of judges have such a judicial philosophy. For most, it is an unconscious philosophy. I seek to raise judicial philosophy into the realm of consciousness and subject it to public critique".

A discricionariedade judicial é um tema raro entre nós, notadamente em matéria tributária. Contudo, à evidência, os julgadores brasileiros parecem estar utilizando-a, até mesmo para dar outra solução a casos fáceis, mas com os quais o julgador não concorda ou não quer concordar, como será visto no próximo item.

5. Quais influências podem estar afetando os julgamentos tributários?

Considerando o exposto nos itens precedentes, parece razoável supor que os juízes brasileiros também recebem influências externas à interpretação das normas jurídicas quando decidem, inclusive em matéria tributária, como apontado do item 2, *supra*. Essa assertiva encontra suporte implícito, por exemplo, em Tercio Sampaio Ferraz Júnior,[33] já que ele também aborda, na teoria da decisão, a redução do papel da regra jurídica a um dos elementos considerados, a questão da discricionariedade do julgador, a teoria jurídica do controle do comportamento etc., que leva a ciência do direito a ser vista como uma *tecnologia*. Observe-se, tomando a assertiva como exemplo:

> [...] a Ciência Jurídica passa a desenvolver aquela analítica especial, que se preocupa com a exegese das normas não como centro de sua atividade, mas como um dos instrumentos capazes de obter enunciados tecnológicos para a solução de conflitos possíveis. Este caráter tecnológico que a teoria guarda permite, por último, separá-la de uma mera compreensão sociológica do direito que se limita a descrever como se dá o comportamento, pois a finalidade da Ciência Jurídica permanece propiciar orientação para o modo como *devem* ocorrer os comportamentos procedimentais que visam a uma decisão das questões conflitivas.[34]

---

33. *A ciência do direito*, capítulo VI: "A ciência do direito como teoria da decisão". 2. ed. São Paulo: Atlas, 2008, p. 87-103.

34. Tercio Sampaio Ferraz Júnior. *A ciência do direito*. 2. ed. São Paulo: Atlas, 2008, p. 103.

É nesse contexto que almejamos pincelar alguns dados gerais do item 4 deste estudo e buscamos considerá-los na realidade brasileira. Desde logo, apontamos que, ao que parece, a liberdade de decidir não tem sido apenas frente aos casos difíceis. Os exemplos apontados por Ricardo Mariz de Oliveira[35] indicam mudanças de jurisprudência, não para a fixação de novas teses em situações ainda não julgadas, um dos indicativos para o que seriam os *casos difíceis*.

Nesse sentido, colhemos três assuntos que talvez possam ser explorados por nossa comunidade jurídica.

i) Influências politicas

Considerando o quanto levantado pelos autores norte-americanos citados, quanto à influência dos partidos políticos sobre os magistrados, é necessário registrar que escolhas políticas têm muito menos efeito nos julgadores brasileiros, eventualmente excetuando-se os ministros de tribunais superiores, cuja designação parte do Presidente da República. Mesmo entre eles não se registra, ao que parece, tanta influência quanto nos EUA. Podemos listar ao menos dois motivos. Primeiro, os juízes brasileiros ingressam na carreira, como regra (exceto os quintos constitucionais nos tribunais de segundo grau), por concurso, a eles sendo vedada atuação político-partidária. Segundo, os partidos políticos brasileiros não têm o histórico e o perfil dos norte-americanos. Lá eles são basicamente dois, com sensíveis distinções entre si, enquanto aqui temos três dezenas, não sendo raro os políticos mudarem de partido com grande liberdade e desenvoltura,

35. "Em síntese, foi sustentado que temos vivenciado aumentos ocultos (a maior parte das vezes sem alteração legislativa) da carga tributária através da simples interpretação da legislação quando da sua aplicação, e isto se dá em três níveis, muitas vezes cumulativamente: [...] - no nível da jurisprudência, principalmente administrativa, mediante decisões sem a devida fundamentação legal, em favor da arrecadação". "Resumo da palestra do Ricardo Mariz de Oliveira", in *Anais do IV Congresso Brasileiro de Direito Tributário Atual, do IBDT – AJUFE/AJUFESP – DEF-FDUSP*. "Os limites do poder legal de aumentar a carga tributária". Mesa "Interpretação da aplicação das normas, como meio de aumento da carga tributária". Disponível em: https://bit.ly/3CqgI29 Consultado em: 18 jan. 2017.

demonstrando como o sistema político partidário é diferente entre esses dois países.

Por outro lado, existe a potencial força das procuradorias fazendárias no processo de ascensão de julgadores. Nesse sentido, parece razoável que a sociedade civil busque encontrar um mecanismo de equilíbrio, em que também advogados e contribuintes possam levar informações ao Presidente da República a respeito dos candidatos, como proposto por nós.[36]

ii) Instabilidade temporária sobre o órgão julgador

Considerando o quanto levantado por Ricardo Mariz de Oliveira,[37] é provável que a instabilidade causada, no CARF, pela Operação Zelotes,[38] da Polícia Federal, tenha influenciado, diretamente, o ânimo de diversos julgadores administrativos.

Se isso for verdade, nos momentos de grande instabilidade no órgão julgador, a sociedade precisa criar mecanismos para que os julgamentos não ocorram.

iii) Notícias de jornais

No Brasil, talvez o que o juiz comer no café-da-manhã não interfira nas suas decisões tributárias. Por outro lado, talvez as notícias que ele lê nos jornais poderão influenciar seus julgados. Assim, diante de reiteradas manchetes de queda na arrecadação, de aumento no déficit fiscal ou de elevada ocorrência de sonegação de tributos, talvez leve um julgador em

---

36. "Resumo da palestra do professor Renato Lopes Becho", in *Anais do IV Congresso Brasileiro de Direito Tributário Atual, do IBDT – AJUFE/AJUFESP – DEF-FDUSP*. "Os limites do poder legal de aumentar a carga tributária". Mesa "Interpretação da aplicação das normas, como meio de aumento da carga tributária". Disponível em: https://bit.ly/3CqgI29 Consultado em: 18 jan. 2017.

37. "Resumo da palestra do Ricardo Mariz de Oliveira", in *Anais do IV Congresso Brasileiro de Direito Tributário Atual, do IBDT – AJUFE/AJUFESP – DEF-FDUSP*. "Os limites do poder legal de aumentar a carga tributária". Mesa "Interpretação da aplicação das normas, como meio de aumento da carga tributária". Disponível em: https://bit.ly/3CqgI29 Consultado em: 18 jan. 2017.

38. Para quem não a conhece, acesse: https://bit.ly/3CgSJm2 Consultado em: 24 jan. 2017.

matéria tributária a ser mais severo no julgamento, fazendo a balança pesar contra o contribuinte. Se o magistrado supor que o fisco é o hipossuficiente da relação processual-tributária (execução fiscal, *v.g.*), ele pode tender a decidir a seu favor. Talvez, eventualmente, pode ser que o relatório "Riscos Fiscais", da Lei de Diretrizes Orçamentárias, esteja impressionando os Ministros do STF. Eles ocupam o noticiário a respeito de grandes causas.[39]

A solução, nesse quesito, deve passar por algum tipo de *contraprova* a ser produzida em cada caso concreto, a despeito do quanto a ser enfrentado pela sociedade civil, que pode apontar que o realismo jurídico está comprometendo a saúde econômica como um todo. Pode ser que tenha chegado o tempo previsto por Eros R. Grau:

> Isso tudo talvez acabe quando começar a comprometer a fluência da circulação mercantil, a calculabilidade e a previsibilidade indispensáveis ao funcionamento do mercado (talvez então os juízes voltem a ser a boca que pronuncia, sem imprensa, sem televisão...). Ou será a desordem, até que *novos rumos* nos acudam.[40]

Assim sendo, eventual levantamento do impacto negativo da insegurança jurídica causada por decisões administrativas e judiciais que não seguem a legalidade possa ser um contraponto para os magistrados realistas. Se ficar claro, por exemplo, que os empresários incluem no "risco Brasil" as incertezas legais e judiciais, elevando aqui a margem de lucro média mundial em alguma medida, tais magistrados possam compreender a importância de retornarmos à estrita legalidade em matéria tributária.

---

39. Por exemplo: "Cooperativas de serviços perdem no STF disputa sobre PIS e COFINS". Jornal *Valor Econômico* de 07/11/2014. Na matéria, informa-se que a decisão evitou a perda de R$ 64,9 bilhões de reais para os cofres públicos.

40. *Por que tenho medo dos juízes (a interpretação/aplicação do direito e os princípios)*. 6. ed. refundida do *Ensaio e discurso sobre a interpretação/aplicação do direito*. São Paulo: Malheiros, 2013, p. 139.

6. Conclusão

Ao que parece, temos no Brasil juízes legalistas e juízes realistas, o que já foi identificado na doutrina dos EUA e em outros países que receberam a influência do *common law*. Para os juízes legalistas, os temas desenvolvidos tradicionalmente sobre interpretação da lei ou da norma jurídica, com as regras clássicas, seguirá sendo importante. Todavia, pode ser útil ampliarmos as exposições sobre a interpretação para abordarmos assuntos que, eventualmente, influenciam os juízes realistas, tais como a ausência de representatividade democrática para juízes criarem regras não estabelecidas em lei; efeitos macroeconômicos da insegurança jurídica causada pela livre criação do direito pelos magistrados; sugestões para que os processos não sejam julgados em épocas de perturbação institucional; e, o incentivo para que advogados e contribuintes participem, ativamente, dos processos de escrutínio dos juízes em ascensão na carreira ou nos casos de livre nomeação para o Supremo Tribunal Federal, equilibrando a balança da Justiça nesse quesito.

Referências

AMARO, Luciano. *Curso de direito tributário brasileiro*. 14. ed. São Paulo: Saraiva, 2008.

ATALIBA, Geraldo. *Hipótese de incidência tributária*. 6. ed. 10. tir. São Paulo: Malheiros, 2009.

BARAK, Aharon. *The judge in a democracy*. Princeton (New Jersey, EUA): Princeton University Press, 2006.

BECHO, Renato Lopes. Considerações sobre dados extrajurídicos que podem estar influenciando os julgamentos tributários. *Revista Brasileira da Advocacia*. São Paulo, ano 3, vol. 8, jan-mar. 2018, p. 155/176.

_____._____. *Juris Plenum*. Editora Plenum. Edição n.º 86 (mar./abr. 2019). – Caxias do Sul, RS: Editora Plenum, 2019, p. 105/122.

_____. *Filosofia do direito tributário*. São Paulo: Saraiva, 2009.

_____. *Ativismo jurídico em processo tributário*: crise, teoria dos precedentes e efeitos do afastamento da estrita legalidade tributária. São Paulo: Revista dos Tribunais, 2021.

_____. "Resumo da palestra do professor Renato Lopes Becho", in *Anais do IV Congresso Brasileiro de Direito Tributário Atual, do IBDT – AJUFE/AJUFESP – DEF-FDUSP*. "Os limites do poder legal de aumentar a carga tributária". Mesa "Interpretação da aplicação das normas, como meio de aumento da carga tributária". Disponível em: https://bit.ly/3CqgI29 Acesso em: 18 jan. 2017. Consultado em 18/01/2017.

CARP, Robert A., STIDHAM, Ronald. *Judicial process in America*. 3 ed. Washington: Congressional Quarterly, 1996.

CARRAZZA, Roque Antonio. *Curso de direito constitucional tributário*. 21. ed. São Paulo: Malheiros, 2005.

CARVALHO, Paulo de Barros. *Curso de direito tributário*. 24. ed. São Paulo: Saraiva, 2012.

COSTA, Regina Helena. *Curso de direito tributário*: Constituição e Código Tributário Nacional. 5. ed. São Paulo: Saraiva, 2015.

DANZIER, Shai, LEVAV, Jonathan, AVNAIM-PESSO, Liora. "Extraneous factors in judicial decisions". In *PNAS early edition*. Princeton: Princeton University, 2011, p. 1-4. Disponível em: https://bit.ly/3nG35rA Acesso em: 20 jan. 2017.

FERRAZ JÚNIOR, Tercio Sampaio. *A ciência do direito*. 2. ed. São Paulo: Atlas, 2008.

GRAU, Eros Roberto. Por que tenho medo dos juízes (a interpretação/aplicação do direito e os princípios). 6. ed. refundida do *Ensaio e discurso sobre a interpretação/aplicação do direito*. São Paulo: Malheiros, 2013.

HOLMES JR., Oliver Wendell. "The path of the law", in *The path of the law and the Common Law*. New York: Kaplan, 2009.

HUXLEY, T. H. *The advance of science in the last half-century*. New York: D. Appleton, 1889 (ebook do Projeto Gutenberg). Disponível em: https://bit.ly/3tQXKi4 Acesso em: 20 jan. 2017.

KOZINSKI, Alex. "What I Ate for breakfast and other mysteries of judicial decisionmaking". In *Quarterly Report*, p. 254-257. Disponível em: https://bit.ly/3tSQQcn Acesso em: 20 jan. 2017.

MARSHALL, John. "*Opinion in* Marbury v. Madison". In *Writings*. New York: Literary Classics of the United States, 2010.

MAXIMILIANO, Carlos. *Hermenêutica e aplicação do direito*. 16 ed. Rio de Janeiro: Forense, 1997.

OLIVEIRA, Ricardo Maris de. *Anais do IV Congresso Brasileiro de Direito Tributário Atual, do IBDT – AJUFE/AJUFESP – DEF-FDUSP*. "Os limites do poder legal de aumentar a carga tributária". Mesa "Interpretação da aplicação das normas, como meio de aumento da carga tributária". Disponível em: https://bit.ly/3CqgI29

POSNER, Richard A. *How judges think*. Cambridge, Massachusetts (EUA) e London: Harvard University Press: 2010.

SARAIVA, José Hermano. *O que é o direito?* A crise do direito e outros estudos jurídicos. Lisboa: Gradiva, 2009.

SCHOUERI, Luís Eduardo. *Direito tributário*. São Paulo: Saraiva, 2011.

SICHES, Luis Recasens. *Tratado general de filosofía del derecho*. México: Porrua, 1965.

SOUSA, Rubens Gomes de. *Compêndio de legislação tributária*. Edição póstuma. São Paulo: Ed. RT, 1975.

TOOBIN, Jeffrey. *The Nine*. New York: Anchor Books, 2008.

_____. *The Oath*. New York: Doubleday, 2012.

TRIBUTAÇÃO NA ERA DIGITAL

Ricardo Mariz de Oliveira[1]

Sumário: 1. Introdução ao tema – 2. Desenvolvimento do tema em seus aspectos gerais – 3. Desenvolvimento do tema em exemplo prático – 4. Conclusão para o tema – Referências.

1. Introdução ao tema

Este breve texto destina-se a integrar a obra coletiva intitulada ***"Direito Tributário e Interdisciplinaridade: Homenagem a Paulo Ayres Barreto"***, com a qual se presta justas honras a esse estimado professor de direito da Faculdade do Largo São Francisco,[2] estimado não apenas por sua lhaneza nos contatos humanos, como também por seus largos

1. Graduado em Ciências Jurídicas e Sociais pela Faculdade de Direito da USP em 1963. Especialista em Direito Civil pela mesma faculdade. Presidente do Instituto Brasileiro de Direito Tributário - IBDT e membro de diversas entidades, como a ABDF, o IET e a FESDT. Professor em cursos de pós-graduação *lato sensu* do IBDT, e professor convidado por várias faculdades e entidades no País. Palestrante em vários congressos sobre direito tributário. Autor de vários artigos e livros, inclusive *Fundamentos do Imposto de Renda*.

2. Embora graduado em direito pela Universidade de São Paulo, ele se tornou Mestre e Doutor em Direito pela Pontifícia Universidade Católica de São Paulo. É Livre-Docente pela Universidade de São Paulo, sendo Professor Associado da sua faculdade. Simultaneamente à graduação em direito, graduou-se em administração de empresas pela Fundação Getulio Vargas.

conhecimentos e sua grande vivência prática, de cujas qualidades decorre, sempre que se está na sua presença, um marcante passo adiante na vida pessoal, profissional e acadêmica de quem dele se aproxima.

A atenção do Professor PAULO AYRES BARRETO a outras disciplinas que não o direito tributário é uma das marcas da sua trajetória, e também nos revela a extensão da sua cultura e da sua dedicação ao direito relativo aos tributos, pois, por mais especializado que seja um ramo do ordenamento jurídico, e mesmo sendo necessária a especialização, nenhum deles está fechado numa redoma que o torna incomunicável com outros setores e outras ciências.

Lidando com o direito tributário, sentimos isto praticamente todos os dias, pois a maior parte das questões que se apresentam requer o concurso do direito privado, de outras partes do direito público e mesmo de atividades ou conhecimentos extrajurídicos.

E os desenvolvimentos tecnológicos das últimas décadas nos apresentam desafios para o enquadramento das novas descobertas nas normas jurídicas que compõem o Sistema Tributário Nacional.

É verdade que se trata de desafios igualmente experimentados em outras jurisdições, porém, no Brasil, o seu sistema tributário possui peculiaridades que acarretam problemas inexistentes em outros países. Neste sentido, por exemplo, em locais em que a incidência sobre o consumo seja unitária, não existe a primeira necessidade que muitas vezes se apresenta em nosso país,[3] de classificar uma determinada atividade econômica como de prestação de serviço ou como circulação de mercadorias, porque têm imposições distintas e diferentes poderes tributantes.[4]

3. Onde tributos sobre o consumo, "verbi gratia", são o ICMS e o ISS.

4. No futuro, se tivermos um único tributo sobre bens e serviços, desaparecerão muitas das polêmicas atuais.

Por evidente, um problema como esse envolve os interesses de mais de um ente tributante e também os de contribuintes, para os quais a segurança jurídica é essencial. Ainda que se defina que seja devido este ou aquele imposto, pode remanescer conflito quanto à titularidade ativa ou o cálculo do valor da obrigação tributária nas operações que envolvam territórios de mais de um estado ou de um município.[5]

Paralelamente, a questão não se apresenta somente em torno da competência tributária e da espécie impositiva cabível, pois, mesmo já estando indubitável o tributo incidente e o poder intitulado a tributar o consumo, é possível que surjam dúvidas em torno do imposto de renda e da contribuição social sobre o lucro, por exemplo, quanto ao período-base competente, aspecto este que se estende às contribuições sociais sobre a receita. Para estas, a própria natureza de um ingresso pode afetar o seu tratamento tributário, mas também para o imposto de renda quando situações jurídicas sejam descritas em normas de isenção ou de incidência na fonte.

A propósito desses outros tributos que não incidem sobre o consumo, além dos campos de pesquisa que em geral são requeridos dos estudiosos e dos profissionais do direito tributário, sempre se lhes impôs ter ainda um mínimo de conhecimentos sobre contabilidade, exigência esta que nos últimos anos tornou-se mais aguda em virtude das profundas modificações que foram introduzidas nos procedimentos contábeis brasileiros a partir da tentativa da sua harmonização com as práticas internacionais.

Neste quadro, os denominados negócios digitais projetam indagações jurídicas aparentemente mais complexas do que as que se apresentam nos negócios realizados no meio

---

5. O aspecto territorial também surge em negócios transnacionais, sobre os quais outras considerações são necessárias, incabíveis neste espaço, que é dedicado apenas ao nosso ordenamento jurídico. Do mesmo modo, não serão tratadas as questões sobre a distribuição de competências tributárias entre as nações soberanas, tal como o imposto mínimo sobre as grandes empresas, que vem sendo cogitado.

físico, e justificam algumas ponderações a serem apresentadas neste trabalho.

2. Desenvolvimento do tema em seus aspectos gerais

Como dito em parágrafo anterior, os negócios digitais *aparentam* trazer questões jurídicas mais complexas do que aquelas a que estamos acostumados.

De fato, para o jurista, a maior complexidade é apenas aparente, como espero poder expor. Não há dúvida de que os novos meios digitais de negociação e de pagamentos acarretam grandes dificuldades para a fiscalização do cumprimento das obrigações tributárias, mas não é (não deve ser) assim para a determinação de quais devam ser tais obrigações perante nossa ordenação tributária.

Com razão, o que é preciso, antes de qualquer pensamento jurídico, é conhecer e compreender o que está ocorrendo no mundo negocial, que é o ambiente fático onde se desenrolam as manifestações de capacidades contributivas.[6]

Esse conhecimento e essa compreensão do fato real são necessários porque não existe uma coisa no mundo econômico e outra coisa no mundo do direito, dado que este se refere àquele.

Isto é verdade não apenas quando se trata das obrigações tributárias, porque, juntamente com elas, é preciso saber que direitos e que obrigações um negócio acarreta para as respectivas partes, vale dizer, o que pode ser exigido legalmente, se preciso até pela via judicial.

Ora, também para isto, isto é, para o que ocorre no mundo do direito privado, não existem coisas que inexistam no mundo dos negócios.[7]

---

6. Afinal, já no terreno da tributação, essa providência não passa da observância do que dispõe o art. 114 do CTN: "*Art. 114. Fato gerador da obrigação principal é a situação definida em lei como necessária e suficiente à sua ocorrência*".

7. O direito privado tem um campo de abrangência muito extenso, mas aqui somente nos interessam suas regras que digam respeito a atos e negócios jurídicos que tenham conteúdos econômicos.

Pelo contrário, o ordenamento jurídico de qualquer jurisdição debruça-se sobre a realidade existente no respectivo território com vistas a prover-lhe regulação legal e garantias de estabilidade e segurança para os negociadores.

Em outras palavras, o direito positivo não inventa fatos, nem muito menos os cria, pois tão somente toma os fatos como eles são na realidade e lhes dá a disciplina legal necessária para que haja ordem e segurança, garantindo direitos individuais e paz social.

Realmente, nenhum legislador algum dia sentou-se em sua mesa de trabalho ou se reuniu como seus pares do parlamento para criar (inventar) um contrato ao qual deu a denominação de contrato de compra e venda. Não, este entrou nas leis porque foi constatado que, no meio social, pessoas produziam coisas e as transferiam a outras pessoas, que davam algo em troca, fosse outra coisa, fosse a moeda a partir de quando o mundo econômico também inventou moedas para substituir os escambos.

Aliás, um contrato inventado pelo legislador, mas que ninguém praticasse, não teria qualquer razão para existir, nem a norma criadora teria serventia. Mas quando alguém quer transferir a propriedade de alguma coisa que é sua, precisa socorrer-se do negócio jurídico de compra e venda para poder ter certeza de que receberá o respectivo preço, assim como quem quer comprar essa mesma coisa necessita do mesmo negócio protegido pela lei, para ter certeza de que a coisa passou a ser sua. Ademais, a própria propriedade, que pode ser defendida "erga omnes", somente pode sê-lo sob as diretrizes da lei que a disciplina.

Estamos a ver, portanto, que outro não pode ser o raciocínio intelectual perante uma operação digital, vale dizer, a primeira indagação que se deve fazer é quanto ao que ela representa na vida real das pessoas nela envolvidas.

Neste passo, todos sabemos que o direito anda mais devagar do que a evolução social, a qual custa a ser captada pelos legisladores, e sabemos que, quando no mundo real algo novo passa a ser feito pelos agentes econômicos, estes têm que produzir um modelo contratual ainda ignorado pelo direito positivo em vigor, a cujo modelo damos o nome de "contrato inominado ou atípico".

Em outras palavras, na maior parte das vezes, porque se trata de situações há muito existentes, os agentes do mundo comercial encontram, no direito positivo em vigor, os contratos relativos aos seus negócios, que são os contratos típicos ou nominados, mas muitas vezes têm uma novidade tão nova que o ordenamento jurídico ainda a desconhece e para a qual ainda não editou regras, caso em que as pessoas envolvidas estabelecem os seus próprios contratos, os quais, na ordem jurídica brasileira, são válidos desde que observem os preceitos gerais do ordenamento (art. 425 do Código Civil).

A permissão legal para a existência de contratos inominados é naturalíssima, pois traz subjacentemente o reconhecimento da agilidade com que se movimentam os atores do mundo real, que não podem ficar tolhidos na sua liberdade de negociar e contratar tão somente por falta de uma norma jurídica própria à sua situação. Essa liberdade tem fulcro na própria Constituição da República Federativa do Brasil (art. 5º, inciso II, e art. 170), motivo pelo qual está expressamente proclamada no art. 421 da nossa codificação civil.[8]

Neste cenário, vale lembrar que um dos negócios jurídicos tipificados em tempos relativamente mais recentes pela lei nacional do Brasil foi o do arrendamento mercantil, lá no ano de 1974. Essa lei, de número 6.099, declara textualmente em sua ementa que regula os efeitos tributários das operações de arrendamento mercantil, o que ela faz efetivamente, mas, para isto, traça os contornos desse tipo contratual que até então não tinha norma jurídica específica, mas já era praticado por alguns agentes do mercado financeiro por imitação

8. Evidentemente, não estamos pensando nos termos de algum regime da "common law", porque as presentes observações são voltadas para o direito brasileiro e as diretrizes fundamentais da "civil law", tal como aqui estão em vigor.

de outros mercados no exterior, ou seja, faziam-no através de um contrato que então era atípico.

Um pouco mais recentemente, em 1995, o art. 9º da Lei 9.249 também instituiu uma novidade no direito brasileiro, que foi a possibilidade de pagamento de juros sobre o capital próprio, a qual antes existia apenas em poucas situações específicas e não ordinárias. Essa disposição legal também prescreve particularmente o tratamento devido a tais juros perante o imposto de renda, e, por isso, geralmente é considerada uma norma de natureza tributária, mas a verdade é que ela também gera efeitos no direito privado, pois até então as normas vigentes não previam a possibilidade de pagamento de juros nas circunstâncias e em proveito de pessoas que passaram a ser previstas. Aqui, excepcionalmente, houve uma razão legislativa de ordem tributária para motivar os juros sobre o capital próprio, que foi a extinção da correção monetária das demonstrações financeiras.

Esses dois regramentos legais nos demonstram inequivocamente como o direito tributário está atrelado ao que ocorre no direito privado (e este ao mundo negocial), mesmo quando se esteja tratando de algum tributo que não incida especificamente sobre determinado ato ou negócio jurídico, mas, sim, sobre seus efeitos, como são os tributos que se constituem em objetos das obrigações tributárias decorrentes de um contrato de arrendamento mercantil, ou que se atrelem ao pagamento de juros sobre o capital próprio.

Pois bem, a referência, que acaba de ser feita, aos efeitos dos atos ou negócios jurídicos, é interessante porque nos permite voltar às digressões anteriores sob a perspectiva dos efeitos das operações digitais, para se saber o que elas são antes de se saber de que negócio jurídico se trata.

Afinal, efeitos de um negócio jurídico[9] são aqueles que são atribuídos pela respectiva norma jurídica, isto é, são os

9. Aqui, as observações são limitadas aos negócios jurídicos, e não aos atos jurídicos

direitos e as obrigações que decorrem do contrato segundo a norma jurídica que o rege.

Em outras palavras, os efeitos de qualquer contrato estão representados por sua prestação e contraprestação, podendo-se perceber nitidamente que há uma relação de causa e efeito entre a disciplina jurídica do contrato e suas prestação e contraprestação.

Está aí a causa de cada negócio jurídico (causa objetiva, causa jurídica, causa de atribuição patrimonial), ou a função ou fim de cada contrato, a função prática que ele tem, dado que tem por fim gerar e assegurar a concretização das respectivas prestação e contraprestação.

A respeito da causa, que é mencionada na codificação de 2002 como fim ou função social ou econômica (art. 187 e 421), cabe aditar que, se o contrato não for simulado, as partes agirão exatamente em conformidade com suas cláusulas, isto é, uma dará a sua prestação prevista contratualmente e a outra a contraprestação que lhe cabe segundo o contrato.

Isto é tão importante que o comportamento das partes após a celebração do negócio, cujo comportamento pode conduzir à dissimulação quando for incompatível com a causa, é regra de interpretação do contrato e da vontade dos pactuantes quando, também depois da celebração do negócio, agirem em conformidade com ele (Código Civil, art. 113, §1°, inciso I, correspondente ao que determinava o art. 131, inciso III, do antigo Código Comercial, e regra paralela e complementar da estatuída no art. 112 do Código Civil).

Por este caminho identifica-se a natureza jurídica do contrato e, por consequência, se o distingue dos demais, sendo particularmente relevante perceber que tal identificação depende do conjunto de prestação e contraprestação, e não

---

em sentido estrito, porque na economia digital somente negócios jurídicos estão envolvidos. Todavia, é perfeitamente possível aplicar aos atos jurídicos em sentido estrito as mesmas considerações relacionadas aos efeitos dos negócios jurídicos, que são atos jurídicos em sentido lato.

apenas de um desses efeitos do negócio jurídico, pois, por exemplo, a transferência do domínio pode ser operada por vários negócios jurídicos, mas a natureza de cada um depende da respectiva contraprestação ao lado da sua prestação.

Este caminho é mais fácil de ser trilhado quando se trata de contrato nominado, mas é igual (é o mesmo) quando se trata de contrato inominado, cuja causa (função, fim) promana das cláusulas pactuadas livremente, e não de normas jurídicas peculiares a alguma espécie contratual. [10]

É perfeitamente correto dizer que a substância do negócio jurídico (a que aludem os art. 167 e 173 do Código Civil Brasileiro), confunde-se com sua prestação e sua contraprestação, e, a este propósito, já mencionei alhures[11] que, tanto quanto no mundo natural, o DNA dos seus seres lhes dá suas identidades, capazes de diferenciá-los dos demais seres, aí temos o DNA do negócio jurídico, porque ele se identifica através da sua substância, que corresponde aos seus efeitos, a ele dados pela norma jurídica que o rege (a norma jurídica legal se for contrato típico, e a contratual se for atípico), através dos quais ele passa a ser o que é.[12]

Nesta breve dissertação, não se pode omitir considerações, ainda que muito rápidas, sobre os contratos complexos, os coligados e os mistos.

---

10. Não à toa os contratos atípicos, inclusive os mistos, precisam ser mais elaborados e detalhados do que os tipificados.

11. OLIVEIRA, Ricardo Mariz de. Fato Gerador da Obrigação Tributária - Critérios e Questões Fundamentais. São Paulo: IBDT, 2018. *Revista Direito Tributário* Atual n. 39. p. 441; *O Nascimento e a Existência dos Seres Jurídicos.* Recife: 2019, livro comemorativo de 130 anos do Instituto dos Advogados de Pernambuco – IAP – Revista do Instituto dos Advogados de Pernambuco. V. I, n. 2. p. 359; *O Paradoxo de Atos e Negócios Jurídicos Válidos, mas Inoponíveis ao Fisco.* MITIDIERO, Daniel e Adamy, Pedro (coord.). São Paulo: JusPodivm/Malheiros, 2021, in: *Direito, Razão e Argumento. A reconstrução dos fundamentos democráticos e republicanos do Direito Público com base na Teoria do Direito – Liber Amicorum Professor Humberto Ávila.*

12. Esta comparação entre o DNA contratual e o DNA dos seres naturais vai apenas até o ponto de distinção dos tipos e das espécies contratuais, isto é, das respectivas categorias, ao passo que na natureza, mesmo os seres de uma mesma espécie distinguem-se entre si por seus respectivos DNAs.

Contrato complexo é aquele que se compõe de mais de um ato, mas concretiza um único negócio, como, por exemplo, um contrato preliminar sujeito à implementação de condições, a partir das quais se finaliza um contrato definitivo, caso em que o primeiro ato desencadeia obrigações e direitos, mas em razão do único contrato afinal concluído. Pode ocorrer, inclusive, de ser necessário um ato jurídico em sentido estrito para que o contrato complexo se aperfeiçoe, como a realização de uma assembleia de acionistas para autorizar a feitura do contrato em nome da sociedade.

Em síntese, o contrato complexo é uno, mas somente se completa após a realização de todos os atos que o constituem e lhe são necessários, por serem pressupostos para sua existência e validade.

Contratos coligados são múltiplos contratos singulares e independentes, que produzem, cada um deles, seus respectivos efeitos jurídicos independentemente dos demais, mas cuja funcionalidade efetiva depende da existência desse conjunto de negócios autônomos, porque a funcionalidade de cada um pressupõe a existência dos demais. Eles têm suas próprias causas, mas a realização dos objetivos das partes que os pactuam depende da concretização das causas dos outros contratos.

E contrato misto é uma espécie de contrato inominado, que não se confunde com qualquer contrato nominado, mas reúne prestações ou contraprestações que estão previstas para mais de uma espécie de contrato típico.

Salta aos olhos que a problemática de identificar a natureza dos negócios jurídicos vai gradativamente sendo mais complexa, pois é mais simples nos contratos tipificados, menos simples, mas de baixa complexidade nos contratos atípicos, e mais complexa nos contratos mistos.[13]

Nestes últimos, o intérprete pode se confundir, e neles pode haver confusão conceitual prejudicial para a correta

13. Repita-se que esta é a razão pela qual os contratos atípicos, inclusive os mistos, precisam ser mais elaborados e detalhados do que os tipificados.

determinação da natureza jurídica das obrigações tributárias que desencadeiam.

Quanto a isto, é evidente que há possibilidade de dúvida em torno do não enquadramento de um contrato nas normas tributárias relativas a tributos que se constituam em atos ou negócios jurídicos típicos, como, por exemplo, na doação modal, mas é confusão fácil de ser resolvida porque, em verdade, existe um só contrato, que inclusive é tipificado, e não um contrato misto que reúna características de dois ou mais contratos típicos.

O contrato misto pode induzir a indagações decorrentes das características da sua prestação, mas é um único contrato, com unicidade de causa, e não pode levar à conclusão de haver mais de um negócio jurídico.[14]

Mesmo em contratos típicos, pode haver multiplicidade na prestação da parte. Por exemplo, a venda CIF é somente venda, do mesmo modo que a venda sob a cláusula FOB, ainda que naquela o vendedor se encarregue do transporte para entrega fora do seu estabelecimento e faça o seguro da mercadoria até o local pactuado para a entrega.

Evidencia-se que contratos mistos não se confundem com contratos que constituam, por si, um determinado fato gerador, os quais se subordinam às disposições dos art. 110, 116, inciso II, e 117 do Código Tributário Nacional (CTN). Neste particular, é nítida a existência de competências tributárias constitucionais vinculadas a tipos contratuais do direito privado e outras situações jurídicas desse ramo, casos em que funciona a norma explicitadora do art. 110. Entretanto, nem todas as competências tributárias que a Constituição outorga têm esta característica, casos em que se vinculam apenas aos efeitos econômicos dos fatos (anteriormente jurídicos ou não), tendo o legislador tributário maior liberdade de atuação, mas sem que tais efeitos possam existir sem o concurso do que as

14. Pode-se ter dois negócios jurídicos contratados num único instrumento, o que não se confunde em absoluto com um contrato inominado misto.

partes fazem na realidade. E, como elas atuam em conformidade com o direito privado, o art. 109 bem reflete que a esse ramo do direito cabe reger as relações econômicas, mas não os efeitos tributários que deles possam advir, os quais pertencem ao domínio das normas jurídicas sobre tributos.

Por conseguinte, a rigor, as dificuldades reais, oriundas de um contrato misto, apresentam-se perante tributos que tenham suporte material nos efeitos dos negócios, como a existência ou não de circulação de mercadoria, de prestação de serviço, de atividade financeira, ou ainda, no âmbito dos tributos sobre a renda e a receita, quando estas existem e até mesmo que natureza têm.

A propósito da natureza de uma receita (ou de uma renda), não pode haver qualquer dúvida quanto a que é a mesma natureza do contrato do qual ela é efeito, porque, como visto, os efeitos (prestação e contraprestação) de cada contrato identificam sua natureza jurídica, o que torna logicamente impossível que uma prestação ou contraprestação contratual tenha uma natureza própria e distinta da natureza da respectiva relação contratual.

Ainda a este propósito, pela mesma razão, a expressão monetária da prestação e da contraprestação somente pode ser aquela pela qual estes efeitos do contrato foram negociados, seja um valor fixo, seja um valor variável ou um valor a ser determinado. Diga-se, em acréscimo, e tendo em vista as normas do direito societário e do direito relacionado aos tributos sobre a renda, que apenas esse valor se integra no patrimônio da parte, ou dele se desintegra, o que é relevante porque as práticas contábeis em várias circunstâncias adotam critérios diferentes e próprios para a quantificação (valorização, mensuração) dos direitos e das obrigações que constituem os efeitos do contrato e que passam a participar do patrimônio empresarial.

Outrossim, já pensando nas bases de cálculo tributárias, outra não pode ser a conclusão, ou seja, elas necessariamente defluem, e somente defluem, dos valores contratados para as prestações e contraprestações que forem colhidas pelas normas tributárias. Isto é assim, inclusive tendo-se em conta a perspicaz noção do Professor RUY BARBOSA NOGUEIRA, de que a base de cálculo deve ser *"o retrato quantitativo do próprio cerne do fato gerador"*,[15] ou, nos dizeres do Professor GERALDO ATALIBA, é uma *"grandeza ínsita na hipótese de incidência"*, ou *"uma perspectiva dimensível do aspecto material da hipótese de incidência"*.[16]

Ademais, face ao princípio da legalidade, a base de cálculo é reservada à lei (CTN, art. 97, inciso IV) e, em se tratando de impostos discriminados, deve ser definida por lei complementar em seus contornos gerais (Constituição, art. 146, inciso III), sendo que os valores contratados somente podem ser contestados se forem omissos ou se não merecerem fé as declarações, os documentos expedidos pelo sujeito passivo ou pelo terceiro legalmente obrigado ou os esclarecimentos prestados. Esta é a norma do art. 148 do CTN, que garante também, em caso de contestação, avaliação contraditória, administrativa ou judicial. Note-se que essa norma da lei complementar não autoriza a desconsideração dos valores e das condições contratuais estabelecidos regularmente, isto é, sem as máculas nela referidas.

Por tais razões, os procedimentos contábeis que eventualmente importarem em atribuição de valores específicos a partes componentes de um fornecimento global contratado a preço fixo (matéria disciplinada pelo Procedimento Técnico CPC 47), são inaplicáveis na determinação da quantificação monetária de direitos e obrigações contratados globalmente e por preço total, independentemente dos objetivos e dos critérios empregados na contabilidade.

No fecho deste tópico, não custa mencionar que há uma sucessão lógica de ocorrências (ainda que se trate de um fato ocorrido num mesmo momento cronológico):

---

15. NOGUEIRA, Ruy Barbosa. A Base de Cálculo. *Revista dos Tribunais*, n. 548, p. 35. São Paulo: Ed. RT.

16. ATALIBA, Geraldo. *Hipótese de incidência tributária*. São Paulo: Ed. RT, 1973, p. 117 e seg.

- primeiramente, no âmbito do direito privado, porque os patrimônios econômicos se formam e se alteram por relações jurídicas atributivas de direitos e obrigações, e qualquer negócio depende, para produzir seus efeitos, desejados pelas respectivas partes, da obediência ao ordenamento jurídico que conhecemos como direito privado, mesmo quando estejamos tratando de negócios atípicos, porque os respectivos contratos também fazem parte do direito privado e se constituem em normas jurídicas para as relações interpessoais que regem;

- depois, no âmbito tributário, cujos fatos geradores dependem das ocorrências no mundo negocial, sem as quais não há manifestação de capacidade contributiva, e com as quais se realizam as capacidades contributivas que cada uma delas revela, mas essas ocorrências já estão submetidas ao direito privado aplicável, mesmo quando estejam disciplinadas por contratos atípicos.[17]

3. Desenvolvimento do tema em exemplo prático

As considerações apresentadas no tópico precedente ajudam a resolver qualquer questão tributária, mesmo que em algum caso concreto possa haver maior dificuldade.

Lembre-se de que a dificuldade está primeiramente no entendimento sobre o acontecimento fático, para a seguir enquadrá-lo na respectiva categoria jurídica do direito privado e, por fim, para determinar a norma tributária a que ele se subsuma, a qual pode ser de incidência, de isenção ou de imunidade, ou mesmo de não incidência. Inclusive a não incidência pode derivar da não subsunção do fato a qualquer das normas de incidência em vigor, tanto as normas do campo privativo de competências tributárias descritas na Constituição,

17. Apenas excepcionalmente há ocorrências meramente fáticas, não abrangidas sequer por contratos atípicos, que produzem efeitos patrimoniais ou econômicos, e quando estes são derivados de atos ilícitos, nos quais impera a coação e a força bruta, e não a proteção legal, não se pode falar em negócios jurídicos, sendo estes o objeto das presentes observações.

quanto por ausência de uma norma federal no campo residual, perfeitamente possível de ocorrer.

Neste último passo, quando se tratar de incidência, temos também fixados os vários aspectos da obrigação tributária correta, a saber, o tributo devido, a sua base de cálculo, a alíquota para ser aplicada, o titular da competência ativa para tributar, já estando identificado o sujeito passivo por ser o praticante do ato que se constitui no fato tributário, ou nos fatos tributários, isto é, estando conhecido o sujeito que, com suas ações de fundo econômico, fez o respectivo fato gerador ou os respectivos fatos geradores.

Pois bem, seguindo a linha de raciocínio exposta, recorramos a um exemplo que existe na realidade negocial dos nossos dias e no qual há emprego de novas tecnologias digitais.

O exemplo não vai ser relativo a alguma empresa específica, mas a um modelo de negócios, tendo, portanto, amplo alcance para empreendimentos que empreguem tal modelo ou algo semelhante. Mesmo assim, o exemplo não se destina a defender ou atacar este ou aquele procedimento tributário, mas apenas contribuir para o desenvolvimento teórico do tema deste artigo. Por este motivo, o exemplo também não precisa adentrar em detalhes de classificação de atividades em cadastros fiscais ou em listas de atividades tributáveis, nem em detalhes de alíquotas ou regimes tributários.

Suponha-se, então, que uma pessoa jurídica (A) se dedique a um empreendimento relacionado a determinado bem ou utilidade que seja objeto de fornecimento por outra pessoa física ou jurídica (B), incumbindo-se a primeira pessoa jurídica (A) de colher o pedido do interessado em adquirir o bem ou a utilidade (C), colocar esse pedido junto à pessoa fornecedora (B) e até fazer a entrega real ou simbólica à pessoa interessada (C). Por bem devemos entender qualquer um, móvel ou imóvel, e por utilidade devemos compreender uma gama muito grande, como, exemplificativamente, um serviço prestado ou um aluguel a ser feito.

Na economia que podemos denominar "tradicional", diríamos que (A) não passa de um intermediário entre (B) e (C), cabendo ser remunerado por (B) ou por (C), conforme for o pacto entre eles.

Ainda na economia tradicional, o gênero intermediação pode ser subdividido em espécies conforme as caraterísticas de cada negócio, isto é, podemos detectar uma corretagem, ou uma representação comercial, ou alguma outra modalidade.

Mas no exemplo não detectamos que esse intermediário (A) seja um vendedor do bem fornecido por (B) a (C), ou um prestador da utilidade a (C), porque o vendedor ou prestador é (B).

Evidentemente, outra seria a situação se outro fosse o exemplo: se (A) adquirisse de (B) e revendesse para (C), outras seriam as naturezas jurídicas dos negócios realizados pelas três pessoas.

Todavia, no exemplo que aqui adotamos, há uma prestação direta de (B) para (C), cuja prestação pode ser de compra e venda, de prestação de serviço, de aluguel de um bem ou outra, portanto, sujeita ao ICMS ou ao ISS, com as respectivas consequências perante o imposto de renda e as contribuições sociais sobre o lucro e a receita.

Está claro, pois, que a problemática tributária a ser analisada concentra-se sobre o intermediário (A), e depende do que ele faz, ou seja, de qual seja a sua atividade nos negócios ocorridos, valendo destacar que, para a atividade de (A), o emprego de meios eletrônicos é fundamental para que a atividade seja eficiente e lucrativa (em outros termos, o intermediário (A) usa uma plataforma digital).

Para facilitar a compreensão da posição dessas três pessoas – (A), (B) e (C) – nesse tipo de negociação (já se vê que há negócios coligados), geralmente não há a contribuição de um contrato escrito entre elas, ou mesmo necessariamente de um contrato escrito entre duas delas apenas. Na realidade, a dinâmica dos negócios e o amplo leque de pessoas ou empresas envolvidas em duas das três – as pessoas ou empresas (B) e (C)

– requer fluidez, rapidez, uma grande dose de informalidade e uma dose ainda maior de confiança no sistema operacional que impulsiona e torna possível a realização dos negócios.

Afinal, (B) e (C) gravitam em torno de (A) que é sempre uma mesma pessoa a operar com muitas pessoas (B) e provavelmente com mais pessoas (C) ainda. E, repita-se, tudo depende de uma plataforma digital operada por (A).

Ao lado disso, também para complicar a determinação do tratamento jurídico cabível, muitas vezes surgem indagações colocadas a partir de certos detalhes inseridos na atividade de (A), que interferem para dificultar a fácil e nítida percepção do que ele efetivamente faz e, consequentemente, da natureza jurídica do negócio que pratica com (B) e com (C), das respectivas incidências ou não incidências tributárias.

Assim, vejamos algumas especificidades possíveis de serem encontradas na prática:

(1) - o intermediário (A) pode assumir riscos, por exemplo, de ter que retirar uma mercadoria recusada pelo comprador (C) e levá-la até o vendedor (B), bem como de fazer uma nova entrega ao comprador (C) da mercadoria que o vendedor (B) fornecer para substituir a devolvida;

(2) - ou o intermediário (A) pode assumir outro tipo de risco, que é o de reembolsar do seu caixa, ao comprador (C), o preço da mercadora que ele comprou do vendedor (B) e que (C) justamente recusou, ou por mercadoria não entregue no endereço certo;

(3) - o intermediário (A) pode não ter qualquer dos riscos anteriores, mas pode querer zelar pela qualidade do bem ou utilidade objeto do fornecimento de (B), a fim de manter a satisfação das pessoas que recorrem a ele (A) com o intuito de ter o bem ou a utilidade que sabem ser produzido por (B);

(4) - o intermediário (A) pode carregar consigo uma maquineta de pagamento do preço do bem ou da utilidade, cuja maquininha pertença ao respectivo fornecedor (B), de modo

que o pagamento se dê diretamente do adquirente (C) para o fornecedor (B);

(5) - o intermediário (A) pode se encarregar de receber o pagamento (por qualquer meio: moeda, cheque, cartão de crédito etc.) do adquirente (C) e efetuar a entrega do meio de pagamento para o fornecedor (B);

(6) - com vistas a se tornar mais atrativo para o mercado adquirente (C), o intermediário (A) pode fazer publicidade das suas atividades, e até mencionar os itens fornecidos por (B), com ou sem participação da rede de fornecedores (B) nos custos da publicidade;

(7) – o intermediário (A) pode utilizar, nas suas atividades, prestadores de serviços que sejam autônomos (B), e o intermediário (A) pode treiná-los para qualificar sua prestação, exigir níveis satisfatórios de desempenho, exigir sua prestação em horários determinados ou mínimos, ou sem impor qualquer exigência quanto ao tempo de prestação, bem como outras particularidades;

(8) – ainda neste caso, o intermediário (A) pode abrir a opção do adquirente (C) autorizar o pagamento, ao prestador de serviço autônomo (B), de uma gratificação de satisfação a ser suportada por ele (C), mas a ser repassada a (B) por (A);

(9) - o intermediário (A) pode utilizar, nas suas atividades, prestadores de serviços que sejam seus empregados pelo regime da CLT.

As variáveis são muitas, porém os nove itens acima são suficientes para a finalidade de verificar como a atividade do intermediário (A) deve ser tratada sob o ponto de vista jurídico.

De fato, esses nove itens explicam exemplificativamente o que acontece no mundo real, que, como vem sendo dito, é a primeira preocupação quando se tem que definir a aplicação das normas jurídicas de natureza privada e as de natureza tributária.

Em outras palavras, com o exemplo e as particularidades referidas nos nove itens passamos a conhecer o que ocorre realmente no mundo real dos negócios.

Ao iniciarmos a perquirição da natureza jurídica dessa atividade, de logo constatamos que alguém (A), desenvolvedor da atividade através de suportes eletrônicos, apresenta-se nitidamente como um intermediário entre duas outras pessoas (B) e (C), e assim vem sendo chamado nos parágrafos precedentes, sempre referido como (A).

Todavia, a intermediação não é suficiente para a completa definição da natureza jurídica da sua atividade, porque há intermediários em outras situações diferentes da figurada no nosso exemplo, tal como a de um simples comerciante que, comprando e revendendo bens, não deixa de ser um intermediário entre o produtor da mercadoria (ou mesmo outro revendedor anterior a ele) e o consumidor que dele compra, o qual pode não ser o consumidor final porque ainda vai fazer outra revenda.

O intermediário nestas situações, que algumas vezes é denominado "atravessador", não se confunde com o do nosso exemplo, porque:

- ele atua num negócio específico, sem qualquer relação com outros negócios, ao contrário do exemplo, em que há uma direta vinculação dos negócios entre as diversas pessoas envolvidas;

- ele é claramente um comerciante e indubitavelmente vende mercadoria, o que se identifica tão somente por seu ato, sem qualquer injunção de outros;

- atos anteriores e posteriores ao seu, são atos participantes da cadeia de circulação econômica e jurídica da mercadoria, atos que se sucedem no tempo, ao passo que no nosso exemplo, além da íntima relação entre os negócios, eles são simultâneos, ou ao menos contemporâneos.

Pelo mesmo racional, também se pode dizer que há uma intermediação quando um prestador de serviço subcontrata um terceiro, o que não define nem altera a natureza da sua prestação. Melhor dizendo, a natureza jurídica da prestação do contratante original não é modificada em virtude da subcontratação, a qual normalmente tem a mesma natureza jurídica da original, embora possa se diferenciar desta porque, em qualquer caso, a subcontratação é um insumo para a prestação original.

Do mesmo modo, se se tratasse de mera representação comercial ou corretagem de imóveis, também haveria um intermediário, mas sua atuação seria concentrada na aproximação dos seus clientes com alguém do mercado, ainda que possa ter atividades acessórias que são meios para a principal.

Vê-se claramente que várias atividades, hoje exercidas graças aos recursos eletrônicos, como é o caso do nosso exemplo, não têm a simplicidade da (não se resumem à) aproximação entre duas pessoas, uma querendo fornecer e outra adquirir, pois, ao lado disso, o intermediário provê outras utilidades complementares.

Destarte, podemos prosseguir aludindo a intermediário em sentido geral, sem que tal referência, só por isto, signifique comprometimento com uma determinada natureza jurídica da sua "intermediação".

Parece-me muito claro, considerando o exemplo proposto, que mercadoria ou outra utilidade adquirida pelo interessado (C), não lhe é vendida ou prestada pelo intermediário (A), mas, sim, pelo fornecedor (B).

É que entre (B) e (C) existe a realização de um negócio de compra e venda ou de prestação de uma utilidade, conforme o objeto seja um bem ou outra utilidade, ainda que este negócio não seja contratado diretamente por ambos, e mesmo que eles nem participem diretamente de um contrato verbal porque a conclusão do negócio entre eles se dá através da aproximação que lhes faz o intermediário (A).

Excluindo-se a participação do intermediário (A) como parte de um contrato de compra e venda ou de um contrato de prestação de outra utilidade que seja o objeto do negócio entre o fornecedor (B) e o adquirente (C), fica também claro que a atividade do intermediário (A) resume-se à prestação de serviço ao mesmo tempo para as outras duas pessoas (B) e (C), cujo contrato também é submetido às mesmas vicissitudes de informalidade,[18] mas que se projeta (se revela) através da prestação e da contraprestação relacionadas ao intermediário.

Em outras palavras, há uma causa jurídica identificadora da natureza jurídica da atividade do intermediário (A), isto é, uma função ou um fim para as relações jurídicas que se estabelecem entre ele e o fornecedor (B) e o adquirente (C), cuja causa (função ou fim) se materializa pela prestação e pela contraprestação, e da qual emana a substância (essência) dos respectivos negócios jurídicos.

Ora, a prestação do intermediário é múltipla: tomar o pedido de (C), entregar esse pedido a (B), possivelmente entregar o objeto do pedido retirando-o em (B) e levando-o até (C), podendo haver outras secundárias. E a contraprestação devida ao intermediário (A) é algum preço que ele cobre de (B) ou de (C), ou mesmo de ambos. Pode mesmo ocorrer de que (A) faça a prospecção do mercado e até faça ofertas a determinados interessados (C).

Detectamos aí uma situação de contratos coligados, porque, embora independentes, eles se requerem mutuamente para que tenham funcionalidade. Claro, pois o contrato de (B) com (C) depende dos contratos de (A) com (B) e com (C).

Também temos aí características dos contratos atípicos porque não há uma tipificação legal para a negociação envolvendo as três pessoas em sua completude, mas a essência do contrato (ou dos contratos, entre (A) e cada uma das outras pessoas) encaixa-se exatamente no contrato ou negócio jurídico típico de prestação de serviço.

Esta é a conclusão devida: embora haja contratos coligados, o intermediário (A) é sempre um prestador de serviços para (B) e para (C), sendo esta a natureza jurídica da sua atividade e dos negócios jurídicos que ele entabula com essas duas outras partes.

---

18. Pode-se supor a existência de uma informalidade plena, ou a existência de contratos ou termos de adesão, ou ainda de contratos coligados igualmente cercados destas características.

Não se altera essa essência pelo fato de o prestador do serviço (A) prestá-lo ao mesmo tempo para as outras duas pessoas (B) e (C) que requerem sua intervenção (ainda que informalmente[19]) para que concretizem o negócio direto entre elas (o qual também pode ser de prestação de outra espécie de serviço), ou pelo fato de somente uma das outras partes (B) ou (C) ficar obrigada à contraprestação devida ao intermediário (A).

Esta última irrelevância se ancora no fato de que o direito reconhece a estipulação em favor de terceiro, como se dá na hipótese de dois serem os tomadores de um serviço, mas estipularem que o pagamento seja feito por qualquer um deles ao prestador, em benefício dos dois e que extingue por inteiro a obrigação de pagar.

Tendo esta base inicial e geral de considerações, podemos confrontá-las com as nove variáveis ou peculiaridades específicas antes enumeradas.

Assim, indo número a número:

(1) - o fato de o intermediário (A) assumir riscos, por exemplo, de ter que retirar uma mercadoria recusada pelo comprador (C) e levá-la até o vendedor (B), bem como de fazer uma nova entrega ao comprador (C) da mercadoria que o vendedor (B) fornecer para substituir a devolvida, não estabelece um contrato diferente e nem um novo contrato, pois o compromisso assumido pelo intermediário (A) e o seu cumprimento fazem parte do negócio de prestação de serviço a que estava obrigado, como verdadeira obrigação acessória (pois não existe sem a principal), sendo evidente que entre (B) e (C) houve um contrato de compra e venda da mercadoria, que também assegura ao adquirente (C) o compromisso assumido, de se tratar do exato objeto do contrato e da sua qualidade, sendo que a nova entrega não transforma o intermediário (A) em vendedor de um novo contrato de compra e venda; pelo contrário, (B) manterá as obrigações tributárias

19. Veja-se a nota (18) retro.

principal e acessória da venda e as respectivas consequências e desdobramentos derivados da devolução e substituição da coisa por primeiro entregue a (C);

(2) – o fato de o intermediário (A) assumir outro tipo de risco, que é o de reembolsar do seu bolso ao comprador (C) o preço da mercadora que ele comprou do vendedor (B) e que (C) justamente recusou, ou porque a entrega foi feita em endereço errado, também não o torna parte em outra relação jurídica distinta da que tinha originalmente, sendo que o custo da mercadoria recusada é uma consequência do pacto (ainda que informal[20]) que ele assumiu como necessário para realizar sua atividade a contento para o seu mercado e com confiança por este;

(3) – o fato de o intermediário (A) não ter qualquer dos riscos anteriores, mas zelar pela qualidade do bem ou utilidade objeto do fornecimento de (B), a fim de manter a satisfação das pessoas (C) que recorrem a ele (A) com o intuito de ter o bem a utilidade que sabem ser produzido por (B) também não afronta a natureza jurídica do seu negócio; trata-se de obrigação acessória, se assumida juridicamente pelo intermediário (A), ou ao menos de um meio de desempenho, que não modifica a natureza da principal, tanto quanto sabemos existir preocupação semelhante em outras modalidades de atividade, como na de contratos de franquia, em que o franqueador zela pela qualidade do desempenho do franqueado;

(4) - o fato de intermediário (A) carregar consigo uma maquineta de pagamento do preço do bem ou da utilidade, cuja maquininha pertença ao respectivo fornecedor (B), de modo que o pagamento se dê diretamente do adquirente (C) para o fornecedor (B), deve receber a mesma apreciação feita nos n. (1) e (3) retro; (A) se encarrega disso para tornar mais viável a sua atividade, provendo facilidade para todos os envolvidos;

(5) – o fato de o intermediário (A) se encarregar de receber o pagamento (por qualquer meio: moeda, cheque, cartão

20. Sobre isto, verifique-se a nota (18) anterior.

de crédito etc.) do adquirente (C) e efetuar a entrega do meio de pagamento para o fornecedor (B), também é sujeita às mesmas considerações e conclusão apresentadas nos n. (1) e (3), sendo que a rigor, na essência, trata-se de situação equivalente à do n. (4); sem qualquer alteração substancial, pode haver acerto financeiro entre o intermediário (A) e o fornecedor (B) quanto à data em que aquele disponibilize a este os recursos entregues por (C), cujo acerto pode, por exemplo, significar a disponibilização imediata, e não quando o intermediário efetivamente receber o valor pago por cartão de crédito;

(6) – o fato de o intermediário (A), com vistas a se tornar mais atrativo para o mercado adquirente (C), fazer publicidade das suas atividades, e até mencionar os itens fornecidos por (B), com ou sem participação da rede de fornecedores (B) nos custos da publicidade, é atividade-meio, às vezes sem reembolso para (A), portanto, sem manifestação de uma nova capacidade contributiva e sem qualquer alteração na natureza da sua atividade, tanto quanto ocorre se houver reembolso, que não muda seu patrimônio e é neutro tributariamente; temos aqui o surgimento de duas novas figuras, que são a do órgão que veicula a publicidade e provavelmente a do agente, através de outras relações jurídicas que mantêm com (A) e que são distintas das que o intermediário (A) tem junto a (B) e a (C), sendo sujeitas às respectivas normas de contratação e às incidências tributárias próprias;

(7) – o fato de o intermediário (A) utilizar nas suas atividades prestadores de serviços que sejam autônomos (B), e o fato de o intermediário (A) treiná-los para qualificar sua prestação, exigir níveis satisfatórios de desempenho, exigir sua prestação em horários determinados ou mínimos, ou sem qualquer exigência quanto ao tempo de prestação, bem como outras particularidades, é a própria situação do exemplo sob análise, pois os prestadores autônomos são os fornecedores aqui indicados como (B); as cláusulas relativas a horário, nível de desempenho e outras são partes acessórias do contrato entre (A) e (B), não modificando sua natureza, assim como o treinamento dos prestadores (B) é do interesse do intermediário

(A), para que seus clientes consumidores (C) sintam-se satisfeitos e fieis; é preciso notar a diferença em relação ao n. (9) abaixo, no qual desaparece a figura do intermediário (A), que passa a ser o prestador (B) agindo por si próprio, em seu nome, apenas empregando seu quadro de pessoal interno e seus equipamentos; já na situação aqui abordada, há um terceiro independente (B) que presta serviço para (A) e para (C), ainda que remunerado por (A), e este terceiro independente tanto pode ser uma pessoa física como uma pessoa jurídica; ademais, a espécie de serviço que é prestado por (B) a (C) é diferente da espécie da atividade prestada por (A) em benefício de (B) e (C); a situação jurídica é a mesmas se os prestadores de serviços autônomos (B) forem pagos pelo intermediário (A) por sua conta, ou se este repassar o ônus econômico da contraprestação ao adquirente do bem ou da utilidade (C); tal como em números anteriores, este detalhe faz parte dos contratos distintos que existem entre (A), (B) e (C) e entre (B) e (C), sendo cláusulas livremente pactuadas;

(8) – o fato de, ainda no caso de prestador de serviço autônomo, o intermediário (A) abrir a opção do adquirente (C) autorizar o pagamento, ao prestador de serviço autônomo (B), de uma gratificação de satisfação a ser suportada por ele (C), mas a ser paga a (B) por (A), é uma continuidade da consideração feita no n. (7);

(9) - o fato de o intermediário (A) utilizar, nas suas atividades, prestadores de serviços, que sejam seus empregados pelo regime da CLT, representa uma mudança total no cenário que vimos analisando até aqui, tratando-se de uma situação distinta da figurada no nosso exemplo, porque desaparece a imagem do intermediário (A), passando a haver uma relação direta entre o fornecedor (B) e o adquirente (C), cabendo notar que, neste caso, quem utiliza empregados celetistas é (B), e não o inexistente (A); neste caso, além de empregados, o prestador pode utilizar bens do seu ativo (veículos e outros), e certamente o preço da sua prestação será maior e também o custo para o adquirente, relativamente ao nosso exemplo.

Fica esclarecido que as posições acima apresentadas têm por pressuposto que os contratos abrangem expressa ou implicitamente todos os desempenhos específicos exemplificados, com preços globais que são contraprestações das prestações em suas totalidades. Quando assim não é, temos mais de um contrato e cada um com seu respectivo preço, sendo isto que foi praticado pelos respectivos agentes.

4. Conclusão para o tema

A conclusão destes pensamentos é simples, e já veio sendo construída desde as primeiras linhas deste texto.

No mundo econômico e negocial, temos novidades tecnológicas que permitem a realização de atividades através de meios antes inexistentes, mas com muita pouca novidade na essência dos respectivos negócios. Outrossim, esses novos meios produzem resultados que são formalmente distintos das formas existentes no passado, mas nuclearmente são iguais.

Assim, o livro eletrônico, conforme afinal reconheceu o Supremo Tribunal Federal (Súmula Vinculante n. 57), o livro digital ou o *e-book* são o mesmo livro impresso, tanto quanto em passado distante a impressão em papel substituiu a impressão ou impregnação de livros sobre papiro ou pergaminho, e estes substituíram a escrita sobre rochas. Atualmente pode-se ler o mesmo livro em qualquer dos meios em que esteja disponível.

Além das coisas, os negócios também não mudaram em suas substâncias, apenas em suas formas de concretização ou apresentação. Por exemplo, antes tínhamos contratos datilografados ou impressos em papel, com assinaturas em todas as suas vias e rubricas em todas as suas páginas, e hoje temos contratos firmados eletronicamente. Quer dizer, mesmo atualmente, podemos fazer um contrato por sua forma antiga ou pela forma eletrônica, sem alterar sua substância, como visto no tópico 2.

Agentes de turismo faziam reservas de passagens aéreas por via telefônica, e hoje entram diretamente nos recursos digitais das companhias de aviação, mas sua atividade é a mesma, assim como o transporte aéreo não mudou.

Os próprios meios de pagamento hoje são digitais, quando antes somente tínhamos papel moeda, cheques e outros recursos. Mas o pagamento continua a ser o mesmo modo de extinção de obrigações que sempre foi.

Mais alguns exemplos. Hoje é possível "passear" por um museu sem sair de casa, mas o museu continua a ser o mesmo e a ofertar a mesma utilidade ao público. O que temos é um novo modo de perambular pelos corredores da instituição e ver suas peças, o qual nos é trazido por algum provedor desta nova utilidade. Mas, qual é a essência do que ele faz? E a sua capacidade contributiva vem de onde, de alguma assinatura paga pelos usuários, ou de uma cobrança por visita, ou de anunciantes?

O outro exemplo é o da produção cinematográfica. Enquanto no passado tínhamos que ir às salas de exibição pública, passamos por uma fase em que podíamos levar o filme para casa mediante obtenção de uma cópia nas chamadas "locadoras de vídeos", às quais tínhamos que devolver a cópia após certo tempo, e atualmente podemos receber os filmes virtualmente, para assisti-los dentro de certo período de tempo ou permanentemente, ou ainda, através das plataformas de "streaming", podemos desfrutar dessa utilidade em qualquer lugar do mundo. Mas a essência da produção cinematográfica, com as inúmeras relações necessárias a que ela se concretize, é a mesma. A novidade está em como ela chega ao usuário, e a necessidade jurídica é de objetivar a essência das atividades pelas quais chegam aos usuários.

Portanto, quando se trata de negócio digital, a dificuldade reside não na categoria jurídica, ou na norma de incidência, atinente a ele, mas em entender o que ele representa em sua essência, e, a partir desta, saber quais normas jurídicas devem ser-lhes aplicadas.

Em última análise, é o mesmo processo mental que desenvolvemos quanto às coisas que nos são velhas conhecidas, ou seja, é identificar o fato e subsumi-lo ao regramento legal (privado e tributário) que lhe é correspondente, cujo regramento descreve um fato hipotético (antecedente da norma) e uma determinação normativa (consequente da norma).

E as dificuldades, quando se trata de um conjunto de utilidades, são as mesmas, quer se trate de um negócio atípico realizado inteiramente no mundo físico, ou de um negócio atípico realizado total ou parcialmente com o emprego de recursos virtuais.

Para alguns, vai parecer que estas considerações estarão simplificando os problemas excessivamente, mas no mínimo estão propondo uma linha de investigação prática e segura. E para os mais exigentes, trabalho de pesquisa mais elaborado[21] é o de VICTOR BORGES POLIZELLI e LUIZ CARLOS DE ANDRADE JÚNIOR, cujos autores fazem judiciosa exposição de teorias civilistas sobre os contratos e procuram aplicá-las principalmente para os tributos que incidem sobre o consumo e para normas que se referiram a categorias jurídicas.[22]

Referências

ATALIBA, Geraldo. *Hipótese de incidência tributária*. São Paulo: Ed. RT, 1973.

GOMES, Orlando. *Contratos.* , 10ª ed. São Paulo: Forense.

NOGUEIRA, Ruy Barbosa. A base de cálculo. *Revista dos Tribunais*, n. 548. p. 35. São Paulo: Ed. RT.

---

21. Esta apreciação do artigo não significa necessária concordância com todas as suas conclusões.

22. POLIZELLI, Victor Borges. ANDRADE JÚNIOR, Luiz Carlos de. O Problema do Tratamento Tributário dos Contratos Atípicos da Economia Digital: Tipicidade Econômica e Fracionamento dos Contratos. São Paulo: IBDT, 2018, *Revista de Direito Tributário Atual*, n. 39. p. 474.

OLIVEIRA, Ricardo Mariz de. Fato Gerador da Obrigação Tributária - Critérios e Questões Fundamentais. São Paulo: IBDT, 2018. *Revista Direito Tributário Atual* n. 39. p. 441.

_____, Ricardo Mariz de. O Nascimento e a Existência dos Seres Jurídicos. Recife: 2019, livro comemorativo de 130 anos do Instituto dos Advogados de Pernambuco – IAP – *Revista do Instituto dos Advogados de Pernambuco.* V. I. n. 2. p. 359.

_____, Ricardo Mariz de. O Paradoxo de Atos e Negócios Jurídicos Válidos, mas Inoponíveis ao Fisco. MITIDIERO, Daniel e Adamy, Pedro (coord.). São Paulo: Jus Podivm/Malheiros, 2021, in: *Direito, Razão e Argumento.* A reconstrução dos fundamentos democráticos e republicanos do Direito Público com base na Teoria do Direito – *Liber Amicorum* Professor Humberto Ávila.

_____, Ricardo Mariz de. Segregação contratual e tributação: possibilidade ou risco? Aspectos gerais. São Paulo: 2021, Anais do VII Congresso de Direito Tributário Atual do IBDT/AJUFE-AJUFESP/DEF-FDUST.

PEREIRA. Caio Mário da Silva. *Instituições de Direito Civil.* 18ª, ed. Rio de Janeiro: Forense, 1997.

POLIZELLI, Victor Borges. ANDRADE JÚNIOR, Luiz Carlos de. O Problema do Tratamento Tributário dos Contratos Atípicos da Economia Digital: Tipicidade Econômica e Fracionamento dos Contratos. São Paulo: IBDT, 2018. *Revista de Direito Tributário* Atual, n. 39. p. 474.

A IMPOSSIBILIDADE DE ALTERAÇÃO OU ESVAZIAMENTO DO CONTEÚDO SEMÂNTICO DA REGRA DE COMPETÊNCIA TRIBUTÁRIA DAS CONTRIBUIÇÕES SOCIAIS DE SEGURIDADE SOCIAL

Frederico Silveira e Silva[1]

Robson Maia Lins[2]

Sumário: 1. Introdução – 2. As contribuições sociais de seguridade social como espécie tributária autônoma: 2.1. Apontamentos gerais sobre o custeio da seguridade social; 2.2 Os critérios para classificação constitucional das contribuições: 2.2.1 As contribuições sociais de seguridade social – 3. Normas constitucionais de competência tributária: 3.1 Natureza jurídica das normas constitucionais de competência tributária – 4. A proeminência do conteúdo semântico da regra de competência tributária das contribuições sociais de seguridade social: 4.1 Os

1. Doutorando em Direito pela Pontifícia Universidade Católica de São Paulo (PUC/SP). Mestre em Direito pela Universidade Metropolitana de Santos (UNIMES/SP). Mestrando em Direito Constitucional e Processual Tributário pela Pontifícia Universidade Católica de São Paulo (PUC/SP). Coordenador do curso de pós-graduação em Direito Público da Faculdade Independente do Nordeste (FAINOR/BA). Currículo Lattes: http://lattes.cnpq.br/5274597859188433. Orcid: https://orcid.org/0000-0002-2012-3468. E-mail: fredericosilveira@terra.com.br

2. Doutor e Mestre em Direito Tributário (PUC/SP). Professor da Graduação, da Especialização, do Mestrado e do Doutorado na PUC-SP e no IBET. Ex-Presidente e Conselheiro no Conselho Nacional de Educação. Sócio no escritório Barros Carvalho Advogados Associados. Currículo Lattes: http://lattes.cnpq.br/2291759900750297. Orcid: https://orcid.org/0000-0002-4698-5568. E-mail: robsonmaia@barroscarvalho.com.br.

princípios constitucionais como elementos conformadores da regra de competência constitucional das contribuições sociais de seguridade social: 4.1.1 O princípio solidariedade e a regra constitucional de competência das contribuições sociais de seguridade social; 4.1.2 Os princípios da capacidade contributiva ou equidade na forma de participação no custeio devem consubstancializar com a regra de competência constitucional da contribuição social de seguridade social? – 5. Considerações finais – Referências.

1. Introdução

Em boa hora a comunidade jurídica tributária brasileira presta uma homenagem ao Professor Paulo Ayres Barreto. Com formação verticalizada em direito tributário – com especialização, mestrado, doutorado, concurso para Professor da Faculdade de Direito da USP, concurso para livre-docente – consegue aplicar, com mestria, seus conhecimentos acadêmicos na advocacia e na vida pessoal. Está sempre pronto para prestigiar os amigos (É um amigo dos amigos!), seja ministrando uma aula, proferindo uma palestra (mesmo aquelas de improviso, em que não tem mais do que 15 minutos para rascunhá-la!), fazendo uma sustentação oral e assim por diante. Com essas breves palavras, queremos saudar o nosso homenageado, desejando-lhe vida longa!

Pois bem, passemos ao nosso eixo temático do trabalho.

O estudo que se inicia pretende analisar as contribuições sociais de seguridade social a partir de regras constitucionais de estrutura designadas a esta espécie tributária. Para atingir este desiderato, fixaremos alguns conceitos estruturantes.

Todo o arcabouço teórico a ser visitado pretende responder à indagação central: O princípio da solidariedade e da capacidade contributiva podem ser utilizados como fundamento para instituição ou continuidade de contribuições sociais de seguridade social violando a regra constitucional de competência tributária?

No primeiro ponto, sinteticamente, apontam-se as formas de custeio da seguridade social. Daí, parte-se para classificação constitucional tributária, revelando as duas grandes correntes classificatórias dos tributos, focando, ato contínuo, nas contribuições sociais de seguridade social.

A segunda parte reserva-se a estudar a natureza jurídica das normas constitucionais de competência, revelando a importância dessas normas para o ordenamento jurídico.

Em ponto terminal, veremos o conteúdo, alcance, e aplicação do princípio da solidariedade, da capacidade contributiva, da equidade, da participação no custeio e da isonomia tributária, sopesando essas normas, com o conteúdo da regra constitucional de competência de criação e alteração das contribuições sociais securitárias.

Esta pesquisa será realizada através de documentação indireta, abrangendo a pesquisa documental jurídica. Na caminhada específica, analisaremos principalmente enunciados prescritivos constitucionais cujo conteúdo alcance o fundamento das contribuições sociais de seguridade social.

No apagar das luzes, consolida-se o entendimento do conteúdo semântico e derivativo das normas constitucionais de competência das contribuições sociais de seguridade social, revelando proteção do influxo de normas constitucionais utilizadas como fundamento de instituição e constitucionalidade de exações inconstitucionais.

2. As contribuições sociais de seguridade social como espécie tributária autônoma

Houve tempo de desconsiderarem-se as contribuições sociais como espécie de tributo. Pensamento engendrado sob a égide da Constituição de 1967, e Emendas posteriores, que serviram para esmaecer a natureza jurídica das contribuições sociais.

Com a ordem constitucional de 1988, fica sepultada a tese de inexistência de natureza tributária das contribuições sociais de seguridade social. Naquele plano, reconheceu-se a natureza tributária das contribuições sociais de seguridade social, através de normas constitucionais de competência. Não pela localização topológica das normas de competência, iniciada no artigo 149 da Carta, mas – e com maior rigor científico – pela inerente conformação da exação com o conceito de tributo.

E qual a relevância de encontrar a natureza jurídica de um instituto? A resposta é simples: saber o regime jurídico constitucional a lhe ser aplicado. Caminho inverso pode ser percorrido, contudo, será menos preciso e mais penoso. Não é a alcateia que classifica o lobo, mas o conjunto de lobos que se classifica como alcateia!

Para percorrer o caminho mais seguro, em breve síntese, analisaremos apontamentos constitucionais gerais do custeio da Seguridade Social. Isolando o instituto das contribuições sociais securitárias.

2.1 Apontamentos gerais sobre o custeio da seguridade social

A seguridade social é o subsistema constitucional que comporta a saúde, previdência e assistência sociais. É a tríade de áreas de atenção socialmente relevantes que o legislador constituinte assegurou prestações. E fez isso no intento de atribuir concretude fática ao princípio da dignidade da pessoa humana. Nem de longe as únicas, mas talvez as mais numerosas e dispendiosas prestações.

O custeio indireto é promovido por dotações orçamentárias dos entes políticos. No sistema geral de seguridade social, essas dotações orçamentárias deveriam ser promovidas pela União, corriqueiramente. Tais dotações orçamentárias têm natureza jurídica financeira, pois são recursos decorrentes do caixa geral. Alimentado por impostos, ou fontes não tributárias captadas através das mais variadas formas, como por intermédio de títulos públicos disponíveis no mercado.

E o custeio direto? Este, o legislador constituinte reservou uma espécie tributária designada a solvê-lo, as contribuições sociais de seguridade social. É este tributo específico, cuja regra primária de competência encontra-se no art. 149 da Constituição Federal de 1988, quando trata da competência da União para instituir contribuições sociais, interventivas e corporativas como instrumento de atuação em suas respectivas áreas. Tributo, cuja regra de competência específica está amparada pelo art. 195 da Constituição, e, pois, não destoa da encontrada naquele art. 149. Muito pelo contrário, encontram-se, no art. 195, traços fundamentais da regra-matriz constitucional possível das contribuições sociais de seguridade social.

2.2 Os critérios para classificação constitucional das contribuições

Traçamos algumas linhas alhures que denunciaram a natureza jurídico- tributária autônoma das contribuições sociais de seguridade social. Mas não poderíamos adiantar o cortejo, sem, contudo, seguir à primária liturgia das vestes.

Aqui, essa liturgia pressupõe uma análise superficial da classificação constitucional dos tributos, para, enfim, estudar as espécies tributárias. Reservar um afluente desse majestoso rio, para denominar de contribuição. E, em outro ponto subafluente, encontrar as contribuições sociais e suas duas ramificações. As contribuições sociais gerais e as contribuições sociais de seguridade social. Dando maior proeminência, neste escrito, às últimas.

Duas grandes análises da classificação constitucional dos tributos partem de pressupostos relativamente distintos, mas não antagônicos.

A primeira grande corrente capitaneada pelas lições de Geraldo Ataliba classifica os tributos a partir de um atributo intrínseco à norma de incidência tributária. A vinculação, ou não, da hipótese de incidência a uma atividade estatal. Confirmado ou infirmado pelo elemento valorativo da base de cálculo. Para essa linha de pensamento, as contribuições, ora são impostos, ora são taxas. A depender da descrição da hipótese de incidência tributária, com a conjunção do revelado na base de cálculo. Mas sempre reconhecendo a natureza tributária das contribuições.[3]

Na segunda grande corrente, cientificamente descrita por Paulo Ayres Barreto (2020, p. 73) e Eurico Diniz de Santi (2013, pp. 8-9), considera-se a conformação de normas constitucionais para elaboração da classificação constitucional tributária. Por isso, pode-se denominar tal classificação de extrínseca. Apontando serem três os critérios distintivos dos tributos: a vinculação da hipótese de incidência a uma atividade estatal; destinação do produto da arrecadação para órgão fundo ou despesa; e, a restituição do arrecadado após certo lapso temporal. Eurico Diniz de Santi apresentando os critérios simultaneamente na classificação, já Paulo Ayres Barreto, seguindo a teoria das classes, e utilizando sucessivamente a vinculação, depois a destinação e, por fim, a restituição.

A destinação revela-se em norma de competência constitucional a ser seguida por determinados tributos, sob pena de ferir a natureza jurídica da exação. E tal violação pode provocar duas consequências específicas. Afetar a dita contribuição social de inconstitucionalidade, seja quando da criação ou da alteração. Ou, a pretexto de criar uma contribuição seguindo o regime jurídico constitucional específico dessa espécie tributária, transbordar em tributo de natureza destinta, obrigando-o a seguir o regime jurídico constitucional próprio daquela espécie tributária.

3. CARVALHO, Paulo de Barros. *Curso de direito tributário.* 29 ed. São Paulo: Saraiva, 2018, p. 72, ensina, "Não é de agora que advogamos a tese de que as chamadas Contribuições têm natureza tributária. Vimo-las sempre como figuras de impostos ou de taxas, em estrita consonância com o critério constitucional consubstanciado naquilo que nominamos de tipologia tributária no Brasil. Todo o suporte argumentativo calcava-se na orientação do sistema, visto e examinado na sua integridade estrutural. Assim, outra coisa não fez o legislador constituinte senão prescrever manifestamente que as contribuições são entidades tributárias, subordinando-se em tudo e por tudo às linhas definitórias do regime constitucional peculiar aos tributos".

Geraldo Ataliba (2019, p. 199), mesmo não reconhecendo a contribuição como espécie autônoma, afirmava poder existir uma contribuição "pura", pontificando:

> Se o legislador ordinário federal batiza de "contribuição" um tributo, a finalidade em que deve ser aplicado o produto da sua arrecadação, necessariamente, será uma daquelas constitucionalmente previstas, quer no art. 149 Constituição, quer nas outras disposições constitucionais referentes à matéria (arts. 201, parágrafo 1º, parágrafo 7º; 212, parágrafo 5º; 239, parágrafo 4º e 240).

A destinação do produto da arrecadação é um elemento intrínseco das contribuições sociais, determinado pela regra de competência constitucional do art. 149 da Constituição Federal, quando estabelece a União poder instituir contribuições sociais, interventivas e corporativas *como instrumento de sua atuação nas respectivas áreas*.

Como bem lembra Wagner Balera (2004, p. 45), "o regime jurídico das contribuições sociais encontra sua característica comum – presente em todas elas – na destinação do produto da arrecadação".

O elemento da destinação encontra maior relevo nas contribuições sociais de seguridade social que são espécies de contribuições sociais que ostentam regra de competência minuciosa, em nível constitucional.

2.2.1 As contribuições sociais de seguridade social

Na esfera das contribuições sociais de seguridade social, a regra de competência do art. 149, conforma-se com regra específica. É o enunciado pelo art. 195 da Constituição Federal de 1988 que impõe a destinação do produto da arrecadação das contribuições sociais securitárias para o custeio direto da seguridade social.

Seguindo as lições de Geraldo Ataliba (2019, p. 147), "só há contribuição quando, entre a atuação estatal e o obrigado, a lei coloca um termo intermediário, que estabelece a referibilidade entre a própria atuação e o obrigado".

E qual seria o elemento intermediário das contribuições sociais de seguridade social? Tal indagação é respondida por Wagner Balera (2003, p. 567), "o elemento intermediário, provocador da atuação estatal na contribuição social da Seguridade Social é o risco, evento previsível cuja ocorrência gera necessidade social que será coberta pelo plano previdenciário".

Nessa continuidade de classificação, é importante lembrar que as contribuições sociais se bipartem em contribuições gerais e de seguridade social. As contribuições sociais de seguridade social possuem o produto da arrecadação destinado a custear uma das prestações da tríade revelada: saúde, previdência e assistência sociais. Em contraponto, as contribuições sociais gerais têm o produto da arrecadação destinado para as outras áreas da ordem social, como: educação, cultura, desporto, ciência, tecnologia, comunicação social, meio ambiente, família, criança, adolescente, o idoso e os indígenas.

Sintetizando essas ideias, a contribuição social de seguridade social é um tributo não vinculado (pois não apresenta na hipótese de incidência uma atuação estatal, e mais, nessa relação tributária, ausente está a contraprestação direta e específica ao contribuinte), destinado (tendo em vista a necessidade de previsão legal e efetiva destinação do produto de sua arrecadação para custear uma prestação da saúde, previdência ou assistência sociais) e não restituível (não há restituição do valor arrecadado corrigido monetariamente ao contribuinte).

Poderíamos adicionar ao conceito acima proposto, a finalidade de mitigar o risco social. Entretanto, tal tarefa poderia deslocar o leitor para relação jurídica securitária que ostenta como elementos a entidade, a prestação e o beneficiário.

3. Normas constitucionais de competência tributária

Como aqui ficou sedimentado, a classificação das espécies tributárias segue as normas de competência constitucional próprias do tributo que se visa a classificar. Se o cientista do direito pode partir de local seguro encontrado nos enunciados prescritivos do texto constitucional, não há outra alternativa senão começar a caminhada a partir da Constituição Federal. Seguimos aí a hierarquia do ordenamento jurídico na construção sintática, semântica e pragmática de determinada norma jurídica. A par disso, é reconhecer o indubitável: a rigidez constitucional própria de nosso sistema tributário em decorrência do Pacto Federativo e dos direitos humanos fundamentais do contribuinte. E, também, reconhecer a qualidade constitucional de ser analítica. Fato aplicável em sua inteireza nos fundamentos constitucionais do sistema tributário nacional.

Se fôssemos analisar a miúde, e apontar elementos essenciais de todas as constituições na pós-modernidade, a partir de uma visão normativa e humanista do direito, seriam três os elementos necessários em qualquer veículo introdutor de normas inaugural, como é a uma Constituição. Normas de separação de poderes, normas de declaração e proteção dos direitos humanos, e a presença de normas de competência (também denominadas de normas de estrutura).

As normas de estrutura são fundamentais em qualquer Estado, como também o são as normas de conduta. Mas cada uma dessas categorias com as aptidões que lhes foram atribuídas.

3.1 Natureza jurídica das normas constitucionais de competência tributária

As normas jurídicas podem ser classificadas de acordo com diversos critérios e finalidades. Aqui, a finalidade da classificação que se avisa é diferir o conteúdo e importância de dois grupos de normas, as normas de conduta e as normas de estrutura (ou de competência).

Sintetizando, Roque Antonio Carrazza (2019, p. 445) ensina que "classificar é o procedimento lógico de dividir um conjunto de seres (de objetos, de coisas) em categorias, segundo critérios preestabelecidos".

Classificar pressupõe uma análise superficial dos objetos que se visa a classificar, e, em momento posterior, e a partir daquele inicial, separar um critério distintivo. Para, então, promover a separação mental necessária.

Também podemos classificar objetos já classificados em subclasses, e assim por diante. Isso também não é requisito para melhor compreensão da classe inicial, mas, por vezes, desvenda com maior rigor o objeto que está a se classificar.

Paulo de Barros Carvalho (1996, p. 54) ensina que:

> *Classificar* é distribuir em classes; é dividir os termos segundo a ordem da extensão ou, para dizer de modo mais preciso, é separar os objetos em classes de acordo com as semelhanças que entre eles existam, *mantendo-os em posições fixas e exatamente determinadas com relação às demais classes*. Os diversos grupos de uma classificação recebem o nome de *espécies* e de *gêneros*, sendo que *espécies* designam os grupos contidos em um grupo mais extenso, enquanto *gênero* é o grupo mais extenso que contém as espécies. A presença de atributos ou caracteres que distinguem determinada espécie de todas as demais espécies de um mesmo gênero denomina-se "diferença", ao passo que "*diferença específica*" é o nome que se dá ao conjunto das qualidades que se acrescentam ao gênero para a determinação da espécie, de tal modo que é lícito enunciar: *a espécie é igual ao gênero mais a diferença específica (E = G + De).*

Quanto mais se aproximar da essência do que se pretende classificar, apresentando as semelhanças e diferenças entre os entes, mais útil será a classificação. Com as sempre citadas palavras de Genaro R. Carrió (1990, p. 99), lembremos que "Las clasificaciones no son ni verdaderas ni falsas, son serviciales o inútiles [...]". Note-se, ainda, que o objeto classificado não deixa de continuar a integrar a realidade que habita, tendo em vista que o ato de classificação não altera a natureza do ente que se classifica, apenas a revela.

A classificação entre normas de conduta e normas de estrutura é bem enfrentada pela Teoria Geral e Filosofia do Direito. Parte-se dessas bases jurídicas sólidas.

Naquela análise superficial necessária, percebe-se que existem normas com conteúdo imediato a movimentar um dos modais deônticos no sentido de proibir, permitir ou obrigar a realização de uma conduta, já outras cujo conteúdo da conduta relaciona-se à criação, determinação de conteúdo ou definição de órgãos e procedimentos para criação de outras normas. Essa distinção pode ser elevada a critério para elaboração de uma classificação.

E isso foi muito bem identificado por Alf Ross (2003, p. 57) quando enuncia que "as normas jurídicas podem ser divididas, de acordo com seu conteúdo imediato, em dois grupos: normas de conduta e normas de competência".

Ainda sob a perspectiva da análise superficial, e seguindo o escalonamento jurídico a partir da competência, percebe-se que as normas possuem relação de subordinação derivada entre si. Dentro dos núcleos próprios de competência normativa.

Sob essa ótica, Tercio Sampaio Ferraz Jr. (2003, p. 125) pontifica:

> Quanto à subordinação, podemos distinguir entre normas-origem e normas-derivadas. Normas-origem, por definição, são as primeiras de uma série. As demais normas da série, que remontam à norma-origem, são derivadas. Por exemplo, a norma que estabelece os poderes de um órgão para editar outras normas é norma-origem; as editadas conforme elas são derivadas.

Esses critérios não se repelem, muito pelo contrário, apontam uma relação de consubstancialidade. O que permite utilizá-los para conceituar as normas de conduta e as normas de competência.

A norma de conduta é *uma norma cujo conteúdo imediato do comando direciona-se a uma conduta, ostentando relação de subordinação derivada com uma norma de hierarquia superior que estabelece os entes competentes para criação, modificação ou extinção, os procedimentos ou conteúdo daquelas normas.* Já norma de competência é *uma norma cujo conteúdo imediato estabelece critérios para criação de outras normas, apontando os entes competentes para criação, modificação ou extinção, os procedimentos ou conteúdo de normas de conduta ou outras normas de competência, revelando, nestes termos, relação condicionadora com essas normas de hierarquia inferior.*

De posse desses conceitos, podemos traçar algumas linhas sobre competência tributária. E, com Roque Carrazza (2019, p. 425), reconhecer que "a competência tributária é a aptidão jurídica para criar, *in abstracto*, tributos".

Nesse prumo de ideias, a competência tributária se amolda ao conceito de norma de conduta ou norma de estrutura? Não resta dúvida que a competência tributária é uma norma de estrutura que estabelece os entes competentes, critérios, conteúdo e os procedimentos para criação, modificação ou extinção de tributos. Toda norma desse calibre possui relação condicionadora com as normas de incidência tributária em sentido estrito.

4. A proeminência do conteúdo semântico da regra de competência tributária das contribuições sociais de seguridade social

Desvendada essa parte da caminhada, percorramos outra embasando-se, por óbvio, nos conceitos estruturantes até aqui lançados.

A contribuição de seguridade social deve respeitar o núcleo duro, próprio dessa espécie tributária, enunciado nas normas de competência constitucional tributária.

É pressuposto que a exação deva conformar-se com o conceito de tributo, não restando outro caminho senão ser uma prestação pecuniária compulsória, criada mediante lei, cujo núcleo da hipótese de incidência não descreva um fato ilícito, arrecadada e fiscalizada por intermédio de atividade administrativa.

E, nos termos das normas de competência específica das contribuições sociais de seguridade social, na sua forma originária, esses tributos devem encontrar seus elementos da regra-matriz de incidência descritos no art. 195 da Constituição Federal. Enunciado prescritivo que, por vezes, aponta constitucionalmente a hipótese de incidência, a base de cálculo e o sujeito passivo dessas exações.

Isso ocorre quando estabelece os agentes sociais designados a financiar diretamente a seguridade social. Com base naquele art. 195, as contribuições sociais de seguridade social dos empregadores, das empresas e das entidades legalmente a elas equiparadas incidentes sobre: *a folha de salários e demais rendimentos do trabalho pagos ou creditados, a qualquer título, à pessoa física que lhe preste serviço, mesmo sem vínculo empregatício*; *a receita ou o faturamento*; e, *o lucro*. Na continuidade, estabelece alguns sujeitos passivos: *o trabalhador e os demais segurados da previdência social*. E como base de cálculo e indícios da hipótese de incidência, o *salário de contribuição*. Aponta outra base de cálculo e possível hipótese de incidência, *a receita de concursos de prognósticos*. E continua enunciando o sujeito passivo, hipótese de incidência e possível base de cálculo, ao elencar como agente e objeto tributável, *o importador de bens ou serviços do exterior, ou de quem a lei a ele equiparar*. Mais à frente abaliza os sujeitos passivos, base de cálculo e hipótese de incidência: *o produtor, o parceiro, o meeiro e o arrendatário rurais e o pescador artesanal, bem como os respectivos cônjuges, que exerçam suas atividades em regime de economia familiar, sem empregados permanentes, contribuirão para a seguridade social mediante a aplicação de uma alíquota sobre o resultado da comercialização da produção*.

Isso, com todas as pertinentes críticas às emendas constitucionais que ampliaram a base de incidência das contribuições sociais de seguridade social. Como ocorreu com as Emendas Constitucionais números 20/1988, 42/2003 e 103/2019.

O legislador constituinte ainda atribui à União, possibilidade de instituição das contribuições sociais securitárias residuais *destinadas a garantir a manutenção ou expansão da seguridade social*, estabelecendo como veículo introdutor normativo lei complementar, a não cumulatividade e não tenham como base de cálculo ou hipótese de incidência dos impostos previstos constitucionalmente.

4.1 Os princípios constitucionais como elementos conformadores da regra de competência constitucional das contribuições sociais de seguridade social

As normas constitucionais de competência tributária das contribuições sociais de seguridade social ostentam conteúdo semântico próprio. Também confluem significado com as demais normas constitucionais, quando não forem incompatíveis com o conteúdo e finalidade da norma de estrutura.

Para melhor compreender esse ponto específico, faz necessário diferenciar os princípios das regras jurídicas. E reconhecer ambos como espécies do gênero norma jurídica.

Humberto Ávila (2006, pp. 35-64) aponta três critérios para distinguir os princípios das regras. Os critérios são: *a natureza do comportamento prescrito*, *a natureza da justificação exigida* e *a medida de contribuição para a decisão*.

Dentre os aludidos critérios, esperamos satisfazer a distinção necessária para a análise que nesse escrito se elabora, apenas utilizando o critério da *natureza do comportamento prescrito*. Daqui, pode-se afirmar que os *princípios são normas jurídicas primariamente finalísticas*, pois, apontam para um estado de coisas (valor) a ser protegido ou promovido pelo ordenamento jurídico, *e secundariamente descritivas* pois indicam a conformação, ou não, de uma conduta com o valor primariamente elencado. Já as *regras são normas jurídicas primariamente descritivas*, já que apresentam a conduta de acordo com obrigações, proibições e permissões determinadas, e, *secundariamente finalísticas*, por apoiarem àquela descrição fática na promoção ou proteção de um valor.

Nessa toada, Humberto Ávila (2006, p. 72) define: "os princípios são normas-do-que-deve-ser (*ought-to-be-norms*): seu conteúdo diz respeito a um estado ideal de coisas (*state of affairs*)", já as "as regras são normas-do-que-fazer (*ought-to-do-norms*): seu conteúdo diz diretamente respeito a ações (*actions*)".

Nesse piso, não se pode negar, por exemplo, a aplicação dos princípios constitucionais tributários compatíveis com os princípios do financiamento da seguridade social, na criação das contribuições sociais securitárias. O mesmo ocorre com as outras regras constitucionais, como as imunidades tributárias. Sempre atuando na conformação da regra constitucional de competência de determinada exação.

Em simples linhas, aponte-se que o conteúdo semântico de uma norma de competência leva em consideração outras regras constitucionais, bem como os princípios que lhe são compatíveis. Mas essa constatação também nos autoriza indagar: um determinado princípio constitucional pode reduzir ou aniquilar o disposto numa regra de competência constitucional tributária específica? A resposta é negativa.

Um princípio constitucional não pode servir de fundamento para instituição ou alteração de determinado tributo, sob pena de inverter a concretude descrita pelo legislador constituinte nas regras de competência. Seria atribuir ao legislador infraconstitucional, ou ao Judiciário, a figura de legislador constituinte. Invertendo e fulminando a lógica hierárquica do fundamento normativo decorrente próprio dos veículos normativos. Ou, na esfera judicial, atribuir competência legislativa fundamentada em determinado princípio constitucional, em detrimento do princípio constitucional da separação dos poderes.

É imperioso notar que uma regra constitucional de competência é construída a partir de vários enunciados prescritivos. E, na consubstancialidade de outras normas jurídicas, inclusive dos princípios. Mas nunca com fundamento de instituição ou alteração neles.

Se assim o fosse, bastaria recorrer aos princípios do pacto federativo e da isonomia entre os entes políticos, para solapar a regra de competência do imposto de renda da União, e tomar de assalto para o exercício pelos Estados e Municípios. Ou, então, tributar com base no princípio da solidariedade, afastando as demais regras constitucionais e, principalmente, as regras constitucionais de competência tributária.

Não é isso que o sistema constitucional permite, e, muito menos, tem como finalidade. Se *carnaval tributário* não se admite, imagine-se manicômio!

Ainda nesse desacerto, cabe indagar: pode-se apontar um princípio constitucional como regra de competência tributária? Ressoa um severo não! Seria destorar do conceito de norma de competência, esquecer a distinção e conteúdo próprios dos princípios e das regras.

A norma de competência é uma norma da categoria das regras. Como já assinalamos, tal afirmação não leva à conclusão automática que um princípio não pode contribuir com o conteúdo semântico e o alcance dessa regra de competência. É conjugação de conteúdo, sejam de princípios ou de regras, que se constrói o conteúdo semântico de uma norma. As normas trabalham em consubstancialidade, mas sem a possibilidade de um princípio esmaecer a concretude presente em uma norma de competência constitucional tributária.

4.1.1 O princípio solidariedade e a regra constitucional de competência das contribuições sociais de seguridade social

O princípio da solidariedade não pode se sobrepor à regra constitucional de competência de qualquer tributo. Na seguridade social, além de regra constitucional e competência específica, não podemos conflitar ou atribuir significado diverso ao fundamento normativo do sistema de seguridade social.

A solidariedade tributária ou social não se confunde com caridade ou filantropia. Não é esse o sentido constitucional do valor, e, tampouco, da norma princípio. Quando se elege determinada categoria para figurar no polo passivo da contribuição social de seguridade social, não se está a privilegiar capacidade econômica e forçar-lhe filantropia. Se assim o fosse, nenhum trabalhador deveria ser instado a contribuir com o sistema protetivo.

Nessa noção de filantropia, seria perverso chamar a contribuir o mais vulnerável do sistema: o trabalhador. E nos sistemas de seguridade, o trabalhador é sempre chamado a contribuir. Essa ideia é própria do conceito de seguro social. E mais, foi nessa trilha que se ergueu a seguridade social na Constituição Federal de 1988. Chamando a contribuírem, o Estado, as empresas e o trabalhador. Relação antagônica com filantropia, mas sim inerente à noção de responsabilidade social do risco.

De logo, cabe rechaçar o argumento principiológico da solidariedade para fundamentar continuidade de contribuições inconstitucionais, ao alarde de ruptura da higidez financeira do sistema, ou ameaça político-econômica de não adimplir com as prestações securitárias.

Sempre é bom relembrar os desvios legislativos promovidos ao longo de décadas nos recursos da seguridade social, e, com maior rigor constitucional, lembrar a contribuição indireta que deve ser realizada pela União nos ditames do *caput* do art. 195 da Carta. Falamos da ausência de recursos pela retirada de destinação, e da ausência total do custeio indireto, através de dotações financeiras a serem promovidas pela União.

Já frisamos, também, ser impraticável a fundamentação de tributação das contribuições social de seguridade social no princípio da solidariedade. Seja porque um princípio não se sobrepõe à regra constitucional de competência que revela a concretude fática designada pelo legislador constituinte, ou mesmo, pela ausência típica de conteúdo semântico determinado que todo princípio ostenta.

Não há uma questão de hierarquia entre uma regra de competência constitucional tributária estabelecida pelo legislador constituinte originário com um princípio constitucional. Ambos possuem carga normativa, e se fundamentam nos valores protegidos tanto pela norma-regra de competência quanto pela norma-princípio. Pensar diferente é desfazer a organização constitucional promovida pelas normas de estrutura, e basear a constitucionalidade de uma exação apenas pela conformidade ou inconformidade com determinado princípio que lhe possa fundamentar somente como argumento ontológico.

Retira-se, ali, toda carga semântica e decisória da norma de competência tributária, e passa a inflá-la com o sopro do conteúdo indeterminado de princípios.

E transplantando essas considerações para o princípio da solidariedade, fulmina-se o conteúdo de uma regra de competência constitucional tributária a partir de um princípio geral do direito cujo conteúdo semântico lhe permite ser instado como princípio da solidariedade social, princípio da solidariedade tributária, princípio da solidariedade entre gerações, princípio da solidariedade familiar, dentre outros.

Mesmo nos princípios, encontramos um âmbito de aplicação mais definido, uma área por assim dizer. Se estamos a tratar de uma regra de competência tributária de uma contribuição social de seguridade social, devemos partir dos princípios norteadores do objeto descrito naquela regra. Não para estabelecer fundamento de validade para a regra de competência originária, ou mesmo lhe atribuir conteúdo semântico incompatível com seu próprio conteúdo e do sistema que habita. Mas para requerer-lhe a especialidade, e verificar a possibilidade de atuação com consubstancialidade.

O próprio pleno do Supremo Tribunal Federal (STF) quando decidiu, no RE n. 593068 em sede de repercussão geral, pela inconstitucionalidade da incidência da contribuição social sobre a remuneração sobre verba não incorporável aos proventos de aposentadoria do servidor público, sopesou a aplicação de uma regra constitucional de competência que aponta a base de cálculo possível daquela exação em confronto com o princípio da solidariedade. E decidiu pela prevalência da regra constitucional de competência nos seguintes termos:

> Ementa: Direito previdenciário. Recurso Extraordinário com repercussão geral. Regime próprio dos Servidores públicos. Não incidência de contribuições previdenciárias sobre parcelas não incorporáveis à aposentadoria.
>
> 1. O regime previdenciário próprio, aplicável aos servidores públicos, rege-se pelas normas expressas do art. 40 da Constituição, e por dois vetores sistêmicos: (a) o caráter contributivo; e (b) o princípio da solidariedade.
>
> 2. A leitura dos §§ 3º e 12 do art. 40, c/c o § 11 do art. 201 da CF, deixa claro que somente devem figurar como base de cálculo da contribuição previdenciária as remunerações/ganhos habituais que tenham "repercussão em benefícios". Como consequência, ficam excluídas as verbas que não se incorporam à aposentadoria. 3. Ademais, a dimensão contributiva do sistema é incompatível com a cobrança de contribuição previdenciária sem que se confira ao segurado qualquer benefício, efetivo ou potencial.
>
> **4. Por fim, não é possível invocar o princípio da solidariedade para inovar no tocante à regra que estabelece a base econômica do tributo.**
>
> 5. À luz das premissas estabelecidas, é fixada em repercussão geral a seguinte tese: "Não incide contribuição previdenciária sobre verba não incorporável aos proventos de aposentadoria do servidor público, tais como 'terço de férias', 'serviços extraordinários', 'adicional noturno' e 'adicional de insalubridade." 6. Provimento parcial do recurso extraordinário, para determinar a restituição das parcelas não prescritas.
>
> (STF - RE 593068, Rel. Min. Roberto Barroso, Tribunal Pleno, julg. 11/10/2018, repercussão geral, Dje-056, pub. em 22/03/2019 – grifei)

Ressoe, *não é possível invocar o princípio da solidariedade para inovar no tocante à regra que estabelece a base econômica do tributo*. Como também não é possível socorrer ao princípio da solidariedade para fulminar qualquer outro conteúdo das normas de competência tributária.

Paulo Ayres Barreto (2020, p. 206) também aponta que o alcance do princípio da solidariedade é limitado quanto ao espectro das contribuições sociais de seguridade social. Cite-se:

> O princípio da solidariedade tem seu alcance reduzido por uma série de prescrições constitucionais que enfeixam as condições para se instituir e exigir contribuições. Se se pretende exigir verdadeira contribuição, é forçoso verificar se aqueles traços mínimos reconhecidos para essa espécie tributária estão presentes; se o grupo está identificado; se a fonte de custeio total é compatível com o benefício ou serviço (art. 195, § 5º da Constituição Federal); se o critério de rateio desse custo é adequado.

A concretude semântica e relação condicionante própria das regras de competência constitucional tributária impõem o roteiro a ser seguido pelo legislador constituinte na criação de novas regras de competência, bem como pelo legislador infraconstitucional quando da criação ou alteração das contribuições sociais de seguridade social.

A solidariedade já está assegurada enquanto valor e norma-princípio no conteúdo semântico restrito das regras constitucionais de competência tributária das contribuições securitárias. Não cabe ao legislador constitucional ignorá-las ou ao legislador infraconstitucional desbordar daquelas regras de competência. Tampouco, cabe o Poder Judiciário utilizar o princípio da solidariedade como fundamento para desconstrução dos mandamentos previstos em regras de competência constitucionais.

4.1.2 Os princípios da capacidade contributiva ou equidade na forma de participação no custeio devem consubstancializar com a regra de competência constitucional da contribuição social de seguridade social?

Remonta saber qual o fundamento normativo para existência do sistema de seguridade. A indicação é simples e única: o risco social. Todo o sistema protetivo da seguridade social gravita em torno do risco social.

Utilizamos o signo "risco", porque a Constituição Federal de 1988 consagrou tal conceito quando enuncia como direito social a *redução dos* ***riscos*** *inerentes ao trabalho, por meio de normas de saúde, higiene e segurança* (XXII, art. 7º), ou no apontamento do direito dispõe o direito fundamental da saúde a ser garantido pelo Estado, *mediante políticas sociais e econômicas que visem à redução do* ***risco*** *de doença e de outros agravos* (*caput*, art. 196), e, mesmo, no controle de métodos de produção e comercialização de substâncias que *comportem* ***risco*** *para a vida, a qualidade de vida e o meio ambiente.*

No sistema protetivo da seguridade social, o maior risco social mitigável é o desemprego. E o próprio legislador constituinte reconhece como o ticket para o bem-estar e justiças sociais, o primado do trabalho.

A própria Constituição Federal de 1988 reconhece os riscos sociais e dispõe mecanismos securitários para mitigá-los, como é o caso do próprio *desemprego involuntário*, e de outros como: a *aposentadoria*, a *incapacidade temporária ou permanente para o trabalho* e a *doença.*

E a equidade na forma de participação no custeio encontra suporte físico no inciso V, do art. 194 da Constituição Federal de 1988, e descreve-se enquanto igualdade formal inspirada no *caput* do art. 5º da Carta.

Lembra Wagner Balera (2004. p. 89), "o custeio, por conseguinte, deve conformar o esquema de contribuições ao critério supremo da isonomia entre os diferentes contribuintes".

Na parte das contribuições sociais de seguridade social, a equidade, na forma de participação no custeio, também consubstancia com o princípio da isonomia tributária do inciso II do art. 150 da Constituição Federal; no qual a norma da isonomia tributária veda que os entes políticos instituam *tratamento desigual entre contribuintes que se encontrem em situação equivalente, proibida qualquer distinção em razão de ocupação profissional ou função por eles exercida.*

Voltemos, o conteúdo semântico da norma jurídica proíbe a distinção tributária em razão da *ocupação profissional e função* exercida pelo contribuinte.

E, aqui, vai uma pergunta: a contribuição social de seguridade social é tributo? Se a resposta for sim, e o é, podemos passar à outra indagação: originariamente existe alguma norma de competência ou princípio constitucional que fundamentam as contribuições sociais de seguridade social a colidir ou entrechocar com a norma da isonomia tributária? Sendo a resposta aqui negativa, e também o é, qualquer outra norma que violar a isonomia (seja por intermédio de emenda constitucional ou erigida pelo legislador infraconstitucional), é chapadamente inconstitucional.

Então, retomemos que o sistema de seguridade social aponta normativamente a equidade na forma de participação no custeio, que é consubstanciada com o princípio da isonomia tributária. A equidade do custeio é reflexo da isonomia constitucional tributária na seguridade social.

De posse dessas linhas, cabem outras indagações, mas também de respostas concretas e simples. O princípio da capacidade contributiva pode ampliar ou estabelecer novos critérios de regra constitucional de competência da contribuição social de seguridade social? Pode inserir a igualdade material como regra constitucional de competência das contribuições securitárias? Para a primeira indagação, basta relembrar que um princípio não pode ser fundamento para instituição ou alteração de tributos, ou mesmo, como meio de esvaziamento do conteúdo material das regras de competência tributária. A segunda indagação satisfaz-se com a invocação da norma de equidade na forma de participação no custeio, ou o princípio da isonomia tributária.

Como lembra Hugo de Brito Machado (2004, p. 77), "é importante, porém, destacar que o princípio da capacidade contributiva só está expressamente previsto, no Brasil, em relação aos impostos, posto que o § 1º, do art. 195, da Constituição Federal, referiu-se apenas à espécie impostos, e não ao gênero tributos".

O princípio da capacidade contributiva encontra suporte no enunciado prescritivo constitucional (§ 1º, art. 145, CF/88) que determina *sempre que possível, os impostos terão caráter pessoal e serão graduados segundo a capacidade econômica do contribuinte.* É um mandamento aos impostos quando, por sua natureza, forem possíveis de gradação conforme a capacidade contributiva do sujeito passivo.

Como ensina Roque Antonio Carrazza (2019, p. 96), "se for da índole constitucional do imposto, ele deverá obrigatoriamente ter caráter pessoal e ser graduado de acordo com a capacidade econômica do contribuinte. Ou, melhor: se a *regra-matriz* do imposto (traçada na Constituição Federal) permitir, ele deverá necessariamente obedecer ao princípio da capacidade contributiva".

Porém, não há vedação para que outras espécies tributárias adotem essa sistemática da igualdade material, desde que respeitadas as normas constitucionais de competência, a tipologia tributária, e as demais normas e os fundamentos do sistema a sofrer a incidência desse influxo. Mas aí, não pela incidência da capacidade contributiva.

Levando tal discussão à concretude normativa, o legislador constituinte derivado inseriu o §9º no art. 195 da CF/88 por intermédio da Emenda Constitucional 20/88. O texto fora alterado duas vezes, pelas Emendas Constitucionais 47/2005 e 103/2019. No atual texto constitucional, encontra-se o enunciado que *as contribuições sociais previstas no inciso I do caput deste artigo poderão ter alíquotas diferenciadas em razão da atividade econômica, da utilização intensiva de mão de obra, do porte da empresa ou da condição estrutural do mercado de trabalho, sendo também autorizada a adoção de bases de cálculo diferenciadas apenas no caso das alíneas "b" e "c" do inciso I do caput.*

A condição, aqui, é saber se "atividade econômica" e "porte da empresa" podem ser alçados como critérios para alterar a regra constitucional de competência tributária das contribuições sociais de seguridade social, e, *ipso facto*, a regra-matriz de incidência tributária das contribuições securitárias.

Incialmente, analisar o confronto entre o fundamento do sistema de seguridade social (que vimos ser o risco social) e a relação entre "atividade econômica" e "porte da empresa", inexiste relação. Como a seguridade social visa a mitigar os riscos sociais, apenas elementos ou pessoas que impunham maior risco poderão ser alçados como fundamento constitucional para o custeio da seguridade social.

Preceitua Wagner Balera (2004, p. 52):

> Por forçoso consectário da diretriz da equidade na participação do custeio e, ainda, como nota distintiva do tipo tributário (contribuição) escolhido pelo constituinte, cumpre haver discriminação entre contribuintes em função da diversidade de custos (conforme o respectivo grau de risco) que o sistema de seguridade social suportará a fim de dar cobertura aos trabalhadores que prestam serviços a certas classes de empregadores.

Revele-se, *atividade econômica* e *porte da empresa* são reflexos de capacidade econômica, mas não de maior ou menor risco social. São incompatíveis com o sistema protetivo e de custeio da seguridade social. Necessariamente deveriam jungir ao elemento risco para figurar como fundamento de tributação, mas aí não precisariam de menção constitucional expressa. E a tributação não seria em razão da "atividade econômica" e "porte da empresa", mas em razão do menor ou maior risco social proporcionados.

Confrontemos a norma da isonomia tributária com o §9º no art. 195 da CF/88. Esse enunciado prescritivo constitucional derivado possibilita ter *alíquotas diferenciadas* nas contribuições do empregador, da empresa e da entidade a ela equiparada, sobre a folha de salários e demais rendimentos do trabalho, sobre receita, faturamento ou lucro, em razão da "atividade econômica", da "do porte da empresa" ou "da condição estrutural do mercado de trabalho". Ou *bases de cálculo diferenciadas* nas contribuições do empregador, da empresa e da entidade a ela equiparada, sobre receita, faturamento ou lucro. Não haveria aqui violação da isonomia tributária? De certo que sim.

Quando se escolhe diferenciação de alíquota e base de cálculo em razão da "atividade econômica", do "porte da empresa" ou "da condição estrutural do mercado de trabalho", está a se tributar em razão da *atividade profissional* ou *função exercida* pelos sujeitos passivos. E os entes políticos não podem instituir tratamento desigual *entre contribuintes que se encontrem em situação equivalente*, sob pena de violar a norma da isonomia tributária.

E mais, se considerarmos o influxo da igualdade material nas contribuições sociais de seguridade social temos que, invariavelmente, analisar se critério de *discrímen* é compatível com o sistema protetivo.

Seguindo o abalizado pensamento de Celso Antônio Bandeira de Mello (2006, p. 23), "o ponto nodular para o exame da correção de uma regra em face do princípio isonômico reside na existência ou não de correlação lógica entre o fator erigido em critério de *discrímen* e a discriminação legal decidida em função dele".

Inexiste correlação lógica entre "atividade econômica", "porte da empresa" ou "condição estrutural do mercado de trabalho" com o sistema de seguridade social. O único critério compatível é o risco social. E esse critério discriminatório do risco social é intrínseco à condição de seguridade, e privilegiado constitucionalmente.

Também não se pode falar que a atividade econômica, o porte da empresa ou a condição estrutural do mercado de trabalho podem gerar maiores riscos sociais. O fundamento não pode ser inverso. E, se assim o for, são totalmente desnecessários esses apontamentos do legislador derivado, pois o elemento risco social independe de qualquer outro qualificativo ou circunstância para servir de fundamento para as prestações e custeio da seguridade social.

Desconsiderando a regra constitucional de competência das contribuições sociais de seguridade social e o fundamento do custeio na equidade enquanto igualdade formal, no julgamento

RE 599.309/SP, o Supremo Tribunal Federal determinou a constitucionalidade da contribuição "adicional" de 2,5% sobre a folha de salários de entidades de previdência privada abertas e fechadas, empresas de arrendamento mercantil, bancos e entidades assemelhadas, criada pelo § 2º do art. 3º da Lei 7.787/89. O principal fundamento do voto fora a capacidade contributiva e o princípio da solidariedade que, como vimos, não servem de fundamento e, tampouco, podem derrogar as regras constitucionais de competência das contribuições sociais de seguridade social inseridas pelo legislador constituinte originário.

Sinteticamente, o sistema aponta que o custeio deve ser promovido de forma equânime a partir do risco social. E a lógica protetiva é simples, quanto maior risco social determinado estrato social provocar, maior deve ser a contribuição.

5. Considerações finais

O estudo das contribuições sociais de seguridade social é sempre relevante. É ponto de intersecção entre dois subsistemas constitucionais, o tributário e o de seguridade social.

Neste escrito, revelou-se serem duas as fontes de custeio da seguridade social. O custeio indireto promovido por dotações orçamentárias. E o custeio direto, através das contribuições sociais de seguridade social. Na classificação constitucional tributária extrínseca que fora aqui abraçada, a contribuição social é uma espécie de tributo não vinculado (pois não apresenta na hipótese de incidência uma atuação estatal, e mais, nessa relação tributária, ausente está a contraprestação direta e específica ao contribuinte), destinado (tendo em vista a necessidade de previsão legal e efetiva destinação do produto de sua arrecadação para custear uma prestação da saúde, previdência ou assistência sociais) e não restituível (não há restituição do valor arrecadado corrigido monetariamente ao contribuinte).

Consignou-se a distinção entre normas de competência e de conduta. E, com base nesses ensinamentos, fixou-se a competência tributária como norma de estrutura que estabelece os entes competentes, critérios, conteúdo e os procedimentos para criação, modificação ou extinção de tributos. Regras a serem sempre observadas pelo legislador constituído, sob pena de inconstitucionalidade.

Ficara demonstrado que os princípios constitucionais devem conformar-se com o conteúdo semântico da regra de competência tributária. Não se pode instituir, alterar ou fundamentar norma de incidência a partir de princípios, ainda mais quando os princípios afastam ou confrontam com a concretude estabelecida pelo legislador constituinte nas regras de competência tributária.

Definiu-se que o princípio da solidariedade de tributação ou social não se confundem com filantropia ou caridade. A seguridade social está fundamentada na noção de risco social, na potencialidade ou miudeza da imposição de risco social. Os critérios de tributação elencados constitucionalmente para instituição ou alteração de contribuições sociais de seguridade social revela ligação sistêmica com o risco social. Não pode o legislador constituído, seja constitucional ou infraconstitucional, tentar dissolver o fundamento do sistema. A solidariedade na seguridade social não está jungida, e, tampouco, acompanha a noção econômica de capacidade. O que ali se impõe é a contribuição para mitigação de riscos sociais.

Em sua inteireza, as linhas já traçadas, afirme-se a impossibilidade de aplicação do princípio da capacidade contributiva às contribuições sociais de seguridade social. Isso por conta do critério discriminatório, ou fundamental, da capacidade contributiva que, por vezes, confunde-se com capacidade econômica. Repita-se, não é fundamento para tributação com contribuições sociais de seguridade social a capacidade econômica.

Nunca se pode perder de mente que o *discrímen* é o risco social. O único capaz de retratar o fundamento do subsistema.

Nesse caminho, desnudou-se que qualquer descompasso entre a regra-matriz de incidência de uma contribuição social de seguridade social e as regras de competência constitucional, macula a constitucionalidade da contribuição social securitária. Também desborda em inconstitucionalidade a criação de outra regra de competência constitucional pelo legislador constituinte derivado (legislador constituído), em descompasso com qualquer regra constitucional de competência originária que se conforme com o fundamento sistemático do risco social, ou da destinação correspondente entre prestações e contribuições sociais de seguridade social.

Referências

ALEXY, Robert. *Teoria de los derechos fundamentales*. Madrid: Centro de Estudios Politicos y Constitucionales, 2001.

ATALIBA, Geraldo. *Hipótese de incidência tributária.* 6ª ed. 18. tiragem. São Paulo: Malheiros, 2019.

_____. *Sistema constitucional tributário brasileiro.* São Paulo: Editora RT, 1968.

ÁVILA, Humberto. *Teoria dos princípios:* da definição à aplicação dos princípios jurídicos. 6 ed. São Paulo: Malheiros, 2006.

BALERA, Wagner. *A seguridade social na Constituição Federal de 1988*. São Paulo: Editora Revista dos Tribunais, 1989.

_____. As contribuições no sistema tributário brasileiro. In: Hugo de Brito Machado (org.). *As contribuições no sistema tributário brasileiro.* São Paulo: Dialética, 2003.

_____. Contribuições sobre a folha de salários. Remuneração que compõe a sua base de cálculo. *Revista Fórum de Direito Tributário* (RFDT): Belo Horizonte, 2004, ano 2, n. 10, jul. / ago.

_____. *Noções preliminares de direito previdenciário.* São Paulo: Quatier Latin, 2004.

_____. *Sistema de seguridade social.* 4 ed. São Paulo: LTr, 2006.

BARRETO, Paulo Ayres. *Contribuições:* regime jurídico, destinação e controle. 3ª ed. São Paulo: Noeses, 2020.

BECKER, Alfredo Augusto. *Teoria geral do direito tributário.*7ª ed. São Paulo: Noeses, 2018.

BOBBIO, Norberto. *Teoria do ordenamento jurídico.* Brasília: Editora Universidade de Brasília, 1999.

CANOTILHO, J. J. Gomes. *Direito constitucional.* 6ª ed. Coimbra: Livraria Medina, 1993.

CARRAZZA, Elizabeth Nazar. *IPTU e progressividade:* igualdade e capacidade contributiva. 2 ed. São Paulo: Quartier Latin, 2015.

CARRAZZA, Roque Antonio. *Curso de direito constitucional tributário.* 32 ed. São Paulo: Malheiros, 2019.

CARRIÓ, Genaro R. *Notas sobre derecho y lenguaje.* Buenos Aires: Abeledo-Perrot, 1990.

CARVALHO, Paulo de Barros. *Curso de direito tributário.* 29 ed. São Paulo: Saraiva, 2018.

_____. IPI – Comentários sobre as Regras Gerais de Interpretação da Tabela NBM (TIPI/TAB). In: *Revista Dialética de Direito Tributário, São Paulo, Oliveira Rocha – Comercio e Serviços Ltda., n 12, 1996.*

KELSEN, Hans. *Teoria pura do direito.* Martins Fontes: São Paulo, 2003.

MACHADO, Hugo de Brito. *Os princípios jurídicos da tributação na Constituição Federal de 1988.* 5 ed. São Paulo: Dialética, 2004.

MELLO, Celso Antônio Bandeira de. *O conteúdo jurídico do princípio da igualdade.* 3 ed. São Paulo: Malheiros, 2006.

ROSS, Alf. *Direito e justiça.* Bauru, SP: Edipro, 2003.

SAMPAIO JR, Tercio Ferraz. *Introdução ao estudo do direito*: técnica, decisão, dominação. 4ª ed. São Paulo: Atlas, 2003.

SANTI, Eurico M. Diniz de. Tributo e classificação das espécies no sistema tributário brasileiro. In: *Revista Fórum de Direito Tributário* – RFDT. Belo Horizonte, ano 11, n. 62, mar./abr. 2013.

VILANOVA, Lourival. *As estruturas lógicas e o sistema de direito positivo.* São Paulo: Noeses, 2005.

BREVES CONSIDERAÇÕES SOBRE O PLANEJAMENTO TRIBUTÁRIO

BRIEF CONSIDERATIONS ON TAX PLANNING

Roque Antonio Carrazza[1]

Elizabeth Nazar Carrazza[2]

> *"Não há enunciado prescritivo que proíba, direta ou indiretamente, a estruturação, por meios lícitos, de operação tributária com o único propósito de reduzir ou mesmo não pagar tributos. Não há regra específica que vede tal procedimento, nem qualquer princípio que possa servir de fundamento para impedir esse comportamento. O ordenamento jurídico brasileiro não positivou a regra do propósito negocial ('business purpose')"* (Paulo Ayres Barreto).

Sumário: 1. Introdução – 2. O dever fundamental de pagar tributos – 3. O direito fundamental de economizar tributos – 4. A elisão fiscal – 5. Conclusões – Referências.

---

1. Professor Titular da Cadeira de Direito Tributário da Faculdade de Direito da Pontifícia Universidade Católica de São Paulo – Advogado e Consultor Tributário - Mestre, Doutor e Livre-docente em Direito Tributário pela *PUC/SP* – Chefe do Departamento das Relações Tributárias, Econômicas e Comerciais da PUC/SP – Ex-Presidente da Academia Paulista de Direito.

2. Professora Assistente Doutora da Cadeira de Direito Tributário da Faculdade de Direito da Pontifícia Universidade Católica de São Paulo – Ex-Diretora da Faculdade de Direito da PUC/SP – Ex-Coordenadora do Programa de Estudos Pós-Graduados em Direito da PUC/SP – Advogada e Consultora Tributária.

1. Introdução

I - É com imensa alegria que participamos destes estudos em homenagem ao Prof. Paulo Ayres Barreto, sem favor algum, um dos mais respeitados e competentes cultores da Ciência do Direito Tributário.

De fato, de sua límpida inteligência e de seu festejado saber, brotaram livros e artigos admiráveis, marcados pela originalidade, pela profundidade dos raciocínios e pela consolidação de conceitos, até há pouco nebulosos e controvertidos.

A par disso, Paulo Ayres, com sua simpatia irradiante e notável didática, tem formado legiões de discípulos, que, a exemplo de seu mestre, estão aprofundando a análise do intrincado fenômeno jurídico da tributação.

Apoiados nas brilhantes lições do nosso homenageado, cuidaremos, neste artigo, do *planejamento tributário*, também conhecido como *elisão fiscal* ou *elusão fiscal*.[3]

II - Sabe-se que é grande a sanha arrecadatória do Estado, no Brasil representado pelas pessoas políticas (União, Estados-membros, Distrito Federal e Municípios). É que, de uns tempos a essa parte, o *interesse fazendário* tem, amiúde, falado mais alto do que o *interesse público*.

Todavia, urge afastar esta postura, pois o *interesse fazendário* não se confunde, nem, muito menos, sobrepaira, o *interesse público*; antes, a ele se subordina e, assim, somente poderá prevalecer quando ambos estiverem em perfeita sintonia.

Positivamente, simples anseios arrecadatórios, nem sempre equilibrados, nem sempre jurídicos, não levam à inexorabilidade da tributação. Pelo contrário, esta, num Estado Democrático de Direito como o nosso, pressupõe que o Fisco seja reverente à letra e ao espírito da Constituição Federal e das leis que com ela se ajustam.

---

3. Embora haja divergências, a respeito, consideramos estas expressões como sendo sinônimas.

III - Convém lembrar, nesse passo, que a Administração Fazendária não tem liberdade para agir como lhe apraz, salvo quando a lei o proíba; muito de revés, deve fazer exatamente o que ela lhe determina.[4]

Nada justifica, pois, o chamado "*extrativismo fiscal*";[5] nem mesmo o objetivo, sem dúvida louvável, mas sempre secundário,[6] de solucionar "*problemas de caixa*" das pessoas políticas.

Enfim, se, por um lado, o contribuinte tem o dever de pagar tributos,[7] por outro, tem o direito fundamental de economizá-los, sempre que a Constituição e as leis que com ela se ajustam não o proíbam de fazê-lo.

É o que passamos a expor e fundamentar.

---

4. A Administração Fazendária somente pode fazer o que a lei lhe manda (*princípio da conformidade com as normas legais*). Noutras palavras, seu fim precípuo é agir *debaixo da lei*, cumprindo-a e fazendo com que seja bem cumprida.
Ao contrário dos particulares para quem "*tudo o que não está juridicamente proibido está juridicamente facultado*" ("*cuique facere licet nisi quid iuri prohibitur*"), o Poder Público só pode fazer o que a lei lhe ordena, conforme a parêmia "*prohibita intelliguntur quod non permissum*".

5. Entende-se por *extrativismo fiscal* a dinâmica pela qual o Estado retira, valendo-se de uma tributação atrabiliária, as riquezas da sociedade.

6. Ao sustentarmos que o objetivo arrecadatório das pessoas políticas é secundário, queremos significar, com Renato Alessi (*Sistema istituzionale del diritto amministrativo italiano*. Milão: Giuffrè, 3ª ed., 1960, p. 197 e notas de rodapé 3 e 4), que elas devem buscar os meios financeiros para custear suas atividades primárias (educação, saúde, cultura, saneamento básico, segurança pública, serviços públicos, obras públicas etc.)

7. O dever fundamental de pagar tributos foi estudado por José Casalta Nabais (*O Dever Fundamental de Pagar Impostos – Contributo para a compreensão constitucional do estado fiscal contemporâneo*, Coimbra, Almedina, 1998). Para esse autor, o pagamento de tributos é um dever fundamental, que, em linha de princípio, exclui qualquer outro direito de não os recolher, pois concretiza o dever de solidariedade que todos têm, de contribuir, de acordo com suas forças econômicas, para a manutenção da coisa pública.
Nabais, no entanto, não leva sua teoria às últimas consequências, já que, ao depois de deplorar o "*agigantamento*" do Estado Fiscal, trata dos limites formais e materiais à tributação.

2. O dever fundamental de pagar tributos

I - Os contribuintes têm o dever de pagar tributos, para que o Estado disponha dos meios financeiros que lhe permitirão atingir os fins, que lhe são apontados pelo ordenamento jurídico.

Com efeito, a tributação é o principal meio que o Estado possui para financiar-se, isto é, para obter os recursos de que necessita para propiciar às pessoas segurança, saúde, educação, lazer, cultura, bem-estar social, e assim por diante.[8] Na medida em que, por determinação constitucional, praticamente todas as atividades econômicas foram confiadas aos particulares e às empresas privadas em geral (comerciais, industriais e produtoras), ele acaba encontrando, nesta forma de participação no enriquecimento privado, a fonte por excelência de abastecimento de dinheiro de seus cofres.

Portanto, ao mesmo tempo em que o Estado exige tributos das pessoas (físicas ou jurídicas), dá-lhes condições objetivas para que levem avante suas atividades e encontrem plena realização profissional, familiar, social etc.

II - Os tributos, porém, longe de poderem ser exigidos atabalhoadamente, precisam respeitar largo catálogo de direitos fundamentais dos contribuintes (estrita legalidade, anterioridade, igualdade, razoabilidade, proporcionalidade etc.), que, por assim dizer, fazem o contraponto ao inegável dever, que a ordem jurídica lhes impõe, de suportá-los.

Não é por outra razão que nossa Carta Constitucional – matriz de todas as manifestações normativas estatais – contém grande número de normas tributárias. Estas, além de

8. O Estado também obtém recursos arrecadando multas (penalidades pecuniárias), intervindo no domínio econômico (por intermédio das empresas públicas e das sociedades de economia mista), emitindo moeda e colocando no mercado títulos e papéis similares. Mas, contas feitas, os valores assim obtidos são pífios, se comparados com os advindos da tributação.

apontarem os fatos que podem ser alvo de tributação,[9] estabelecem as condições ao regular exercício da chamada *competência tributária*.[10]

De fato, para maior garantia e segurança dos contribuintes, a Constituição indicou os nortes e limites da tributação, retirando do legislador (federal, estadual, municipal e do Distrito Federal) a possibilidade de livremente definir o alcance das normas que criam *in abstracto* tributos e permitem que eles sejam lançados e arrecadados. Forjou, portanto, um sistema tributário rígido, com atribuições bem definidas e perfeitamente discriminadas entre as pessoas políticas.[11]

Isso não significa, porém, que o dever de pagar tributos impede os contribuintes de se organizarem para economizá-los. Basta que observem as condições que apontaremos a seguir.

3. O direito fundamental de economizar tributos

I - É ponto bem averiguado, que os ordenamentos jurídicos dos países que o lugar comum apelidou de cultos e civilizados, conferem ao contribuinte o direito de buscar soluções para seus problemas fiscais, de modo a fugir da incidência tributária ou, não sendo isso possível, a suportar uma carga fiscal menor.

---

9. A Constituição brasileira traçou a *regra-matriz* (o *arquétipo*, a *norma padrão de incidência*) de todos os tributos, com o que limitou a liberdade das pessoas políticas para que os instituam, lancem e cobrem. Desse modo, um tributo que não se ajusta à sua *regra-matriz* é inconstitucional.

10. Competência tributária é a aptidão jurídica, que só as pessoas políticas possuem, para, em caráter privativo, criar, *in abstracto*, tributos, descrevendo, legislativamente, suas hipóteses de incidência, seus sujeitos ativos, seus sujeitos passivos, suas bases de cálculo e suas alíquotas. Como corolário, exercitar a competência tributária é dar nascimento, no plano abstrato, a tributos.

11. A adoção desse sistema rígido de repartição de competências tributárias foi a solução encontrada pelo Constituinte para assegurar a cada pessoa política, pelo menos em tese, os recursos financeiros necessários à manutenção de sua autonomia.

De fato, neles, o contribuinte não está proibido de realizar a chamada *economia fiscal*, desde que, para tanto, se valha das vias legítimas e adote comportamentos coerentes com a ordem jurídica.[12] Em outras palavras, pode perfeitamente buscar caminhos fiscalmente menos onerosos.

Todavia, em países cujas Constituições, em matéria tributária, são lacônicas, tem prevalecido a tese, baseada nos princípios *da solidariedade*, *da igualdade* e *da justiça fiscal*, de que o dever de pagar tributos está vinculado, tão somente, à *capacidade contributiva*, é dizer, à aptidão econômica de contribuir para a mantença do Estado. Daí, neles, a liberdade de se organizar livremente, para pagar menos tributos – consubstanciada no *princípio da livre escolha da rota menos tributada* –, embora exista, encontra limitações, como, por exemplo, na necessidade da presença de um *propósito negocial*, não bastando, para tanto, o intuito de economizá-los.

II - A transplantação acriteriosa dessas ideias para o Brasil tem levado muitos doutrinadores e a própria jurisprudência a sufragarem o entendimento de que o Fisco tem o direito de desconsiderar práticas que, conquanto lícitas, fogem ao padrão de normalidade ou têm o único objetivo de reduzir a carga fiscal.[13]

---

12. A esse respeito, reportamo-nos ao julgamento do famoso caso *Cadbury Schweppes* (CASO C-196/04, 12.09.2006) pela Corte Europeia de Justiça, no qual se reconheceu a liberdade de estruturação de empresas em outros países, com a finalidade de economia tributária, desde que isso não fosse feito por meio de arranjos completamente artificiais ("*wholly artificial arrangements*").

13. Nessa linha, a Primeira Câmara, do Conselho de Contribuintes (atualmente Conselho Administrativo de Recursos Fiscais), decidiu, por maioria de votos, que a remuneração de debêntures, sob a forma exclusiva de participação nos lucros, embora não proibida por lei, é uma prática "*anormal*", realizada "*sem propósito negocial*", pelo que é inoponível ao Fisco, que, assim, está autorizado a requalificar os fatos e glosar as despesas deduzidas a título de remuneração. Confira-se a ementa: "PARTICIPAÇÕES NÃO DEDUTÍVEIS ATRIBUÍDAS A DEBÊNTURES. A remuneração das debêntures sob forma exclusiva de participação nos lucros, comprometendo 50% ou 80% dos mesmos, foge ao padrão de normalidade. Evidenciado que o objetivo e consequência única da operação foi a redução substancial da carga tributária, fica o fisco autorizado a considerar a operação como planejamento a ele inoponível, requalificar os fatos e glosar as despesas deduzidas a título de remuneração de debêntures" (Processo nº 16327.002112/2005-75, Relatora para o Acórdão Conselheira Sandra Faroni, julgado em 17.12.2008).

Esquecem-se, porém, que a Constituição brasileira contém dezenas de normas que fazem uma sábia combinação do supremo respeito que deve ser dispensado aos contribuintes, com o direito estatal, igualmente importante, mas não absoluto, de exigir-lhes o pagamento de tributos.

Tanto é assim, que as pessoas políticas, enquanto criam *in abstracto* tributos ou os lançam e cobram, se veem às voltas com o seguinte dilema: ou se limitam a aumentar o grau de concreção dos comandos da Carta Suprema ou, na busca da originalidade, acabam atropelando direitos e garantias fundamentais dos contribuintes.[14] Em suma, encontram perfeitamente mapeado, no Texto Supremo, por meio de vários princípios e valores, o caminho tributário que estão credenciadas a palmilhar.

III - Uma advertência, porém, precisa de logo ser feita: tais princípios e valores não podem ser empregados para alterar as *regras-matrizes* dos tributos, que, por estarem também postas no Código Máximo, conferem aos contribuintes o direito de apenas serem tributados, na forma e nos limites que elas precisamente traçam.

Portanto, é juridicamente inadmissível que a pessoa política, em nome dos princípios *da solidariedade* e *capacidade contributiva*, alargue, ainda que por meio de lei, quanto mais do labor exegético, o campo de incidência possível de um tributo, que – é sempre bom insistir – se encontra pretraçado na Constituição.

***IIIa* -** Não compartilhamos, pois, da tese de que os preditos princípios interferem na interpretação e aplicação das leis tributárias, a ponto de justificarem a retirada, em cada caso concreto, da máxima riqueza possível dos contribuintes. Esta busca obsessiva pela "*otimização*" da arrecadação tributária, além de brigar com os demais princípios constitucionais,

14. A Constituição brasileira regula o fenômeno jurídico da tributação, por meio de uma miríade de princípios e de regras, sendo, nesse particular, ímpar no mundo. É o quanto basta para afastar a superficialidade com os tributaristas estrangeiros costumam levar em conta a de seus respectivos países.

como o da segurança jurídica, o da legalidade e o da liberdade de planejar os próprios negócios, remete à vetusta e superada teoria da *interpretação econômica* das normas tributárias.[15]

Tal "*interpretação*", por partir da equivocada premissa de que as normas tributárias são diferentes das demais normas jurídicas,[16] foi sendo retrabalhada, transformando-se num tipo de *interpretação teleológica*, igualmente merece censuras, porque, no intuito de privilegiar a substância sobre a forma, fragiliza o *princípio da legalidade* e abre espaço à inaceitável tributação com base na analogia, de fora a parte "*permitir*" que o agente fiscal e o julgador inovem originariamente a ordem jurídico-tributária.

IIIb - Na real verdade, a Constituição determinou que cabe ao Legislativo e, não, ao Executivo ou ao Judiciário, apontar as manifestações de capacidade contributiva sujeitas à tributação. Mas, não todas elas: apenas as que estejam de acordo com as *regras-matrizes* de cada exação e dentro da competência da pessoa política tributante.

Depois, como aguisadamente observa Paulo Ayres Barreto:

> [...] o princípio da capacidade contributiva não configura "limite" à liberdade de atuação do cidadão, que esteja amparada e respaldada pela lei. Ao estabelecer o tratamento tributário a ser aplicado aos casos concretos, age o legislador de forma a atender

---

15. Para Amílcar de Araújo Falcão, a interpretação econômica das normas tributárias permite que se atribua "*à lei, na sua aplicação às hipóteses concretas, inteligência tal que não permita ao contribuinte manipular a forma jurídica para, resguardando o fenômeno econômico visado, obter um menor pagamento ou o não pagamento de um determinado tributo*" (*Fato gerador da obrigação tributária*. São Paulo: Editora Financeiras, 1964, p. 43).

16. A norma jurídica tributária, em que pese seu conteúdo próprio, não difere, em sua estrutura lógica, das demais normas jurídicas. Também ela é um *juízo hipotético condicional*, cujo *antecedente* descreve um fato ou estado de fato de ocorrência possível e cujo *consequente* prescreve a instauração de uma relação jurídica (quando se concretizar o fato ou o estado de fato descrito no *antecedente*).
Nesse sentido, a norma jurídica tributária deve ser interpretada e aplicada da mesma maneira que as normas jurídicas em geral.

> ao primado da capacidade contributiva. De seus atos – das discriminações efetuadas por lei, 'para atendimento ao princípio' = cabe o controle do Poder Judiciário. Em consequência, a atuação do Poder Executivo fica 'jungida' à aplicação dos fatores de discriminação legalmente estabelecidos.[17]

IIIc - Também o *princípio da solidariedade* não justifica, tampouco legitima, qualquer tipo de tributação, ainda que faça *tabula rasa* das regras-matrizes exacionais e desconsidere os princípios *da legalidade* (que concretiza a segurança jurídica do contribuinte e seu direito de propriedade) e da *reserva das competências tributárias* (que discrimina, de modo rígido, entre as pessoas políticas, a faculdade de instituir tributos). Em outras palavras, o valor *solidariedade*, posto importante, não tem força jurídica suficiente para atropelar direitos e garantias fundamentais dos contribuintes.

IIId - Além de tudo, a Constituição, ao dar ênfase à dignidade humana, permite que o contribuinte controle seu futuro. Desde que não descumpra a lei, pode planejar livremente sua vida econômica, de modo a obter vantagens fiscais. E mesmo quando acusado de haver praticado algum ilícito tributário, deve ter assegurado o direito à ampla defesa, cabendo ao Fisco, o ônus de comprovar a ocorrência e a autoria da infração.

IIIe - Positivamente, os princípios *da solidariedade* e *da capacidade contributiva* não podem ser utilizados para a flexibilização dos princípios constitucionais que amparam os contribuintes, de modo a restringirem ao máximo o direito fundamental que os contribuintes têm, de se valerem da elisão fiscal.

Merece ser lembrado, nesse ponto, que os direitos fundamentais servem para proteger os contribuintes e, não, o Estado. Este, como pontifica Humberto Ávila, "*é uma instituição objetiva, não uma pessoa humana; não exerce liberdade, mas competência e poder; não tem dignidade; não é destinatário das normas, mas seu editor*".[18]

---

17. *Planejamento tributário:* limites normativos. São Paulo: Noeses, 2016, p. 96.

18. *Segurança jurídica.* Entre permanência, mudança e realização no direito tribu-

Enfim, nunca se pode perder de vista que a tributação precisa observar, em tudo e por tudo, as posições dos contribuintes, que nosso ordenamento jurídico considera merecedoras de maior amparo, e que encontram no art. 5º, da Carta Magna, sua sede natural.[19]

IV- O que acabamos de expor basta para que se proclame que, no Brasil, as pessoas físicas e jurídicas, desde que se valham de meios lícitos, podem: *a)* livrar-se da tributação, evitando os comportamentos que as tornarão contribuintes (sujeitos passivos tributários); ou, *b)* buscar uma tributação menos onerosa, adotando comportamentos que levarão à mitigação dos seus encargos fiscais. Como logo adiante veremos, nosso ordenamento jurídico não encampou o teste do *propósito negocial* (*business purpose*).

Daí falar-se no *direito fundamental de economizar tributos*, ou seja, na liberdade que a Constituição dá ao contribuinte para escolher, dentro dos parâmetros legais, "*a rota menos tributada*" (*the least taxed route*), no lugar daquela que melhor convém ao Fisco.

V- Em termos mais técnicos, as pessoas (físicas ou jurídicas) têm o direito subjetivo de se valerem da *elisão fiscal* (*tax avoidance*), conduta lícita, omissiva ou comissiva, adotada em ordem a impedir o nascimento da obrigação tributária, a reduzir seu montante ou a adiar seu cumprimento. É alcançável pela não realização, pura e simples, do *fato imponível* (*pressuposto de fato*) do tributo ou pela prática de negócio jurídico tributariamente menos oneroso (*v.g.*, importando produto, via *Zona Franca de Manaus*, pois esta operação jurídica é isenta

---

tário. São Paulo: Malheiros Editores, pp. 155-156.

19. Registramos, por oportuno, que, no art. 5º, da Constituição Federal, não está contida mais do que uma pequena parcela dos direitos fundamentais dos contribuintes. Aliás, qualquer direito fundamental, longe de ser uma "*ilha*" no mundo do Direito, é "*parte de um continente*", devendo, por isso mesmo, ser entendido e aplicado no plano global dos critérios da Constituição, que, em nosso País, veda, especialmente em matéria tributária, discriminações extravagantes, sanções injustificáveis e, sempre, arbitrariedades.

dos denominados *tributos alfandegários*). Tais manobras, conquanto beneficiem o contribuinte, não são condenadas por nosso direito positivo.

VI- Em face do exposto, temos por incontroverso que inexiste, no Direito Tributário brasileiro, uma "*norma geral inclusiva*", fundada nos princípios *da solidariedade* e *da capacidade contributiva*, que tornaria *a priori* ilícita, ou, quando pouco, ineficaz perante o Fisco, a maioria dos planejamentos tributários.[20]

Com o devido acatamento, não abonamos a opinião de Marco Aurélio Greco, para quem "*o princípio da capacidade contributiva tem eficácia positiva para o fim de deflagrar uma norma geral inclusiva, mesmo que exista lei tributária prevendo apenas alguns casos de inoponibilidade (...)*", motivo pelo qual "*para atender ao princípio do artigo 145, § 1º, o intérprete deve buscar concretamente a plena eficácia da lei tributária, com isto significando atingir todas as manifestações de capacidade contributiva que a vontade da lei indica devem ser atingidas*".[21]

A nosso sentir, os princípios *da capacidade contributiva* e *da solidariedade* limitam-se a graduar o poder de tributar,[22] pelo que não se sobrepõem a outros princípios constitucionais (segurança jurídica, igualdade, razoabilidade, proporcionalidade etc.); tampouco, têm o condão de alterar as regras que conferem competências tributárias às pessoas políticas.[23]

---

20. Evidentemente, há muitos planejamentos tributários temerários, que não encontram amparo nem na legislação, nem na jurisprudência, por isso que devem ser repudiados. Juridicamente, porém, nada impede que, dentro da lei, os contribuintes se organizem da melhor forma, para atingir seus objetivos, com o máximo de organicidade e o mínimo de tributação.

21. *Planejamento tributário*. São Paulo: Dialética, 3ª ed., 2011, pp. 349 e 350.

22. Cf. André Parmo Folloni, "Capacidade contributiva e dever fundamental", in *Revista de Direito Tributário Atual*, nº 42, 2019, p. 484-508 (488).

23. Cf. Humberto Ávila. *Competências tributárias:* um ensaio sobre a sua compatibilidade com as noções de tipo e conceito. São Paulo: Malheiros, 2018, p. 65.

Lembramos que tais regras veiculam conceitos que, com seus *núcleos mínimos de significação*, embasam a ação estatal de exigir tributos. Ampliá-las, ainda que em nome da solidariedade, equivale a despi-las de eficácia, transformando o legislador infraconstitucional e o aplicador – inconstitucionalmente, é claro – em verdadeiros constituintes.

VII - E nem se diga que, na prática, isso vem acontecendo. É que, de acordo com a *Lei de Hume*,[24] não se pode inferir como as coisas deveriam ser, a partir de como elas são. A ordem normativa não deflui da situação fática.

Mais especificamente, o planejamento tributário, no Brasil, deve ser estudado, não com base nas lições estrangeiras, por mais respeitáveis que sejam, mas ao lume das peculiaridades de nosso ordenamento jurídico, que, no concernente à tributação, está plasmado, pelo menos em seus pontos essenciais, na própria Constituição.

***VIIa* -** E, ainda que se recorra ao Direito Comparado, para colher a lição de consagrados juristas, que isso seja feito de forma integral e, não, mutilando-lhes o pensamento. Essa advertência bem vale, no Brasil, para a posição externada, há mais de setenta anos, no voto do juiz federal Learned Hand, da *United States Court of Appeals for the Second Circuit*; *verbis*:

> Mais e mais as Cortes têm se pronunciado no sentido de que não há nada sinistro em alguém estruturar seus negócios de modo a manter seus impostos os mais baixos possíveis. Todos fazem isso, ricos ou pobres; e o fazem corretamente, porque ninguém tem o dever público de pagar mais do que a lei determina: tributos são exações impostas, não contribuições voluntárias. Cobrar mais, em nome da moral, é pura hipocrisia.[25]

---

24. O filósofo escocês David Hume, por acreditar que todo o conhecimento advém da experiência, criticou acerbamente a postura dos que fazem observações sobre o que deve ser, com base no que é. Isto porque, segundo sustentou, não é possível extrair do *ser* o *dever ser*. Esta proposição ficou conhecida como *Lei de Hume*, *Guilhotina de Hume* ou "*falácia naturalista*".

25. Commissioner v. Newman, 159 F.2d 848, 851 (2d Cir. 1947) – tradução nossa.

Anotamos, a propósito, que, em julgamento anterior, no qual se estruturou o teste do propósito negocial, este festejado jurista já decidira que "*ninguém está vinculado a escolher a forma que mais remunerará o Tesouro, pois não existe o dever patriótico de aumentar os próprios tributos*".[26]

VIIb- Aliás, já que aqui estamos, aproveitamos o ensejo para lamentar que, a despeito do rigor metodológico que o estudo do Direito Comparado impõe, parte da doutrina e da jurisprudência pátrias importaram "*em tiras*" (a expressão é de Eros Roberto Grau) a doutrina norte-americana acerca do planejamento tributário, nela colhendo testes e parâmetros de controle, mas ignorando as premissas teóricas sobre as quais a eles se chegou.

Assim agremiados, vejamos em que consiste a elisão fiscal.

4. A elisão fiscal

I - A elisão fiscal, conforme já adiantamos, é o meio lícito de evitar ou diminuir a carga tributária.[27] Constitui um

---

26. Gregory v. Helvering, 69 F.2d 809, 810 (2d Cir. 1934) – tradução nossa.

27. Com a elisão fiscal não se confunde a evasão fiscal, que, embora também seja um meio de evitar ou diminuir a carga tributária, é ilícito, vale dizer, não abonado pelo direito. Pratica evasão fiscal a pessoa que, com o intuito de evitar ou reduzir tributo devido ou, mesmo, de adiar seu recolhimento, adota conduta (omissiva ou comissiva) que a ordem jurídica condena.
É exemplo desta conduta reprovável, a venda de mercadoria sem emissão da imprescindível nota fiscal (venda a descoberto de nota fiscal), levada a efeito com o evidente intuito de deixar de documentar a operação mercantil realizada e, assim, com maior facilidade, ilaquear o Fisco. Outro é o da não declaração de rendimentos, que leva à sonegação do imposto respectivo (o imposto sobre a renda). Outro, ainda, é o da lavratura de escritura de venda e compra de imóvel, nela fazendo consignar preço menor do que o efetivamente praticado, com o propósito de diminuir o quantum de *ITBI* (Sisa) a pagar.
Para maior aprofundamento do tema, permitimo-nos sugerir a leitura, dos livros *O Negócio Indirecto em Direito Fiscal*, de Alberto Xavier (Cadernos de Ciência e Técnica Fiscal, Lisboa, 1971), *Elisão e Evasão Fiscal*, de Antônio Roberto Sampaio Dória (Lael, São Paulo, 1ª ed., 1971), *Régimen Penal Tributario Argentino*, de Héctor B. Villegas (Depalma, Buenos Aires, 1995) e *Direito Penal Tributário – Questões Relevantes*,

recurso legítimo, inobjetável, tanto sob o ponto de vista jurídico, quanto do puramente ético,[28] pois pressupõe a natureza lídima dos meios utilizados, a eficácia destes (no sentido de produzirem resultados próprios) e sua utilização antes da verificação do *fato imponível* (fato gerador *in concreto*) da obrigação tributária.[29]

Sendo mais diretos, nossa Carta Magna impede que o contribuinte, quando a lei lhe dá opções, seja compelido a praticar atos que o levem a suportar, em toda a plenitude, os encargos fiscais. Ou, invertendo o raciocínio, o contribuinte pode palmilhar trilhas fiscalmente mais interessantes para seus negócios, desde que não haja lei que o proíba de assim proceder.[30]

---

de Lídia Maria Lopes Rodrigues Ribas (Malheiros Editores, São Paulo, 2º ed., 2004).

28. No dizer expressivo de Klaus Tipke, "*a elisão fiscal consciente e planejada, é uma modalidade legal de resistência fiscal*" (*Moral Tributaria del Estado y de los contribuyentes*, trad. de Pedro M. Herrera Molina, Marcial Pons, Madrid, 2002, p. 110).

29. Cf. Antônio Roberto Sampaio Dória, *op. cit.*, p. 93.

30. O *princípio da legalidade* domina o tema, tanto que é comum invocar o aforismo *nullum vectigal sine lege*, para pôr em destaque que a tributação, em todos os seus sentidos, tem for fonte exclusiva a lei.
Esta lei há de ser geral, abstrata, igual para todos os que se encontrarem na mesma situação jurídica (art. 5º, I, e art. 150, II, da *CF*), irretroativa (art. 150, III, *a*, da *CF*), não confiscatória (art. 150, IV, da *CF*) e assim por diante. Deve, ainda, conter os elementos essenciais da norma jurídica tributária (*hipótese de incidência, sujeito ativo, sujeito passivo, base de cálculo* e *alíquota*), não se admitindo, de forma alguma, a delegação, ao Poder Executivo, da faculdade de defini-los, ainda que em parte. Só ela pode disciplinar questões que girem em torno da criação, lançamento e extinção de tributos, por isso que é a fonte de produção primária por excelência das normas jurídicas tributárias.
Mas, para que se tenham por cumpridas as exigências do *princípio da legalidade*, não é suficiente uma superficial intervenção do Poder Legislativo na criação do tributo. É preciso, sim, que todos os elementos essenciais da norma jurídica tributária sejam definidos, com grande precisão, na lei da pessoa política competente.
Em suma, criar tributos não é apenas rotulá-los, mas indicar, de modo preciso, suas *hipóteses de incidência*, seus *sujeitos ativos*, seus *sujeitos passivos*, suas *bases de cálculo* e suas *alíquotas*.
Diante do exposto, a lei que se ocupa com o fenômeno da tributação deve, não só prescrever a conduta da Fazenda Pública, como dar-lhe diretrizes seguras, a partir das quais ela possa decidir cada caso concreto que seja levado à sua apreciação. Deseja-se, pois, que a autoridade fiscal subsuma, sem qualquer subjetivismo, o fato acontecido à *hipótese de incidência* ou, em termos mais técnicos, o *conceito* (a representação mental) do fato acontecido ao *conceito* da hipótese de incidência. Como

Ademais, não devemos nos esquecer de que enquanto o Estado, como já referimos, só pode fazer o que a lei lhe manda, o contribuinte pode fazer tudo o que a lei não lhe veda.

II - Nossas colocações crescem de ponto nos dias atuais, marcados por uma crise econômica sem precedentes, fruto da pandemia de coronavírus (*Covid-19*) que assola o País e o mundo. Hoje, mais do que nunca, é imprescindível não só reconstruir, a partir da Constituição, o inegável direito fundamental de economizar tributos, como delimitar cientificamente o dever de recolhê-los.

Assim, há de haver, entre o Estado tributante e o contribuinte, uma recíproca compreensão de interesses, o que rende ensejo à aplicação do *princípio da livre escolha da rota menos tributada.*

III - Enfatizamos que, na elisão fiscal, o contribuinte, valendo-se dos direitos que os *princípios da tipicidade fechada* e *da estrita legalidade da tributação* lhe dão, atua nos *interstícios normativos*, não entrando na relação jurídica tributária que tem por objeto a dívida tributária, ou nela entrando por veredas que o levam a suportar carga fiscal menor.[31]

---

não é difícil perceber, esta linha de pensamento deita raízes no princípio *no taxation without representation*, de solene profundidade histórica, que liga a legalidade tributária à democracia, já que faz com que a tributação dependa do consentimento dos próprios contribuintes – o que em nosso sistema jurídico se dá por intermédio de seus representantes (senadores, deputados federais, na esfera federal; deputados estaduais, na esfera estadual; deputados distritais, na esfera do Distrito Federal; e vereadores, na esfera municipal), livremente eleitos.

31. Exemplificando para melhor esclarecer, há uma lei federal que isenta do pagamento de imposto sobre a renda os rendimentos obtidos por meio de *caderneta de poupança*. Sabendo disso, uma dada pessoa pode preferir este investimento, no lugar de outro, mais rendoso, exatamente para fugir à incidência do tributo. O contribuinte que assim procede está se valendo da *elisão fiscal*.
O mesmo podemos dizer quando uma pessoa física escolhe fazer sua Declaração de Imposto sobre a Renda pelo Modelo Simplificado (no lugar do Completo), com o intuito de reduzir o montante de tributo a pagar. Ou quando dois profissionais se organizam como empresa, para reduzir a carga tributária que teriam que suportar como pessoas físicas. Ou, ainda, quando uma empresa opta pelo "*SIMPLES*" no lugar do sistema do "*lucro presumido*". Enfim, os exemplos podem ser multiplicados, que são muitos.

Como se vê, o contribuinte se vale da elisão fiscal quando evita o *fato imponível*, seja deixando de realizar o episódio que a lei considera necessário e suficiente ao nascimento do tributo (*hipótese de incidência*), seja praticando outro, lícito, a que a lei não atribui consequências fiscais. Também percorre os meandros da elisão fiscal, o contribuinte que realiza ato ou negócio jurídico que, também não infringindo a lei, enseja uma tributação menos gravosa.

Enfim, o importante é ter presente que, desde que atue conforme a lei, o contribuinte pode perfeitamente fazer um planejamento tributário, para reduzir, adiar ou, até, evitar a carga fiscal.

IV - Por outro lado, a circunstância de sua conduta ser intencional não implica qualquer ilicitude, nem impede a elisão fiscal.

Realmente, estranho seria supor que as pessoas só pudessem obter economia tributária lícita, se agissem de modo casual, ou que qualquer efeito vantajoso, nesse campo, só seria lídimo se fosse acidental. Pelo contrário, basta, para tanto, que não incidam em ilicitude.

V- Vem a pelo aqui registrar que não encontra boa sombra, em nosso direito positivo, para o reconhecimento da abusividade da operação realizada pelo contribuinte, a teoria do "*propósito negocial*", que se inspira na "*business purpose doctrine*" das cortes norte-americanas.

De acordo com tal teoria, desenvolvida no ambiente do *Common Law*, é dado ao julgador desconsiderar o planejamento tributário, caso perceba, examinando a *substância do negócio*, que ele não teve outro objetivo, que não o de reduzir a carga fiscal do contribuinte.

Trata-se do surrado argumento, sempre esgrimido pelas autoridades fazendárias, de que a substância deve prevalecer sobre a forma, o que, segundo elas, justificaria a desqualificação de atos e negócios jurídicos, com base em critérios que, ignorando as fontes do Direito, levam em conta o senso comum, a adequação e a razoabilidade.

VI - Todavia, esses critérios externos ao Direito não podem ser adotados no Brasil, para se concluir pela existência de eventuais abusos praticados pelos contribuintes. Isso, se por mais não fosse, porque a prevalência da *substância sobre a forma*, rende ensejo a raciocínios analógicos e ficcionais, inidôneos a fazer nascer obrigações tributárias.[32]

Assim, à falta de outros fundamentos, não bastam para desqualificar planejamentos tributários afirmações do tipo "*os fatos falam por si*", "*não é crível que*", "*salta à vista que o único propósito do contribuinte é diminuir sua carga fiscal*", "*o negócio é bom demais para ser verdadeiro*", "*não se deve exaltar o artifício sobre a realidade*", e assim avante.

VII - Prestigiar a realidade, em detrimento da forma, redunda, em última instância, na desnecessidade de definir qualquer dos vícios do ato ou do negócio jurídico, que, caso existentes, justificariam sua desconsideração pelas autoridades fiscais.[33] Deste modo, a desatenção aos rótulos normativos, coloca o contribuinte sob o guante da insegurança e da incerteza.

Justamente para evitar que tal aconteça, nosso sistema constitucional tributário exige, para a requalificação de fatos, atos ou negócios jurídicos dos contribuintes, a prevalência dos critérios formais sobre os substanciais. Em outros termos, os critérios formais de requalificação devem sempre se sobrepor aos substanciais.[34]

---

32. Cf. Humberto Ávila. Aspectos Polêmicos do Imposto de Renda e Proventos de Qualquer natureza, in *Grupos Econômicos* (org. por Ives Gandra da Silva Martins). Porto Alegre: Magister,2015, p. 27.

33. Desconsiderar o rótulo jurídico, para recorrer a qualquer outro, viola pressuposto básico da argumentação jurídica, qual seja sua vinculação aos textos normativos, o que torna o Direito totalmente arbitrário e incontrolável (cf. Robert Alexy, *Teoria da argumentação jurídica:* a teoria do discurso racional como teoria da fundamentação jurídica. Tradução de Zilda Hutchinson Schild Silva, Rio de Janeiro: Forense, 3ª ed., 2013, p. 217).

34. Como bem lembrado por Harry Waizer, a doutrina do *propósito negocial* só poderia ser aplicada com o aval do Poder Legislativo e, não, quando os Poderes Executivo ou Judiciário entendessem ser o caso de fazê-lo ("*Business Purpose Doctrine: The Effect of Motive on Federal Income Tax Liability*", in *Fordham Law Review*, vol. 49,

VIII - Não é à toa que muitos julgadores, quer na esfera administrativa, quer na judicial, diante da ausência de previsão normativa para invocar o "*propósito negocial*", costumam camuflá-lo sob os rótulos "*abuso do direito*", "*fraude à lei*", "*negócio indireto*" e quejandos.

Valendo-se de tais artifícios, sentem-se confortáveis para decidir que o contribuinte agiu com dolo, fraude ou simulação, o que, segundo alegam, lhes permite, com apoio no art. 149, VII, do *CTN*, realizar o lançamento de ofício, para repelir, da base tributável, os efeitos fiscais do ato ou do negócio realizado. Porém, ao assim procederem, afrontam a ordem jurídica.[35]

Definitivamente, a fórmula "*ausência de propósito negocial*" não pode ser *transformada*, como num passe de mágica, em dolo, fraude ou simulação, quando, feitas as devidas averiguações, estes vícios inexistem. Deveras, é vedado ao Fisco desconsiderar ou requalificar fatos, atos ou negócios jurídicos lícitos, realizados com o fito de otimizar e desenvolver atividades negociais, pouco importando se eles se apresentam num contexto de planejamento tributário.

IX - Retomando o fio do raciocínio, o planejamento tributário visa a permitir que o contribuinte suporte uma carga fiscal mais branda e, em se tratando de unidade empresarial, que aumente seus lucros, o que vem ao encontro do *princípio da livre-iniciativa*, consagrado no art. 170, da Constituição Federal.[36]

1981, p. 1.096).
Por essa razão, discordamos de parte da doutrina que, invocando os princípios constitucionais da função social da propriedade, da solidariedade e da capacidade contributiva, aceitam a teoria do propósito negocial, muito embora ela não esteja prevista, quer expressa, quer implicitamente, na nossa legislação.

35. *V.*, a respeito, de Luís Eduardo Schoueri, "*O desafio do planejamento tributário*", in *Planejamento tributário e o propósito negocial*, Quartier Latin, São Paulo, 2010, p. 18 e ss.

36. Constituição Federal: "Art. 170. A ordem econômica, fundada na valorização do trabalho humano e na livre iniciativa, tem por fim assegurar a todos existência digna, conforme os ditames da justiça social, observados os seguintes princípios: I- soberania nacional; II- propriedade privada; III- função social da propriedade; IV- livre concorrência; V- defesa do consumidor; VI- defesa do meio ambiente, inclusive mediante tratamento diferenciado conforme o impacto ambiental dos produtos e serviços e de

Nada há a censurar, pois, quando a pessoa faz planejamento tributário, isto é, se preordena a reduzir seus custos fiscais, desde que, para isso – não custa insistir – se valha de meios lícitos. O que a ordem jurídica inadmite é que ela aja intencionalmente para esconder do Fisco os fatos tributários.

X - Os únicos óbices para o planejamento tributário são a fraude, o dolo, a simulação e a dissimulação, consoante se infere do disposto nos arts. 149, VII, e 116, parágrafo único, do Código Tributário Nacional.

Então, vejamos.

Xa - O art. 149, VII, do *CTN*, permite a requalificação dos atos e negócios jurídicos praticados pelo contribuinte, se o Fisco comprovar "*que o sujeito passivo, ou terceiro, em benefício daquele, agiu com dolo, fraude ou simulação*", isto é, se valeu de fórmulas artificiosas, para, escondendo a realidade, se furtar à tributação. Tal comprovação deve ser feita pelos meios em Direito admitidos, que incluem o contraditório e a ampla defesa.

Xb- De outra banda, o art. 116, parágrafo único, do *CTN*, autoriza o Fisco a desconsiderar fatos, atos ou negócios jurídicos praticados com o escopo de dissimular a ocorrência do *fato imponível*, ou de seus elementos constitutivos.[37] Deve, no

seus processos de elaboração e prestação; (Redação dada pela Emenda Constitucional nº 42, de 19.12.2003); VII- redução das desigualdades regionais e sociais; VIII- busca do pleno emprego; IX- tratamento favorecido para as empresas de pequeno porte constituídas sob as leis brasileiras e que tenham sua sede e administração no País. (Redação dada pela Emenda Constitucional nº 6, de 1995). Parágrafo único. É assegurado a todos o livre exercício de qualquer atividade econômica, independentemente de autorização de órgãos públicos, salvo nos casos previstos em lei".

37. Temos para nós, que o parágrafo único do art. 116, do *CTN*, veicula uma norma "*antievasiva*" (e, não, "*antielisiva*"), o que faz com que apenas reitere o que se contém em outros dispositivos legais, que já permitem tal desconsideração, quando se demonstra a inexistência dos elementos que qualificam os atos ou negócios jurídicos supostamente praticados.
Portanto, não comungamos da opinião, muito do agrado da Receita Federal do Brasil, de que este parágrafo único encerra uma verdadeira *norma antielisiva*, que seria autoaplicável, pelo menos no âmbito federal, porquanto regulamentada por meio de leis preexistentes (*v.g.*, em matéria de imposto sobre a renda, pelo art. 51,

entanto, observar os procedimentos a serem fixados em lei ordinária.[38]

À míngua, porém, desta lei ordinária, as autoridades fazendárias estão impedidas de desconsiderar atos ou negócios jurídicos que entenderem inquinados de *dissimulação*.[39]

XI - Diante do exposto, concluímos que, por si sós, as estruturas societárias, montadas por meio de negócios jurídicos e operações lícitas, ainda que objetivem apenas a economia de tributos, não abrem espaço a que o Fisco as desconsidere. Tal somente será possível se ele comprovar, pelos meios em direito permitidos e assegurados o contraditório e a ampla defesa, que o contribuinte se houve com dolo, fraude ou simulação.

Havendo correspondência da substância das operações, com as formas adotadas para realizá-las, não há base jurídica para se sustentar, *ipso facto*, que os fatos, atos ou negócios praticados pelo contribuinte padecem de tais cincas. Nesse passo, é indevida a ingerência da administração tributária na liberdade de iniciativa de que dispõe o contribuinte, garantida pela Carta Magna, de reestruturar a exploração do seu capital da forma mais eficiente, inclusive sob a perspectiva fiscal.

Assim, quando o contribuinte realiza operações lícitas que não sejam tributadas ou o sejam de modo menos oneroso, de duas uma: ou bem o legislador edita norma casuística proibindo o emprego desses expedientes, ou bem o Estado se conforma com a situação. O que não é aceitável é que a Administração Fazendária ou o Poder Judiciário, a pretexto de repararem o que lhes parece configurar uma injustiça fiscal,

---

Lei nº 7.450/1985, e pelos arts. 3º e 4º, da Lei nº 7.713/1988).

38. No julgamento da ADI nº 2.446, iniciado em junho de 2020, a Ministra Cármen Lúcia votou no sentido de que o parágrafo único, do art. 116, do *CTN*, é constitucional, mas a "*plena eficácia da norma depende de lei ordinária para estabelecer os procedimentos a serem aplicados*". Este voto foi acompanhado pelos Ministros Marco Aurélio, Edson Fachin, Alexandre de Moraes e Gilmar Mendes.

39. Para maior aprofundamento do assunto, *v.*, de Roque Antonio Carrazza. *Reflexões sobre a obrigação tributária*. São Paulo: Noeses, 2010, pp. 241 e ss.

desconsiderem o planejamento tributário. Isso porque é do Poder Legislativo e, não, dos Poderes Executivo e Judiciário, a competência para regular e interferir no exercício das liberdades econômicas e no patrimônio dos indivíduos.

Em suma, a reorganização patrimonial realizada pelo contribuinte, quando levada a efeito por meio de atos, fatos ou negócios jurídicos verdadeiros e lícitos, mesmo que tenha por único escopo a economia de tributos, não autoriza o Fisco a desconsiderá-los. Inexiste, em nosso sistema constitucional tributário, uma norma geral que obrigue o contribuinte a, diante da possibilidade jurídica de submeter-se a dois regimes fiscais, optar pelo mais gravoso.

XII - Tudo se conjuga, pois, no sentido de que o direito à liberdade de planejamento dos negócios, mesmo que objetivando apenas a menor tributação possível, impede que o Fisco e o Judiciário desconsiderem os fatos, atos ou negócios jurídicos lícitos, praticados pelo contribuinte. Basta que este tenha se movimentado dentro do espaço consentido pelo direito positivo, para a eleição das formas jurídicas possíveis, permitidas para as suas transações econômicas.

5. Conclusões

Tudo posto e considerado, sentimo-nos confortáveis para sumular as seguintes conclusões:

I- No Brasil, a tributação, longe de poder se desenvolver de modo atabalhoado, precisa respeitar largo catálogo de direitos fundamentais dos contribuintes (estrita legalidade, anterioridade, igualdade, razoabilidade, proporcionalidade etc.), que fazem o contraponto ao inegável dever, que a ordem jurídica lhes impõe, de suportá-los.

Ia - Se, por um lado, o contribuinte tem o dever de pagar tributos, por outro, tem o direito fundamental de economizá-los, sempre que a Constituição e as leis que com ela se ajustam a tanto não o proíbam.

II - Nosso direito positivo inadmite que as pessoas políticas, em nome dos princípios *da solidariedade* e da *capacidade contributiva*, alarguem, ainda que por meio de lei, quanto mais do labor exegético, o campo de incidência possível dos tributos de suas competências.

IIa - Juridicamente, não se sustenta a tese de que os preditos princípios interferem na interpretação e aplicação das leis tributárias, a ponto de justificarem a retirada, em cada caso concreto, da máxima riqueza possível dos contribuintes.

IIb - Esta busca obsessiva pela "*otimização*" da arrecadação tributária, além de brigar com os demais princípios constitucionais, como o da segurança jurídica, o da legalidade e o da liberdade de planejar os próprios negócios, remete à vetusta, superada e equivocada teoria da *interpretação econômica* das normas tributárias.

IIc - Embora tal "*interpretação*" tenha sido retrabalhada, transformando-se num tipo de *interpretação teleológica*, igualmente merece censuras, porque, no intuito de privilegiar a substância sobre a forma, fragiliza o *princípio da legalidade* e abre espaço à inaceitável tributação com base na analogia, de fora a parte "*permitir*" que o agente fiscal e o julgador inovem originariamente a ordem jurídico-tributária.

III - A Constituição determinou que cabe ao Legislativo e não ao Executivo ou ao Judiciário, apontar as manifestações de capacidade contributiva sujeitas à tributação. Mas, não todas elas: apenas as que estejam de acordo com as *regras-matrizes* de cada exação e dentro da competência da pessoa política tributante.

IV - Também o *princípio da solidariedade* não tem força jurídica bastante para atropelar direitos e garantias fundamentais dos contribuintes.

V - A Constituição, ao dar ênfase à dignidade humana, permite que o contribuinte, contanto que não descumpra a lei, controle seu futuro, planejando livremente sua vida econômica, de modo a obter vantagens fiscais.

Va- Em termos mais técnicos, as pessoas (físicas ou jurídicas) têm o direito subjetivo de se valerem da *elisão fiscal* (*tax avoidance*), conduta lícita, omissiva ou comissiva, adotada em ordem a impedir o nascimento da obrigação tributária, a reduzir seu montante ou a adiar seu cumprimento.

Vb - A elisão fiscal é alcançável pela não realização, pura e simples, do *fato imponível* (*pressuposto de fato*) do tributo ou pela prática de fato, ato ou negócio jurídico lícito, tributariamente menos oneroso.

VI - Inexiste, no Direito Tributário brasileiro, uma "*norma geral inclusiva*", fundada nos princípios *da solidariedade* e *da capacidade contributiva*, que tornaria *a priori* ilícita, ou, quando pouco, ineficaz perante o Fisco, a maioria dos planejamentos tributários.

Via - Na elisão fiscal, o contribuinte, valendo-se dos direitos que os *princípios da tipicidade fechada* e *da estrita legalidade da tributação* lhe dão, atua nos *interstícios normativos*, não entrando na relação jurídica tributária que tem por objeto a dívida tributária, ou nela entrando por veredas que o levam a suportar carga fiscal menor.

VII - Não encontra boa sombra em nosso direito positivo, para o reconhecimento da abusividade da operação realizada pelo contribuinte, a teoria do "*propósito negocial*", que se inspira na "*business purpose doctrine*" das cortes norte-americanas.

VIIa - De acordo com tal teoria, desenvolvida no ambiente do *Common Law*, é dado ao Fisco ou ao julgador desconsiderar o planejamento tributário, caso perceba, examinando a *substância do negócio*, que ele não teve outro objetivo, que não o de eliminar ou reduzir a carga fiscal do contribuinte.

VIIb - Esse critério externo ao Direito não pode ser adotado no Brasil, para se concluir pela existência de eventuais abusos praticados pelos contribuintes, se por mais não fosse, porque a prevalência da "*substância sobre a forma*", rende ensejo a raciocínios analógicos e ficcionais, inidôneos a fazer nascer obrigações tributárias.

VIIc - Para evitar que tal aconteça, nosso sistema constitucional tributário exige, para a requalificação de fatos, atos ou negócios jurídicos dos contribuintes, a prevalência dos critérios formais sobre os substanciais.

VIII - Os únicos óbices para o planejamento tributário são a fraude, o dolo, a simulação e a dissimulação, consoante se infere do disposto nos arts. 149, VII, e 116, parágrafo único, do Código Tributário Nacional.

VIIIa- O art. 149, VII, do *CTN*, permite a requalificação dos atos e negócios jurídicos praticados pelo contribuinte, se o Fisco comprovar "*que o sujeito passivo, ou terceiro, em benefício daquele, agiu com dolo, fraude ou simulação*", isto é, se valeu de fórmulas artificiosas, para, escondendo a realidade, se furtar à tributação.

VIIIb - De outra banda, o art. 116, parágrafo único, do *CTN*, autoriza o Fisco a desconsiderar fatos, atos ou negócios jurídicos praticados com o escopo de dissimular a ocorrência do *fato imponível*, ou de seus elementos constitutivos. Mas, isso só poderá acontecer quando for editada uma lei ordinária, que fixe os procedimentos adequados para tanto.

IX - Em suma, o direito à liberdade de planejamento dos negócios, mesmo que objetivando apenas à menor tributação possível, impede que o Fisco e o Judiciário desconsiderem os fatos, atos ou negócios jurídicos lícitos, praticados pelo contribuinte.

Referências

ALESSI, Renato. *Sistema istituzionale del diritto amministrativo italiano.* 3ª ed., Giuffrè, Milão, 1960.

ALEXY, Robert. *Teoria da argumentação jurídica:* a teoria do discurso racional como teoria da fundamentação jurídica.

Tradução de Zilda Hutchinson Schild Silva. 3ª ed., Rio de Janeiro: Forense, 2013.

ÁVILA, Humberto. *Competências Tributárias:* um ensaio sobre a sua compatibilidade com as noções de tipo e conceito. São Paulo: Malheiros Editores, 2018.

_____. "Aspectos Polêmicos do Imposto de Renda e Proventos de Qualquer natureza", in *Grupos Econômicos* (org. por Ives Gandra da Silva Martins). Porto Alegre: Magister, 2015.

_____. *Segurança jurídica. Entre permanência, mudança e realização no direito tributário.* São Paulo: Malheiros Editores, 2011.

BARRETO, Paulo Ayres. *Planejamento Tributário* – Limites normativos. São Paulo, Editora Noeses, 2016.

CARRAZZA, Roque Antonio. *Curso de direito constitucional tributário.* 32ª ed., São Paulo: Malheiros Editores, 2019.

_____. *Reflexões sobre a obrigação tributária*, São Paulo: Noeses, 2010.

DÓRIA, Antônio Roberto Sampaio. *Elisão e evasão fiscal.* 1ª ed., São Paulo, Lael, 1971.

FALCÃO, Amílcar de Araújo. *Fato gerador da obrigação tributária.* São Paulo: Editora Financeiras, 1964.

FOLLONI, André Parmo. Capacidade contributiva e dever fundamental. in *Revista de Direito Tributário Atual*, nº 42, 2019.

GRECO, Marco Aurélio. *Planejamento tributário.* 3ª ed., São Paulo: Dialética, 2011.

NABAIS, José Casalta. *O dever fundamental de pagar impostos* – Contributo para a compreensão constitucional do estado fiscal contemporâneo. Coimbra: Almedina, 1998.

SCHOUERI, Luís Eduardo. O desafio do planejamento tributário, in *Planejamento tributário e o propósito negocial.* São Paulo: Quartier Latin, 2010.

TIPKE, Klaus. *Moral tributaria del Estado y de los contribuyentes.* Trad. de Pedro M. Herrera Molina. Madrid: Marcial Pons, 2002.

WAIZER, Harry. "*Business Purpose Doctrine: The Effect of Motive on Federal Income Tax Liability*" in *Fordham Law Review*, vol. 49, 1981.

OS PRINCÍPIOS GERAIS DO SISTEMA TRIBUTÁRIO DA CONSTITUIÇÃO

Sacha Calmon Navarro Coêlho[1]

Sumário: 1. Introdução – 2. A repartição das competências tributárias – Os seus três aspectos relevantes: 2.1 O fundamento do poder de tributar – As pessoas políticas titulares; 2.2 O tributo e suas espécies – Como reparti-los; 2.3 A repartição das competências pela natureza dos fatos jurígenos – 3. Competência comum e privativa – As técnicas de repartição – 4. Os insumos doutrinários do constituinte – A teoria dos fatos geradores vinculados e não vinculados – 5. A teoria dos fatos geradores vinculados e não vinculados enquanto suporte do trabalho do constituinte – 6. As técnicas constitucionais de repartição – 7. A razão pela qual a competência comum não provoca conflitos entre as pessoas políticas – 8. A necessidade de nominar os impostos para depois reparti-los – 9. Os empréstimos compulsórios e as contribuições parafiscais em face da teoria dos tributos vinculados e não vinculados – 10. Algumas palavras sobre a linguagem do constituinte e o papel dos seus intérpretes – 11. A redução dos empréstimos compulsórios e das contribuições parafiscais à tricotomia – 12. Os níveis de análise da questão dos empréstimos compulsórios e das contribuições parafiscais: o nível da Teoria Geral do Direito e o nível jurídico-constitucional – 13. A

1. Doutor em Direito, Universidade Federal de Minas Gerais (UFMG). Ex-Professor Titular das Faculdades de Direito da UFMG e UFRJ. Coordenador do Curso de Especialização em Direito Tributário das Faculdades Milton Campos. Ex-Juiz Federal e Procurador Chefe da Procuradoria Fiscal de Minas Gerais. Fundador e Presidente Honorário da ABRADT. Presidente Honorário da ABDF. Membro da Academia Brasileira de Direito Tributário (ABDT), ocupante da cadeira nº 4. Sócio Conselheiro do Escritório Sacha Calmon e Misabel Derzi Consultores e Advogados. Autor do "Curso de Direito Tributário Brasileiro" (Forense). Endereço eletrônico: scalmon@sachacalmon.com.br.

classificação jurídica das duas supostas espécies de tributo: contribuições especiais e empréstimos compulsórios – 14. Os princípios da capacidade econômica e da pessoalidade dos impostos como princípios orientadores do exercício das competências tributárias – 15. O art. 145, §2º, ou o papel controlador da base de cálculo dos tributos – 16. Apontamentos necessários à compreensão da repartição constitucional de competências tributárias – Conclusão – Referências.

1. Introdução

A Constituição brasileira, no Título VI, dedica o Capítulo I ao *Sistema Tributário Nacional.* A Seção I cuida dos *Princípios Gerais.*

Principiando o tratamento constitucional, o art. 145 e seus três incisos dizem que as pessoas políticas ali enumeradas – União, Estados, Distrito Federal e Municípios – podem instituir três espécies de tributos: impostos, taxas e contribuições de melhoria. É que os impostos restituíveis (empréstimos compulsórios), as contribuições especiais (exceto as previdenciárias da União, Estados e Municípios e a estranha contribuição para o custeio do serviço de iluminação pública de competência dos Municípios), os impostos extraordinários de guerra e os impostos residuais somente podem ser criados pela União Federal (arts. 148, 149, 149-A e 154, CF/88).

Todavia, a exegese do art. 145 não cessa aí, vai bem além.

Diante disso, o presente artigo objetiva apresentar breve estudo sobre referido dispositivo, de forma a constatar o que cada uma das normas por ele instituídas representa frente à ordem tributária constitucional, avançando especialmente sobre a repartição das competências tributárias e, em consequência disso, à divisão dos tributos em espécies.

2. A repartição das competências tributárias – Os seus três aspectos relevantes

O artigo inaugural da Constituição – Capítulo do Sistema Tributário – apresenta-nos a complexa problemática da repartição de competências tributárias na Federação. De sua leitura podem ser extraídas três conclusões genéricas, porém importantíssimas.

2.1 O fundamento do poder de tributar – As pessoas políticas titulares

Em primeiro lugar, verifica-se que várias são as *pessoas políticas* exercentes do poder de tributar e, pois, titulares de competências impositivas: a União, os Estados-Membros, o Distrito Federal e os Municípios. Entre eles será repartido o *poder de tributar*. Todos recebem diretamente da Constituição, expressão da vontade geral, as suas respectivas parcelas de competência e, exercendo-as, obtêm as receitas necessárias à consecução dos fins institucionais em função dos quais existem (discriminação de rendas tributárias). O poder de tributar originariamente *uno* por vontade do povo (Estado Democrático de Direito) é dividido entre as pessoas políticas que formam a Federação.

2.2 O tributo e suas espécies – Como reparti-los

Em segundo lugar, verifica-se que o *tributo é categoria genérica* que se reparte em espécies: *impostos, taxas* e *contribuições de melhoria*. Constata-se a assertiva pela análise do próprio discurso constitucional. Diz a Constituição que a União, os Estados, o Distrito Federal e os Municípios *poderão instituir* (poder-faculdade) os seguintes tributos: a) impostos; b) taxas, de polícia e de serviços públicos; e c) contribuições de melhoria pela realização de obras públicas benéficas.

A tarefa do constituinte, portanto, centra-se na repartição entre as *diversas pessoas políticas* de parcelas de competência para instituírem *as três espécies tributárias antes mencionadas*. Para tanto, terá que observar princípios técnicos na estatuição das *regras de repartição*, sem o que não seria possível *partir e ordenar harmonicamente* o poder de tributar, originariamente *uno*.

É importante esclarecer, contudo, que nem todos os juristas pátrios enxergam a questão da forma exposta acima. Para alguns deles, somente existiriam *duas* espécies tributárias em nosso ordenamento jurídico – impostos e taxas; para outros, o sistema brasileiro contemplaria *quatro* tipos de tributos – impostos, taxas, contribuições e empréstimos compulsórios; existem aqueles ainda que, compondo a corrente dominante, entendem serem *cinco* as espécies tributárias – impostos, taxas, contribuições de melhoria, contribuições especiais e empréstimos compulsórios. Vejamos melhor esse ponto, acerca do qual muito já se discutiu na doutrina e na jurisprudência.

Para a chamada Teoria Dualista, Bipartida ou Bipartite, cujo maior expoente é Alfredo Augusto Becker,[2] os tributos podem ser apenas impostos ou taxas, de acordo com a base de cálculo ostentada pela exação. Com efeito, classificar-se-á um tributo como imposto quando a respectiva base de cálculo, núcleo da hipótese de incidência da norma tributária, for um fato lícito não relacionado a qualquer agir ou bem do Estado; em sendo o contrário, isto é, na hipótese de se poder associar o referido elemento a um serviço ou coisa estatal, estar-se-á diante de uma taxa. Fácil perceber, portanto, que subjacente a essa Teoria está a famosa separação dos tributos em vinculados e não vinculados.

Outrossim, consoante a Teoria Tetrapartida ou Quadripartite, são quatro as espécies tributárias constantes da ordem jurídica brasileira: impostos, taxas, contribuições e empréstimos compulsórios. Tal posicionamento é adotado, entre outros, por Ricardo Lobo Torres e Luciano Amaro, não obstante pequenas diferenças no entender de um e outro autor, notadamente quanto à inclusão das contribuições de melhoria dentre as contribuições em sentido amplo ou dentre as taxas.[3]

2. "No plano jurídico, todo e qualquer tributo pertencerá a uma destas duas categorias: imposto ou taxa. A serena análise científico-jurídica, em cada caso singular, revelará que inexiste terceira categoria ou categoria mista". (BECKER, Alfredo Augusto. *Teoria geral do direito tributário.* São Paulo: Saraiva, 1972, p. 346, grifo nosso).

3. "Daí se conclui que a CF adotou a divisão quadripartida: o tributo compreende o imposto, taxa, a contribuição e o empréstimo compulsório. Parece-nos que as contribuições sociais, de intervenção no domínio econômico e de interesse de

O principal fundamento da Teoria em análise está no fato de que os empréstimos compulsórios são o único tipo de tributo restituível, peculiaridade que lhes garante autonomia em face das demais espécies tributárias e, por conseguinte, demanda um regime jurídico especial.[4]

Porém, é a Teoria Pentapartida ou Quinquipartite a adotada majoritariamente pela doutrina e pela jurisprudência, inclusive da Suprema Corte.[5] Entendem os seus defensores que o art. 145 da CF não dispõe de maneira exaustiva sobre quais são as espécies tributárias do sistema de nosso país, mas antes, apenas afirma quais são as de *competência comum* da União, dos Estados, do Distrito Federal e dos Municípios. Destarte, como as contribuições especiais e os empréstimos compulsórios são *prerrogativa exclusiva* da União, não constam tais exações do indigitado dispositivo constitucional. Além disso, costuma-se justificar a tese em exame com a necessidade de que sejam considerados outros critérios para classificar os tributos além do liame com um agir estatal, a exemplo – apesar da dicção do art. 4º, II, do CTN – da destinação dos recursos arrecadados.[6]

---

categorias profissionais ou econômicas, referidas no art. 149, devem se amalgamar conceptualmente às contribuições de melhoria mencionadas no art. 145, III, subsumindo-se todas no conceito mais amplo de contribuições especiais". (TORRES, Ricardo Lobo. *Curso de direito financeiro e tributário*. 17. ed. Rio de Janeiro: Renovar, 2010, p. 375).

4. "Finalmente, temos o quarto grupo, que é o dos tributos restituíveis (empréstimos compulsórios), cuja presença numa catalogação à parte se justifica mercê do regime jurídico que lhe é conferido". (AMARO, Luciano. *Direito tributário brasileiro*. 11. ed. rev. atual. São Paulo: Saraiva, 2005, p. 86).

5. RE nº 146.733/SP, Rel. Ministro Moreira Alves, DJ 06.11.1992. Nos termos do voto condutor, lavrado por ocasião do exame de constitucionalidade da contribuição social sobre o lucro instituída pela Lei 7.689/1988, tem-se que: "de feito, a par das três modalidades de tributos (os impostos, as taxas e as contribuições de melhoria) a que se refere o artigo 145 para declarar que são competentes para instituí-los a União, os Estados, o Distrito Federal e os Municípios, os artigos 148 e 149 aludem a duas outras modalidades tributárias, para cuja instituição só a União é competente: o empréstimo compulsório e as contribuições sociais, inclusive as de intervenção no domínio econômico e de interesse das categorias profissionais ou econômicas".

6. PAULSEN, Leandro. *Curso de direito tributário*: completo. 6. ed. rev. atual. e ampl. Porto Alegre: Livraria do Advogado, 2014.

Entretanto, em que pesem os relevantes fundamentos das posições traçadas alhures, bem como os notáveis juristas que os defendem, permanecemos filiados, juntamente com Paulo de Barros Carvalho[7] e Roque Antonio Carrazza,[8] à Teoria Tricotômica, Tripartida ou Tripartite. Dessa forma, enxergamos como modalidades de tributos tão só os impostos, as taxas e as contribuições de melhoria,[9] em concordância com o disposto no art. 145 da Lei Maior e no art. 5º do Código Tributário Nacional. Isso não significa, em absoluto, que neguemos a natureza tributária das contribuições especiais e dos empréstimos compulsórios; ocorre apenas que essas cobranças se subsumem a uma daquelas outras espécies, mesmo possuindo algumas peculiaridades.

As razões de nosso posicionamento serão mais bem explicitadas nas páginas a seguir. Porém, antes de prosseguirmos, devemos advertir o leitor de que permanecemos fiéis à nossa concepção neste trabalho, não adotando a corrente predominante das espécies tributárias. Acreditamos que a Teoria Tripartite é a mais acertada e conforme os diplomas

7. "Tais exações [os empréstimos compulsórios] poderão revestir qualquer das formas que correspondem às espécies do gênero tributo. Para reconhecê-las como imposto, taxa ou contribuição de melhoria, basta aplicar o operativo critério constitucional representado pelo binômio hipótese de incidência/base de cálculo". (CARVALHO, Paulo de Barros. *Curso de direito tributário.* 25. ed. São Paulo: Saraiva, 2013, p. 56).

8. "[...] No Brasil, o tributo é o gênero, do qual o imposto, a taxa e a contribuição de melhoria são as espécies. A esse respeito, a doutrina nacional não pode sequer disputar. Tal classificação, porque apadrinhada pelo próprio Código Supremo, há de ser considerada por todos quantos se disponham a estudar as espécies e subespécies tributárias, em nosso país. [...] Podemos dizer que a classificação levada a cabo pela Lei das Leis, longe de ser apenas nominal, é conceitual". (CARRAZZA, Roque Antonio. *Curso de direito constitucional tributário.* 25. ed. São Paulo: Malheiros Editores, 2009, p. 529-530).

9. O mestre Geraldo Ataliba, embora também seja adepto da Teoria Tricotômica, sustenta que as espécies tributárias são os impostos, as taxas e as contribuições especiais, enquadrando como subespécie destas últimas as contribuições de melhoria. "52.14 Tributos vinculados são as taxas e contribuições (especiais) e tributos não vinculados são os impostos". Prossegue o autor (p. 183): "71.7 A espécie de tributo vinculado designada contribuição (contribuição especial, tributo especial) comporta subespécies, das quais a mais típica, saliente e característica é a de melhoria". (ATALIBA, Geraldo. *Hipótese de incidência tributária.* São Paulo: Ed. RT, 2005, p. 132, 183).

constitucional e legal. Além disso, é essa a posição que protege o contribuinte mais efetivamente contra o ímpeto arrecadatório do Fisco, como se percebe por meio do exemplo da malfadada Contribuição para o Custeio do Serviço de Iluminação Pública – COSIP, de competência dos Municípios.

Com efeito, tendo em vista que a COSIP não envolve a realização de obras públicas benéficas, não poderia ser qualificada como contribuição de melhoria; também não deveria ser considerada um imposto, porquanto o fato gerador é vinculado a uma atividade estatal; tampouco seria entendida como uma taxa, pois não se relaciona com o exercício do poder de polícia ou com a prestação de serviço público específico e divisível. Desse modo, a declaração de inconstitucionalidade da EC 39/2002, que originou a exação, seria imperiosa à luz da Teoria Tripartite.

2.3 A repartição das competências pela natureza dos fatos jurígenos

Em terceiro lugar, pela leitura do art. 145 da CF verifica-se que, ao mencionar as espécies de tributo, o constituinte declina expressamente os *fatos jurígenos* genéricos que podem servir de suporte à instituição das taxas (exercício regular do poder de polícia e prestação de serviços específicos e divisíveis) e das contribuições de melhoria (realização de obras públicas benéficas). No que tange aos impostos, contudo, o constituinte não declina, no referido dispositivo, *fatos jurígenos genéricos* autorizativos da instituição dos mesmos pelos legisladores das diversas ordens de governo. Que ilações poderemos fazer desta particularidade? Veremos a seguir.

3. Competência comum e privativa – As técnicas de repartição

Em princípio, a Constituição não cria tributos, simplesmente atribui competências às pessoas políticas para instituí-los através de lei (princípio da legalidade da tributação).

No caso das taxas e das contribuições de melhoria, vimos de ver, declina a Constituição os fatos jurígenos genéricos (suporte fático) de que poderão se servir as pessoas políticas para instituí-las por lei. Será ato do poder de polícia ou prestação de serviço público específico e divisível pelas pessoas políticas aos contribuintes no caso das taxas. E será a realização de quaisquer obras públicas benéficas pelas pessoas políticas que as autorizam, indistintamente, a instituir contribuição pela melhoria. *Por isso, nesses casos, o das taxas e o das contribuições de melhoria, a competência outorgada pela Constituição às pessoas políticas é comum.* Basta que qualquer pessoa política vá realizar um regular ato do poder de polícia que lhe é próprio ou vá prestar serviço público ao contribuinte, se específico e divisível, para que o seu legislador, incorporando tais fatos na lei tributária, *institua uma taxa.* Basta que qualquer pessoa política vá realizar uma obra pública que beneficie o contribuinte, dentro do âmbito de sua respectiva competência político-administrativa, para que o seu legislador, incorporando dito fato ao esquema da lei, institua uma contribuição de melhoria.

No concernente aos impostos, não é suficiente às pessoas políticas a previsão do art. 145. Com esforço nele, não lhes seria possível instituir os seus respectivos impostos. O art. 145 *não declina* os fatos jurígenos genéricos que vão estar na base fática dos impostos que, precisamente, cada pessoa política recebe da Constituição. É que, no caso dos impostos, a competência para instituí-los é dada de *forma privativa sobre fatos específicos determinados.* Concluindo, as taxas e as contribuições de melhoria são atribuídas às pessoas políticas, titulares do poder de tributar, de *forma genérica* e *comum*, e os impostos, de *forma privativa* e *discriminada.* Como corolário lógico temos que os impostos são, *em princípio*, enumerados pelo nome e discriminados na Constituição um a um, em rol *numerus clausus*. São nominados e atribuídos privativamente, portanto, a cada uma das pessoas políticas, enquanto as taxas e as contribuições de melhoria são indiscriminadas, inominadas – integrando, pois, uma lista *numerus apertus* – e atribuídas em comum às pessoas políticas. Dissemos que os impostos, *em princípio*, são enumerados porque, após a Constituinte, outros podem ser criados com base na competência residual da União, excepcionalmente.

Tiradas estas três primeiras conclusões, sem dúvida relevantíssimas, cabe indagar quais os insumos jurídicos de que se valeram os constituintes para operar a repartição dos tributos através da técnica da atribuição de competência privativa para impostos e comum para taxas e contribuições de melhoria. De notar que, manejando ora a competência privativa (para os impostos – os nominados, os restituíveis e os afetados a finalidades específicas), ora a competência comum (para taxas – de polícia ou de serviços – e para as contribuições de melhoria), o constituinte bem resolveu um problema aparentemente intricado, qual seja, o de repartir por três ordens de governo – o federal, o estadual e o municipal – três espécies diferentes de tributos: impostos, taxas e contribuições de melhoria (o Distrito Federal detém tributariamente competência dupla: é Estado e é Município).

4. Os insumos doutrinários do constituinte – A teoria dos fatos geradores vinculados e não vinculados

Pois bem, o constituinte de 1988, como de resto ocorreu com a Constituição de 1967, adotou, em sede doutrinária, a teoria jurídica dos tributos vinculados e não vinculados a uma atuação estatal para operar a resolução do problema da repartição das competências tributárias, utilizando-a com grande mestria.

Predica dita teoria que os fatos geradores dos tributos são vinculados ou não vinculados. O vínculo, no caso, dá-se em relação a uma atuação estatal. Os tributos vinculados a uma atuação estatal são as taxas e as contribuições; os não vinculados são os impostos. Significa que o *fato jurígeno genérico* das taxas e das contribuições necessariamente implica uma *atuação do Estado*. No caso das taxas, esta atuação corporifica ora um ato do poder de polícia (taxas de polícia), ora uma realização de serviço público, específico e divisível, prestado ao contribuinte ou posto a sua disposição (taxas de serviço). Na hipótese da contribuição de melhoria, a atuação estatal materializa-se através da realização de uma obra pública capaz de beneficiar ou valorizar o imóvel do contribuinte. Nas contribuições previdenciárias, é *benefício* à pessoa do contribuinte ou de seus dependentes. O *fato gerador*, como é usual dizer, ou o *fato jurígeno*, como dizemos nós, ou, ainda, a *hipótese de incidência*, como diz Geraldo Ataliba, implica sempre, inarredavelmente, *uma atuação estatal*. Exatamente por isso as taxas e as contribuições de melhoria e previdenciárias apresentam hipóteses de incidência ou fatos jurígenos que são *fatos do Estado*, sob a forma de *atuações* em prol dos contribuintes.

Com os impostos as coisas se passam diferentemente, pois os seus fatos jurígenos, as suas hipóteses de incidência, são fatos necessariamente estranhos às atuações do Estado (*lato sensu*). São fatos ou atuações ou situações do contribuinte que servem de suporte para a incidência dos impostos, como, *v.g.*, ter imóvel rural (ITR), transmitir bens imóveis ou direitos a eles relativos (ITBI), ter renda (IR), prestar serviços de qualquer natureza (ISSQN), fazer circular mercadorias e certos serviços (ICMS). Em todos estes exemplos, o "fato gerador" dos impostos é constituído de situações que não implicam atuação estatal, *daí o desvínculo do fato jurígeno a uma manifestação do Estado* (CTN, arts. 16, 77, 78 e 81).

5. A teoria dos fatos geradores vinculados e não vinculados enquanto suporte do trabalho do constituinte

Ora, exatamente por ser assim ou, noutro giro, por ter adotado a teoria dos fatos geradores vinculados e não vinculados, pôde o constituinte operar a repartição das competências tributárias do modo como o fez. Aliás, é de gizar que o constituinte, no Capítulo I, que trata do Sistema Tributário, intitulou a Seção I como sendo a "Dos Princípios Gerais". Não a chamou de discriminação de rendas tributárias nem de repartição de competências tributárias (o *objeto da seção*), preferindo referir-se aos Princípios Gerais, por saber que neles se inspirava para o manejo da questão. Assertiva fácil de provar, pois, não tendo a Constituição expressado os conceitos de *tributo* e *imposto* e tendo apenas se referido às taxas e a contribuições de melhoria, com denúncia de seus respectivos fatos geradores genéricos, decerto inspirou-se nos *conceitos do Direito Tributário vigente e subjacente* e nas lições da doutrina justributária em voga.

Isto posto, os princípios gerais plasmados pelo constituinte trazem, *por subsunção*, os insumos da teoria dos tributos vinculados e não vinculados, como averbado linhas atrás.

6. As técnicas constitucionais de repartição

Prosseguindo, adotando as técnicas da competência privativa e comum e ligando-as às inspirações da teoria dos fatos geradores vinculados e não vinculados, pôde o constituinte equacionar a *repartição das competências* entre as pessoas políticas, segregando as respectivas áreas econômicas de imposição, de modo a evitar conflitos de competências ou superposições competenciais em detrimento dos contribuintes e dos próprios entes tributantes.

No caso da competência comum, que comanda a instituição das taxas e das contribuições, a sua adoção pôde ser feita exatamente porque, sendo os fatos geradores desses tributos *fatos do Estado*, atuações dele, a competência tributária firma-se na esteira da competência político-administrativa dos entes tributantes. É dizer, a competência administrativa *precede à tributária* e a determina. Somente será competente para instituir e efetivamente cobrar uma taxa a pessoa política que, antes, detenha a competência político-administrativa para realizar o ato de polícia ou prestar o serviço público (taxas). Somente poderá cobrar contribuição de melhoria a pessoa política que tenha realizado a obra pública beneficiadora. Somente a pessoa política que concede o benefício pode cobrar contribuição previdenciária do contribuinte. Advirta-se, desde logo, porém, que o elemento pessoal da hipótese de incidência dos tributos vinculados a atuações estatais é *relevantíssimo*. É precisamente a *pessoa do contribuinte* que lhe confere consistência e singularidade, por ser o destinatário do afazer estatal.

Lado outro, no caso dos impostos, será preciso anunciá-lo e atribuí-lo privativamente a cada pessoa política. É que nesse caso inexiste atuação estatal à guisa de fato gerador.

7. A razão pela qual a competência comum não provoca conflitos entre as pessoas políticas

A atribuição de competência comum às pessoas políticas para instituir taxas e contribuições não redunda em promiscuidade impositiva. Figuremos uns poucos exemplos práticos. Quem deseja viajar e necessita de passaporte dirige-se à Polícia Federal. Pela concessão do passaporte, pode a União cobrar do contribuinte uma taxa de expediente. Estados e Municípios não poderiam fazê-lo, pois não são *competentes* para tal ato administrativo (poder de polícia concessivo de passaporte). Mas se alguém desejar construir uma casa, é a Prefeitura de sua municipalidade que lhe concederá a devida licença se preencher os requisitos necessários para o alvará. A União Federal e os Estados não detêm o poder de polícia para o licenciamento de construções e, pois, não poderão instituir taxas por tal ato. No caso do cidadão que necessita licenciar o seu automóvel, deverá pagar a taxa eventualmente instituída para tanto ao Estado-Membro em que o carro está emplacado, porquanto é esse ente federado o responsável pela emissão do Certificado de Registro e Licenciamento de Veículos – CRLV. Veja-se: pelo alvará de construção e pelo licenciamento do bem automotor, só mesmo o Município e o Estado-Membro, respectivamente, poderão cobrar as taxas correspondentes à realização dos referidos atos de polícia, nunca a União.

Isto exposto, tem-se que a repartição político-administrativa do poder de polícia entre as pessoas políticas e dos serviços públicos é que orientará, segregando, a *competência tributária comum* que a Constituição lhes outorgou para instituir *taxas*. Isto não seria possível se o "fato gerador" das taxas não se constituísse de "atuações" do Estado relativamente à pessoa do contribuinte, relativamente a um interesse seu, capaz de ser diretamente atendido por uma manifestação estatal. Na hipótese da contribuição de melhoria ocorre o mesmo. Sendo o seu fato gerador genérico a "realização de uma obra pública" em benefício de um imóvel de propriedade do contribuinte, haverá de cobrar a contribuição a pessoa política que tiver realizado a *obra pública beneficiadora* (ou valorizadora) do imóvel pertencente ao contribuinte. Quem realiza a obra cobra a contribuição pela melhoria decorrente, sem possibilidade de superposição impositiva. Quando duas ou mais pessoas políticas realizarem a obra, o problema resolve-se pela repartição do produto da arrecadação entre elas, sem prejuízo para o contribuinte. No caso das contribuições previdenciárias, somente a pessoa política que exerce o *munus* previdenciário poderá cobrar do segurado (contribuinte).

8. A necessidade de nominar os impostos para depois reparti-los

Com os impostos, que são tributos não vinculados a uma atuação estatal, pois os seus fatos geradores (fatos jurígenos) são realidades estranhas a qualquer atividade estatal referida ao obrigado, fez-se necessário que o constituinte *indicasse o seu fato gerador, nominasse-os e os atribuísse de modo privativo a cada uma das pessoas políticas*, de maneira a evitar que uma invadisse, por inexistência de limites, área de competência reservada às outras. De notar, no particular, a um simples perpassar d'olhos pelo Sistema Tributário da Constituição, que os impostos estão agrupados por ordem de governo. Há impostos, com nome e fato gerador, reservados à União, aos Estados, inclusive ao Distrito Federal, e aos Municípios, de forma sistemática e explícita no corpo da CF. Nem poderia ser de outra forma. No campo dos impostos, o constituinte *dá nome à exação já indicando a área econômica reservada*: renda, circulação de mercadorias, propriedade predial e territorial urbana, propriedade de veículos automotores, transmissão de bens imóveis e de direitos a eles relativos etc. Em seguida, declina que pessoa política *pode instituí-lo e efetivamente cobrá-lo* com exceção das demais (competência privativa). Isto dito, verifica-se que o sistema brasileiro de repartição de competências tributárias, cientificamente elaborado, é extremamente objetivo, rígido e exaustivo.

9. Os empréstimos compulsórios e as contribuições parafiscais em face da teoria dos tributos vinculados e não vinculados

É hora de enfrentar a *vexata quaestio* dos empréstimos compulsórios e das chamadas contribuições parafiscais ou especiais. Até o momento, vimos falando de três espécies básicas de tributo: impostos, taxas e contribuições de melhoria, com referências esparsas às contribuições especiais. No entanto, o discurso constitucional faz referência a dois personagens nominalmente refratários à tricotomia aqui utilizada. Com efeito, admite-se a instituição de empréstimos compulsórios em duas hipóteses: (a) guerra externa ou sua iminência ou calamidade pública exigente de recursos extraordinários e (b) para investimentos relevantes (art. 148 da CF). E são previstas "contribuições" para três fins: (a) sociais, em prol da seguridade social (contribuições sociais), (b) para atender a necessidades financeiras das entidades de classe (contribuições classistas ou corporativas) e (c) para assegurar a intervenção do Estado no domínio econômico e social (contribuições interventivas ou de intervenção estatal) (art. 149 da CF).

Estamos em face de tributos diversos do imposto, da taxa e da contribuição de melhoria?

Noutro giro, são os empréstimos compulsórios e as contribuições parafiscais espécies diferentes de tributos, ou denotam apenas nomes?

Esta questão tem suscitado, ao longo das Constituições brasileiras de antanho, acerbadas disceptações doutrinárias e não menos tormentosas disputas judiciais.

10. Algumas palavras sobre a linguagem do constituinte e o papel dos seus intérpretes

É conveniente prevenir que o legislador, inclusive o constituinte, ao fazer leis, usa a linguagem comum do povo, o idioma correntio. Duas razões existem para isso:

Primus – o legislador não é necessariamente um cientista do Direito, um jurista. Provém da sociedade, multiforme como é, e a representa. São engenheiros, advogados, fazendeiros, operários, comerciantes, sindicalistas, padres, pastores, rurícolas etc.;

Secundus – utilizam para expressar o Direito legislado as palavras de uso comum do povo, cujo conteúdo é equívoco, ambíguo, polissêmico e, muita vez, carregam significados vulgares, sedimentados pelo uso e pela tradição.

É dizer, incorporam na lei as contradições da linguagem. Este é um fenômeno comum a todos os povos. Nem poderia ser diverso, já que o legislador representa as sociedades de que participa. São eleitos pelos diversos estamentos sociais para fazerem as leis. A ideia de uma Constituição ou de leis escorreitas, em linguagem culta, incorporando a metalinguagem dos juristas, não passa de preconceito elitista quando não de pretensão tecnicista que mal esconde o desejo das classes dominantes de controlar a sociedade pela utilização do Direito, agora como sempre a mais alta técnica de planificação de comportamentos humanos e, pois, de controle social.

Ora, feita a lei, inclusive a Superlei, cabe aos juristas a sua interpretação, ao desiderato de aplicá-la aos casos concretos.

Aos juristas, doutrinadores, advogados e juízes compete adequar as palavras da lei aos seus fins, às luzes da Ciência do Direito, fixando a ordem onde aparentemente existe o caos. Tem sido assim no pretérito e não há razão alguma para deixar de ser assim no futuro. O tema sob crivo serve, por excelência, à comprovação desse fenômeno. Vejamos, portanto, como encaminhá-lo.

11. A redução dos empréstimos compulsórios e das contribuições parafiscais à tricotomia

Os empréstimos compulsórios e as contribuições especiais são tributos. Uns e outras exigem que se lhes examinem os fatos geradores. Só depois desse exame é possível dizer de que espécie se trata. Noutras palavras, tanto uns como outras são *nomes* (*nomina juris*) consagrados pela tradição. São tributos especiais, sempre foram. Mas qual a razão do específico? Esta especificidade não seria suficiente para autonomizá-los, permitindo a Teoria Quinquipartite dos tributos?

Cremos que não, e por várias razões.

Os compulsórios são *restituíveis*, e as parafiscais são para fins predeterminados. Nisso, o específico de uns e outras.

Em primeiro lugar, a *natureza jurídica da espécie de tributo* é encontrada pela análise do seu fato gerador, pouco importando o *motivo* ou a *finalidade* (elementos acidentais). Então, depois dessa análise, será possível saber se se trata de imposto, de taxa ou de *contribuição* (na espécie contribuição temos duas subespécies: as contribuições de benefícios e as contribuições de melhoria).

Em segundo lugar, isto não impede que haja *imposto restituível, com regime constitucional próprio*, nem obsta a existência de impostos ou taxas *afetados a finalidades específicas e administrados por órgãos paraestatais ou autarquias em demanda de fins especiais* (contribuições parafiscais) igualmente sujeitadas a *normas constitucionais que lhes são específicas*.

Num ou noutro caso devemos insistir em saber por que, ao lado dos impostos, das taxas e das contribuições de melhoria, plantou o constituinte estas outras duas expressões. Existiriam razões jurídicas (exigentes de disciplinação própria para estas figuras). São *tributos especiais*.

Não há, por exemplo, empréstimo compulsório se não houver: (a) imposto e (b) promessa de restituição. Mais ainda, os *motivos* para instituí-lo são *constitucionais*. Um imposto residual (art. 154, I) não requisita *causa*. O restituível (empréstimo compulsório) a *exige necessariamente*. É dizer, para instituir um imposto residual são necessários apenas o processo e os limites do art. 154, I, da CF. Para instituir o compulsório é necessária, além da *restituição*, a observância dos *motivos constitucionais* que o autorizam (art. 148, I e II). A receita dele advinda é vinculada à despesa (à causa que lhe deu origem). Por outro lado, as contribuições são afetadas a fins predeterminados constitucionalmente. São vinculados a *órgãos* e *finalidades*.

É claro que nem a restituição nem a afetação parafiscal decidem sobre a *natureza jurídica da espécie tributária*. Contudo, estes aspectos constitucionais que vimos de ver conferem *matizes* (*secundários*) que singularizam para fins de *regulamentação jurídica* os empréstimos compulsórios e as contribuições (sociais, corporativas e interventivas). Assim, por exemplo, uma contribuição social que seja instituída sobre o lucro das empresas (art. 195) ganhando eficácia em 90 dias (art. 195, § 6°) terá que ser *cobrada, administrada e empregada* nos fins da Constituição. Se for a União o sujeito ativo da obrigação sem previsão de repasse imediato, já não se trata mais de contribuição, mas de imposto residual em *bis in idem*, contra a fórmula do art. 154, I, da CF. É dizer, as licenças da bitributação e da redução da anterioridade foram permitidas na CF em prol da Seguridade Social e não do Fisco Federal.

12. Os níveis de análise da questão dos empréstimos compulsórios e das contribuições parafiscais: o nível da Teoria Geral do Direito e o nível jurídico-constitucional

Em primeiro lugar, relegue-se o "nominalismo". Não é o nome que confere identidade às coisas. Como dizem os franceses, há o nome e há a coisa (*il y a le nom e il y a la chose*). Importa apreender a ontologia básica do ente sob análise, no caso, o *tributo*.

A análise dos empréstimos compulsórios e das contribuições especiais ou ditas parafiscais comporta dois níveis. O primeiro é o nível da *Teoria Geral do Direito Tributário*, quanto ao conceito de tributo e de suas espécies. O segundo nível de análise é o jurídicopositivo. Aqui, comporta surpreender as disciplinações legais, a partir da Constituição, que regem especificamente os empréstimos compulsórios e as contribuições. Agora, note-se: o que do ponto de vista da Teoria Geral do Direito Tributário é *acidental* – restituibilidade e afetação –, do ponto de vista jurídico-positivo é *fundamental*, daí que são plasmadas normas específicas para regrar os compulsórios e as parafiscais, em razão justamente das causas que justificam a criação dos primeiros e dos *fins* que sustentam a existência das segundas, até porque os impostos não podem ser afetados. Existe proibição constitucional.

Os dois planos de análise, embora devam ser feitos separadamente, e o faremos, não são estanques, tocam-se e ensejam conclusões de ordem prática, como veremos no momento apropriado.

13. A classificação jurídica das duas supostas espécies de tributo: contribuições especiais e empréstimos compulsórios

Os empréstimos compulsórios, tão logo sejam examinados os seus fatos geradores, apresentam-se, invariavelmente, como impostos e, frequentemente, como adicionais de impostos. Veja-se a nossa experiência remota e recente. Os adicionais restituíveis colavam-se aos impostos-base. Mais recentemente tivemos vários "fatos geradores" de impostos (consumo de energia elétrica, de combustíveis, uso de linhas telefônicas – FNT, aquisição de veículos, de passagens aéreas internacionais, aquisição de moedas estrangeiras e assim por diante). Difícil encontrar empréstimo compulsório com feição de taxa. É sempre imposto especial, causal, temporário e restituível.

As contribuições, quando a finalidade não implica uma resposta estatal, pessoal, específica, proporcional, determinada, ao contribuinte, são também impostos, só que afetados a finalidades específicas (finalísticos). Olhemos as do art. 195 da CF/88: receita bruta (faturamento ou receitas), pagamento de folha, lucro, receita de jogos. O que são senão fatos geradores de impostos porque destituídos de qualquer atuação estatal, proporcional, específica, relativa à pessoa do contribuinte? Mas a contribuição previdenciária dos empregados e segurados do INSS são, estas sim, sinalagmáticas. Aí existe contribuição como espécie, sendo esta destinada à Seguridade Social uma subespécie a ser examinada.

14. Os princípios da capacidade econômica e da pessoalidade dos impostos como princípios orientadores do exercício das competências tributárias

O art. 145, §1º, da CF consagra como baliza da imposição tributária o respeito à capacidade econômica do contribuinte:

> § 1º. Sempre que possível, os impostos terão caráter pessoal e serão graduados segundo a capacidade econômica do contribuinte, facultado à administração tributária, especialmente para conferir efetividade a esses objetivos, identificar, respeitados os direitos individuais e nos termos da lei, o patrimônio, os rendimentos e as atividades econômicas do contribuinte.

Embora o dispositivo seja restrito aos impostos, a espécie mais importante do gênero tributo, a abrangência do princípio da capacidade contributiva é maior. Esse conceito traduz a aptidão de o indivíduo ser sujeito passivo de tributos e, com isso, concorrer para os gastos públicos. A rigor, portanto, a capacidade contributiva é o motor operacional do princípio da igualdade na esfera tributária, tendo o condão, por isso mesmo, de realizar o próprio valor justiça. Dino Jarach, lapidar, afirmava que a igualdade em tema de tributação mais não era do que a "igualdade em condições iguais de capacidade contributiva".[10]

Acerca do princípio em exame, é importante trazer à lembrança o oportuno comentário de Misabel Derzi à obra de Baleeiro, segundo o qual "diferentes autores distinguem entre capacidade econômica objetiva (ou absoluta) e subjetiva (ou relativa e pessoal)".[11]

Emilio Giardina[12] explica que a capacidade *objetiva absoluta* obriga o legislador a eleger como hipóteses de incidência dos tributos tão somente aqueles fatos que, efetivamente, sejam *indícios de capacidade econômica*. Daí se inferir a aptidão abstrata e em tese para concorrer aos gastos públicos da pessoa que realiza tais fatos indicadores de riqueza. No mesmo sentido aponta Alberto Xavier, que destaca a necessidade de as circunstâncias reveladoras de tal aptidão fazerem-se presentes, inclusive, na escolha dos critérios de medida do tributo.[13]

Outrossim, a *capacidade objetiva* impõe ao legislador que este autorize o contribuinte a deduzir os gastos por ele incorridos necessários à própria geração de patrimônio e renda. Dito de outro modo, o viés objetivo da capacidade econômica determina aos feitores da lei que persigam a tributação apenas da *riqueza líquida* produzida pelos cidadãos.

Nada obstante, a *capacidade econômica relativa ou subjetiva* refere-se à concreta e real aptidão de determinada pessoa – consideradas suas despesas pessoais e inafastáveis, tais como alimentação, vestuário, moradia, saúde, educação

---

10. JARACH, Dino. *Curso superior de derecho tributario*. Edicion nueva actualizada. Buenos Aires: Liceo Profesional Cima, 1969, p. 126.

11. DERZI, Misabel Abreu Machado. Notas de atualização. In: BALEEIRO, Aliomar. *Limitações constitucionais ao poder de tributar*. 8. ed. Rio de Janeiro: Forense, 2010, p. 1093.

12. GIARDINA, Emilio. *Le basi teoriche del princípio della capacità contributiva*. Milano: A. Giuffrè, 1961, p. 439.

13. Cf. XAVIER, Alberto [Pinheiro]. *Manual de direito fiscal*. Lisboa: [s. n.], 1974, p. 108. (Manuais da Faculdade de Direito de Lisboa, v. 1).

– para o pagamento de certo imposto. Portanto, sob essa ótica, já adotada por Aliomar Baleeiro,[14] a tributação somente pode incidir sobre a *renda líquida* do contribuinte, vale dizer, sobre o montante efetivamente disponível para o livre consumo de bens e serviços não essenciais à sua sobrevivência e à de sua família de maneira digna.

Por isso interessa mais, *dentro* das peculiaridades de nosso direito positivo, estabelecer a relação e a compatibilidade entre as prestações pecuniárias, quantitativamente delimitadas na lei, e a espécie, definida pelo fato signo presuntivo de riqueza (na feliz expressão de Becker), posto na hipótese de incidência e predelineado nas normas constitucionais. Caberá ao legislador infraconstitucional fixar esta relação, porém a margem de discricionariedade de que dispõe é limitada.

Ademais, também nos termos do art. 145 da Lei Maior, os impostos, sempre que possível, terão caráter pessoal. Ao falar em pessoalidade, o constituinte rendeu-se às classificações pouco científicas da Ciência das Finanças. Nem por isso o seu falar é destituído de significado. Dentre as inúmeras classificações dos impostos, avultam duas:

a) a que divide os impostos em pessoais e reais; e

b) a que os divide em diretos e indiretos.

Impostos pessoais seriam aqueles que incidissem sobre as pessoas, e reais os que incidissem sobre as coisas. Pessoal seria, por exemplo, o imposto de renda, e real, o imposto sobre a propriedade de imóveis ou de veículos.

A classificação é falha, por isso que os impostos, quaisquer que sejam, são pagos sempre por pessoas. Mesmo o imposto sobre o patrimônio, o mais real deles, atinge o proprietário independentemente da coisa, pois o vínculo *ambulat cum dominus*, isto é, segue o seu dono.

---

14. BALEEIRO, Aliomar. *Uma introdução à ciência das finanças*. 14. ed. Rio de Janeiro: Forense, 1984, p. 266.

O caráter pessoal a que alude o constituinte significa o desejo de que a pessoa tributada venha a sê-lo por suas características pessoais (capacidade contributiva), sem possibilidade de repassar o encargo a terceiros. Esta impossibilidade de repassar, transferir, repercutir o encargo tributário é que fecunda a classificação dos impostos em diretos e indiretos. O imposto sobre a renda dos assalariados, p. ex., seria direto, porquanto a pessoa tributada não teria como transferi-lo para terceiros. Ao revés, seria indireto o ICMS, o IPI, certas incidências do IOF e do ISS, por isso que, nestes casos, a pessoa tributada tem condições de transferir o ônus fiscal a terceiros, seja através de específicas previsões legais, seja através do mecanismo dos preços, seja através de cláusulas contratuais, seja através de outros artifícios. O dono de um imóvel alugado, *v.g.*, pode transferir para o inquilino o IPTU incidente sobre o prédio, contratualmente ou não. Pessoal, pois, para o constituinte, é o imposto que leva em conta as condições do contribuinte sem repasse do encargo fiscal.

Em suma, imposto pessoal e direto é o que incide sobre o contribuinte sem transferência. O contribuinte *de jure* (eleito pela lei) é ele próprio também contribuinte de fato (o que sofre no mercado o peso do encargo). O ICMS, para exemplificar, tem um contribuinte *de jure* – o industrial, comerciante ou produtor – e vários contribuintes de fato – os consumidores finais dos bens e serviços gravados. Os contribuintes de fato são os adquirentes, pois no preço de compra está embutido o valor do imposto.

A capacidade contributiva é a possibilidade econômica de pagar tributos (*ability to pay*). É subjetiva quando leva em conta a pessoa (capacidade econômica real). É objetiva quando toma em consideração manifestações objetivas da pessoa (ter casa, carro do ano, sítio numa área valorizada etc.). Aí temos "signos presuntivos de capacidade contributiva". Ao nosso sentir, o constituinte elegeu como princípio a capacidade econômica real do contribuinte, entendimento esse que converge com o adotado pela nobre Ministra Regina Helena Costa.[15]

---

15. COSTA, Regina Helena. *Curso de direito tributário.* 7. ed. São Paulo: Saraiva, 2017, p. 100.

Dito isto, cabe reafirmar que o princípio da capacidade contributiva anima – enquanto afim da igualdade – tanto a *produção* das leis tributárias quanto a *aplicação das mesmas* aos casos concretos a partir do *fundamento constitucional*. É dizer, o legislador está *obrigado* a fazer leis fiscais catando submissão ao princípio da capacidade contributiva em sentido positivo e negativo. E o juiz está obrigado a examinar se a lei, em abstrato, está conformada à capacidade contributiva e, também, se, *in concreto*, a incidência da lei relativamente a dado contribuinte está ou não ferindo a sua, dele, capacidade contributiva.

Passemos a examinar o conteúdo do princípio da capacidade contributiva.

Griziotti, há quase meio século, dizia que a capacidade contributiva indicava a potencialidade das pessoas de contribuir para os gastos públicos.[16] Moschetti a conceituou como "aquela força econômica que deva julgar-se idônea a concorrer às despesas públicas", e não "qualquer manifestação de riqueza", acentuando assim a capacidade econômica real do contribuinte e, pois, *personalizando* o conceito.[17] Aliomar Baleeiro avançou um pouco mais, fazendo surgir a capacidade contributiva como o elemento *excedentário*, sobrante, da capacidade econômica real do contribuinte; seria a "sua idoneidade econômica para suportar, *sem sacrifício do indispensável à vida compatível com a dignidade humana*, uma fração qualquer do custo total dos serviços públicos".[18] Perez de Ayala e Eusebio Gonzalez, desde a Espanha, predicam que o princípio da capacidade contributiva se estende às pessoas jurídicas, as quais têm que satisfazer *necessidades operacionais mínimas* sob pena de extinção. Somente após este limite teriam capacidade contributiva.[19] Alberto P. Xavier aduz que

---

16. GRIZIOTTI, Benvenuto. *Principios de ciencia de las finanzas*. Traducción y notas por Dino Jarach. Buenos Aires: Depalma, 1949, p. 215.

17. MOSCHETTI, Francesco. *Il principio della capacità contributiva*. Padova: CEDAM, 1973, p. 238.

18. BALEEIRO, Aliomar. *Uma introdução à ciência das finanças*. 14. ed. Rio de Janeiro: Forense, 1984, p. 266.

19. PEREZ DE AYALA, José Luis; GONZÁLEZ, Eusebio. *Curso de derecho tributa-*

capacidade contributiva, igualdade, legalidade e generalidade da tributação assumiram uma *profunda unidade sistemática* como "emanação do Estado de Direito no domínio dos impostos".[20] Ao dizer o que disse, considerou o princípio da capacidade contributiva como o princípio operacional da *igualdade de todos perante a lei* na medida de suas desigualdades.

Disse, com erronia, Giannini, que o princípio da capacidade contributiva era "uma exigência ideal, cuja realização, como em qualquer outro campo da vida social, fica atribuída *à prudente apreciação do legislador*".[21]

Absolutamente não. O legislador não tem que ser prudente; deve ser obediente à Constituição. E, na hipótese de não "ser prudente" em sua apreciação dos fatos e da norma constitucional, cabe ao Judiciário corrigi-lo.

A "prudente apreciação", no caso, passa a ser a do juiz.

Por isso mesmo, razão assiste aos juristas que não admitem ficarem os princípios constitucionais a depender do "prudente alvedrio dos legisladores". No que tange ao princípio da capacidade contributiva, motor operacional do princípio da igualdade, seria verdadeiro escárnio entregá-la, a sua realização prática, ao "arbítrio dos legisladores".

É dizer, a capacidade contributiva apresenta duas almas éticas que estão no cerne do Estado de Direito:

a) em primeiro lugar, afirma a supremacia do ser humano e de suas organizações em face do poder de tributar do Estado;

b) em segundo lugar, obriga os Poderes do Estado, mormente o Legislativo e o Judiciário, sob a égide da

---

rio. 3. ed. Madrid: Editorial de Derecho Financiero, 1980. t. 2.

20. XAVIER, Alberto [Pinheiro]. *Os princípios da legalidade e da tipicidade da tributação*. São Paulo: Editora Revista dos Tribunais, 1978, p. 9.

21. GIANNINI, A. D. [Achille Donato]. I concetti fondamentali di diritto tributario apud GIULIANI FONROUGE, Carlos M. *Derecho financiero*. 3. ed. Buenos Aires: Depalma, 1976. v. 1, p. 259.

Constituição, a realizarem o valor justiça através da realização do valor igualdade, que no campo tributário só pode efetivar-se pela *prática do princípio da capacidade contributiva e de suas técnicas.*

Por isso mesmo as reflexões mais profundas e modernas a propósito do princípio apresentam-se limpas da ganga *positivista* e do "fetiche legalista". É ver Sainz de Bujanda dizendo que os *fatos geradores* só se justificam, *constitucionalmente* falando, se comprometidos com o valor justiça, objeto do Estado de Direito, se forem indicativos de *capacidade econômica.*[22]

Enfim, passemos a examinar a abrangência do princípio relativamente às espécies tributárias e em relação à extrafiscalidade. Seu campo de eleições são os impostos (inclusive os finalísticos), especialmente sobre a renda. As taxas e contribuições decorrem de atuações do Estado.

Pois bem, orienta-nos o espírito incomensuravelmente fecundo de Rui Barbosa:[23]

> A regra da igualdade não consiste senão em quinhoar desigualmente aos desiguais, na medida em que se desigualam. Nesta desigualdade social, proporcionada à desigualdade natural, é que se acha a verdadeira lei da igualdade. O mais são desvarios de inveja, do orgulho ou da loucura. Tratar com desigualdade a iguais ou a desiguais com igualdade seria desigualdade flagrante e não igualdade real.

Por ser do homem a capacidade de contribuir, a sua medição é *pessoal*, sendo absolutamente desimportante intrometer no assunto a *natureza jurídica das espécies tributárias*. É errado supor que, sendo a taxa um tributo que tem por fato jurígeno uma atuação do Estado, só por isso, em relação a ela não há falar em capacidade contributiva. Ora, a *atuação do Estado* é importante para dimensionar a prestação, nunca para

---

22. SAINZ DE BUJANDA, Fernando. *Hacienda y derecho.* Madrid: Instituto de Estudios Políticos, 1966. v. 4, p. 551.

23. BARBOSA, Rui. *Oração aos Moços.* Rio de Janeiro: Casa de Rui Barbosa, 1949.

excluir a consideração da capacidade de pagar a prestação, atributo do *sujeito passivo* e não do *fato jurígeno*. O próprio STF admite pacificamente a aplicação do princípio da capacidade contributiva às taxas.[24]

Contudo, mais que nas taxas e contribuições de melhoria, é nos impostos que está o campo de eleição da capacidade contributiva, conquanto mesmo os impostos "de mercado", "indiretos", não se prestem a realizar o princípio com perfeição. É nos impostos patrimoniais, com refrações, e nos impostos sobre a renda, principalmente nestes, que a efetividade do princípio é plena pela adoção das tabelas progressivas e das deduções pessoais.

Nas taxas e contribuições de melhoria, o princípio realiza-se negativamente pela *incapacidade contributiva*, fato que tecnicamente gera remissões e *reduções subjetivas* do montante a pagar imputado ao sujeito passivo *sem capacidade econômica real*. É o caso, *v.g.*, da isenção da taxa judiciária para os pobres e o da redução ou mesmo isenção da contribuição de melhoria em relação aos miseráveis que, sem querer, foram beneficiados em suas humílimas residências por obras públicas extremamente valorizadoras. Obrigá-los a vender suas propriedades para pagar a contribuição seria impensável e inadmissível, a não ser em regimes totalitários.

Nos impostos que percutem (chamados de "indiretos" ou de "mercado") entra em cena o contribuinte de fato, diferente

---

24. Entre outros, RE nº 232.393/SP, Rel. Ministro Carlos Velloso, DJ 05.04.2002, em que se discutia a possibilidade de a taxa de coleta de lixo ser cobrada mediante a consideração da área do imóvel do contribuinte. Consignou o Ministro Relator: "A presunção [de que quanto maior a área do imóvel mais lixo se produz] é razoável e, de certa forma, realiza, também, o princípio da capacidade contributiva do art. 145, § 1º, da C.F., que, sem embargo de ter como destinatária os impostos, nada impede que possa aplicar-se, na medida do possível, às taxas". Mais recentemente, nos autos da ADI nº 4.697/DF, Rel. Ministro Edson Fachin, DJe 30.03.2017, o STF pontificou a aplicação do princípio em comento às contribuições de interesse das categorias profissionais, reputando constitucional o dispositivo constante da Lei 12.514/2011 que estipula a diferenciação das anuidades cobradas pelos conselhos profissionais de acordo com a escolaridade (no caso de pessoa natural) e o capital social (se pessoa jurídica) do contribuinte.

do *de jure*, e a capacidade contributiva realiza-se imperfeitamente. É o caso das alíquotas menos gravosas do IPI e do ICMS. Supõe-se que os de menor renda (contribuintes de fato) consomem *artigos necessários tão somente a uma existência sofrida*, e, por isso, as alíquotas são reduzidas, ou mesmo isenções são dadas. Ocorre que tanto compra feijão José da Silva quanto um megaempresário, este se beneficiando dos favores pensados para José. Em compensação, José não consome champanha ou caviar, cujas alíquotas são altas...

A ideia de capacidade contributiva, o seu conteúdo, serve de parâmetro para analisarmos o maior ou menor teor de injustiça fiscal existente nos sistemas tributários. A justiça vasculhando o Direito, como diria Gorki, genial escritor russo.

O ponto traz à baila a questão da tributação exacerbada por razões extrafiscais. Como encarar a questão em face do princípio da capacidade contributiva?

Fonrouge entendia que o princípio da capacidade contributiva era incompossível com a tributação extrafiscal.[25] O mestre portenho tem razão. As isenções e outras técnicas de exoneração fiscal para partejar o desenvolvimento econômico partem da ideia de que os empreendedores possuem elevada capacidade econômica, *tanto que investem dinheiro em atividades empresariais em troca dos aliciantes fiscais*. Por outro lado, as técnicas inibitórias de extrafiscalidade só são possíveis pela *exacerbação dos encargos fiscais*, tornando proibitivos certos consumos e hiperonerosas certas situações. Exemplificamos com o ITR e o IPTU progressivos; o primeiro para desestimular o latifúndio, o ausentismo e a improdutividade rural, e o segundo para coibir a especulação imobiliária urbana e a disfunção social da propriedade nas cidades. Sem a exacerbação da tributação não haveria como praticar a extrafiscalidade, que se caracteriza justamente pelo uso e manejo dos tributos, com a finalidade de atingir alvos diferentes da simples *arrecadação de*

25. GIULIANI FONROUGE, Carlos M. *Derecho financiero*. 3. ed. Buenos Aires: Depalma, 1976. v. 1, p. 126.

dinheiro. Nesses casos, a consideração da capacidade contributiva, que não está em causa, evidentemente, é demasia.

Agora, essa é outra situação, o princípio da capacidade contributiva junto com outros, tais como o da igualdade e o da generalidade, podem atuar para o controle político e jurisdicional da tributação pervertida ou das perversões da extrafiscalidade. Nisso acerta em cheio o Professor José Marcos Domingues, quando alerta que tais deturpações se transformam "em privilégios inconstitucionais e são espúrias, desvirtuadas, informam a 'possível colisão dos regimes de incentivos com o princípio da igualdade concebido com o princípio da capacidade contributiva'".[26]

15. O art. 145, §2º, ou o papel controlador da base de cálculo dos tributos

O art. 145, §2º, ostenta redação singela e objetiva, melhor que a da Constituição de 67, que preceituava não poder a taxa ter base de cálculo idêntica à dos impostos previstos naquela Carta outorgada. Agora, a redação – que veda as taxas terem base de cálculo própria dos impostos (vedação essa que, importante dizer, aplica-se mesmo na hipótese de o ente instituidor da taxa ser o competente para a criação do imposto cuja base de cálculo foi apropriada) – está cientificamente correta.

Veja-se a evolução normativa:

Constituição de 1967, com a redação dada pela Emenda Constitucional nº 01/69:	Constituição de 1988:
Art. 18, § 2º – Para cobrança das taxas não se poderá tomar como base de cálculo a que tenha servido para a incidência dos impostos.	Art. 145, § 2º – As taxas não poderão ter base de cálculo própria de impostos.

26. OLIVEIRA, José Marcos Domingues de. *Capacidade contributiva*: conteúdo e eficácia do princípio. Rio de Janeiro: Renovar, 1988, p. 56.

Correta sim, porque coloca a questão em campo abrangente. A taxa, qualquer taxa, não pode ter base de cálculo de imposto enquanto espécie. Qual a *ratio* da norma? Sem mais, a onipresente realidade da teoria dos fatos geradores vinculados e não vinculados a uma atuação estatal a permear o Sistema Tributário da Constituição. A regra vigia a repartição das competências tributárias.

Sendo a taxa um tributo cujas hipóteses de incidência (fatos geradores) configuram atuações do Estado relativamente à pessoa do obrigado, a sua base de cálculo somente pode mensurar tais atuações. Entre a base de cálculo e o fato gerador dos tributos existe uma relação de inerência quase carnal (*inhaeret et ossa*), uma relação de pertinência, de harmonia. Do contrário, estaria instalada a confusão e o arbítrio com a prevalência do *nomen juris*, *i.e.*, da simples denominação formal, sobre a ontologia jurídica e conceitual dos tributos, base científica do Direito Tributário. Uma taxa de fiscalização do arroz para prover, desde a sua comercialização, a sanidade do cereal em prol dos consumidores (serviço do poder de polícia) que tiver por base de cálculo o valor de mercado do arroz fiscalizado e não o trabalho fiscalizatório, ainda que estimado, será um imposto sobre circulação de mercadorias.

Eis aí a grande serventia da base de cálculo como dado ou elemento veritativo, além de suas funções puramente quantitativas (cálculo do valor a pagar) e valorativa (elemento auxiliar para a fixação da capacidade contributiva pela valoração do fato gerador em função do contribuinte).[27]

O dispositivo sob comento, além de conferir à base de cálculo esta missão de controle, assegura integridade ao sistema de repartição de competências tributárias instituído na Constituição, tido por um dos mais perfeitos do mundo. Na medida em que a Nação está politicamente organizada como

27. A propósito, ver, DERZI, Misabel de Abreu Machado; COÊLHO, Sacha Calmon Navarro. *Do imposto sobre a propriedade predial e territorial urbana.* São Paulo: Saraiva, 1982, quando analisa as funções da base de cálculo dos tributos.

República Federativa, necessário se faz garantir a repartição dos diversos tributos entre as pessoas políticas que convivem na Federação. A nossa discriminação de competências tributárias é rígida, inadmitindo conflitos e superposições. Não fosse esta regra, aparentemente miúda, dadas pessoas políticas poderiam criar fatos geradores de taxas com base de cálculo de imposto e, assim, burlar o sistema, provocando invasões de competências em áreas já reservadas às outras, com evidente sobrecarga tributária em desfavor dos contribuintes. A redação dada ao preceito pela Constituição de 1988 é melhor do que a dada pela de 1967 por mais uma razão. Agora, até mesmo as áreas tributáveis passíveis de serem exploradas por impostos novos (ainda não criados), com esforço na competência residual da União, restam preservadas. A redação da Constituição de 1967, com erronia, vedava base de cálculo idêntica à dos impostos existentes. Uma interpretação ao pé da letra levaria a limitar o alcance da vedação, sabendo que os exegetas oficiais são férteis em imaginação e despiste na miranda de aumentar as tributações ao arrepio das normas jurídicas.

A regra constitucional *in examen*, arquitetada a partir dos insumos da teoria dos fatos geradores vinculados ou não a atuações do Estado, reiterada aqui *ad nauseam*, não deixa de ter origens históricas e motivações políticas.[28] Celso Cordeiro Machado deplorou, com a vivência de quem foi secretário da Fazenda, a mania que tinha Minas Gerais de criar pseudotaxas, a ponto de vir a ser conhecida no passado como "Estado taxeiro".

A propósito do tema, há até súmula do STF com a seguinte ementa: Súmula nº 595 – "É inconstitucional a taxa municipal de conservação de estradas de rodagem cuja base de cálculo seja idêntica à do Imposto Territorial Rural".

Observe-se, no entanto, que o mesmo STF, mitigando a assertiva do enunciado sumular acima transcrito, editou a

28. Sobre os antecedentes que redundaram no preceito constitucional em estudo, ver BALEEIRO, Aliomar; DERZI, Misabel. *Direito tributário brasileiro*: CTN comentado. 14. ed. rev. atual. e ampl. Rio de Janeiro: Forense, 2018, p. 856.

Súmula Vinculante nº 29 estatuindo: "É constitucional a adoção no cálculo do valor de taxa de um ou mais elementos da base de cálculo própria de determinado imposto, desde que não haja integral identidade entre uma base e outra". Não concordamos com esse posicionamento da Corte; o grande perigo é enfraquecer a diferença entre imposto (fato do contribuinte) e taxa (fato do Estado) consistente em atuações estatais, prestando serviços (coleta de lixo, *v.g.*) ou exercendo atos do poder de polícia (vistorias, autorizações etc.).

No caso das taxas, duas funções tem a base de cálculo, incontornáveis: a primeira, medir a atuação do Estado que lhe está subjacente; a segunda, veritativa, de confirmar o fato eleito como fato gerador do tributo.

O tema, em suas derivações, traz à baila uma questão embaraçosa quanto às técnicas em voga de fixação do valor das taxas.

A premissa é simples. Na maior parte dos casos, o valor a pagar nas taxas é fixado aleatoriamente, *a forfait*.

Isto não se casa bem com as funções reservadas à base de cálculo das mesmas, até por imperativo constitucional. Pois não reza a Constituição que taxa não pode ter base de cálculo idêntica à do imposto? A base de cálculo aqui deve mensurar a atuação estatal. O problema não surge propriamente das taxas sem base de cálculo explicitada. Nesses casos, prevê a lei algumas enunciações do tipo que vamos exemplificar:

a) por atestado de bons antecedentes: 20 reais;

b) por requerimento protocolado na seção de controle: 10 reais.

Nesses casos, presume-se que a base de cálculo mede os custos da atividade estatal pela sobreprestação do serviço público requerida, *a forfait*.

O problema tampouco surge nas taxas que admitem medições objetivas e controláveis por unidades de serviço público prestado.

Se, no Brasil, o serviço público de fornecimento de gás, de energia, de água fossem explorados pelo regime tributário das taxas, seria muito fácil medir as quantidades de água, energia, e gás postas a serviço dos contribuintes (por litro, quilowatt ou "y" reais).

O selo postal (por estampilha ou carimbo) com base na distância, peso, meio de transporte, e ainda os telegramas também caracterizam um tipo de serviço público que admite medição objetiva, podendo gerar taxas sem maiores objeções. Só que o legislador optou pelo regime dos preços.

Mesmo os casos de fixação proporcional de taxas pela complexidade presumida do sobre-esforço estatal não fazem aflorar a questão. Noutras palavras, não ofende a teoria das taxas a prefeitura cobrar mais ou menos para conceder alvarás de construção. É que umas plantas, por serem mais complexas e volumosas, requerem esforços maiores de atuação estatal. Costuma-se exigir paga maior por m^2, área total ou por número de andares.

A questão surge quando se cobram taxas pelo valor do bem, contrato, transação ou interesse (registros públicos, notas e protestos) e quando se cobra taxa judiciária pelo valor da causa (ou seja, da pretensão do litigante) e noutros casos assemelhados.

Nestes exemplos, a base de cálculo da taxa não mede a atuação estatal; mede fato do contribuinte ou interesse seu a partir de signos presuntivos de capacidade contributiva, o que só calha nos impostos. Tampouco confirma a materialidade do fato jurígeno das taxas: a prestação de serviços públicos específicos e divisíveis; por isso que o registro de uma escritura e a prestação jurisdicional não variam por ser maior ou menor o valor do bem ou o valor da causa...[29]

29. Se por um lado o STF admite a cobrança das custas judiciais com base no valor da causa – a despeito de o valor da causa nada revelar sobre a atuação estatal – ao menos por outro estabeleceu um limite para a exigência dessa taxa na Súmula nº 667: "Viola a garantia constitucional de acesso à jurisdição a taxa judiciária calcula-

Também não assentimos com a Súmula nº 665 do STF – que reconhece a constitucionalidade da Taxa de Fiscalização dos Mercados de Títulos e Valores Mobiliários, instituída pela Lei 7.940/89 – por esse mesmo motivo, qual seja, pelo fato de a base de cálculo da taxa não medir a atuação do Estado em prol do contribuinte. Pelo contrário, essa exação é cobrada com fundamento *exclusivamente* em um fato do particular, o patrimônio líquido que possui: no caso das companhias abertas, por exemplo, para aquelas com patrimônio líquido de até 10 milhões de Bônus do Tesouro Nacional – BTN, o valor da taxa é de 1.500 BTN; se o patrimônio for superior a 10 milhões e inferior a 50 milhões de BTN, a cobrança se dá no importe de 3.000 BTN; se, enfim, o patrimônio for maior do que 50 milhões de BTN, elas devem pagar 4.000 BTN.

Pensamos que em todas as configurações parecidas com as que vimos de ver cabe a invocação do princípio de que a base de cálculo da taxa não pode ser aquela apropriada a impostos.

16. Apontamentos necessários à compreensão da repartição constitucional de competências tributárias

A matéria dos princípios gerais e da repartição de competências prossegue nos arts. 146 e 146-A, que versam a lei complementar tributária, e nos arts. 147, 148 e 149, que cuidam, respectivamente, da competência múltipla das pessoas políticas e da competência para instituir empréstimos compulsórios e contribuições parafiscais, temas a serem estudados à frente. É preciso advertir, porém, que a compreensão global do sistema de repartição dos impostos não se completa sem a conexão das regras aqui tratadas com aqueloutras das Seções III, IV e V dedicadas aos impostos da União, dos Estados e dos Municípios, pois é da leitura desses textos que exsurge a disciplina inteira da repartição das competências tributárias entre as pessoas políticas.

---

da sem limite sobre o valor da causa".

Duas regras de competência, ainda, estão fora da Seção em exame:

a) a que define a competência para a criação de novos impostos (competência residual); e

b) a que disciplina a chamada competência extraordinária de guerra, ambas encartadas na Seção III sobre os impostos privativos da União Federal.

Parece que a inclusão nesse lugar dessas duas regras atinentes a impostos virtuais deveu-se a que somente a União é competente para operá-las. A ser assim, contudo, os empréstimos compulsórios e as contribuições parafiscais deveriam também ser tratados na Seção III e não na Seção I, onde estão. Na Seção IV se cuidaria da contribuição dos funcionários públicos estaduais e, na Seção V, da dos funcionários públicos municipais e da contribuição, esdrúxula, mas constitucional no entender do STF, sobre o financiamento da iluminação pública das cidades. Haveria maior apuro técnico-sistemático.

Conclusão

Diante do exposto, reafirmamos nosso entendimento de que a Teoria Tripartite é a que melhor se amolda à regência constitucional do tema, por se compatibilizar com o teor do art. 145 da CF/88, dispositivo estruturante de toda a ordem tributária nacional. Concluímos, ainda, que o exercício das competências tributárias é balizado por uma série de princípios constitucionais de elevado relevo, dentre os quais se destacam os da capacidade econômica e da pessoalidade, previstos pelo §1º do examinado art. 145. Ainda, destacamos o importante papel da base de cálculo como aspecto controlador da criação e instituição de tributos, em observância ao que determina o §2º do art. 145. Ressalvamos, por derradeiro, que a análise ora exposta não exaure o extenso e importantíssimo tema da repartição das competências tributárias, pretendendo-se tão somente sua síntese refletida à luz das disposições do art. 145 da CF/88.

Referências

AMARO, Luciano. *Direito tributário brasileiro*. 11. ed. rev. atual. São Paulo: Saraiva, 2005.

ATALIBA, Geraldo. *Hipótese de incidência tributária*. São Paulo: Editora Revista dos Tribunais, 2005.

BALEEIRO, Aliomar. *Uma introdução à ciência das finanças*. 14. ed. Rio de Janeiro: Forense, 1984.

_____; DERZI, Misabel. *Direito tributário brasileiro*: CTN comentado. 14. ed. rev. atual. e ampl. Rio de Janeiro: Forense, 2018.

BARBOSA, Rui. *Oração aos Moços*. Rio de Janeiro: Casa de Rui Barbosa, 1949.

BECKER, Alfredo Augusto. *Teoria geral do direito tributário*. São Paulo: Saraiva, 1972.

CARRAZZA, Roque Antoônio. *Curso de direito constitucional tributário*. 25. ed. São Paulo: Malheiros Editores, 2009.

CARVALHO, Paulo de Barros. *Curso de direito tributário*. 25. ed. São Paulo: Saraiva, 2013.

COSTA, Regina Helena. *Curso de direito tributário*. 7. ed. São Paulo: Saraiva, 2017.

DERZI, Misabel Abreu Machado. Notas de atualização. *In:* BALEEIRO, Aliomar. *Limitações constitucionais ao poder de tributar*. 8. ed. Rio de Janeiro: Forense, 2010.

_____; COÊLHO, Sacha Calmon Navarro. *Do imposto sobre a propriedade predial e territorial urbana*. São Paulo: Saraiva, 1982.

GIANNINI, A. D. [Achille Donato]. I concetti fondamentali di diritto tributario *apud* GIULIANI FONROUGE, Carlos M. *Derecho financiero*. 3. ed. Buenos Aires: Depalma, 1976. v. 1.

GIARDINA, Emilio. *Le basi teoriche del princípio della capacità contributiva*. Milano: A. Giuffrè, 1961.

GIULIANI FONROUGE, Carlos M. *Derecho financiero*. 3. ed. Buenos Aires: Depalma, 1976. v. 1.

GRIZIOTTI, Benvenuto. *Princípios de ciencia de las finanzas*. Traducción y notas por Dino Jarach. Buenos Aires: Depalma, 1949.

JARACH, Dino. *Curso superior de derecho tributario*. Edicion nueva actualizada. Buenos Aires: Liceo Profesional Cima, 1969.

MOSCHETTI, Francesco. *Il principio della capacità contributiva*. Padova: CEDAM, 1973.

OLIVEIRA, José Marcos Domingues de. *Capacidade contributiva*: conteúdo e eficácia do princípio. Rio de Janeiro: Renovar, 1988.

PAULSEN, Leandro. *Curso de direito tributário*: completo. 6. ed. rev. atual. e ampl. Porto Alegre: Livraria do Advogado, 2014.

PEREZ DE AYALA, José Luis; GONZÁLEZ, Eusebio. *Curso de derecho tributario*. 3. ed. Madrid: Editorial de Derecho Financiero, 1980. t. 2.

SAINZ DE BUJANDA, Fernando. *Hacienda y derecho*. Madrid: Instituto de Estudios Políticos, 1966. v. 4.

TORRES, Ricardo Lobo. *Curso de direito financeiro e tributário*. 17. ed. Rio de Janeiro: Renovar, 2010.

XAVIER, Alberto [Pinheiro]. *Manual de direito fiscal*. Lisboa: [*s. n.*], 1974. (Manuais da Faculdade de Direito de Lisboa, v. 1).

_____. *Os princípios da legalidade e da tipicidade da tributação*. São Paulo: Ed. RT, 1978.

ORÇAMENTO PÚBLICO E LEGITIMIDADE DO TRIBUTO: O CASO DOS FUNDOS ESTADUAIS DE COMBATE À POBREZA

Tácio Lacerda Gama[1]

Sumário: 1. Introdução – 2. Controle das normas orçamentárias e a evolução da jurisprudência do STF – 3. Tributos cuja válida instituição pressupõe situação fática – 4. O caso dos adicionais de alíquota de ICMS para instituição dos Fundos Estaduais de Combate à Pobreza – FECOEPs: 4.1 O fundamento de instituição dos FECOEPs e a impossibilidade de constitucionalização superveniente; 4.2 O desvio do produto da arrecadação como fundamento para a ilegitimidade da cobrança do adicional de alíquota – 5. Conclusão – Referências.

É uma enorme satisfação fazer parte desta homenagem escrita ao Professor Paulo Ayres Barreto. Acompanho, primeiro como aluno, depois como amigo, mas sempre como admirador, a sua carreira exemplar. Assisto ao Mestre Paulo Ayres desenvolver caminho linear e ascendente, sempre se destacando, ora como professor, ora como advogado, noutros momentos por ser um hábil articulador de ideias e de boas relações. Há muito tempo, firmou-se como liderança em todos os campos de sua atuação. Por essas e outras, felicito os ilustres professores Simone e Caio pela iniciativa. É oportuno

1. Professor de direito tributário e teoria do direito nos cursos de graduação, mestrado e doutorado da PUC-SP, Presidente do Instituto de Aplicação do Tributo – IAT e Advogado.

e necessário festejar o valor desse grande brasileiro que contribui, com seus estudos e exemplo, para o desenvolvimento do direito tributário brasileiro.

1. Introdução

Este artigo trata de um problema que, apesar de não ser novidade, continua na ordem do dia das discussões tributárias e financeiras, especialmente junto ao Supremo Tribunal Federal. Embora a Corte já tenha se manifestado, em algumas oportunidades, sobre a relação entre a validade do tributo e o destino dado ao produto da arrecadação, certos elementos de grande relevância para o debate não estão decididos e serão submetidos, muito provavelmente, à análise do Tribunal.

De fato, não é nova a discussão a respeito da ilegitimidade de um tributo em função da malversação das receitas obtidas através da sua cobrança. Há, no entanto, dois argumentos que não foram levados ao debate e que, se tratados com a devida atenção, podem modificar a compreensão que se tem atualmente sobre o tema.

O primeiro desses argumentos diz respeito à impositividade das leis orçamentárias, que não podem mais ser tratadas como meras peças de ficção, o que representa, inclusive, a evolução do entendimento do próprio Supremo Tribunal Federal. As normas orçamentárias consistem, na verdade, no modo que o contribuinte tem de verificar se e como o montante arrecadado está sendo utilizado.[2] Trata-se de poderoso instrumento de controle exercido pelos particulares sobre a Administração Pública, funcionando como um meio de fiscalização próprio do regime democrático.[3]

2. Nas palavras de Fernando Facury Scaff: “O ponto central é saber de quem se arrecada, com quem se gasta e quem comanda esse processo.” (SCAFF, Fernando Facury. *Orçamento republicano e liberdade igual* – Ensaio sobre direito financeiro, república e direitos fundamentais no Brasil. Belo Horizonte: Fórum, 2018, p. 85).

3. Nesse sentido, Heleno Torres, ao tratar das funções do orçamento público, destaca o seguinte: “E tem ainda a função de preservar e efetivar direitos e liberdades

Este primeiro argumento está fortemente vinculado à separação entre direito tributário e direito financeiro. A divisão entre estes dois ramos do direito, que tinha proposições exclusivamente didáticas, adquiriu um sentido limitador. De acordo com tal separação, realizada com objetivo epistêmico, cabe ao direito tributário tratar somente da instituição, arrecadação e fiscalização dos tributos,[4] estando localizado no seu objeto a emissão de juízos de validade ou invalidade sobre normas jurídicas emitidas nestes âmbitos. Não estaria, na linguagem objeto do direito tributário, o modo como o produto arrecadado é gasto. De modo semelhante, não competiria ao direito financeiro[5] tratar de validade ou invalidade de tributo, ainda mais após a retirada, do ordenamento jurídico positivo, do princípio da anualidade tributária,[6] que deixou de viger a partir da EC 01/69. Ocorre, assim, um isolamento entre a discussão sobre a validade do tributo e as despesas que vêm sendo por ele custeadas – isso quando o produto arrecadado não é contingenciado, sem dar cabo a qualquer despesa – como se as duas coisas estivessem sempre dissociadas.

Não se ignora que o recorte epistemológico realizado entre as ciências de cada um desses ramos do direito proporcionou ganhos metodológicos significativos. Contudo,

---

fundamentais, controlar as estimativas de receitas e a coerência, legitimidade e economicidade dos gastos públicos, além da necessária transparência para a opinião pública, com abertura para participação popular ao longo da deliberação e da execução." (TORRES, Heleno Taveira. *Direito constitucional financeiro*: teoria da constituição financeira. São Paulo: Ed. RT, 2014, p. 340.).

4. "Estamos em que o direito tributário positivo é o ramo didaticamente autônomo do direito, integrado pelo conjunto das proposições jurídico-normativas que correspondam, direta ou indiretamente, à instituição, arrecadação e fiscalização de tributos." (CARVALHO, Paulo de Barros. *Curso de direito tributário*. 25 ed. São Paulo: Saraiva, 2013, p. 42).

5. Nos dizeres de José Souto Maior Borges, "o direito financeiro, regulação jurídica das atividades financeiras do Estado, estuda as normas financeiras, coordenando-as na reciprocidade de relações em que estão agrupados os institutos financeiros." (BORGES, José Souto Maior. *Introdução ao direito financeiro*. São Paulo: Max Limonad, 1998, p. 29).

6. De acordo com o princípio da anualidade tributária, era necessária a autorização, ano a ano, da cobrança de tributos, prevista em cada lei orçamentária.

paradoxalmente, a delimitação estreita dos objetos do direito tributário e do direito financeiro acabou criando um vácuo, na ciência do direito, com relação aos objetos que se encontram, exatamente, nos pontos de intersecção entre essas disciplinas.

Isso nos leva ao segundo argumento, que ainda não foi adequadamente debatido pelo Supremo Tribunal Federal. A relação entre a validade e o modo como o montante arrecadado é gasto tem importância a depender da espécie tributária tratada.

É verdade que há tributos cuja destinação do que foi arrecadado é irrelevante para a sua validade, como no caso dos impostos. Outros existem, no entanto, que prescrevem ações estatais como pressupostos necessários para a legitimidade da exação.[7] A pertinência de determinada espécie a um ou outro grupo dependerá de sua programação.[8]

A programação das contribuições de intervenção no domínio econômico, por exemplo, faz referência direta à natureza das despesas que devem ser custeadas com o montante arrecadado através da sua cobrança.

Como leciona o ilustre Professor Paulo Ayres Barreto, a instituição das contribuições de intervenção no domínio econômico tem como pressuposto uma situação de desequilíbrio de mercado, cuja solução está condicionada, justamente, à criação da contribuição, a qual, no tempo, deverá regular o funcionamento do mercado. [9] Isso, por sua vez, se dará por

7. Quanto à destinação e à interface entre direito financeiro e tributário, destaca Misabel Derzi, em atualização da obra de Aliomar Baleeiro: “São inconfundíveis as noções de fato gerador, base de cálculo e destinação do produto arrecadado. O fato gerador ou hipótese de incidência e a base de cálculo são aspectos ou critérios próprios, inerentes e internos à norma de tributação. A destinação do produto arrecadado, ou seja, sua aplicação vem determinada exogenamente, em outra norma, financeira ou orçamentária. Nem o fato gerador ou a base de cálculo dos impostos descrevem uma atuação do Estado relativa ao obrigado.” (BALEEIRO, Aliomar; DERZI, Misabel. *Direito tributário brasileiro*: CTN Comentado. 14. ed. Rio de Janeiro: Forense, 2018, p. 53-54.)

8. Sobre a ideia de *programa*, cf. LUHMANN, Niklas. *Sociologia do direito II*. Rio de Janeiro: Edições Tempo Brasileiro, 1985, p. 17 e seguintes.

9. BARRETO, Paulo Ayres. *Contribuições:* regime jurídico, destinação e controle. São Paulo: Noeses, 2006. p. 108.

meio da formação de um fundo com os recursos arrecadados, os quais serão revertidos em favor do exato grupo alcançado pela contribuição interventiva.[10]

Neste caso, portanto, a validade da instituição desta espécie tributária pela União depende efetivamente da utilização do montante adquirido como "instrumento de sua atuação nas respectivas áreas",[11] conforme prescreve de forma clara o art. 149[12] da Constituição da República.

Essa característica não existe somente no caso das contribuições de intervenção no domínio econômico; ela está presente sempre que a autorização para a instituição do tributo vier acompanhada de finalidade específica para os recursos arrecadados.

Entre os casos em que há essa imposição constitucional encontra-se, exatamente, a autorização para a instituição de adicional de alíquota de ICMS, direcionado ao financiamento dos Fundos Estaduais de Combate à Pobreza – FECOEPs. O art. 82 do Ato das Disposições Constitucionais Transitórias – ADCT, incluído pela Emenda Constitucional 31/2000, autorizou a criação de novo tributo com destinação expressamente imposta: o financiamento do combate à pobreza.

---

10. BARRETO, Paulo Ayres. *Contribuições:* regime jurídico, destinação e controle. São Paulo: Noeses, 2006. p. 112.

11. Sobre os meios de intervenção da União no domínio econômico e o art. 149 da CR, cf. GAMA, Tácio Lacerda. Contribuição ao FUST e artigo 149 da Constituição da República. In: SANTI, Eurico Marcos Diniz (coord.). *IV Congresso Nacional de Estudos Tributários: Tributação e Processo.* São Paulo: Noeses, 2007. Naquela oportunidade, realizamos exposição sustentando a ilegitimidade da contribuição ao FUST com base nos seguintes argumentos: (i) impossibilidade de instituir contribuição de intervenção no domínio econômico para custear ações da União em atividades de direito público; (ii) inexistência de intervenção em setor específico da econômica; e (iii) não aplicação dos valores arrecadados.

12. "Art. 149. Compete exclusivamente à União instituir contribuições sociais, de intervenção no domínio econômico e de interesse das categorias profissionais ou econômicas, como instrumento de sua atuação nas respectivas áreas, observado o disposto nos arts. 146, III, e 150, I e III, e sem prejuízo do previsto no art. 195, § 6º, relativamente às contribuições a que alude o dispositivo."

Contudo, a instituição dos adicionais de alíquota pelos Estados veio acompanhada de diversas inconstitucionalidades, que demonstraremos a seguir, como exemplo da relação que pode surgir da aproximação de temas do direito financeiro com aqueles do direito tributário.

Portanto, este artigo demonstrará, num exemplo concreto de interdisciplinaridade entre o direito financeiro e o direito tributário na fundamentação das discussões da prática jurídica. Para isso, estabeleceremos algumas premissas com relação ao orçamento público, tema notadamente estudado pelo direito financeiro, para lidar com um tema tributário prático de grande relevância.

2. Controle das normas orçamentárias e a evolução da jurisprudência do STF

Durante muito tempo, prevaleceu, no Supremo Tribunal Federal, o entendimento no sentido de que as normas orçamentárias não seriam passíveis de serem submetidas ao controle abstrato de constitucionalidade. O Tribunal sustentava sua argumentação na distinção entre leis formais – dentre as quais estariam as leis orçamentárias – e leis materiais. Segundo a Corte Suprema, os diplomas normativos que tratavam de matéria orçamentária seriam leis sem a generalidade e a abstração necessárias para terem sua validade, perante a Constituição, verificada.

Essa posição expressa uma ideia, acolhida por muito tempo também pela doutrina, de que as normas orçamentárias teriam caráter meramente autorizativo. Deste modo, não estabeleciam quaisquer obrigações ao administrador, consistindo em meros conselhos que poderiam ser ou não seguidos. Sobre este momento da dogmática jurídica nacional leciona Régis Fernandes de Oliveira:

> O orçamento, enfim, na lição de notáveis especialistas da área, era mero documento de cunho financeiro, a saber, continha a previsão de receitas e despesas, enquadrando-se também, como peça contábil – simples lei autorizativa, figurando como previsão

> de entradas e gastos públicos, sem maior responsabilidade com a vida do país e sem maior relevância na programação da sociedade. Desvinculada de ideário político, continha mera previsão financeira. Logo, era neutra. Não continha quaisquer obrigações, de vez que mera proposta, e tornava o administrador irresponsável, pois ele não era obrigado a exaurir o que na lei se continha. Como lei de previsão, poderiam não se realizar os valores nela contidos, o que desarmava a sociedade de qualquer possível ação para o cumprimento do previsto em lei.[13]

Na ADI 1.640 (Rel. Min. Sidney Sanches, DJ 03.04.1998), por exemplo, ajuizada contra lei orçamentária que previa a destinação dos recursos resultantes da arrecadação da CPMF, o Pretório Excelso definiu o seguinte:

> DIREITO CONSTITUCIONAL E TRIBUTÁRIO. CONTRIBUIÇÃO PROVISÓRIA SOBRE MOVIMENTAÇÃO FINANCEIRA - C.P.M.F. AÇÃO DIRETA DE INCONSTITUCIONALIDADE "DA UTILIZAÇÃO DE RECURSOS DA C.P.M.F." COMO PREVISTA NA LEI Nº 9.438/97. LEI ORÇAMENTÁRIA: ATO POLÍTICO-ADMINISTRATIVO - E NÃO NORMATIVO. IMPOSSIBILIDADE JURÍDICA DO PEDIDO: ART. 102, I, "A", DA C.F. 1. Não há, na presente Ação Direta de Inconstitucionalidade, a impugnação de um ato normativo. Não se pretende a suspensão cautelar nem a declaração final de inconstitucionalidade de uma norma, e sim de uma destinação de recursos, prevista em lei formal, mas de natureza e efeitos político-administrativos concretos, hipótese em que, na conformidade dos precedentes da Corte, descabe o controle concentrado de constitucionalidade como previsto no art. 102, I, "a", da Constituição Federal, pois ali se exige que se trate de ato normativo. Precedentes. [...]

Ainda que seja possível perceber sinais anteriores de que esse entendimento estava prestes a sofrer alteração,[14] foi na ADI 4.048 que ficou evidente a mudança do posicionamento do STF. Durante a análise da Medida Cautelar formulada

---

13. OLIVEIRA, Régis Fernandes de. *Curso de direito financeiro*. 3 ed. rev. e atual. São Paulo: Ed. RT, 2010, p. 345.

14. Como se percebe, por exemplo, na ADI 2.925, na qual o STF admitiu ação ajuizada em face de dispositivos da Lei Orçamentária Anual (LOA) para o exercício financeiro de 2003.

naquela ação direta de inconstitucionalidade, a Corte Suprema pôde rever sua jurisprudência, definindo o seguinte:

> [...]
>
> II. CONTROLE ABSTRATO DE CONSTITUCIONALIDADE DE NORMAS ORÇAMENTÁRIAS. REVISÃO DE JURISPRUDÊNCIA. O Supremo Tribunal Federal deve exercer sua função precípua de fiscalização da constitucionalidade das leis e dos atos normativos quando houver um tema ou uma controvérsia constitucional suscitada em abstrato, independente do caráter geral ou específico, concreto ou abstrato de seu objeto. Possibilidade de submissão das normas orçamentárias ao controle abstrato de constitucionalidade. [...].[15]

Provavelmente, a decisão mais significativa nesta matéria, o entendimento adotado na ADI 4.048 foi aplicado no julgamento de outras ações diretas de inconstitucionalidade.[16] Fica evidente, deste modo, a completa mudança do entendimento do Supremo Tribunal Federal sobre o controle de constitucionalidade das normas orçamentárias. Enquanto antes não se admitia qualquer espécie de discussão sobre a validade ou invalidade da norma orçamentária, passou a Corte a ingressar no mérito das leis orçamentárias.

A partir daí, tornou-se comum o controle de constitucionalidade das normas orçamentárias efetuado pelo Judiciário. O fato de o STF – e do Judiciário como um todo – ter adotado esta nova posição, de ingressar no mérito do orçamento público, é o que dará o suporte para o segundo argumento relevante. Esse, por sua vez, somente adquire importância porque começa a ruir a separação entre a validade do tributo e o destino dado ao produto da arrecadação. Afinal, se determinados tributos possuem destinação constitucional ou legal, é evidente que a sua não afetação é inconstitucional. Essa ilicitude, no entanto, somente pode passar a ser reconhecida no atual momento jurisprudencial.

---

15. Medida Cautelar na ADI 4.048, Rel. Min. Gilmar Mendes, DJe 21.08.2008.

16. Destacam-se a ADI/MC 3.949, Rel. Min. Gilmar Mendes e a ADI 4.049, Rel. Min. Ayres Britto.

3. Tributos cuja válida instituição pressupõe situação fática

Nos valendo da ideia de *programação* a respeito da relação entre a validade e o exercício legítimo da competência, podemos afirmar que há diferentes modos de se programar a instituição de um tributo, que correspondem às espécies tributárias existentes. Niklas Luhmann definiu o conceito de programa da seguinte forma:

> O conceito de programa significa que os problemas podem ser definidos especificando-se as condições restritivas de suas soluções ("constraints") e que eles são solucionáveis através de decisões baseadas nessa definição; além disso, o caráter pragmático significa que mesmo essa definição do problema é realizada por processos decisórios e é testada também por decisões. A reestruturação do direito na forma de programas decisórios deve, então, ser vista como um momento de sua positivação.

Cada espécie tributária[17] tem, para a sua legítima instituição, diferentes pressupostos, definidos pelo modo como a sua criação foi programada pela norma de competência.

No caso das contribuições de intervenção no domínio econômico, previstas no art. 149 da CR, por exemplo, o exercício regular da competência tributária demanda uma série de pressupostos que não se verificam com relação à criação de outras espécies tributárias.

Como bem esclarece o Professor Paulo Ayres Barreto, trata-se de instrumento de atuação da União, cuja instituição exige a conjugação de traços típicos de qualquer contribuição, "com as notas características de uma medida de 'intervenção' que se opere no 'domínio econômico'".[18]

---

17. Com relação ao número de espécies tributárias, nos filiamos à posição do Supremo Tribunal Federal, adotada desde o julgamento do RE 138.284/CE, Rel. Min. Carlos Velloso. Cf. GAMA, Tácio Lacerda. *Contribuições de intervenção no domínio econômico*. São Paulo: Quartier Latin, 2003.

18. BARRETO, Paulo Ayres. *Contribuições:* regime jurídico, destinação e controle. São Paulo: Noeses, 2006. p. 106-107.

Assim, para que se possa falar em legítima intervenção do Estado no domínio econômico devem ser preenchidos alguns requisitos, quais sejam: (i) criação de entidades com este perfil – fundo, instituto, autarquia; (ii) finalidade especialmente delimitada de intervir positivamente num setor da economia previamente definido; (iii) previsão em lei, tanto da criação do órgão, quanto das suas competências; (iv) entre suas finalidades, deve-se encontrar a atuação positiva em favor de um determinado setor da economia. Somente nesse caso existirá a possibilidade de serem editadas contribuições de intervenção no domínio econômico.

É precisamente essa atuação, dirigida a um segmento da economia, que gera uma especial despesa, possibilitando a edição de contribuições de intervenção no domínio econômico.

Para se falar, ainda, em utilização do produto da arrecadação como instrumento da intervenção da União, é necessário também realizar um juízo de necessidade e proporção.[19] Sem a necessidade do tributo, a sua instrumentalidade não se confirma, pois não surge oportunidade para o financiamento de qualquer atuação. O tributo será arrecadado para nada. E mais, o valor que se arrecada deve ser integralmente utilizado, pois aquilo que excede não serve, tampouco, de instrumento.

Assim, todo valor que excede ou que não é aplicado viola o texto constitucional. Há, entre outras, duas formas de evidenciar o desvio de finalidade: (i) inexistência de previsão orçamentária determinando a aplicação dos valores arrecadados na finalidade prevista em lei; e (ii) estabelecimento de finalidades que não configuram o financiamento da atuação estatal na modalidade incentivo. Em qualquer destes casos, faltará legitimidade para instituição ou manutenção da cobrança do tributo.

19. Roque Antônio Carrazza esclarece: "estamos convencidos de que as 'contribuições de intervenção no domínio econômico' são tributos qualificados pela finalidade constitucional que devem atingir". In: CARRAZZA, Roque Antônio. *Curso de direito constitucional tributário*. 11. ed. São Paulo: Malheiros, 2006, p. 367.

Nas contribuições de intervenção no domínio econômico, o Estado atua para incentivar um dado setor da atividade econômica. Este é o sentido da referência à respectiva área neste tipo de tributo. Acepções diferentes são construídas quando se trata de contribuições corporativas ou sociais. Nas primeiras, o tributo é arrecadado para financiar a própria corporação. Nas contribuições sociais, arrecada-se o tributo para financiar ações em prol de toda a coletividade. As contribuições interventivas, por sua vez, são arrecadadas para fazer frente às despesas do Estado com a promoção de um setor da economia.

Mas essa ideia não se limita às contribuições de intervenção no domínio econômico, embora essas sejam extremamente relevantes, tendo em vista a sua quantidade e imposição expressa do art. 149 da Constituição da República. Há outros tributos que, igualmente, fundamentam-se em dispositivo constitucional que prescreve a destinação do produto da arrecadação. É exatamente esse o caso do adicional de alíquota de ICMS direcionado aos Fundos Estaduais de Combate à Pobreza (FECOEPs), instituídos com base no art. 82 do ADCT, e que passamos a analisar a seguir.

4. O caso dos adicionais de alíquota de ICMS para instituição dos Fundos Estaduais de Combate à Pobreza – FECOEPs

4.1 O fundamento de instituição dos FECOEPs e a impossibilidade de constitucionalização superveniente

A Emenda Constitucional 31/2000 acrescentou os arts. 82 e 83 ao ADCT, prescrevendo o dever de Estados, Distrito Federal e Municípios criarem Fundos de Combate à Pobreza. Para financiar esses Fundos, ainda que não de forma exclusiva, os §§ 1º e 2º do art. 82 estabeleceram a possibilidade de criação de adicionais de alíquota de ICMS e de ISS. E, no que se refere, especificamente, ao ICMS, o § 1º do art. 82 estabeleceu que o adicional incidiria (i) "sobre produtos e serviços supérfluos"; e (ii) "nas condições definidas na lei complementar de que trata o art. 155, § 2º, XII, da Constituição".

Na redação original da EC 31/2000, foi outorgada competência para os Estados e o Distrito Federal instituírem seus Fundos de Combate à Pobreza nos mesmos moldes do fundo criado no âmbito da União (art. 79 do ADCT). Por se tratar de atribuição de competência nova – e, por certo, excepcional –, o constituinte foi bastante minucioso ao enumerar os requisitos formais e materiais para seu válido exercício.

Nesse sentido, o art. 83 previu a necessidade de lei federal para definir os produtos e serviços supérfluos sobre os quais o adicional incidiria. Ocorre que, mesmo antes de ser publicada a lei federal exigida expressamente pelo dispositivo em questão, alguns Estados criaram seus respectivos fundos e tributos sem observar os requisitos legais e constitucionais que se impunham. Em razão disso, muitos contribuintes recorreram ao Poder Judiciário para questionar a constitucionalidade dos "adicionais de ICMS" contrários à Constituição da República.

Na tentativa de "constitucionalizar" os fundos e os tributos criados ilicitamente pelos Estados – como se fosse possível regularizar situações pretéritas –, foi editada a EC 42/2003, a qual, além de excluir a necessidade de lei federal para definir os produtos e serviços supérfluos relacionados aos fundos estaduais, os quais eram abrangidos, originalmente, pelo art. 83 da ADCT, assim dispôs:

> Art. 4º. Os adicionais criados pelos Estados e pelo Distrito Federal até a data da promulgação desta Emenda, naquilo em que estiverem em desacordo com o previsto nesta Emenda, na Emenda Constitucional nº 31, de 14 de dezembro de 2000, ou na lei complementar de que trata o art. 155, § 2º, XII, da Constituição, terão vigência, no máximo, até o prazo previsto no art. 79 do Ato das Disposições Constitucionais Transitórias.

Primeiro, é importante destacar que a EC 42/2003, conforme prescreve a sua redação, somente teria "constitucionalizado" os adicionais criados até a data de sua promulgação.[20] Assim, para os Estados que instituíram o tributo em momento posterior, descabe falar em legitimação posterior da cobrança. Ademais, por força dessa disposição, essa constitucionalização estaria limitada ao prazo previsto no art. 79 do ADCT, ou seja, ao ano de 2010. Neste ponto, não há que se falar em convalidação pela EC 67/2020, que apenas tratou do Fundo de Combate à Pobreza Federal.

Além disso, a suposta convalidação esbarra em outro fundamento, reconhecido de forma sistemática pelo STF: a inexistência, na ordem constitucional pátria, do fenômeno da constitucionalidade superveniente. A questão foi definitivamente julgada quando, no âmbito do RE 390.840 (Min. Marco Aurélio, DJ 15.08.2006), o STF determinou que o art. 3º, § 1º, da Lei 9.718/98 não poderia ter sido convalidado pela EC 20/98, uma vez que o "sistema jurídico brasileiro não contempla a figura da constitucionalidade superveniente". Naquele julgamento, o Min. Sepúlveda Pertence asseverou o seguinte em seu voto:

> Na ADIn 2, defendi, exaustivamente neste Tribunal, o conceito de inconstitucionalidade superveniente, fundado, sobretudo, na novação que uma Constituição superveniente traz ao fundamento de validade das leis pré-constitucionais. Mas, a recíproca não é verdadeira: norma constitucional superveniente não pode constitucionalizar lei anterior, inconstitucional ao tempo de sua edição, ao menos enquanto vigorar o nosso conceito arraigado de inconstitucionalidade-nulidade. (p. 97 do acórdão)

A despeito da evidente inconstitucionalidade da EC n. 42/2003 e da jurisprudência até então firmada pelo STF, sua validade temporária foi reconhecida pela Suprema Corte. Isso se deu nos termos da decisão exarada pelo Ministro Carlos Britto, quando do julgamento, em 2004, da ADI 2.869, cuja conclusão que se perpetuou na jurisprudência do STF foi a seguinte:

---

20. Nesse mesmo sentido, Cf.: MOREIRA, André Mendes; ELER, Tuanny Campos. Inconstitucionalidade casuística do adicional de ICMS para o Fundo Estadual de Combate à Pobreza. *Revista Dialética de Direito Tributário*, São Paulo, n. 36, p. 30-40, maio, 2015.

> [...] 12. A bem da verdade, observa-se que o art. 4º da Emenda Constitucional nº 42/2003 validou os adicionais criados pelos Estados e pelo Distrito Federal, ainda que estes estivessem em desacordo com o previsto na Emenda Constitucional nº 31/2000. Sendo assim, se pairavam dúvidas acerca da constitucionalidade dos diplomas normativos ora adversados, estas foram expressamente enxotadas pelo mencionado art. 4º.

Recentemente, no entanto, as discussões referentes aos FECOEPs foram retomadas pela Corte Suprema, em sede do julgamento do RE 592.152, de relatoria do Min. Ricardo Lewandowski. Nele, finalmente, percebeu-se que sustentar que a EC 42/2003 teria convalidado os Fundos criados em desacordo com os critérios estabelecidos na EC 31/2000 conflitaria com a sua jurisprudência firmada pela própria Corte, segundo a qual **inexiste constitucionalidade superveniente** de lei em conflito com a Constituição no momento de sua edição. Veja-se trecho do voto de desempate do Min. Luís Roberto Barroso:

> Quanto à análise da existência de precedente do Plenário sobre a constitucionalidade da referida previsão, não merece retoque o voto-vista trazido pelo Min. Luiz Fux. Isso porque a decisão monocrática na ADI 2869, utilizada como precedente pelas Turmas, somente extinguiu o feito sem resolução de mérito. O objeto da ação direta era a declaração de inconstitucionalidade de legislação fluminense em face da redação da EC 31/2000, que incluiu os arts. 79, 80, 81, 82 e 83 no ADCT.
>
> 12. Entendeu o Ministro Ayres Britto, relator da ADI, que, com a vigência da EC 42/2003, houve alteração substancial nos referidos artigos, o que ensejou a perda do objeto da ação, de modo que não passou por análise do Plenário a constitucionalização superveniente da legislação estadual.
>
> 13. Inclusive, destaca-se que o Tribunal Pleno desta Corte possui, ao menos, dois precedentes em sentido diverso, pela impossibilidade de constitucionalização superveniente de lei originalmente inconstitucional, sendo ambos assim ementados:
>
> [...]
>
> 16. Diante do exposto, voto pelo provimento do agravo regimental para acompanhar o Min. Marco Aurélio e o Min. Luiz Fux e permitir o processamento do recurso extraordinário. Naturalmente, caberá ao relator aferir se há repercussão geral adequada

> e suficientemente demonstrada, a justificar a submissão da matéria ao Plenário Virtual.

Por isso, foi dado provimento ao Agravo Regimental do contribuinte, para que fosse reconhecida a repercussão geral da questão e, portanto, seu julgamento fosse submetido ao Plenário do STF, o que ainda não ocorreu.

Dessa forma, não há que se falar em "convalidação" dos adicionais de alíquota a fim de evitar qualquer discussão com relação à forma de instituição dessas cobranças.

4.2 O desvio do produto da arrecadação como fundamento para a ilegitimidade da cobrança do adicional de alíquota

A autorização constitucional para a instituição, pelos Estados, de tributo destinado ao financiamento de fundos desta natureza é condicionada, entre outros requisitos, à efetiva utilização dos recursos em programas e ações de combate à pobreza, especialmente nas áreas de nutrição, habitação, educação, saúde e reforço de renda familiar. Noutros termos: se o Fundo é para combate à pobreza, os recursos arrecadados com esse fundamento não podem ter outra destinação.

Com efeito, a EC 31/2000 estabeleceu expressamente a necessidade de destinação específica a ser dada ao produto da arrecadação do tributo cuja instituição foi autorizada, atribuindo, assim, relevância jurídico-tributária a este dado. Está-se diante, pois, de outorga de competência vinculada a uma finalidade predeterminada. Assim, o tributo em questão somente pode ser validamente instituído e cobrado se for cumprida a finalidade para que foi previsto.

Não há, repita-se, simples atribuição de competência para a instituição de tributo, mas sim outorga de competência condicionada à destinação do produto da arrecadação a fim específico: ações de combate à pobreza no Estado. A destinação do produto da arrecadação é, portanto, elemento integrante da norma de competência que disciplina a criação do tributo ora analisado, sendo fator determinante para sua constitucionalidade.

Com base nessa autorização constitucional, as próprias leis estaduais de constituição dos Fundos determinam a forma de aplicação dos recursos, de modo a concretizar ou não a previsão normativa do texto constitucional.

A Lei Estadual de Alagoas 6.558/2004, por exemplo, estabelece o seguinte: (i) é objetivo do FECOEP/AL "viabilizar para toda a população de Alagoas o acesso a níveis dignos de subsistência, cujos recursos serão aplicados exclusivamente em ações suplementares de nutrição, habitação, educação, saúde, saneamento básico, reforço de renda familiar e em outros programas de relevante interesse social, voltados para a melhoria da qualidade de vida" (art. 1º); (ii) "os recursos do FECOEP não poderão ser utilizados em finalidade diversa da prevista" (art. 2º, § 1º); (iii) "é vedada a utilização dos recursos do FECOEP para remuneração de pessoal e encargos sociais" (art. 2º, § 2º). Ou seja, trata-se de Estado que cumpriu, ao menos em abstrato, a determinação constitucional.

Outros Estados, porém, não seguiram pelo mesmo caminho. O Decreto Estadual 6.883/2009, que regulamenta a Lei 14.469/2003 do Estado de Goiás, em total desrespeito a esta prescrição, dispôs que os recursos do Fundo – obtidos com a arrecadação do tributo instituído com esta única finalidade – serão usados, também, para atender às despesas com pessoal. Ao assim proceder, incorreu o Estado de Goiás em flagrante inconstitucionalidade, eis que lhes deu destinação diversa daquela estabelecida na norma de competência prevista no ADCT.

Gastos com pessoal e com manutenção, seja de que área forem os servidores e funcionários remunerados, não são – e nem assim podem ser considerados – ações voltadas ao combate da pobreza e à melhora da qualidade de vida da população, única destinação constitucionalmente autorizada dos recursos obtidos com a tributação ora questionada. Em outras palavras: a autorização para utilização das receitas do Fundo de Proteção do Estado de Goiás no pagamento de pessoal e custeio de despesas com manutenção configura desvio na finalidade para a qual foi autorizada a criação do tributo que o financia, representando, assim, descumprimento da norma de competência do art. 82 do ADCT.

Há, porém, outro tipo de desvio, relacionado à forma efetiva de aplicação dos recursos obtidos, independentemente da previsão abstrata da legislação estadual. É comum que o orçamento do Fundo de Combate à Pobreza acabe sendo aplicado noutras despesas do Estado.

Ao descumprir a destinação constitucionalmente determinada, o que os Estados fazem, em última análise, é cobrar alíquota majorada de ICMS e, por consequência, burlar as regras de não vinculação e de repartição das receitas dos impostos. Isso porque, violada a destinação constitucional, o que se tem não é a cobrança do tributo com fundamento no art. 82 do ADCT, mas sim um aumento de alíquota de ICMS, puro e simples. Nesse sentido, não há justificativa para que os valores arrecadados com esta cobrança não se submetam às regras de partilha aplicáveis aos impostos.

Com efeito, aplicar os recursos deste fundo em despesas que não aquelas autorizadas representa, em verdade, cobrar ICMS majorado e em desatenção à regra da não vinculação das receitas dos impostos e da repartição destas com os Municípios, o que é vedado pela Constituição e desrespeita frontalmente as normas de direito financeiro.

5. Conclusão

Como foi possível analisar ao longo deste trabalho, a didática separação entre direito tributário e direito financeiro perde parte de sua importância face ao caso concreto, quando se impõe a observância simultânea de normas financeiras e tributárias.

Nesse contexto, ganha relevância o tema do adicional de ICMS aos Fundos Estaduais de Combate à Pobreza. Para que o tributo em questão seja válido, respeitando os ditames constitucionais, deverá atender não só a regras e princípios tributários, como também financeiros. Ou seja, é mister que esteja presente a finalidade de combater a pobreza. E essa finalidade, além de constar da lei que instituir o FECOEP, deverá manifestar-se quando da efetiva destinação orçamentária do montante arrecadado e, portanto, no momento do gasto público, matéria essencialmente financeira.

Referências

BALEEIRO, Aliomar; DERZI, Misabel. *Direito tributário brasileiro*: CTN Comentado. 14. ed. Rio de Janeiro: Forense, 2018.

BARRETO, Paulo Ayres. *Contribuições:* regime jurídico, destinação e controle. São Paulo: Noeses, 2006.

BORGES, José Souto Maior. *Introdução ao direito financeiro*. São Paulo: Max Limonad, 1998.

CARRAZZA, Roque Antonio. *Curso de direito constitucional tributário.* 11. ed. São Paulo: Malheiros, 2006.

CARVALHO, Paulo de Barros. *Curso de direito tributário.* 25. ed. São Paulo: Saraiva, 2013.

GAMA, Tácio Lacerda. Contribuição ao FUST e artigo 149 da Constituição da República. In: SANTI, Eurico Marcos Diniz (coord.). *IV Congresso Nacional de Estudos Tributários: Tributação e Processo.* São Paulo: Noeses, 2007.

_____. *Contribuições de intervenção no domínio econômico.* São Paulo: Quartier Latin, 2003.

LUHMANN, Niklas. *Sociologia do direito II.* Rio de Janeiro: Edições Tempo Brasileiro, 1985.

MOREIRA, André Mendes; ELER, Tuanny Campos. Inconstitucionalidade casuística do adicional de ICMS para o Fundo Estadual de Combate à Pobreza. *Revista Dialética de Direito Tributário*, São Paulo, n. 36, p. 30-40, maio, 2015.

OLIVEIRA, Regis Fernandes de. *Curso de direito financeiro*. 3. ed. rev. e atual. São Paulo: Ed. RT, Tribunais, 2010.

SCAFF, Fernando Facury. *Orçamento republicano e liberdade igual* – Ensaio sobre Direito Financeiro, República e Direitos Fundamentais no Brasil. Belo Horizonte: Fórum, 2018.

TORRES, Heleno Taveira. *Direito constitucional financeiro*: Teoria da Constituição Financeira. São Paulo: Ed. RT, 2014.

NOTAS A RESPEITO DO ART. 149 DA CF/88 NA JURISPRUDÊNCIA DO STF

Valter de Souza Lobato[1]

José Antonino Marinho Neto[2]

Sumário: 1. Introdução – 2. Da natureza tributária das contribuições e as espécies tributárias na visão do STF – 3. As contribuições e a imunidade sobre as receitas de exportação – 4. A polêmica envolvendo o art. 149, §2º, III, da CF/88 – Considerações finais – Referências.

1. Introdução

Merecidíssima a homenagem que ora se faz em louvor de Paulo Ayres Barreto. Estão Caio Augusto Takano e Simone Rodrigues Costa Barreto de parabéns pela coordenação deste *liber amicorum*, com o qual temos a honra de contribuir, ainda que de modo modesto, mediante breves comentários a respeito da jurisprudência do STF envolvendo algumas polêmicas a respeito do art. 149 da Constituição de 1988.

---

1. Professor Adjunto de Direito Financeiro e Tributário da UFMG. Mestre e Doutor em Direito pela UFMG. Presidente da Associação Brasileira de Direito Tributário (ABRADT). Advogado.

2. Bacharel em Direito pela UFMG. Pós-Graduando em Direito Constitucional pelo IDP. Pesquisador do Observatório de Macrolitigância Fiscal e *Aditus Iure* (IDP). Advogado.

Professor Paulo Ayres Barreto é daqueles que marcam nossas vidas: generoso, sempre gentil e cortês, pensamento profundo, com humildade científica, não se impõe pela autoridade, em que pese tê-la em abundância, mas pelo conhecimento e pela seriedade no trato da Ciência do Direito. Por isso, todas as homenagens a este nosso Professor.

A escolha do tema é facilmente justificável: trata-se de assunto de especialidade do homenageado, verdadeira referência nacional em matéria de contribuições. Longe de se restringir à academia paulista, as lições de Paulo Ayres Barreto influenciaram e permanecem servindo de esteio a inúmeros artigos, monografias, dissertações e teses produzidas ao longo do país. Por outro lado, porém no mesmo sentido, são incontáveis as citações ao autor em arestos marcantes nos Tribunais Superiores. A este grande jurista, nosso agradecimento pelo conhecimento partilhado. Aos coordenadores da obra, nos sentimos honrados pela oportunidade de escrever em homenagem a um corajoso e agudo espírito científico.

Tendo sido adiantado acima o objeto do presente estudo, limitamo-nos a fazer algumas observações metodológicas. A primeira delas é no sentido de que seria impossível esgotar o manancial jurisprudencial do STF quanto às contribuições, em especial o art. 149 da CF/88. Seguem alguns dos temas controvertidos ou que se consolidaram na Suprema Corte em sede de Repercussão Geral: (i) a natureza tributária das contribuições e a sua condição de espécie autônoma; (ii) a imunidade das receitas de exportação nas contribuições; e (iii) a discussão a respeito da taxatividade ou não das materialidades indicadas como bases para a tributação das contribuições sociais e das CIDE's, nos termos do art.149, §2º, III, da CF/88.

Ademais, tomando-se a perspectiva jurisprudencial como foco deste estudo, as considerações doutrinárias assumem papel de segundo plano, apenas quanto ao indispensável, dado que se pretende mais expor os fundamentos invocados pelo STF em suas decisões do que análises doutrinárias sobre tais temas, o que extravasaria por completo os objetivos e limites deste artigo.

2. Da natureza tributária das contribuições e as espécies tributárias na visão do STF

É inegável o papel relevantíssimo exercido pelo STF a respeito do reconhecimento tanto da natureza tributária das contribuições quanto da sua condição de espécie autônoma, entre nós. Quanto a este último tema, a doutrina até hoje não conseguiu chegar a um consenso, muito embora já se possa entender pela natureza pentapartite das espécies tributárias no figurino constitucional.[3]

Sob o regime constitucional pretérito, o STF já reconhecia a natureza da tributária das contribuições. Com efeito, nos autos do RE 86.595/BA, o STF declarou a natureza tributária da contribuição ao Funrural, o que acarretaria a sua sujeição ao regime jurídico-tributário. No caso, tratava-se da obediência às regras de prescrição e decadência, previstas nos arts. 173 e 174 do CTN.[4]

Na vigência da Constituição de 1988, dois marcantes julgados datados de 1992 exerceram profunda influência sobre doutrina e jurisprudência da época (vale lembrar que, neste quadrante histórico, não havia ainda, no ordenamento jurídico nacional, o instituto da Repercussão Geral).

---

3. A respeito do debate doutrinário envolvendo as espécies tributárias, já tivemos a oportunidade de analisá-lo de forma mais detida, conforme LOBATO, Valter de Souza; MARINHO NETO, José Antonino. A importância da seguridade social e a necessidade de seu custeio: uma releitura do parecer 'Contribuição para o Finsocial', de Misabel Derzi. In: MACHADO SEGUNDO, Hugo de Brito; GODOI, Marciano Seabra de; VALADÃO, Marcos Aurélio Pereira; BATISTA JÚNIOR, Onofre Alves; ROCHA, Sergio André. (Org.). *A pandemia da COVID-19 no Brasil em sua dimensão financeira e tributária.* 1ed.Belo Horizonte: D`Plácido, 2020, p. 637-668.

4. "FUNRURAL. CONTRIBUIÇÃO PREVISTA NO ART. 158, I, DA LEI N 4.214, DE 2.3.63, NA REDAÇÃO DO DECRETO-LEI N 276, DE 28.2.67. NATUREZA TRIBUTARIA E SUJEIÇÃO A DECADENCIA OU A PRESCRIÇÃO DE QUE TRATAM OS ARTS. 173 E 174 DO CÓDIGO TRIBUTÁRIO NACIONAL. IMPRESTABILIDADE DE NORMA REGULAMENTAR QUE DISPONHA DIVERSAMENTE. RECURSO EXTRAORDINÁRIO NÃO CONHECIDO" (STF, Pleno, RE 86.595/BA, Rel. Min. Xavier de Albuquerque, jul. 07/06/1978, DJ 30/06/1978).

Nos autos do RE 146.733/SP,[5] oportunidade na qual o STF entendeu pela constitucionalidade da CSLL, o Min. Moreira Alves assim se manifestou sobre a natureza tributária das contribuições:

> Sendo, pois, a contribuição instituída pela Lei 7.689/88 verdadeiramente contribuição social destinada ao financiamento da seguridade social, com base no inciso I do artigo 195 da Carta Magna, segue-se a questão de saber se essa contribuição tem, ou não, natureza tributária em face dos textos constitucionais em vigor. Perante a Constituição de 1988, não tenho dúvida em manifestar-me afirmativamente. De feito, a par das três modalidades de tributo (os impostos, as taxas e as contribuições de melhoria) a que se refere o artigo 145 para declarar que são competentes para instituí-los a União, os Estados, o Distrito Federal e os Municípios, os artigos 148 e 149 aludem a duas outras modalidades tributárias, para cuja instituição só a União é competente: o empréstimo compulsório e as contribuições sociais, inclusive as de intervenção no domínio econômico e de interesse das categorias profissionais ou econômicas. No tocante às contribuições sociais – que dessas duas modalidades tributárias é a que interessa para este julgamento -, não só as referidas no artigo 149 – que se subordina ao capítulo concernente ao sistema tributário nacional – têm natureza tributária, como resulta, igualmente, da observância que devem ao disposto nos artigos 146, III e 150, I e III, mas também as relativas à seguridade social previstas no artigo 195, que pertence ao título "Da Ordem Social". Por terem natureza tributária é que o artigo 149, que determina que as contribuições sociais observem o inciso III do artigo 150 (cuja letra b consagra o princípio da anterioridade), exclui dessa observância as contribuições para a seguridade social previstas no artigo 195, em conformidade com o disposto no par. 6o deste dispositivo, que, aliás, em seu par. 4º, ao admitir a instituição de outras fontes destinadas a garantir a manutenção ou expansão da seguridade social, determina se obedeça ao disposto no art. 154, I, norma tributária, o que reforça o entendimento favorável à natureza tributária dessas contribuições sociais.

5. STF, Pleno, RE 146.733/SP, Rel. Min. Moreira Alves, jul. 29/06/1992, DJ 06/11/1992.

Já nos autos do RE 138.284/CE,[6] para além de reafirmar a natureza tributária das contribuições,[7] o Min. Carlos Velloso proferiu voto emblemático, destacando-se passagem citada em praticamente todos os trabalhos acadêmicos a respeito da matéria, no que diz respeito às espécies tributárias na CF/88:

> As diversas espécies tributárias, determinadas pela hipótese de incidência ou pelo fato gerador da respectiva obrigação (CTN, art. 4°), são as seguintes: a) os impostos (C.F., arts. 145, I, 153, 154, 155 e 156); b) as taxas (C.F., art. 145, II); c) as contribuições, que podem ser assim classificadas: c.l. de melhoria (C.F., art. 145, III); c.2. parafiscais (C.F., art. 149), que são: c.2.1. sociais, c.2.1.1. de seguridade social (C.F., art. 195, I, II, III), C.2.1.2. outras de seguridade social (C.F., art. 195, parág. 4°), c.2.1.3. sociais gerais (o FGTS, o salário-educação, C.F., art. 212, parág. 5°, contribuições para o SESI, SENAI, SENAC, C.F., art. 240); c.3. especiais: c.3.1. de intervenção no domínio econômico (C.F., art. 149) e c.3.2. corporativas (C.F., art. 149). Constituem, ainda, espécie tributária: d) os empréstimos compulsórios (C.F., art. 148).

Nesses julgados, restou reconhecido que o art. 149 da CF/88 representa o fundamento de validade de todas as contribuições, inclusive aquelas destinadas ao custeio da Seguridade Social, previstas no art. 195 da CF/88. No mesmo sentido, basta ver, à guisa meramente exemplificativa, a ADC 1[8], na qual o STF declarou a constitucionalidade da COFINS e o RE 556.664/RS,[9] em que o Min. Gilmar Mendes qualificou o art. 149 da CF/88 como "*a norma matriz das diversas espécies de contribuição*".

Em sede doutrinária, PAULO AYRES BARRETO, homenageado deste estudo, assim se manifestou sobre a questão:

---

6. STF, Pleno, RE 138.284/CE, Rel. Min. Carlos Velloso, jul. 01/07/1992, DJ 28/08/1992.

7. "*As contribuições parafiscais têm caráter tributário. Sustento que constituem essas contribuições uma espécie de tributo ao lado dos impostos e das taxas, na linha, aliás, da lição de Rubens Gomes de Sousa ('Natureza Tributária da contribuição do FGTS', RDA 112/27, RDP 17/305). Quer dizer, as contribuições não são somente as de melhoria. Estas são uma espécie do gênero contribuição; ou uma subespécie da espécie contribuição*".

8. STF, Pleno, ADC 1, Rel. Min. Moreira Alves, jul. 01/12/1993, DJ 16.06.1995.

9. STF, Pleno, RE 556.664/RS, Rel. Min. Gilmar Mendes, jul.12.06.2008, DJe 14.11.2008.

(a) o vocábulo 'contribuição tem significação própria – seja no uso comum, seja no uso técnico – distinta de imposto e taxa;

(b) o legislador constituinte fez menção às contribuições em várias oportunidades no Texto Constitucional;

(c) o legislador constituinte poderia, se assim pretendesse, ter referido sempre impostos e taxas; se não o fez, tem-se um importante indício de que as contribuições deles (impostos e taxas) se distinguem;

(d) o legislador constituinte poderia, também, ter trilhado o caminho adotado pela legislação portuguesa, que submete as contribuições ao regime jurídico dos impostos; porém não é essa a dicção constitucional;

(e) há, no Texto Constitucional de 1988, diferentes mecanismos de outorga de competência tributária. Por força disso, o exercício dessa competência está jungido à observância de critérios diversos;

(f) nos impostos, taxas e contribuição de melhoria, perquire-se sobre a amplitude da competência constitucionalmente referia, mediante a indicação das materialidades, delimitadoras dessa competência, bem como dos requisitos para o exercício da chamada competência residual pela União;

(g) nas contribuições, o foco reside na causa para a instituição do tributo, no exame da necessidade e adequação do tributo para o custeio de uma atividade estatal específica. As materialidades, quando referidas, configuram limite adicional a ser respeitado;

(h) as receitas públicas geradas com a arrecadação de impostos não podem ser vinculadas a órgão, fundo ou despesa, ao passo que, nas contribuições, tais vinculações são constitucionalmente exigidas;

(i) as receitas decorrentes de contribuições sujeitam-se a controle quantitativo. Devem ser dimensionadas em conformidade com os dispêndios gerados pela atividade estatal que fundamentou a sua instituição. As receitas advindas de impostos não se submetem a tal controle.[10]

Nesse sentido, a natureza tributária das contribuições especiais e sua condição de espécie autônoma foi reiteradamente

10. BARRETO, Paulo Ayres. *Contribuições*: regime jurídico, destinação e controle. São Paulo: Noeses, 2011, p. 95-96.

reconhecida pelo STF. Estabelecidas essas premissas, passa-se a analisar a interpretação da Suprema Corte a respeito da imunidade das receitas de exportação quanto às contribuições.

3. As contribuições e a imunidade sobre as receitas de exportação

Questão muitas vezes debatida pelo STF diz respeito à compreensão do art. 149, §2°, I, da CF/88, incluído o citado parágrafo no texto magno por intermédio da Emenda Constitucional 33/2001:

> Art. 149. Compete exclusivamente à União instituir contribuições sociais, de intervenção no domínio econômico e de interesse das categorias profissionais ou econômicas, como instrumento de sua atuação nas respectivas áreas, observado o disposto nos arts. 146, III, e 150, I e III, e sem prejuízo do previsto no art. 195, § 6°, relativamente às contribuições a que alude o dispositivo.
>
> [...]
>
> § 2°. As contribuições sociais e de intervenção no domínio econômico de que trata o *caput* deste artigo:
>
> I - não incidirão sobre as receitas decorrentes de exportação;

Durante o julgamento do RE 564.413/SC, firmou-se a seguinte tese a respeito do Tema 08 da Repercussão Geral: "*A Contribuição Social sobre o Lucro Líquido – CSLL incide sobre o lucro decorrente das exportações. A imunidade prevista no artigo 149, § 2°, inciso I, da Constituição Federal, com a redação dada pela Emenda Constitucional 33/2001, não o alcança*".[11] Prevaleceu, naquela oportunidade, o voto proferido pelo Min. Marco Aurélio, acompanhado pelos Ministros Menezes Direito, Ricardo Lewandowski, Ayres Britto, Ellen Gracie e Joaquim Barbosa. Na dissidência, restaram vencidos os Ministros Gilmar Mendes (seu inaugurador), Cármen Lúcia, Eros Grau, Cézar Peluso e Celso de Mello. Passa-se a

---

11. STF, Pleno, RE 564.413/SC, Rel. Min. Marco Aurélio, jul. 12.08.2010, DJe 03.12.2010.

expor, de modo breve, as correntes que se firmaram naquele julgamento.

O Relator do feito, Min. Marco Aurélio, iniciou seu voto reconhecendo que a imunidade prevista no art. 149, §2º, I, alcançaria as contribuições destinadas ao custeio da Seguridade Social, "*sob pena de olvidar-se o objetivo da imunidade – incentivo às exportações*". Contudo, expressão "receita" não abrangeria a expressão 'lucro', que poderia, diante das circunstâncias dos casos concretos, até mesmo não ocorrer:

> O uso do vocábulo "receitas" encontra justificativa. Visou-se, em determinado estágio, a evitar-se a subtração de valores, considerado o aporte advindo das exportações, incentivando-se, com isso, a atividade. A par de não se poder, diante do tratamento conferido pelo Diploma Maior, confundir receita ou faturamento com lucro, nota-se que a limitação da imunidade apresenta motivação plausível. Uma coisa é haver a incidência independentemente do êxito alcançado em termos de enriquecimento. Outra diferente é caminhar-se para, verificado resultado positivo, auferindo a pessoa jurídico lucro, afastar-se a incidência da contribuição. Evidentemente, o objeto da imunidade se fez todo peculiar, mediante exclusão explícita de certa da contribuição social, inconfundível com a revelada em passo subsequente, em outro momento – e, portanto, todo próprio, presente o que logrado com o negócio jurídico e a subtração das despesas, dos ônus inerentes –, a fase do êxito, do lucro.

Já a corrente capitaneada pelo Min. Gilmar Mendes adotava raciocínio jurídico diverso. Assentou aquele Ministro a necessidade de interpretação teleológica das normas imunizantes. Nessa senda, "*o lucro sempre pressupõe a receita, e as diferenças entre esses institutos não são suficientes para excluir o lucro do âmbito de incidência da norma desonerativa*". Ademais, salientou que "*o lucro não constitui figura jurídica desvinculada da receita, mas dela depende, até mesmo para a sua definição*".

Sobre as diferenças interpretativas entre os votos supracitados, é ver colocação proferida pelo saudoso Ministro Menezes Direito:

> Eu pude perceber, Senhor Presidente, que a diferença fundamental entre o voto brilhantíssimo proferido por Vossa Excelência, e aquele outro, proferido também de forma brilhante pelo eminente Ministro Marco Aurélio, está na técnica de interpretação. Vossa Excelência acolhe uma interpretação teleológica da regra, de tal modo a permitir uma ampliação do conceito do conceito de receita, até mesmo usando o termo vernacular da diferença entre o que está disposto no artigo 195 e aquilo que está disposto no artigo 149, neste último caso, referente, sempre, ao plural. E o Ministro Marco Aurélio adota uma interpretação sistemática, procurando fazer uma integração desses dois dispositivos, e, daí, a consequência divergente na conclusão dos votos: Vossa Excelência alcançando a imunidade na receita para exportação, incluindo o lucro, e o Ministro Marco Aurélio retirando essa imunidade.

Discussão similar enfrentou o STF no julgamento do RE 566.259/RS. Naquela oportunidade, o STF, adotando interpretação restritiva, concebeu a seguinte tese relativa ao Tema 52 de Repercussão Geral: "*A imunidade tributária prevista no art. 149, §2º, I, da Constituição Federal é restrita às contribuições sociais e de intervenção no domínio econômico incidentes sobre as receitas decorrentes de exportação. Não contempla, assim, a CPMF, cuja hipótese de incidência — movimentações financeiras — não se confunde com receitas*".[12]

Segundo o Relator, o Min. Ricardo Lewandowski, inclinava-se a jurisprudência do STF no sentido de que, em matéria de imunidade tributária, "*a interpretação do texto normativo há de ser não apenas restritiva, mas, sobretudo, teleológica, devendo o exegeta atentar para os fins que o legislador buscou lograr com a benesse fiscal*".

Assim, para além do fato de que receita e movimentações financeiras "*consubstanciam hipóteses de incidência tributária diversas*", assentou-se a implausibilidade do argumento do princípio da solidariedade do custeio da Seguridade Social como fundamento apto a estender a imunidade a materialidades outras não compreendidas no conceito de receita.

---

12. STF, RE 566.259/RS, Rel. Min. Ricardo Lewandowski, jul.12.08.2010, DJe 23.09.2010.

A respeito da diferença entre receita e demais bases econômicas e da necessidade de que não sejam confundidas entre si, vale transcrever passagem do voto da eminente e sempre Ministra Ellen Gracie:

> Não há que se confundir, pois, a receita com as demais bases econômicas.
>
> O que se admite, por certo, é considerar como receita o que receita efetivamente é, ainda que parcial. Assim é que consubstanciam receita, indiscutivelmente, e.g., a receita da venda de mercadorias e serviços ou de outras atividades objeto da empresa, normalmente conceituada como faturamento, e a receita de operações financeiras. Sua natureza de receita, como ingresso que se incorpora ao patrimônio, justifica o tratamento.
>
> Mas o raciocínio de que a receita abrangeria todas as demais bases, por ser mais ampla, não é juridicamente consistente. Isso porque cada base econômica tem tratamentos constitucional e infraconstitucional distintos, ensejando a instituição e cobrança de tributo específico.
>
> Assim é que coexiste o Pis e a COFINS, de um lado, com a CSLL, de outro, e, ainda, com as contribuições previdenciários que incidem sobre a folha e demais pagamentos a pessoa física por trabalho prestado, isso sem falar na contribuição do importador, para ficar apenas naquelas embasadas diretamente no art. 195 da CF. Cada uma das bases econômicas tributadas por tais contribuições é tomada numa perspectiva distinta.
>
> Entender que todas as bases estão abrangidas pela noção de receita implicaria tornar sem sentido a coexistência entre as alíneas do art. 195, I, da CF, comprometendo a compreensão do Texto Constitucional e da legislação tributária.
>
> Sob o ponto de vista estritamente econômico, podemos admitir que a tributação sempre recai sobre a receita, ora auferida (tributos que gravam os ingressos), ora consumida (tributos indiretos suportados na aquisição de bens), ora acumulada (tributos sobre o patrimônio). Mas tal noção, importante para a elaboração de políticas fiscais, é de todo insuficiente par lidar-se com as competências e com as leis tributárias.

Outro julgado que enfrentou o tema ora analisado foi o RE 627.815/PR,[13] no qual, julgando-se o Tema 329 de Repercussão Geral, a Suprema Corte fixou a tese de que "*É inconstitucional a incidência da contribuição ao PIS e da COFINS sobre a receita decorrente da variação cambial positiva obtida nas operações de exportação de produtos*".

Naquela oportunidade, o STF, ao analisar o art. 9º da Lei 9.718/98,[14] entendeu, nos termos do voto da eminente Ministra Rosa Weber que as variações cambiais constituem receitas, advindo este montante diretamente "*das operações de exportação de bens e/ou serviços (conjugadas à oscilação cambial favorável), qualificando-se como 'receitas decorrentes de exportação'*". Nesse sentido, a inconstitucionalidade restaria patente por violação à imunidade prevista no art. 149, §2º, I da CF/88.

Ademais, é de ser a interpretação não apenas teleológica, mas também extensiva da expressão "receitas decorrentes de exportação", nos termos voto da Ministra Rosa:

> Corrobora, por fim, o presente posicionamento, o fato de a imunidade em questão não ser concedida apenas às "receitas de exportação", senão às "receitas decorrentes de exportação" (art. 149, § 2º, I). O adjetivo "decorrentes" confere maior amplitude à desoneração constitucional, suprimindo do alcance da competência impositiva federal todas as receitas que resultem da exportação, que nela encontrem a sua causa, representando consequências financeiras do negócio jurídico de compra e venda internacional; evidencia, por consequência, a intenção, plasmada na Carta Política, de se desonerarem as exportações por completo, a fim de que as empresas brasileiras não sejam coagidas a exportarem os tributos que, de outra forma, onerariam as operações de exportação, quer de modo direto, quer indireto.

13. STF, Pleno, RE 627.815/PR, Rel. Min. Rosa Weber, jul. 23/05/2013, Dje 01/10/2013.

14. Art. 9°. As variações monetárias dos direitos de crédito e das obrigações do contribuinte, em função da taxa de câmbio ou de índices ou coeficientes aplicáveis por disposição legal ou contratual serão consideradas, para efeitos da legislação do imposto de renda, da contribuição social sobre o lucro líquido, da contribuição PIS/PASEP e da COFINS, como receitas ou despesas financeiras, conforme o caso.

Muito embora acompanhando a Ministra Rosa Weber, esclareceu o Ministro Dias Toffoli que sua ótica parte de uma interpretação teleológica das normas imunizantes, e não de interpretações restritivas ou ampliativas:

> Saliento que as minhas posições nas assentadas de ontem e de hoje não partem de uma interpretação restritiva ou ampliativa da regra de imunidade - insuficientes na busca do real alcance das regras de imunidade -, mas, sim, de uma interpretação teleológica, como tem sido a tônica adotada por esta Corte, na esteira do entendimento acima. Ao meu sentir, a vontade do legislador é de "não exportar tributos", e não de garantir não incidência tributária a operações internas, ou mesmo créditos gerados e aproveitados no mercado interno, por força da não cumulatividade.
>
> Ademais, a polêmica acerca do que vem a ser receita direta ou indiretamente decorrente da exportação, no meu entender, é insuficiente para a solução da causa. O que importa, para mim, é se a receita é gerada (se origina) da operação de exportação ou não.

Mais recentemente, em 2020, o STF voltou a se manifestar a respeito do art. 149, §2º, I, da CF/88. No julgamento do RE 759.244/SP,[15] a Suprema Corte fixou a tese (Tema 674 de Repercussão Geral) de que "*A norma imunizante contida no inciso I do § 2º do art. 149 da Constituição da República alcança as receitas decorrentes de operações indiretas de exportação caracterizadas por haver participação negocial de sociedade exportadora intermediária*", ou seja, as *trading companies*.

Nos termos do voto do Relator, Min. Edson Fachin, acompanhado pela unanimidade de seus pares, a natureza objetiva da imunidade sobre as receitas de exportação estaria de pleno acordo com o direito tributário internacional, em especial no que diz respeito ao princípio da tributação do destino.

Nesse sentido, valendo-se de uma interpretação teleológica da norma imunizante, dever-se-ia afastar uma interpretação restritiva no caso, relativo às contribuições previdenciárias, constante dos §§1º e 2º, dos arts. 245 da IN SRP 3/2005 e 170 da IN RFB 971/2009.

---

15. STF, Pleno, RE 759.244/SP, Rel. Min. Edson Fachin, jul. 12.02.2020, Dje 25.03.2020.

No mérito da questão, ou seja, no que pertinente à possibilidade de extensão da imunidade às exportações indiretas, é ver passagem elucidativa do voto proferido pelo Min. Alexandre de Moraes:

> No caso, levando em consideração a finalidade da norma constitucional imunizante, não há como simplesmente cindir as negociações realizadas no âmbito das exportações indiretas, de modo a tributar as operações realizadas no mercado interno e imunizar exclusivamente a posterior remessa ao exterior.
>
> Ora, a imunidade foi prevista na Constituição de forma genérica sobre as "receitas de exportação", sem nenhuma diferenciação entre exportações diretas ou indiretas, devendo incidir também na comercialização entre o produtor/vendedor e as empresas comerciais com finalidade específica de exportação.
>
> No horizonte das exportações indiretas, as aquisições domésticas não podem ser entendidas como um fim em si mesmas, mas como operações-meio – *conditio sine qua non* – que alimentam fisiologicamente as vendas ao mercado externo, integrando, em sua essência, a própria exportação. Assim, para fins de incidência da imunidade tributária, a transação deve ser vista como uma só, que se inicia com a aquisição em solo nacional e finda com a remessa do produto ao exterior. É esse conjunto preordenado de transações que formaliza a exportação.

Também, no ano de 2020, o STF julgou o Tema 207 de Repercussão Geral, nos autos do RE 598.468/SC.[16] Naquela oportunidade, fixou-se a tese de que "*As imunidades previstas nos artigos 149, § 2º, I, e 153, § 3º, III, da Constituição Federal são aplicáveis às empresas optantes pelo Simples Nacional*".

A discussão, naqueles autos, dizia respeito à constitucionalidade do art. 5º, §5º, da Lei 9.317/96,[17] que dispõe no sentido de que a opção pelo Simples Nacional "*veda, para a microempresa ou empresa de pequeno porte, a utilização ou destinação de qualquer valor a título de incentivo fiscal, bem*

16. STF, Pleno, RE 598.468/SC, Rel. Min. Marco Aurélio, Redator para o acórdão Min. Edson Fachin, jul. 22.05.2020, DJe 09.12.2020.

17. Lei posteriormente revogada pela Lei Complementar 123/2006.

assim a apropriação ou a transferência de créditos relativos ao IPI e ao ICMS".

Três correntes se formaram no julgamento. Inicialmente, o Relator do feito, Min. Marco Aurélio, reconheceu a procedência do direito pleiteado pelos contribuintes em maior extensão, enfatizando a natureza objetiva da imunidade sobre receitas de exportação, bem como o mandamento constitucional de tratamento favorecido às microempresas e empresas de pequeno porte, preconizados nos arts. 170, IX e 179 da CF/88. Já o Min. Edson Fachin (acompanhado pela maioria de seus pares), acompanhava o Min. Marco Aurélio quanto ao mérito, ressaltando, contudo, que a própria jurisprudência do STF não reconhecia a imunidade quanto às contribuições incidentes sobre o lucro e folha de salários. Nesse sentido, é ver passagem do voto do Min. Luiz Fux:

> Não obstante, as imunidades relativas às exportações devem ser interpretadas no sentido de desonerar apenas a operação de exportação e não o exportador, razão pela qual, independente de estar o contribuinte inserido ou não no regime do "Simples Nacional", elas não se aplicam à CSLL e às contribuições previdenciárias incidentes sobre a folha de salários. Ao revés, as imunidades se aplicam às contribuições incidentes sobre a receita advinda da exportação, quais sejam, o PIS e a COFINS, e ao imposto que onera a receita decorrente da remessa de produtos industrializados ao exterior, qual seja, o IPI.

Voto divergente foi apresentado pelo Min. Roberto Barroso, elencando, em síntese, os seguintes fundamentos:

> A constitucionalidade da não aplicação dos art. 149, § 2º, e art. 153, § 3º, III, da Constituição, às empresas optantes do SIMPLES, instituído pela Lei nº 9.317/1996, recai sobre três fundamentos: (i) a adesão ao regime simplificado é opcional, portanto permite ao contribuinte escolher a situação que julgar mais benéfica; (ii) os arts. 170, IX, e 179 determinam tratamento diferenciado e favorecido às microempresas e empresas de pequeno porte, permitindo ao legislador infraconstitucional criar regime em que esses contribuintes sejam privilegiados com base na praticabilidade; (iii) há precedentes desta Corte definindo que o

> legislador, a fim de promover o tratamento diferenciado e mais benéfico às micro e pequenas empresas, pode excepcionar determinados mandamentos constitucionais.

Da exposição que se fez acima, acredita-se que algumas conclusões podem ser retiradas a respeito da jurisprudência do STF quanto à imunidade sobre as receitas decorrentes de exportação, no que pertinente às contribuições sociais e de intervenção no domínio econômico.[18]

Com efeito, dois aspectos parecem incontroversos: (i) a natureza objetiva da imunidade em questão e (ii) a necessidade de interpretação teleológica das normas imunizantes.

Contudo, há de se destacar que o STF não parece ter posição firmada quanto à relação entre a interpretação teleológica e as interpretações restritiva e extensiva. Em alguns julgados, como visto, a interpretação teleológica foi conjugada com a interpretação restritiva dos signos constantes do texto constitucional. Em outros casos, porém, a finalidade da desoneração exigiu da Corte a necessidade de uma interpretação extensiva, para que fosse devidamente alcançada.

4. A polêmica envolvendo o art. 149, §2º, III, da CF/88

Tema controvertido sobre o qual o STF também precisou se manifestar em importantes arestos diz respeito ao art. 149, §2º, III, da CF/88. Vejamos a redação do dispositivo, incluído no texto constitucional pela EC 33/2001:

> Art. 149. Compete exclusivamente à União instituir contribuições sociais, de intervenção no domínio econômico e de interesse das categorias profissionais ou econômicas, como instrumento de sua atuação nas respectivas áreas, observado o disposto nos

18. Vale destacar, uma vez mais, que tais conclusões dizem respeito apenas às imunidades em comento. Considerações a respeito das demais imunidades constantes do texto constitucional demandariam análise jurisprudencial incompatível com os limites e objetivos do presente estudo.

> arts. 146, III, e 150, I e III, e sem prejuízo do previsto no art. 195, § 6º, relativamente às contribuições a que alude o dispositivo.
>
> [...]
>
> § 2º. As contribuições sociais e de intervenção no domínio econômico de que trata o *caput* deste artigo:
>
> [...]
>
> III - poderão ter alíquotas:
>
> a) *ad valorem*, tendo por base o faturamento, a receita bruta ou o valor da operação e, no caso de importação, o valor aduaneiro;
>
> b) específica, tendo por base a unidade de medida adotada.

O julgamento pelo STF do Tema 1 de Repercussão Geral, nos autos do RE 559.937/RS,[19] conduziu à formulação da seguinte tese: *"É inconstitucional a parte do art. 7º, I, da Lei 10.865/2004 que acresce à base de cálculo da denominada PIS/COFINS-Importação o valor do ICMS incidente no desembaraço aduaneiro e o valor das próprias contribuições"*.

Discutia-se no caso, portanto, a constitucionalidade do art. 7º, I, da Lei 10.865/2004, instituidora do PIS-Importação e da COFINS-Importação. O citado dispositivo, ao versar sobre a base de cálculo daquelas contribuições, acrescia, ao valor aduaneiro, o valor do ICMS no desembaraço aduaneiro e o valor das próprias contribuições.[20]

A questão posta sob a análise do STF, portanto, era de relativa simplicidade. Dado que o art. 149, §2º, III, *a*, dispõe que a base de cálculo das contribuições sociais e das CIDE's, no caso de importação, seria o valor aduaneiro, como admitir os acréscimos previstos no art. 7º, I, da Lei 10.865/2004?

---

19. STF, Pleno, RE 559.937/RS, Rel. Min. Ellen Gracie, Redator para o acórdão Min. Dias Toffoli, jul. 20.03.2013, DJe 16.10.2013.

20. Impende salientar que, após o referido julgamento proferido pelo STF, o dispositivo citado sofreu modificação em sua redação, promovida pela Lei 12.865/2013. Nesse sentido, a base de cálculo passou a ser "*o valor aduaneiro, na hipótese do inciso I do caput do art. 3º desta Lei*".

A Min. Ellen Gracie, acompanhada à unanimidade por seus pares, resolveu a questão de modo objetivo. Segundo Sua Excelência, o art. 149, §2º, III, *a*, seria plenamente aplicável ao PIS e COFINS-Importação, uma vez que os arts. 149 e 195 são complementares:

> As contribuições especiais de competência da União têm, todas elas, como fundamento básico, o art. 149 da Constituição Federal. É este que, inserido na seção Dos Princípios Gerais do capítulo Do Sistema Tributário Nacional, permite à União a instituição de contribuições como instrumento da sua atuação nas áreas social, de intervenção no domínio econômico e do interesse de categorias profissionais ou econômicas.
>
> As contribuições sociais costumam ser subdivididas entre sociais de seguridade social (voltadas à saúde, à assistência social ou à previdência social) e sociais gerais (voltadas aos âmbitos de atuação definidos nos demais capítulos do título Da Ordem Social, como, e.g., os da educação, da cultura e do desporto).
>
> Tal classificação se deve ao fato de que, ao tratar do financiamento da Seguridade Social, em seu art. 195, a Constituição Federal trouxe algumas normas especiais aplicáveis às respectivas contribuições, tornando, assim, mais complexo o seu regime jurídico.
>
> Mas, como normas especiais que são, os dispositivos do art. 195 não afastam a aplicação das normas gerais do art. 149 no que não forem incompatíveis. Note-se, inclusive, que o próprio legislador, ao instituir a PIS/COFINS-Importação, invocou tanto o art. 149, II, como o art. 195, IV.
>
> Há, entre o art. 149, de um lado, e o art. 195 da Constituição, de outro, uma relação de complementaridade. As normas constantes de tais artigos têm de ser combinadas e coordenadas para fins de compreensão da extensão e do modo de exercício da competência relativa à instituição das contribuições de seguridade social.

Embora a taxatividade do rol constante do art. 149, §2º, III, *a*, da CF/88 não fosse o objeto daquele precedente, pode-se identificar como *obiter dictum*,[21] passagem do voto da Ministra

21. "As razões que não são necessárias e nem suficientes para a solução da questão são obter dicta e não integram a parte vinculante do julgado" (MITIDIERO, Daniel. *Superação para frente e modulação de efeitos:* precedente e controle de constitucionalidade no Direito Brasileiro. São Paulo: Thomson Reuters Brasil, 2021, p.33).

na qual ela aduziu que, com o advento da EC 33/2001, a instituição das contribuições elencadas no dispositivo constitucional "*ficasse circunscrita a determinadas bases ou materialidades, fazendo com que o legislador tenha um campo menor de discricionariedade na eleição do fato gerador e da base de cálculo de tais tributos*". Por via de consequência, "*a utilização do termo "poderão", no referido artigo constitucional, não enuncia simples alternativa de tributação em rol meramente exemplificativo*". Intenso debate na Corte viria posteriormente sobre este tema, consoante será exposto adiante.

No mérito, a Min. Ellen Gracie não deixou dúvidas quanto à incompatibilidade do art. 7º, I, da Lei 10.865/2004 com o texto constitucional:

> Mas não é sequer necessário aprofundarmos a análise do "valor aduaneiro" que, com os traços referidos, já era considerado quando do advento da EC 33/01.
>
> Isso porque a Lei 10.865/04, ao instituir a PIS/PASEP-Importação e a COFINS-Importação, não alargou propriamente o conceito de valor aduaneiro de modo que passasse a abranger, para fins de apuração de tais contribuições, outras grandezas nele não contidas. O que fez, sim, foi desconsiderar a imposição constitucional de que as contribuições sociais sobre a importação, quando tenham alíquota ad valorem, sejam calculadas com base no valor aduaneiro. Extrapolando a norma do art. 149, § 2º, III, a, da Constituição Federal, determinou que as contribuições fossem calculadas não apenas sobre o valor aduaneiro, mas, também, sobre o valor do ICMS-Importação e sobre o valor das próprias contribuições instituídas.

Conforme afirmado alhures, a discussão a respeito da taxatividade do rol de materialidades constante do art. 149, §2º, III da CF/88 se deu em recente julgado, no ano de 2020. Com efeito, nos autos do RE 603.624/SC[22] (Tema 325 de Repercussão Geral), o STF editou a seguinte tese: "*As contribuições devidas ao SEBRAE, à APEX e à ABDI com fundamento na Lei*

22. STF, Pleno, RE 603.624/SC, Rel. Min. Rosa Weber, Redator para o acórdão Min. Alexandre de Moraes, jul. 23.09.2020, DJe 13.01.2021.

8.029/1990 foram recepcionadas pela EC 33/2001". Duas correntes se formaram na Suprema Corte: aquela preconizada pelos Ministros Rosa Weber, Ricardo Lewandowski e Marco Aurélio, na defesa da taxatividade do rol e outra formada pelos Ministros Alexandre de Moraes, Roberto Barroso, Cármen Lúcia, Gilmar Mendes e Luiz Fux, pela natureza exemplificativa do rol, tendo prevalecido esta última.

A matéria de fundo envolvia as contribuições destinadas ao SEBRAE, à APEX e à ABDI, nos termos da Lei 8.029/1990. À época da instituição desses tributos, o art. 149 da CF/88 não contava com o seu § 2º, transcrito alhures. A questão, portanto, cingia-se a definir se tais contribuições teriam sido recepcionadas pelo texto constitucional a partir de 2001, ano da promulgação da EC 33, uma vez que incidentes sobre a folha de salários.

A Ministra Rosa Weber, Relatora do feito, teceu algumas considerações preliminares em seu voto, como modo de colocar a discussão em seus devidos termos. Dentre elas, destacamos duas: (i) a questão em exame não se confundiria com o teor debatido nos autos do RE nº 396.266/SC.[23] Naquela oportunidade,

23. "CONSTITUCIONAL. TRIBUTÁRIO. CONTRIBUIÇÃO: SEBRAE: CONTRIBUIÇÃO DE INTERVENÇÃO NO DOMÍNIO ECONÔMICO. Lei 8.029, de 12.4.1990, art. 8º, § 3º. Lei 8.154, de 28.12.1990. Lei 10.668, de 14.5.2003. C.F., art. 146, III; art. 149; art. 154, I; art. 195, § 4º. I. - As contribuições do art. 149, C.F. - contribuições sociais, de intervenção no domínio econômico e de interesse de categorias profissionais ou econômicas - posto estarem sujeitas à lei complementar do art. 146, III, C.F., isto não quer dizer que deverão ser instituídas por lei complementar. A contribuição social do art. 195, § 4º, C.F., decorrente de "outras fontes", é que, para a sua instituição, será observada a técnica da competência residual da União: C.F., art. 154, I, *ex vi* do disposto no art. 195, § 4º. A contribuição não é imposto. Por isso, não se exige que a lei complementar defina a sua hipótese de incidência, a base imponível e contribuintes: C.F., art. 146, III, a. Precedentes: RE 138.284/CE, Ministro Carlos Velloso, RTJ 143/313; RE 146.733/SP, Ministro Moreira Alves, RTJ 143/684. II. - A contribuição do SEBRAE - Lei 8.029/90, art. 8º, § 3º, redação das Leis 8.154/90 e 10.668/2003 - é contribuição de intervenção no domínio econômico, não obstante a lei a ela se referir como adicional às alíquotas das contribuições sociais gerais relativas às entidades de que trata o art. 1º do D.L. 2.318/86, SESI, SENAI, SESC, SENAC. Não se inclui, portanto, a contribuição do SEBRAE, no rol do art. 240, C.F. III. - Constitucionalidade da contribuição do SEBRAE. Constitucionalidade, portanto, do § 3º, do art. 8º, da Lei 8.029/90, com a redação das Leis 8.154/90 e 10.668/2003. IV.

o STF declarou constitucional a contribuição ao SEBRAE, reconhecendo-a como verdadeira e autêntica CIDE. Ademais, o processo teria sido ajuizado antes mesmo da EC 33/2001, razão pela qual o debate seria estranho ao Tema 325.

Tampouco o Tema 325 estaria diretamente vinculado ao RE 635.682/RJ (Tema 327),[24] na medida em que neste último feito a Suprema Corte discutiu se a contribuição ao SEBRAE deveria ser instituída por lei complementar ou não.

Adentrando ao mérito, a Ministra Rosa Weber remeteu-se ao Tema 1, supracitado, no sentido de que o rol constante do art. 149, §2º, III, da CF/88 seria taxativo. Segundo a Ministra, a compreensão da aludida taxatividade reforçaria a diminuição da discricionariedade legislativa, bem como se prestaria a preservar a segurança jurídica, de modo a excluir a possibilidade de interpretação extensiva aos signos de competência tributária:

> Em suma, ainda que, em tese, se pudesse resgatar tal ou qual mens legis, observada a estrita dicção do art. 149, § 2º, III, "a", da Constituição da República, penso inviável extrair interpretação no sentido de que o texto constitucional não alcança e emoldura os limites da atuação discricionária do legislador ordinário, no que tange às bases de incidência de todas as espécies tributárias ali previstas, a exemplo das contribuições de intervenção no domínio econômico.
>
> Em matéria de direito tributário – precisamente exação – entendo de bom alvitre o respeito primeiro ao texto da lei, acompanhado de certo comedimento interpretativo do Estado-Juiz, do

- R.E. conhecido, mas improvido" (STF, Pleno, RE 396.266/SC, Rel. Min. Carlos Velloso, jul. 26.11.2003, DJ 27.02.2004).

24. "Recurso extraordinário. 2. Tributário. 3. Contribuição para o SEBRAE. Desnecessidade de lei complementar. 4. Contribuição para o SEBRAE. Tributo destinado a viabilizar a promoção do desenvolvimento das micro e pequenas empresas. Natureza jurídica: contribuição de intervenção no domínio econômico. 5. Desnecessidade de instituição por lei complementar. Inexistência de vício formal na instituição da contribuição para o SEBRAE mediante lei ordinária. 6. Intervenção no domínio econômico. É válida a cobrança do tributo independentemente de contraprestação direta em favor do contribuinte. 7. Recurso extraordinário não provido. 8. Acórdão recorrido mantido quanto aos honorários fixados" (STF, Pleno, RE 635.682/RJ, Rel. Min. Gilmar Mendes, jul. 25.04.2013, DJe 23.05.2013).

> mesmo modo com se procede na seara do direito penal, pois ambos consubstanciam ramos do direito cujas origens remontam à proteção da esfera jurídica dos cidadãos em face do Estado.
>
> [...]
>
> Assim, embora o regramento tributário seja informado por todos os vetores constitucionais que a Lei Maior contempla, incluídos os diversos comandos contidos em seu texto, uma vez delimitadas as bases materiais de incidência das contribuições de intervenção no domínio econômico – pelo poder constituinte derivado –, descabe, a meu juízo, emprestar interpretação extensiva à espécie, chancelando base de cálculo em desacordo com o comando constitucional e, em última análise, a cobrança de tributo ao arrepio do ordenamento jurídico.

Ademais, continuou a Min. Rosa, a expressão "poderão", constante do texto constitucional, não deveria ser interpretada como faculdade atribuída ao legislador, mas como marco temporal, voltado para o futuro, o que ressaltaria a taxatividade do rol:

> Ao advento da emenda constitucional se erige, de plano, "nova" ordem quanto à matéria objeto da alteração, que recepciona e, de imediato, toma por sua a legislação anterior ou, se com ela incompatível, aponta o indelével vício da inconstitucionalidade, traduzido em não recepção.
>
> [...]
>
> Visualizada a questão por tal prisma, penso não se sustentar a tese de que a redação do inciso III do art. 149 da Lei Maior, ao lançar mão do tempo futuro do verbo "poder" – poderão ter como alíquotas as elencadas na alínea "a" - não teria trazido consequências jurídicas para as contribuições instituídas antes da EC nº 33/2001.
>
> Compreender que a EC nº 33/2001, ao contemplar em sua redação o verbo no futuro (poderão), valida as contribuições anteriormente instituídas seria consagrar, de forma jurídica inadequada, a meu juízo, a convivência de espécies tributárias idênticas (contribuições de intervenção no domínio econômico) sob regimes tributários diversos, embora todas sob a égide de um só comando constitucional.
>
> Compreendida a Constituição Federal como "marco zero" da ordem jurídica, fenômeno que se repete quando da alteração

> constitucional por emendas, a técnica redacional que se utiliza do futuro verbal, além de própria ao texto constitucional – pois que sempre irradia seus efeitos de imediato, a alcançar presente e futuro – não se traduz em permissão para que sejam mantidas normas infraconstitucionais anteriores e incompatíveis com a Lei Maior.

A Ministra ainda salientou que uma interpretação teleológica do dispositivo constitucional em comento visaria a uma política do constituinte derivado de desonerar a tributação sobre a folha de salários, o que reforçaria a conclusão de que as contribuições destinadas ao SEBRAE, à APEX e à ABDI não teriam sido recepcionadas pela Constituição após a edição da EC 33/2001:

> Consigno, por fim, sob o ponto de vista teleológico, que o art. 149, § 2º, III, "a", da Lei Maior se insere na tendência evolutiva do sistema tributário nacional, de substituir a tributação da folha de salários por aquela incidente sobre a receita ou o faturamento, contribuindo, assim, para o combate ao desemprego e ao sistemático descumprimento das obrigações laborais e tributárias das empresas, designado pelo eufemismo de "informalidade", que leva à marginalização jurídica de expressiva parcela dos trabalhadores brasileiros.
>
> No plano constitucional, a política de desoneração tributária da folha de salários restou positivada com o advento da EC nº 33/2001, que delimitou as materialidades das contribuições sociais e interventivas gerais, restringindo-as ao faturamento, à receita bruta, ao valor da operação e ao valor aduaneiro, com a óbvia exclusão da folha de salários.

A corrente divergente – e que veio a prevalecer – foi inaugurada pelo Min. Alexandre de Moraes. Segundo sua Excelência, o julgamento do Tema 1 de Repercussão Geral não poderia ser aduzido como fundamento de decidir do Tema 325, por se tratar de manifestação genérica da Min. Ellen Gracie e que "*não foi expressamente endossada pelos demais Ministros*".

Valendo-se de manifesta interpretação histórica, destacou o Min. Alexandre de Moraes que o propósito da elaboração da EC 33/2001 teria sido exatamente o de "*viabilizar caminhos normativos para que o Estado brasileiro pudesse tributar a venda de petróleo, gás natural e biocombustíveis após a extinção do modelo de controle de preços que existiu até dezembro de 2001".*

O principal argumento veiculado pelo Min. Alexandre para asseverar que o rol constante do art. 149, §2º, III, *a*, da CF/88 seria meramente exemplificativo foi o da suposta facultatividade conferida ao legislador mediante a utilização, no texto constitucional, da expressão "poderão ter alíquotas". Assim se manifestou Sua Excelência:

> As alterações promovidas no art. 149 da CF, o qual estabelece um bloco de normas gerais a respeito das contribuições como espécies tributárias, tiveram também esse mesmo escopo, de oferecer certa plasticidade impositiva para as futuras legislações destinadas a tributar esse segmento econômico. É exatamente por isso que o emprego, pelo art. 149, § 2º, III, da CF, do modo verbal "poderão ter alíquotas" é tão significativo na hipótese.
>
> Ao fazer uso da ideia de facultatividade, que abrange tanto as alíquotas quanto as bases de cálculo das CIDEs, o texto constitucional não deu abrigo à mesma concepção restritiva presente no seu art. 195, que trata das contribuições para a seguridade social.
>
> O art. 149, § 2º, III, da Constituição, de fato, codificou quais as materialidades poderiam ser aproveitadas para fins de tributação por CIDEs e contribuições sociais. Mas ele é taxativo apenas no que diz respeito às contribuições incidentes sobre a indústria do petróleo e seus derivados, em conexão com a disciplina do art. 177, § 4º, da CF. Quanto às CIDEs e contribuições sociais em geral, entre as quais as contribuições ao SEBRAE, APEX e ABDI sobre a folha de salários, não se operou uma tarifação do espectro de materialidades tributáveis, mas mera exemplificação.
>
> No intuito de prover uma plataforma mais ampla para a tributação da indústria de petróleo e derivados, a EC 33/2001 terminou por veicular um enunciado mais genérico do que deveria, suscitando interpretações universalistas como a apresentada neste recurso extraordinário.
>
> Não tenho dúvidas de que a EC 33/2001 foi editada com aspirações pontuais, razão pela qual deve o elenco da atual redação do art. 149, § 2º, III, da CF ser lido com tônica exemplificativa, e não exaustiva. Por tudo isso, creio que as contribuições sob exame foram recepcionadas pela EC 33/2001.

Valendo-se de interpretação teleológica, assim como a Min. Rosa Weber, o Min. Alexandre chegou à conclusão diversa. Segundo afirmado por ele, dado que as contribuições, objeto daquela controvérsia, se prestariam a fomentar o desenvolvimento das micro e pequenas empresas, interpretar taxativamente o rol insculpido no art. 149, §2°, III, *a*, da CF/88 equivaleria a *"limitar as possibilidades de atuação do Estado mediante interpretação literal"*.

A menção dos Ministros a respeito dos métodos interpretativos foi questão que nos chamou atenção, tal como na temática das imunidades sobre receitas de exportação. Seja para compreender o rol como taxativo ou exemplificativo, os métodos interpretativos foram explicitamente mencionados em seus votos.

Veja-se, por exemplo, passagem do voto do Min. Dias Toffoli:

> Uma interpretação muito restritiva do texto constitucional no tocante às contribuições sociais e interventivas instituídas com base no art. 149 e já em vigor quando da promulgação da referida emenda constitucional levaria à derrogação, por incompatibilidade com o texto constitucional, não só da contribuição ao SEBRAE, mas de uma multiplicidade de incidências sobre a folha de salários, tais como as contribuições destinadas ao FGTS, ao INCRA, à APEX e à ABDI. Vide os prejuízos notórios de uma interpretação que deixe as entidades que atualmente exercem atividades de interesse de toda a sociedade sem as respectivas fontes de custeio, levando a extinção das próprias entidades.
>
> Quanto ao SEBRAE, ficaria perturbado o objetivo de fomentar o desenvolvimento sustentável, a competitividade e o aperfeiçoamento das microempresas e das empresas de pequeno porte, em consonância com as políticas nacionais de desenvolvimento. Em relação à APEX, a referida interpretação poderia acarretar, por exemplo, o embaraçamento das exportações de produtos e serviços brasileiros e a perda de investimentos estrangeiros para setores estratégicos da economia. No tocante à ABDI, haveria o comprometimento da efetivação das políticas de desenvolvimento industrial, especialmente daquelas que contribuam para a geração de empregos.

Entendendo pela taxatividade, assim se manifestou o Min. Edson Fachin:

> Após cotejo de compatibilidade material entre o objeto e o parâmetro suscitados pela parte Recorrente, firmo convicção no sentido da inconstitucionalidade superveniente da legislação ordinária que elegeu a folha de salário das empresas como base de cálculo da CIDE-SEBRAE, com efeito decido pelo provimento do recurso extraordinário.
>
> Embora não seja exigível que lei complementar defina a hipótese de incidência, a base imponível e contribuintes de uma CIDE, o Poder Constituinte Derivado restringiu a liberdade de conformação do legislador, ao constitucionalizar o rol de possíveis bases de cálculo nas expressões "faturamento", "receita bruta" e "valor da operação".
>
> A despeito do elemento finalístico ser o principal critério de validação constitucional das contribuições, constata-se amiúde que o Poder Constituinte valeu-se da enunciação de bases econômicas e materialidades dessas exações tributárias, de modo a limitar a competência tributária dos entes federativos. Nesse sentido, a dicção da folha de salário das empresas como base de cálculo da CIDE-SEBRAE extravasa dos limites da ordem constitucional.

Os métodos teleológico e sistemático de interpretação foram invocados pelo Min. Roberto Barroso para votar no sentido de ser exemplificativo o rol do dispositivo constitucional em análise:

> Em interpretação teleológica e sistemática do dispositivo em análise, deve-se reconhecer que a intenção do constituinte derivado não foi a de criar rol taxativo e, muito menos, a de excluir a folha de salários, como base de cálculo possível às contribuições sociais e às CIDEs, como pretende fazer crer a recorrente.
>
> O entendimento pela revogação das contribuições sob análise no presente recurso não subsiste quando da apreciação da Emenda Constitucional nº 33, à luz da sua finalidade.

Já o Min. Ricardo Lewandowski afastou a possibilidade da utilização das interpretações histórica e extensiva ao caso, entendendo pela taxatividade do rol:

> Portanto, consolidadas as bases materiais de incidência das contribuições no Texto Constitucional, descabe emprestar interpretação extensiva à espécie, ampliando a base de cálculo em desacordo com o comando constitucional e, em última instância, a cobrança de tributo ao arrepio do ordenamento jurídico.
>
> Assim, em que pese o escorço histórico sobre o processo legislativo da EC 33/2001, trazidos nos substanciosas votos que me antecederam, penso que, ainda que se possa investigar os propósitos do legislador na atividade de elaboração das leis, os possíveis motivos não são fenômenos normativos suficientes a dirimir a controvérsia hermenêutica, servindo, quando muito, como um dos vetores para a interpretação e aplicação da norma.

O Min. Gilmar Mendes, encerrando a fileira daqueles que entendiam pela natureza exemplificativa do rol, justificou sua posição valendo-se de vários métodos interpretativos:

> Neste sentido, os propósitos almejados pelo legislador assumem papel de extrema relevância (critério teleológico), a ser conjugado com a própria literalidade do texto, com a correlação sistemática com o texto em que inserido, enfim, com todos os critérios interpretativos disponíveis.
>
> [...]
>
> Percebo, em cotejo com os incisos imediatamente anteriores, que o núcleo verbal do inciso III do § 2º do art. 149 da CF/88 ("poderão"), ao contrário de instituir vedação sobre a incidência de alíquota sobre folha de salários (ou sobre qualquer outra base que seja), limita-se a enunciar as espécies de alíquotas admissíveis à exação tributária.
>
> A textualidade, portanto, é de faculdade, não de imposição.
>
> [...]
>
> Retomando ao texto constitucional sob exame, destaco que, a rigor, o inciso III, do § 2º, do Art. 149 da CF/88, para além da linguagem facultativa que adota, versa sobre alíquota, não sobre base de cálculo.
>
> Enumera, assim, em suas alíneas, as duas espécies possíveis: alíquota *ad valorem* (alínea "a") e alíquota específica (alínea "b").
>
> A mim parece lícito concluir, sob o ponto de vista estritamente textual, que tanto a redação atual (pós-EC 33/2001) quanto a redação original do Art. 149 da CF/88 não se dedicaram a possíveis

bases de cálculo das contribuições que disciplinam, abrindo a possibilidade de a lei ordinária fazê-lo. Assim, a Lei nº 8.029, de 1990, ao eleger a folha de salários como base de cálculo, não ofende a previsão constitucional, seja na redação original, seja na reformada.

Avançando nos critérios interpretativos e analisando sistematicamente o texto constitucional, constato algo digno de registro.

Sempre que o legislador constituinte pretendeu retirar do campo de incidência de um tributo determinada grandeza, situação jurídica, valor, base de cálculo etc., fez uso de locuções muito peculiares ao longo do texto constitucional: "não incidirá", ou "não incidirão", ou "não incide", ou "não incidindo" (vide a propósito: Art. 149, § 2º, I; Art. 153, § 3º, III e § 4º , II; Art. 155, X; Art. 156, § 2º, I; Art. 195, II).

Mais uma vez, em definitivo, a construção textual do inciso III, do § 2º, do Art. 149, ao se utilizar da locução "poderão incidir" em nada se assemelha à dicção utilizada quando o Constituinte quis restringir o campo de incidência de um tributo.

Ainda no campo da interpretação sistemática, não posso me furtar a destacar alguns dispositivos do texto constitucional que ganham relevo em razão da matéria de fundo ora posta a deliberação e suas possíveis consequências.

Assim, considerando-se que as contribuições ora discutidas se destinam ao ao Serviço Brasileiro de Apoio às Micro e Pequenas Empresas - SEBRAE; à Agência Brasileira de Desenvolvimento Industria - ABDI; e à Agência de Promoção de Exportações do Brasil - APEX, merecem ser lembrados alguns artigos do texto constitucional que sugerem ou afirmam a promoção e o incentivo às micro e pequenas empresas, o fortalecimento da indústria nacional e fomento às exportações. Confira-se, a propósito, os artigos 146, III, "d"; 170, VIII e IX; 179, bem como diversos dispositivos que buscam reduzir a tributação incidente sobre bens e produtos destinados à exportação, em um claro esforço para incentivá-la.

Quero com isso demonstrar a preocupação do Constituinte no que se refere aos temas que encontram nestas agências (APEX e ABDI) e serviço (SEBRAE) seus facilitadores.

Como último critério interpretativo a ser manejado para se conferir o alcance do dispositivo constitucional em questão, reputo oportuno analisar o processo da criação da norma. Assim, um breve resgate sobre os antecedentes históricos, sobre os trabalhos legislativos preparatórios que culminaram na promulgação da

> Emenda Constitucional nº 33 , de 2001 me parece deveras oportuno. É propriamente o que Paulo Gustavo Gonet Branco menciona como interpretação histórica e/ou genética (idem. ibidem).
>
> [...]
>
> Assim, no campo da interpretação genética da norma, é possível observar que, tanto em sua origem no Poder Executivo como no trâmite legislativo, inexistiu qualquer intenção de alteração da disciplina normativa das contribuições ao SEBRAE, à APEX e à ABDI.
>
> [...]
>
> Portanto, por todos os critérios de hermenêutica constitucional que exploramos acima, não vislumbro no inciso III, do § 2º, do Art. 149 da CF/88 qualquer enunciação taxativa de bases de cálculo das contribuições ali tratadas. A menção, a mim parece, foi meramente exemplificativa, não tendo a EC nº 33/2001 inovado a disciplina do tema para afastar do ordenamento as contribuições incidentes sobre folhas de salários destinadas ao SEBRAE, à APEX e à ABDI.
>
> Penso não ser crível que o legislador constituinte derivado tenha almejado alterações tão substanciais e de tamanha repercussão financeira e social sem qualquer menção dos seus propósitos, seja nos documentos da tramitação legislativa, seja nas discussões com a sociedade em audiências públicas.

Já o Min. Marco Aurélio manifestou-se no seguinte sentido:

> Ao contrário do previsto no artigo 195, inexiste alusão à folha de salários. Tem-se referência apenas – e a interpretação há de ser estrita, ante o princípio da legalidade – a faturamento, receita bruta ou valor da operação.
>
> Presidente, o contexto constitucional é único e encerra as possibilidades de se ter o cálculo do tributo-gênero, que é a contribuição de intervenção no domínio econômico, limitado ao que previsto.
>
> Autoriza o texto constitucional a incidência, considerados faturamento, receita bruta ou valor da operação. Versa o texto a possibilidade de o legislador eleger a alíquota, a partir do preço ou quantitativo específico, mas jamais alterar a base de incidência.
>
> [...]
>
> Não tenho, por maior que seja a preocupação com as entidades beneficiárias dessa contribuição e os serviços prestados por elas

> – Sebrae, Apex e ABDI, e pelo que me consta estão muito bem financeiramente – como fechar a Constituição Federal e entender que é possível, no campo interpretativo – e a atuação do Supremo é vinculada à Constituição –, criar-se base de incidência não prevista, tomando de empréstimo, quem sabe, o que se contém no artigo 195, inciso I, da Constituição Federal. Há disciplina específica, quanto à contribuição e, digo disciplina limitadora, considerada a atuação do legislador ordinário.
>
> Presente a interpretação sistemática, presente a interpretação histórica – diria – da atualidade, presente a interpretação teleológica, acompanho a Ministra Relatora no voto proferido, provendo o recurso extraordinário.

Veja-se manifestação do Min. Fux, salientando a necessidade não apenas das interpretações histórica e teleológica, mas até mesmo de uma interpretação consequencialista:

> Mercê do brilhantíssimo voto da Ministra Rosa Weber e dos votos dos integrantes que a acompanharam, Ministros Edson Fachin, Ricardo Lewandowski e Marco Aurélio, confesso que fiquei impressionado com a interpretação histórica desse dispositivo e da *ratio essendi* da lei, no sentido de que haveria a possibilidade de se estabelecer uma nova base de incidência, principalmente porque, além das bases de cálculos estabelecidas, há uma vagueza na base inespecífica desse inciso da lei.
>
> Por outro lado, estamos vivendo um momento em que é preciso manter o status quo do desenvolvimento econômico. Além da teleologia da interpretação levar isso em consideração, hoje, mais do que nunca, é preciso - como relembrou o Ministro Gilmar Mendes e o Ministro Barroso – que se faça uma interpretação contextualista, consequencialista.
>
> Nesse particular, é deveras preocupante essa indagação, sem resposta: o que é que vai ficar no lugar?

Como se pode observar dos trechos citados acima, operou-se uma miscelânea interpretativa a respeito da questão.

Por fim, o mesmo raciocínio acima foi levado a cabo no recentíssimo julgamento do RE 630.898/RS[25] (Tema 495 de

25. STF, Pleno, RE 630.898/RS, Rel. Min, Dias Toffoli, jul. 08.04.2021, DJe 11.05.2021.

Repercussão Geral), no qual a Suprema Corte editou a tese segundo a qual *"É constitucional a contribuição de intervenção no domínio econômico destinada ao INCRA devida pelas empresas urbanas e rurais, inclusive após o advento da EC 33/2001"*. Os argumentos de mérito de todo se assemelharam ao discutido no Tema 325, razão pela qual não se fará a exposição do julgado.

Destaque-se, apenas, que a discussão do Tema 495 não se restringia apenas à natureza do rol constante do art. 149, §2°, III, *a*, da CF/88. Com efeito, a respeito da referibilidade das contribuições, restou assentado que "*não descaracteriza a exação o fato de o sujeito passivo não se beneficiar diretamente da arrecadação*". A análise deste ponto, contudo, ultrapassaria os limites do presente estudo.

Considerações finais

Consoante exposto alhures, o objetivo do presente trabalho não foi o de analisar, no sentido de tomar posição pelo acerto ou erro, as decisões proferidas pelo STF em determinados temas que se tornaram controvertidos naquele tribunal. Diferentemente disso, pretendeu-se expor a jurisprudência da Suprema Corte em temas delicados, sobretudo para que pudesse ser extraída a *ratio* que fundamentou tais decisões.

O que se vislumbra, em matéria de imunidades sobre a receita de exportação, é que a interpretação teleológica das normas imunizantes ora tem sido conjugada com interpretação restritiva, ora com interpretação extensiva. Não há um consenso a respeito disso.

No caso da natureza do rol constante do art. 149, §2°, III, da CR/88, pode-se verificar, empiricamente, aquilo que muito se diz na academia sobre a natureza não formalista da interpretação. É de se ver que os juízes, adotando métodos interpretativos iguais (métodos literal, sistemático, teleológico etc.) chegaram a conclusões radicalmente distintas.

Três observações, porém, se fazem necessárias.

A primeira delas é no sentido de que, na leitura de alguns votos, os métodos histórico e teleológico parecem ter se fundido. Em outros termos, assinalar a finalidade da norma muitas vezes foi tratada como a descrição da vontade do legislador, o que nos parece de todo incorreto.

A segunda afirmativa decorre diretamente da primeira: não nos parece adequado valer-se de interpretação histórica em matéria de interpretação jurídica. A criatura e o criador se separam no momento da positivação do Direito.

Por fim, há que se observar uma tendência explícita do STF em adotar considerações consequencialistas em suas decisões. Usualmente, argumentos consequencialistas têm sido utilizados na Corte em matéria de modulação de efeitos. Contudo, no julgamento do Tema 325, por exemplo, serviram de base para a própria solução do mérito da causa. Acreditamos que tal debate deve ser ainda mais polemizado pela doutrina, muito embora já existam grandes trabalhos acadêmicos a respeito do tema.[26] Afinal de contas e parafraseando o Min. Luiz Fux, se abandonarmos a interpretação normativa, pautada por critérios estritamente jurídicos, "*o que é que vai ficar no lugar*"?

Referências

BARRETO, Paulo Ayres. *Contribuições:* regime jurídico, destinação e controle. São Paulo: Noeses, 2011.

DIAS, Daniela Gueiros. *Consequencialismo judicial no direito tributário brasileiro*. São Paulo: IBDT, 2021.

LOBATO, Valter de Souza; MARINHO NETO, José Antonino. A importância da seguridade social e a necessidade de seu custeio: uma releitura do parecer 'Contribuição para o Finsocial', de Misabel Derzi. In: MACHADO SEGUNDO, Hugo

26. Por todos, DIAS, Daniela Gueiros. *Consequencialismo judicial no direito tributário brasileiro*. São Paulo: IBDT, 2021.

de Brito; GODOI, Marciano Seabra de; VALADÃO, Marcos Aurélio Pereira; BATISTA JÚNIOR, Onofre Alves; ROCHA, Sergio André. (Org.). A pandemia da COVID-19 no Brasil em sua dimensão financeira e tributária. 1ª ed. Belo Horizonte: D'Plácido, 2020, p. 637-668.

MITIDIERO, Daniel. *Superação para frente e modulação de efeitos*: precedente e controle de constitucionalidade no Direito Brasileiro. São Paulo: Thomson Reuters Brasil, 2021.

Parte 2

COMENTÁRIOS ÀS OBRAS DO HOMENAGEADO

LIMITES NORMATIVOS AO PLANEJAMENTO TRIBUTÁRIO

Rômulo Cristiano Coutinho da Silva[1]

Sumário: 1. Introdução – 2. Perspectivas atuais acerca dos limites ao planejamento tributário: a obra e sua importância – 3. O julgamento da Ação Direta de Inconstitucionalidade 2446 pelo Supremo Tribunal Federal – 4. Conclusão – Referências.

1. Introdução

O convite para participar de obra coletiva em homenagem ao professor Paulo Ayres Barreto despertou neste autor inúmeros bons sentimentos. Primeiro, senti-me honrado pela oportunidade de contribuir com uma homenagem tão singular e afetuosa, organizada com tanto esmero pela professora Simone Rodrigues Costa Barreto e pelo professor Caio Augusto Takano. Segundo, fiquei feliz em poder externar, publicamente, minha

1. Doutorando e mestre em Direito Tributário pela Faculdade de Direito da Universidade de São Paulo (FDUSP). MBA em Gestão Tributária pela Fundação Instituto de Pesquisas Contábeis, Atuariais e Financeiras (FIPECAFI). Especialista em Direito Tributário pelo Instituto Brasileiro de Direito Tributário (IBET). Professor nos cursos de pós-graduação do INSPER, da FIPECAFI e do IBDT.

gratidão, estima e consideração pelo professor Paulo Ayres, um dos maiores juristas do país, que, com segurança, firmeza e zelo, tem orientado a minha jornada acadêmica ao longo dos últimos nove anos, durante o meu mestrado e, agora, enquanto perduram meus estudos de doutoramento. Sobram predicados para falar do homenageado. Para seus alunos, é exemplo de seriedade, cordialidade e rigor científico. Na academia, é reconhecido pelos ensinamentos claros, objetivos, precisos e com densidade conceitual. No âmbito profissional, é admirado por seus clientes e pares por ser um advogado assertivo, resolutivo e que possui deferência dos Tribunais em que atua.

Com relação à homenagem, minha alegria foi maior ainda quando tomei nota de que me havia sido incumbida a desafiadora tarefa de comentar a sua última obra "Planejamento tributário: limites normativos", que nos traz lições atuais e que necessariamente devem ser observadas por aqueles que pretendem enfrentar as intrincadas questões relacionadas ao tema. Tal obra remete-me aos idos de 2011, quando, em pesquisas para a elaboração do meu TCC da Faculdade de Direito da USP, deparei-me, com entusiasmo, com as lições nela apresentadas ainda na sua versão de Tese de Livre-Docência em Direito Tributário pela mesma faculdade.

Os ensinamentos do professor Paulo Ayres despertaram-me tanto interesse que, naquele mesmo ano, ao saber que ele ministraria palestra sobre o tema em reconhecido congresso de Direito Tributário no Pernambuco, não pensei duas vezes para me deslocar até lá para ouvir as suas valiosas reflexões sobre a temática do planejamento tributário. Naquela ocasião, durante um *coffee break*, tive a grata felicidade de conhecer pessoalmente o professor Paulo Ayres e de ter podido manifestar todo meu entusiasmo e admiração pela obra que hoje tenho a honra de comentar, obra esta que também foi a minha maior inspiração para produzir dissertação de mestrado que posteriormente viria a ser orientada pelo homenageado. Assim, embora os comentários abaixo estejam muito aquém da grandiosidade da obra e de seu autor, sobrou-me inspiração para escrevê-los.

Nesse diapasão, a ideia do presente artigo é apresentar, de maneira sintética, a importância e atualidade das lições trazidas no livro, bem como a reverberação de muitos dos ensinamentos nele expostos no voto proferido pela Ministra Cármen Lúcia, no julgamento da Ação Direta de Inconstitucionalidade nº 2446 ("ADI 2446"), em que o Supremo Tribunal Federal está avaliando, em abstrato, a constitucionalidade do parágrafo único do art. 116 do Código Tributário Nacional ("CTN").

2. Perspectivas atuais acerca dos limites ao planejamento tributário: a obra e sua importância

O livro "Planejamento tributário: limites normativos" revela para a comunidade acadêmica algumas marcas indeléveis do homenageado: assenta-se em premissas sólidas, construídas com base em refinada orientação analítica, marcada pelo rigor definitório, pela densidade conceitual e pela profundidade filosófica. Nessa perspectiva, são apresentadas aos leitores proposições sólidas e consistentes acerca do intricado tema enfrentado pelo autor. E, para além do seu relevo teórico, a obra ainda analisa exemplos práticos de grande relevância, como o do chamado ágio interno e da incorporação às avessas, conferindo ao livro inegável integração teórico-prático.[2]

De início, o autor bem pontua que inúmeras são as perspectivas teóricas possíveis para analisar o tema da elisão tributária, que é fortemente marcado pela dificuldade em se delimitar a fronteira entre o lícito e o ilícito na formulação de planejamentos fiscais. As inúmeras divergências teóricas sobre o assunto resultam em propostas de interpretações díspares acerca dos limites do planejamento tributário. Nada obstante, o professor Paulo Ayres é contundente em seu posicionamento no sentido de que, em se tratando de Ciência do Direito, toda e qualquer premissa teórica sobre o tema deve

2. CARVALHO, Paulo de Barros. Prefácio. In: BARRETO, Paulo Ayres. *Planejamento tributário:* limites normativos. São Paulo: Noeses, 2016, p. XV.

se pautar, necessariamente, nos enunciados prescritivos do sistema de direito positivo.[3]

Firme nesse propósito, ao analisar o regramento da matéria tributária no altiplano constitucional, o autor constata que, em vez de trilhar o caminho das Constituições sintéticas, construídas por meio de referências a dicções principiológicas, de caráter mais amplo e geral, o legislador constituinte de 1988 preferiu demarcar, detalhadamente, os princípios e regras que orientam a percussão tributária, delimitando o conteúdo e o alcance do próprio poder tributário. No seu entendimento, o tratamento amplo e minucioso da matéria tributária na Constituição Federal brasileira caracteriza um verdadeiro Subsistema Constitucional Tributário.[4]

Nesse contexto, o professor Paulo Ayres destaca, em relação à competência impositiva, seus espectros positivo e negativo. O primeiro se encerra no âmbito da própria competência outorgada. O segundo, por seu turno, consiste no reconhecimento de que fora daquele círculo de competência outorgado não há autorização para agir.[5] Assim, a atuação do legislador infraconstitucional percorre, necessariamente, um longo trajeto, que se inicia com a delimitação da competência constitucional, reduzindo-se a cada etapa de conformação normativa da feição final do tributo, até chegar à norma geral e abstrata de criação de determinada espécie tributária.

Daí a perspicaz observação do autor de que a instituição de tributos deve ser compreendida a partir da figura dos círculos concêntricos, com diâmetros sucessivamente menores, que delimitariam a possibilidade de percussão tributária.[6] Os comandos constitucionais interagem e se amoldam,

---

3. BARRETO, Paulo Ayres. *Planejamento Tributário:* limites normativos. São Paulo: Noeses, 2016, p. 03.

4. BARRETO, Paulo Ayres. *Planejamento tributário:* limites normativos. São Paulo: Noeses, 2016, p. 46.

5. Idem, p. 183-184.

6. Ibidem, p. 185-187.

fixando um campo preciso e determinado de atuação do legislador infraconstitucional.[7] A norma geral e abstrata por este último produzida em vista de todas as circunscrições, restrições, balizamentos e contenções decorrentes de regras e princípios constitucionais é que respaldará o ato de aplicação do Direito, com base no qual se dará a percussão tributária.[8]

É exatamente a partir desse não esgotamento da competência tributária ou dos diferentes tratamentos tributários estabelecidos pelo legislador ordinário que surgem as possibilidades de buscar, legitimamente, a estruturação de atos e negócios jurídicos que tenham a finalidade promover uma redução do impacto fiscal sobre determinada atividade econômica ou negócios jurídicos realizados entre particulares.

Nesse ponto, o autor não se furta de analisar a tensão entre princípios constitucionais que apontariam para direções opostas (legalidade, segurança jurídica e livre-iniciativa *versus* isonomia, capacidade contributiva e solidariedade social), tampouco deixa de enfrentar o embate acerca da prevalência de princípios ou regras na exegese constitucional.

Paulo Ayres destaca que, paralelamente às diversas prescrições que estabelecem o legítimo campo de atuação dos entes tributantes, há um conjunto de regras e princípios assecuratórios de direitos dos contribuintes. Há, igualmente, clara preferência axiológica da Carta Magna brasileira no sentido de privilegiar princípios garantistas, na medida em que os enunciados constitucionais revelam uma forte preeminência de dispositivos que prescrevem valores e regras que delimitam o poder de tributar.[9]

Com efeito, a nossa Carta Constitucional positivou, ao lado dos princípios, regras de conteúdo específico, cuja abrangência

---

7. BARRETO, Paulo Ayres. *Planejamento tributário*: limites normativos. São Paulo: Noeses, 2016, p. 184.

8. Idem, p. 186-187.

9. Ibidem, p. 67-68.

deve ser identificada à luz dos conteúdos axiológicos que balizaram a sua positivação. As regras representam efetivas decisões tomadas pelo legislador constituinte, que, ao editá-las, manifesta expressamente o tratamento específico a ser conferido para determinada situação, sem deixá-la ao arbítrio do legislador ordinário e do aplicador do Direito. Nessa perspectiva, pontua Paulo Ayres que o princípio, aqui, tem a função de iluminar o processo de compreensão da regra, jamais substituí-la.[10]

Ademais, considerando que as regras traduzem decisões anteriores do legislador constituinte, é possível inferir que houve por parte do legislador, previamente à positivação de qualquer regra, o sopesamento dos princípios que orientam o sistema jurídico, razão pela qual, no entendimento do autor, quando diante de um autêntico conflito entre uma regra e um princípio de mesmo nível hierárquico, deve prevalecer a regra.

No Direito Tributário brasileiro, em especial, há ainda mais razão em atribuir significativa relevância à aplicação direta das regras, tendo em vista que estamos diante de um sistema jurídico-tributário que prestigia, sobremaneira, valores como a segurança jurídica, a certeza no direito e a estrita legalidade, de forma a permitir que o administrado possa antecipar os efeitos de suas ações, assim como evitar, por meio da positivação de comandos normativos mais precisos, arbitrariedades das autoridades administrativas, que agem aplicando regras.[11]

Essa concepção leva o autor ao entendimento de que o direito do contribuinte de organizar-se repousa na autonomia da vontade e na legalidade da tributação, sobretudo porque lhe são constitucionalmente resguardadas a liberdade contratual, a livre-iniciativa e a propriedade privada. Essas garantias constitucionais asseguram que os contribuintes, desde

---

10. BARRETO, Paulo Ayres. *Planejamento tributário:* limites normativos. São Paulo: Noeses, 2016, pp. 76-78.

11. BARRETO, Paulo Ayres. Planejamento Tributário: Perspectivas Jurisprudenciais. In ROCHA, Valdir de Oliveira. (org.). *Grandes questões atuais de direito tributário*. São Paulo: Dialética, 2010, v. 15, p. 313.

que atuem de maneira lícita, possam dispor livremente das alternativas oferecidas pelo Direito Privado, bem como saibam, de antemão, que as consequências tributárias resultantes dos atos ou negócios por eles praticados são exclusivamente aquelas previstas em lei.

A liberdade do contribuinte de estruturar seus negócios do modo que melhor lhe convier, ainda que com o objetivo colimado de obter uma economia de tributos, é garantia que decorre diretamente da Lei Maior. Além de estar radicada nas próprias garantias e direitos fundamentais, é fruto da Ordem Econômica preconizada pela Constituição Federal, que consagra a liberdade de iniciativa, assegurando a todos o direito ao livre exercício da atividade econômica.[12]

Por isso, ao revestir a operação econômica que pretende realizar sob um determinado invólucro jurídico, o contribuinte possui ampla liberdade contratual para estabelecer o conteúdo, a forma e o tipo de contrato que irá regular os direitos disponíveis em jogo, bem como para qualificá-lo da maneira mais eficiente do ponto de vista tributário,[13] desde que não extrapole os limites contidos nos próprios institutos jurídicos oferecidos pelo sistema.

Diante desse quadro, Paulo Ayres sustenta ser inadmissível, no contexto do atual Sistema Constitucional Tributário brasileiro, concretizar valores sociais e coletivos, com fundamento numa pretensa eficácia positiva da capacidade contributiva, ignorando, para tanto, a rígida repartição das competências tributárias impositivas e os direitos e garantias individuais, que, fixados por meio de regras, representam verdadeiras balizas à atividade tributária impositiva do Estado. Para o autor, o princípio da capacidade contributiva deve ser visto como uma garantia do contribuinte, que lhe confira proteção em face do

---

12. BARRETO, Aires F. Liberdade de contratar e tributação. *Revista de Direito Tributário*, n. 44. São Paulo: Revista dos Tribunais, abr./jun. de 1988, pp. 88-89.

13. TORRES, Heleno Taveira. *Direito tributário e direito privado*: autonomia privada: simulação: elusão tributária. São Paulo: Revista dos Tribunais, 2003, pp. 269-270.

poder tributário impositivo dos entes tributantes, e não como ferramenta a ser utilizada pelo Fisco contra o contribuinte.

Além disso, cumpre lembrar que a legalidade consubstanciada nos arts. 5º, *caput*, e 150, II, da CF/88 está atrelada à noção de legalidade isonômica, que garante que apenas será realizada a igualdade tributária, afastando-se arbitrariedades, se o Poder Executivo, ao concretizar a norma tributária geral e abstrata, circunscrever-se aos padrões legais veiculados pela legislação ordinária e complementar.[14] A igualdade tributária traduz uma limitação ao poder de tributar e, assim sendo, não serve de instrumento de validação da atuação do Estado sem respaldo em lei. Se a capacidade contributiva é corolário da igualdade, esta não configura limite à liberdade de atuação dos contribuintes que esteja amparada e respaldada pela lei.[15]

Desse modo, a denominada eficácia positiva da capacidade contributiva não pode servir como suporte de desconsiderações de negócios lícitos, legalmente planejados pelos contribuintes, mas que, ao arbítrio interpretativo da autoridade administrativa, seja considerado abusivo, pois, nessas circunstâncias, prevalecerá tributação que desborda dos limites legais. O poder de tributar do Estado é concedido por meio de regras de competência e seu exercício deve se dar por meio de lei. Assim, os princípios da igualdade e da solidariedade não podem servir de instrumento de instituição ou aumento do poder do Estado não previsto em regras de competência e não exercido por meio de lei.[16]

Portanto, no contexto da elisão tributária, conferir eficácia positiva ao princípio da capacidade contributiva, a fim de

14. BORGES, José Souto Maior. A isonomia na Constituição Federal de 1988. *Revista de Direito Tributário*, n. 64. São Paulo: Malheiros, 1994, p. 13.

15. BARRETO, Paulo Ayres. Desafios do planejamento tributários. In SCHOUERI, Luís Eduardo (coord.). *Direito tributário*: homenagem a Paulo de Barros Carvalho. São Paulo: Quartier Latin, 2008, p. 785.

16. BARRETO, Paulo Ayres. *Planejamento tributário*: limites normativos. São Paulo: Noeses, 2016, pp. 95-97.

justificar a tributação de situações não descritas no suposto da norma tributária, significa desconsiderar todas as regras de competência detalhadamente delimitadas na Constituição Federal, bem como todos os direitos e garantias individuais do contribuinte em face do poder impositivo do Estado.[17] Diante do caso concreto, o intérprete/aplicador construirá a norma aplicável; concluindo pela não incidência, é inaceitável que, em nome da capacidade contributiva e da solidariedade social, se estenda a tributação, por analogia, para situações não contempladas pela lei.

Assim, se, por meio de regras, a legislação tributária estabeleceu como hipóteses de estruturações ilegítimas dos negócios jurídicos a fraude, o dolo e a simulação, no art. 149, VII, do CTN, e a dissimulação, no art. 116, parágrafo único, do mesmo diploma legal, não cabe às autoridades administrativas, tampouco aos órgãos julgadores, recorrer a institutos correlatos do Direito Privado como fraude à lei, propósito negocial, negócio jurídico indireto, abuso de direito e abuso das formas para, isoladamente, fundamentar a requalificação, para fins fiscais, dos atos e negócios jurídicos praticados pelo contribuinte, ainda que estes tenham sido realizados com o fim colimado de obter um ganho tributário.

Por esse motivo, o autor é categórico quando afirma que, na interpretação do parágrafo único do art. 116 do CTN, qualquer fundamentação que se lastreie, exclusivamente, nos referidos institutos do Direito Privado, ou, ainda, numa pretensa eficácia positiva da capacidade contributiva, ou na ausência de motivação "extratributária", deve ser imediatamente repudiada,[18] já que se estará buscando legitimar uma tributação absolutamente arbitrária e à margem dos preceitos constitucionais e legais. A aplicação do art. 116 do CTN, que possui sua eficácia

17. BARRETO, Paulo Ayres. *Planejamento tributário:* limites normativos. São Paulo: Noeses, 2016, p. 98.

18. BARRETO, Paulo Ayres. Planejamento Tributário: Perspectivas Jurisprudenciais. In ROCHA, Valdir de Oliveira. (org.). *Grandes questões atuais de direito tributário*, v. 15. São Paulo: Dialética, 2010, p. 321.

condicionada à regulamentação por meio de lei ordinária, limita-se à requalificação de atos e negócios jurídicos dissimulados.

Na estruturação de um planejamento tributário, o contribuinte busca avaliar as alternativas econômicas sob o ponto de vista do impacto fiscal, bem como prever quais são as consequências jurídicas futuras para tais alternativas. Ele precisa, para tanto, antecipar ao máximo os possíveis efeitos tributários de suas ações, de acordo com o direito positivo vigente.

É exatamente com essa preocupação que o professor Paulo Ayres busca identificar na obra que ora se comenta, dentro do contexto do Sistema Constitucional Tributário nacional, os limites normativos ao planejamento tributário efetivamente positivados, delimitando-se, com isso, o âmbito de atuação do Fisco na requalificação dos negócios jurídicos realizados pelo contribuinte, de maneira a evitar arbitrariedades de órgãos administrativos e judiciais na aplicação dos preceitos normativos. Vê-se, portanto, a importância da obra nos dias atuais, sobretudo para os operadores do Direito que têm a necessidade de lidar com as complexas questões que orbitam a temática do planejamento tributário.

3. O julgamento da Ação Direta de Inconstitucionalidade 2446 pelo Supremo Tribunal Federal

Com o objetivo de demonstrar a aplicabilidade prática das lições do homenageado, buscou-se analisar, no presente ensaio, o voto proferido pela Ministra Cármen Lúcia no julgamento da ADI 2446, ainda não finalizado em razão do pedido de vista formulado pelo Ministro Ricardo Lewandowski. Em tal ação, ajuizada pela Confederação Nacional do Comércio (CNC), a Suprema Corte está apreciando a constitucionalidade do parágrafo único do art. 116 do CTN.

Em junho de 2020, o assunto ganhou repercussão nacional em razão do voto proferido pela Ministra Cármen Lúcia no sentido da constitucionalidade de tal norma. Em seu voto, a Relatora consignou que "a norma não proíbe o contribuinte de buscar, pelas vias legítimas e comportamentos coerentes com a ordem jurídica, economia fiscal, realizando suas atividades de forma menos onerosa, e, assim, deixando de pagar tributos quando não configurado fato gerador cuja ocorrência tenha sido licitamente evitada".

Segundo a Ministra, o referido parágrafo único do art. 116 do CTN tem como finalidade o combate à evasão fiscal, não servindo de limitação ao planejamento tributário, tampouco de enunciado normativo que instituiu a interpretação econômica do fato gerador ou autorizou a tributação por analogia, sem respaldo em lei. O voto da Ministra Cármen Lúcia foi acompanhado pelos Ministros Marco Aurélio, Edson Fachin, Alexandre de Moraes e Gilmar Mendes, mas o caso foi retirado de pauta por conta de pedido de vistas requerido pelo Ministro Ricardo Lewandowski.

Caso sobressaia o entendimento adotado pela Ministra Relatora, será possível dizer que o Supremo adotou posição consentânea com os limites efetivamente positivados ao planejamento tributário, tendo em vista que ficou consignado que: (i) "a desconsideração autorizada pelo dispositivo está limitada aos atos ou negócios jurídicos praticados com a intenção de dissimulação ou ocultação desse fato gerador"; (ii) "a autoridade fiscal estará autorizada a aplicar base de cálculo e alíquota a uma hipótese de incidência estabelecida em lei e que tenha se realizado"; e, por fim, (iii) foi reafirmada a liberdade do contribuinte à realização de planejamento tributário, uma vez que, quando não houver a caracterização da simulação e da dissimulação (quando esta for regulamentada), os efeitos fiscais das condutas dos contribuintes devem ser respeitados.

Embora a Ação Direta de Inconstitucionalidade, por sua natureza, não tenha o condão de analisar os limites de um planejamento tributário concreto, uma vez que, nesse tipo de ação, apenas são avaliadas as normas jurídicas em abstrato, o voto proferido pela Ministra Cármen Lúcia traz à lume importantes balizas acerca dos limites ao planejamento tributário, às quais o professor Paulo Ayres sempre fez referência, desde que o livro aqui comentado ainda estava na sua versão Tese de Livre-Docência.

Embora a Ministra Cármen Lúcia afirme que o parágrafo único do art. 116 do CTN se presta a combater a evasão fiscal, em seu voto fica claro que tal norma caracteriza verdadeira cláusula antissimulação, exatamente em linha com os ensinamentos do professor Paulo Ayres, para quem, nas hipóteses de simulação absoluta, deve se aplicar o art. 149, VII, do CTN, e, nos casos de simulação relativa, aplica-se o parágrafo único do art. 116 do mesmo diploma legal.[19]

Conforme sustenta o autor, percorrendo os enunciados prescritos da legislação tributária, há previsão específica dos atos ou negócios jurídicos considerados inválidos para fins fiscais. Assim, é essa mesma legislação que deve pautar os limites da atuação do contribuinte em relação aos comportamentos que podem ser qualificados como elisivos. Nesse contexto, a requalificação de atos ou negócios jurídicos pela autoridade administrativa só poderá ocorrer se restar devidamente comprovada a ocorrência de dolo, fraude ou simulação (art. 149, inciso VII, do CTN), ou dissimulação (art. 116, parágrafo único, do CTN).[20]

Para Paulo Ayres, a alteração promovida pela LC 104/2001 não representa mera ratificação do comando normativo já previsto no art. 149, VII, do CTN. A inserção do parágrafo único ao art. 116 do citado diploma legal prestou-se para reconhecer, no âmbito do ordenamento jurídico-tributário nacional, que, no caso da dissimulação, há, em verdade, dois fatos constituídos em linguagem: o simulado e o dissimulado. Por isso, no que se refere às provas, haverá um confronto entre duas manifestações de linguagem: a exarada pelo contribuinte e a exarada pela autoridade administrativa.

---

19. BARRETO, Paulo Ayres. *Planejamento tributário:* limites normativos. São Paulo: Noeses, 2016, p. 228-229.

20. Idem, p. 169.

A despeito de a exposição de motivos da citada LC 104/2001 ter expressado o intuito de combater, por meio da inclusão do parágrafo único ao art. 116 do CTN, o planejamento tributário perpetrado com abuso das formas jurídicas ou abuso de direito, a Ministra fez questão de ressaltar que a norma efetivamente inserida no sistema autorizou a autoridade administrativa a desconsiderar tão somente os atos praticados com a finalidade de dissimular a ocorrência do fato gerador, como sempre defendeu o professor Paulo Ayres ao tratar desse descompasso entre a enunciação-enunciada (exposição de motivos) e o enunciado-enunciado produzido pela alteração legislativa levada a efeito por meio da LC 104/2001 (parágrafo único do art. 116 do CTN).[21]

A Ministra Carmén Lúcia lembrou ainda que, por diversas vezes, o Poder Legislativo refutou pretensões de ampliação dos poderes do Fisco no que diz respeito à desqualificação de negócios jurídicos praticados pelos contribuintes. Como já apontava Paulo Ayres Barreto em seu livro, em quatro oportunidades, o Congresso Nacional brasileiro refutou, expressamente, tentativas de ampliação de tais poderes: (i) a discussão e a aprovação do Código Tributário Nacional; (ii) a minuta do projeto que daria origem à Lei Complementar 104/2001; (iii) a rejeição da Medida Provisória 66/2002 quanto aos limites ao planejamento tributário; e (iv) a rejeição da Medida Provisória 685/2015 no que toca ao dever de declarar planejamentos tributários à Receita Federal do Brasil.[22]

Por fim, em seu voto, a Ministra Relatora corroborou que o limite do planejamento tributário está na lei. Com visto acima, em sua obra, o professor Paulo Ayres sempre fez questão de destacar, com veemência, que a lei, ao fixar os elementos essenciais das normas tributárias, traça os contornos do âmbito de

---

21. BARRETO, Paulo Ayres. Planejamento Tributário: Perspectivas Jurisprudenciais. In ROCHA, Valdir de Oliveira. (org.). *Grandes questões atuais de direito tributário*, v. 15. São Paulo: Dialética, 2010, pp. 298-299.

22. BARRETO, Paulo Ayres. *Planejamento tributário:* limites normativos. São Paulo: Noeses, 2016, p. 164.

liberdade do contribuinte, dentro do qual ele certamente poderá exercer de maneira protegida os seus direitos fundamentais. Assim, a liberdade do contribuinte de estruturar determinado planejamento tributário só pode ser restringida por meio da lei, jamais pelo órgão aplicador do Direito. Inexistindo lei que limite a liberdade de planejar, não pode esta ser limitada por meio de atividade exegética do aplicador do Direito.

Portanto, caso prevaleça o voto da Ministra Cármen Lúcia na ADI 2446, muitas das lições apresentadas no livro aqui comentado serão confirmadas pela Corte Suprema. Assim como fez o professor Paulo Ayres, espera-se que o Supremo, na sua função institucional de guardião da Constituição, identifique os limites ao planejamento tributário a partir do direito posto, ou seja, observando, para tanto, as inúmeras limitações, balizas e contenções ao poder de tributar, de tal sorte a resguardar, ao fim e ao cabo, os direitos e garantias individuais do contribuinte em face do poder impositivo do Estado, os quais sequer podem ser objeto de emenda constitucional, por terem sido elevadas à condição de cláusulas pétreas, consoante previsão do art. 60, § 4º, inciso IV, da CF/88.

4. Conclusão

No Brasil, não há norma que vede expressamente o contribuinte de estruturar seus negócios jurídicos com o fim exclusivo de obter economia fiscal. Contudo, realizar um planejamento tributário significa, muitas vezes, inserir-se num campo de elevada insegurança jurídica, sobretudo em razão das inúmeras construções doutrinárias e jurisprudenciais dissonantes atualmente existentes.

A alteração legislativa decorrente da inserção do parágrafo único no art. 116 do Código Tributário Nacional, associada a essa discrepância doutrinária estabelecida em torno dos limites do planejamento tributário, tem tido reflexo direto não só nas requalificações dos atos e negócios jurídicos por parte das autoridades administrativas, mas também nos julgamentos ocorridos nos Tribunais, notadamente naqueles especializados em matéria tributária.

Nesse contexto, o professor Paulo Ayres faz um apelo cirúrgico em sua obra quando se predispõe a adotar uma premissa metodológica inafastável para estudar os limites normativos ao planejamento tributário: identificá-los a partir de uma análise minuciosa dos princípios e regras que norteiam o Sistema Constitucional Tributário vigente, bem como nele se fundamentar.

Embora não exista uma única interpretação correta para um determinado enunciado prescritivo,[23] há propostas interpretativas que extravasam os limites oferecidos pelo próprio texto normativo. Daí porque mesmo aqueles que veem a inesgotabilidade como um axioma da interpretação, identificam no texto jurídico-positivo, igualmente, verdadeiro limite a essa atividade. Qualquer ingresso em seu conteúdo há de se iniciar no texto positivo, nele se conduzir, bem como se pautar pelas diretrizes do sistema.[24]

Esse é o fio condutor desse valioso livro do professor Paulo Ayres. Igualmente, espera-se que essa seja a bússola a guiar os julgamentos dos planejamentos tributários pelos tribunais brasileiros, tanto os administrativos quanto os recém-submetidos à apreciação o Poder Judiciário.

Referências

BARRETO, Aires F. Liberdade de contratar e tributação. *Revista de Direito Tributário*, n. 44. São Paulo: Ed. RT, abr./jun. de 1988.

BARRETO, Paulo Ayres. Desafios do planejamento tributários. In SCHOUERI, Luís Eduardo (coord.). *Direito tributário*:

23. GRAU, Eros Roberto. Porque tenho medo dos Juízes (a interpretação/aplicação do direito e os princípios). 6ª ed. refundida do "Ensaio e discurso sobre a interpretação/aplicação do direito". São Paulo: Malheiros, 2013, pp. 32-46.

24. CARVALHO, Paulo de Barros. Direito tributário: linguagem e método. 4ª ed. São Paulo: Noeses, 2011, p. 197.

homenagem a Paulo de Barros Carvalho. São Paulo: Quartier Latin, 2008.

_____, Paulo Ayres. *Planejamento tributário:* limites normativos. São Paulo: Noeses, 2016.

_____, Paulo Ayres. Planejamento Tributário: Perspectivas Jurisprudenciais. In ROCHA, Valdir de Oliveira. (org.). *Grandes questões atuais de direito tributário.* São Paulo: Dialética, 2010, v. 15.

BORGES, José Souto Maior. A isonomia na Constituição Federal de 1988. *Revista de Direito Tributário,* n. 64. São Paulo: Malheiros, 1994.

CARVALHO, Paulo de Barros. *Direito tributário:* linguagem e método. 4ª ed. São Paulo: Noeses, 2011.

_____, Paulo de Barros. Prefácio. In: BARRETO, Paulo Ayres. *Planejamento tributário:* limites normativos. São Paulo: Noeses, 2016.

GRAU, Eros Roberto. *Porque tenho medo dos Juízes* (a interpretação/aplicação do direito e os princípios). 6ª ed. refundida do "Ensaio e discurso sobre a interpretação/aplicação do direito". São Paulo: Malheiros, 2013.

TORRES, Heleno Taveira. *Direito tributário e direito privado*: autonomia privada: simulação: elusão tributária. São Paulo: Ed. RT, 2003.

Comentários a "Contribuições: regime jurídico, destinação e controle":

UMA RECENSÃO DE "CONTRIBUIÇÕES: REGIME JURÍDICO, DESTINAÇÃO E CONTROLE"

Diego Bomfim[1]

Sumário: 1. Introdução – 2. Necessária explicitação de um método e de premissas fundamentais – 3. Tributo e sua classificação – 4. Contribuições como espécie tributária autônoma – 5. Contribuições e as limitações constitucionais ao poder de tributar – 6. Regra-matriz de incidência das contribuições, finalidade e a destinação do produto da arrecadação – 7. Desvinculação no plano normativo e a jurisprudência do STF – Conclusão – Referências.

1. Introdução

Quando fui instado a escrever este pequeno texto, antes mesmo de pensar sobre a difícil missão que me foi endereçada, parei um instante para refletir sobre a figura humana do

1. Professor de Direito Tributário da Universidade Federal da Bahia – UFBA. Doutor em Direito Tributário pela Universidade de São Paulo – USP. Mestre em Direito Tributário pela Pontifícia Universidade Católica de São Paulo – PUC/SP. Presidente do Instituto de Direito Tributário da Bahia – ITB. Advogado.

homenageado, o Professor Paulo Ayres Barreto. A primeira palavra que me veio à mente foi *generosidade.*

Paulo Ayres é generoso porque ensina com cuidado e tem a grandeza de ouvir seus alunos, se negando a fornecer respostas prontas e rápidas, preferindo estimular que sigam seu percurso próprio de construção do pensamento. É generoso porque tem a humildade de dialogar francamente com todos que o cercam, sendo respeitado e admirado amplamente, de um lado e de outro da academia tributária.

Nesta oportunidade, torno pública uma confidência: quando me preparava para o concurso de ingresso na Faculdade de Direito da UFBA, tive sérias dúvidas se teria capacidade de conciliar a advocacia e a docência. Receava não ter forças para desempenhar as duas funções com excelência e, então, colocava em dúvida se deveria ou não concorrer. Presenciei, então, um discurso do Professor Paulo Ayres em um dos Congressos do Instituto Brasileiro de Estudos Tributários. Lembro de ter ouvido sobre a vida acadêmica e sobre a importância de se dedicar aos estudos. Naquele momento, decidi fazer o concurso e ser, então, Professor. Não tinha pensado dessa forma antes, mas, em retrospectiva, hoje posso dizer: sou Professor por inspiração em Paulo Ayres Barreto e a ele rendo todas as homenagens.

Feito este breve registro, este texto será dedicado a uma recensão do livro *"Contribuições: regime jurídico, destinação e controle"*, fruto da tese de doutoramento do homenageado na prestigiosa Pontifícia Universidade Católica de São Paulo – PUC/SP.[2] O escopo do trabalho não é, por certo, privar o estudioso da leitura atenta do original, mas apresentar um ponto de vista sobre os principais aspectos tratados pelo autor, expondo a importância deste livro para a doutrina tributária brasileira e para a correta compreensão dessa espécie

---

2. Tomou-se como referência de leitura e de todas as citações a terceira edição do livro, publicada em 2020. BARRETO, Paulo Ayres. *Contribuições:* regime jurídico, destinação e controle. 3ª ed. São Paulo: Noeses, 2020.

tributária que, inegavelmente, assume hoje um papel de proeminência no Sistema Tributário Nacional.

2. Necessária explicitação de um método e de premissas fundamentais

O trabalho tem início com a explicitação objetiva e clara do método adotado, com a delimitação do objeto de estudo e a fixação de premissas conceituais, premissas essas que são colocadas fora de discussão justamente para que a avaliação científica sobre o objeto eleito possa avançar.

Toma-se, então, o *ordenamento jurídico* como ponto de partida para fins de interpretação do direito, reconhecendo-se que a ciência do direito exercerá papel relevante de interpretação e *sistematização* (o que não deixa de ser a explicitação de uma função descritiva da doutrina, mas de algum modo também de sua função *construtivista*).[3]

As normas, então, são tomadas como o resultado da interpretação dos enunciados legais, havendo, no entanto, clara indicação de que existem limites ao intérprete, limites esses que são construídos a partir dos próprios enunciados legais interpretados. Como lembra Norberto Bobbio,[4] é possível que se admita até mesmo uma interpretação *extratextual*, mas não *antitextual*. Afinal, o abandono dos enunciados legais como ponto de partida possível e como limite para a interpretação não deixa de ser o abandono da ideia de tripartição dos poderes e, então, de necessária representação democrática na elaboração das leis.

---

3. Nas palavras do autor: "*a missão que se nos apresenta é a de reconhecer, no ordenamento jurídico, prescrições que digam direta ou indiretamente, com a temática das contribuições em matéria tributária e proceder ao esforço de construção de um pensar sistemático sobre o assunto*". (BARRETO, Paulo Ayres. *Contribuições*, op. cit., p. 5). Sobre o tema, Cf. CARVALHO, Paulo de Barros. *Direito tributário, linguagem e método*. São Paulo: Noeses, 2008, p. 212 e ss.

4. BOBBIO, Norberto. *O positivismo jurídico:* lições de filosofia do direito. Tradução de Márcio Pugliesi, Edson Bini e Carlos E. Rodrigues. São Paulo: Ícone, 1995, p. 214.

Nesse ponto, Paulo Ayres demonstra sua preocupação com eventual *abuso* dos princípios jurídicos na construção interpretativa do direito, especialmente na conformação de limites, concluindo que *"os princípios positivados estão submetidos* às regras insertas no mesmo Texto, que lhe darão feição mais específica, permitindo um melhor controle de sua realização".[5]

Parece acertado o raciocínio, especialmente caso se adote uma classificação das normas com base no seu modo final de aplicação (e não em abstração ou grau de importância), pelo que nos casos de contraposição entre *princípios* e *regras* constitucionais, as últimas devem prevalecer, tendo em vista que são voltadas à imposição de consequências definitivas.

Vale ressaltar que, ao adotar como objeto de análise o conjunto de enunciados prescritivos que direta ou indiretamente estejam relacionados com as contribuições, Paulo Ayres tem o cuidado de repelir uma posição doutrinária antiga que propugnava que enunciados prescritivos de direito financeiro não fossem levados em consideração para a avaliação da juridicidade dos tributos. Ora, se são enunciados legais e podem influenciar a correta compreensão do regime jurídico dos tributos, estes precisam ser levados em conta: *"é preciso dar consequência ao dado jurídico, independentemente de sua origem e sem perder de vista a unidade do sistema normativo"*.[6]

A apresentação objetiva e clara do método empregado e das premissas conceituais adotadas é elogiável e alça o texto ao patamar científico. Essa tomada de posição permite, de maneira inegável, que o trabalho seja bem compreendido e que seja exposto às críticas. Afinal, sem *falseabilidade* não há ciência.[7]

---

5. BARRETO, Paulo Ayres. *Contribuições*, op. cit., p. 19.

6. Idem, p. 23.

7. POPPER, Karl. *A lógica da pesquisa científica*. 2ª ed.,Tradução de Leonidas Hegenberg e Octanny Silveira da Mota. São Paulo: Cutrix, 2013, p. 37-40.

3. Tributo e sua classificação

De modo bastante contundente e horando uma longa tradição de parte da doutrina brasileira,[8] Paulo Ayres esclarece que a correta compreensão acerca do conceito de tributo, de sua classificação e, portanto, do enquadramento das contribuições no sistema tributário, deve partir de uma leitura atenta do texto constitucional.

Diversamente do que se verifica em outros países, no Brasil, o Sistema Constitucional Tributário é minudente, o que justifica o acerto da tomada de posição: estudar as Contribuições, expondo seu regime jurídico e, então, suas limitações, impõe, antes de tudo, um estudo do próprio texto constitucional.

É por isso que o conceito de tributo, mesmo analisado em vista da prescrição do art. 3º do Código Tributário Nacional ("CTN"), é contraposto à Constituição Federal, depurando-se a compatibilidade da definição do mencionado dispositivo com o conceito constitucional, ainda que implícito, de tributo. A conclusão é no sentido de que o texto constitucional incorporou o conceito de tributo preexistente, ressalvando-se, contudo, a regra prescrita no art. 4º, II, do CTN,[9] não recepcionada pela Constituição.

A definição do conceito de tributo é relevante porque o enquadramento de toda e qualquer exação nessa classe impõe que esta se submeta ao regime jurídico tributário, o que produz consequências relevantes.

Do mesmo modo que o enquadramento de uma determina exação como *tributo* a submete ao regime jurídico tributário, sua subclassificação dentro da classe em uma das espécies

---

8. Cf. por todos, ATALIBA, Geraldo. *Sistema constitucional tributário Brasileiro.* São Paulo: RT, 1966, *passim;* e CARRAZZA, Roque Antonio. *Curso de direito constitucional tributário.* 32ª ed., São Paulo: Malheiros, 2019, *passim.*

9. O dispositivo possui a seguinte redação: "*Art. 4º A natureza jurídica específica do tributo é determinada pelo fato gerador da respectiva obrigação, sendo irrelevantes para qualificá-la: (...) II - a destinação legal do produto da sua arrecadação*".

tributárias estabelecerá sub-regimes tributários aplicáveis, sendo, por isso, relevante a classificação das espécies tributárias prescrita pela Constituição Federal que, sendo uma classificação prescrita pelo direito positivo (e não meramente descrita pela ciência do direito) não poderá ser tomada como útil ou inútil, certa ou errada, mas, ao revés, terá de ser aceita como uma prescrição normativa (caso válida).[10]

Depois de estudar as diversas propostas classificatórias de tributos sugeridas pela doutrina, Paulo Ayres propõe a adoção de três critérios classificatórios que, então, devem ser utilizados de modo autônomo e em momentos distintos no ato de classificar. Além do tradicional critério adotado pela doutrina (*vinculação* do critério material da hipótese de incidência a um ato estatal), devem ser ainda considerados os critérios da *destinação* e da *restituição* dos recursos arrecadados.

Como o critério da vinculação está presente em todos os tributos, tendo em vista que todos estes possuem um critério material, o autor sustenta que este seria um critério classificatório *"axiologicamente mais relevante",*[11] havendo uma primeira classificação entre tributos vinculados e não vinculados que, por sua vez, podem ser subclassificados em destinados ou não destinados que, por sua vez, podem ser subclassificados em restituíveis e não restituíveis (totalizando oito classes teoricamente possíveis), nas quais são enquadráveis os impostos, as taxas, as contribuições de melhoria, as contribuições e os empréstimos compulsórios.

Cotejando-se a proposta com o texto constitucional, é possível o estabelecimento do seguinte quadro de subclasses de tributo:

(i) *os impostos, como tributos não-vinculados, não-destinados e não restituíveis;*

10. Cf. SANTI, Eurico Marcos Diniz de. As classificações no sistema tributário brasileiro. *In:* Justiça tributária: I Congresso Internacional de direito tributário. São Paulo: Max Limonad, 1998, p. 125-147 (132).

11. BARRETO, Paulo Ayres. *Contribuições*, op. cit., p. 71.

(ii) *as taxas, como tributos diretamente vinculados, destinados e não restituíveis;*

(iii) *as contribuições de melhoria, como tributos indiretamente vinculados, destinados e não restituíveis;*

(iv) *as contribuições, como tributos não vinculados, destinados e não restituíveis; e*

(v) *os empréstimos compulsórios, como tributos que podem ser ou não vinculados (podem ter fato gerador próprio de impostos ou de taxas), destinados e restituíveis.*

Vale ainda anotar que essa classificação dos tributos termina sendo ancorada em um pensamento de requalificação da teoria das causas. Para Paulo Ayres, a causa – que é rechaçada modernamente como fundamento da obrigação tributária – uma vez tomada *"como nexo lógico entre o motivo da instituição do tributo e sua estrutura normativa em função da finalidade a ser atingida"* pode ser útil na conformação das regras constitucionais de competência tributária, em especial no caso das contribuições. A causa passa a ser entendida como uma espécie de *justificação*[12] ou de *fundamento*[13] para fins de interpretação das normas constitucionais de competência.[14]

12. SCHOUERI, Luís Eduardo. *Normas tributárias indutoras e intervenção econômica*. Rio de Janeiro: Forense, 2005, p. 131 e ss.

13. BARRETO, Paulo Ayres. *Contribuições*, op. cit., p. 44.

14. Isso que se chamou de *requalificação* de causa (ou uma nova perspectiva de causa) termina sendo uma tentativa de superar a crítica acerca da impossibilidade de utilização da teoria das causas para fundamentação da obrigação tributária, afinal parece atualmente assente que a *causa* da obrigação tributária é a lei. Se a causa da obrigação tributária fosse, ao invés da lei, a contrapartida de benefícios, vantagens ou serviços, de um lado, ou a necessidade do Estado de obter meios econômicos para custear suas funções, de outro, o contribuinte poderia se eximir ao pagamento do tributo mediante prova da inexistência da dita causa (ou mediante a demonstração de que não houve benefício ou de que o Estado não necessitava dos recursos arrecadados). Cf. ULHÔA CANTO, Gilberto. Causa da obrigação tributária. *Temas de direito tributário*, v. 1. Rio de Janeiro: Alba, 1963, p. 328-333. A proposta de *requalificação* da causa apresentada pretende superar a crítica, indicando na norma constitucional de competência um *motivo* ou uma *razão de ser* para a instituição dos tributos, de tal modo que ausente essa *causa* ou, nesse sentido, esse *motivo*, o tributo seria inconstitucional.

4. Contribuições como espécie tributária autônoma

A natureza tributária das contribuições, conquanto hoje seja matéria assente nos tribunais e na doutrina majoritária, foi no passado objeto de grande polêmica.[15] Em resposta e ante o atual texto constitucional, Paulo Ayres faz esclarecimento de grande importância: *"as contribuições têm natureza tributária por se amoldarem ao conceito de tributo. Não é sua submissão ao regime tributário que lhe confere tal natureza. Ao revés, é a sua natureza que define o regime jurídico ao qual deva estar submetida".*[16]

A construção é precisa. O direito positivo prescreve uma definição conotativa de tributo,[17] de tal maneira que toda e qualquer exação que se enquadre naquelas notas distintivas previstas na lei, independentemente do nome que ostente, terá de ser reconhecida como um autêntico tributo e, por isso, se sujeitará ao regime jurídico tributário.

Para além de sua natureza tributária, as contribuições seguiram sendo tomadas, por parte da doutrina, como espécies de *"impostos diferenciados"*[18] (diferenciados justamente

---

15. A jurisprudência do Supremo Tribunal Federal ("STF"), à luz da Constituição anterior, entendeu, em um primeiro momento, pela natureza tributária das contribuições, fundando-se no frágil argumento topográfico (como o dispositivo que previa a autorização para a instituição das contribuições estava encartado no capítulo do *Sistema Tributário*, então, de logo a conclusão se deu pela natureza tributária destas). Cf. STF, RE nº 86.595, Rel. Xavier de Albuquerque, Tribunal Pleno, julgado em 07/05/1978. Depois, em vista da EC nº 8/77, que alterou o art. 43 da Constituição então vigente, prevendo em incisos diferentes, competência do Congresso Nacional para a instituição de tributos (inciso I) e contribuições sociais (inciso X), o Tribunal mudou seu entendimento, passando a sustentar que as contribuições, a partir da mencionada emenda, não tinham natureza tributária. Cf. STF, RE nº 100.790, Rel. Francisco Rezek, Tribunal Pleno, julgado em 15.08.1984. Com a Constituição Federal de 1988, mais uma vez o tema foi levado ao crivo do STF, com definição da natureza tributária das contribuições. Cf. STF, RE nº 138.284, Rel. Carlos Velloso, Tribunal Pleno, julgado em 01/07/1992.

16. BARRETO, Paulo Ayres. *Contribuições,* op. cit., p. 90.

17. GUIBOURG, Ricardo A.; GUIGLIANI, Alejandro M.; GUARINONI, Ricardo V. *Introducción al conocimiento científico.* 3ª ed. Buenos Aires: Eudeba, 1985, p. 45 e ss.

18. CARRAZZA, Roque Antonio. *Curso de direito constitucional tributário*, op. cit., p. 493.

por terem seus recursos afetados para uma área específica). Negava-se, portanto, sua autonomia como espécie tributária.

Para essa corrente, as contribuições poderiam ser sempre enquadradas, na dependência do critério material de sua regra-matriz de incidência, como imposto ou taxa. Essa mesma corrente, no entanto, termina tendo de admitir que as contribuições, ainda que possam ter critérios materiais próprios de impostos ou taxas, diferenciam-se dessas mesmas espécies em vista da afetação dos recursos arrecadados (e essa diferenciação, inclusive, impõe a aplicação de regras constitucionais diversas). Percebe-se que, de uma forma ou de outra, a *destinação* é utilizada como nota distintiva, notadamente porque é o próprio texto constitucional que a impõe como fundamento para a criação e diferenciação das contribuições.[19]

Assim, parece muito mais eficiente que essa subclasse tributária seja tomada como espécie autônoma de tributo, o que permitirá, inclusive, que esta seja avaliada em vista dos fundamentos constitucionais que autorizam sua instituição, regras estas que só se aplicam para esta classe de tributos. É nesse sentido o pensamento de Paulo Ayres, para quem *"há sobejas razões – cujo elenco é fruto, exclusivamente, da observação do direito posto – para o reconhecimento de que as contribuições têm importantes traços diferenciadores das demais espécies tributárias, fato que nos autoriza a considerá-las espécie autônoma, não redutíveis a imposto ou taxa"*.[20]

Dentro da classe das contribuições, existem as seguintes subespécies: (i) as contribuições sociais; (ii) as contribuições de intervenção sobre o domínio econômico; (iii) as contribuições de interesses de categorias profissionais ou econômicas; e (iv) as contribuições para o custeio do serviço de iluminação pública.

---

19. BOMFIM, Diego. Contribuições e o critério finalístico no controle de sua constitucionalidade. *In:* GOUVEIA, Carlos Marcelo; HOFFMAN, Luiz Augusto A. de Almeida (coord.) *Atual panorama da Constituição Federal.* São Paulo: Saraiva, 2009, p. 371-388 (381).

20. BARRETO, Paulo Ayres. *Contribuições*, op. cit., p. 96.

As contribuições sociais são subdivididas em duas espécies. As *contribuições sociais para o custeio da seguridade social*, previstas no art. 195 da Constituição Federal, e as chamadas *contribuições sociais gerais* que, como lembra o autor, deveriam ser entendidas como contribuições *específicas* (e não gerais) já que obrigatoriamente são voltados *"a um fim social especificamente determinado"*.[21] Nesse particular, Paulo Ayres admite uma competência ampla para a União instituir contribuições sociais (não voltadas ao custeio da seguridade social), com fundamento de validade direto no art. 149 da Constituição Federal,[22] desde que essas tenham materialidade própria de impostos de competência da União e desde que não haja um *efeito substituição* que afete a repartição de receitas entre os entes da federação, com uma hipertrofia das contribuições em detrimento de impostos (cujas receitas são partilhadas).[23]

O autor apresenta ainda importantes comentários sobre os limites de imposição das contribuições interventivas, das contribuições corporativas e das contribuições para o custeio do serviço de iluminação pública (que reputa como inconstitucional, mesmo após a edição da EC 39/2002).

Aqui, vale a pena indicar quais são, na visão do autor, as características que todas as exações enquadráveis como contribuições devem ter. Nesse ponto, Paulo Ayres apresenta quais são os chamados *traços típicos* das contribuições, a começar

---

21. BARRETO, Paulo Ayres. *Contribuições*, op. cit., p. 100.

22. É relevante a seguinte passagem: *"é ampla a competência da União para instituir contribuições sociais, além das destinadas à seguridade social, à luz do que dispõe o art. 149 da Constituição Federal"*. (Ibid., p. 102).

23. A posição do autor neste ponto, embora receba o acolhimento da jurisprudência do STF, não é assente na doutrina. É que o reconhecimento dessa competência, em vista da amplitude semântica do que pode ser entendido como *ordem social*, viabilizaria a instituição de contribuições sociais diversas para o custeio de todo e qualquer serviço público, desde que esse pudesse ser tomado como integrante da atuação do Estado na ordem social. A falência dos impostos e a hipertrofia das contribuições, vale dizer, termina gerando, em última análise, um enfraquecimento do parlamento na definição das prioridades orçamentárias, já que os recursos arrecadados já nascem afetados a fundo, órgão ou despesa.

pela demonstração de que essas estão sempre ligadas à *"noção de parte que cabe a cada um em certa despesa ou encargo comum"*, devendo sempre ser cobradas de um grupo de pessoas e não da universalidade de contribuintes, devendo, portanto, haver *"um grupo econômico ou social para o qual se volta ou se dirige a finalidade constitucional autorizadora de sua instituição"*.[24]

Além disso, lembra que deve haver benefício ou vantagem (ainda que indireto) para aqueles que suportam o custo ou a despesa, havendo *"necessária correlação entre o custo da atividade estatal e o montante a ser arrecadado"*.[25]

Por fim, defende a existência de imposição constitucional no sentido de que os recursos arrecadados têm de ser obrigatoriamente destinados ao *"órgão, fundo ou despesa que deu causa à instituição do tributo"*.[26]

5. Contribuições e as limitações constitucionais ao poder de tributar

Em vista de sua natureza tributária, a aplicação de todas as regras e princípios constitucionais que conformam as chamadas *limitações constitucionais ao poder de tributar* às contribuições é, em uma primeira aproximação, um tema trivial. No entanto, em vista da redação do art. 149 da Constituição Federal, que expressamente indica a aplicação de apenas alguns dispositivos constitucionais às contribuições, o tema é objeto de grande polêmica.

O mencionado dispositivo outorga competência à União para a instituição de contribuições, determinando que sejam observados o disposto no art. 146, III (que impõe que normas gerais em matéria de legislação tributária sejam editadas por lei complementar), no art. 150, I (que trata da legalidade tributária)

---

24. BARRETO, Paulo Ayres. *Contribuições*, op. cit., p. 120.

25. Idem.

26. Ibidem.

e no art. 150, III (que trata da irretroatividade tributária e das chamadas anterioridade do exercício e anterioridade mínima).

Assim, para parte da doutrina, em vista da especificação dos mencionados dispositivos pelo art. 149 da Constituição Federal, apenas as limitações constitucionais expressamente mencionadas (legalidade, irretroatividade e anterioridade) seriam aplicáveis às contribuições,[27] o que, no entanto, recebe resposta ponderada de Paulo Ayres.

Para ele, a questão não deve ser resolvida de modo apriorístico, mas mediante uma avaliação específica de cada uma das normas ante à conformação constitucional das contribuições, ficando claro, de todo modo, sua não aderência ao argumento literal acima exposto e sua concordância com a incidência da proibição de efeito de confisco e da capacidade contributiva às contribuições.[28]

Paulo Ayres defende que nem sempre as contribuições estarão submetidas diretamente à capacidade contributiva, informando que *"nas contribuições busca-se sempre a eleição de um critério que permita partilhar, dividir os fundos necessários ao custeio de determinada atuação estatal... dentro do grupo ao qual está voltada essa específica atuação"*.[29] Nas hipóteses em que as contribuições são instituídas com a eleição de critérios materiais típicos de impostos, defende uma compatibilização da capacidade contributiva (aqui tomada como critério de realização da igualdade tributária) e um outro critério de rateio dentro do grupo de contribuintes vinculado à motivação para a criação da contribuição.[30]

27. Nesse sentido, por todos, Cf. GRECO, Marco Aurélio. *Contribuições:* uma figura *"sui generis"*. São Paulo: Dialética, 2000, p. 195 e ss.

28. BARRETO, Paulo Ayres. *Contribuições*, op. cit., p. 135-142

29. Idem, p. 136.

30. Um bom exemplo do uso de critérios de rateio desassociados da capacidade econômica dos contribuintes se deu com a criação de adicional de alíquota da contribuição para o custeio do seguro de acidente de trabalho (SAT), nos termos da Lei 7.787/89, cobrado das empresas que detivessem índice de acidente de trabalho superiores à média do respectivo setor econômico. Mais recentemente, pode ser

Aqui, vale um breve comentário sobre a autorização constante no art. 195, § 9º, da Constituição Federal, que permite a diferenciação de alíquotas para as contribuições sociais para o custeio da seguridade social em razão da atividade econômica, da utilização intensiva de mão de obra, do porte da empresa ou da condição estrutural do mercado de trabalho. Esse dispositivo não pode ser lido de tal forma que esses critérios de diferenciação possam ser utilizados de modo indiscriminado. Precisamente em vista da justificativa constitucional para a instituição das contribuições (ou da causa, como quer Paulo Ayres), esses critérios de diferenciação entre os contribuintes precisam ser utilizados de modo compatível com a finalidade que justifica a própria instituição do tributo.[31]

Por fim, um comentário sobre a legalidade tributária e as contribuições. Nesse ponto, em vista das recentes manifestações do STF sobre o assunto, que terminam por reformular toda a tradição jurisprudencial brasileira sobre a legalidade em matéria tributária, chegando-se a propugnar por uma *"legalidade suficiente"* (seja lá o que isso possa significar), o autor é enfático, exigindo que todos os elementos da regra-matriz de incidência tributária das contribuições, inclusive das contribuições interventivas e das contribuições corporativas, sejam prescritos em lei, sem possibilidade de delegações. Ainda, entende que *"é necessário que, a partir das prescrições constantes do veículo introdutor de normas, seja possível*

---

utilizado como exemplo a instituição da contribuição ao RAT (risco ambiental de trabalho) que, nos termos do art. 22, II, da Lei 8.212/91, diferencia os contribuintes em vista de sua atividade preponderante ser considerada como de risco leve, médio ou grave quanto à ocorrência de acidentes de trabalho. Em que pese a existência de graves problemas quanto à legalidade tributária, sob a perspectiva da igualdade, essas contribuições não merecem censura.

31. Sobre o tema, nos manifestamos assim no passado: *"a simples demonstração de que um dos critérios eleitos pela Constituição foi utilizado para fins de instituição de uma tributação diferenciada, no âmbito das contribuições sociais de seguridade social, não é argumento suficiente à demonstração de sua regularidade, quando, mais uma vez, é destacada a importância da identificação dos fins a serem alcançados pela norma tributária, contrapondo-os aos meios adotados para sua promoção..."* (BOMFIM, Diego. *Extrafiscalidade:* identificação, fundamentação, limitação e controle. São Paulo: Noeses, 2015, p. 288).

identificar os motivos que ensejaram a sua criação ou o seu aumento, bem como a compatibilidade entre tais motivos e as disposições veiculadas".[32]

A concepção tradicional de legalidade tributária, tomada em seus vários desdobramentos, aliada ao afastamento da possibilidade de uma interpretação econômica do direito tributário e à consolidação da interpretação de que o texto constitucional repartiu a competência tributária mediante o emprego de conceitos fechados, terminou gerando bons resultados no fortalecimento da segurança jurídica em matéria tributária, fomentando o que poderia se chamar de cultura da legalidade no direito tributário brasileiro, o que foi refletido, inclusive, na jurisprudência do STF. Mais recentemente, no entanto, o Tribunal tem dado sinais relevantes de uma mudança de paradigma, sem que, no entanto, tenha havido qualquer alteração constitucional nos dispositivos que tratam da legalidade. Trata-se de uma mudança de interpretação que termina por mudar o sistema. Mudança essa que se traduz em uma flexibilização do núcleo duro do sistema de proteção dos contribuintes ante o poder de tributar. A manter-se o curso, o Sistema Tributário Nacional logo estará baseado em delegações legais de toda ordem, com a possibilidade até mesmo de que alíquotas sejam fixadas por atos infralegais, o que, apesar de estar sendo aceito pelas mais recentes decisões do STF,[33] é francamente contrário à melhor interpretação da Constituição Federal.

6. Regra-matriz de incidência das contribuições, finalidade e a destinação do produto da arrecadação

Em ponto alto do trabalho, Paulo Ayres tece considerações acerca da regra-matriz de incidência e a utilização dessa ferramenta teórica às contribuições. Começa informando de modo seguro que "*a regra-matriz de incidência tributária de*

32. BARRETO, Paulo Ayres. *Contribuições*, op. cit., p. 125.

33. STF, RE nº RE 704.292, Rel. Dias Toffoli, Tribunal Pleno, julgado em 19.10.2016.

uma contribuição tem a mesma estrutura lógica da de outros tributos",[34] decompondo-se em antecedente e consequente.

No antecedente, como acontece com todos os demais tributos, tem-se a descrição de um fato (critério material) e das coordenadas de tempo (critério temporal) e espaço (critério espacial). No consequente, o critério pessoal (com a decomposição do sujeito ativo e do sujeito passivo) e do critério quantitativo (onde são demonstráveis a base de cálculo e alíquota prescritas pela lei).

Acerca das materialidades passíveis de serem eleitas, o autor separa as contribuições cuja materialidade já é de antemão determinada pela Constituição, daquelas que, em sua visão, podem ser instituídas com fundamento direto no art. 149 do texto constitucional, quando a materialidade não é dada previamente. Para as contribuições do primeiro tipo, o exercício da competência tributária poderá ser avaliado mediante uma contraposição da lei e da indicação do critério material (o que, conforme o ensinamento de Paulo de Barros Carvalho, será afirmado, confirmado ou infirmado mediante a avaliação da base de cálculo eleita). Para os do segundo tipo, os limites são os princípios federativo e da autonomia municipal.[35]

Sobre a base de cálculo, o autor traz relevante observação, indicando que esta pode ser um importante instrumento de limitação quantitativa das contribuições, vinculando a base de cálculo e a ideia de rateio como critério de realização da igualdade tributária aplicável às contribuições.[36]

Além disso, vale ressaltar a opção de Paulo Ayres em não retrabalhar os critérios da regra-matriz de incidência das contribuições, alocando um critério finalístico para as contribuições. De modo diverso, o autor entende pela existência de *"duas estruturas normativas distintas, ambas igualmente relevantes*

---

34. BARRETO, Paulo Ayres. *Contribuições*, op. cit., p. 153.

35. Idem.

36. Ibidem, p. 158-159.

para a caracterização dessa espécie tributária autônoma".[37] A opção faz sentido porque evita uma série de questionamentos acerca da correção ou não de se entender a finalidade ou a destinação como aderentes à própria norma instituidora do tributo para, de modo diverso, sustentar que é a norma de competência para a instituição das contribuições que impõe seja o produto arrecadado utilizado para a consecução das finalidades tomadas como causa à instituição da contribuição.

7. Desvinculação no plano normativo e a jurisprudência do STF

Diante das premissas e dos fundamentos que foram traçados ao longo de todo o livro, Paulo Ayres, ao final, apresenta quatro hipóteses do que chama de *anomalias* em relação à norma de competência das contribuições. Os desvios ou tredestinações poderiam surgir: (i) no plano constitucional, mediante a promulgação de emendas constitucionais que autorizem a desvinculação total ou parcial das receitas arrecadas com as contribuições; (ii) no plano legal, quando da própria lei instituidora do tributo determina uma destinação indevida do produto arrecadado ou é silente quanto à necessária destinação de seu produto; (iii) no plano infralegal, quando atos infralegais determinam a aplicação indevida dos recursos arrecadados em descompasso com a própria lei instituidora do tributo; e (iv) no plano fático, quando a não utilização dos recursos para a área legalmente estabelecida se efetiva em virtude de um ato administrativo do ordenador da despesa.

Acerca das desvinculações realizadas no âmbito constitucional, o autor, depois de um histórico acerca das diversas emendas constitucionais aprovadas para a criação das chamadas *desvinculações das receitas da União*, assevera dois fundamentos pelos quais, em sua opinião, tais emendas deveriam ser consideradas inconstitucionais. Primeiro, sustenta que há uma

37. BARRETO, Paulo Ayres. *Contribuições*, op. cit., p. 162.

garantia individual do contribuinte de que o montante por ele pago a título de contribuição *"seja exclusivamente aplicado nos fins que deram causa à instituição da contribuição"*, afinal, *"se o produto da arrecadação é desvinculado, ainda que parcialmente, não há como alcançar os fins almejados"*.[38] Depois, sustenta que as emendas são incompatíveis com a garantia constitucional de que novos impostos não podem ter base de cálculo e fato gerador próprios dos demais impostos já previstos pelo texto constitucional e ainda precisam ser não cumulativos.

É absolutamente acertado o raciocínio. Ao criar desvinculações das receitas das contribuições, ainda que no plano constitucional, o legislador termina por eliminar a principal nota distintiva das contribuições e, em última análise, seu próprio fundamento constitucional ou sua *causa*. Sem a destinação dos recursos arrecadados, as contribuições passam a ser *arremedos* de impostos, sem que, no entanto, suas receitas sejam repartidas com os demais entes da federação. Nesse ponto, percebe-se como faz sentido trabalhar a existência das contribuições em vista de suas finalidades constitucionais. Pretender a instituição de contribuições sem que suas receitas sejam afetadas à consecução das finalidades que permitiram sua criação é desnaturar a própria razão de existir dessa espécie tributária, tornando-a absolutamente inconstitucional.[39]

Na sequência, sobre os desvios no plano legal, Paulo Ayres identifica quatro possibilidades. Primeiro, a desvinculação por destinação indevida por força de lei orçamentária editada após a lei instituidora do tributo. Nesse caso, haveria patente inconstitucionalidade, já que *"a aplicação do produto arrecadado, nos fins que deram ensejo à sua instituição, constitui direito subjetivo do contribuinte"*.[40] O que há é um des-

38. BARRETO, Paulo Ayres. *Contribuições*, op. cit., p. 169.

39. Esse entendimento não foi acolhido pelo STF. O Tribunal entendeu que as desvinculações das receitas da União, realizadas por emendas constitucionais, não maculam cláusulas pétreas e, por isso, não poderiam ser consideradas inconstitucionais. Cf. STF, RE nº 566.007, Rel. Cármen Lúcia, Tribunal Pleno, julgado em 13.11.2014.

40. BARRETO, Paulo Ayres. *Contribuições*, op. cit., p. 172.

cumprimento da própria regra de outorga constitucional de competência, concluindo o autor, inclusive, pela possibilidade de repetição do indébito tributário nesses casos. Aqui, entra em cena a necessidade de demonstração probatória do ocorrido, quando os estudos das leis orçamentárias e dos decretos de execução orçamentária são tomados como fundamentais.[41]

As demais hipóteses se verificam quando a desvinculação se efetiva em vista da alteração da destinação originalmente prevista pela lei instituidora do tributo, por ausência de indicação precisa acerca de qual destino tem de ser dado ao produto arrecadado ou por expressa previsão legal de não vinculação. Nos três casos, diante da desvinculação, da omissão quanto à vinculação ou da prescrição objetiva de inexistência de vinculação, deve ser reconhecida a inconstitucionalidade da contribuição, em vista dos fundamentos já expostos.

A desvinculação ainda pode ocorrer no plano infralegal, tendo em vista a possibilidade de que atos normativos infralegais, a pretexto de regulamentar a lei, determinem a aplicação dos recursos arrecadados em destinação diversa daquela inicialmente prevista. Nesse caso, entende Paulo Ayres que o tributo tem de ser considerado inconstitucional, com a possibilidade de repetição do indébito pelo contribuinte.

Por fim, a desvinculação pode ainda ocorrer no chamado *plano fático*, quando a desvinculação se efetiva em vista da edição de atos administrativos pelo ordenador de despesa, gerando, em última análise, um desvio efetivo dos recursos arrecadados, em que pese a lei *per se* não possa ser tomada como inconstitucional. Nesse caso, revendo posição anterior, Paulo Ayres não admite que a circunstância da edição de ato administrativo possa gerar efeitos que afetem a própria validade da lei instituidora do tributo, o que parece ser correto.[42]

---

41. BARRETO, Paulo Ayres. *Contribuições*, op. cit., p. 187.

42. Idem, p. 176-177.

Deixada de lado, no entanto, essa hipótese de desvinculação no plano fático, toda e qualquer desvinculação que se efetive no plano normativo tem de ser rechaçada, mediante a declaração de inconstitucionalidade da contribuição e o reconhecimento do direito à repetição de indébito pelo contribuinte. Nas palavras de Paulo Ayres Barreto:[43]

> *"a principal tese que se buscou demonstrar ao longo deste livro é justamente que o fundamento ou causa para a instituição de contribuição afirma sua finalidade e estipula o destino da arrecadação. Muito embora a destinação da contribuição se conforme por regra distinta da regra-matriz de incidência do tributo, a finalidade ou causa dessa última imbrica-a com a regra de destinação, de tal forma que a invalidade ou o descumprimento da última implica a invalidade da primeira, por desvio de finalidade".*

O raciocínio parece bastante acertado e pode contribuir decisivamente com a necessária revisão da atual jurisprudência do STF sobre a matéria. Apesar da existência de precedente relevante sobre a impossibilidade de lei orçamentária desvincular o produto da arrecadação das contribuições,[44] mais recentemente, o mesmo Tribunal, em decisão unânime, entendeu que eventual desvio normativo da destinação das receitas arrecadadas não deveria ensejar a declaração de inconstitucionalidade da própria tributação, não permitindo assim a repetição do indébito correlato.[45]

Conclusão

O objetivo deste breve texto foi dialogar com o homenageado, o Professor Paulo Ayres Barreto, demonstrando a importância de seu livro para a correta compreensão das contribuições.

---

43. BARRETO, Paulo Ayres. *Contribuições*, op. cit., p. 195.

44. STF, ADI nº 2925, Rel. Marco Aurélio, Tribunal Pleno, julgado em 19.12.2003.

45. STF, RE nº 566.007, Rel. Cármen Lúcia, Tribunal Pleno, julgado em 13.11.2014.

Discutiram-se as principais ideias defendidas no livro, desde o estabelecimento do método de trabalho empregado, passando por aspectos relevantes da definição de tributo, sua classificação, a necessidade da avaliação das contribuições como espécie autônoma, suas relações com as limitações constitucionais ao poder de tributar e, ainda, os efeitos e consequências decorrentes da desvinculação das receitas arrecadadas.

O livro é contribuição decisiva para o avanço da dogmática tributária brasileira e um importante vetor de estímulo para que revisões relevantes sejam feitas em futuro próximo na jurisprudência do STF sobre o tema das contribuições.

Referências

ATALIBA, Geraldo. *Sistema constitucional tributário Brasileiro*. São Paulo: RT, 1966.

BARRETO, Paulo Ayres. *Contribuições:* regime jurídico, destinação e controle. 3ª ed. São Paulo: Noeses, 2020.

BOBBIO, Norberto. *O positivismo jurídico*: lições de filosofia do direito. Tradução de Márcio Pugliesi, Edson Bini e Carlos E. Rodrigues. São Paulo: Ícone, 1995.

BOMFIM, Diego. Contribuições e o critério finalístico no controle de sua constitucionalidade. In: GOUVEIA, Carlos Marcelo; HOFFMAN, Luiz Augusto A. de Almeida (coord.) *Atual panorama da Constituição Federal*. São Paulo: Saraiva, 2009, p. 371-388.

____. *Extrafiscalidade:* identificação, fundamentação, limitação e controle. São Paulo: Noeses, 2015.

CARRAZZA, Roque Antonio. *Curso de direito constitucional tributário*. 32ª ed., São Paulo : Malheiros, 2019.

CARVALHO, Paulo de Barros. *Direito tributário, linguagem e método*. São Paulo: Noeses, 2008.

GRECO, Marco Aurélio. *Contribuições:* uma figura "sui generis". São Paulo: Dialética, 2000.

GUIBOURG, Ricardo A.; GUIGLIANI, Alejandro M.; GUARINONI, Ricardo V. *Introducción al conocimiento científico.* 3ª ed. Buenos Aires: Eudeba, 1985.

POPPER, Karl. *A lógica da pesquisa científica.* 2ª ed.Tradução de Leonidas Hegenberg e Octanny Silveira da Mota. São Paulo: Cutrix, 2013.

SANTI, Eurico Marcos Diniz de. As classificações no sistema tributário brasileiro. In: *Justiça tributária*: I Congresso Internacional de direito tributário. São Paulo: Max Limonad, 1998, p. 125-147.

SCHOUERI, Luís Eduardo. *Normas tributárias indutoras e intervenção econômica.* Rio de Janeiro: Forense, 2005.

ULHÔA CANTO, Gilberto. Causa da obrigação tributária. *Temas de direito tributário*, v. 1. Rio de Janeiro: Alba, 1963, p. 328-333.

Comentários a "Imposto sobre a renda e preços de transferência":

IMPOSTO SOBRE A RENDA, PREÇOS DE TRANSFERÊNCIA E TRIBUTAÇÃO CFC: DESAFIOS E OPORTUNIDADES NA POSSÍVEL ADESÃO DO BRASIL À OCDE

Hugo Marcondes Rosestolato da Costa[1]

Sumário: 1. Introdução – 2. Particularidades do Sistema Constitucional Tributário Brasileiro – 3. Imposto sobre a Renda e Proventos de Qualquer Natureza: limites constitucionais – 4. O STF e a tributação de lucros de controladas no exterior – 5. O atual regime de tributação de controladas no exterior – 6. OCDE: Diretrizes sobre a tributação de controladas no exterior – 7. Alíquota mínima global e as possíveis novas diretrizes da OCDE – 8. A experiência brasileira de Preços de Transferência – 9. Conclusões – Referências.

1. Introdução

As lúcidas lições consignadas na obra "Imposto sobre a Renda e Preços de Transferência",[2] de autoria do Dr. Pau-

---

1. Advogado, Mestre em Direito Tributário pela USP, Professor em cursos de especialização em Direito Tributário.

2. BARRETO, Paulo Ayres. *Imposto sobre a Renda e Preços de Transferência*. São Paulo: Dialética, 2001.

lo Ayres Barreto, figuram como importante referência na demarcação dos limites constitucionais do imposto sobre a renda, aos quais tanto o legislador quanto o operador do direito devem manter-se atentos.

Trata-se de temática imbricada no debate sobre as regras de tributação internacional da renda, matéria especialmente relevante e atual em razão do interesse manifestado pelo Brasil de tornar-se membro da Organização para a Cooperação e Desenvolvimento Econômico ("OCDE").

Para entendermos o que tal movimento poderia acarretar no contexto tributário, é importante conhecermos as origens e as tendências verificadas no bojo do projeto intitulado de *Base Erosion and Profit Shifting*[3] ("BEPS"), que vem sendo desenvolvido pela OCDE desde 2013 e que se cristalizou como um projeto global de revisão das diretrizes de tributação internacional.

Cabe gizar que, já no início desse projeto, o Brasil encontrava-se em situação substancialmente distinta da vivenciada pelos países membros da OCDE.

Enquanto na comunidade internacional se identificavam vácuos normativos que davam espaço para situações de dupla não tributação, no Brasil, o problema era o inverso, pois ainda se vislumbravam múltiplas hipóteses de dupla tributação e as discussões giravam em torno:

(i) da crescente litigiosidade envolvendo as regras nacionais de tributação de lucros de controladas no

3. Para maiores detalhes sobre o contexto no qual surgiu o projeto BEPS, consultar: BARRETO, Paulo Ayres. COSTA, Hugo Marcondes Rosestolato da. BEPS e o Plano de Ação n. 10: Considerações sobre serviços de baixo valor agregado, Método de Commodities e o Método da Divisão de Lucros Transacionais. In: Marcus Lívio Gomes; Luís Eduardo Schoueri. (Org.). A *Tributação Internacional na era Pós Beps*. 1ed, Volume 2. Rio de Janeiro: Lumen Juris, 2016, p. 191-216. Também sobre o tema: BULCÃO, Octavio. COSTA, Hugo Marcondes Rosestolato da. *As normas brasileiras de tributação de lucros no exterior e os recentes estudos sobre base erosion and profit shifting publicados pela OECD*. In.: QUEIROZ, Mary Elbe (coord). Tributação em Foco: A opinião de quem pensa, faz e aplica o direito tributário. Pernambuco: IPET, 2013.

exterior, que figuravam como as mais abrangentes e indiscriminadas do mundo; e

(ii) do modelo de preços de transferência adotado no país, que, em razão das assimetrias com relação às diretrizes internacionais, abria espaço para situações de dupla tributação e de dupla não tributação.

(iii) da necessidade de observância aos acordos internacionais para evitar a dupla tributação, tema historicamente desafiador na experiência brasileira.

Nesse contexto, as diretrizes internacionais e as regras brasileiras seguiram evoluindo em apartado, de modo que, apesar de algumas aproximações, ainda hoje existe um enorme hiato entre ambas.

Assim sendo, é certo que eventual adesão do Brasil à OCDE careceria de ajustes na legislação pátria. Logo, é mister aos juristas manterem-se abertos às novas ideias ventiladas dentro e fora do Brasil, sem, contudo, perder de vista as balizas impostas pelo sistema jurídico posto, balizas essas que, como dito, são magistralmente analisadas nas obras do Dr. Paulo Ayres Barreto.

Tive o privilégio de estudar e de aprender diretamente com o Dr. Paulo Ayres, no curso de Pós-Graduação em Direito Tributário da Universidade de São Paulo. Nesse período, pelo qual lhe sou imensamente grato, pude apreciar de perto sua maneira ímpar de pensar e ensinar o Direito.

Em suas lições, marcadas por um raciocínio jurídico sóbrio, consistente e coerente, aprendi a importância de uma aproximação sistêmica do fenômeno jurídico, respeitando os limites normativos do próprio sistema e também a realidade na qual o mesmo se insere.

Valendo-se de tais ensinamentos, doravante analisaremos as oportunidades que exsurgem e os desafios que precisam ser superados para fins da compatibilização das regras brasileiras de tributação internacional com as diretrizes da OCDE.

2. Particularidades do Sistema Constitucional Tributário Brasileiro

A Constituição brasileira contém minucioso e rígido sistema de repartição de competências tributárias, no qual se encontram até mesmo a forma e os limites para criação de tributos não previstos no próprio texto constitucional.

Dessa característica se podem extrair, entre outras, a conclusão de que todas as hipóteses de exercício do poder de tributar que competem às pessoas políticas de direito púbico interno se limitam àquelas expressamente insculpidas na Constituição.[4]

Adicionalmente, é fácil observar outros elementos de contraste quando da comparação entre a Constituição Brasileira e as demais, notadamente no que tange à sua analiticidade, prolixidade e complexidade.[5] Ao passo que a grande maioria das constituições ocidentais lança mão de poucos dispositivos para tratar da matéria tributária, abrindo amplo espaço de conformação para a legislação infraconstitucional, a Constituição brasileira é repleta de dispositivos, regras, exceções, princípios e valores expressamente contemplados.

Com isso, não é possível realizar uma apropriação direta de pensamentos doutrinários ou jurisprudenciais alienígenas

---

4. Sobre o tema, Sacha Calmon reconheceu como particularidade de nosso ordenamento aquilo de denominou de nominação dos impostos e contribuições, indicando que: "[...], as taxas e contribuições de melhoria são atribuídas às pessoas políticas, titulares do poder de tributar, de forma genérica e comum, e, os impostos, de forma privativa e discriminada. Como corolário lógico, temos que os impostos são enumerados pelo nome e discriminados na Constituição um a um. São nominados e atribuídos privativamente, portanto, a cada uma das pessoas políticas, enquanto as taxas e as contribuições de melhoria são indiscriminadas e são atribuídas em comum às pessoas políticas." (COÊLHO, Sacha Calmon Navarro. *Comentários à Constituição de 1988 – Sistema Tributário*, 9ª Edição, Forense, Rio de Janeiro, 2005, p. 37/38).

5. "O sistema passível de ser erigido a partir da Constituição de 88 dista de ser sintético ou genérico. Não se caracteriza pela plasticidade. Ao revés, nossa Constituição é rígida. Cuida de talhar, minudentemente, diversos subsistemas, dentre eles o tributário. Com efeito, não há sistema constitucional que se assemelhe ao nosso, na extensividade no trato da matéria tributária. (BARRETO, Paulo Ayres. *Contribuições: regime jurídico, destinação e controle*. 2ª ed. São Paulo: Noeses, 2011, p. 30-31).

em matéria tributária sem antes averiguar a compatibilidade desses com os ditames do Sistema Constitucional Brasileiro.

O mesmo vale para o legislador ordinário: a incorporação de inovações legislativas e de diretrizes internacionais só é possível na medida em que tais medidas não contrariem o texto Magno[6] e a legislação complementar.

3. Imposto sobre a Renda e Proventos de Qualquer Natureza: limites constitucionais

Em esforço histórico acerca do tema, Paulo Ayres Barreto anota que o imposto sobre a renda surgiu no ordenamento jurídico brasileiro em 1924, com inspiração na legislação francesa, muito embora à época não houvesse previsão na Constituição de 1891, sendo a matéria versada exclusivamente no plano infraconstitucional.[7]

Valendo-se da doutrina de Rubens Gomes de Souza, o mestre paulista comenta que, desde os primeiros esforços para a delimitação de um conceito jurídico de renda, esta exação esteve ligada às ideias de acréscimo patrimonial e de riqueza nova, vinculando-se a três requisitos:

> (i) *ser gerado a partir de fonte integrante ao patrimônio (capital), a ele vinculada (trabalho) ou da combinação de ambos;*

---

6. Sobre o tema, Paulo Ayres Barreto: "Estamos convencidos de que se, no plano legal, há uma certa margem de discricionariedade para a definição dos precisos contornos da regra-matriz de incidência, há limites estabelecidos no altiplano constitucional, que restringem esse espectro de atuação. [...] Em súmula, o entrelaçamento das normas constitucionais, balizadoras do exercício da competência tributária impositiva, reduz a margem de liberdade de atuação do legislador infraconstitucional na composição das regras-matrizes de incidência tributária. Reconhecemos existência de uma certa margem de discricionariedade par a precisa demarcação dos critérios conformadores da norma instituidora de tributo, desde que observadas a balizas fixadas constitucionalmente." (BARRETO, Paulo Ayres. *Contribuições: regime jurídico, destinação e controle*, 2ª ed. São Paulo: Noeses, 2011, p. 30-31).

7. BARRETO, Paulo Ayres. *Imposto sobre a Renda e Preços de Transferência*. São Paulo: Dialética, 2001, p. 68.

> (ii) *ser passível de utilização pelo titular sem destruição de sua fonte produtora – o que implica necessidade de existência, ainda que potencial, da periodicidade do rendimento;*
>
> (iii) *decorrer de um esforço do titular, de modo que bens ou valores recebidos a título gratuito (ex. doações) ou heranças não estariam incluídos, eis que entendidos como possuindo natureza de capital e não de rendimento.*[8]

Já sob a égide da Constituição de 1988, Paulo Ayres Barreto arremata que restou plasmado um conceito constitucional de "renda e proventos de qualquer natureza", o qual, invariavelmente, compreende a existência de um acréscimo patrimonial a ser verificado dentro de um dado lapso temporal.[9]

Muito embora concordemos com tal posição, cabe reconhecer que o tema não é uníssono na doutrina. Luís Eduardo Schoueri,[10] por exemplo, defende a inexistência de traços definidores de um conceito de renda já no plano constitucional.

Apesar da dissonância, fato é que ambas as correntes de pensamento encontram lugar comum na definição de renda

8. BARRETO, Paulo Ayres. *Imposto sobre a Renda e Preços de Transferência.* São Paulo: Dialética, 2001. P. 68-69.

9. Temos, pois, como cediço, que a expressão renda e proventos de qualquer natureza é de ser interpretada, nos estritos termos em que constitucionalmente plasmada, como acréscimo a um dado conjunto de bens e direitos (patrimônio), pertencente a uma pessoa (física ou jurídica), observado um lapso temporal necessário para que se realize o cotejo entre determinados ingressos, de um lado, e certos desembolsos, de outro lado. Tomaremos a expressão proventos de qualquer natureza como espécie de gênero renda, pressupondo-se sempre a verificação de efetivo acréscimo patrimonial. (BARRETO, Paulo Ayres. *Imposto sobre a Renda e Preços de Transferência.* São Paulo: Dialética, 2001. p. 72).

10. "O recorte e a definição do que é renda, portanto, é tarefa atribuída constitucionalmente ao legislador complementar. Ou seja, dentro da ampla noção econômica de renda, tomando por base princípios constitucionais explícitos (capacidade contributiva) e implícitos (mínimo existencial) e tendo em mira igualmente o desiderato de não invadir competência conferida a outro ente federal." (SCHOUERI, Luís Eduardo. *O mito do lucro real na passagem da disponibilidade jurídica para a econômica.* In MOSQUERA, Roberto Quiroga; LOPES, Alexsandro Broedel (Coord.). Controvérsias jurídico-contábeis (aproximações e distanciamentos). Vol 1. São Paulo: Dialética, 2010, p. 246).

constante no art. 43 do Código Tributário Nacional,[11] que também prevê a incidência do tributo sobre acréscimos patrimoniais, de modo que a divergência doutrinária versa apenas sobre os limites impostos ao legislador complementar.

Situação semelhante é verificada na jurisprudência: muito embora inexista consenso sobre os exatos contornos da competência da União para instituir o imposto sobre a renda, a linha mestra adotada pelo Supremo Tribunal Federal ("STF") sempre se balizou por um elemento: a existência de acréscimo patrimonial.[12]

Nem sempre, contudo, tal posição teve fundamento na existência de um conceito constitucional de renda, sendo diversas as ocasiões nas quais a posição majoritária STF[13] teve por base o conteúdo normativo da legislação complementar. Mesmo nessas ocasiões, o STF não deixou de analisar a legislação ordinária à luz de princípios constitucionais (capacidade contributiva) e postulados aplicativos (razoabilidade e proporcionalidade).[14]

---

11. BARRETO, Paulo Ayres. Imposto sobre a Renda e Preços de Transferência. São Paulo: Dialética, 2001, p. 73. OLIVEIRA, Ricardo Mariz. *Fundamentos do Imposto sobre a Renda*. São Paulo: Quartier Latin, 2008, p. 282.

12. Nesse particular, a posição do STF permanece inalterada há décadas, como se nota, por exemplo, da leitura do inteiro teor do acórdão prolatado nos autos do Recurso Extraordinário n.º 89791-7-RJ, de 1978, no qual o Ministro Cunha Peixoto consignou "Na verdade, por mais variado que seja o conceito de renda, todos os economistas, financistas e juristas se unem em um ponto: renda é sempre um ganho ou acréscimo do patrimônio" No mesmo sentido, Voto do Minístro Carços Velloso seguido pelo Plenário do STF em votação unânime: "não me parece possível a afirmativa no sentido de que possa existir renda ou provento sem que haja acréscimo patrimonial, acréscimo patrimonial que ocorre mediante o ingresso ou o auferimento de algo a título oneroso. Não me parece, pois, que poderia o legislador, anteriormente ao CTN, diante do que expressamente dispunha o art. 15, IV, da CF/46, estabelecer, como renda, uma ficção legal. (...)." (STF, Tribunal Pleno, RE 117887, Rel. Min. CARLOS VELLOSO, julgado em 11.02.1993)

13. Nesse sentido: STF, Tribunal Pleno, RE 172058, Rel. Min. Marco Aurélio, julgado em 30/06/1995; STF, Tribunal Pleno, RE 201465, Rel. Min. Marco Aurélio, Rel. p/ Acórdão: Min. Nelson Jobim, julgado em 02.05.2002.

14. Assim, o que se conclui é que o Supremo Tribunal Federal jamais chancelou a existência de um conceito classificatório de renda extraído diretamente da

4. O STF e a tributação de lucros de controladas no exterior

Se há acórdão capaz de adequadamente retratar a fragmentação dos entendimentos adotados pelos Ministros do STF acerca dos limites a serem observados na demarcação da base de cálculo e do momento da incidência do imposto sobre a renda, esse pode ser encontrado no julgamento da Ação Direta de Inconstitucionalidade ("ADI") nº 2.588.[15]

Após mais de uma década de tramitação, o julgamento da aludida ADI foi concluído sem a obtenção da maioria necessária para conceder eficácia *erga omnes* à questão que era o elemento central da discussão: a constitucionalidade da tributação de lucros apurados, mas não distribuídos por empresas controladas ("CFC"), domiciliadas no exterior.

No intuito de reduzir a insegurança que se sucedeu, o STF analisou novamente a questão por intermédio do julgamento do Recurso Extraordinário n.º 611.586, no qual se firmou, por maioria, a constitucionalidade da tributação das controladas nos termos do antigo regime.[16]

A confusão geral resultante desses julgamentos e a demora na publicação dos respectivos acórdãos levou a Coordenação-Geral de Tributação da Receita Federal a divulgar, em 08 de agosto de 2013, a Solução de Consulta Interna Cosit nº 18, na qual ficou consignada a interpretação do Fisco acerca dos julgamentos em questão.

Constituição Federal. É bem possível que essa negação à um conceito constitucional de renda decorra da ampla aceitação do art. 43 do CTN como concretizador da regra de competência (tanto pela doutrina, tanto pela jurisprudência). Todavia, essa posição jamais impediu a Corte de analisar a legitimidade da legislação ordinária do imposto sobre a renda à luz do CTN, ou de princípios constitucionais (capacidade contributiva) e postulados aplicativos (razoabilidade e proporcionalidade). LIMA, Daniel Serra. *Definição, Interpretação e Evolução das Normas de Competência Tributária: Teoria Aplicada à Jurisprudência do STF*. São Paulo: Quartier Latin, 2018.

15. STF, Tribunal Pleno, ADI 2.588, Rel. Min. Ellen Gracie, Rel. p/ Acórdão: Min. Joaquim Barbosa, julgado em 10.04.2013.

16. STF, Tribunal Pleno, RE 611.586 Rel. Min. Joaquim Barbosa, julgado em 10.04.2013.

5. O atual regime de tributação de controladas no exterior

Diante de todo esse quadro e meses após a publicação do estudo inaugural[17] do projeto BEPS pela OCDE, foi publicada a Medida Provisória 627 ("MP 627"), que, em abril de 2014, após a apreciação de mais de 500 emendas legislativas, foi convertida na Lei 12.973/2014,[18] um novo e importante marco na história do direito tributário internacional brasileiro.

Uma das principais características desse diploma foi a manutenção da sistemática de tributação automática dos lucros apurados pelas empresas controladas, domiciliadas no exterior.

Mantida a previsão de tributação automática dos lucros não distribuídos pelas controladas, continuam válidas muitas das críticas feitas ao regramento anteriormente estabelecido, críticas essas que se mostraram capazes de dividir as opiniões dos ministros do STF, como adrede exposto.

Ocorre que, além das velhas críticas, ao pretender a tributação automática de lucros apurados por controladas indiretas, ou seja, por entidades com as quais a controladora brasileira sequer mantém liame societário direto, a Lei 12.973/2014 foi além de tudo que já se tinha visto no ordenamento pátrio.

Adicionalmente, ao definir a materialidade tributável como sendo os lucros "apurados segundo as normas da legislação comercial do país de domicílio" e antes da provisão para o imposto de renda,[19] perdeu-se um elemento que las-

---

17. Estudo com o título: Endereçando a erosão da base tributável e a transferência artificial de lucros, disponível em: https://bit.ly/3htLqze, publicado em fevereiro de 2013.

18. Ao menos um grande avanço pode ser notado no que diz respeito ao novo regime: esse, bem ou mal, foi submetido ao crivo do Poder Legislativo. Aqui cumpre destacar que o regime anterior, instituído pela Medida Provisória 2.158/2001, nunca foi aprovado pelo Congresso Nacional, pelo contrário, foi mantido em vigor por mais de uma década mediante a infindável reedição de Medida Provisória, em patente desacordo com o disposto no art. 62, §3º, da Constituição.

19. "O valor tributado é o resultado da pessoa jurídica estrangeira, aferido conforme seus próprios demonstrativos financeiros, o que sequer corresponde ao reflexo na contabilidade brasileira. Assim, se a tributação de parcela reconhecida

treou grande parte dos votos favoráveis ao antigo regime: o argumento de que o que se tributava era a variação patrimonial da própria pessoa jurídica brasileira, apurada com base no método da equivalência patrimonial.[20]

Em resumo, apesar do menor nível de questionamento por parte dos contribuintes, desiludidos o desfecho do julgamento da ADI 2.588, ainda são muitos os que sustentam a inconstitucionalidade do atual regime. Segue-se, assim, num cenário de insegurança jurídica, que continua a reduzir a competitividade das empresas nacionais.[21]

---

contabilmente no Brasil, mas não realizada (MEP) já violava os pressupostos constitucionais da tributação da renda, com muito mais razão o faz a tributação direta de parcela não realizada, aferida conforme as regras contábeis de outros países, sem qualquer adaptação." BARRETO, Paulo Ayres, KOURY, Paulo Arthur. *A Tributação Direta do Resultado de Controladas Indiretas no Exterior: Problemas na Aplicação da Lei n.º 12.973/14* in: SCHOUERI, Luís Eduardo, BIANCO, João Francisco. (coords): CASTRO, Leonardo Freitas de Moraes, DUARTE FILHO, Paulo Cesar Teixeira (orgs.) *Estudos de Direito Tributário em Homenagem ao Prof. Gerd Willi Rothmann*. São Paulo: Quartier Latin, 2016, p. 380.

20. Cabe registrar que a equivalência patrimonial é calculada com base no resultado apurado segundo a legislação comercial brasileira, depois da provisão para o imposto de renda. Ou seja, trata-se de materialidade totalmente diversa da que serve de base para o atual regime de tributação em bases universais. Mais sobre a ilegalidade da tributação de ajustes de equivalência patrimonial ainda no antigo regime em: BULCÃO, Octavio. O Método da Equivalência Patrimonial e a tributação dos lucros auferidos no exterior. In: *Revista da Associação dos Advogados de São Paulo* ("AASP") n.º 118: Temas atuais de Direito tributário. Publicada em dezembro de 2012.

21. "[...] A evolução legislativa da tributação dos lucros auferidos no exterior revela precisamente a linha de raciocínio que tem norteado o legislador tributário: a preferência por um sistema que promova maior arrecadação, simplicidade e praticidade, a um que guarde consonância com o princípio da capacidade contributiva, que respeite as garantias dos contribuintes, que gere justiça tributária ou que fomente a internacionalização das empresas brasileiras. O que interessa é atender os interesses do Fisco! Nesse cenário, as modificações introduzias pela Lei n.º 12.973, de 13 de maio de 2014, longe de trazerem soluções satisfatórias à questão dos lucros auferidos no exterior, limitaram-se a cunhar regras de caráter meramente arrecadatório, que não se harmonizam com os padrões internacionalmente aceitos, nem permitem o adequado desenvolvimento da empresa nacional". BARRETO, Paulo Ayres. TAKANO, Caio Augusto. Tributação do Resultado de Coligadas e Controladas no Exterior, em face da Lei n.º 12.973/14. In. ROCHA, Valdir de Oliveira. *Grandes questões atuais do direito tributário*. V. 18. São Paulo: Dialética, 2014, p. 353.

6. OCDE: Diretrizes sobre a tributação de controladas no exterior

Dentre os 15 relatórios finais divulgados em outubro de 2015,[22] destacamos o do plano de ação n.º 3, que teve o objetivo de estabelecer diretrizes para a elaboração de regras de tributação dos lucros não distribuídos de controladas no exterior, também conhecidas como *controlled foreign company rules* ("CFC").

No que pese grande parte do relatório versar sobre questões centradas no combate à elisão fiscal, restou claro que a OCDE não pretendeu limitar a aplicação das regras CFC às situações nas quais exista "abuso", "artificialidade", "ausência de substância econômica", "propósito negocial", ou qualquer outra figura semelhante. Ou seja, muito embora as diretrizes sejam claramente focadas no combate aos abusos, a OCDE optou por não entrar em rota de colisão com jurisdições que utilizam as regras CFC como instrumentos meramente arrecadatórios.

Assim sendo, num primeiro momento, pode parecer que o Brasil estaria alinhado com as diretrizes internacionais sobre tributação de controladas no exterior. Essa conclusão, contudo, não é de todo acertada, uma vez que existem divergências com relação à materialidade tributável, à amplitude das regras para evitar a dupla tributação[23] e à necessidade de observância dos tratados internacionais.

Ocorre que, a rigor, antes mesmo de avaliar a observância das diretrizes internacionais, é imperioso assegurar a aderência da legislação ordinária aos preceitos da Legislação Complementar e da Constituição Federal.

---

22. Disponíveis em: http://www.oecd.org/ctp/beps/beps-2015-final-reports.htm.

23. A materialidade tributável segundo as diretrizes da OCDE seria o lucro fiscal da controlada, apurado de acordo com as regras vigentes no país do controlador. Já no Brasil, a materialidade tributável foi estabelecida como sendo o lucro comercial da controlada, apurado segundo as regras do país de domicílio. O mesmo ocorre em matéria de regras para evitar a dupla tributação: A OCDE indica que deve ser reconhecido o direito ao crédito de imposto de renda pago em razão da aplicação de regras CFC por controladoras intermediárias, o Brasil não adota essa diretriz.

Ainda que as recomendações da OCDE não limitem as regras CFC à uma função antielisiva, admitindo que jurisdições as utilizem como mecanismos arrecadatórios, no Brasil temos que o imposto de renda não pode incidir sobre aquilo que não venha a configurar "acréscimo patrimonial disponível".

Não bastasse isso, inexiste previsão de que sejam expurgados, por meio de adições e exclusões, os resultados não realizados, assim como ocorre na apuração do lucro real. O efeito é a possibilidade de tributação de renda que não é disponível para o controlador ou mesmo para a própria controlada.

Assim sendo, no quadro atual, a preocupação gira em torno da extensão da aplicação e da materialidade tributável pretendida pelas regras brasileiras de CFC, as quais, ao nosso sentir, transbordam os limites impostos pela Constituição e pelo Código Tributário Nacional.

Insta considerar que se tais regras fossem limitadas, por exemplo, a tributação dos lucros disponíveis apurados por controladas que não possuam atividade econômica substantiva, tal como já ocorre na União Europeia,[24] o Brasil estaria alinhado com as recomendações da OCDE.

Um ajuste nesse sentido teria o benefício adicional de reduzir o espaço para questionamentos acerca da constitucionalidade dessas regras, uma vez que elas passariam a ter um caráter antielisivo, capaz de ser compatibilizado com os limites Constitucionais a serem observados, em linha com o pensamento esposado pelo Min. Joaquim Barbosa no julgamento da ADI 2.588.[25]

---

24. Diretiva do Conselho Europeu n.º 2016/1164, art. 7º e art. 8º. Mais sobre o tema em BULCÃO, Octavio. COSTA, Hugo Marcondes Rosestolato da. ATAD, Regras Europeias de CFC e Regras Brasileiras de TBU: Complexidades e Desafios da Atual Conjuntura Tributária Internacional. In.: CORDEIRO, Daniel Vieira de Biasi (coord). *Estudos de Tributação Internacional*. Volume 3. Rio de Janeiro: Lumen Juris, 2019, p. 545.

25. "Da forma como redigida a norma brasileira, presume-se indistintamente que todas as controladas ou coligadas no exterior têm esse propósito elisivo ou evasivo. Penso ser plenamente possível conciliar a garantia de efetividade dos instrumentos de fiscalização aos princípios do devido processo legal, da proteção à propriedade privada e do exercício de atividades econômicas lícitas. A presunção do intuito

7. Alíquota mínima global e as possíveis novas diretrizes da OCDE

Em outubro de 2020, no contexto das iniciativas que se seguiram à divulgação do relatório do plano de ação n.º 1 do projeto BEPS,[26] a OCDE publicou,[27] para fins de discussão pública, minuta de diretrizes com o objetivo garantir que todas as empresas estejam sujeitas a um nível mínimo de tributação, independentemente do país de domicílio ou da jurisdição do controlador final do grupo.

As propostas, ainda em fase de discussão, contemplam o que, na prática, seria um novo imposto, com funcionamento similar ao de uma regra CFC, abrangendo todas as controladas, independentemente da existência de substância econômica, e garantiria um nível mínimo de tributação.

Na realidade, a proposta em estudo seria algo próximo ao que já existe na Legislação Ordinária brasileira, apesar da existência de múltiplos distanciamentos com relação à base de cálculo e à alíquota aplicável, que seria de 15%, muito inferior à alíquota de 34%, atualmente aplicada pelo Brasil.

Diante das críticas já expostas, nos parece que um tributo com essas características só poderia ser instituído no Brasil por meio de Lei Complementar, com base na competência outorgada pelo art. 154, I, da Constituição Federal.[28]

---

evasivo somente é cabível se a entidade estrangeira estiver localizada em localizadas em países com tributação favorecida, ou que não imponham controles e registros societários rígidos ("paraísos fiscais"). A lista desses países é elaborada e atualizada pela Receita Federal do Brasil, e atualmente encontra-se na IN 1.037/2010. Não há qualquer dificuldade na atualização dessa lista."
Se a empresa estrangeira não estiver sediada em um "paraíso fiscal", a autoridade tributária deve argumentar e provar a evasão fiscal, isto é, a ocultação do fato jurídico tributário ou da obrigação tributária. Essa argumentação e essa prova fazem parte da motivação do ato de constituição do crédito tributário, que deve ser plenamente vinculado." Voto-vista do Min. Joaquim Barbosa no julgamento da ADI 2.588.

26. Que tinha como foco o endereçamento dos desafios oriundos da economia digital.

27. Disponível em: https://bit.ly/3z9xcK5 Acesso em: 14 set. 2021.

28. Art. 154. A União poderá instituir:

Isso porque, como visto, o maior problema da atual legislação brasileira de tributação do lucro de controladas não está na colisão com as diretrizes da OCDE, mas sim com os preceitos Constitucionais e da Legislação Complementar, os quais, invariavelmente, devem ser respeitados.

8. A experiência brasileira de Preços de Transferência

Como bem observado por Paulo Ayres Barreto, é hialina a contradição verificada entre a exposição de motivos da Lei 9.430/96 e os enunciados normativos contidos nesse diploma legal, que instituiu as regras brasileiras de preços de transferência.

Por um lado, a exposição de motivos deixou claro o interesse de estar em conformidade com as diretrizes divulgadas pela OCDE. Por outro lado, o que se positivou foi um conjunto de enunciados prescritivos em total dissonância com a regra do não favoritismo, mais conhecida como princípio do *arm's lenght*, que é o elemento central dessas mesmas diretrizes.

Paulo Ayres nos oferece um clássico exemplo da distância existente entre as regras brasileiras e as diretrizes internacionais, demonstrando o fato de que podem ser exigidos ajustes de preços de transferência no Brasil mesmo em operações realizadas em condições de mercado, o que afronta o princípio do *arm's lenght.*[29]

I - mediante lei complementar, impostos não previstos no artigo anterior, desde que sejam não cumulativos e não tenham fato gerador ou base de cálculo próprios dos discriminados nesta Constituição; [...].

29. O princípio "Arm's Length" é a pedra angular do sistema de tributação internacional preconizado pela OCDE e é o fundamento no qual se lastreia o artigo 9º da Convenção Modelo. Alvo de inúmeras críticas ao longo das décadas, o princípio teve sua relevância reafirmada no curso do projeto BEPS. Em resumo, esse "princípio" determina que, para fins do reconhecimento de rendas tributáveis derivadas de operações internacionais, os preços praticados por partes relacionadas devem ser comparados àqueles que, nos mesmos termos e condições, teriam sido praticados por partes não relacionadas. Sobre o tema, conferir: BARRETO, Paulo Ayres, *Imposto sobre a renda e preços de transferência*. São Paulo: Dialética, 2001, p. 98-99.

> Utilizemos, como exemplo, o tratamento dado aos juros nos empréstimos contratados entre partes vinculadas pela Lei n.º 4.430/96. Prevê o artigo 22 da referida lei, que despesas dessa natureza somente serão dedutíveis, para fins de determinação do lucro real, até o montante da taxa libor, acrescida de três pontos percentuais. Logo, se a empresa brasileira estiver pactuando com sua controladora no exterior, libor, só que, por hipótese, acrescida de 7% -, porque essa foi a taxa contratada pela controladora na captação de recursos junto à instituição financeira não vinculada – não poderá considerar dedutível a diferença de 4% existente entre o percentual presumido de forma absoluta e o percentual acordado em condições comutativas.[30]

Uma das razões usualmente listadas pelas autoridades brasileiras nos debates públicos que, a partir de 2018, vêm sendo mantidos com a OCDE, é que o regramento brasileiro possui uma série de benefícios, entre os quais a simplicidade e a praticidade, uma vez que não demanda dos contribuintes – bem como das autoridades fiscais, a elaboração de complexos estudos para comprovar a comutatividade das operações.

Conquanto seja verdade que o emprego das margens fixas em muito reduz o custo de administração tributária das empresas, é igualmente verdade que o uso de ficções e de presunções absolutas é algo que não se coaduna com o Subsistema Constitucional Tributário.[31]

Isso porque se o legislador não pode, no momento da definição da base de cálculo do tributo, transbordar os limites intrínsecos da norma constitucional de outorga de competência e também as amarras impostas pela legislação complementar, igualmente não pode fazê-lo por via oblíqua, determinando,

---

30. BARRETO, Paulo Ayres. *Imposto sobre a renda e preços de transferência*. São Paulo: Dialética, 2001, p. 144.

31. "Sabemos que o exercício da competência tributária dá-se no nível infraconstitucional, estando o agir de cada ente político coartado pelas balizas fixadas constitucionalmente. Estamos convictos de que, nos termos em que plasmado está o subsistema constitucional tributário, não há espaço para erigir ficções e presunções absolutas na definição dos critérios a regra-matriz de incidência tributária". BARRETO, Paulo Ayres. *Imposto sobre a Renda e Preços de Transferência*. São Paulo: Dialética, 2001, p. 142-143.

por meio de ficções e presunções absolutas, que se tribute aquilo que renda não é.[32]

Caberia, ainda, invocar o princípio da isonomia,[33] uma vez que não poderia um contribuinte ser forçado a, em operações com partes relacionadas, reconhecer renda que não teria sido capaz de auferir se as operações tivessem sido praticadas com terceiros, não relacionados.

Nesse contexto, parece-nos que a adequação do modelo brasileiro de preços de transferência às diretrizes internacionais teria um duplo benefício. O primeiro, e mais relevante, seria adequar a legislação ordinária aos preceitos constitucionais e à legislação complementar, reduzindo, assim, a grande litigiosidade atualmente verificada em matéria de preços de transferência. O segundo, também importante, seria abrir caminho para uma possível adesão do Brasil à OCDE.

9. Conclusões

Em síntese, ainda hoje, observa-se dissonância entre a Legislação Ordinária de tributação internacional da renda e a Legislação Complementar de regência da matéria, que se alinha ao conceito Constitucional de renda e aos corolários do Subsistema Constitucional Tributário.

Esse é um quadro nocivo à competitividade da indústria brasileira, especialmente quando consideramos que também existe desarmonia entre as regras brasileiras e as diretrizes internacionais, o que apenas agrava os efeitos das incertezas que já existem no plano interno.

Resta clara, portanto, a premente necessidade de repaginação da legislação brasileira. Nesse contexto, não poderiam ser mais atuais e relevantes as lúcidas lições contidas na obra

32. BARRETO, Paulo Ayres. *Imposto sobre a Renda e Preços de Transferência*. São Paulo: Dialética, 2001, p. 153.

33. CF/88, art. 5º, *caput* e art. 150, II.

"O Imposto de sobre a Renda e Preços de Transferência", um clássico da literatura jurídico-tributária brasileira, que nos oferece ferramental precioso para a adequada apreciação do tema.

A conjuntura atual nos leva a perquirir acerca das modificações requeridas para conciliar as regras pátrias com as diretrizes internacionais. É nobre tal desiderato, mas, a nosso sentir, ainda mais relevante é a compatibilização da legislação ordinária com as regras de superior hierarquia do Ordenamento Jurídico pátrio.

Por sorte, ambos os objetivos podem ser alcançados simultaneamente. A adoção de um regime de tributação de controladas que seja verdadeiramente antielisivo, tal como ocorre na Europa,[34] por exemplo, permitiria harmonizar tais regras com os preceitos da Legislação Complementar e da Constituição Federal.

A adequada positivação do princípio *arm's lenght* resultaria na superação das inconstitucionalidades atualmente verificadas no regime brasileiro de preços de transferência e, simultaneamente, alinharia o Brasil com as diretrizes da OCDE acerca do tema.

Referências

BARRETO, Paulo Ayres. *Imposto sobre a Renda e Preços de Transferência*. São Paulo: Dialética, 2001.

_____. *Contribuições:* regime jurídico, destinação e controle. 2ª ed. São Paulo: Noeses, 2011.

_____; TAKANO, Caio Augusto. Tributação do Resultado de Coligadas e Controladas no Exterior, em face da Lei n.º 12.973/14. In. ROCHA, Valdir de Oliveira. *Grandes questões atuais do direito tributário*. V. 18. São Paulo: Dialética, 2014, p. 353.

34. Diretiva do Conselho Europeu (EU) 2016/1164, art. 7º. e art. 8º.

_____. *Planejamento tributário:* limites normativos. São Paulo: Noeses, 2016.

_____; KOURY, Paulo Arthur. *A Tributação Direta do Resultado de Controladas Indiretas no Exterior: Problemas na Aplicação da Lei n.º 12.973/14* in: SCHOUERI, Luís Eduardo, BIANCO, João Francisco. (coords): CASTRO, Leonardo Freitas de Moraes, DUARTE FILHO, Paulo Cesar Teixeira (orgs.) *Estudos de Direito Tributário em Homenagem ao Prof. Gerd Willi Rothmann*. São Paulo: Quartier Latin, 2016.

_____; COSTA, Hugo Marcondes Rosestolato da. BEPS e o Plano de Ação n. 10: Considerações sobre serviços de baixo valor agregado, Método de Commodities e o Método da Divisão de Lucros Transacionais. *In: Marcus Lívio Gomes; Luís Eduardo Schoueri*. (Org.). A *Tributação Internacional na era Pós Beps*. 1ed, Volume 2. Rio de Janeiro: Lumen Juris, 2016.

BULCÃO, Octavio. O Método da Equivalência Patrimonial e a tributação dos lucros auferidos no exterior. In: *Revista da Associação dos Advogados de São Paulo* ("AASP") n.º 118: Temas atuais de Direito tributário. Publicada em dezembro de 2012.

_____; COSTA, Hugo Marcondes Rosestolato da. *ATAD*, Regras Europeias de CFC e Regras Brasileiras de TBU: Complexidades e Desafios da Atual Conjuntura Tributária Internacional. In.: CORDEIRO, Daniel Vieira de Biasi (coord). *Estudos de tributação internacional*. Volume 3. Rio de Janeiro: Lumen Juris, 2019.

COÊLHO, Sacha Calmon Navarro. *Comentários à Constituição de 1988 – Sistema Tributário*, 9ª Edição, Forense, Rio de Janeiro, 2005, p. 37/38.

LIMA, Daniel Serra. *Definição, Interpretação e Evolução das Normas de Competência Tributária:* teoria aplicada à jurisprudência do STF. São Paulo: Quartier Latin. 2018.

SCHOUERI, Luís Eduardo. O mito do lucro real na passagem da disponibilidade jurídica para a econômica. In MOSQUERA, Roberto Quiroga; LOPES, Alexsandro Broedel (Coord.).

Controvérsias jurídico-contábeis (aproximações e distanciamentos). Vol 1. São Paulo: Dialética, 2010, p. 246.

XAVIER, Alberto Pinheiro. Aspectos Inconstitucionais da Lei nº 12.973/2014 em matéria de tributação de controladas e coligadas no exterior. *Revista Dialética de Direito Tributário.* V. 239. São Paulo: Dialética, 2015, p. 14.

Comentários aos artigos sobre a tributação dos lucros no exterior:

TRIBUTAÇÃO DE LUCROS DE CONTROLADAS E COLIGADAS NO EXTERIOR, NA OBRA DE PAULO AYRES BARRETO

Paulo Arthur Cavalcante Koury[1]

Sumário: 1. Introdução – 2. O regime da MP 2.158-35/2001 – 3. O regime da Lei 12.973/2014 – 4. Considerações finais – Referências.

1. Introdução

No dia 4 de abril de 2013, sustentou o Professor Paulo Ayres Barreto no púlpito do Supremo Tribunal Federal, no julgamento conjunto da ADI 2.588, e dos Recursos Extraordinários 611.586 e 541.090, que "economicamente falando, a inserção das empresas no mercado internacional é absolutamente relevante e o Brasil, com a sua legislação de regência da matéria está na contramão do mundo". Tratava-se do julgamento da constitucionalidade do regime de tributação, no

1. Doutor e Mestre em Direito Tributário pela Universidade de São Paulo. *Master of Laws (LLM)* pela University of Cambridge. Professor de cursos de pós-graduação. Advogado.

Brasil, dos lucros de sociedades residentes no exterior com vínculos societários de controle ou coligação com o contribuinte brasileiro. Naquela oportunidade, o Prof. Paulo Ayres expôs uma série de aspectos acerca da inconstitucionalidade do art. 74 da MP 2.158-35/2001, da ilegalidade da IN SRF 213/2002 e da violação aos tratados internacionais contra a dupla tributação incorrida por este diploma normativo.

Contudo, a sua produção acadêmica a respeito do tema é muito mais vasta, tendo iniciado logo após a publicação da referida Medida Provisória, abarcado o resultado do julgamento da ADI 2.588 e evoluído para tratar do novo regime de tributação em bases universais instituído pela Lei 12.973/2014. Este breve artigo visa a oferecer ao leitor uma visão panorâmica das obras do Prof. Paulo Ayres sobre o tema da tributação de controladas e coligadas no exterior. Trata-se de uma breve apresentação, que deve funcionar como um convite à leitura dos artigos do nosso homenageado, que tanto têm contribuído com a evolução doutrinária da análise desta matéria.

2. O REGIME DA MP 2.158-35/2001

QUESTÕES CONSTITUCIONAIS

O primeiro texto do Prof. Paulo Ayres sobre a tributação de lucros de controladas e coligadas no exterior foi publicado em 2002, pouco após a edição da Medida Provisória 2.158-35/2001, que foi convalidada de maneira perene pelo art. 2º da Emenda Constitucional 32/2001. Naquela obra, o Prof. Paulo Ayres traçou um escorço histórico da evolução da tributação universal da renda das pessoas jurídicas no Brasil. Vejam-se as suas palavras:

> A primeira tentativa de se estabelecer em nosso país a tributação da renda mundial das pessoas jurídicas (*world-wide-income*) dá-se com a edição dos Decretos-Leis 2.397/87 e 2.413/88. Dois meses após a edição deste último Decreto-Lei, sobrevem o Decreto-Lei 2.429/88, que revoga os Decretos-lei antes referidos e reestabelece o princípio da territorialidade. Mantém-se, assim,

> a previsão de incidência do imposto em relação às pessoas jurídicas apenas sobre a parcela produzida em território nacional.
>
> Passados sete anos, com a publicação da Lei 9.249/95, os lucros auferidos por controladas e coligadas no exterior passaram a ser computados na apuração do lucro real, proporcionalmente à participação da pessoa jurídica residente ou domiciliada no país no capital da controlada ou da coligada". Adota-se, enfim, o princípio da universalidade da tributação da renda das pessoas jurídicas, opção legislativa que, de há muito, já alcançava as pessoas físicas.
>
> Surge, contudo, novo campo de hesitação. O imposto sobre a renda incide sobre o lucro auferido por coligadas e controladas no exterior ou apenas sobre o lucro por elas distribuído às pessoas jurídicas aqui residentes e domiciliadas? Vale dizer, em que preciso instante esse lucro auferido no exterior haverá de ser juridicamente reconhecido como renda da pessoa jurídica tributada no Brasil?
>
> Cuidam do tema, sucessivamente: 1) a Instrução Normativa 38/96, que prevê o "diferimento" da tributação para o momento em que os lucros auferidos por sociedades estrangeiras forem colocados à disposição da controladora ou coligada brasileira; 2) a Lei 9.532/97, que atribui caráter legal à prescrição contida na IN 38/96; 3) a Lei Complementar 104/01, que, ao acrescentar dois novos parágrafos no artigo 43 do CTN, prescreve caber à lei estabelecer as condições e o momento em que se dará a disponibilidade de receita ou rendimento, oriundo do exterior; e, por fim, 4) a Medida Provisória 2.158-35/01, contendo previsão normativa que reestabelece o mesmo teor daquela inserta na Lei 9.249/95, por força da qual há a incidência do imposto sobre a renda sobre os lucros auferidos no exterior por coligadas e controladas da empresa brasileira, independentemente de sua efetiva distribuição.[2]

Como se depreende da clara exposição do homenageado, foi objeto de muitas oscilações o tratamento normativo brasileiro sobre a tributação dos lucros de sociedades estrangeiras que fossem controladas ou tivessem influência significativa de investidor pessoa jurídica brasileiro (coligada). Em 2001, com superveniência do art. 74 da MP 2.158-35/2001, tornou-se expressa a determinação legal de que os lucros dessas sociedades estrangeiras fossem tributados no Brasil,

2. BARRETO, Paulo Ayres. Imposto Sobre a Renda e os Lucros Auferidos no Exterior. *In*. ROCHA, Valdir de Oliveira. *Grandes questões atuais do direito tributário*. v. 6. São Paulo: Dialética, 2002, p. 335.

independentemente de sua efetiva disponibilização ao contribuinte brasileiro, mediante distribuição de lucros.

Ainda no estudo datado de 2002, o Prof. Paulo Ayres concluiu que essa tributação consubstanciava verdadeira ficção legal, que violava o conceito constitucional de renda, pressuposto pelo art. 153, III, da CF/88. Conforme se depreende desse dispositivo, somente poderá haver a cobrança do tributo sobre os efetivos acréscimos patrimoniais em um lapso temporal. Contudo, ao instituir tributação sobre renda fictícia, o art. 74 da MP 2.158-35/2001 violava esse conceito, pois fazia incidir o tributo sobre parcelas que não representavam efetivamente acréscimos patrimoniais disponíveis ao contribuinte brasileiro. Em suas palavras:

> A hipótese normativa é, claramente, de natureza ficta. Prevê-se sejam os resultados considerados disponibilizados na data de fechamento do balanço em que apurados. No entanto, é altamente improvável que, nesta data, ocorra efetiva disponibilização. Tais resultados poderão ser: a) incorporados ao capital, em futura decisão assemblear, hipótese em que não haverá nenhuma disponibilização; b) compensados com prejuízos subsequentes, pela própria coligada ou controlada, circunstância em que, uma vez mais, não se cogita de qualquer disponibilização; c) efetivamente distribuídos, por força de deliberação levada a efeito em assembleia de sócios ou acionistas, em momento normalmente posterior ao da apuração dos resultados. Vê-se, pois, que, mesmo na hipótese em que a renda é posta à disposição da controladora ou coligada, tal fato não coincide, usualmente, com a data da mera apuração do resultado. Em síntese, falta correlação natural entre o fato conhecido (lucro apurado pela controlada ou coligada) e o fato desconhecido (sua disponibilização) que poderá jamais se consumar ou, ainda que isso ocorra, dar-se-á, em condições normais, em momento subsequente.[3]

Nesse sentido, o prof. Paulo Ayres demonstra que a inclusão do § 2º no art. 43 do CTN, por meio da LC 104/2001, não autoriza a tributação instituída pela MP 2.158-35/2001. Sob o

---

3. BARRETO, Paulo Ayres. Imposto Sobre a Renda e os lucros auferidos no exterior. *In*. ROCHA, Valdir de Oliveira. *Grandes questões atuais do direito tributário*. v. 6. São Paulo: Dialética, 2002, p. 338.

pretexto de fixar o critério temporal da regra-matriz de incidência, como permitira o novel dispositivo, a MP maculou a base de cálculo do Imposto sobre a Renda e infirmou o seu critério material, violando não apenas o *caput* do art. 43 do CTN, como também a Constituição Federal.

Não obstantes essas lições, o STF, nos autos da ADI 2.588, acabou por julgar constitucional a tributação instituída pelo art. 74 da MP 2.158-35/2001, com exceção da hipótese de coligada localizada em país de tributação favorecida. Rigorosamente, a maioria qualificada necessária aos efeitos erga omnes só foi atingida quanto às controladas em países de tributação favorecida. O tribunal julgou constitucionais as hipóteses de tributação das coligadas em países com tributação favorecida e das controladas em países sem tributação favorecida, sem, contudo, alcançar a maioria necessária para a atribuição de atribuição de efeitos vinculantes. A respeito, é preciso o diagnóstico do Prof. Paulo Ayres:

> [...] é importante que seja dito isso – 12 anos para discutir e, de repente, chega um caso paradigmático, o Tribunal está absolutamente dividido e um Ministro está impedido, porque participou do julgamento do STJ, isso leva ao resultado "A". Chega outro caso paradigmático e se reverte a posição, e o resultado será "B". Assumiu um novo Ministro, qual será o novo resultado? Provavelmente "C". Então, 12 anos, e a gente ainda está sujeito a esse tipo de episódio pouco criterioso para oferecer segurança jurídica para o contribuinte brasileiro.[4]

Com efeito, o tribunal dividiu-se quanto à existência, ou não, de disponibilidade da renda para o contribuinte brasileiro, tendo o voto do Min. Joaquim Barbosa inserido uma nova distinção entre as controladas e coligadas sediadas em países de tributação favorecida, ou não. Sobre o tema, bem identificou o homenageado que: "esse é um outro problema do STF. O Supremo não se preocupa em decidir temas buscando um voto

---

4. BARRETO, Paulo Ayres. Tributação do resultado das controladas e coligadas e subsidiárias no exterior: análise do julgamento do STF e suas consequências. *In*. *Revista de Direito Tributário*, v. 121, 2014, p. 179.

médio. Cada Ministro chega e diz a sua verdade. E na hora em que termina o julgamento, nós não sabemos qual a verdade".[5]

A decisão do STF sobre a constitucionalidade do art. 74 da MP 2.158-35/2001 foi criticamente analisada pelo Prof. Paulo Ayres, em relação a diversos dos seus aspectos. Dentre estes, destaca-se a violação ao conceito de renda, que demanda a disponibilidade do rendimento ao contribuinte, para que possa haver a tributação, conforme destacado acima. Logo, a obra do homenageado demonstra que o Supremo Tribunal Federal andou mal ao decidir a ADI 2.588, tendo relativizado importantes balizamentos normativos do Sistema Constitucional Tributário Brasileiro.

A ILEGALIDADE DA IN SRF 213/2002

Além das questões atinentes à inconstitucionalidade do regime do art. 74 da MP 2.158-35/2001, o Prof. Paulo Ayres também tratou da ilegalidade do art. 7º da IN SRF 213/2002, que estabeleceu que a base de cálculo da tributação corresponderia à contrapartida do ajuste do valor do investimento na sociedade estrangeira, avaliada conforme o método da equivalência patrimonial (MEP). Também conhecido como "consolidação em uma só linha", o MEP é utilizado pela contabilidade brasileira para refletir variações de valor das sociedades controladas e coligadas na pessoa jurídica que detém participação societária (art. 248 da Lei 6.404/76). Por esta metodologia, o valor do investimento flutua conforme as variações do patrimônio líquido da investida e as variações cambiais atreladas. Em função de sua ínsita instabilidade e de suas constantes oscilações, além de não corresponder a uma parcela efetivamente realizada, a legislação brasileira do IRPJ sempre determinou a neutralidade das contrapartidas do MEP (art. 23 do Decreto-Lei 1.598/77, posteriormente

5. BARRETO, Paulo Ayres. Tributação do resultado das controladas e coligadas e subsidiárias no exterior: análise do julgamento do STF e suas consequências. *In*. *Revista de Direito Tributário*, v. 121, 2014, p. 179-180.

modificado pelo Decreto-Lei 1.648/78, e art. 25, § 6º da Lei 9.249/95). Nessa linha, esclareceu o homenageado que:

> "o resultado positivo de equivalência patrimonial não se confunde com o lucro auferido no exterior por empresa coligada ou controlada. Diversamente, tal resultado pode estar associado a variáveis, notadamente a variação cambial".[6]

A interpretação no sentido da ilegalidade do art. 7º da IN SRF 213/2002 foi acatada em diversos julgados pelo Superior Tribunal de Justiça, dentre os quais se destaca o seguinte, patrocinado pelo Prof. Paulo Ayres, na condição de advogado:

> 2. A Segunda Turma do STJ firmou entendimento de que a variação positiva ou negativa do valor do investimento em empresa controlada ou coligada situada no exterior, apurada pelo método de equivalência patrimonial, embora influencie no lucro líquido da empresa investidora, não tem impacto nas bases de cálculo do IRPJ e da CSLL.
>
> Precedente: REsp 1.211.882/RJ.
>
> 3. Recurso especial provido.
>
> (REsp 1236779/PR, Rel. Ministro HERMAN BENJAMIN, SEGUNDA TURMA, julgado em 16.06.2011, DJe 31.08.2011)

As implicações desse entendimento são muito importantes. Com efeito, se é inválida a prescrição do art. 7º da IN SRF 213/2002, pelo emprego do MEP, então o art. 74 da MP 2.158-35/2001 padeceria de ineficácia técnica, não podendo ser aplicado, por falta de regulamentação específica no tocante à base de cálculo. Essa conclusão, contudo, nem sempre é adotada, havendo quem entenda que as autoridades fiscais poderiam efetuar os lançamentos com fundamento exclusivo no dispositivo da Medida Provisória, considerando base de cálculo diversa do MEP.

---

6. BARRETO, Paulo Ayres. Tributação dos resultados auferidos no exterior. In: BARRETO, Aires Fernandino (Org.). *Direito tributário contemporâneo* - Estudos em Homenagem a Geraldo Ataliba. São Paulo: Malheiros, 2011, p. 580.

A QUESTÃO DOS TRATADOS

Ainda a respeito do regime do art. 74 da MP 2.158-35/2001, cumpre destacar o exame empreendido pelo Prof. Paulo Ayres Barreto sobre a incompatibilidade dessa tributação com o art. 7º dos tratados bilaterais contra a dupla tributação firmados pelo Brasil, a qual veio a ser reconhecida pelo Superior Tribunal de Justiça nos autos do REsp nº 1.325.709/RJ (DJ 20.05.2014). Vejam-se trechos pertinentes de artigo publicado pouco antes do julgamento do STJ:

> Por meio dos tratados internacionais que visam *(sic)* evitar a dupla tributação da renda, o Brasil obrigou-se espontaneamente perante outros Estados de Direito a não exigir, no todo ou em parte, tributos reservados a estes. É esse o caso dos lucros. Conforme o art. 7º, parágrafo 1º, da Convenção Modelo da OCDE, "os lucros de uma empresa de um Estado Contratante só podem ser tributados nesse Estado [...]". Exceção são os lucros apurados por estabelecimento permanente situado em outro Estado Contratante, os quais serão por este tributados, na parte em que oriundos desse estabelecimento. Criam-se, assim, restrições ao Direito interno, sendo vedado ao legislador brasileiro dispor de forma contrária ao que restou decidido pela nação brasileira mediante atuação conjunta e harmônica de seus Poderes Legislativo e Executivo, em respeito ao art. 98 do CTN.[7]
>
> [...]
>
> A não observância da competência exclusiva da cláusula 7ª para se atingir os lucros apurados no exterior implicaria a desconsideração da personalidade jurídica e, portanto, a violação a uma outra cláusula dos tratados, qual seja, o art. 3º da Convenção Modelo da CODE, que define o conceito de "pessoa". Segundo essa cláusula, um Estado contratante não pode desconsiderar a personalidade jurídica outorgada pelo ordenamento jurídico do outro Estado contratante, uma vez observado o conceito de "pessoa".[8]

Não obstante o acórdão do STJ, referido acima, no exato sentido das lições do homenageado, também essa questão não

---

7. BARRETO, Paulo Ayres. A tributação, por empresas brasileiras, dos lucros auferidos no exterior por suas controladas ou coligadas. In: ROCHA, Valdir de Oliveira. (Org.). *Grandes questões atuais do direito tributário*. V.17. São Paulo: Dialética, 2013. p. 231-232.

8. Idem, p. 233.

está definitivamente pacificada no âmbito do Poder Judiciário, uma vez que o julgado não foi proferido no rito dos recursos repetitivos.

3. O regime da Lei 12.973/2014

Após o julgamento da ADI 2.588, pelo STF, sobreveio a Medida Provisória 627/2013, posteriormente convertida na Lei 12.973/2014, que alterou o regime brasileiro de tributação em bases universais. O novel tratamento normativo da matéria adaptou-se ao julgamento do STF apenas para excluir a tributação das sociedades coligadas residentes em países de tributação normal. A nova lei empregou conceitos de renda ativa e de países de tributação favorecida, normalmente utilizados para delimitar o escopo das legislações CFC (*Controlled Foreign Corporations*), para limitar a aplicabilidade do regime optativo de consolidação dos resultados de diferentes controladas no exterior. Veja-se, a respeito, a explicação do Prof. Paulo Ayres, em artigo escrito em coautoria com Caio Augusto Takano:

> Em relação às controladas, permaneceu a tributação indistinta dos lucros auferidos no exterior, independentemente de estarem sediadas ou não em paraíso fiscal, de efetivamente existirem e exercerem alguma atividade, de haver um propósito empresarial nelas, ou de reter ou distribuir seus rendimentos. Os pretensos critérios "CFC" adotados na legislação brasileira prestam-se, pois, unicamente a determinar a forma de cálculo da tributação dos lucros auferidos por controladas estrangeiras, se consolidada ou individual. O modelo de legislação 'CFC' pretendido pelo legislador brasileiro permanece, assim como era sob a vigência da MP nº 2.158, único no mundo![9]

Nesse sentido, deve-se notar que a principal novidade trazida pela Lei 12.973/2014, no tocante à TBU, consistiu na

9. BARRETO, Paulo Ayres; TAKANO, Caio Augusto. Tributação do resultado de coligadas e controladas no exterior, em face da Lei nº 12.973/2014. In: ROCHA, Valdir de Oliveira (Org.). *Grandes questões atuais do direito tributário*. V. 18. São Paulo: Dialética, 2014, p. 361-362.

chamada consideração direta da controlada indireta ou tributação *per saltum*. Trata-se, basicamente, da individualização de cada controlada, direta ou indireta, para fins da tributação brasileira. Sobre isso, veja-se trecho de artigo do homenageado, escrito em coautoria com o autor deste comentário:

> Desse modo, pode-se afirmar, relativamente aos investimentos albergados pelo regime de TBU instituído pela Lei 12.973/14, que são considerados diretamente, na controladora brasileira, os resultados das controladas diretas ou indiretas, com restrições à consolidação de resultados e aproveitamento de prejuízos. Para não haver múltiplas inclusões do mesmo resultado, deve ser excluído do resultado das controladas intermediárias aqueles que derivam de seus investimentos em pessoas jurídicas cujos resultados serão diretamente reconhecidos pela controladora no Brasil.
>
> [...]
>
> Além da expressa dicção legal e das razões acima referidas, deve-se considerar que não haveria, no balanço da controladora brasileira, a informação pronta acerca dos lucros apurados pelas controladas indiretas no exterior "traduzidos" para o *BR GAAP* em relação às controladas indiretas. É dizer, no regime anterior, que somente considerava as sociedades controladas e coligadas diretas, havia algum sentido prático em determinar a adoção do resultado do MEP (*BR GAAP*), uma vez que essa informação constava do balanço do contribuinte brasileiro. Todavia, com a instituição da tributação *per saltum* e em face da impossibilidade de se prescrever regimes diferentes para as controladas diretas e indiretas, optou-se por determinar a apuração do tributo pelo *GAAP* local.[10]

Esse novo regime normativo, além de dúvidas específicas quanto à sua aplicação, segue inspirando os mesmos questionamentos que o seu antecessor, no tocante à sua constitucionalidade e à sua compatibilidade com o art. 7º dos tratados internacionais contra a dupla tributação firmados pelo Brasil. Trata-se de questões que devem ser analisadas futuramente

10. BARRETO, Paulo Ayres; KOURY, Paulo Arthur Cavalcante. A tributação direta do resultado de controladas indiretas no exterior: problemas na aplicação da Lei 12.973/14. In: SCHOUERI, Luis Eduardo *et al. Estudos de direito tributário em homenagem ao Professor Gerd Willi Rothmann*. São Paulo: Quartier Latin, 2016.

pelo Poder Judiciário, para as quais será indubitavelmente relevante a obra do Prof. Paulo Ayres.

4. Considerações finais

Em face do exposto, percebe-se que a obra do Prof. Paulo Ayres Barreto tratou, profundamente, das principais questões envolvendo o regime brasileiro de tributação em bases universais, tendo acompanhado, inclusive o histórico evolutivo desse regime normativo. Trata-se de escritos que são fundamentais aos interessados pela área, seja pela sua relevância prática ou acadêmica. Este breve artigo não poderia examinar todos os aspectos tratados na obra do homenageado sobre o tema, tendo se cingido a destacar alguns dos seus pontos centrais.

Por fim, não poderia deixar de sublinhar a minha enorme satisfação em prestar essa homenagem. Tive a honra de ter meu mestrado orientado pelo Prof. Paulo Ayres Barreto. Mais do que isso, há alguns anos, tenho o privilégio de conviver e aprender quase que diariamente com este professor, advogado e ser humano diferenciado. Trata-se de experiência verdadeiramente engrandecedora, seja da perspectiva acadêmica, seja da profissional ou da pessoal. Conquanto singela, espero que esta breve homenagem inspire novos leitores da obra do Prof. Paulo Ayres.

Referências

BARRETO, Paulo Ayres. A tributação, por empresas brasileiras, dos lucros auferidos no exterior por suas controladas ou coligadas. In: ROCHA, Valdir de Oliveira. (Org.). *Grandes questões atuais do direito tributário*. V.17. São Paulo: Dialética, 2013.

______. Imposto Sobre a Renda e os Lucros Auferidos no Exterior. *In*. ROCHA, Valdir de Oliveira. *Grandes Questões atuais do direito tributário*. v. 6. São Paulo: Dialética, 2002.

______. Tributação de Lucros Auferidos no Exterior. *In*. *Revista de Direito Tributário*, v. 116. São Paulo: Malheiros, 2012.

______. Tributação do resultado das controladas e coligadas e subsidiárias no exterior: análise do julgamento do STF e suas Consequências. *In. Revista de Direito Tributário*, v. 121, 2014.

______. Tributação dos resultados auferidos no exterior. In: BARRETO, Aires Fernandino (Org.). *Direito tributário contemporâneo* - Estudos em Homenagem a Geraldo Ataliba. São Paulo: Malheiros, 2011.

BARRETO, Paulo Ayres; KOURY, Paulo Arthur Cavalcante. A Tributação Direta do Resultado de Controladas Indiretas no Exterior: Problemas na Aplicação da Lei 12.973/14. In: SCHOUERI, Luis Eduardo *et al. Estudos de Direito Tributário em homenagem ao Professor Gerd Willi Rothmann*. São Paulo: Quartier Latin, 2016.

BARRETO, Paulo Ayres; TAKANO, Caio Augusto. Tributação do resultado de coligadas e controladas no exterior, em face da Lei nº 12.973/2014. In: ROCHA, Valdir de Oliveira (Org.). *Grandes questões atuais do direito tributário*. V. 18. São Paulo: Dialética, 2014.

Comentários a "Imunidades tributárias: limitações constitucionais ao poder de tributar":

A IMUNIDADE DO ITBI NA CONFERÊNCIA DE BENS IMÓVEIS AO CAPITAL SOCIAL DE PESSOAS JURÍDICAS

Fernando Daniel de Moura Fonseca[1]

Sumário: 1. Introdução – 2. A obra, suas lições e a jurisprudência do STF – 3. O caso do ITBI na conferência de bens imóveis ao capital social de pessoas jurídicas – 4. Conclusão – Referências.

1. Introdução

Quando recebi o convite para participar de uma obra coletiva em homenagem ao Prof. Paulo Ayres Barreto, entendi que se tratava de uma convocação. Seria, acima de tudo, a oportunidade de expressar publicamente a minha gratidão a um dos grandes tributaristas do Brasil, de quem fui um orgulhoso

1. Residência Pós-Doutoral em Direito Tributário na Universidade Federal de Minas Gerais (UFMG). Mestre e Doutor em Direito Tributário pela Universidade de São Paulo (USP). *Master of Laws* pela *New York University (NYU)*. Especialista em Direito Tributário pela Fundação Getúlio Vargas (FGV). Professor de Direito Tributário das Faculdades Milton Campos.

orientando durante o meu curso de doutorado na Universidade de São Paulo. De todo modo, quando me peguei pensando sobre o que dizer em caráter introdutório (a respeito do homenageado), as suas qualidades pessoais falaram mais alto. O Prof. Paulo é uma dessas raras pessoas que conseguem unir seriedade e temperança. Isso se reflete na qualidade de sua produção acadêmica e no respeito profissional conquistado.

A propósito da homenagem, senti-me ainda mais honrado (e igualmente desafiado) quando descobri que me fora atribuída a incumbência de comentar uma obra atemporal, que trata das limitações constitucionais ao poder de tributar, escrita em coautoria com o seu falecido pai, o saudoso Prof. Aires Barreto. Trata-se de uma alegria, pois não é sempre que se está diante do encanto de uma obra escrita por um pai e seu filho em conjunto. Em razão disso, inspiração não me faltou, embora o resultado do presente ensaio esteja muito aquém da grandeza da obra e de seus autores.

No que concerne ao objeto do presente estudo, a ideia foi apresentar um sucinto diálogo entre o texto original do livro e uma recente controvérsia enfrentada pelo Supremo Tribunal Federal ("STF"), relativa ao Tema n. 796, que diz respeito à extensão da imunidade do Imposto sobre Transmissão de Bens Imóveis ("ITBI") na conferência de bens ao capital de pessoas jurídicas, prevista no art. 156, II e § 2º, I, da Constituição Federal ("CF").[2] Como será observado, o resultado do julgamento poderia ter sido outro, se tivessem sido seguidas as lições presentes na obra "Imunidades Tributárias: Limitações Constitucionais ao Poder de Tributar".

2. Art. 156. Compete aos Municípios instituir impostos sobre: [...] II - transmissão "inter vivos", a qualquer título, por ato oneroso, de bens imóveis, por natureza ou acessão física, e de direitos reais sobre imóveis, exceto os de garantia, bem como cessão de direitos a sua aquisição; [...] § 2º. O imposto previsto no inciso II: I - não incide sobre a transmissão de bens ou direitos incorporados ao patrimônio de pessoa jurídica em realização de capital, nem sobre a transmissão de bens ou direitos decorrente de fusão, incorporação, cisão ou extinção de pessoa jurídica, salvo se, nesses casos, a atividade preponderante do adquirente for a compra e venda desses bens ou direitos, locação de bens imóveis ou arrendamento mercantil; [...]

2. A obra, suas lições e a jurisprudência do STF

A obra "Imunidades Tributárias: Limitações Constitucionais ao Poder de Tributar" conta com uma análise relevante acerca das principais questões relacionadas às imunidades tributárias. Conquanto tenha sido escrita há mais de 20 anos, o texto não perdeu a sua atualidade. Longe de apresentar apenas uma abordagem teórica a respeito do tema, as lições nela contidas podem ser observadas em recentes julgados do STF.

Partindo da premissa de rigidez da disciplina tributária constitucional adotada pelo constituinte brasileiro de 1988, os autores reconhecem que a atual Constituição Federal estabeleceu contornos nítidos ao desenhar o perfil das competências tributárias. Ao discorrerem brevemente sobre a questão, destacam que o legislador constituinte foi bastante analítico ao disciplinar o poder de tributar, tendo outorgado competências demarcadas por balizas igualmente postas pela Constituição.[3]

Ainda a esse respeito, o Prof. Paulo Ayres[4] destaca que o legislador constituinte tinha diante de si diferentes possibilidades para regular a matéria tributária. Por um lado, poderia ter optado por um texto sucinto, marcadamente principiológico, que deixaria a cargo do legislador infraconstitucional a tarefa de atribuir contornos mais rígidos às normas tributárias. Uma alternativa seria repartir as competências entre os entes tributantes de forma genérica, por meio de previsões no sentido de que os tributos seriam cobrados com a finalidade de satisfazer as necessidades financeiras do Estado, alicerçados em princípios como igualdade e solidariedade. Por outro lado, o legislador constituinte poderia ter optado por positivar um sistema constitucional tributário edificado com base nos mesmos princípios, desta feita, contudo, concretizado por regras igualmente constitucionais, cujo resultado seria capaz

3. BARRETO, Paulo Ayres; BARRETO, Aires Fernandino. *Imunidades tributárias*: limitações constitucionais ao poder de tributar. 1ª ed. São Paulo: Dialética, 1999, p. 9.

4. BARRETO, Paulo Ayres. *Planejamento tributário*: limites normativos. São Paulo: Noeses, 2016, p. 45-46.

de conferir ao direito tributário brasileiro uma estrutura essencialmente rígida, que acabaria por restringir o campo de atuação do legislador infraconstitucional.[5]

O legislador constituinte brasileiro claramente optou pela segunda alternativa.[6] Com o intuito de reforçar princípios como igualdade, legalidade, segurança jurídica e capacidade contributiva, cuidou de prever regras que determinam quais materialidades serão tributadas por cada um dos entes, de que forma a competência deverá ser exercida e quais são os seus limites, explícitos e implícitos.

Percebe-se a existência de um sistema rígido, alicerçado na repartição de competências, o que retira qualquer possibilidade de que ele seja encarado como uma espécie de sugestão do legislador constituinte.[7] Trata-se, na verdade, de uma decisão firme no sentido de bem delimitar a incidência tributária, que não pode ser desobedecida pelo intérprete e para a qual deve ser conferida a devida normatividade. É exatamente em razão disso que o Prof. Paulo Ayres aponta para a existência de um *Sistema Constitucional Tributário*.[8]

É também nesse contexto que se inserem as imunidades tributárias. Conceituando-as como forma negativa de exercício da competência, os autores afirmam que "a própria Constituição, ao traçar a competência tributária, proíbe o seu exercício."[9] Em outras palavras, as imunidades tributárias

---

5. Acerca da rigidez, a análise das diversas constituições brasileiras revela tratar-se de uma constante busca do legislador constituinte. Desde a origem, com a Constituição Imperial de 1824, já era possível perceber a imposição de balizas ao poder de tributar, não tendo o legislador constituinte ficado limitado a repartir competências. Cf.: ATALIBA, Geraldo. Sistema constitucional tributário brasileiro. São Paulo: Editora Revista dos Tribunais, 1966, p. 43-47.

6. COÊLHO, Sacha Calmon Navarro. *Curso de direito tributário brasileiro*. 13. ed. rev. atual. e ampl. Rio de Janeiro: Forense, 2014, p 43-44.

7. BARRETO, Paulo Ayres. *Imposto sobre a renda e preços de transferência*. São Paulo: Dialética, 2001, p. 65.

8. Idem, p. 37.

9. BARRETO, Paulo Ayres; BARRETO, Aires Fernandino. *Imunidades tributárias:* limitações constitucionais ao poder de tributar. 1ª ed. São Paulo: Dialética, 1999, p. 9.

representam hipóteses em que a Constituição tipifica como vedações ao exercício do poder de tributar.[10] Tais situações são, ainda nas palavras dos autores, "reveladoras de valores privilegiados pela Constituição, porque decorrentes de princípios nela consagrados."[11] Nesse sentido, teria o constituinte, ao vedar a instituição de impostos sobre certos bens, pessoas e fatos, reafirmado valores constitucionais que devem ser protegidos pelo ordenamento jurídico.

Ao tratarem, especificamente, das imunidades dos livros, jornais, periódicos e do papel destinado à sua impressão, os autores destacam a sua função de ratificação do princípio da liberdade de manifestação do pensamento, expressamente consagrado no art. 5º, IV e IX da CF. O escopo da norma imunizante, nesse sentido, seria aquele de obstar a oneração dos referidos objetos, de tal sorte a favorecer a difusão de conhecimentos, ideias, informações e cultura.[12]

Justamente por isso, na visão dos autores, "não se interpreta corretamente o art. 150, VI, *d*, se, em vez de valorizar os princípios constitucionais em que a imunidade se assenta, der-se ênfase [...] à literalidade desse preceito [...]".[13] Isto é, ao interpretar o texto,[14] não se pode perder de vista o objetivo de se fomentar um acesso universal à informação, educação, cultura e desenvolvimento social. Nas suas palavras, "não se pode cumprir as diretrizes que emanam da Constituição, com interpretação diversa, estrita, acanhada, restritiva."[15]

Em resumo, a imunidade prevista no art. 150, VI, *d*, da CF deveria englobar toda e qualquer espécie de livro, inclusive os

10. BARRETO, Paulo Ayres; BARRETO, Aires Fernandino. *Op. cit*, p. 10.

11. BARRETO, Paulo Ayres; BARRETO, Aires Fernandino. *Op. cit*, p. 11.

12. BARRETO, Paulo Ayres; BARRETO, Aires Fernandino. *Op. cit*, p. 13.

13. Idem, p. 13.

14. TARELLO, Giovanni. *L'Interpretazione della legge*. Milano: Giuffrè Editore: 1980, p. 102.

15. BARRETO, Paulo Ayres; BARRETO, Aires Fernandino. *Imunidades tributárias*: limitações constitucionais ao poder de tributar. 1ª ed. São Paulo: Dialética, 1999, p. 16.

jornais e outros programas informativos em rádio ou televisão. O correto sentido das disposições que tratam das imunidades tributárias somente seria alcançado, portanto, quando estivessem de acordo com os valores prestigiados pela Constituição.[16]

Essa foi a posição adotada pelo STF por ocasião do julgamento conjunto dos Recursos Extraordinários nº 330.817/RJ e 595.676/RJ. Naquela oportunidade, o Plenário entendeu que a imunidade prevista no art. 150, VI, *d*, da CF deveria abranger os livros eletrônicos, os suportes exclusivos para leitura e armazenamento, bem como os componentes eletrônicos que acompanhem material didático.[17]

Esse posicionamento, assim como o defendido pelos autores da obra analisada, expressa uma preocupação de efetiva concretização das funções políticas e sociais das imunidades tributárias, de modo que o instrumento físico utilizado para promoção de tais valores deve ser tratado como questão de natureza secundária. Com efeito, a função política e social deve ser sempre considerada como requisito interpretativo fundamental, "de modo que a norma de imunidade alcance o máximo de efetividade em acordo harmônico com os demais valores de nosso sistema constitucional."[18]

Para além dos livros eletrônicos *stricto sensu*, em seu voto proferido no âmbito do Recurso Extraordinário ("RE") 330.817/RJ, o Ministro Dias Toffoli estendeu o alcance da imunidade aos denominados *"audio books"*, isto é, aqueles livros que não passam necessariamente pela decodificação dos signos da escrita. Segundo o Relator, "esse entendimento assegura o acesso à cultura escrita, independentemente da visão,

---

16. BARRETO, Paulo Ayres; BARRETO, Aires Fernandino. *Imunidades tributárias*: limitações constitucionais ao poder de tributar. 1ª ed. São Paulo: Dialética, 1999, p. 18.

17. Súmula vinculante 57: A imunidade tributária constante do art. 150, VI, d, da CF/88 aplica-se à importação e comercialização, no mercado interno, do livro eletrônico (*e-book*) e dos suportes exclusivamente utilizados para fixá-los, como leitores de livros eletrônicos (*e-readers*), ainda que possuam funcionalidades acessórias.

18. STF, Tribunal Pleno, RE 595676, Relator: Ministro Marco Aurélio, julgado em: 08.03.2017, publicado em: DJE 18.12.2017, p.12.

abrangendo não apenas o público carente desse sentido (notadamente os cegos), mas também o iletrado."[19]

Essa questão também foi abordada na obra. Para os autores, admitir que a imunidade seja aplicada apenas aos jornais escritos representaria verdadeira agressão ao princípio da igualdade, marginalizando, por exemplo, os analfabetos.[20] Inadmitir a interpretação teleológica do art. 150, VI, *d*, da CF, portanto, corresponderia a esvaziar o conteúdo da própria Constituição, criando um comando discriminatório e antidemocrático.

Com base nos breves comentários acima, pode-se depreender que a interpretação das imunidades tributárias sob a perspectiva da máxima eficácia dos valores protegidos constitucionalmente deve ser a tônica. Dito de outro modo, deve-se assumir a prevalência da teleologia,[21] único modo de assegurar que as finalidades prestigiadas pelo legislador Constituinte originário sejam garantidas, ainda que o passar dos tempos possa indicar alguma tensão com o sentido original do texto.

3. O caso do ITBI na conferência de bens imóveis ao capital social de pessoas jurídicas

Como forma de aplicar o pensamento do homenageado aos dias de hoje, optou-se por analisar, de forma mais específica, o conteúdo de recente decisão proferida pelo STF. Trata-se

---

19. STF, Tribunal Pleno, RE 330817, Relator: Ministro Dias Toffoli, julgado em: 08.03.2017, publicado em: DJE 31.08.2017, p. 16.

20. BARRETO, Paulo Ayres; BARRETO, Aires Fernandino. *Imunidades tributárias:* limitações constitucionais ao poder de tributar. 1ª ed. São Paulo: Dialética, 1999, p. 17.

21. Nessas circunstâncias, a finalidade pretendida pelo Constituinte perpassa pela consideração, no processo de interpretação e aplicação da norma, dos princípios constitucionais que a subsidiam. Por essa razão, Humberto Ávila indica se tratar de uma interpretação teleológica-sistemática que envolve a "utilização da técnica da redução teleológica (redução do sentido do dispositivo por ser ele muito amplo em relação a sua finalidade) e da extensão teleológica (ampliação do sentido do dispositivo por ser ele muito restrito em relação a sua finalidade)." Cf.: ÁVILA, Humberto. Argumentação jurídica e a imunidade do livro eletrônico. *Revista Diálogo Jurídico*, Salvador, CAJ - Centro de Atualização Jurídica, v. I, nº. 5, agosto, 2001, p. 11.

do RE n. 796.376/SC, submetido à sistemática da repercussão geral,[22] conforme Tema nº 796,[23] que teve por enfoque a delimitação da imunidade do ITBI, conferida pelo art. 156, II e § 2º, I, da CF, para as hipóteses nas quais os valores dos bens imóveis incorporados ao patrimônio de pessoas jurídicas excedem o montante do capital social integralizado.

Na oportunidade, entendeu-se, por maioria dos votos,[24] que a diferença constatada entre essas quantias não pode ser acobertada pela imunidade constitucional, havendo a incidência do ITBI sobre o excedente apurado. Fixou-se, com isso, a seguinte tese: "[a] imunidade em relação ao ITBI, prevista no inciso I do § 2º do art. 156 da Constituição Federal, não alcança o valor dos bens que exceder o limite do capital social a ser integralizado."

Em seu voto, o Relator do caso, Ministro Marco Aurélio, pontuou que as controvérsias situadas na zona limítrofe entre tributação e imunidade devem ser interpretadas teleologicamente.[25] Partindo dessa premissa, destacou que a norma

---

22. "IMPOSTO DE TRANSMISSÃO – ITBI – IMÓVEIS INTEGRALIZADOS AO CAPITAL DA EMPRESA – ARTIGO 156, § 2º, INCISO I, DA CONSTITUIÇÃO FEDERAL – ALCANCE – LIMITAÇÃO OBSERVADA NA ORIGEM – RECURSO EXTRAORDINÁRIO – REPERCUSSÃO GERAL CONFIGURADA. Possui repercussão geral a controvérsia alusiva ao alcance da imunidade quanto ao Imposto de Transmissão nos casos de imóveis integralizados ao capital social da empresa, cujo valor de avaliação ultrapasse o da cota realizada, considerado o preceito do artigo 156, § 2º, inciso I, da Carta Federal." (STF, RE 796.376 RG, Relator Marco Aurélio, Tribunal Pleno, julgado em 05.03.2015, DJe 19.03.2015).

23. Tema nº 796 do STF: "alcance da imunidade tributária do ITBI, prevista no art. 156, § 2º, I, da Constituição, sobre imóveis incorporados ao patrimônio de pessoa jurídica, quando o valor total desses bens excederem o limite do capital social a ser integralizado".

24. Foram vencidos o Ministro Marco Aurélio, relator do Recurso Extraordinário, e os Ministros Edson Fachin, Ricardo Lewandowski e Cármen Lúcia. Os demais Ministros – Dias Toffoli, Luiz Fux, Celso de Mello, Gilmar Mendes, Rosa Weber e Luís Roberto Barroso – acompanharam a divergência instaurada pelo Ministro Alexandre de Moraes.

25. "Justifica-se a interpretação teleológica das regras de imunidade: a verdadeira razão da lei está na finalidade para a qual editada e no exame dos fatos que para ela contribuíram. Assim tem entendido o Supremo, quando em análise casos situados na zona

pretende facilitar o trânsito jurídico de bens, considerando o ganho social decorrente do desenvolvimento nacional. Com base nessa finalidade, o ágio na subscrição de quotas representaria um investimento direto na sociedade, assim como a integralização de seu capital social, devendo, portanto, receber o mesmo tratamento jurídico, o que ensejaria o reconhecimento da imunidade.[26]

O referido posicionamento restou vencido. A divergência foi inaugurada pelo voto do Ministro Alexandre de Moraes, que se posicionou no sentido da impossibilidade de adoção do que foi por ele qualificado como interpretação extensiva. Para o Ministro, "[r]evelaria interpretação extensiva a exegese que pretendesse albergar, sob o manto da imunidade, os imóveis incorporados ao patrimônio da pessoa jurídica que não fossem destinados à integralização do capital subscrito [...]". Em resumo, o Tribunal adotou posicionamento no sentido de restringir a imunidade aos valores destinados ao capital social, sem a consideração das reservas de mesma natureza.

Com o devido acatamento, a decisão proferida pelo STF não revela o melhor entendimento acerca da matéria. Na linha do que sustentam os Profs. Aires Barreto e Paulo Ayres, a interpretação da imunidade deve ter como referência imediata a atribuição de máxima eficácia aos valores constitucionalmente protegidos, o que justifica a restrição ao poder de tributar. No caso do ITBI, o texto faz expressa referência ao ato de transmissão de bens ou direitos incorporados ao patrimônio

limítrofe entre tributação e imunidade." (fl. 01 do voto do Ministro Marco Aurélio).

26. "O ágio na subscrição de cotas ou ações representa investimento direto em sociedade empresária, tanto quanto a integralização de capital pura e simples, devendo receber idêntico tratamento. É consagrada a noção: onde houver o mesmo fundamento, aplica-se o mesmo direito. E nem se diga ter o constituinte, ao lançar a expressão 'em realização de capital', afastado a interpretação teleológica ora proposta. Mediante a previsão, buscou-se manter a incidência do ITBI em outras formas de aquisição da propriedade, como a dação em pagamento e a compra e venda – situações nas quais os bens se incorporam ao patrimônio da pessoa jurídica, ausente realização de capital." (fl. 03 do voto do Ministro Marco Aurélio).

de pessoa jurídica em realização de capital, com a ressalva da impossibilidade da prevalência da atividade imobiliária.

Mas qual teria sido, então, o valor objeto de proteção constitucional? O estímulo à capitalização de pessoas jurídicas, por meio da eliminação do encargo tributário incidente sobre o ato de transmissão de bens e direitos.[27]

Tivesse o legislador constituinte se omitido a respeito, ter-se-ia uma indesejada diferenciação entre capitalizações realizadas por meio da entrega de dinheiro e aquelas objeto da transferência de bens imóveis. De forma mais simples, dois investidores detentores de patrimônios de mesmo valor (ou dispostos a integralizar o mesmo montante) acabariam fazendo jus a distintas frações do capital social. A origem da diferença residiria apenas na incidência do ITBI sobre uma das modalidades de capitalização, aquele representativa da transferência de bens imóveis. Não é preciso muito esforço para imaginar o efeito de desestímulo à conferência de bens ao capital de pessoas jurídicas, dada a redução da capacidade de investimento de pessoas com menor liquidez.

27. O Ministro Marco Aurélio consignou em seu voto o seguinte: "A razão de ser da imunidade – e nada surge sem causa, princípio lógico e racional do determinismo – é facilitar o trânsito jurídico de bens, considerado o ganho social decorrente do desenvolvimento nacional, objetivo fundamental da República - artigo 3º, inciso III, da Lei Maior.
Embora, ordinariamente, a contrapartida dos sócios se exprima na figura do capital social, nem sempre isso ocorre, seja em razão da vontade, seja em consequência de fatores econômicos. Nesses casos, o ágio alimentará outra conta do patrimônio líquido, chamada reserva de capital. Eis o que prescreve o artigo 182, § 1º, alínea "a", da Lei nº 6.404/1976: [...]
[...] E nem se diga ter o constituinte, ao lançar a expressão "em realização de capital", afastado a interpretação teleológica ora proposta. Mediante a previsão, buscou-se manter a incidência do ITBI em outras formas de aquisição da propriedade, como a dação em pagamento e a compra e venda – situações nas quais os bens se incorporam ao patrimônio da pessoa jurídica, ausente realização de capital.". Ainda que não tenha sido esse voto o vencedor, essa passagem demonstra que, de fato, a imunidade na incorporação de bem ao patrimônio da pessoa jurídica em realização de capital guarda íntima relação com o patrimônio entendido como o patrimônio líquido, tal como previsto na legislação societária, cuja definição não pode ser alterada em âmbito tributário nos exatos termos do art. 110 do CTN.

A atuação positiva do legislador constituinte indica que a tributação não deve funcionar como fator de desestímulo à formação do patrimônio de pessoas jurídicas. Desde que, por certo, os bens se destinem ao próprio desenvolvimento da atividade, o que não se confunde com o objeto social propriamente dito. Em outras palavras, restou excluída da proteção constitucional a utilização dos referidos bens na atividade em sentido estrito (atividade imobiliária, *i.e.*), o que se revela compatível com a finalidade perseguida pela norma.

Para além disso, o texto não define o que seria "realização de capital". Em rigor, recursos destinados à formação de reservas de capital não possuem, sob a perspectiva da finalidade da norma tributária em questão, natureza diversa do próprio capital social. O imóvel entregue à sociedade pelo sócio continua a integrar o patrimônio líquido da pessoa jurídica, com a ressalva da prevalência da atividade imobiliária, ainda que não se desconheça as distintas finalidades e destinações existentes na lei societária entre o capital social e as suas reservas.[28]

Essa distinção, entre realização de capital em sentido estrito e formação de reservas de capital, promove uma redução do escopo da norma, em clara ofensa à necessidade de sua interpretação orientada pela finalidade. Não se trata, ao contrário do

28. "A lei submete as reservas de capital a regime que é intermediário entre o capital social e o das reservas de lucro: (a) tal como o capital social, não podem ser distribuídas como dividendos, com a única exceção do dividendo cumulativo das ações preferenciais de que trata o §5.º do art. 17; esse tratamento dá aplicação ao princípio de que a companhia somente deve pagar dividendos à conta do lucro líquido do exercício ou de lucros acumulados ou reservas de lucros (art. 201); (b) essas reservas têm origem em recursos que não são contribuídos com o fim de formar capital social, e não estão submetidas ao regime desse capital, que a lei estabelece para garantia dos credores; por isso, podem ser utilizadas pela companhia para retirar de circulação ações e partes beneficiárias de sua emissão sem que os credores da sociedade possam se opor à consequente redução do patrimônio líquido da companhia; (c) têm, entretanto, relativa estabilidade no patrimônio da companhia (porque não podem ser distribuídas como dividendos) e contribuem para aumentar a garantia dos credores: daí a lei admitir que a companhia distribua dividendos apurados em balanços com intervalo inferior a um semestre se o total pago não ultrapassa o montante das reservas de capital (art. 204, §1.º)" (Cf.: BULHÕES PEDREIRA, José Luiz. *Finanças e demonstrações financeiras da companhia*: conceitos e fundamentos. Rio de Janeiro: Forense, 1989, p. 427-428).

sustentado no voto vencedor, de interpretação extensiva, mas de respeito ao bem jurídico protegido pelo Poder Constituinte.

Ainda com todas as vênias ao entendimento do STF, o próprio legislador constituinte cuidou de estabelecer restrições ao gozo da imunidade, como já mencionado. Novamente, parece tê-lo feito de forma acertada e em linha com o propósito da norma. Ao estabelecer que a imunidade não abrange hipóteses em que a pessoa jurídica tenha como atividade preponderante "a compra e venda desses bens ou direitos, locação de bens imóveis ou arrendamento mercantil", deixou claro que os bens imóveis objeto de conferência ao patrimônio de uma pessoa jurídica devem ser úteis à atividade que será exercida, mas não podem representar a atividade em si.

O raciocínio acima apenas reforça a conclusão que decorreria da teleologia da norma. Não se interessou o poder constituinte pela contabilização resultante da operação (em conta de capital social ou de reserva de capital), como indica o entendimento do STF, tendo se preocupado apenas em não criar um subsídio à atividade imobiliária. No que toca a essa restrição, deve-se destacar que o registro contábil, sob a perspectiva patrimonial, não se altera em razão da natureza da atividade. Em qualquer caso, os bens recebidos passarão a integrar o patrimônio líquido da pessoa jurídica, a despeito da contrapartida adotada (ativo circulante ou não circulante).

Deveria ser tida por irrelevante, portanto, a presença de ágio na subscrição de participações societárias. A decisão de pagar um valor superior ao preço de emissão em nada influencia o montante do patrimônio líquido da pessoa jurídica. Capital social e suas reservas são contas contábeis de mesma natureza e integrantes do patrimônio líquido. Ou seja, a presença ou não de ágio é indiferente para que o propósito da norma imunizante fosse atendido em sua integralidade.

Dando continuidade à análise da imunidade questão, a referência do legislador constituinte à "transmissão de bens ou direitos decorrente de fusão, incorporação, cisão ou extinção de pessoa jurídica" também se apresenta como decorrência lógica do propósito da norma. Operações societárias dessa natureza representam verdadeira continuidade, seja em nova sociedade resultante da união de duas outras (fusão), seja por meio da absorção do patrimônio de uma delas (incorporação), ou em razão da segregação do patrimônio para sua absorção por sociedade nova ou já existente (cisão). A propósito da extinção, observa-se apenas a manutenção da neutralidade fiscal, pela não imposição de um ônus tributário para operação inversa à de capitalização.

Pode-se notar, portanto, que o presente trabalho assume como premissa que a exceção à atividade imobiliária representa um elemento de controle da imunidade, no sentido de evitar que ela seja utilizada como uma espécie de subsídio a esse ramo. Contudo, também a esse respeito, parece ter sido outro o entendimento da Suprema Corte.

Para além da tese fixada, interessante notar que, de acordo com o voto do Ministro Alexandre de Moraes, a imunidade atribuída à transmissão de bens em realização de capital representaria uma hipótese distinta daquela decorrente de operações de fusão, incorporação, cisão ou extinção da pessoa jurídica. No entendimento do referido Ministro, seria apenas para essa segunda hipótese (operações societárias) que deveria ser aplicada a exceção prevista na parte final do inciso I do §2º do art. 156 da CF.

Entretanto, caso confirmado esse posicionamento, o STF terá restringido a imunidade para situação claramente enquadrada no pressuposto que orientou o legislador constituinte, na linha do entendimento do Ministro Marco Aurélio, e alargado o escopo da norma imunizante para hipótese que parece extrapolar a sua finalidade. Dito de outro modo, o estímulo à capitalização de sociedades por meio da conferência de bens ao seu patrimônio acabará se transformando em um subsídio para a construção civil, o que consiste em finalidade contrária à pretendida pelo Constituinte.

Um exercício orientado para o futuro talvez permita uma diferenciação, aqui feita sob o pressuposto de que a ressalva da prevalência da atividade imobiliária estaria restrita apenas às operações societárias. Uma possível interpretação do entendimento do STF poderia ser no sentido de que a imunidade não pode deixar de ser aplicada às empresas que se dedicam à atividade imobiliária, desde que o bem em questão não se destine à exploração comercial em sentido estrito. Seria o caso, por exemplo, da conferência, ao capital de uma construtora, de imóvel que será utilizado como sua sede.

Essa hipótese parece estar em linha com a finalidade da norma. Se o legislador constituinte não pretendeu beneficiar a atividade imobiliária, tampouco poderia tê-la deixado de fora do escopo da norma, nas hipóteses em que a conferência ao capital social não tiver como contrapartida o ativo circulante (estoque, *i.e.*). Significa dizer que o registro contábil passaria a ser relevante para atestar se o bem imóvel objeto da capitalização será (ou terá sido) utilizado de forma direta ou indireta para a obtenção de receitas de natureza imobiliária.

Não seria absurdo sustentar, à luz da finalidade da norma, a possibilidade de que o STF, ao se manifestar sobre o tema em nova oportunidade, pontue que a integralização do bem ao patrimônio da sociedade somente será beneficiada pela imunidade quando o referido bem não estiver relacionado à atividade em sentido estrito. Com isso, mesmo no caso de sociedade que realiza atividades imobiliárias, a imunidade seria aplicada apenas quando houvesse a integralização de bem imóvel que não se destina ao exercício da própria atividade.

A esse respeito, será preciso aguardar.

4. Conclusão

O tema das imunidades é rico e continua a suscitar dúvidas diversas. O que as lições extraídas da obra dos Profs. Aires Barreto e Paulo Ayres Barreto sugerem é que o intérprete não pode deixar de construir a norma sob o pressuposto da promoção de sua finalidade, o que impõe a prevalência do raciocínio teleológico. Apesar disso, nota-se, pela jurisprudência do STF, que dúvidas diversas podem surgir a respeito de qual teria sido o objetivo pretendido pelo legislador constituinte, de tal sorte que o retorno ao texto será sempre essencial.

Referências

ÁVILA, Humberto. Argumentação jurídica e a imunidade do livro eletrônico. *Revista Diálogo Jurídico,* Salvador, CAJ - Centro de Atualização Jurídica, v. I, nº. 5, agosto, 2001.

BARRETO, Paulo Ayres; BARRETO, Aires Fernandino. *Imunidades tributárias*: limitações constitucionais ao poder de tributar. 1ª ed. São Paulo: Dialética, 1999.

_____. *Imposto sobre a renda e preços de transferência.* São Paulo: Dialética, 2001.

_____. *Planejamento tributário*: limites normativos. São Paulo: Noeses, 2016.

BULHÕES PEDREIRA, José Luiz. *Finanças e demonstrações financeiras da companhia*: conceitos e fundamentos. Rio de Janeiro: Forense, 1989.

COÊLHO, Sacha Calmon Navarro. *Curso de direito tributário brasileiro.* 13. ed. rev. atual. e ampl. Rio de Janeiro: Forense, 2014.

TARELLO, Giovanni. *L'Interpretazione della legge.* Milano: Giuffrè Editore: 1980.

Impressão e acabamento
psi7 | book7
psi7.com.br
book7.com.br